Franz-Heinz Hye

Die Städte Tirols
2. Teil
Südtirol

Franz-Heinz Hye

Die Städte Tirols

2. Teil

Südtirol

SCHLERN-SCHRIFTEN 313

UNIVERSITÄTSVERLAG WAGNER · INNSBRUCK

Die Schlern-Schriften wurden 1923 von Raimund v. Klebelsberg begründet und nach dessen Tod bis Band 289 von Franz Huter betreut; mit Band 290 übernahmen 1992 Marjan Cescutti und Josef Riedmann die Herausgabe der Reihe.

Die Deutsche Bibliothek – CIP-Einheitsaufnahme
Hye, Franz-Heinz:
Die Städte Tirols / von Franz Heinz Hye. - Innsbruck : Wagner

Teil 2. Südtirol. - 2001
(Schlern-Schriften ; 313)
ISBN 3-7030-0353-7

Die Städte Tirols, Teil 1: Bundesland Tirol, erschien 1980 im Verlag der Österreichischen Akademie der Wissenschaften in der Reihe „Österreichisches Städtebuch", 5. Band: Tirol.

Umschlagbild: Die Wappen der Tiroler Städte um 1501/28 (noch ohne das Wappen der Stadt Glurns) in einer Handschrift des Tiroler Landesmuseums Ferdinandeum (Dipauliana, Cod. 1037).

Copyright © 2001 by Universitätsverlag Wagner, A-6010 Innsbruck

Das Werk ist urheberrechtlich geschützt. Die dadurch begründeten Rechte, insbesondere die der Übersetzung, des Nachdruckes, der Entnahme von Abbildungen, der Funksendung, der Wiedergabe auf photomechanischem oder ähnlichem Wege und der Speicherung in Datenverarbeitungsanlagen, bleiben, auch bei nur auszugsweiser Verwertung, vorbehalten.

Herstellung: Grasl Druck & Neue Medien, A-2540 Bad Vöslau

Vorwort

Der Wunsch nach einem städtegeschichtlichen Speziallexikon, einem „Städtebuch", wurde erstmals beim Internationalen Historikerkongreß in Warschau im Jahre 1933 manifest und fand sechs Jahre später seine erste Realisierung, und zwar durch das von Prof. Dr. Erich Keyser – damals in Danzig, nach 1945 in Marburg/L. – geleitete und herausgegebene „Deutsche Städtebuch", dessen erster Band 1939 erschienen ist.

Nach einer kriegsbedingten Verzögerung wurde das Projekt in Deutschland länderweise fortgeführt und die Idee des Städtebuches in der Folge auch in Österreich aufgegriffen. Die Wertschätzung dieses Konzeptes kam dabei nicht zuletzt dadurch zum Ausdruck, daß die Herausgabe des „Österreichischen Städtebuches" sogar von der Österreichischen Akademie der Wissenschaften als Projekt aufgegriffen wurde und die nicht zuletzt hiefür geschaffene „Kommission für Wirtschafts-, Sozial- und Stadtgeschichte" mit dieser Aufgabe betraut worden ist. Obmänner dieser Kommission waren die Professoren Alphons Lhotsky (gest. 1968), Alfred Hoffmann (gest. 1983) und Othmar Pickl. Mit Jahresende 1997 wurde diese wichtige Kommission dann aufgelöst, nachdem die Städtebücher der österreichischen Bundesländer Oberösterreich, Burgenland, Vorarlberg, Niederösterreich, Tirol, Steiermark und Wien erschienen waren.

Der vorliegende, vor allem den Städten Südtirols gewidmete Band „Die Städte Tirols – 2. Teil" stellt somit nach den Städtebüchern der Deutschen Bundesländer und nach den Bänden des Österreichischen Städtebuches den dritten Teil im Gesamtkonzept der Städtebücher dar, dem hoffentlich alsbald auch ein entsprechender Band über die Städte des Trentino nachfolgen sollte.

Zum Unterschied von fast allen bisher erschienenen „Städtebüchern" wurden die Tiroler und die Südtiroler Städte – lediglich mit Ausnahme von Lienz und Vils – von einem einzigen Historiker bzw. Stadtgeschichtsforscher, nämlich vom Verfasser dieses Bandes, bearbeitet. Dies bedeutete zwar sowohl ein riesiges Arbeitspensum – man beachte allein das immense Archiv-, Quellen- und Literaturstudium – als auch eine große Verantwortung, erbrachte aber in der Sache den großen Vorteil des regionalen Überblickes, den Blick über die eigene Stadtmauer hinaus im Sinne der vergleichenden Stadtgeschichtsforschung. Auf diese Weise konnten einerseits generelle Entwicklungen, die sich mehr oder weniger gleich in allen Städten der Region vollzogen haben, als solche erkannt werden, wie andererseits tatsächlich individuelle Erscheinungen in einzelnen Städten wahrgenommen werden. Auch konnte der Bearbeiter völlig objektiv und unvoreingenommen gemäß den im „Städtebuch" für jede Stadt generell vorgeschriebenen 20 Haupt-Paragraphen (siehe S. 11–12) systematisch deren Geschichte und Gegenwart erforschen, was nicht selten zu grundlegend neuen Erkenntnissen über die historische Stadtentwicklung, aber auch zur Überwindung lieb gewordener, aber irriger Meinungen, Traditionen und Legenden führte, welche von Generation zu Generation sowie von einem Heimatbuch zum nächsten kritiklos fortgeschleppt worden sind. Die meisten dieser neuen Erkenntnisse wurden vom Verfasser bereits Jahre vor dem Erscheinen dieses Bandes in eigenen Publikationen veröffentlicht (vgl. die ausführliche Bibliographie S. 76–84 sowie die Literaturhinweise bei den behandelten Städten) und mit großem Erfolg zur Diskussion gestellt bzw. in diesen Detailpublikationen ausführlich quellenmäßig dokumentiert, was im kurzgefaßten Städtebuch selbst nur beschränkt bzw. vorwiegend nur in Form von Literaturzitaten möglich ist.

Überdies galt mein Interesse auch der Frage nach klaren Unterscheidungskriterien zwischen Stadt, Markt und Dorf, weshalb ich mich bei meinen Vorarbeiten auch in eigenen monographischen Arbeiten mit der Geschichte von Mühlbach im Pustertal, Neumarkt, Gries bei Bozen, Algund und St. Johann in Tirol beschäftigt habe. Dasselbe gilt auch für die Arbeiten über die nach Innsbruck eingemeindeten ehemals selbständigen Dorfgemeinden.

Der Bearbeitungszeitraum für die einzelnen Städte-Artikel des „Städtebuches" ist prinzipiell grenzenlos und erstreckt sich von den ältesten vorgeschichtlichen Fakten bis zur Gegenwart.

Dieser Grundsatz galt zum Zeitpunkt der Übernahme der Bearbeitung des damals im Umfang von drei Bänden konzipierten „Tiroler Städtebuches", vereinbart im Jahre 1974 mit Prof. Dr. Alfred Hoffmann unter maßgeblicher Mitwirkung meines verehrten Lehrers Prof. Dr. Franz Huter, auch für den zweiten Band desselben, welcher den Südtiroler Städten gewidmet ist (vgl. dazu auch das Vorwort von Prof. Dr. A. Hoffmann im 1. Band des Tiroler Städtebuches, Wien 1980, welcher die Städte des österreichischen Bundeslandes Tirol zum Inhalt hat). Als ich dann jedoch im Jahre 1997 das Manuskript zu diesem Bande abgeschlossen und an die Kommission nach Wien gesandt habe, gab man sich anfangs zwar sehr beglückt, ließ mich jedoch – nach einiger Verzögerung – wissen, daß man sich hinsichtlich der Südtiroler Städte für eine zeitliche Begrenzung entschlossen habe bzw. daß in diesen Band nur die historischen Daten bis zum Jahre 1918 aufgenommen werden könnten. Zu einer derartigen Reduktion war ich jedoch nicht bereit, zumal dem Bande dadurch weitgehend seine sachliche Aktualität genommen worden wäre: Man denke nur, daß Bozen 1918 nur bis zur Talfergrenze und Meran nur bis zur Passer gereicht hat! Überdies hätten die Leistungen, die die Südtiroler Städte sowohl in ihrem historischen Kernbereich als auch im Bereich der eingemeindeten Dorfgemeinden in den letzten 80 Jahren hinsichtlich des Schulwesens, der Spitäler, Wasserleitungen etc. vollbracht und damit der Bevölkerungs-, Siedlungs- und Wirtschaftsentwicklung Rechnung getragen haben, durch diese Zeitgrenze keine Berücksichtigung gefunden.

Im Einvernehmen mit der Akademie habe ich daher das Manuskript dieses Bandes wieder zurückgenommen, mit der Hoffnung, dafür einen anderen Weg der Veröffentlichung zu finden. Tatsächlich äußerten schon alsbald „gute Freunde" ihr Interesse an der Herausgabe des Werkes, doch mußte ich nach fast zweijährigem Zuwarten erkennen, welche wirkliche Absicht hinter diesem Interesse verborgen war: Ihnen genügte es nämlich nicht, daß ich neue Stadtentstehungstheorien für Brixen und Bozen referiere und nach Maßgabe meiner persönlichen Forschungsergebnisse kommentiere. Ich hätte dieselben vielmehr nicht nur zur Diskussion stellen, sondern übernehmen sollen, wobei man mir sogar angeboten hat, mir die Arbeit des „Textierens" abzunehmen. Doch diese Art der Hilfe und der Herausgabe entspricht weder meinen noch den allgemein gültigen Vorstellungen von freier Forschung und von der Selbstverantwortlichkeit eines Verfassers, weshalb ich auch auf diesen Weg der Veröffentlichung verzichtet habe (vgl. dazu auch S. 74, Anm. 245).

Wenngleich ich mich gefreut hätte, wenn auch der zweite Band des Tiroler Städtebuches, wie geplant, im Rahmen des „Österreichischen Städtebuches" der Österreichischen Akademie der Wissenschaften hätte erscheinen können, was für mich jedoch unter der Bedingung der Zeitgrenze von 1918 nicht in Frage kam, so empfinde ich es nunmehr doch als eine gewisse Genugtuung, daß die Frucht dieses Teiles meiner Lebensarbeit in der angesehenen Reihe der gesamttirolisch orientierten „Schlern-Schriften" erscheinen kann. Ich schätze mich auch glücklich darüber, daß ich allen Hindernissen zum Trotz die Finanzierung der Drucklegung dieses Buches aus eigenen Ersparnissen bestreiten konnte und damit unabhängig war: Meine vieljährige Arbeit war und ist es mir wert!

Bereits als Student war es meine Hoffnung und mein Ziel, soweit es in meinen Kräften steht, als Innsbrucker Historiker und Landeskundler in Wort und Schrift meinen persönlichen Beitrag zur Erhaltung der historisch-kulturellen Einheit des alten Landes Tirol zu leisten. Dieses Ziel habe ich – neben zahlreichen anderen Aktivitäten – auch mit dieser zweibändigen, nach den Vorgaben der „Städtebuch"-Reihe jedoch lexikalisch knapp angelegten Monographie über die Städte Tirols, d. h. des Bundeslandes Tirol und Südtirols, und der in diesem Bande enthaltenen Einführung in die Geschichte des gesamttirolischen Städtewesens angestrebt und – wie ich hoffe – in einem meinen bescheidenen Kräften angemessenen Umfang erreicht: Anerkennung wäre mir das schönste Honorar für alle diese Arbeit!

Allen, die mir dabei behilflich waren, meiner Gattin, meinen ehemaligen Mitarbeitern im Innsbrucker Stadtarchiv sowie den beiden Herausgebern der „Schlern-Schriften", Herrn Präsidenten Dr. Marjan Cescutti und Herrn o. Univ.-Prof. Dr. Josef Riedmann, wie nicht weniger der von Frau Dr. Mercedes Blaas besorgten Schriftleitung darf ich für ihre freundliche Hilfe aufrichtig danken.

Franz-Heinz Hye

Der Autor dieses Buches hat aus eigenen Mitteln sämtliche Kosten der Herstellung des Bandes übernommen, ohne jeden Zuschuß von öffentlichen Stellen. Dafür gebührt ihm Anerkennung und Dank.

Die Herausgeber der Schlern-Schriften
Marjan Cescutti / Josef Riedmann

Inhalt

Vorwort.. 5

Die Städte Tirols – Südtirol und Bundesland Tirol.
Grundzüge ihrer Entstehungsweise, ihrer Entwicklung und ihres Erscheinungsbildes

Einführung.. 13
Das Verhältnis Stadt und Straße in Tirol von den Anfängen bis in die frühe
    Neuzeit.. 17
    Die Standorte der alten Tiroler Märkte und Städte und ihr Verhältnis zu den
    antiken Römerstraßen, die durch Tirol geführt haben.................. 17
    Alte Tiroler Städte abseits der Römerstraßen......................... 22
    Das Verhältnis Stadt und Brücke...................................... 23
    Umgehungswege und Straßenzwang...................................... 25
    Die Rodfuhr (Rottfuhr).. 25
    Das städtische Gastgewerbe-Monopol.................................. 27
    Pilgerhospize in Städten.. 28
    Die Stadt als Straßenerhalter....................................... 30
    Zusammenfassung: Stadt und Straße................................... 30
Der Modus der Städtegründungen in Tirol und die Hauptfunktionen der Städte.. 31
Das Phänomen ‚Stadtmauer' in Tirol vom Mittelalter bis ins 19. Jahr-
    hundert... 35
Das funktionale innere Antlitz der ummauerten Stadtkerne................ 48
Stadtsiegel und Stadtwappen. Elemente der städtischen Identität und Selbstver-
    waltung. Die Entwicklung der Municipal-Heraldik in Tirol............ 55
Das historische Verhältnis zwischen Stadt und Pfarre in Tirol........... 63
Stadt und Kloster.. 73
Stadt und Kunst.. 75
Bibliographie: Stadtgeschichtlich relevantes Schrifttum zur Geschichte des
    Landes Tirol.. 76

Die Städte Südtirols*

Bozen.. 86
Brixen... 148
Bruneck.. 184
Glurns... 212
Klausen.. 233
Leifers.. 259
Meran.. 267
Sterzing... 312

* Verzeichnis der (analog zum Österreichischen Städtebuch) für jede Stadt behandelten Themenbereiche S. 11–12.

Themenbereiche

1 Name

2 Lage
- a) Örtliche Lage
- b) Verkehrslage, zentrale Funktion

3 Vorstädtische Siedlung
- a) Prähistorische Funde
- b) Römische und frühgeschichtliche Siedlung
- c) Dorf- und Marktsiedlung

4 Stadtherr, Stadtwerdung oder Stadterhebung
- a) Stadtherr (Ortsobrigkeit)
- b) Erwähnung als bürgerliche Siedlung
- c) Stadtcharakter, Privilegien der Stadt

5 Die Stadt als Siedlung
- a) Anlage und Entwicklung der Siedlung
- b) Gebäude
- c) Brände und Naturkatastrophen
- d) Zerstörungen im Zweiten Weltkrieg

6 Bevölkerung
- a) Herkunft und soziale Gliederung
- b) Seuchen
- c) Bevölkerungsverzeichnisse, Kirchenmatriken
- d) Bedeutende Familien und Geschlechter
- e) Bedeutende Persönlichkeiten
- f) Einwohnerzahlen
- g) Friedhöfe

7 Sprache

8 Wirtschaft
- a) Allgemeine Wirtschaftsentwicklung bis zum Zeitalter der Industrialisierung
- b) Fabriken und Handelshäuser seit der Mitte des 19. Jahrhunderts
- c) Märkte, Messen und Ausstellungen
- d) Organisationen des Handels und Gewerbes (Sparkassen, Banken; Genossenschaften, Zünfte)
- e) Verkehrseinrichtungen
- f) Fremdenverkehr

9 Verfassung und Verwaltung bis zur Gemeinderegulierung von 1819

10 Landesherrschaft, Rolle in der Staats- und Landesverwaltung

11 Wehrwesen und kriegerische Ereignisse
- a) Bürgerliche Verteidigungsorganisation
- b) Schützenvereinigungen, Schießstätten
- c) Garnisonen
- d) Wichtigste kriegerische Ereignisse

12 Siegel, Wappen und Stadtfarben

13 Finanzwesen
a) Münzstätten
b) Städtischer Haushalt
c) Mauten, Zölle, Ladstätten, Urfahrrechte

14 Gebiet der Stadt
a) Fläche
b) Wüstungen
c) Grundherrliche Verhältnisse
d) Burgfried
e) Ein- und Ausgemeindungen

15 Kirchenwesen
a) Das Kirchenwesen vor der Reformation. Einrichtungen der katholischen Kirche
b) Reformation und Gegenreformation. Einrichtungen der evangelischen Kirche
c) Juden
d) Andere religiöse Gemeinschaften, Sekten

16 Wohlfahrtspflege
a) Bürgerspitäler, Bruderhäuser, Fürsorgeheime, Armenhäuser
b) Siechenhäuser, Lazarette, Krankenhäuser
c) Waisenhäuser, Kindergärten, Sonderinstitute, Kuranstalten, karitative Stiftungen
d) Ärzte und Apotheken
e) Wasserleitungen, Kanalisation, Beleuchtung (Gaswerke, Elektrizitätswerke)
f) Badstuben und Bäder
g) Parkanlagen und Promenaden

17 Bildungswesen
a) Das niedere und mittlere Schulwesen vor dem Reichsvolksschulgesetz
b) Das niedere und mittlere Schulwesen nach dem Reichsvolksschulgesetz
c) Das höhere Schulwesen, Hochschulen, Universitäten
d) Theater, Musikvereine, Orchester, Musikschulen
e) Volksbildungseinrichtungen, Büchereien
f) Sporteinrichtungen

18 Buchdruckereien, Zeitungen, Buchhandlungen
a) Buchdruckereien
b) Zeitungen und Zeitschriften
c) Buchhandlungen

19 Quellen und Darstellungen zur Stadtgeschichte
a) Bibliographien
b) Quellenpublikationen
c) Darstellungen

20 Wissenschaftliche Sammlungen
a) Archive
b) Bibliotheken
c) Museen

Zu Punkt 5 vergleiche man die Siedlungsgrundrisse der einzelnen Städte, zu Punkt 12 die Wappendarstellungen im jeweiligen Bildteil.

Die Städte Tirols – Südtirol und Bundesland Tirol
Grundzüge ihrer Entstehungsweise, ihrer Entwicklung und ihres Erscheinungsbildes

Einführung

Heute bestehen in ganz Tirol insgesamt 19 Städte, 11 davon im heutigen österreichischen Bundesland Tirol und 8 in Südtirol bzw. in der seit 1919 zu Italien gehörenden, seit 1972 autonomen Provinz Bozen. Bei 14 dieser Städte handelt es sich um hoch- und spätmittelalterliche Gründungen, wobei die Bischofsstadt Brixen (Anfänge ab 901)[1] und das fürstbischöflich-tridentinische Burgum Bozen (um 1027/80) zeitlich an der Spitze stehen[2].

Hinsichtlich ihrer politischen Gründungssituation bzw. ihrer ursprünglichen Stadtherren muß man innerhalb der Tiroler Städte verschiedene Gruppen auseinanderhalten: Die größte Gruppe bilden die tirolisch-landesfürstlichen Städte Meran[3], Glurns[4],

---

[1] F. H. Hye, Die alte Bischofsstadt Brixen. Geschichte und Stadtbild. In: Österreich in Geschichte und Literatur Jg. 30, Wien 1986, S. 361–371; J. Mutschlechner, Alte Brixner Stadtrechte = Schlern Schriften 26, Innsbruck 1935; I. Mader u. A. Sparber, Brixner Häusergeschichte = Schlern Schriften 224, Innsbruck 1962. Über eine neue Theorie hinsichtlich der Stadtwerdung von Brixen siehe S. 153.

[2] N. Rasmo, Bozen. Beiträge zur Entwicklungsgeschichte der Altstadt. Bozen 1976; F. H. Hye, Die Anfänge und die territoriale Entwicklung der Stadt Bozen. In: Der Schlern Jg. 52, Bozen 1978, S. 67–74 (mit Plänen); derselbe, Die Gründung von Bozen – gesehen im Rahmen der hochmittelalterlichen Stadtgründungen in Tirol (mit Repliken auf die neuesten Theorien). In: Bozen. Von den Anfängen bis zur Schleifung der Stadtmauern. Bozen 1991, S. 191–202. Über die ebendort S. 159–190 von Hannes Obermaier entwickelte Theorie, wonach die Gründung „der städtischen Siedlung Bozen" erst „im späten 12. Jahrhundert" bzw. spätestens 1189 erfolgt sei, siehe das Kapitel „Bozen", Anmerkung S. 94, sowie die vorgenannten „Repliken". Vgl. dazu generell Oliver Auge, Stadtwerdung in Tirol. Ansätze, Erkenntnisse und Perspektiven vergleichender Stadtgeschichtsforschung. In\: König – Kirche – Adel. Herrschaftsstrukturen im mittleren Alpenraum (6.–13. Jahrhundert). Hg. von Rainer Loose und Sönke Lorenz im Auftrag des Südtiroler Kulturinstituts, Bozen. Lana 1999, S. 307–364, bes. S. 317–347, 350ff., 353 u. 363. Bedauerlicherweise hat Auge die nach 1992 erschienenen einschlägigen Publikationen über Lienz, Bruneck und Sterzing sowie zu den Themen Stadt und Kirche, Stadt – Burg – Festung, Stadt und Straße sowie über die städtische Situation im Ostalpenraum im 11. Jahrhundert nicht berücksichtigt (siehe die beigegebene Bibliographie!).

[3] F. H. Hye, Meran – Merano. In: Österreichischer Städteatlas 3. Lfg./Anhang Südtirol (Italien), Wien 1988.

[4] F. Huter, Das ältere Glurns als Handelsplatz. In: Mitteilungen des Instituts f. österr. Geschichtsforschung Bd. 68, Wien 1960, S. 388–401; F. H. Hye, Glurns. Handelsplatz, Festungsstadt, Ackerbürger. 2. Aufl. Glurns 1982; derselbe, Glurns und die Tiroler Städte. In: Die Alte Stadt Jg. 6, Stuttgart 1979, S. 121–135; derselbe, Geschichte der Stadt Glurns. Glurns 1992.

Sterzing[5] und Hall in Tirol.[6] Ihr folgen die drei Städte des ehemaligen geistlich-bischöflichen Fürstentums bzw. Hochstifts Brixen Brixen, Bruneck[7] und Klausen[8] – auch die Marktgründung von Matrei am Brenner ist dieser Gruppe zuzuordnen –, sowie die drei ehemals bayerischen Städte Rattenberg[9], Kufstein[10] und Kitzbühel[11]. Bozen und Neumarkt sind Burgum-Gründungen der Fürstbischöfe bzw. des ehemaligen bischöflichen Fürstentums oder Hochstifts Trient, von denen freilich Neumarkt der Aufstieg zur Stadt versagt geblieben ist.[12] Innsbruck verdankt seine Gründung den Grafen von Andechs (um 1165/70 bzw. 1180), deren übrige Städtegründungen sich vor allem in Oberfranken befinden.[13] Lienz bildet die einzige Görzer Stadt[14], und schließlich stellt das

---

[5] F. Huter, Vom Werden und Wesen Sterzings im Mittelalter. In: Sterzinger Heimatbuch = Schlern Schriften 232, Innsbruck 1965, S. 33–94; C. Fischnaler, Sterzing am Ausgang des Mittelalters (mit Plan). In: Schlern Schriften 9, Innsbruck 1925, S. 104–143; F. H. Hye, Tiroler Städte an Etsch und Eisack = Exkursionen des Österr. Arbeitskreises f. Stadtgeschichtsforschung 9, Linz 1982, S. 50–54.

[6] H. Moser, Urkunden der Stadt Hall i. T., Teil 1: 1303–1600 (Regesten) = Tiroler Geschichtsquellen, hg. v. Tiroler Landesarchiv, Nr. 26, Innsbruck 1989. F. H. Hye, Hall i. T. Gründung und Werdegang einer Salzstadt. In: Stadt und Salz = Beiträge zur Geschichte der Städte Mitteleuropas 10, Linz 1988, S. 233–246; derselbe, Hall i. T. = Österreichischer Städteatlas, Lfg. 4/2, Wien 1991.

[7] F. Huter, Die Anfänge von Bruneck. In: Der Schlern Jg. 30, Bozen 1956, S. 291–294; F. H. Hye, Stegen, Altstegen, St. Lorenzen. Ein Problem der historischen Topographie und Jahrmarktgeschichte, verursacht durch die Gründung von Bruneck. In: Kunst und Kirche in Tirol. Festschrift Karl Wolfsgruber, Bozen 1987, S. 37–46; derselbe, Bruneck – die Stadt des Pustertales. Grundzüge der Stadtgeschichte. In: Der Schlern Jg. 70, Bozen 1996, S. 410–427; derselbe, Die Städte der Fürstbischöfe von Brixen und ihre Stellung in der fürstbischöflichen Territorialpolitik im Mittelalter. In: Stadt und Hochstift = Veröffentlichungen des Südtiroler Landesarchivs Bd. 12, Bozen 2000, S. 165–172. (In diese Untersuchung wurde auch der um 1240/49 von den Brixner Fürstbischöfen gegründete Marktort Matrei am Brenner miteinbezogen, dem jedoch der Aufstieg zur Stadt verwehrt blieb. Matrei kam erst 1497 im Tauschwege an das landesfürstliche Tirol.)

[8] F. H. Hye, Tiroler Städte an Etsch und Eisack = Anm. 5, S. 39–44; derselbe, Die fürstbischöflich-brixnerische Stadt Klausen am Eisack. Geschichte und Stadtbild. In: Österreich in Geschichte und Literatur Jg. 35, Wien 1991, S. 329–339; K. Wolfsgruber, Der Zoll in Klausen. In: Der Schlern Jg. 46, Bozen 1972, S. 335–341.

[9] F. Kogler, Steuern und Verfassung der Stadt Rattenberg im Mittelalter. München 1929; F. H. Hye, Die Städte Tirols. 1. Teil: Bundesland Tirol = Österreichisches Städtebuch, hg. v. d. Österr. Akademie d. Wissenschaften Bd. 5/1. Wien 1980, S. 199–209; derselbe, Rattenberg am Inn. Grundzüge seiner Stadtgeschichte. In: St. Virgil in Rattenberg. Rattenberg (1983), S. 60–75.

[10] F. Kogler, Beiträge zur Stadtrechtsgeschichte Kufsteins bis zum Ausgang des Mittelalters. Innsbruck 1912; F. H. Hye, Die Städte Tirols. 1. Teil, a. a. O. = Anm. 9, S. 147–161; derselbe, Kufstein. In: Österreichischer Städteatlas 2. Lfg., Wien 1985.

[11] F. Kogler, Die älteren Stadtrechtsquellen von Kitzbühel. In: Zeitschrift d. Ferdinandeums 3. Folge, Bd. 52, Innsbruck 1908, S. 1–94; Stadtbuch Kitzbühel, 4 Bände, hg. v. d. Stadtgemeinde Kitzbühel 1967–1971; F. H. Hye, Die Städte Tirols. 1. Teil, a. a. O. = Anm. 9, S. 133–145.

[12] Derselbe, Neumarkt. Historisches Antlitz eines trientinisch-tirolischen „Burgum". In: Jahrbuch des Südtiroler Kulturinstitutes 9, Bozen 1980, S. 127–144.

[13] Derselbe, Innsbruck. Geschichte und Stadtbild = Sonderband der Tiroler Heimatblätter „800 Jahre Stadt Innsbruck", Innsbruck 1980; derselbe, Die Städte Tirols. 1. Teil, a. a. O. = Anm. 9, S. 69–132; derselbe, Meran und Innsbruck: Das Problem der Landeshauptstadt in Tirol. In: Al-

heute dorfähnliche Städtchen Vils die einzige Stadt ritterlicher Adelsherren, nämlich der Herren von Hohenegg, dar[15]. In ihren Anfängen städtisch konzipiert waren überdies der fürstbischöflich-brixnerische Markt Matrei am Brenner[16] sowie die landesfürstlichen Gründungen Mühlbach am westlichen Eingang ins Pustertal[17] und Gries bei bzw. heute in Bozen.[18]

Die beiden heutigen Städte Imst und Schwaz – letztere einst berühmt als Bergwerksort – stellen zwar alte Marktgemeinden dar, wurden jedoch erst durch Kaiser Franz Joseph I. von Österreich 1898 bzw. 1899 zu Städten erhoben, während Landeck und Wörgl im Bundesland Tirol sowie Leifers in Südtirol erst 1923 und 1951 bzw. 1985 den Titel und Rang von Städten zuerkannt erhielten.[19]

Bei den genannten 14 *alten* Tiroler Städten, die bei den folgenden Ausführungen im Mittelpunkt stehen werden, lassen sich trotz ihrer großen politischen Vielfalt doch einige sehr wesentliche und grundlegende Gemeinsamkeiten beobachten:

Erstens ist – zum Unterschied von Trient – keine von ihnen aus einer römischen Urbs hervorgegangen. Sie stellen vielmehr – wie gesagt – ausnahmslos mittelalterliche Neugründungen des 10. bis 14. Jahrhunderts dar, wobei die erste Gründungsphase in den meisten Fällen in der Anlage einer Marktsiedlung bestand, die in einer zweiten Entwicklungsphase zu einem befestigten Markt (burgum) bzw. zur Stadt weiterentwickelt worden ist.

Zweitens verkörpern sie fast alle den Typ des vorwiegend vom alpinen Transitverkehr geprägten Straßenmarktes, bei dem der die Stadt durchziehende Hauptstraßenzug zugleich als Marktplatz fungierte.

Funktional waren den Tiroler Städten ursprünglich – ebenso wie den meisten Städten Mitteleuropas – hauptsächlich drei Aufgaben zugedacht: Sie sollten regionale Zentren der Wirtschaft, Standorte der Landesverwaltung und – durch ihre Ringmauern

---

penregion u. Österreich. Festschrift Hans Kramer. Innsbruck 1976, S. 47–55; derselbe, Die Grafen von Andechs und Tirol. In: Schwaben – Tirol. Beiträge zur (gleichnamigen) Ausstellung in Augsburg. Rosenheim 1989, S. 47–53; derselbe, Die Städtepolitik der Andechser und das Innsbrucker Stadtrecht. In: derselbe, Geschichte der Stadt Innsbruck. Gesammelte Abhandlungen und Aufsätze. CD-ROM (in Produktion); Christoph Haidacher, Zur Bevölkerungsgeschichte von Innsbruck im Mittelalter und in der beginnenden Neuzeit = Veröffentlichungen des Innsbrucker Stadtarchivs, Neue Folge, Bd. 15, Innsbruck 1984. – Als quellenmäßig gesicherte Andechser Städtegründungen in Oberfranken gelten: Lichtenfels, Coburg, Scheßlitz, Bayreuth, Kulmbach und Diessen, denen vermutlich auch Hof und Weismain zuzuordnen sind. Letzteres gilt auch für Stein-Kamnik und Windischgrätz-Slovenski Gradec in Slowenien. Ebenfalls noch zu prüfen ist das Verhältnis der Andechser zu Wasserburg. Weitere Zuordnungen von Städten im oberfränkischen Raum durch die dortige Lokalhistorie erscheinen zunächst noch eher willkürlich, zumindest sehr hypothetisch.

[14] M. Pizzinini, Lienz. Das große Stadtbuch. Lienz 1982.
[15] O. Stolz, Geschichte der Stadt Vils in Tirol. Vils 1927.
[16] Derselbe, Geschichte von Matrei im Mittelalter. In: Schlern-Schriften Bd. 84, Innsbruck 1950, S. 26–33.
[17] F. H. Hye, Der alte Markt Mühlbach. Mühlbach 1979.
[18] Derselbe, Gries bei/in Bozen, Grundzüge seiner Entwicklungsgeschichte. In: Der Schlern Jg. 62, Bozen 1988, S. 575–597.
[19] Derselbe, Die Städte Tirols. 1. Teil, a. a. O. = Anm. 9, S. 53–68 (Imst), 163–174 (Landeck), 211–227 (Schwaz) und 239–247 (Wörgl), jeweils mit Angabe der älteren Literatur. Unterdessen neu erschienen ist das „Stadtbuch Schwaz" von Erich Egg, Peter Gstrein und Hans Sternad. Schwaz 1986.

und Tore etc. – befestigte Stützen der Landesherrschaft sein sowie den darin wohnenden Personen und Institutionen wie namentlich auch dem Handel Schutz bieten.

Im Hinblick auf ihre Funktion als regionale Wirtschaftszentren waren die jeweiligen Stadtgründer bzw. Stadtherren ursprünglich, d. h. in der Gründungsphase, bemüht, ihren Städten und Märkten ein entsprechend großes marktfreies Umland zu sichern und dafür zu sorgen, daß sich ihre Städte und Märkte nicht gegenseitig Konkurrenz machten.

Nur wenn es in der Folgezeit nach der Gründungsphase besondere Wirtschaftsentwicklungen tunlich erscheinen ließen, wurde dieses Prinzip in einigen wenigen Ausnahmefällen durchbrochen. Als Beispiele hiefür seien die Trienter Gründung von Neumarkt rund 30 km südlich von Bozen, die Brixner Grenzstadt Klausen rund 10 km südlich von Brixen und die landesfürstliche Salinenstadt Hall in Tirol rund 10 km östlich von Innsbruck angeführt. Dabei bildete das 1189 gegründete Neumarkt als Verladeplatz für das Fleimstaler Holz auf die Etsch sowie als südlichste Rodfuhrstation in keiner Weise eine Konkurrenz für das mehr als hundert Jahre zuvor ebenfalls als Trienter Burgum angelegte Bozen. Allerdings vermied es der Trienter Fürstbischof bei der Gründung Neumarkts durch die territoriale Vereinigung der älteren Landgemeinde Egna mit dem neuen Markt die bei der Gründung von Bozen infolge Unerfahrenheit gemachten Fehler der engen territorialen Begrenzung des Burgum auf eine minimale Fläche innerhalb der Landgemeinde Bozen zu wiederholen.

Der Aufstieg der Zollstätte Klausen zur Stadt wiederum verlieh dieser wichtigsten Zolleinnahme- und Grenzstation der Fürstbischöfe von Brixen rund 10 km südlich von Brixen mehr Sicherheit und Ansehen, ohne jemals eine Konkurrenz für deren Residenzstadt Brixen zu werden. Auch fehlte hier am Talboden von vornherein der für die Entwicklung einer weitläufigen städtischen Anlage nötige Siedlungsraum.

Auch für den Standort Hall rund 10 km östlich von Innsbruck sprach keine bevorzugte verkehrsgeographische Lage. Hier waren es vielmehr allein die um 1230 entdeckten Salzlagerstätten im nahen Halltal, für deren in verflüssigter Form als Sole zu Tal geleitetes Produkt bzw. zu dessen Versiedung nahe am Innufer ein Sudhaus errichtet worden ist, für dessen permanenten Betrieb Unmengen von Holz aus dem Oberinntal angetriftet werden mußten. Um nun diese Holzstämme aus dem Inn bergen zu können, bedurfte es eines permanenten Holzrechens, und dieser stellte für die Schiffahrt Inn-aufwärts ein unüberwindliches Hindernis dar, was andererseits Hall zum Kopfhafen der Innschiffahrt machte. Die dortige Verladung vom Schiff auf die Achse und umgekehrt ließ hier alsbald sowohl eine Zollstation als auch einen Markt- und Handelsplatz entstehen, dessen Stadterhebung im Jahre 1303 – trotz der dadurch bewirkten Beeinträchtigung der rechtlichen Monopolstellung Innsbrucks – für den landesfürstlichen Stadtherren als wirtschaftspolitische Konsequenz erscheinen mußte.

Andere Fälle von historischen Städten oder Märkten, die zueinander nur einen geringen Abstand aufweisen, wie z. B. Mühlbach zu Brixen und Bruneck, Gries zu Bozen oder auch Meran zu Bozen lassen hingegen erkennen, daß hier ursprünglich Gründungen unterschiedlicher Stadtherren vorlagen, die einander bewußt und geplant Konkurrenz machen sollten. In den angeführten Fällen waren es Gründungen des Grafen Albert III. von Tirol (Meran) und Meinhards II. von Tirol-Görz, die gegen die Fürstbischöfe von Brixen und Trient gerichtet waren.

Das Verhältnis Stadt und Straße in Tirol von den Anfängen bis in die frühe Neuzeit

Eine menschliche Siedlung und insbesondere eine Stadt ohne Straße, eine Stadt ohne Verbindung zu ihren Nachbarorten ist undenkbar, und insbesondere im inneralpinen Bereich ist der Bestand einer Stadt ein untrüglicher Indikator für das Vorhandensein einer einigermaßen wichtigen Transitstraße. Als Gegenbeweis für letztere Feststellung darf darauf hingewiesen werden, daß es in den Alpen Städte nur in den Haupttälern gibt, namentlich in solchen, die auch an ihrem oberen Ende oder mittels eines Seitentales vom regionalen oder überregionalen Durchgangsverkehr genutzt werden bzw. genutzt worden sind und keine „Sackgassen" bilden. Dementsprechend befinden sich die Städte und alten Märkte des historischen Landes Tirol ausschließlich einerseits im Inntal, im Tal der Kitzbüheler- oder Tiroler Ache sowie beiderseits der Ausmündung des Lech in das nördliche Alpenvorland, weiters in beiden Abschnitten des den Brennerpaß überschreitenden Wipptales sowie andererseits im Eisack- und Etschtal, im Puster- und im Drautal. Dieselbe Feststellung gilt auch für die Städte und alten Märkte des Trentino.

Selbst in langen Nebentälern, wie im Ziller-, Ötz- und Paznauntal oder im Ulten-, Sarn-, Gader-, Antholzer- und Ahrntal etc. sucht man Städte und alte Märkte vergebens.

Es war der seine nähere und weitere Umgebung erkundende Mensch bzw. Siedler, der Transitwege erkannt und nach und nach, seinen Bedürfnissen und Möglichkeiten entsprechend, ausgebaut hat. Erst nachdem ein solcher weiterführender Weg einmal erkannt war, folgten siedlungspolitische Aktivitäten, die über die Anlage eines den lokalen Bedürfnissen genügenden landwirtschaftlich-bäuerlichen Dorfes hinausgingen und zugleich der Sicherung der betreffenden Transitstraße dienten. Nicht zuletzt um – neben der Sicherung von Handel, Gewerbe und Verwaltung – auch dieser Aufgabe entsprechen zu können, waren die alten Städte Tirols bzw. deren älteste, städtische Siedlungskerne ausnahmslos von Ringmauern umgeben, wobei der ein- und ausgehende Verkehr durch einige wenige Tortürme kontrolliert worden ist. Die im Laufe der Zeit im Anschluß an diese Stadtkerne bzw. an den Straßenzügen außerhalb dieser (älteren) Tortürme entwickelten Vorstädte wurden gegen außen durch zusätzliche (jüngere) Tortürme gesichert, die jedoch nicht miteinander durch eine jüngere, äußere Ringmauer verbunden waren.[20]

Die Standorte der alten Tiroler Märkte und Städte und ihr Verhältnis zu den antiken Römerstraßen, die durch Tirol geführt haben

Die ersten Straßenbauer und Gründer von Straßenstationen im Tiroler Raum waren die Römer, die im Jahre 15 v. Chr. im Südosten, ausgehend von BELLUNUM, und im Südwesten von TRIDENTUM gegen Norden vorstoßend, an den beiden hiemit bereits angedeuteten Routen der VIA CLAUDIA AUGUSTA über den Brenner und über den

---

[20] F. H. Hye, Das Phänomen ‚Stadtmauer' in Tirol. Vom Mittelalter bis ins 19. Jahrhundert. In: Stadt – Burg – Festung. Die Stadtbefestigung von der Antike bis ins 19. Jahrhundert. Internationaler Kongreß veranstaltet aus Anlaß der 700-Jahr-Feier der Stadt Glurns = Veröffentlichungen des Innsbrucker Stadtarchivs N. F. Bd. 21, Innsbruck 1994, S. 279–331.

Reschen in der Folge zwar eine Reihe von Straßenstationen, aber nur eine einzige Stadt, nämlich AGUNTUM einige Kilometer östlich vom hochmittelalterlichen Lienz angelegt haben. Dabei ist mir bewußt, daß die *gegenwärtige* Lehrmeinung mancher Innsbrucker Althistoriker und Archäologen allen Ernstes die erstaunliche Auffassung vertritt, daß der Weg über den Brenner bis zur Anlage der Straße durch die Mündungsschlucht des Eisack oberhalb von Bozen unter Kaiser Maxentius (um 307/12) nur von einer regionalen Nebenstraße von AGUNTUM durch das Drau- und Pustertal frequentiert worden sei, und daß der durch den Meilenstein von Cesio Maggiore (östlich von Feltre!) nachgewiesene östliche Ast der VIA CLAUDIA AUGUSTA von ALTINUM zur Donau durch die Val Sugana (!) und nicht über Kreuzberg und Brenner geführt habe.[21] Wenn ich dessen ungeachtet am römischen Ursprung sowohl des „Oberen Weges" über den Reschen als auch des „Unteren Weges" durch das Cadore und über den Kreuzberg zum Brenner etc. festhalte, so nicht zuletzt deshalb, weil einerseits nach dem Untergang des Imperium Romanum bis herauf in das 15. Jahrhundert keine Territorialmacht in diesem Bereich weiträumig neue Straßen gebaut, andererseits jedoch die spätestens seit dem ersten Drittel des 13. Jahrhunderts nachweisbare Rodfuhr oder Rottfuhr (in Innsbruck nachgewiesen seit ca. 1187/1204 bzw. 1239, in Imst seit 1282) aber sehr wohl diese beiden Routen benützt hat, ja sogar organisatorisch daran gebunden war.[22] Auch daran, daß in Treviso – also am „Unteren Weg" – bereits zum Jahre 1001 für deutsche Händler eine eigene Zollabgabe vorgeschrieben war[23], mag in diesem Zusammenhang erinnert werden. Der seit der Mitte des 13. Jahrhunderts durch den Bestand eines Hospitals am Gemärk nördlich von Cortina d'Ampezzo nachgewiesene zweite Übergang in und aus dem Cadore wurde hingegen lange Zeit nur als Saumweg benutzt.[24] Demzufolge sind daher nicht nur die römischen Straßenstationen in ENDIDAE und PONS DRUSI etc. an der Straße über den Reschen, sondern auch jene von LITTAMUM und SEBATUM im Pustertal (vermutlich identisch mit Innichen und St. Lorenzen) sowie jene von VIPITENUM über VELDIDENA nach PARTHANUM

---

[21] Peter W. Haider, Von der Antike ins frühe Mittelalter. In: Geschichte des Landes Tirol Bd. 1, Bozen 1985, S. 156–160. Entgegen der dort geäußerten Meinung, wonach der Meilenstein von Cesio Maggiore „offensichtlich von Feltre nach Cesio Maggiore verschleppt worden" sei (S. 160), findet sich in dem wenige Jahre später in der Reihe der „Itinerari archeologici" (vol. 13) erschienenen Handbuch von Raffaele Mambella und Lucia Sanesi Mastrocinque, „Le Venezie", Roma 1986/88, S. 28f. und 271 kein Wort über diese Verschleppungstheorie. Vielmehr steht dort (S. 28f.) zu lesen: „La via Claudia Augusta fu aperta .... dopo la conquista di territori alpini .... e fu portata a compimento sotto Claudio stesso (41–54 d. C.): lo attestano due miliari rinvenuti a Rablat (Anm.: = Rabland) nella Val Venosta .... e l'altro a Cesio Maggiore (in territorio di Feltre) riferentesi agli anni 46 e 47 d. C." Bezüglich des Straßenverlaufes der Via Claudia Altinate durch Cesio Maggiore schreiben die zitierten Autoren (S. 271): „La floridezza della città (= Feltre) fu dovuta al suo essere sulla via detta Claudia Altinate, che da Altino, per Feltre ed oltre, risaliva la valle del Piave; poco lontano, a Cesio Maggiore, ne fu trovato un miliario."

[22] F. H. Hye, Der Brenner und seine Stellung in der Geschichte Tirols. In: Berg '95. Alpenvereinsjahrbuch Bd. 119, München 1995, S. 15–22.

[23] Josef Riedmann, Die Beziehungen der Grafen und Landesfürsten von Tirol zu Italien bis zum Jahre 1335 = Österr. Akademie d. Wissenschaften, Sitzungsberichte phil.-histor. Klasse Bd. 307, Wien 1977, S. 117.

[24] Georg Tinkhauser, Beschreibung der Diöcese Brixen. Bd. 1, Brixen 1855, S. 472. Siehe dazu auch F. H. Hye, Grundzüge der Wirtschaftsgeschichte Tirols im Mittelalter. In: Tiroler Wirtschaftschronik, Wien 1994, S. I/35.

etc., welche bereits durch Meilensteine des Kaisers Septimius Severus von 201 nachgewiesen sind, als Straßenstationen an zwei wichtigen Süd-Nord-Transversalen des Imperium Romanum anzusehen, zu welchen sich nach der Errichtung der Römerstraße durch das untere Eisacktal auch SUBLABIONE hinzugesellte.

Auf diese antik-römische Vorgeschichte hinzuweisen, erscheint deshalb von Wichtigkeit, weil es nach der bayerischen Landnahme bzw. im Hochmittelalter, wenngleich z. T. mit geringfügigen lokalen Verschiebungen, weitgehend dieselben naturgegebenen, verkehrsgeographisch günstigen Standorte waren, an denen neuerlich Verkehrssiedlungen angelegt worden sind, wobei die Chronologie der Gründungsgeschichte der betreffenden Märkte und Städte eine deutliche Bevorzugung der Plätze an den Nord-Süd- vor den Ost-West-Straßenverbindungen erkennen läßt: Die primäre Stätte des Neubeginns als Brücke von der Spätantike zum Mittelalter und damit als erstes Zentrum der Ausstrahlung gegen Norden war dabei der Bischofssitz TRIDENTUM / Trento, dessen Municipal- und Diözesangrenze am Thinnebach bei / in Klausen am Eisack verlief und als Diözesangrenze bis 1964 wirksam blieb.[25]

Von hier aus erfolgte nach der Verleihung der betreffenden Grafschaft an die Kirche des hl. Vigilius (1027) die Gründung des Burgum Bauzanum im Territorium des spätestens im 8. Jahrhundert im Umfeld des antiken Pons Drusi erwachsenen, bayerischen Dorfes Bozen, dessen Marien-Pfarrkirche sich im Bereich der römischen Nekropole von PONS DRUSI erhebt.[26]

Auf der halben Strecke zwischen Trient und Bozen entstand auf den Ruinen des römischen ENDIDAE das Dorf Egna, in dessen südlicher Nachbarschaft Bischof Konrad von Trient 1189 die neue Straßen-, Hafen- und Marktsiedlung Neumarkt errichtet hat.[27]

Von Trient aus als damaligem Suffraganbistum des Patriarchats von Aquileia erfolgte aber auch – ebenfalls an der Brennerstraße – spätestens im 5./6. Jahrhundert die Gründung des Missionsbistums SABIONA / Säben knapp nördlich der vorerwähnten Grenze am Thinnebach bzw. mit Standort am frühmittelalterlichen, über den dortigen Burgfelsen verlaufenden Brennerweg.[28] Die römerzeitliche Talstraße war nämlich offenbar nach dem Zusammenbruch des Imperium Romanum und seiner staatlichen Straßenverwaltung sowohl in der Talschlucht von Blumau[29] als auch in der Talenge von Schrambach unweit oberhalb von Klausen widerstandslos der erodierenden Kraft des Eisack ausgesetzt und dadurch zerstört worden.

Die Schenkung der auf – archäologisch ergrabenen – ‚namenlosen' römischen Siedlungsresten in Brixen-Stufels erwachsenen „curtis Prihsna" am Zusammenfluß von Ei-

---

[25] Josef Gelmi, Kirchengeschichte Tirols. Innsbruck 1986, S. 10f.
[26] F. H. Hye, Die Gründung von Bozen – gesehen im Rahmen der hochmittelalterlichen Stadtgründungen in Tirol (mit Repliken auf die neuesten Theorien). In: Bozen, a. a. O.= Anm. 2, S. 191–202; derselbe, Die alten Städte Tirols. Grundzüge ihrer Entstehungsweise und ihres Erscheinungsbildes. In: Innsbrucker geographische Studien Bd. 6, Innsbruck 1979, S. 57–73 (in italiano: Le antiche città del Tirolo: origini e struttura. In: Le città in Italia e in Germania nel Medioevo = Annali dell'Istituto storico italo-germanico, Quaderno 8, Bologna 1981, p. 145–173).
[27] Derselbe, Neumarkt, a. a. O.= Anm. 12, S. 127–144.
[28] Siehe oben Anm. 24! Über die dortigen Straßen- und Siedlungsverhältnisse siehe F. H. Hye, Die fürstbischöflich-brixnerische Stadt Klausen am Eisack. Geschichte und Stadtbild. In: Österreich in Geschichte und Literatur Jg. 35, Wien 1991, S. 329–339.
[29] Norbert Mumelter, Der Kuntersweg. Karneid 1984.

sack und Rienz im Jahre 901 durch König Ludwig das Kind an den Bischof von Säben hatte dann im 10./11. Jahrhundert die Ausbildung des neuen Bischofssitzes sowie bei diesem des Marktes und der Stadt Brixen durch die dortigen Bischöfe zur Folge, die seit 1027 auch Herren der Grafschaft im Noritel, d. h. vom Thinnebach aufwärts im Eisack-, im Wipp- und im mittleren Inntal zwischen Melach und Ziller waren.[30]

Nördlich davon, ebenfalls an der Brennerstraße, lassen sich bereits um 827/28 in der Nachfolge des antiken VIPITENUM in der Vill unweit der späteren Sterzinger Pfarrkirche (vermutlich im Bereich der römischen Nekropole) „castrum" und „villa Uuipitina" nachweisen[31], während im Zuge der bayerischen Landnahme – ebenfalls an der römischen Brennerstraße[32] – wohl durch einen Kolonisten, vielleicht namens „Sterzo" das bayerische Dorf Sterzing angelegt worden ist, dessen Bestand urkundlich seit dem 12. Jahrhundert belegt werden kann.

Die dortige, südwärts an das gleichnamige Dorf anschließende Stadtgründung freilich erfolgte erst um 1280 (vgl. unten, S. 315).[33]

Auch das antik-römische MATREIUM fand spätestens im 10. Jahrhundert zunächst in der bäuerlichen Landgemeinde Mühlbachl seine primäre Nachfolge, wobei besonders auffällt, daß der Kernbereich dieser Gemeinde die Bezeichnung „Altenstatt" trägt. Der von der Gemeinde Mühlbachl im Norden, Westen und Süden umgebene, stadtähnliche Markt Matrei wurde hingegen erst um 1240 von den Fürstbischöfen von Brixen gegründet.[34]

Die nach Aussage der Etymologen bereits vorrömische Siedlung und Straßenstation VELDIDENA hingegen tritt uns neuerdings im 9. Jahrhundert als „Uuiltina"/Wilten entgegen. Die hochmittelalterliche Neugründung des Marktes und der Stadt Innsbruck durch die Grafen von Andechs erfolgte jedoch nicht an diesem Standort, sondern – leicht gegen Norden verschoben – bei der von Markgraf Berchtold von Andechs-Istrien an diesem Platz gleichzeitig mit der Marktgründung links des Flusses erstmals geschlagenen Brücke über den Inn: Nach dieser neuen, eine ältere Fähre ablösenden Brücke benannte Berchtold seine Neugründung „Innsbruck", welcher Name auch für

---

[30] F. H. Hye, Die alte Bischofsstadt Brixen. Geschichte und Stadtbild, a. a. O. = Anm. 1, S. 361–371. Laut einer Meldung der Bozner Tageszeitung „Dolomiten" vom 31. März 1993 sind damals gelegentlich von Bauarbeitern erstmals auch im Gelände rechts des Eisack, im Kassianeum, „Mauern aus römischer Zeit und aus dem frühen Mittelalter" gefunden worden.

[31] Anselm Sparber, Die Quartinusurkunde von 827/28. In: Schlern-Schriften Bd. 12, Innsbruck 1927, S. 176–185.

[32] Auf die Identität der Hauptstraße von Sterzing mit der Römerstraße weist ein im Jahre 1979 unweit südlich vom Zwölferturm in der Neustadt gefundener römischer Meilenstein des Kaisers Septimius Severus von 201 hin, der im Hinterhof des Sterzinger Rathauses museal aufgestellt worden ist.

[33] Franz Huter, Vom Werden und Wesen Sterzings im Mittelalter, a. a. O. = Anm. 5, S. 35 f. und 50 ff., sowie F. H. Hye, Städtepolitik in Tirol unter Meinhard II. und seinen Nachfolgern (bis 1363). In: Ausstellungskatalog „Eines Fürsten Traum. Meinhard II.– Das Werden Tirols." Tiroler Landesausstellung 1995, Innsbruck 1995, S. 274–282: An dieser Stelle muß leider festgestellt werden, daß entgegen den richtigen Angaben im dazu gelieferten Manuskript des Verfassers durch die Schriftleitung das sechseckige Wappensiegel Herzog Ludwigs von Kärnten-Tirol an der Stadtrechtsbestätigungsurkunde desselben von 1303 November 10 irrig als das „Wappensiegel der Stadt Hall" bezeichnet wurde. Der älteste bekannte Abdruck des runden Haller Stadtsiegels hängt hingegen an einer Urkunde von 1316 (vgl. F. H. Hye, Die Städte Tirols. 1. Teil, a. a. O. = Anm. 9, S. 44.

[34] Otto Stolz, Geschichte von Matrei im Mittelalter. In: a. a. O. = Anm. 16 , S. 26–33.

die aus einer südwärtigen Markterweiterung des Jahres 1180 über diese Brücke auf das rechte Innufer hervorgegangenen Stadt beibehalten worden ist.[35]

Am Ende der gesamten bisher dargelegten Reihe von mittelalterlichen Markt- und Stadt-Neugründungen entlang der spätrömischen „Direttissima" von Trient über Bozen und den Brenner nach Innsbruck/Wilten und weiter nach Mittenwald und Garmisch-Partenkirchen bleibt noch darauf hinzuweisen, daß – abgesehen von Trient – *zwei davon bereits im 11. Jahrhundert*, nämlich Bozen und Brixen, und weitere *zwei*, nämlich Innsbruck und Neumarkt, bereits *im 12. Jahrhundert* ihre Neugründung erfuhren.

Klausen, Matrei und Sterzing, ebenfalls an diesem Straßenzug gelegen, wurden hingegen erst im *13. Jahrhundert* als bürgerliche Verkehrssiedlungen neu angelegt.

Gleichfalls erst dem 13. Jahrhundert entstammen Meran (um 1239/78) in der nördlichen Nachbarschaft der römischen Straßenstation von MAIA[36], Glurns (um 1290/94)[37] und Imst (privilegiert 1282)[38] an bzw. nahe an der Reschenstraße sowie Bruneck (um 1256/1309)[39] wenige Kilometer östlich vom römischen SEBATUM / Stegen / St. Lorenzen[40] und Mühlbach (um 1269/77)[41] am westlichen Eingang in das Pustertal.

Allein das wohl im letzten Jahrzehnt des 12. Jahrhunderts einige Kilometer westlich vom römischen AGUNTUM im Mündungszwickel zwischen Drau und Isel völlig neu begründete Lienz („castrum Luenz" 1197)[42] gehört noch der altersmäßigen Mittelschicht von Innsbruck und Neumarkt an.

Wie diese alters- und straßenmäßige Analyse der älteren Tiroler Städte – ohne die Bergwerkszentren Hall und Schwaz sowie ohne die ursprünglich bayerischen Städte Rattenberg, Kufstein und Kitzbühel – erkennen läßt, besteht also eine unmittelbare Beziehung zwischen der unterschiedlichen Wichtigkeit der diversen Straßenzüge

---

[35] F. H. Hye, Die Städte Tirols. 1. Teil, a. a. O. = Anm. 9, S. 71–132; sowie derselbe, Innsbruck. Geschichte und Stadtbild = Sonderband der „Tiroler Heimatblätter", Innsbruck 1980; und derselbe, Die Grafen von Andechs und Tirol. In: Schwaben – Tirol. Beiträge zur Ausstellung in Augsburg, Rosenheim 1989, S. 47–53.

[36] Derselbe, Meran. In: Österreichischer Städteatlas, a. a. O. = Anm. 3; sowie derselbe, Meran. Vorort des Vinschgaus. In: Der Vinschgau und seine Nachbarräume. Bozen 1993, S. 27–33.

[37] Derselbe, Geschichte der Stadt Glurns, a. a. O. = Anm. 4.

[38] O. Stolz, Geschichte von Imst im Mittelalter und in der früheren Neuzeit. In: Schlern-Schriften Bd. 110, Innsbruck 1954, S. 77–88; vgl. auch F. H. Hye, Die Städte Tirols. 1. Teil, a. a. O. = Anm. 9, S. 55–68; sowie von demselben, Städtepolitik in Tirol unter Meinhard II., a. a. O. = Anm. 33, S. 275 u. 281.

[39] J. N. Tinkhausers Brunecker Chronik 1834, ed. v. Hubert Stemberger, Bozen 1981; F. Huter, Die Anfänge von Bruneck. In: Der Schlern Jg. 30, Bozen 1956, S. 291–294; sowie F. H. Hye, Bruneck, die Stadt des Pustertales. Grundzüge der Stadtgeschichte, a. a. O. = Anm. 7, S. 410–427.

[40] Derselbe, Stegen, Altstegen, St. Lorenzen – ein Problem der historischen Topographie und Jahrmarktgeschichte, verursacht durch die Gründung von Bruneck, a. a. O. = Anm. 7, S. 37–46.

[41] Derselbe, Der alte Markt Mühlbach. In: Der alte Markt Mühlbach. Mühlbach 1979, S. 11–110.

[42] Derselbe, Das „castrum Luenz" von 1197 und die Gründung der Stadt Lienz. In: Ausstellungskatalog „750 Jahre Stadt Lienz 1242–1992". Lienz 1992, S. 27–31. Vgl. dazu Michael Gebhardt und Max Siller, Burg und ‚Stadt' vom Germanischen bis zum Frühmittelhochdeutschen. In: Stadt – Burg – Festung = Veröffentlichungen des Innsbrucker Stadtarchivs N. F. Bd. 21, Innsbruck 1994, S. 139–165.

durch Tirol und der Chronologie der Entwicklung von Städten und Märkten an denselben, wobei sich generell und abgesehen von geringen lokalen Verschiebungen eine deutliche Kontinuität sowohl in der Nutzung der Trassen der durch das Land verlaufenden Römerstraßen bzw. vor allem der drei Äste der VIA CLAUDIA AUGUSTA über den Reschen, den Brenner und durch das untere Eisacktal als auch durch die siedlungsmäßige Reaktivierung der verkehrsgeographisch optimal situiert gewesenen antiken Straßenstationen an denselben abzeichnet.

Das 14. Jahrhundert brachte dann einerseits auch an der Querverbindung von der VIA CLAUDIA AUGUSTA nach CAMBODUNUM/Kempten das Städtchen Vils (1327)[43] und andererseits in der Gestalt von Schwaz (privilegiert 1326)[44], Rattenberg[45] und Kufstein[46] drei Markt- bzw. Stadtsiedlungen auch an dem in VELDIDENA/Wilten abzweigenden Nebenast der VIA CLAUDIA durch das Unterinntal hervor, deren Siedlungsgrundriß unverkennbar von diesem Straßenzug geprägt ist.

Alte Tiroler Städte abseits der Römerstraßen

Die einzigen abseits einer Römerstraße angelegten Städte im heutigen Tirol sind Kitzbühel (1271) und Hall (1232/1303), wobei die wohl auf einen bayerischen Kolonisten, vielleicht namens „Kitzo", zurückgehende, landwirtschaftlich-bäuerliche Dorfsiedlung Kitzbühel (1165 „Chizbuhel") zu jenem Zeitpunkt durch die Einfügung einer gleichnamigen Stadtsiedlung ihres verkehrsmäßigen Mittelpunktes beraubt worden ist, als es die intensiver werdenden Kontakte über die diversen, mehr oder weniger bequemen Paßübergänge zu dem fast allseitigen Nachbarn Salzburg für die Herzoge von Bayern angebracht erscheinen ließen, hier ein befestigtes, bürgerliches Zentrum zum Ausbau und zur Sicherung der eigenen Landesherrschaft und Wirtschaft zu errichten.[47] Daß sich die Region im 15. Jahrhundert zu einem bedeutenden Bergbaurevier entwickeln würde, ahnte bei der Gründung der Stadt noch niemand.[48]

Umgekehrt stand bei Hall von Anfang an der Bergbau, namentlich der im ersten Drittel des 13. Jahrhunderts entdeckte Salzberg im hinteren Halltal, nördlich der Stadt, Pate bei der Anlage dieser ältesten und lange Zeit einzigen Tiroler ‚Industriestadt'[49]. Um das mittels einer hölzernen Soleleitung vom Salzberg ins Tal beförderte, verflüssigte Salz in der namengebenden „Salina" = Hall bzw. im Haller Sud- oder Pfannhaus nahe am linken Innufer verkochen zu können, benötigte man Unmengen von Holz, welche aus den Nebentälern des oberen Inntales am Inn bis Hall angetriftet

---

[43] O. Stolz, Geschichte der Stadt Vils in Tirol. a. a. O. = Anm. 15.
[44] F. H. Hye, Die Städte Tirols, 1. Teil, a. a. O. = Anm. 9, S. 213–227; Erich Egg, Peter Gstrein und Hans Sternad, Stadtbuch Schwaz. Natur, Bergbau, Geschichte. Schwaz 1986.
[45] F. H. Hye, Die Städte Tirols, 1. Teil, a. a. O. = Anm. 9, S. 201–209; derselbe, Rattenberg am Inn. Grundzüge seiner Stadtgeschichte, a. a. O. = Anm. 9, S. 60–75.
[46] Derselbe, Die Städte Tirols, 1. Teil, a. a. O. = Anm. 9, S. 149–161; derselbe, Kufstein. In: Österreichischer Städteatlas, 2. Lieferung, Wien 1985.
[47] Stadtbuch Kitzbühel (4 Bde.), hg. v. Eduard Widmoser, Kitzbühel 1967–1971; J. Riedmann, Die Bamberger Oblei in Kitzbühel und ihre Anfänge. In: Tiroler Heimat N. F. Bd. 35, Innsbruck 1971, S. 51–59; F. H. Hye, Die Städte Tirols, 1. Teil, a. a. O. = Anm. 9, S. 135–145.
[48] Manfred Rupert, Beiträge zur spätmittelalterlichen und frühneuzeitlichen Hüttengeschichte von Kitzbühel und Umgebung. In: Archaeologia Austriaca Bd. 54, 57–60, Wien 1973–1976.
[49] Vgl. dazu die Beiträge von Nikolaus Grass, F. H. Hye, Rudolf Palme, O. Stolz u. a. in: Stadtbuch Hall in Tirol. Innsbruck 1981.

worden sind. Um das so angelieferte Holz sicher aus dem Fluß entnehmen zu können, errichtete man in Hall einen stabilen Holzrechen, der den Fluß permanent bzw. bis zum Bau der Unterinntaler Eisenbahn (1856/58) abgesperrt und Hall dadurch überdies zum Kopfhafen der Innschiffahrt gemacht hat. Auch hier läßt der Grundriß der Stadt noch heute deren werks- und verkehrsgeschichtliche Gründungssituation erkennen, wobei der Lange Graben an die geradewegs von Norden bzw. aus dem Halltal zum alten Sudhaus herabgeführte Soleleitung, und die Salvator- bzw. ehemalige Marktgasse mit der ursprünglichen Salinen-Werkssiedlung daran erinnert, daß die mittelalterliche, von Innsbruck über Thaur nach Hall führende Landstraße nicht in die Oberstadt, sondern am Sudhaus vorbei direkt zur Lände bzw. zum Haller Innhafen geführt hat. Nur die funktionsmäßig untergeordnete Landstraße, die vom Unterinntal nach Hall geführt hat, mündete in Gestalt der heutigen Schlossergasse in die Oberstadt ein, wobei der an sich keineswegs verkehrsfreundliche enge und steile Lange Graben die einzige gassenmäßige Verbindung von der Oberstadt mit dem Oberen Stadtplatz zur alten Marktgasse am Talboden gebildet hat. Eine straßenmäßige Verkehrsverbindung von Hall zum südlichen oder rechten Innufer brachte erst das Privileg des Brückenschlages mit sich, welches im Rahmen der Stadterhebungsurkunde von 1303 von den damaligen landesfürstlichen Stadtherren ausgesprochen worden ist.[50] Der eigentliche politische Hintergedanke dabei war jedoch nur sekundär der Wunsch, daß Hall auf diese Weise einen direkten Zugang zu jenem uralten Verbindungsweg erhalten möge, welcher von Ampaß über Lans, Igls, Patsch und die Ellbögen die kürzestmögliche Verbindung zur Brennerstraße bildet.[51] Die primäre landesfürstliche Absicht dabei war vielmehr, daß das Salz aus der landesfürstlichen Saline in Hall auf diesem Wege am schnellsten bzw. ohne den beschwerlichen Umweg über Innsbruck in den südlichen Landesteil transportiert und dort gewinnbringend vertrieben werden konnte.

Das Verhältnis Stadt und Brücke

Ähnlich wie in Hall ist die Brücke auch in vielen anderen Tiroler Städten ein zentrales Element der Verkehrs- und Wirtschaftsgeschichte. Das älteste Beispiel hiefür liefert PONS DRUSI in Bozen vermutlich an der Stelle der heutigen sogenannten Loretobrücke, deren späterer Bestand urkundlich seit 1202 nachgewiesen werden kann.[52]

Auch der Adlerbrücke in Brixen kam als Träger der „Pusterer Straße" zumindest solange eine mehr als nur lokale Bedeutung zu, bis im Zuge der Gründung des Augustiner-Chorherrenstiftes Neustift (1142) im Norden der Stadt mit der Straßenverbindung dorthin auch eine neue Landstraße in das Pustertal geschaffen worden ist.[53]

---

[50] F. H. Hye, Hall in Tirol. Gründung und Werdegang einer Salzstadt, a. a. O. = Anm. 6, S. 233–246; sowie derselbe, Hall i. T. In: Österreichischer Städteatlas, Lieferung 4/2, Wien 1993.
[51] Derselbe, Zur Geschichte des Hauptstraßennetzes im Innsbrucker Becken. Das Verkehrsdreieck Matrei – Innsbruck – Ampass/Hall. In: Festschrift für Herbert Hassinger = Tiroler Wirtschaftsstudien Bd. 33, Innsbruck 1977, S. 175–197; derselbe, Die Städte Tirols, 1. Teil, a. a. O. = Anm. 9, S. 31–51, sowie in Ergänzung dazu von demselben, Grundzüge der Wirtschaftsgeschichte Tirols im Mittelalter, a. a. O. = Anm. 24, S. I/40 f.
[52] Vgl. oben Anm. 26.
[53] Vgl. oben Anm. 30.

Den sowohl für die überregionale Verkehrsgeschichte als auch für die städtische Siedlungsgeschichte wichtigsten mittelalterlichen Brückenschlag stellt hingegen wohl jener der namengebenden Innsbrucker Innbrücke um 1165/70 dar. An der Stelle dieser Brücke hatte zuvor das Prämonstratenser-Chorherrenstift Wilten eine offenbar einträgliche Fähre über den Inn betrieben und hat sich in einem Vertrag von 1180 ausdrücklich auch weiterhin das exklusive Fährrecht in diesem Bereich ausbedungen, vermutlich in der Hoffnung, daß die neue, über Initiative des Innsbrucker Stadtgründers, des Markgrafen Berchtold von Andechs-Istrien, errichtete Brücke nur von kurzem Bestande sein würde.[54] Die VIA CLAUDIA AUGUSTA hingegen hatte den Inn einige Kilometer weiter talaufwärts in der Gegend von TERIOLIS/Zirl-Martinsbühl bzw. im Bereich zwischen Völs und Kematen gequert, zumal sich noch im Jahre 1825 im dortigen Michelfeld ein römischer Meilenstein befunden hat.[55] Er fiel vermutlich dem Bau der Arlbergbahn (1882/84) zum Opfer.

Die sich in der West-Ost-Orientierung des Kufsteiner Stadtplatzes fortsetzende Richtung der Kufsteiner Innbrücke wiederum läßt vermuten, daß der Hauptverkehr hier den Fluß überquert hat. Tatsächlich spricht manches dafür, daß der mittelalterliche Hauptverkehr von Kufstein talaufwärts nicht durch den Kufsteiner Wald, sondern auf der Nordseite des Inntales über Mariastein zur Innbrücke von Rattenberg geführt habe. Andererseits gibt es aber auch gewichtige Argumente dafür, daß die talaufwärts führende Landstraße südlich des Inn über Söll und durch das Pfarrdorf Kirchbichl nach Wörgl verlaufen sei, wo nicht die Brixentaler Ache, sondern westlich davon der Wörgler Bach die Grenze des Landgerichtes Kufstein gegen das Landgericht Rattenberg gebildet und auch die Pfarre Kirchbichl westwärts über die genannte Ache gereicht hat.[56] Nicht ganz auszuschließen ist aber auch die Möglichkeit, daß die Kufsteiner Innbrücke primär und ganz einfach der Verbindung des Ortskerns rechts des Inn mit dem Ortsteil Zell und der ursprünglichen Pfarrkirche von Kufstein links des Inn gedient habe.[57] Mehr Klarheit in diesen Fragenkomplex würde erst eine verkehrsgeschichtliche Untersuchung hinsichtlich der Wertigkeit einerseits der Straße von Kufstein talabwärts durch die bereits seit 1428/47 urkundlich nachgewiesene enge Thierberger „Klause" nach Kiefersfelden bzw. andererseits der Straße von Kufstein durch die einladend breiten Fluren rechts des Inn hinunter in das (zweite) Kufsteiner Pfarrdorf Ebbs und weiter nach Rosenheim erbringen.

Doch auch in anderen Tiroler Städten spielten Brücken eine wesentliche Rolle in der Stadtgeschichte, namentlich zu erwähnen sind dabei neben dem bereits genannten Rattenberg vor allem Meran, Klausen, Bruneck und Lienz sowie Glurns, wo es – wie die neuesten Forschungen gezeigt haben – im Zuge der Errichtung der neuen Stadtbefestigung nach den Zerstörungen des Jahres 1499 zu einer Verlegung der Etschbrücke und damit auch der Nord-Süd-Straße von Mals zur Glurnser Etschbrücke ein Stück flußabwärts gekommen ist.[58]

---

[54] Vgl. oben Anm. 13 sowie F. H. Hye, Wilten und Innsbruck. Geschichte einer mehrschichtigen Zweierbeziehung. In: 850 Jahre Praemonstratenser-Chorherrenstift Wilten 1138–1988. Innsbruck 1988, S. 103–128.
[55] Franz Carl Zoller, Geschichte und Denkwürdigkeiten der Stadt Innsbruck. Bd. 2, Innsbruck 1825, S. X.
[56] Vgl. oben Anm. 10.
[57] F. H. Hye, a. a. O. = Anm. 10, S. 241–247.
[58] Vgl. oben Anm. 4.

Umgehungswege und Straßenzwang

Ein besonderes Kapitel im Verhältnis zwischen Stadt und Straße bilden die immer wieder zu beobachtenden Versuche, die Städte und damit deren Zölle etc. dort, wo es die landschaftlichen Gegebenheiten zuließen, auf Umfahrungswegen oder -straßen zu umgehen.

Die für den landesfürstlichen Salztransport legitim, alsbald aber auch illegitim vom privaten Handelsverkehr genutzte Salzstraße über das südliche Mittelgebirge bei Innsbruck wurde bereits erwähnt. Letztlich hat man sich hier mit der Mißachtung der allein *durch* die Stadt Innsbruck führenden „rechten Landstraße" abgefunden und der Stadt die Einhebung eines Zolles an der Haller Innbrücke gewährt, was allerdings für die Innsbrucker Gastwirte keinen Ersatz für den so bedingten Ausfall an Gästen und Einnahmen bedeutet hat. Allerdings darf vermutet werden, daß der Großteil des vom Süden kommenden Transitverkehrs nicht dem Haller Innhafen zustrebte, sondern der wichtigeren Handelsroute in Richtung Augsburg folgte.

Durch eigene, von den betreffenden Städten erbetene Schutzprivilegien Herzog Rudolfs IV. von Österreich gesperrt wurden die Umfahrungswege bei Sterzing und Meran.[59]

Derartigen dirigistischen Maßnahmen, deren Wirkung nicht überschätzt werden sollte, war es auch zuzuordnen, wenn zumindest der Salztransport und die Rodfuhr über den Reschen von der bequemeren Hauptstraße auf der Strecke Mals – Schluderns zum Umweg durch das in der feuchten Talniederung gelegene Städtchen Glurns gezwungen worden sind. – Die eigentliche Motivation zur Gründung von Glurns durch Herzog Meinhard von Kärnten-Tirol um 1290/94 in der Nachbarschaft, aber nicht an der einstigen direkt von Schluderns nach Mals führenden Römerstraße lag ja auch nicht im wirtschaftlichen Bereich, sondern verstand sich vor allem als eine militärische und politisch-administrative Maßnahme zum Ausbau und zur Sicherung der Landesherrschaft im eher peripheren Bereich des oberen Vinschgaus gegenüber den Fürstbischöfen von Chur.[60]

Die Rodfuhr (Rottfuhr)

Damit haben wir auch die Thematik ‚Stadt und Rodfuhr (Rottfuhr)' angesprochen. Wie bekannt, hat dieser mittels lokaler Kurzstreckenfrächter organisierte Gütertransit zwischen Augsburg und Venedig den Tiroler Raum in zwei Linien, über den Oberen Weg und über den Unteren Weg durchquert, wobei alle an der betreffenden Strecke gelegenen Märkte und Städte mit eingebunden worden sind. Am Oberen Weg über den Reschenpaß waren dies – abgesehen von den dörflichen Stationen – Reutte, Imst, Glurns, Meran, Bozen und Neumarkt, am Unteren Weg über den Brenner hingegen Mittenwald (mit insgesamt 32 Rodwägen in beiden Richtungen)[61], Innsbruck, Matrei,

---

[59] F. Huter, Herzog Rudolf der Stifter und die Tiroler Städte = Tiroler Wirtschaftsstudien Bd. 25, Innsbruck 1971, S. 45–49, sowie Urkunden-Anhang Nr. 5 u. 7. Vgl. dazu auch hinsichtlich der Geschichte des Straßenverlaufes im Bereich zwischen Meran, Marling und der Töll F. H. Hye, Geschichte von Algund bei Meran. Historisches Antlitz einer Tiroler Dorfgemeinde. Algund 1986, S. 17–32 (in italiano: Storia di Lagundo/Algund presso Merano. Profilo storico di un comune rurale del Tirolo. Lagundo/Algund 1988).
[60] Vgl. oben Anm. 4.
[61] H. Klinner, Vom Saumpfad zur Rottstraße. In: „Bozener Märkte" in Mittenwald 1487–1697. Mittenwald 1987, S. 15–24.

Sterzing, Mühlbach und Bruneck. In allen diesen Städten und Märkten bestanden sogenannte Ballhäuser, in denen die Warenballen vom einfahrenden auf denjenigen der weiterfahrenden Transportwagen umgeladen worden sind, der nach der lokalen „Rodordnung" bzw. Reihenfolge reihum an der Reihe war (Der Name Rod kam von Rad, lat. „rota"). Die Rodfuhr ist seit dem 13. Jahrhundert nachweisbar. Ihre ältesten urkundlichen Quellen in Tirol sind die einen Rechtszustand von ca. 1180/1204 erneuernde Stadtrechtsbestätigungsurkunde für Innsbruck von 1239 sowie das Marktprivileg für Imst von 1282, wofür das zitierte Innsbrucker Stadtrecht als Vorurkunde diente.[62] Häufig als Nebenverdienst, insbesondere, aber nicht nur von Bauern praktiziert[63], verlor die Rodfuhr allmählich sowohl für die berechtigten Rodfuhrleute als auch bei den betroffenen Kaufleuten ihre Attraktivität und wurde immer mehr als zu schwerfällig, zu langsam und im Verhältnis dazu als zu teuer empfunden. Spätestens um die Mitte des 18. Jahrhunderts kam daher das Ende dieser Transportorganisation.[64] In besonders deutlicher Weise zeigte sich dies, als der Fürstbischof von Brixen sein Ballhaus in Bruneck aufließ und im Jahre 1743 zur Ansiedlung des Ursulinenordens in dieser Stadt bereitstellte.[65] Auch das Ballhaus von Neumarkt wurde wohl bereits um diese Zeit nicht mehr von der Rodfuhr, sondern als Holz- und Holzschindel-Lagerhaus der Fleimstaler Holzhändler verwendet, die ihre Produkte von hier aus auf Flößen etschabwärts weiterbefördert haben.[66] Das Ballhaus in Glurns ist im Kriegsjahr 1799 ausgebrannt und wurde erst um 1980 als Wohnhaus wiederaufgebaut. Die übrigen angeführten Ballhäuser wurden in der Folge entweder zu anderen Zwecken und Funktionen umgebaut oder mußten – wie jenes in Innsbruck 1870 – einem Neubau weichen.

Ein überraschendes Faktum an der Rodfuhrorganisation in Tirol bildet der Umstand, daß das wichtige Straßenstück von Brixen (inclusive) über Klausen nach Bozen von dieser Transport-Organisation nicht berührt worden ist, was wahrscheinlich dadurch zu erklären ist, daß zum Zeitpunkt der Ausbildung dieser Organisation im 13.und 14. Jahrhundert der Verkehr bzw. die Straße von Bozen nordwärts noch steil auf und ab hoch über den Ritten nach Kollmann oder Klausen verlief und daher für einen intensiven und regelmäßigen Fuhrwerksverkehr unzumutbar war. Es wäre allerdings unrichtig, jeglichen Fuhrwerksverkehr auf diesem Straßenstück über den Ritten in Abrede zu stellen, zumal sich an der südlichen Außenwand der St. Nikolauskirche zwischen Maria Saal und Mittelberg sogar eine Votiv-Freskodarstellung eines mit Fässern beladenen Fuhrwerks von ca. 1460 unmittelbar neben dieser Straße erhalten hat.[67]

Bleibt noch anzumerken, daß auch nach dem fuhrwerksgerechten Ausbau des sogenannten Kuntersweges durch die Eisackschlucht bei Blumau um 1483/84 keine Änderung der Rodfuhrorganisation unter Einbeziehung der Strecke Bozen – Brixen und umgekehrt stattgefunden hat.

---

[62] Vgl. oben Anm. 13 u. 38.
[63] So z. B. wurde die Rodfuhrstation bzw. das Ballhaus in Meran ausschließlich von Bauern aus den benachbarten Dörfern Gratsch und Algund betreut (vgl. F. H. Hye, Algund, wie oben Anm. 59, S. 32f.).
[64] O. Stolz, Geschichte des Zollwesens, Verkehrs und Handels in Tirol und Vorarlberg = Schlern-Schriften Bd. 108, Innsbruck 1953, S. 240–253.
[65] Vgl. oben Anm. 7.
[66] Vgl. oben Anm. 12.
[67] F. H. Hye, wie oben Anm. 24, S. I/54.

Das städtische Gastgewerbe-Monopol

Sehr eng mit der Rodfuhr und dem Gütertransit verbunden war auch das Gastgewerbe, zumal der Aufenthalt und das Umladen in den Ballhäusern meist auch eine Übernachtung des begleitenden Händlers in einem der lokalen Gasthäuser bedingt hat. Doch auch unabhängig von der Rodfuhr waren die Städte und manche Märkte die privilegierten Stätten des Gastungsgewerbes. So verfügte schon Graf Meinhard II. von Tirol-Görz in dem bereits im Zusammenhang mit der Rodfuhr zitierten Marktprivileg für Imst (1282), daß im gesamten Bereich des Landgerichtes Imst ausschließlich im Marktort Imst selbst gewerbsmäßig Wein ausgeschenkt und Gäste beherbergt werden dürften. Eine ähnliche Monopolstellung nahmen auch die drei bayerischen Städte Rattenberg, Kufstein und Kitzbühel ein.[68] Im Landgericht Kitzbühel bestanden laut einer amtlichen Regelung des bayerischen Viztums von 1297 insgesamt vier Tavernen („taevern"), eine in Kitzbühel selbst sowie drei weitere in den Pfarrdörfern St. Johann, Kirchdorf und Kössen.[69] Als ein ziemlich radikaler Eingriff in das Wirtschaftsleben des Landgerichtes Sterzing dürfte es wohl empfunden worden sein, als im Jahre 1304 den Bauern in den Dörfern zwischen den beiden Mittenwald, jenem am Brenner und dem Mittewald oberhalb von Franzensfeste, sowie der Bevölkerung am Weg zum Jaufenpaß jede gewerbsmäßige Aufnahme von Gästen und jede Bewirtung untersagt und dieses Monopol allein der um 1280 gegründeten jungen Stadt Sterzing eingeräumt und vorbehalten worden ist. Namentlich genannt und betroffen von diesem Verbot waren die Orte „Ayterwanch" im südlichen Bereich des Brenner-Hochtales, „Gozzensaz" (Gossensass), „Movls" (Mauls) und „Chalch" (Kalch am Aufstieg zum Jaufenpaß).[70] Allerdings müßte bei allen diesen Monopolisierungen erst einmal untersucht werden, wie lange sie wirksam geblieben und respektiert worden oder durch spätere Sonderprivilegien umgangen worden sind (so sei diesbezüglich etwa an den sicherlich sehr alten Gasthof Staffler in Mauls oder an den Postwirt am Brenner erinnert). Auf alle Fälle waren diese Privilegien jedoch dazu geeignet, die Gastungs-Wirtschaft in den betreffenden Städten und Märkten zu fördern, was in den vielen alten, heute leider vielfach aufgelassenen Gasthäusern in den alten Tiroler Städten bzw. durch ihre meist noch vorhandenen Wirtshausschilder sichtbaren Ausdruck fand: Eisenbahn, Motorisierung und Autobahn brachten jedoch andere Reiseintervalle und andere Reiserouten.[71] Viele der großen alten Gaststätten *in* den Städten haben sich jedoch bis zum heutigen Tage behauptet. Als Beispiele dafür sollen hier der „Goldene Adler" in Innsbruck oder

---

[68] Ferdinand Kogler, Recht und Verfassung der Stadt Rattenberg im Mittelalter = Schriftenreihe zur bayerischen Landesgeschichte Bd. 1, München 1929, S. 75 f.; derselbe, Beiträge zur Stadtrechtsgeschichte Kufsteins bis zum Ausgang des Mittelalters. Innsbruck 1912, S. 37 f.

[69] Derselbe, Die älteren Stadtrechtsquellen von Kitzbühel. In: Zeitschrift des Ferdinandeums 3. F. Bd. 52, Innsbruck 1908, S. 1–93, bes. 64. Siehe dazu auch F. H. Hye, Die Marktgemeinde St. Johann in Tirol. Geschichte einer Unterländer Kreuztracht an der Hauptlandstraße. In: St. Johann in Tirol. Natur und Mensch in Geschichte und Gegenwart, hg. v. F. H. Hye, Bd. 1, St. Johann i. T. 1990, S. 67–158, bes. 68–85.

[70] Karl Schadelbauer, Sterzing bis zum Jahre 1363. In: Der Schlern Jg. 37, Bozen 1963, S. 291–296 (mit einer Edition dieser wichtigen Urkunde). Vgl. dazu auch oben Anm. 5.

[71] Besten Einblick in die einstigen Reiserouten bzw. Reisestationen bieten alte Reisetagebücher etc. Vgl. dazu Erwin Riedenauer, Die Turiner Mission des Grafen Kurz 1652. In: Zeitschrift für bayerische Landesgeschichte Bd. 52, München 1989, S. 291–352. Diese Mission bestand in der Abholung bzw. Einbegleitung der angehenden Gattin des Kurprinzen Ferdinand Maria, der Prinzessin Henriette Adelaide von Savoyen, von Turin durch Tirol nach München.

der „Elefant" in Brixen genannt werden. Der Typ des modernen Großhotels wurde in Tirol übrigens – soweit dies bisher überblickt werden kann – erstmals auch wieder in einer Stadt, nämlich in Bozen, und zwar bereits im Jahre 1759 in Gestalt der „Kaiserkrone" durch den äußerst selbstbewußten Unternehmer und Kaufmann Franz Anton Pock am Musterplatz errichtet. In seinem Hause stiegen 1765 der nachmalige Kaiser Joseph II. und 1782 auf seiner Rückreise von Wien über Augsburg nach Rom Papst Pius VI. ab.[72] Der genannte Hotelier hat übrigens sowohl dem Aufenthalt dieser beiden hohen Gäste in seinem Hause als auch sich selbst – mit Porträtrelief – an der Hausfassade marmorne Denksteine gesetzt, wobei der Text bei seinem eigenen Denkmal wie folgt lautet: „Domum hanc Privilegiatam / errexit / Pro gloria Dei, Amore Proximi et Decore / Civitatis / D(ominus) Franciscus Antonius Pock, Mercator / Bulsanensis / Anno / 1759."

Pilgerhospize in Städten

Zur Klientel des Gastgewerbes gehörten jedoch nicht nur reisende Kaufleute und Diplomaten, Fürsten und Militärs, sondern auch zahlreiche Geistliche und Pilger.[73] Zur letztgenannten Gruppe zählten allerdings auch viele minder bemittelte Personen, denen eine Pilgerfahrt nur dadurch ermöglicht worden ist, daß in einer Reihe von Städten neben dem allgemein üblichen Stadtspital – in Tirol stets mit dem hl.-Geist-Patrozinium – in der Regel von geistlichen Institutionen eigene Pilgerhospize unterhalten worden sind. In der Reiserichtung von Nord nach Süd befand sich das erste derartige Hospiz auffallender Weise erst in Sterzing, wo es bereits 1234 von adeliger Seite als private Stiftung errichtet und 1254 zur weiteren Führung und Betreuung an den Deutschen Orden übergeben worden ist. Der betreffende Gebäudekomplex in der unmittelbaren südöstlichen Nachbarschaft der südlich außerhalb des Stadtkerns gelegenen Pfarrkirche ist beinahe optimal erhalten. Das dortige Hospiz blieb bis zur (vorübergehenden) Aufhebung dieses Ritterordens durch Napoleon I. im Jahre 1809 erhalten. In der Folge in den Besitz der Stadtgemeinde Sterzing gelangt, fungierte das Hospizgebäude übrigens bis zur Eröffnung des allgemeinen öffentlichen Bezirkskrankenhauses 1977 als dessen Vorgänger.[74]

Das südwärts nächste geistliche Pilgerspital befand sich in Brixen. Gegründet 1157, hat dieses fürstbischöfliche Hospiz zum hl. Kreuz „auf der Insel" zwischen dem Eisack und der Mühlwiere bis 1764 bestanden, als an seiner Stelle das 1767 eröffnete Priesterseminar erbaut worden ist.[75] Auch im südlichen Nachbarstädtchen Klausen bestand von ca. 1210 bis zum Ende des 18. Jahrhunderts, anfangs bzw. bis 1471 in der Eisackau nördlich der Stadt, ab diesem Zeitpunkt in der Stadt, knapp neben dem Brixner Tor, ein fürstbischöflich-brixnerisches Pilgerhospiz zu den Heiligen zwölf Aposteln.[76]

---

[72] Vgl. dazu auch Georg Wacha, Pius VI. in Österreich. Die Reise des Papstes zu Kaiser Joseph II. im Jahre 1782. In: Österreich in Geschichte und Literatur Jg. 26, Wien 1982, S. 265–283.

[73] Deutsche Pilgerreisen nach dem Heiligen Lande. Hg. u. ed. von Reinhold Röhricht und Heinrich Meisner. Berlin 1880. Darin werden zahlreiche Pilgerreisen durch Tirol ab 1436 mitgeteilt.

[74] F. H. v. Hye, Auf den Spuren des Deutschen Ordens in Tirol (Corpus Monumentorum). Bozen 1991, S. 231–264.

[75] Johannes Baur, Das Brixner Priesterseminar. Brixen 1975, S. 9; sowie Karl Gruber, Das Priesterseminar in Brixen mit Hl.-Kreuz-Kirche und phil-theol. Hochschule, Bozen 1990.

[76] Siehe oben Anm. 8, S. 331 u. 337 f.; sowie Christoph Gasser und Margareth Nössing, Beiträge zur Häusergeschichte von Klausen, Brixen 1991.

In Bozen wiederum wurde ein durch private Adelsinitiative errichtetes Pilgerhospiz im Jahre 1202 dem Deutschen Orden übergeben und übersiedelte mit der zugehörigen Ordenskommende um 1400 vom linken Eisackufer bei der Loretobrücke zum Ansitz Weggenstein in Zwölfmalgreien bzw. im Dorf Bozen unweit nördlich vom Stadtkern. Weitere Kommenden und Hospize dieses Ritterordens befanden sich in den Landgemeinden Lengmoos am Ritten, in Schlanders im mittleren Vinschgau sowie in der Stadt Trient.[77]

Eine weitum einzigartige Spur hinterließ der einstige Pilgerweg in Sterzing, wo das Bild des Pilgers sogar Eingang in das Stadtwappen gefunden hat. Dieses im Jahre 1328 vom Tiroler Landesfürsten, König Heinrich von Böhmen-Kärnten, sicherlich nicht ohne Mitwirkung der Gemeinde derselben verliehene Stadtsiegel, dessen Siegelbild in der Folge auch als Stadtwappen geführt worden ist bzw. geführt wird, zeigt unter dem roten Tiroler Adler des landesfürstlichen Stadtherren das Bild eines Pilgers mit Pilgerstab und Rosenkranz. Da die Siegelbeschreibung in der betreffenden Verleihungsurkunde extrem kurz gehalten ist („cum signo aquile, sub qua sculpta est quedam ymago")[78], hat es der Liberalismus des 19. Jahrhunderts bei der Beschreibung des Sterzinger Stadtwappens vorgezogen, in diesem Bild eines gebeugten Mannes lieber den bayerischen Ortsgründer „Sterz" (Starzo, Störzer) zu sehen.[79] Die historischen Darstellungen des Wappens am Südportal der Sterzinger Pfarrkirche von 1497 oder am Rathauserker von 1524 etc. zeigen diesen Mann jedoch deutlich als Pilger mit Stock und Rosenkranz. Durch Sterzing zogen jedoch nicht nur die Pilger ins Heilige Land oder nach Rom etc., sondern hier führte auch eine der sogenannten „Jakobsstraßen" nach Santiago de Compostela durch, welche vom Pustertal über den Brenner nach Innsbruck und von dort über den Arlberg zum ersten großen Sammelplatz der Jakobspilger in Maria Einsiedeln in der Schweiz führte.[80] Auf diesen Jakobsweg weisen im Raum Sterzing geradezu eine Massierung von Darstellungen und die verstärkte Verehrung dieses heiligen Apostels hin. So begegnet eine solche Darstellung – leider stark vernachlässigt – als Fresko des 15. Jahrhunderts neben jener des hl. Christophorus am westseitigen ehemaligen Amtsgebäude des einstigen Zollamtes am Lurx nördlich der Stadt. Die Jakobs-Insignien, zwei gekreuzte Pilgerstäbe und Jakobsmuscheln, zeigen als Wappenreliefs sowohl das Portal von 1512 der St. Jakobskirche in Thuins, als auch die von der Sterzinger St.-Jakobs-Bruderschaft in das Langhaus der Pfarrkirche gestiftete Säule von 1515. Eine besondere Form der Darstellung findet sich dortselbst in den Deckenfresken von Josef Adam Mölk von 1753, wo einer Stadtansicht von Sterzing mit dem darüber schwebenden Stadtwappen im südlichen Seitenschiff ganz vorne als Äquivalent im nördlichen Seitenschiff ganz vorne die in Tirol eher als selten zu bezeichnende Darstellung des hl. Jakob hoch zu Roß als „Matamoros" (Maurentöter) gegenüber steht. Die Interpretation des Mannes im Stadtwappen als Pilger bzw. sogar speziell als Jakobspilger wird durch dieses Freskenprogramm in außerordentlich eindrucksvoller Weise evident.

---

[77] Siehe oben Anm. 74.
[78] Conrad Fischnaler, Urkunden-Regesten aus dem Stadtarchiv in Sterzing. Innsbruck 1902, S. 1 ff.
[79] Derselbe und Karl Rickelt, Wappenbuch der Städte und Märkte der gefürsteten Grafschaft Tirol. Innsbruck 1894, S. 138.
[80] F. H. Hye, Spanien – Tirol – Innsbruck. Zeugen gemeinsamer Geschichte = Veröffentlichungen des Innsbrucker Stadtarchivs N. F. Bd. 19, Innsbruck 1992, S. 24, 29, Abb. 5; sowie derselbe, Tirol und die Pilgerfahrt nach Santiago de Compostela . In: Europäische Wege der Santiago-Pilgerfahrt = Jakobus-Studien 2, Tübingen 1990, S. 131–142.

Die Stadt als Straßenerhalter

Wie man den Berichten der landesfürstlichen Wegbereiter – das waren berittene Straßenkontrollbeamte – entnehmen kann, waren alle Gemeinden entlang einer Straße innerhalb ihres Gemeindegebietes mitverantwortlich für die Instandhaltung und Pflege derselben.[81] Dies galt selbstverständlich auch für die Städte und Märkte. Darüber hinaus gab es jedoch auch besondere Verpflichtungen für einzelne Städte, die durch die Verleihung von Weggeldprivilegien abgegolten wurden. So z. B. war die Stadt Innsbruck nicht nur verpflichtet, die durch die Stadt führenden Äste der Landstraße nach Westen, Osten und Süden in üblicher Weise zu beschottern, sondern auch zu pflastern, erhielt dafür jedoch als Gegenleistung vom Tiroler Landesfürsten und nachmaligen Kaiser Maximilian I. im Jahre 1500 das Privileg an den betreffenden Ortsein- und Ausfahrten einen „Weglohn" einzuheben.[82] Fällt bereits in diesem Privileg auf, daß die allgemeine Straßenerhaltungspflicht bezüglich der Landstraße südwärts über die Stadtgrenze ausgedehnt, und auch das Gebiet des Klosterdorfes Wilten bis an den „Bergiselberg" mit einbezogen worden ist, so betraf eine andere Straßenerhaltungsvereinbarung mit der Stadt Innsbruck ein relativ weit davon entferntes Straßenstück. Konkret handelte es sich dabei um ein Weggeldprivileg des Tiroler Landesfürsten und Titularkönigs von Böhmen, Heinrich von Kärnten-Tirol, aus dem Jahre 1332, kraft dessen die Stadt verpflichtet wurde, die wichtige Landstraße von Reith bei Seefeld bis zur Gießenbachbrücke bei Scharnitz in gutem Zustand zu erhalten, dafür aber andererseits eine Wegmaut einheben zu dürfen.[83] Mit der Instandhaltungsverpflichtung für das näher gelegene, infolge seiner Steilheit noch heute angemessene Vorsicht erfordernde, nicht ungefährliche, südwärts anschließende Teilstück der Landstraße von Reith bei Seefeld über den Zirlerberg hinunter nach Zirl wollte sich die Stadt offenbar jedoch nicht belasten! Ähnliche Vereinbarungen im Hinblick auf die Straßenerhaltung und -pflasterung sind auch aus Klausen (1608) und Meran bekannt, wo die Stadt noch 1903 ein Pflastergeld eingehoben hat.

Zusammenfassung: Stadt und Straße

Zusammenfassend kann am Ende dieses Kapitels festgestellt werden, daß sich Verkehr und Straße, Markt und Wirtschaft wechselseitig ebenso benötigen wie Transport, Handel und Versorgung, Sicherheit und Verwaltung, welche realen Einzelbegriffe im Mittelalter und in der frühen Neuzeit im Sammelbegriff „Stadt" vereinigt wurden. Als das Besondere dabei ist im inneralpinen Raum und namentlich im Bereich des alten Landes Tirol festzustellen, daß die Hauptstraßentrassen und Hauptsiedlungsplätze geländebedingt, abgesehen von geringfügigen lokalen Verschiebungen und abgesehen von Ausnahmen (wie Hall und Kitzbühel), von der Römerzeit bis in die frühe Neuzeit dieselben geblieben sind. Die einzigen lokalen Verschiebungen von größerer Bedeutung brachte einerseits die Gründung von Lienz einige Kilometer westlich von AGUNTUM

---

[81] Josef Richebuono, Die Südtiroler Landstraßen im Jahr 1725. In: Der Schlern Jg. 52, Bozen 1978, S. 179–190.
[82] Stadtarchiv Innsbruck, Urk. n. 567. Vgl. dazu auch oben Anm. 13.
[83] Ebenda, Urk. n. 192 von 1378 Oktober 7, womit Herzog Leopold III. von Österreich das im Original heute nicht mehr erhaltene Privileg von 1332 erneuert und bestätigt hat. Vgl. dazu auch Christoph Haidacher, Tirol und die Grafschaft Werdenfels. In: Hochstift Freising. Beiträge zur Besitzgeschichte. München 1990, S. 262 u. 268.

und andererseits die Gründung des Marktes und der Stadt Innsbruck bzw. der dortige namengebende Brückenschlag mit sich, in deren Folge die auf der Südseite des Inntales verlaufende Trasse der Römerstraße zur Nebenstraße degradiert und der nördliche Talweg – bis zum Bau der Autobahn – zur Hauptstraße aufgewertet worden ist.

Der Modus der Städtegründungen in Tirol und die Hauptfunktionen der Städte

Die erwähnte Gründung der Deutschtiroler Städte erst im Hoch- und Spätmittelalter brachte es mit sich, daß sie fast alle – mit Ausnahme von Brixen – in das bereits voll ausgebildete Netz dörflicher Landgemeinden hineingesetzt worden sind, und zwar in der Weise, daß der Stadtgründer meist das verkehrsmäßig wichtigste Gebiet der betreffenden Landgemeinde aus dem übrigen Territorium derselben herausschnitt und auf diesem meist kleinen Areal zunächst eine neue Marktsiedlung errichtete, die er in der Folge zur Stadt weiterentwickelte oder auch förmlich dazu erhob.

Als konkretes Beispiel dafür sei hier die Stadt Lienz am Kreuzungspunkt der Pustertaler Straße mit dem uralten Verbindungsweg über den Felber Tauern angeführt. Ausgangspunkt für diese Stadtgründung war – was bislang unbeachtet geblieben ist – nicht das römische Aguntum, sondern das alte, 1939 nach Lienz eingemeindete Pfarrdorf Patriasdorf oder Patriarchesdorf, welches, an der Mündung der Isel in das Drautal liegend, den Talboden beiderseits der Isel umfaßte. Die Neugründung bestand hier darin, daß die Grafen von Görz um 1190 gegenüber dem links der Isel liegenden, durch die St.-Andreas-Pfarrkirche und den Rindermarkt gebildeten Ortskern von Patriasdorf, im Zwickel zwischen Isel und Drau, eine neue Stadtsiedlung angelegt und aus dem bisherigen Gemeindeverband herausgenommen haben, welche 1197 als „castrum Luenz", 1242 als „civitas Luancen", 1243 als „burgum Lvnze" und 1246 als „oppidum Lunzen" urkundlich genannt wird.[84]

Im Widerspruch zur bisherigen Annahme, wonach das „castrum Luenz" als Burganlage im herkömmlichen Sinne beim Pfarrwidum in Patriasdorf bzw. beim Patriasdorfer Moar gesucht und vermutet, aber nicht gefunden worden ist[85], hat man in Konsequenz zu den neuen Forschungen von Gebhardt und Siller[86] das genannte „castrum" nicht als Burg anzusehen, sondern mit dem „burgum Lvnze" bzw. mit der „civitas Luancen" gleichzusetzen, womit die Frage nach dem Standort und dem Charakter des „castrum" beantwortet und die Gründung der Stadt Lienz um rund ein halbes Jahrhundert zurückdatiert wird. Der Name Lienz wurzelt dabei sowohl im „locus Luenzina" (Patrias-

---

[84] F. Huter und H. v. Voltelini, Die Südtiroler Notariats-Imbreviaturen des 13. Jahrhunderts. 2. Teil = Acta Tirolensia Bd. 4, Innsbruck 1951, n. 88a; H. Wiesflecker, Die Regesten der Grafen von Görz und Tirol. Bd. 1, Innsbruck 1949, n. 500; L. Santifaller, Die Urkunden der Brixner Hochstiftsarchive 845–1295 = Schlern Schriften Bd. 15, Innsbruck 1929, n. 114.

[85] H. Wiesflecker, Entstehung der Stadt Lienz im Mittelalter. In: Lienzer Buch = Schlern Schriften 98, Innsbruck 1952, S. 162 und 166.

[86] M. Gebhardt / M. Siller, Burg und ‚Stadt' vom Germanischen bis zum Frühmittelhochdeutschen. Die Entwicklung eines Begriffs von der Vorzeit bis zum Hochmittelalter aus sprachgeschichtlicher und literarhistorischer Sicht = Veröffentlichungen des Innsbrucker Stadtarchivs N. F. Bd. 21: Stadt – Burg – Festung. Stadtbefestigung von der Antike bis ins 19. Jahrhundert. Internationale Tagung, Glurns 23. bis 25. Juni 1994, S. 139–165.

dorf) als auch in der Gaubezeichnung „pagus Luenzina", welche Bezeichungen seit 1030 belegt sind. Ob das Gebiet um die St.-Andreas-Pfarrkirche und der Rindermarkt schon gelegentlich der Anlage der Neusiedlung dem Stadtgebiet von Lienz eingegliedert worden sind oder ob dies erst später erfolgte, konnte bisher noch nicht festgestellt werden. Sicher jedenfalls ist, daß dies bereits vor 1545 stattgefunden haben muß, da die damals verfaßte Steuerbeschreibung von Lienz den Rindermarkt als eine der sieben „Rotten" bzw. Stadtviertel von Lienz anführt.[87]

Auch bei Kufstein wird man die „castrum"-Nennung von 1205 nicht nur auf die dortige Höhenburg am felsigen Burghügel, sondern auch bereits auf die befestigte Bürgerstadt zu ihren Füßen zu beziehen haben. Weitere Beispiele von „castrum"-Bezeichnungen für frühe Bürgersiedlungen oder Städte in Tirol in der Zeit bis ca. 1220 liegen in Bozen und Innsbruck vor.

Während in den meisten Fällen die so geschaffenen Neugründungen auch einen neuen Namen erhielten, läßt sich in einigen wenigen Fällen beobachten, daß die Neugründung den Namen des Mutterdorfes beibehalten hat. Diese wenigen Beispiele sind Glurns, Sterzing, Kitzbühel, Kufstein und – was lange übersehen worden ist – auch Bozen. Hier allerdings hat das durch die Stadtgründung seines Mittelpunktes beraubte Mutterdorf später den Namen gewechselt und nennt sich seit der 2. Hälfte des 15. Jahrhunderts Zwölfmalgreien, was dieser Gruppe von lose rund um die ursprüngliche Stadt verteilten Weilersiedlungen sehr gut entspricht.[88]

Eine unvermeidliche Folge der eben beschriebenen Vorgangsweise bei der Gründung der Tiroler Städte war es auch, daß sich unsere Städte bis zu den Eingemeindungen des 20. Jahrhunderts u. a. auch dadurch von den Dorfgemeinden unterschieden haben, daß sie im Verhältnis zu diesen, wie die folgende Tabelle zeigt, nur ein minimales Gebiet umfaßten:

Stadt		Mutterdorf	
Rattenberg	0,11 km²	Radfeld	14,36 km²
Kitzbühel-Stadt	5,80 km²	Kitzbühel-Land	52,51 km²
Hall i. T.	4,50 km²	Absam	52,74 km²
Innsbruck (bereits einschl. der Stadterweiterungen von 1180, 1281, 1453 bzw. bis 1877)	3,07 km²	Hötting und Wilten (bereits nach den Gebietsabtretungen an Innsbruck von 1180 bis 1877)	6,73 km² Wilten und 43,99 km² Hötting
Klausen	0,08 km²	Latzfons	40,16 km²
Lienz	6,6 km²	Patriasdorf	9,55 km²
Bozen (bereits nach den Stadterweiterungen bis 1828)	0,69 km²	Zwölfmalgreien (bereits nach den Gebietsabtretungen an Bozen bis 1828)	33,12 km²
Meran	1,75 km²	Dorf Tirol	23,50 km²

Diese zum Teil extreme territoriale Beschränkung bedeutete zugleich das weitgehende Fehlen von land- und forstwirtschaftlichen Flächen bzw. von Ackerland, Weide-

---

[87] O. Stolz, Politisch-historische Landesbeschreibung von Südtirol = Schlern Schriften Bd. 40, Innsbruck 1937 (Neudruck 1971), S. 673.
[88] F. H. Hye, Die Anfänge der Stadt Bozen, a. a. O. = Anm. 2, S. 67 ff.

land und Wald. Um nun aber den Ackerbürgern dieser städtischen Neugründungen dennoch ein gewisses Maß an Selbstversorgung zu ermöglichen, wurden den neugegründeten Städten gelegentlich auch nach der Trennung von ihren Muttergemeinden Nutzungsrechte in denselben eingeräumt. Ein konkretes Beispiel dafür liegt in Innsbruck vor, wo die Bürgerschaft noch bis ins 18. Jahrhundert gleichberechtigt den Höttinger Gemeindewald etc. zu nutzen berechtigt war und dort auch ihre Stadtalm situiert hatte (vergleichbare Beispiele finden sich in Feldkirch/Vorarlberg und Radstadt/Salzburg).[89] Bruneck und Kitzbühel hingegen wurden bereits bei ihrer Gründung bzw. wenige Jahre später mit entsprechenden Waldungen ausgestattet.[90]

Echte Ausnahmen hinsichtlich ihrer territorialen Ausdehnung bilden nur Sterzing, Kufstein und Vils, in deren Zentrum nicht nur eine neue Stadtsiedlung eingepflanzt worden, sondern das ganze Mutterdorf mit seinem gesamten Gemeindegebiet gemeinsam mit dem neuen Kern zum Markt bzw. zur Stadt erhoben, also mit der Stadt vereinigt worden ist.

In Glurns glaubt man im ersten Hinsehen dasselbe Bild vor sich zu haben. In Wirklichkeit aber existierten dort bis ins 15. Jahrhundert die alte Dorf- und die junge Stadtgemeinde nebeneinander und wurden erst bzw. spätestens im Zuge des Baues der neuen Stadtmauer um 1500/1520 vereinigt.[91] In der Regel also war die Tiroler Stadt eine kleine Stadt, und man fragt sich, wie es dazu kam, daß diesen kleinen Gebilden eine so große Bedeutung innewohnte.

---

[89] F. H. Hye, Zur Geschichte des Höttinger Waldes. In: Veröffentlichungen des Innsbrucker Stadtarchivs N. F. Bd. 5, Innsbruck 1974, S. 139–148; derselbe, Radstadt. Stadtgründung, Stadtgrundriß, Stadtentwicklung = Schriftenreihe des Salzburger Landesarchivs Nr. 8, Salzburg 1990, S. 27–48; derselbe, Zur Geschichte von Radstadt. In: Die alte Stadt im Gebirge. 700 Jahre Radstadt. Radstadt 1989, S. 83–87, wo dem Verfasser allerdings hinsichtlich des dortigen Stadtwaldes ohne eigenes Verschulden nicht die nötigen bzw. richtigen Unterlagen und Informationen zur Verfügung standen. B. Bilgeri, Politik, Wirtschaft, Verfassung der Stadt Feldkirch. In: Geschichte der Stadt Feldkirch Bd. 1, Sigmaringen 1987, S. 91, wobei der Autor allerdings irrigerweise meint, daß die Feldkircher Bürger ihre Nutzungsrechte, „welche sie mit der Altenstädter Gemeinde haben", und zwar kraft überlieferten Rechts (vgl. die Orig.-Urkunde von 1368 Mai 1, Stadtarchiv Feldkirch, Urk. 993), erst durch die politische Initiative des Grafen Ulrich von Montfort, also erst kurz zuvor, als „neue Mitglieder" der Markgenossenschaft erlangt hätten.

[90] Bezüglich Bruneck vgl. oben Anm. 7; Bezüglich Kitzbühel, E. Widmoser/M. Rupert, Blick in das Leben der Stadt. In: Stadtbuch Kitzbühel IV, Kitzbühel 1971, S. 294 f.

[91] F. H. Hye, Glurns und die Tiroler Städte, a. a. O. = Anm. 4. Wenn übrigens F. Metz, Die Tiroler Stadt. In: Geographischer Jahresbericht aus Österreich Bd. 16, Wien 1933, S. 159 f. schreibt: „Aus Dörfern entstandene Städte sind ganz selten" und dafür nur den alten Marktort Imst anzuführen vermag, so ist dies ebenso unrichtig wie seine folgende Behauptung: Es sei die Regel, „daß die ländliche Siedlung, die der Markt- und Stadtgründung voranging, aufgegeben wurde". Und weiter schreibt Metz: „Gab man die Lage des Dorfes auf, so blieben Pfarrkirche und Friedhof nicht selten noch Jahrhunderte lang bestehen. ... In Glurns steht die schöne gotische Kirche ... außerhalb der Stadtmauer und jenseits der Etsch. Noch eigenartiger ist das Bild von Sterzing, wo die gewaltige Hallenkirche ‚unsere liebe Frau im Moos' mit dem Friedhof 1/4 Wegstunde vor dem südlichen Stadtausgange liegt. Abgeschwächt gilt das für die Mehrzahl aller tirolischen Städte", wofür Metz dann Lienz, Bozen und Bruneck als Beispiele anführt. – In Wirklichkeit aber haben sich in allen diesen Städten die alten Dorfsiedlungen außerhalb der von der mittelalterlichen Stadtmauer umgebenen städtischen Neugründungen erhalten, wobei allein in Sterzing der Abstand zwischen dieser Dorfsiedlung und der Pfarrkirche auffallend groß ist. Bezüglich des Standortes der übrigen Stadtpfarrkirchen und überhaupt des Verhältnisses zwischen Stadt und Kirche sei hier auf den abschließenden Abschnitt dieser Einführung (S. 63 ff.) verwiesen.

Die Antwort auf diese Frage liegt einzig und allein in den ursprünglichen Funktionen dieser alten Städte:

In der Hauptsache hatte die alte Stadt folgende Funktionen zu erfüllen: Sie sollte als Marktort der fortifikatorisch gesicherte, wirtschaftliche Mittelpunkt bzw. der Warenumschlagplatz und Warenversorgungsplatz für die umliegenden Landgemeinden und Täler, Hauptstandort für Gewerbe und Handwerk, aber auch Station für den durchziehenden Verkehr sein.

Andererseits diente sie dem fürstlichen Stadtherren als Verwaltungsmittelpunkt für den betreffenden Bezirk und hatte zur Verteidigung der Landesherrschaft als militärische Burg und Festung zu fungieren.

Um diesen Aufgaben entsprechen zu können, waren alle Tiroler Städte mit einer wehrhaften Ringmauer umgeben. Gerade dadurch wurde die Stadt aber auch – was bei der Beschäftigung mit dem Begriff „Stadt" nicht unbeachtet bleiben sollte – zum begehrten, Schutz bietenden Wohnplatz für die Stadtbewohner. Die Stadtmauer wurde daher in Tirol als wesentliches Merkmal einer Stadt angesehen, ja man kann durchaus behaupten, in Tirol galt das Prinzip: „Ohne Ringmauer keine Stadt."[92] Daß dem so war, illustriert sehr deutlich das Beispiel von Imst, welchen Ort Graf Meinhard II. im Jahre 1282 und sein Sohn, König Heinrich, nochmals im Jahre 1312 zur Stadt erheben wollten. Nachdem die dortigen Marktbürger aber ihren Ort bzw. Marktkern nicht mit Ringmauern umgaben, blieb Imst bis 1898 nur Marktgemeinde.[93] Umgekehrt galt aber nicht jeder Ort, der mit Mauern umgeben wurde, eo ipso gleich als Stadt. Als Beispiel dafür sei Gries bei Bozen angeführt, dessen Ortskern im Anschluß an die alte Burg (das heutige Kloster) zwar von Herzog Otto um 1298/1300 in Konkurrenz zur bischöflich-trientinischen Stadt Bozen als befestigte Marktgründung in das Gemeindegebiet des alten Pfarr-Dorfes Keller eingepflanzt und sogar mit einer Ringmauer umgeben worden ist, wo es aber in der Folge wegen der zugunsten des Landesfürsten geänderten politischen de-facto-Machtverhältnisse in Bozen zu keiner Willensäußerung desselben im Sinne einer Stadterhebung gekommen ist.[94] Auch die ebenfalls mit Ringmauern umgeben gewesene alte Marktgemeinde Mühlbach im Pustertal kann als derartiges Beispiel genannt werden.[95] Zur Stadtwerdung bedurfte es eben unbedingt auch der diesbezüglichen Absicht und des Beschlusses des betreffenden Landesfürsten.[96]

---

[92] Auch in diesem Punkte ist Metz, a. a. O. S. 167, zu widersprechen, wo er schreibt: „Die Stadt Bozen ... konnte der starken Ringmauern entbehren" bzw. wir finden in Tirol „nur offene Städte". Diesbezüglich hat auch bereits H. Knittler, Städte und Märkte (= Herrschaftsstruktur und Ständebildung Bd. 2), Wien 1973, S. 118, Anm. 29 treffend festgestellt, daß „sich Metz im wesentlichen auf Nachrichten des 17. Jahrhunderts stützt", während die älteren Quellen durchwegs das Gegenteil beweisen. – Auf weitere Fehlbeurteilungen Metz' bezüglich Landeck (S. 163), Marktwesen (S. 165), Schwaz (S. 166), Kitzbühel (S. 168) und Glurns (S. 169) kann hier nicht näher eingegangen werden.

[93] O. Stolz, Geschichte von Imst im Mittelalter und in der frühen Neuzeit. In: Imster Buch = Schlern Schriften 110, Innsbruck 1954, S. 80f.

[94] F. H. Hye, Gries bei/in Bozen. Grundzüge seiner Entwicklungsgeschichte. In: Der Schlern Jg. 62, Bozen 1988, S. 67–89.

[95] F. H. Hye, Der alte Markt Mühlbach. Mühlbach 1979, S. 14–17. In der Marktgemeinde Innichen hingegen, wo früher auch der Bestand einer Ringmauer vermutet worden ist, konnte eine solche nicht verifiziert werden; vgl. dazu E. Kühebacher, Die Hofmark Innichen, Innichen 1969.

[96] F. H. Hye, Die Städte Tirols am Ausgang des Mittelalters. In: Beiträge zur Geschichte der Städte Mitteleuropas Bd. 3, Linz 1974, S. 176.

Das ummauerte Gebiet einer Stadt war jedoch in der Regel nicht identisch mit dem Gemeindegebiet einer Stadt bzw. mit jenem Gebiet, in dem das Stadtrecht galt, und welches man den städtischen Burgfrieden nannte. Die Ringmauer umfaßte vielmehr nur den Stadtkern.

Das Phänomen ‚Stadtmauer' in Tirol vom Mittelalter bis ins 19. Jahrhundert

Das wohl auffallendste Unterscheidungsmerkmal im äußeren Erscheinungsbild zwischen einer mittelalterlichen Stadt und einer Dorfsiedlung ist m. E. in dem Umstand zu erblicken, daß das Dorf nicht nur in seinem inneren Siedlungsbild offen verbaut, sondern auch nach außen offen war und ist, also jedem Angreifer ziemlich ungeschützt offen stand, während zumindest der Siedlungskern der mittelalterlichen Stadt von einer wehrhaften Ringmauer umgeben bzw. gegen außen geschützt war. Die Stadtmauer mit ihren Türmen, Toren und Zinnen galt daher, wie zahlreiche Bilddokumente erkennen lassen, spätestens seit der römischen Antike gleichsam als Synonym für den Begriff ‚Stadt'. Im Hochmittelalter kommt dies vor allem in der Gestaltung der Stadtsiegel zum Ausdruck. Dementsprechend zeigt bereits das „älteste erhaltene deutsche Stadtsiegel", nämlich jenes der Stadt Köln, an einer Urkunde von 1149 im runden Siegelbild als Umrahmung des in der Mitte thronenden Stadtpatrons, des hl. Petrus, eine gezinnte Ringmauer mit zahlreichen Türmen, wobei die Füße des Heiligen auf den Zinnen der Stadtmauer ruhen.[97] Auch das ebenfalls bereits zum Jahre 1149 urkundlich bezeugte und an einer Urkunde von 1221 erhaltene Stadtsiegel von Trier ist hier anzuführen, zumal die Stadtmauer auf diesem Siegelbild noch deutlicher dargestellt erscheint. Konkret gezeigt werden hier drei Seiten einer polygonalen Ringmauer mit vier Ecktürmen, Zinnen, links und rechts je einem Tore sowie mit der deutlich wiedergegebenen Quaderstein-Mauerstruktur. Hinter bzw. innerhalb der Mauer steht in der Mitte die Gestalt des auferstehenden Christus, beiderseits flankiert von den Heiligen Petrus und Eucharius, den beiden Stadtpatronen, von denen jedoch nur Oberkörper und Kopf sichtbar sind, da ihr Unterkörper ebenso wie die Beine Christi von der Mauer verdeckt sind bzw. sich hinter der Ringmauer verbergen.[98] Die Reihe derartiger Stadtsiegel bzw. Siegelbilder ist sowohl zahlenmäßig als auch hinsichtlich der geographischen Verbreitung in Europa schier endlos lang und beinahe grenzenlos. Allerdings treten seit der zweiten Hälfte des 13. Jahrhunderts an die Stelle der heiligen Stadtpatrone vielfach entweder die sogenannten ‚sprechenden' Zeichen des Stadtnamens oder das Wappen oder ein anderes Kennzeichen des Stadtherren. Als Beispiel für erstere Gruppe sei das vermutlich bald nach der Stadterhebung (1289) geschnittene Siegel der Salzburger Stadt Radstadt angeführt, welches über dem Bild eines Abschnittes der von zwei Türmen überhöhten, gezinnten Ringmauer in der Mitte zwischen den genannten Türmen bzw. über dem zentral angeordneten Stadttor ein den Namen der Stadt symbolisierendes achtspeichiges Rad zeigt.[99] Als Repräsentant der zweiten Gruppe sei – und damit

---

[97] Erich Kittel, Siegel = Bibliothek für Kunst- und Antiquitätenfreunde Bd. XI, Braunschweig 1970, S. 298 f.
[98] Ebenda, S. 297 f.
[99] Vgl. die Abb. bei K. Kletler, Die Kunst im österreichischen Siegel. Wien 1927, Tafel XIX, n. 48.

kommen wir nach Tirol – das älteste Siegel bzw. Grundsiegel von Bozen („ + S(igillum) : BONI : BVRGI : BOLZANI .") genannt, welches ebenfalls einen geradlinigen Abschnitt der links und rechts von zwei Türmen überhöhten und von drei Toren durchbrochenen Stadtmauer zeigt, über die unter einem Baldachin nur der Oberkörper bzw. das Brustbild des segnenden hl. Bischofs Vigilius, des Diözesanpatrons des Fürstbistums Trient, als Verkörperung des Stadtherren von Bozen herausblickt.[100] Wenn hier übrigens die Ringmauer nicht von einem, sondern von drei Toren durchbrochen erscheint, so ist dies wohl kaum als zufällige Idee des Siegelschneiders zu interpretieren, sondern entspricht der Realität dieses Burgums. Dasselbe gilt auch für das um 1310/20 geschnittene bzw. an einer Urkunde von 1363 überlieferte große Stadtsiegel der landesfürstlichen Tiroler Stadt Meran, wo sich die ebenfalls geradlinig dargestellte und von drei Toren durchbrochene Stadtmauer über einer Dreiklee-Wiese erhebt und von dem von hinten bzw. innen über die Zinnenmauer wachsenden Wappentier der Grafschaft Tirol, dem nach rechts blickenden (roten) Adler überhöht wird, wobei nur der Oberkörper des Adlers sichtbar ist.[101] Tatsächlich hat auch hier die ursprüngliche Stadtanlage nur drei Stadttore umfaßt, nämlich je eines in Richtung Bozen, Vinschgau und Passeiertal. In dieser Reihe zu nennen ist auch die älteste bekannte Goldmünze der Görzer Münzstätte in Lienz (seit 1500 bei Tirol), genannt „LIVNZALIS", welche, in den neunziger Jahren des 12. Jahrhunderts geprägt, am Revers eine von vier Toren durchbrochene, von einem zentralen Hausgiebel sowie von je einem Turm links und rechts überhöhte Stadtmauer zeigt und damit die älteste bildhafte Dokumentation des städtischen Charakters dieser hochmittelalterlichen Gründungsstadt bildet.[102] Das jüngste Tiroler Stadtsiegel hingegen, welches sich in seinem Siegelbild noch des Identitäts-Symbols Stadtmauer = Stadt bedient hat, ist jenes der fürstbischöflich-brixnerischen Stadt Bruneck. Seit 1356 nachweisbar, zeigt es einen Torturm auf einem Dreiberg und weist damit sowohl auf den erhöht liegenden Kulminationspunkt der Ringmauer, nämlich die gleichnamige Burg, als auch auf die Tore der Stadt hin.[103] Im Gegensatz zu den eben angeführten Tiroler ‚Stadtmauer-Stadtsiegeln' eröffnet das um 1240 geschnittene und an einer Urkunde von 1267 überlieferte älteste Stadtsiegel von Innsbruck im Raum Tirol die Reihe der sogenannten „sprechenden" städtischen Identitätszeichen[104], die nur noch auf den Namen der Stadt Bezug nehmen und voraussetzen, daß der Betrachter des Siegels weiß, daß die betreffende Gemeinde eine mauerbewehrte „Stadt" ist.

Waren die bisherigen Ausführungen dem sphragistischen und numismatischen Bild der Stadtmauer als Symbol und Synonym des Stadtbegriffes auch in Tirol gewidmet, so

---

[100] Abgebildet bei Karl Theodor Hoeniger, Altbozner Bilderbuch. 3. Aufl., Bozen 1968, S. 101.
[101] Karl Moeser, Meran. Die alte Hauptstadt des Landes Tirol. In: Meran – hundert Jahre Kurort 1836–1936. Innsbruck (1936), bes. S. 174–178 (mit Abb.).
[102] Helmut Rizzolli, Münzgeschichte des alttirolischen Raumes im Mittelalter und Corpus Nummorum Tirolensium mediaevalium. Bd. 1, Bozen 1991, S. 53–57; sowie Franz-Heinz Hye, Das „castrum Luenz" von 1197 und die Gründung der Stadt Lienz. In: Katalog der Jubiläumsausstellung „750 Jahre Stadt Lienz 1242–1992". Lienz 1992, S. 27–31.
[103] Der älteste Abdruck dieses Siegels – soweit bisher feststellbar – hängt an einer Urkunde des Brunecker Stadtarchivs von 1356, deponiert im Südtiroler Landesarchiv in Bozen. Vgl. dazu F. H. Hye, Bruneck – die Stadt des Pustertales. Grundzüge der Stadtgeschichte. In: Der Schlern Jg. 70, Bozen 1996, S. 410–427.
[104] Derselbe, Innsbruck. Geschichte und Stadtbild. Sonderband der Tiroler Heimatblätter, Innsbruck 1980, S. 7.

sei in der Folge untersucht, inwieweit sich die Stadtmauer noch durchaus greifbar im heutigen Bild der alten Tiroler Städte beiderseits des Brenners antreffen und nachweisen läßt.

Am Beginn dieser Untersuchung stehen Trient und die Gruppe der fürstbischöflich-tridentinischen Gründungen, gefolgt von den ehemals fürstbischöflich-brixnerischen Städten, der Andechser Stadt Innsbruck, der Görzer Stadt Lienz sowie den Gründungen der Grafen von Tirol bzw. von Tirol-Görz, während die ehemals herzoglich-bayerischen Städte Tirols den Abschluß dieses Abschnittes bilden werden. Das heute eher den Anblick eines Dorfes bietende Städtchen Vils nordwestlich von Reutte hingegen bietet für die vorliegende Untersuchung kaum noch einen Ansatzpunkt.

In *Trient*, der einzigen Stadt des späteren Tirol, welche sich auf den Ruinen einer antik-römischen Vorgängerstadt erhebt und von 1803 bzw. 1804 bis 1918 dem österreichischen Kronland der gefürsteten Grafschaft Tirol angehört hat, hat man dementsprechend die Reste beider Stadtanlagen, nämlich sowohl der antiken als auch der mittelalterlichen zu berücksichtigen. Tatsächlich konnte vor einigen Jahren unter dem Stadtturm bzw. Turm der ursprünglichen bischöflichen Stadtpfalz am nordöstlichen Ausgang des Domplatzes das Fundament des südseitigen römischen Stadttores mit zwei Fahrspuren freigelegt werden, welches Tor sich im Verband der antiken südseitigen Stadtmauer befunden bzw. den Eintritt der von Verona nach Tridentum führenden Römerstraße – im letzten Abschnitt annähernd identisch mit dem heutigen Straßenzug Via S. Croce – Via Mazzini – Via S. Vigilio und Via Garibaldi – gesichert hat. Während somit die römerzeitliche Nekropole mit dem Grab des hl. Vigilius, worüber sich der heutige Dom erhebt, außerhalb der römischen Ringmauer lag[105], wurde die mittelalterliche Stadtmauer ein erhebliches Stück weiter südlich entlang der Nordseite der heutigen Piazza Fiera (Marktplatz) situiert, und erhob sich das betreffende Stadttor an der Nahtstelle von der Via S. Croce zur Via Mazzini. Abgesehen von der eindrucksvollen Partie der mittelalterlichen Stadtmauer an der Piazza Fiera (Höhe ca. 15 m, Mauerstärke rund 2 m) und westlich davon an der Via Orti haben sich in Trient von der mittelalterlichen Ringmauer noch die Torre Vanga an der Nordwest- und die halbrunde Torre Verde an der Nordost-Ecke der Altstadt sowie vor allem der Abschnitt mit dem Castello del Buonconsiglio und der wegen ihrer Fresken berühmten Torre Aquila über dem dortigen Stadttor erhalten.[106]

Eindrucksvolle Teile der städtischen Ringmauer, verbunden mit den betreffenden Stadtburgen, können im Raum der heutigen autonomen Provinz Trento auch in Rovereto, Arco und Riva bewundert werden, gehen in ihrer Entstehungsgeschichte jedoch nicht auf die Fürstbischöfe von Trient, sondern vielmehr auf andere weltliche Territorialmächte, wie vor allem auf die Herren von Castelbarco, die Republik Venedig und die Herren von Arco zurück. Sehr wohl von den Fürstbischöfen von Trient initiiert war hingegen der Bau der Ringmauer des obgenannten, um 1027/55 von Bischof Ulrich II. lediglich in der Gestalt der heutigen Laubengasse und des Kornmarktes angelegten „Burgum" Bozen, doch hat diese Befestigungsanlage ebenso wie die in dieselbe integrierte bischöfliche Stadtpfalz bei der nach Süden führenden „porta palatii" am

---

[105] Iginio Rogger, Der Dom zu Trient. Trient 1978, S. 17–22; sowie von demselben, Scavi e ricerche sotto la cattedrale di Trento. In: Studi Trentini di scienze storiche 1967, 1968, 1973, 1974 u. 1975.
[106] G. B. Emert, Monumenti di Trento. Trento 1956, S. 21 f.

südlichen Ausgang des Kornmarktes die gewaltsame Eroberung von Bozen durch Graf Meinhard II. von Tirol-Görz im Jahre 1276 nicht überdauert und liegt heute nur noch in der Gestalt von gelegentlich bei Grabungsarbeiten freigelegten Fundamentresten vor.[107] Für Neumarkt auf der halben Strecke von Bozen nach Trient, welches ebenfalls als „Burgum", und zwar 1189 von Bischof Konrad von Trient gegründet worden war, konnte bisher eine Ringmauer quellenmäßig nicht nachgewiesen werden, wiewohl der Grundriß des Ortes den ursprünglichen Bestand einer Fortifikation – sei es auch nur in Form von Palisaden – vermuten läßt[108]. Wenn hier übrigens in Bezug auf Bozen und Neumarkt nur der quellenmäßige Ausdruck „Burgum" bzw. befestigter Marktort gebraucht worden ist, so deshalb, weil für die Fürstbischöfe von Trient im besonderen und für die kirchliche Rechtsordnung im allgemeinen eine befestigte bürgerliche Marktsiedlung nur dann als „civitas" oder Stadt anerkannt worden ist, wenn dieselbe Sitz eines Bischofs war. Dementsprechend gab es im geistlichen Fürstentum Trient nur eine Stadt, nämlich Trient selbst.

Dieselbe Feststellung galt selbstverständlich auch für das geistliche Fürstentum Brixen, wenngleich in leicht modifizierter Form. Das heißt, auch für die Brixner Fürstbischöfe galt nur Brixen als Stadt, sie tolerierten jedoch das städtische Selbstverständnis der Bürgerschaft ihrer Städte Klausen und Bruneck, was namentlich in Bruneck sogar im oben erwähnten Stadtsiegel mit der Legende „S(igillum) . CIVIVM . CIVITATIS . PRAVNEKE" unmißverständlich zum Ausdruck kam.

Was nun konkret die Frage nach der Erhaltung der mittelalterlichen Stadtbefestigungsanlagen in diesen drei Städten anbelangt, so sind in *Brixen* sowohl die wohl noch im 10. Jahrhundert an der Südwestecke des Domkreuzganges angelegte erste bischöfliche Stadtburg als auch die zweite um 1260 angelegte Stadtburg des bischöflichen Stadtherren, in Gestalt der später umgebauten heutigen Renaissance-Hofburg an der Südwest-Ecke der Altstadt, erhalten. Dasselbe gilt von den vier Brixner Stadttoren, nämlich dem nach Südwesten bzw. nach Klausen und Bozen führenden Kreuz- oder St.-Erhards-Tor an der Westseite der Ringmauer, dem sogenannten Säbenertor an der Nordseite östlich neben dem ehemaligen Stadtsitz der Herren von Säben[109] an der Nordwestecke der Altstadt, dem wichtigen St.-Michaels-Tor an der Ostseite neben der gleichnamigen Stadtpfarrkirche[110] – dieses Tor vermittelte den Verkehr sowohl in Richtung Pustertal als auch in Richtung Norden (Sterzing, Brenner) –, und schließlich gilt dies für das ebenfalls ostseitige, einzigartige Kreuzgangtor[111] südlich von Pfarrkirche und Dom, welches zum Unterschied von einem normalen Stadttor nicht die Verbindung von einer zu einer anderen Straße herstellt, sondern von der ursprünglichen „Alten Pusterer Straße" bzw. heutigen Runggadgasse hineinführt in den Domkreuzgang

---

[107] F. H. Hye, Die Gründung von Bozen – gesehen im Rahmen der hochmittelalterlichen Stadtgründungen in Tirol (mit Repliken auf die neuesten Theorien), a. a. O. = oben Anm. 2, S. 191–202.

[108] Derselbe, Neumarkt. Historisches Antlitz eines trientinisch-tirolischen „Burgum", a. a. O. = oben Anm. 12, S. 127–144.

[109] Die einstige Stadtburg der Herren von Säben ist weitgehend identisch mit dem heutigen Ansitz Lachmüller. Vgl. dazu Erika Kustatscher, Der Ansitz Lachmüller. Hg. v. d. Bezirksgemeinschaft Eisacktal, Brixen 1992.

[110] Ignaz Mader und Anselm Sparber, Brixner Häusergeschichte = Schlern-Schriften Bd. 224, Innsbruck 1962, S. 1 f.

[111] Karl Wolfsgruber, Dom und Kreuzgang von Brixen. Bozen 1988, S. 24 f.

und zur alten Bischofsburg. Nicht mehr erhalten ist von der ursprünglichen Ringmaueranlage des 11. Jahrhunderts deren Südflanke. Sie wurde im Zuge der Verlegung der fürstbischöflichen Stadtburg im gleichen Ausmaß wie die Fassaden-Breite derselben gleichsam parallel nach Süden verschoben. Dasselbe gilt auch vom Stadtgraben, der die neue Hofburg noch heute an ihrer Süd- und auch an ihrer der Stadt zugekehrten Ostseite umgibt.[112] An der Westseite des nördlich der Hofburg gelegenen Hofgartens ist übrigens noch heute ein eindrucksvoller Abschnitt der hier unverbaut gebliebenen Stadtmauer des 11. Jahrhunderts sichtbar (Mauerstärke ca. 120 cm).[113]

In *Klausen*, welches Städtchen im Verlauf des 13. Jahrhunderts an der Südgrenze bzw. an der wichtigsten, im Jahre 1028 an die Brixner Bischöfe verliehenen Zollstätte des Fürstentums Brixen[114] entstanden ist, sind zwei der ursprünglich drei Stadttore, nämlich das Brixener Tor[115] und der Turm des einstigen Brückentores am Eisack, erhalten[116], während das Boznertor mit seinem einst das Stadtbild beherrschenden Turm im Jahre 1835 abgerissen worden ist[117]. Von der Stadtmauer sind noch Teile im Verlauf vom ehemaligen Boznertor hinauf zur ehemaligen Stadtburg Branzoll frei erkennbar.[118]

In *Bruneck* im Pustertal, gegründet um 1256 von Bischof Bruno von Kirchberg und zur Stadt entwickelt bis gegen 1330, blieben alle mittelalterlichen Stadttore, nämlich – von West nach Ost – das Untere oder Neuklostertor, das zur ehemaligen nordseitigen Gewerbezone am Plärrer führende Florianitor, das wichtige Brückentor bei der Spitalsbrücke über die Rienz sowie das Obere- oder Ragentor fast unverändert erhalten.[119] Allerdings wurden mehrfach die Durchfahrtsgewölbe erhöht und dadurch dortselbst befindliche aber übertünchte Fresken beschädigt. Die Erhaltung dieser vier Tore ist vor allem auf den Umstand zurückzuführen, daß hier der West-Ost-Hauptdurchzugsverkehr vom Unteren Tor durch die Stadtgasse zum Brückentor bereits um 1800 hinaus auf den zugeschütteten nordseitigen Graben verlegt worden ist, und die Stadttore daher vom intensiver werdenden Verkehr nicht als Hindernis empfunden worden sind. Von der Ringmauer hingegen sind – frei sichtbar – einerseits der bereits im 15. Jahrhundert nachgewiesene, etwas vorstehende Rundturm des „Kälberkopfes" an der Rienz und andererseits erhebliche Abschnitte jener Stadtmauerpartien erhalten, die vom Unteren Stadttor im Westen und vom Oberen bzw. Ragentor im Osten hinauf zur gleichnamigen Stadtburg führen. Für Bruneck hat sich übrigens eine für die Entstehungsweise, zumindest teilweise für die Finanzierung und ursprüngliche Größe der Stadtmauer sehr aufschlußreiche Urkunde aus dem Jahre 1305 erhalten, kraft welcher Bischof Johann II. Sax von Brixen 15 genannten Bürgern von Bruneck, denen er „hofstet" bzw. Hofstätten (Bauplätze) im „marcht" (Markt) Bruneck verliehen hatte, auf die

---

[112] Derselbe, Die Brixner Hofburg. Bozen 1983.
[113] F. H. Hye, Die alte Bischofsstadt Brixen. Geschichte und Stadtbild, a. a. O. = Anm. 1 oben, S. 361–371.
[114] K. Wolfsgruber, Der Zoll in Klausen. In: Der Schlern Jg. 46, Bozen 1972, S. 335–341.
[115] Christoph Gasser und Margareth Nössing, Beiträge zur Häusergeschichte der Stadt Klausen. Brixen 1991, S. 52 ff.
[116] Ebenda S. 114 ff.
[117] Ebenda S. 37.
[118] Herta Öttl, Branzoll. In: Tiroler Burgenbuch Bd. 4, Bozen 1977, S. 156–172, sowie zusammenfassend F. H. Hye, Die fürstbischöflich-brixnerische Stadt Klausen am Eisack. Geschichte und Stadtbild, a. a. O. = Anm. 8, S. 329–339.
[119] Vgl. dazu oben Anm. 7, sowie Anton Sitzmann, Häuserbuch der Altstadt Bruneck 1780–1964. Ungedr. phil. Diss., Innsbruck 1965.

Dauer von zehn Jahren Befreiung von der betreffenden Steuer gewährte, gegen die Verpflichtung, daß sie, vom nächstkommenden Fest Mariae Verkündigung (25. März) angefangen, vier Jahre lang „an der rinchmauren" in derselben Länge mitbauen, wie ihre Hofstätten breit sind. Dabei wird die Höhe der Ringmauer mit „vier chlafter", das sind rund acht Meter, angegeben.[120]

Bezüglich der Andechser Stadt *Innsbruck* ist festzustellen, daß der um 1165/70 links des Inn zugleich mit der neuen Innbrücke angelegte Markt dieses 1167/83 erstmals belegten Namens nie ummauert worden ist. Mit einer Ring- bzw. Stadtmauer befestigt wurde hier erst und lediglich der Bereich der heutigen Altstadt, welche um 1180/87 entstand und den Kern der um 1187/1204 zur Stadt erhobenen Neugründung beiderseits der namengebenden Innbrücke bildete. Noch heute einigermaßen frei erkennbar blieb von dieser mittelalterlichen Ringmaueranlage nur der allerdings auch stark umgebaute Torturm des Saggen- oder Rumertores, welcher sich heute im Südturm der Hofburg verbirgt. Auch die Ringmauer selbst blieb weitgehend erhalten, blüht jedoch beinahe nur im Verborgenen. Offen am Tage stehende Teile derselben finden sich lediglich unterhalb des nordwestlichen Eckerkers des Gasthauses zur „Ottoburg" bei der Alten Innbrücke[121] sowie beim Durchgang vom rückwärtigen Domplatz am ehemaligen Hoffischerhäusl vorbei zur Herrengasse, welcher einen späteren Durchbruch durch die Stadtmauer darstellt (Mauerstärke 100 cm), während der noch vor rund hundert Jahren bestehende eindrucksvolle „Kräuterturm" an der Nordwestecke der Stadtmauer im Jahre 1890 einem gründerzeitlichen Wohnhaus-Neubau (Domplatz 4) weichen mußte.[122] Spätestens seit der 2. Hälfte des 15. Jahrhunderts verlief in Innsbruck zwischen der eigentlichen Ringmauer und dem dieser vorgelagerten Stadtgraben ein unterschiedlich breiter Zwinger[123] mit gezinnter Zwingermauer, welches Element der städtischen Fortifikation – abgesehen von urkundlichen Quellen – auf tirolischen Stadtansichten sowohl bezüglich Trients auf dem Dezember-Monatsfresko von ca. 1400 im dortigen Adlerturm (Torre Aquila)[124] als auch auf der Stadtansicht Innsbrucks im Schwazer Bergbuch von 1556 dokumentiert erscheint. Letztgenannte Bildquelle – und damit eilen wir unserer Darstellung etwas voraus – zeigt auch im Bereich der heutigen Herrengasse das noch heute gut erhaltene Halbrondell, welches fast in der vollen Breite des Zwingers der Ringmauer vorgebaut worden ist.

Die Ringmauer der um 1190 durch die Grafen von Görz gegründeten Stadt *Lienz* (1197: „castrum Luenz") ist im Laufe der Zeit gänzlich in die Häuser rund um den Lienzer Stadtplatz integriert worden.[125] Anders verhält es sich mit der um 1311/1320 im Zuge einer Stadterweiterung gegen Westen und Norden errichteten zweiten mittelalterlichen Ringmauer dieser Stadt – diese ist noch heute in großen Teilen sowohl in einer respektablen Mauerstärke als auch Mauerhöhe teilweise sogar freistehend sicht-

---

[120] Franz Huter, Die Anfänge von Bruneck. In Der Schlern Jg. 30, Bozen 1956, S. 291–294.
[121] F. H. Hye, Innsbruck, a. a. O. = Anm. 13, S. 13ff.
[122] Veronika Gruber, Die bauliche Entwicklung Innsbrucks 1780–1904 = Veröffentlichungen des Innsbrucker Stadtarchivs N. F. Bd. 7, Innsbruck 1976, S. 474: Dom- bzw. Pfarrplatz 4.
[123] Siehe bei F. H. Hye, Geschichte der Trinkwasserversorgung der Landeshauptstadt Innsbruck = Veröffentlichungen des Innsbrucker Stadtarchivs N. F. Bd. 20, Innsbruck 1993, S. 185.
[124] Enrico Castelnuovo, Il ciclo dei Mesi di Torre Aquila a Trento. Trento 1987, S. 85.
[125] Meinrad Pizzinini, Lienz. Das große Stadtbuch. Lienz 1982, S. 43–60, wo übrigens das „castrum Luenz" von 1197 noch links der Isel in Patriasdorf gesucht und noch nicht mit der Erstanlage der Stadt bzw. des „castrum" Lienz gleichgesetzt wurde.

bar. Besonders auffallend an dieser Mauer sind die nach bisheriger Auffassung gleichaltrigen Eck- und Halbrondelle, welche – sollten sie tatsächlich von ca. 1311/1320 stammen – die ältesten Stadtbefestigungsbauten dieser Art in Tirol repräsentieren würden.

Die Grafen von Tirol bzw. ihr 1253 verstorbener letzter Vertreter, Graf Albert III. (IV.), können zwar mit Sicherheit als Gründer der Marktsiedlung von Meran und mit großer Wahrscheinlichkeit als Urheber der mit Marktrecht ausgestatteten bürgerlichen Siedlung Hall bei der urkundlich seit 1232 nachweisbaren Saline in der Herrschaft Thaur im Inntal gelten, beide Gründungen waren jedoch zu Zeiten Alberts III. nicht über den Status unbefestigter Märkte hinausgewachsen. Bei *Meran* wurde diese Entwicklung erst durch Graf Meinhard II. von Görz und Tirol bzw. Tirol-Görz (1271–1295) herbeigeführt, wobei zunächst der Bereich der Laubengasse und der St.-Nikolaus-Stadtkirche von einer Ringmauer umgeben worden ist und in einer zweiten Phase quer vor das Westende der Laubengasse und des dort anzunehmenden ersten Vinschgauer Stadttores die Meraner Neustadt in Gestalt des heutigen Rennweges gesetzt worden ist. Von der genannten Ringmauer blieb nur ein in seiner Höhe stark reduziertes Stück im nordwestlichen Bereich der Gärten hinter den Berglauben sowie das als mittelalterliches Bauwerk noch heute beeindruckende Boznertor in der Nachbarschaft der seit 1271 nachweisbaren Spitalbrücke über die Passer erhalten. Von den beiden Tortürmen an den gegen Westen gebogenen Enden der erwähnten Neustadt hingegen wurde das Ultenertor im Jahre 1881 abgetragen, während das in seiner Höhe zweifellos stark zurückgebaute (jüngere) Vinschgauertor noch besteht. Diese beiden Tortürme waren jedoch nie durch eine Ringmauer miteinander verbunden. Oder mit anderen Worten, die breite Westflanke der Neustadt war nur durch die einzelnen Gartenmauern, nie aber durch eine wehrhafte Stadtmauer gesichert. Durch die Tortürme gesichert waren nur die betreffenden Straßeneingänge. – Etwas anders verhielt es sich im Osten der Stadt, wo der älteste Siedlungskern von Meran, das Steinachviertel, liegt. Es befindet sich etwas unterhalb der Einmündung des von Norden kommenden Passeirer Talweges in die ursprüngliche, wahrscheinlich schon römerzeitliche Talstraße von Bozen über Mais hierher und war zumindest schon um die Mitte des 14. Jahrhunderts sowohl durch das erhaltene Passeirertor als auch durch die darüber liegende und mit dem Tor durch eine Mauer verbundene Burg Ortenstein, den heutigen Pulverturm, gesichert.[126]

Hat Graf Meinhard II. von Tirol-Görz, seit 1286 auch Herzog von Kärnten, in Meran lediglich den mit der Grafschaft Tirol ererbten Markt des Grafen von Tirol zur Stadt weiterentwickelt, so kann er bezüglich zweier anderer Tiroler Städte als deren Gründer angesehen werden, nämlich von Sterzing und von Glurns. In beiden Fällen wurde die neue Stadtanlage an eine gleichnamige ältere Dorfsiedlung angefügt. In *Sterzing* wird diese um 1280 entstandene Stadtanlage von der heutigen sogenannten „Neustadt" verkörpert, wobei der „Zwölferturm" – so benannt nach den zeitweise zwölf Mitgliedern des Stadtrates – mit dem ebenerdigen Stadttor den nördlichen Endpunkt dieser Stadtanlage bildet. Der Untere Torturm am Südende der Neustadt wurde hingegen 1860 abgetragen.[127] Mehr oder weniger sichtbare Reste der zugehörigen Ringmauer verbergen

---

[126] F. H. Hye, Meran. In: Österreichischer Städteatlas, hg. v. Ludwig-Boltzmann-Institut für Stadtgeschichtsforschung, 3. Lieferung, Wien 1988.

[127] F. Huter, Vom Werden und Wesen Sterzings im Mittelalter. In: Schlern-Schriften Bd. 232 = Sterzinger Heimatbuch, Innsbruck 1965, S. 33–94; F. H. Hye, Tiroler Städte an Etsch und Ei-

sich an der Nordost- und Südwestecke der Neustadt. Insbesondere gilt dies für den Bereich des ehemaligen Jaufentores bzw. für jene Mauer dortselbst, an die von außen her der Ansitz Wildenburg angebaut worden ist. An der Ostseite bildet das trotz seiner Zinnen sehr schlichte, zweigeschoßige Pfitschertor eine malerische Erinnerung an die einst hier verlaufende Stadtmauer.[128]

Auch in *Glurns* erschöpft sich die Meinhardinische Stadtanlage von ca. 1290 in der Laubengasse sowie in einer östlich unmittelbar an diese anschließenden Gartenzone. Zum Unterschied von Sterzing, wo die Neustadt ebenso wie die Altstadt – so die heutige Bezeichnung des älteren Straßendorfes – in ihrem Grundriß einheitlich vom Nord-Süd-Verlauf der Brennerstraße geprägt ist, war das ältere Dorf Glurns, westlich vor der Laubengasse gelegen, in Gestalt der heutigen Silbergasse von Süd nach Nord bzw. von der älteren Glurnser Etschbrücke gegen Mals hin orientiert, während die Stadt Glurns durch ihre Tore den Beginn der vom Fürstbischof von Chur als Verbindung von der Glurnser Etschbrücke zur Churburg bei Schluderns angelegten neuen Straßenverbindung zu kontrollieren und – wenn nötig – abzuriegeln hatte und daher von West nach Ost orientiert ist.[129] Von der Meinhardinischen Ringmauer und den beiden Stadttoren am oberen und unteren Ende der Laubengasse hat kaum etwas markant Sichtbares die Zerstörung im Schweizer Krieg des Jahres 1499 überdauert. Die weitum bekannte, bis auf eine kleine Lücke bei der Etschbrücke vollständig erhaltene Ringmauer von Glurns hingegen wurde erst im Zuge des Wiederaufbaues nach 1499 errichtet und wird uns erst etwas später befassen.

Zuvor haben wir uns noch weiteren mittelalterlichen Stadtmauern in Tirol zuzuwenden. Vorerst gilt dies für den bereits oben erwähnten gräflich-tirolischen Salinen-Markt *Hall* im Inntal, den die Söhne Meinhards II., die Herzoge Otto, Ludwig und Heinrich, im Jahre 1303 durch Verleihung des Innsbrucker Stadtrechtes zur Stadt erhoben haben. Siedlungsmäßigen Niederschlag fand dieser spätestens mit dem Bau der St. Nikolauskirche (1281) beginnende Entwicklungsprozeß durch die Errichtung der Oberstadt. Wie schon aus dieser Bezeichnung abzulesen ist, befand sich die ältere Marktsiedlung unmittelbar darunter am Talboden, auf demselben Niveau wie die seit 1232 nachweisbare, gleichsam als geschlossene dreieckige Burganlage mit südlichem Wehrturm und großem Innenhof erbaute Saline bzw. deren Sudhaus, wobei die Salinenanlage relativ nahe am nördlichen Innufer, die zugehörige Marktsiedlung – die heutige Salvator- und Schmiedgasse – jedoch nordwestlich von der Saline situiert worden war. Im Zuge der Stadterhebung im Jahre 1303 nun wurde lediglich die Oberstadt von einer halbkreisförmigen Ringmauer umgeben, woran im Osten hoch über dem trockenen Stadtgraben noch heute die Bezeichnung „Sparberegg" für einen Teil des Damenstiftes und an der Westecke der Oberstadt der Name „Rainegg" für einen turmbewehrten Ansitz dortselbst erinnern. Den Zenit dieser ältesten Haller Stadtmauer bildete das wichtige, nach Norden gerichtete Absamertor, durch welches auch die aus dem Halltal geradewegs hinunter zur Saline verlegte Soleleitung durch die Stadt führte. Von dieser Stadtmauer hat sich im Bereich zwischen dem Absamer- und dem nach Osten orientierten Milsertor ein prächtiges Teilstück durchwegs in Bachstein-Mauerwerk er-

---

sack = Exkursionen des Österr. Arbeitskreises für Stadtgeschichtsforschung 9, Linz 1982, S. 50ff.

[128] Vgl. dazu Conrad Fischnaler, Sterzing am Ausgang des Mittelalters. In: Schlern-Schriften Bd. 9, Innsbruck 1925, S. 104–143.

[129] F. H. Hye, Geschichte der Stadt Glurns. Glurns 1992.

halten, welches dem oberwähnten Mauerabschnitt in Trient beinahe ebenbürtig ist. Im Verband dieser Mauerpartie präsentiert sich auch noch der sogenannte „Agramsturm", das einstige städtische Zeughaus, eindrucksvoll dem Betrachter. Bemerkenswert ist auch die am Südostende dieses Mauerabschnittes zu beobachtende Metamorphose von der unverputzten zur verputzten bzw. von der unversehrten Defensiv-Stadtmauer zu der von Fenstern durchbrochenen Hausmauer. Bis 1504 erstes städtisches Bollwerk westlich der alten bayerischen Grenze, war Hall wohl deshalb die einzige Stadt Tirols, deren Ringmauer – und zwar sogar in zwei Phasen – erweitert worden ist, und dies bereits im 14. und 15. Jahrhundert. Bei der ersten Erweiterung wurde um 1335/46 die alte Marktsiedlung am Nordrand des heutigen Unteren Stadtplatzes und bei der zweiten Erweiterung um 1420 – einschließlich dieses Platzes – auch die Salinenanlage mit der Münzergasse und dem ehemaligen Stadtspital am Gießen in den Mauerring miteinbezogen. Letzterer Entwicklungsphase entstammt das stattliche Münzertor östlich neben dem Münzerturm, der damals ebenso wie auch die gesamte Westflanke der alten Salinenanlage zu einem Bestandteil der Stadtbefestigung umfunktioniert worden war.[130] Seit 1489 prangte über dem zur einstigen Innbrücke führenden Münzertor ein großes Wappenrelief Erzherzog Sigmunds des Münzreichen und verkündete dem eintretenden Gast, daß er hier eine Stadt des Landesfürsten von Tirol bzw. der Erzherzoge von Österreich betreten hatte.

Östlich der oberwähnten alten Tiroler Landesgrenze haben wir hier noch die erst seit 1504 zu Tirol gehörenden, ursprünglich bayerischen Städte Rattenberg, Kufstein und Kitzbühel bzw. die dortigen Reste der mittelalterlichen Stadtbefestigungsanlagen zu erörtern. In dem 1271 mit Stadtrecht bedachten *Kitzbühel*, wo man zwischen dem nördlichen Kirchen- und dem südlichen Stadthügel zu unterscheiden hat, präsentiert sich namentlich die Südflanke des Letzteren noch heute mit dem Pfleghausturm an der Südostecke, dem gleichnamigen Stadttor in der Mitte und dem südwestlichen Eckturm mit dem einstigen Getreidekasten in der Gestalt einer befestigten mittelalterlichen Stadt. Das nordseitige Spitaltor hingegen mußte 1836 dem zunehmenden Straßenverkehr weichen. Aufschlußreichen Einblick bezüglich des Durchmessers der Stadtmauer gewährt der sogenannte „Luggeischluf", ein Durchgang, der aus der Stadt zu der an der Ostseite bzw. zu Füßen des Stadthügels liegenden Gewerbezone am Gries hinunterführt.[131]

In *Kufstein* hat sich – wie es scheint –, abgesehen vom Kern der Burg selbst nur ein bescheidenes sichtbares Stück der mittelalterlichen Stadtmauer erhalten. Es bildete einst den südlichen Abschluß der Rennhof-, heute Römerhofgasse am schmalen Uferstreifen zwischen dem felsigen Westabfall des Festungsberges und dem Inn und endet in einem im 16. Jahrhundert unmittelbar über dem Innufer errichteten, nur noch fragmentarisch vorliegenden Eckrondell. Vor einiger Zeit wurde durch diese Mauer ein Tor durchgebrochen, um aus der genannten Gasse zu einem Parkplatz gelangen zu können.

---

[130] Derselbe, Hall in Tirol. In: Österreichischer Städteatlas, a. a. O., Lieferung 4/2, Wien 1993; vgl. auch von demselben, Stadtgrundriß und Siedlungsentwicklung. In: Stadtbuch Hall in Tirol. Innsbruck 1981, S. 35–42.
[131] Derselbe, Kitzbühel. In: Die Städte Tirols, 1.Teil: Bundesland Tirol, a. a. O. = Anm. 9, S. 133–145. Jeder sachlich-realistischen Grundlage entbehrt leider die daher als wissenschaftlich wertlos zu bezeichnenende „Schematische Skizze der Stadtmauer", welche von Johanna Felmayer, Die profane Baugeschichte der Stadt Kitzbühel. In: Stadtbuch Kitzbühel, Bd. 3, Kitzbühel 1970, S. 109 veröffentlicht worden ist.

In *Rattenberg* endlich scheint neben dem seit der Zerstörung der alten Innbrücke 1839 beinahe funktionslosen und daher nicht beseitigten, mittelalterlichen Inntor ebenfalls nur die hier allerdings ruinöse Burg die Jahrhunderte überdauert zu haben. Tatsächlich jedoch ist die Rattenberger Stadtmauer namentlich an der Nordostflanke der Stadt noch heute in der rückwärtigen Außenmauer der dortigen Häuserzeile enthalten.[132]

Im Anschluß an obige Ausführungen bleibt im Hinblick auf die Geschichte der städtischen Wehranlagen in Tirol noch allgemein festzustellen, daß die jeweilige Stadtmauer – neben Kufstein und Rattenberg im nördlichen Landesteil – südlich des Brenners nur in Bruneck und Klausen bzw. in Trient, Rovereto und Arco in einer erhöht liegenden Burg ihren Ausgangs- und Endpunkt gehabt hat, während sich diese im Verband der Ringmauer befindliche stadtherrliche Stadtburg in den übrigen Städten des Landes – soweit eine solche Burg oder Pfalz überhaupt vorhanden war – auf demselben Niveau wie die bürgerliche Stadt selbst befunden hat.

Eine weitere generelle Feststellung gilt dem relativ häufig beggegnenden, irrigen Eindruck, wonach in Tirol die mittelalterlichen Stadtmauern nicht mehr bestehen würden. Gerade das Gegenteil ist der Fall! Wie bereits mehrfach angedeutet – namentlich bei der Metamorphose der Stadtmauer in Hall – wurde die mittelalterliche Ringmauer der Tiroler Städte nämlich nur in relativ wenigen Fällen beseitigt, verlor jedoch ihren wehrhaften Charakter dadurch, daß meist nach dem Jahre 1500 aus den von innen her an die Stadtmauer gebauten Wohnhäusern nach Einholung der Bewilligung des jeweiligen Stadtrates durch diese Mauer Fenster und Türen etc. durchgebrochen worden sind. Aus abschreckenden Ringmauern wurden so schlichte Hausmauern! Die Grundlage für diese Feststellung liefert einerseits ein im Innsbrucker Stadtarchiv überliefertes Verzeichnis derartiger Bewilligungen bezüglich dieser Stadt, und andererseits belegen dies auch zahlreiche von dieser urkundlichen Information ausgehende Untersuchungen von einschlägigen Gebäuden in allen alten Tiroler Städten. Nicht mehr erhalten ist die Stadtmauer nur dort, wo die betreffenden Häuser und mit ihnen diese Mauer kriegsmäßig zerstört oder in Friedenszeiten des größeren Nutzens wegen abgetragen worden sind. Nicht zuletzt darin unterscheiden sich die raummäßig kaum ins Gewicht fallenden mittelalterlichen Stadtmauern von den raumaufwendigen Basteien etc. der späteren städtischen Festungswerke des 16.–18. Jahrhunderts, die eben deshalb zum Großteil tatsächlich meist im Verlauf des 19. Jahrhunderts wieder abgetragen und beseitigt worden sind. Die in der Regel parallel vor der hohen Stadtmauer des Mittelalters angelegt gewesenen Zwinger und Graben – diese beiden Elemente waren jedoch nicht immer vorhanden – wurden freilich im 18. und 19. Jahrhundert ebenso wie die erwähnten Basteien etc. in Ringstraßen und Parkanlagen, Boutiquen oder Gärten umgewandelt.

Überdies kann auf der Grundlage dieser vergleichenden Studie festgestellt werden, daß in den Tiroler Städten jene Stadttore, die am Eingang in jüngere Vorstädte errichtet worden sind, wie bei der Neustadt bzw. dem Rennweg in Meran, bei der Neustadt bzw. der Maria-Theresien-Straße in Innsbruck oder bei den Vorstädten des Tiroler

---

[132] Werner Köfler, Häuserbuch von Rattenberg 1767 bis 1961. Ungedr. phil. Diss., Innsbruck 1964. F. H. Hye, Rattenberg. In: Die Städte Tirols, a. a. O. = Anm. 9, S. 201–209; vgl. auch derselbe, Rattenberg am Inn. Grundzüge seiner Stadtgeschichte. In: Festschrift zur Wiedereröffnung der Stadtpfarrkirche zum hl. Virgil in Rattenberg. Rattenberg (1983), S. 60–75.

Landesfürsten im Umkreis der bis 1531 fürstbischöflich-trientnerischen Stadt Bozen mit dem Hurlachturm bei der Talferbrücke, dem Rauscher- und dem Barfüßer- oder Franziskanertor, dem Vintler- und dem Niederhausertor sowie dem Spital- und dem Wendelsteinertor bei den Kapuzinern[133], daß also diese peripheren Stadttore nie, weder miteinander noch mit der Ringmauer des älteren Stadtkerns, durch eine erweiterte Ringmauer verbunden gewesen sind, sondern lediglich als Straßensperren fungierten. Die übrige Abgrenzung dieser jüngeren Vorstädte nach außen überließ man den Einfriedungen der betreffenden Hausgärten oder den rückwärtigen Außenmauern der hinter den Häusern errichteten Wirtschaftsgebäude.

Eines dieser Vorstadttore, nämlich das St. Georgentor in Innsbruck, war übrigens das erste Stadttor Tirols, welches wieder abgetragen worden ist, und zwar bereits im Winter 1570/71. Dieses Tor befand sich an jener Stelle der heutigen Maria-Theresien-Straße, wo diese einerseits gegen Süden hin spürbar enger wird und andererseits in ihrer Straßenlinie einen deutlichen Knick gegen Westen erkennen läßt. Errichtet nach der Erwerbung der zuvor im Besitz des Klosters Wilten befindlich gewesenen Innsbrucker Neustadt durch Graf Meinhard II. von Tirol-Görz (1281) ungefähr in der Mitte derselben, mußte das St. Georgentor deshalb weichen, weil unmittelbar südlich davon die einstige landesfürstliche Hofplattnerei an der Stelle des heutigen Alten Tiroler Landhauses über Veranlassung Erzherzog Ferdinands II. zum Stadtpalais für seine Söhne Andreas und Karl aus seiner Ehe mit Philippine Welser umgebaut worden war.[134] Wäre es doch unvorstellbar gewesen, daß die Hofhaltung der landesfürstlichen Kinder durch dieses Tor gleichsam aus dem engeren Stadtkern ausgegrenzt gewesen wäre. – So also ergab es sich, daß Innsbruck die erste Stadt Tirols wurde, in der einerseits bereits 1570/71 ein Stadttor wieder abgerissen wurde und wo sich andererseits seit dem Jahre 1500 quellenmäßig die beinahe systematische Perforation der wehrhaften Stadtmauer bzw. deren Metamorphose zu einer von Fenstern und Türen durchbrochenen Häusermauer nachweisen läßt.

Dieser bereits um 1500 in der Residenzstadt Innsbruck beginnende und ab dieser Zeit wohl auch in den meisten übrigen Städten des Landes hinsichtlich der – wenn auch mit der Auflage „bis auf Widerruf" – gestatteten Fensterdurchbrüche einsetzende Trend zur Perforation der Stadtmauer steht in krassem Gegensatz zu enormen Stadtbefestigungsbauten, die zur gleichen Zeit in zwei anderen Tiroler Städten durchgeführt worden sind, nämlich in Kufstein und in Glurns. Zum Unterschied von den übrigen Städten des Landes handelte es sich jedoch bei diesen beiden um mehr oder weniger unmittelbare Grenzstädte, die eben deshalb im 16. Jahrhundert gleichsam zu Grenzfestungen ausgebaut werden sollten. Den Anlaß dazu gab in Glurns die Zerstörung der mittelalterlichen bzw. meinhardinischen Stadtbefestigung im sogenannten „Schweizer Krieg" des Jahres 1499. Die aus der dort erlittenen schmerzhaften Niederlage gezogene Konsequenz bestand in Glurns einerseits darin, daß man nun den nach relativ modernen Befestigungstechniken erneuerten Mauerring dermaßen erweitert hat, daß er sowohl den alten Ortskern des einstigen Dorfes Glurns westlich der Malserstraße als auch die meinhardinische Stadt gleichen Namens, nämlich die Laubengasse etc., umfaßte. Auf diese Weise und nachdem um 1534 auch der alte Pfarrhof westlich außerhalb

---

[133] Derselbe, Die Anfänge und die territoriale Entwicklung der Stadt Bozen. In: Der Schlern Jg. 52, Bozen 1978, S. 67–74.
[134] Derselbe, Die Grafen von Andechs und Tirol, a. a. O. = Anm. 13, S. 47 f.

der neuen Ringmauer abgetragen worden war, ergab sich vor derselben für allfällige künftige Verteidigungsmaßnahmen ein völlig freies Sicht- und Schußfeld. Andererseits wurde die Südflanke der Stadtmauer damals in ihrem westlichen Abschnitt fast unmittelbar an das linke Ufer der Etsch vorgeschoben, um einem künftigen Angreifer die Möglichkeit zu nehmen, sich im Raum zwischen dem Etschufer und der Stadtmauer in breiter Front formieren zu können. Ein notwendiges Übel dieser Maßnahme war die dadurch bedingte Hereinnahme der Gewerbezone und vor allem des zuvor südlich außerhalb der Stadtmauer fließenden Mühlbaches, dessen nicht ungefährliches Energiewasser man bis dahin lieber außerhalb der Ringmauer situiert wissen wollte. Nach der verheerenden Niederlage von 1499 haben hier jedoch militärisch-fortifikatorische Argumente die Oberhand gewonnen.[135] – Befestigungstechnisch kann die neue Glurnser Ringmauer als ein Spiegelbild der damaligen Entwicklung an der Wende vom Mittelalter zur Renaissance angesehen werden. So sind die drei Tortürme mit ihrem rechteckigen Grundriß und ihren Pechnasen noch ganz der älteren Auffassung von einer wirksamen Verteidigung verhaftet. Insbesondere gilt dies vom eindrucksvollen, spätgotischen Pechnasenkranz des Etschbrücken- oder Kirchentores. Andererseits repräsentieren die vier Eckrondelle und die drei Halbrondelle ungefähr in der Mitte der Süd-, West- und Nordseite der Mauer bereits den Fortifikationsstil des 16. Jahrhunderts. Besondere Aufmerksamkeit verdienen die aus der Außenmauer vorragenden granitenen Klauensteine am Malser- und am Schludernsertor, welche als Führungssteine für das Fallgitter fungierten und in Tirol sonst nur noch am Passeirertor in Meran angetroffen werden. Mit dem Bau der neuen Glurnser Stadtbefestigung war u. a. auch der bekannte Hofbaumeister und Maler Kaiser Maximilians I., Jörg Kölderer (gest. 1540) befaßt, dem wir einen außerordentlich wertvollen und aufschlußreichen, um 1521 angefertigten Plan dieses Bauwerkes mit genauer Angabe seiner Maße und Beifügung eines Querschnittes ‚Stadtmauer-Zwinger (2 Klafter = ca. 4 m breit) – Zwingermauer-Graben (3 Klafter breit, 2 Klafter tief) – Erdwall' verdanken.[136] Allerdings wurden, wie einem von Bartolomeo Lucchese verfaßten Plan von ca. 1615 zu entnehmen ist, Zwinger und Graben nur an der Ost- und Nordseite und auch dort nicht in der vollen Länge realisiert.[137] Bleibt noch zu erwähnen, daß diese Zwingermauer noch weitgehend erhalten ist, während der Graben unterdessen beinahe bis zur Unkenntlichkeit zugeschüttet und in Gärten und Grünanlagen umgewandelt worden ist. Die vorrangige Bedeutung von Glurns als Grenzfestung gegen Graubünden fand übrigens 1652 mit dem Verkauf der österreichischen Rechte im Unterengadin ihr Ende, weshalb spätere Modernisierungen der Stadtbefestigung unterblieben. Auch dadurch unterscheidet sich Glurns sehr wesentlich von Kufstein.

Kufstein entstand als bayerische Stadt am Nordrand des dortigen Burghügels und im Schutze einer gegen Südwesten bzw. gegen Tirol gerichteten Burg. Diese ursprüngliche Lage und Orientierung war selbstverständlich, auch nachdem die Stadt 1504 zu Tirol gekommen war, unverändert geblieben. Es war daher das Bestreben der Tiroler Behörden diese sowohl von den natürlichen Gegebenheiten als auch vom historischen Werdegang her gegen Norden offene Stadt durch aufwendige Befestigungsbauten ge-

---

[135] Derselbe, wie oben Anm. 4.
[136] Vgl. dazu Max Bliem, Zur Stadtanlage von Glurns. In: Jahrbuch des Südtiroler Kulturinstitutes Bd. V–VII, Bozen 1967, S. 424–435, mit der Erstveröffentlichung des genannten Planes.
[137] Nicolò Rasmo, Der Innsbrucker Kodex III und die Tiroler Landesverteidigung gegen Venedig im Jahre 1615. Trient 1979, Tafel No. 28.

gen Angriffe des nördlichen bzw. bayerischen Nachbarn abzusichern, was von vornherein als hoffnungsloses Unterfangen zu betrachten war. Letzteres zeigte sich sowohl beim Einfalle des bayerischen Kurfürsten Max Emanuel im Rahmen des Spanischen Erbfolgekrieges im Jahre 1703 als auch 1805/09. Dessen ungeachtet hat man noch in den Jahren 1855/61 zum Schutze der damals erbauten und 1858 eröffneten Eisenbahnlinie von München über Rosenheim nach Innsbruck zusätzlich zur Festung auch noch auf der linken Talseite, am Thierberg, ein riesiges Sperrfort aus Beton errichtet, welches jedoch 1880 wieder aufgelassen und abgetragen worden ist. Die Aufhebung des Festungscharakters der Stadt Kufstein, namentlich auf der rechten Talseite, erfolgte hingegen erst im Jahre 1882.[138] Erst damals eröffnete sich für die dortige Stadtverwaltung die Möglichkeit, auch das Areal nördlich vor der Stadt bzw. zwischen dem Stadtkern, dem Inn, dem Stadtberg und dem Weiler Sparchen in die Stadtplanung mit einzubeziehen.[139] Von den bis dahin aufwendig erhaltenen Basteien des 16. Jahrhunderts und der Folgezeit blieben seither nur die sogenannte Wasserbastei an der Nordwestecke des Stadtkerns sowie eine stattliche Mauerpartie südlich des 1835 abgerissenen Oberen Stadttores erhalten. Der Abbruch des Inntores hingegen war bereits 1810/11 erfolgt.

Den allgemeinen Reigen der Abbrüche mittelalterlicher Stadttore eröffnete jedoch bereits fast fünfzig Jahre zuvor die Residenzstadt Innsbruck, wo man die Stadt im Auftrag des österreichischen Landesguberniums im Jahre 1765, aus Anlaß der dort zelebrierten Hochzeit des nachmaligen Kaisers Leopold II. mit der spanischen Infantin Maria Ludovica aus dem Hause Bourbon, ganz bewußt ‚modernisierte', den stinkenden Stadtgraben zuschüttete und das südseitige Vorstadttor der Altstadt abgetragen hat, wobei mit den dort frei werdenden Quadersteinen zur Begrüßung des Brautpaares und vor allem der Eltern des Bräutigams, Kaiser Franz I. Stephan von Lothringen und der ungarischen und böhmischen Königin Maria Theresia von Österreich, an der südlichen Stadtgrenze die bestehende Triumphpforte errichtet worden ist. Im Jahre 1779 folgte der Abbruch des Pickentores am Ausgang der Seilergasse zum Innrain und 1790 der Abbruch des Inntores. Nur das Saggentor hat als Südturm der Hofburg diese Altstadt-Öffnungsphase überdauert.

Angesichts der eben dargelegten Vorgänge in Innsbruck im Zeitraum von 1765 bis 1790 mutet es geradezu grotesk an, daß zweifellos ebenfalls über Anordnung desselben Guberniums in der benachbarten Stadt Hall im Zuge der Öffnung des Unteren Stadtplatzes für den Durchgangsverkehr zuerst (vor 1746) gegen Osten das sogenannte Kapellentor und noch um 1760/70 gegen Westen das sogar doppeltorige Salz- oder Theresientor errichtet worden ist, welches hier noch bis ca. 1840 bestanden hat.[140] Davon erhalten hat sich nur das heute als Wohnhaus dienende Halbrondell der äußeren Toranlage an der Südseite der Straße bzw. als nördliche Begrenzung des heutigen Salinenparks.

Wie die angeführten Bauten in Hall und Kufstein zeigen, hat sich das aufs engste mit dem Begriff der Stadtbefestigung verbundene mittelalterliche Sicherheitsdenken jedenfalls im nordöstlichen Landesteil Tirols bis in die zweite Hälfte des 19. Jahrhun-

---

[138] F. H. Hye, Kufstein. In: Österreichischer Städteatlas, a. a. O. = Anm. 10; derselbe, Kufstein. In: Die Städte Tirols, a. a. O. = Anm. 10, S. 149–161.
[139] Arnold Klotz, Stadt Kufstein. Städtebauliche Entwicklung und Gestaltung. Kufstein 1988.
[140] F. H. Hye, wie oben Anm. 130.

derts erhalten. Die endgültige Überwindung dieser Denkungsweise wird dann erst durch die Stadterhebungen von Imst und Schwaz in den Jahren 1898 und 1899 signalisiert[141], als bei diesen Verleihungen des unterdessen zum reinen Ehrentitel gewandelten Ranges einer Stadt niemand mehr die Errichtung einer Ringmauer zur Bedingung hiefür gemacht hat, wie dies für Imst sowohl im Jahre 1282 als auch 1312 gefordert worden war.

Das funktionale innere Antlitz der ummauerten Stadtkerne

Der funktionale Charakter der meisten Tiroler Städte war primär durch die bereits eingangs erwähnte, meist langgezogene Marktstraße geprägt, welche sich nur in wenigen Städten platzartig weitete, wie dies in Innsbruck, Rattenberg, Kufstein und Bruneck zu beobachten ist.

Nur in der ehemals bayerischen Stadt Kitzbühel bestand ursprünglich ein großer, weiter Marktplatz, doch erwies er sich auf die Dauer weniger wichtig als der Baugrund, den er verkörperte, weshalb dieser Platz beginnend mit dem Bau der dortigen St. Katharinenkirche um 1361/65 durch eine mittlere, zum Teil doppelte Häuserzeile in zwei Straßenzüge abgeteilt worden ist. Eine ähnliche Entwicklung vollzog sich auch auf dem Areal der ursprünglichen Marktanlage von Hall in Tirol, welche nach 1303 durch Einfügung einer mittleren Häuserzeile in zwei annähernd parallele Straßenzüge, die Markt- oder Salvatorgasse und die Schmiedgasse, umgewandelt worden war. Der betreffende Marktplatz wurde hier durch den jüngeren, städtischen Oberen Stadtplatz abgelöst, neben dem hier tirolweit nur noch der unverändert erhaltene Stadtplatz von Lienz zu nennen ist. Wenn übrigens heute der Eindruck entsteht, daß noch weitere alte Stadtkerne Tirols sehr wohl über stattliche Marktplätze verfügt hätten, wobei als Beispiele gerne der Obstplatz in Bozen oder der Platz vor dem Zwölferturm in Sterzing angeführt werden[142], so muß dazu festgestellt werden, daß dieser Eindruck trügt. Beim Bozner Obstplatz handelt es sich nämlich ebenso wie beim Innsbrucker Marktgraben um einen Marktplatz, der erst dadurch entstanden ist, daß der Stadtgraben, der vor der Zerstörung der mittelalterlichen Stadtmauer 1276/77 hier verlaufen war, zugeschüttet wurde. Beim Platz vor dem Zwölferturm hingegen handelt es sich um einen absichtlich unverbaut belassenen Platz, der als Übergangszone oder Schußfeld zwischen der vorstädtischen Dorfsiedlung und der ummauerten Stadtsiedlung entstand, wie dies auch in Meran beim Platz zwischen der Pfarrkirche und dem Steinach-Viertel oder auch beim heutigen Stadtplatz in Glurns und bei der Weitung östlich vor dem Ragentor in Bruneck zu beobachten ist. Auch der heutige, relativ große Platz bei der Pfarrkirche von Klausen kann nicht als alter Stadtplatz interpretiert werden.[143] An seiner Stelle befand sich nämlich der alte Stadtfriedhof, der erst um 1859/60 endgültig aufgelassen worden ist.[144] Die dortige T-Kreuzung bzw. Einmündung der Straße über die Eisackbrücke in die Haupt- bzw. Brennerstraße hingegen entstand erst, nachdem

---

[141] Derselbe, Imst bzw. Schwaz. In: Die Städte Tirols, a. a. O. = Anm. 9, S. 56 u. 214.
[142] So z. B. von A. Klotz, Entwicklung und Struktur Historischer Stadtkerne in den Tiroler Städten = Schriftenreihe der Österr. Gesellschaft für Raumforschung und Raumplanung Bd. 27, Wien 1980, S. 36, 45, 89 etc., vgl. auch die folgende Anmerkung.
[143] O. F. Luchner, Die Tiroler Stadt. München 1914, S. 102f. und Anm. 139.
[144] Vgl. Bote f. Tirol 1860, Amtsblatt Nr. 82.

die neue Eisackbrücke nicht mehr am alten Platz beim Brückentor, sondern 1880/81 am heutigen Standort errichtet wurde.[145] Alt ist dort jedoch der „Thinnenplatz", welcher aber bereits außerhalb der Stadtmauer lag.

Als Marktplatz der alten Tiroler Städte fungierte eben die Marktstraße, die in einigen unserer Städte durch *Laubengänge* flankiert wird, wobei hinsichtlich der Entstehungsweise und des Alters dieser Lauben oder Arkaden, die in den älteren deutschsprachigen Tiroler Quellen bzw. bis ins 19. Jahrhundert als „Gewölbe" bezeichnet werden, große Unterschiede bestehen. Während die Lauben der Meraner und Bozner Laubengasse in ihrer ersten Anlage wahrscheinlich bereits im 12. und 13. Jahrhundert entstanden sind[146], und auch jene an der Nordseite der Laubengasse von Glurns spätestens im 14. und 15. Jahrhundert gleichzeitig mit den betreffenden Hausbauten errichtet wurden, stellen die südseitigen Lauben in Glurns sowie jene in Innsbruck, Sterzing und Neumarkt sowie vermutlich auch jene in Brixen spätere Hausvorbauten des 15.–17. Jahrhunderts dar. Dasselbe gilt auch von den im 2. Weltkrieg leider z. T. zerstörten Lauben in der Bozner Muster-, Museum- und Weintraubengasse. Im Detail untersucht wurde diese Frage bei den Neumarkter und bei den Innsbrucker Lauben. Bei Letzteren zeigte sich, daß dieselben z. T. vermutlich im Zuge des Wiederaufbaues der Innsbrucker Altstadt nach dem großen Brand von 1390, zum Großteil aber erst nach 1420 entstanden sind, wodurch der Wohnraum der Obergeschosse vergrößert wurde, im offen-gewölbten Erdgeschoß darunter aber witterungsgeschützte Handelsgewölbe geschaffen wurden. Ein konkretes Beispiel derartiger Laubenvorbauten bietet der Innsbrucker Stadt- und Rathausturm, der zwischen 1442 und 1450 vor der Fensterfront eines 1442 vom Stadtrat zur Erweiterung des Rathauses angekauften Hauses erbaut wurde, wobei man das Erdgeschoß des Turmes als nach drei Seiten offenes Laubengewölbe gestaltet hat. Ein weiteres Beispiel ist im Goldenen-Dachl-Gebäude zu erblicken, welches 1420 – jedoch noch ohne den berühmten Prunkerker – als Residenz Herzog Friedrichs IV. adaptiert worden ist, wo der Herzog 1439 im südöstlichen Eckzimmer über den Lauben verstorben ist.[147] Eben dieser Laubengang wird auch bereits in der ältesten Innsbrucker Stadtordnung von ca. 1440 erwähnt, wo ausgeführt wird, daß der Stadtrichter bei gutem Wetter „ausserhalb des gewelbs, doch mit dem rugken an das gewelb", bei Regen oder Schneetreiben aber „under das gewelb mit den rugken an die heuser daselbs" sitzen und amtieren soll, in welcher Formulierung die Erinnerung an die älteren Außenmauern der betreffenden Häuser offensichtlich wird.

Bleibt noch zu erwähnen, daß sowohl durch den Bau des Laubenganges beim Goldenen-Dachl-Gebäude wie auch durch den Bau der Laubengänge beim Alten Rathaus

---

[145] Vgl. Bote f. Tirol 1880, Nr. 243, S. 2086.
[146] N. Rasmo, Bozen, a. a. O. = Anm. 2, S. 16. Für ein landesfürstliches Haus in Meran werden 1322 Ausgaben „pro testudine nova facta ad transitum de una domo ad aliam" verrechnet (zitiert nach J. Riedmann, Adelige Sachkultur Tirols in der Zeit von 1290 bis 1330. In: Veröffentlichungen des Instituts für mittelalterliche Realienkunde Österreichs Nr. 5 = Österreichische Akademie d. Wissenschaften, phil.-histor. Klasse, Sitzungsberichte Bd. 400, Wien 1982, S. 107, Anm. 5).
[147] F. H. Hye, Rathaus, Stadtturm und Lauben in Innsbruck. In: Veröffentlichungen des Innsbrucker Stadtarchivs N. F. Bd. 3, Innsbruck 1972, S. 99–116; derselbe, Das Goldene Dachl Kaiser Maximilians I. und die Anfänge der Innsbrucker Residenz = Ebenda, N. F. Bd. 23, Innsbruck 1997, S. 23 u. 28.

bzw. Stadtturm die Einmündungen der dortigen schmalen Seitengassen in den Stadtplatz weitgehend verstellt worden sind, was ebenfalls erkennen läßt, daß diese Laubengänge nachträgliche Vorbauten sind, die in die öffentliche Straßenfläche vorgebaut worden sind. Dieses Faktum wird auch durch den rechtlichen Charakter dieser Laubengänge als „immerwährende öffentliche Durchgänge" bestätigt. D. h. durch den vom jeweiligen Stadtrat bewilligten Vorbau wurde der betreffende Teil der bis dahin öffentlichen Straßenfläche verprivatisiert, jedoch mit der Auflage bzw. mit dem Servitut des immerwährenden öffentlichen Durchganges. Besonders deutlich wird dies in der obzitierten, um 1440 verfaßten Innsbrucker Stadtordnung formuliert, wo es – aus konkretem Anlaß – heißt: „Und Äbleins gwelb und alle gwelb in der statt sind gemain" (d. h. sie sind öffentlich!).

Selbstverständlich werden derartige Laubenvorbauten nur dort angetroffen, wo die Straßen oder Plätze breit genug waren, um diese Baumaßnahme zu ermöglichen. Bei Straßen, die sich allmählich verbreitern, tritt daher an der Stelle der entsprechenden Weitung der Beginn eines Laubenganges meist durch stufenartiges Vortreten desselben aus der bisherigen Häuserfront in Erscheinung.

Ein Indiz dafür, daß die Lauben in Innsbruck, in Sterzing, in den obgenannten Bozner Vorstadtstraßen oder auch in Neumarkt entweder im nachhinein an ein bestehendes Haus angebaut oder erst im Zuge eines späteren Neubaues entstanden sind, liefert auch die Tatsache, daß in den betreffenden Orten die Lauben nicht überall durchgehend vorhanden sind, sondern oft nur vereinzelt, hausweise, was im Straßenbild einen bewegten Wechsel von alter Hausfront und Laubenfassade verursachte. Auch die oft sehr unterschiedliche Gestalt und Größe der Laubenbögen erklärt sich aus dieser individuellen Entstehungsweise.[148]

Ob die Lauben eines Hauses im Zuge eines nachträglichen Vorbaues an ein bestehendes Gebäude angefügt wurden oder gelegentlich eines gänzlichen Hausneubaues entstanden, läßt sich übrigens daran erkennen, daß bei ersterer Entstehungsweise in den alten Obergeschoßen knapp hinter der alten, beim Umbau beseitigten Fassadenmauer ein parallel dazu verlaufender, mächtiger Tragbalken eingefügt worden ist, der fortan anstelle dieser Mauer die Last der darüberliegenden Bauteile zu tragen hatte. Solche Balken sind dem Verfasser im historischen Sitzungssaal des Sterzinger Rathauses sowie in den Innsbrucker Häusern Herzog-Friedrich-Straße Nr. 11, 19, 22 (Trautsonhaus) und 29 bekannt.

Besonders gut lassen sich derartige im nachhinein errichtete Laubenvorbauten in Neumarkt (südlich von Bozen) beobachten, wo die ursprünglich unmittelbar an der Straße situiert gewesenen, in Stein gearbeiteten Bögen der alten Hausportale durch die jüngeren, vorgebauten Laubengewölbe teilweise verdeckt erscheinen. Auch die Mittelachse der jüngeren Gewölbe stimmt meist nicht mit dem Scheitelpunkt der alten Portalbögen überein. Namentlich gilt dies auch von dem heute als Pfarr- und Dekanatszentrum genutzten Haus an der Südseite der Laubengasse (Bp. 49), wo sich die Pfarrkanzlei genau in jenem Zimmer des ersten Obergeschoßes befindet, welches hier durch den Laubenvorbau gewonnen worden ist, wobei hier im ersten Obergeschoß die alte nordseitige Haus-Außenmauer erhalten blieb und mit ihr das dortige ursprünglich straßenseitige Fenster, welches heute aus dem Hausflur in das vorgenannte Zimmer über dem Laubengang blickt und so die baulichen Verhältnisse vor der Vornahme des

---

[148] Derselbe, Neumarkt, a. a. O. = Anm. 12, S. 131 ff.

Lauben-Vorbaues sehr lebendig veranschaulicht. Die dortige Selbst-Datierung des Zimmer-Getäfels zum Jahre 1653 liefert mit größter Wahrscheinlichkeit auch das Jahr des Laubenvorbaues.

Auf die sonstige Bauweise der Tiroler Stadthäuser mit Vorderhaus mit Lichtschacht, Lichthof und Hinterhaus auf meist schmaler, jedoch weit nach hinten reichender Bauparzelle – im westlichen Teil der Bozner Laubengasse beispielsweise reichen die durchgehenden Bauparzellen von der Laubengasse vorne bis zur Linie der ehemaligen Stadtmauer hinten – braucht hier nicht eingegangen zu werden, da sie schon mehrfach erschöpfend erörtert und beschrieben worden ist.[149]

An den „Marktstraßen" bzw. Laubengassen hatten aber nicht nur Handel und Gastgewerbe ihren Standort, hier befanden sich auch die wichtigsten Verwaltungsgebäude und namentlich das jeweilige *Rathaus*.

Die Errichtung und der Bestand eines Rathauses setzen – ähnlich wie der Gebrauch von Stadtsiegel und Stadtwappen – eine schon weit fortgeschrittene bürgerliche Selbstverwaltung einer Stadt voraus. Die Errichtung eines eigenen Rathauses erfolgte daher in der Regel zu jenem Zeitpunkt, zu dem die Stadtverwaltung mit ihrem Schriftverkehr und ihrer Buchhaltung jenes Ausmaß erreicht hat, bei dem es nicht mehr möglich war, alle diese Geschäfte in der Privatwohnung des Stadtrichters bzw. seit der 2. Hälfte des 14. Jahrhunderts allmählich auch des Bürgermeisters in deren Privatwohnung abzuwickeln. Ein anschauliches Beispiel hiefür bietet die Chronologie der betreffenden Entwicklung in Innsbruck: 1180 Markt- bzw. spätestens seit 1204 Stadtrichter und Beisitzer, ca. 1240/1267 Stadtsiegel, 1315 Rat, 1337 Stadtschreiber, 1354 Bürgerredner, 1358 Rathaus, 1374 Bürgermeister. Innsbruck steht damit an der Spitze der Entwicklung, während sich Bürgermeister und Rathaus in den meisten Tiroler Städten erst seit dem 15. Jahrhundert nachweisen lassen.

Als das älteste Tiroler Rathaus ist also das an sich bescheidene Rathaus der Stadt Innsbruck zu nennen, welches 1358 mit Unterstützung des Landesfürsten durch den Ankauf und die Adaptierung eines Bürgerhauses errichtet worden ist. Seine heutige Form mit dem weitum einzigartigen Stadtturm erhielt es allerdings erst um 1442/50 (vgl. oben S. 49 f. die Entstehungsweise der dortigen Lauben) bzw. um 1658, als – was lange übersehen wurde – das bis dahin nur ein Obergeschoß aufweisende Gebäude aufgestockt worden ist und in diesem damals neugeschaffenen zweiten Obergeschoß den Bürgersaal erhielt. An diesen Umbau erinnert die Jahreszahl 1658, verbunden mit dem Steinmetzzeichen des Gall Appeler d. Ä. an einem den Boden des zweiten Stockes tragenden Steinpfeiler im Flur des ersten Obergeschoßes. Auf die Tatsache, daß das Rathaus bis dahin zur zweigeschossig war, weist auch das untere Kaffgesimse des Stadtturmes hin, welches heute an drei Seiten von Innenräumen umgeben ist, ursprünglich aber sicherlich völlig frei lag. Das im dritten Obergeschoß des Turmes an dessen Ostseite liegende Turmportal war vermutlich durch eine gedeckte Holztreppe vom ersten Stockwerk des Rathauses aus zu erreichen. Dem Innsbrucker Rathaus folgte 1406 das schöne Rathaus in Hall i. T., welches noch heute, wie damals, aus Haus (Westgebäude mit hohem Walmdach) und (Stiegen-)Turm bestehend, zuvor als landesfürstliche Stadtpfalz („Königshaus") dortselbst diente und im genannten Jahr von Herzog Leopold IV.

---

[149] O. Stolz, Über die Bauart der Innsbrucker Bürgerhäuser im Mittelalter. In Veröffentlichungen des Museum Ferdinandeum Bd. 20/25, Innsbruck 1948, S. 17–26.

der Stadt als Rathaus geschenkt worden ist.[150] Der Turm hat allerdings nicht mehr seine ursprüngliche Höhe. Den Erweiterungstrakt zwischen dem Turm und dem ehemaligen Rosenwirtshaus (Oberer Stadtplatz 2) erhielt das Rathaus um 1536.

Auch das erste Meraner Rathaus war ursprünglich ein landesfürstliches Gebäude; es wurde der Stadt aber nicht geschenkt, sondern im Jahre 1413 verkauft. (Seit 1875 erhebt sich an seiner Stelle allerdings ein gründerzeitliches Geschäftshaus.[151]) Das erste Bozner Rathaus wird 1420 genannt, wurde jedoch bereits 1455 durch das noch heute beeindruckende zweite, heute „alte" Rathaus an der Laubengasse ersetzt.[152]

Das zweifellos schönste Tiroler Rathaus schufen sich die Bürger von Sterzing, die zu diesem Zwecke 1468 eine bis dahin in Privatbesitz befindliche Bürgerbehausung angekauft haben.[153] Die künsterliche Vollendung dieses Rathauses mit dem erkergeschmückten Laubenvorbau erfolgte allerdings erst 1524.

Das bescheidene erste Rathaus der Stadt Glurns – ebenfalls an der Laubengasse gelegen – tritt urkundlich erst 1530 in Erscheinung, hat zu diesem Zeitpunkt jedoch bereits bestanden.

Als sehr stattliche Rathäuser sind auch jene in Kufstein (nachweisbar seit 1502, der Aufbau des dritten Stockwerkes und des hohen Treppengiebels erfolgte jedoch erst nach 1928)[154] und Rattenberg anzuführen, wobei bezüglich des letzteren allerdings nicht der gegenwärtige Amtssitz im aufgelassenen Augustinerkloster, sondern der heutige Gasthof zur Traube gemeint ist, welcher – was lange übersehen wurde – bis in die Mitte des 17. Jahrhunderts als Rathaus diente. Es wird daher noch 1751 als das „alte Rathshauß" bezeichnet. Sein zierliches Glockentürmchen über dem markanten Eckgiebel hat es 1581 erhalten.[155]

Die Städte des Fürstbistums oder Hochstifts Brixen durften sich im Verhältnis zu den meisten übrigen Städten des Landes erst relativ spät eines Rathauses erfreuen: Bruneck 1491, Brixen 1530 und Klausen 1609. Dies ist kein Zufall, sondern reflektiert die Tatsache, daß Fürsten relativ kleiner Territorien – und dazu zählten die geistlichen Fürstentümer – viel später bereit waren, ihren Städten ein gewisses Maß an Selbstverwaltung zuzubilligen. Mächtige Dynasten waren diesbezüglich viel großzügiger und waren auch an der Mitwirkung ihrer Städte an der Verwaltung etc. interessiert.

Bleibt noch zu erwähnen, daß auch alte Marktgemeinden wie z. B. Neumarkt (heutige Gestalt von 1669), Imst und Reutte über ein bürgerliches Rathaus verfügt haben.[156]

Sichtbaren Ausdruck – ihrer wenn auch in unterschiedlichem Ausmaß entwickelten – politisch-administrativen Rechtspersönlichkeit als Bürgergemeinde erlangten die Städte in Gestalt ihrer Stadtsiegel und -wappen (vgl. unten, S. 55 ff.).

---

[150] H. Moser, Urkunden der Stadt Hall i. T., Teil 1: 1303–1600 (Regesten) = Tiroler Geschichtsquellen hg. v. Tiroler Landesarchiv, Nr. 26, Innsbruck 1989, n. 115.
[151] C. Stampfer, Geschichte von Meran. Innsbruck 1889, S. 331.
[152] K. Th. Hoeniger, Das älteste Bozner Ratsprotokoll vom Jahre 1469. In: (Bozner) Jahrbuch f. Geschichte, Kultur und Kunst 1931/34, Bozen 1934, S. 13 ff.
[153] C. Fischnaler, Sterzing am Ausgang des Mittelalters, In: Schlern Schriften 9, Innsbruck 1925, S. 113 f.; derselbe, Urkunden-Regesten aus dem Stadtarchiv Sterzing. Innsbruck 1902, n. 291.
[154] M. Mayer, Regesten zur Geschichte Kufsteins 1343–1622. In: Das Archiv. Wissenschaftliche Beihefte zu den Tiroler Heimatblättern, Heft 1/2, Innsbruck 1927, n. 107.
[155] Stadtarchiv Rattenberg im Tiroler Landesarchiv, Vidimierte Abschrift der Commissions-Untersuechung und Einrichtungs-Proiect yber die Statt Rattenberg bürgerlichenGwerbschafften und der Realitet oder Personalitet-Unterschid vom 18. Juni 1751, fol. 10.
[156] F. H. Hye, Neumarkt, a. a. O. = oben Anm. 12, S. 133.

In den Bereich der Stadtverwaltung gehörten auch die verschiedenen *Einrichtungen der Marktaufsicht*, wie z. B. die öffentliche Waage, die Brot-, Fleisch- und Fischbänke sowie Einrichtungen zur Kontrolle der Maße und Gewichte.

Im Laufe der Zeiten mußten die baulichen Zeugen dieser alten Einrichtungen allerdings fast ausnahmslos modernen Bauten oder Straßenverbreiterungen weichen.

Umso erfreulicher ist es daher, daß sich in Bozen sowohl das alte Waaghaus, welches hier landesfürstliches Lehen war[157], als auch die barocken Fischbänke mit einem zugehörigen Fischbehälter bzw. „Fischkalter" an der Dr.-Streiter-Gasse erhalten haben. In Innsbruck besteht noch der gotisch ausgewölbte Raum der ehemaligen Fischbank im Erdgeschoß des Hauses Herzog-Friedrich-Straße 3 am rechten Innufer.

Eine weitere städtische Einrichtung war das *Stadt- oder Bürgerspital*, welches sich jedoch zum Unterschied vom Rathaus, wenn möglich, immer außerhalb der Stadtmauern befand.

So treffen wir das im Jahre 1271 von Graf Meinhard II. begründete Meraner Hl.-Geist-Spital mit Kirche und Friedhof nicht nur außerhalb der Stadtmauer, sondern sogar außerhalb des Stadtgebietes jenseits der Passerbrücke an, was in diesem Falle sogar die Lage in einer anderen Diözese bedeutete, da die Passer bis 1808/16 die Grenze zwischen den Bistümern Chur und Trient gebildet hat.[158]

Auch in Bozen befand sich das Hl.-Geist-Spital außerhalb des städtischen Burgfriedens im Bereich der Dorfgemeinde Bozen. In einer Urkunde vom Jänner 1271 erstmals, und zwar als „novum hospitale" genannt, erhoben sich seine Gebäude anstelle der heutigen Hauptpost gegenüber der Dom-Pfarrkirche. Auf dem Platz vor diesem Spital hatte übrigens der landesfürstliche Landrichter von Gries seine Dingstatt bzw. seine Gerichtsstätte, wo er jährlich sein „iudicium, quod dicitur Dorfgerich(t)e" abhielt.[159]

In den übrigen Tiroler Städten treffen wir das Stadtspital zwar auf eigenem Gemeindegrund, aber fast immer außerhalb der Stadtmauer an.

So befand sich das 1307 gegründete Hl.-Geist-Spital von Innsbruck jenseits von Stadtmauer und -graben am Beginn der Neustadt unmittelbar westlich anschließend an die noch bestehende Spitalkirche an der Maria-Theresien-Straße.[160]

Dasselbe gilt von Sterzing, wo sich das Bürgerspital seit 1399 nördlich vom Zwölferturm befand. Sein Vorgänger lag noch weiter vom Stadtkern entfernt an der Nordeinfahrt in die Sterzinger Alt- oder Oberstadt beim Vallerbach.[161]

Weitere derartige Beispiele können von Glurns, Brixen, Bruneck, Hall i. T., Kufstein und Kitzbühel angeführt werden, während in Klausen, in der Görzer Residenzstadt Lienz und in der ehemals bayerischen Grenzstadt Rattenberg das alte Spital innerhalb bzw. unmittelbar an der Stadtmauer, also zumindest in einer Randlage situiert war.

Zum Thema Bürgerspital muß jedoch noch erwähnt werden, daß das mittelalterli-

---

[157] TLA, Tirolischer Lehensauszug fol. 114.
[158] H. Wiesflecker, Die Regesten Meinhards II. = Die Regesten der Grafen von Tirol und Görz Bd. 2/1. Lieferung, Innsbruck 1952, n. 7.
[159] Ebd. n. 24, 196 und 626.
[160] F. H. Hye, Geschichte der Innsbrucker Stadtteile: Die Neustadt. In: das Fenster 21, Innsbruck 1977, S. 2183.
[161] F. Huter, Die Anfänge der Spitäler von Sterzing. In: Innsbrucker Beiträge zur Kulturwissenschaft Bd. 12, Innsbruck 1966, S. 205–212.

che Hl.-Geist-Spital unserer Städte kaum etwas mit unseren heutigen Spitälern oder Krankenhäusern gemeinsam hatte, sondern daß es sich dabei vor allem um eine Art Altersheim gehandelt hat, in welchem der alte Bürger, aber auch die betagten Armen einer Stadt einen relativ gesicherten Lebensabend verbrachten.

Das Hl.-Geist-Patrozinium fast aller dieser Stadtspitäler geht übrigens auf den 1198 in Montpellier gegründeten Hl.-Geist-Orden zurück, der sich besonders in Italien und Frankreich der Betreuung der Armen und Alten in diesen Spitälern widmete.

In Tirol konnte das Wirken dieses Ordens bisher jedoch nur in Bozen und Glurns (bis 1534) nachgewiesen werden.[162]

Die übrigen Tiroler Stadtspitäler wählten das Hl.-Geist-Patrozinium daher vermutlich nur in freier Analogie zu den tatsächlich vom genannten Orden betreuten Spitälern.

Dienten also die sogenannten „Spitäler" vorwiegend als Betagtenheime, so standen für die an schweren, namentlich an infektiösen Krankheiten leidenden Mitbürger in den mittelalterlichen Tiroler Städten sogenannte „Sondersiechen-" oder „Leprosenhäuser" zur Verfügung, welche stets in möglichst großer Entfernung von den Wohnvierteln der jeweiligen Stadt installiert wurden, um die Infektionsgefahr einzuschränken. In Rattenberg und Kitzbühel befanden sich diese Sondersiechenhäuser sogar außerhalb der Stadtgrenzen.[163]

Zusätzlich zum Stadtspital bestanden jedoch in Bozen und Sterzing noch Deutschordens-Anstalten, in Brixen und Klausen hingegen je ein kirchliches bzw. bischöfliches Spital, welche Anstalten zum Unterschied von den Stadtspitälern nicht für die Bürger der betreffenden Städte geschaffen wurden, sondern – wie bereits oben dargelegt – den Pilgern, die nach Rom oder ins Heilige Land zogen, als Hospiz und Herberge dienten.[164]

Ein weiteres das Bild unserer alten Städte prägendes Element, welches in der Regel in möglichst sicherer Entfernung vom Stadtkern situiert wurde, war der stets künstlich angelegte und vom jeweiligen Hauptgewässer mittels einer Wehranlage abgeleitete *Mühlkanal mit dem dazugehörigen Gewerbeviertel*.[165]

Wohl hat man vielerorts kleine Wasserläufe zur Durchspülung der offenen Ritschen und als Löschwasser von den Mühlbächen ab- bzw. in die Stadtzentren eingeleitet, das stark fließende und daher gefährlichere Energiewasser der Mühlkanäle oder Wieren hielt man sich hingegen möglichst von der Stadtmauer fern. Nur in Brixen, Bruneck, Klausen und Meran verlief der Mühlbach geländebedingt in der Nähe der Mauer bzw.

---

[162] Stiftsarchiv Marienberg, Urk. V/325 und 326. F. H. Hye, Glurns und die Tiroler Städte, a. a. O. = oben Anm 4, S. 128; W. Schneider/G. Delle Donne, Das Krankenhaus Bozen. Bozen 1992, S. 12 f.

[163] W. Köfler, Häuserbuch von Rattenberg (1767–1961). Ungedr. phil. Diss., Innsbruck 1964, Bd. 1, S. 76; O. Kostenzer, Gesundheitswesen in Kitzbühel. In: Kitzbüheler Stadtbuch, Bd. 4, Kitzbühel 1971, S. 403 ff.

[164] F. Huter, Die Anfänge der Spitäler von Sterzing, a. a. O. = oben Anm 161, S. 205–212; W. Hofer, Das Hl.-Kreuz-Spital auf der Insel in Brixen als Grundherrschaft (1157–1721). Ungedr. phil. Diss., Innsbruck 1971; I. Mader/A. Sparber, Brixner Häusergeschichte = Schlern-Schriften Bd. 224, Innsbruck 1962, S. 99; A. Reiterer, Deutschhaus und Hospital St. Mariens in Bozen. In: Der Schlern Jg. 6, Bozen 1925, S. 8–13.

[165] F. H. Hye, Der Innsbrucker Sillkanal und seine Gewerbebetriebe. In: Veröffentlichungen der Universität Innsbruck Bd. 142, Innsbruck 1984, S. 71–87.

im Bereich des schmalen Uferstreifens zwischen dem jeweiligen Fluß- oder Bachlauf und der Ringmauer. Auch in Glurns war dies ursprünglich der Fall. Im Zuge der Erbauung der neuen Stadtmauer kam der dortige Mühlbach jedoch aus militärischen Gründen innerhalb der Mauer zu liegen, was aber ebenso wie in Meran eine Ausnahme darstellt.

In engem Konnex mit dem Spitalwesen sind auch die vielen *öffentlichen Bäder* und die *Trinkwasserversorgung* zu beachten, wo man sich anfangs vorwiegend öffentlicher Ziehbrunnen bediente, jedoch spätestens seit dem Ende des 14. Jahrhunderts auch Fließwasserleitungen mittels ausgebohrter Holzstämme von den Quellen in Berglage hinab in die betreffende Stadt verlegt hat.[165a] Ein technisches Vorbild dafür lieferte sicherlich – jedenfalls in Hall in Tirol – die seit dem 13. Jahrhundert betriebene Soleleitung vom Salzbergwerk im Halltal hinunter in das Sudhaus der Saline am Innufer in Hall.

Stadtsiegel und Stadtwappen.
Elemente der städtischen Identität und Selbstverwaltung

Die Entwicklung der Municipal-Heraldik in Tirol

Bis zum Ende der Monarchie im Jahre 1918 war das Führen eines Gemeindewappens in Tirol das Vorrecht der Städte und Märkte.[166] Die Wappenführung durch Marktgemeinden setzte in einem Fall bereits am Ende des 14. Jahrhunderts ein und nahm in den folgenden Jahrhunderten allmählich zu. Die älteste bisher bekannte Wappenverleihung für eine Marktgemeinde betraf Neumarkt südlich von Bozen und datiert von 1395.[167]

Bei den Städten hingegen liegen die Anfänge heraldischer Repräsentation bereits im 13. Jahrhundert. Den Anfang bilden allerdings strenggenommen noch nicht Stadtwappen, sondern Stadtsiegel. Das Alpenland Tirol hinkt damit der Entwicklung in Süd- und Westeuropa um rund 100 Jahre nach.[168]

Das älteste Stadtsiegel, welches in Tirol nachgewiesen werden kann, ist das als Gegenstück zu den „Stadtmauer-Stadtsiegeln" genannte der Stadt Innsbruck und hängt an einer Urkunde von 1267.[169] Es darf jedoch sowohl auf Grund seiner stilistischen Merkmale als auch auf Grund der politischen Verhältnisse angenommen werden, daß dieses Siegel der Stadt bereits vor 1248 zuerkannt worden ist.

Im genannten Jahre 1248 ist nämlich jene Dynastie ausgestorben, die um 1165/70

[165a] Derselbe, Geschichte der Trinkwasserversorgung der Landeshauptstadt Innsbruck = Veröffentlichungen des Innsbrucker Stadtarchivs NF Bd. 20, Innsbruck 1993.
[166] C. Fischnaler/K. Rickelt, Wappenbuch der Städte und Märkte der gefürsteten Grafschaft Tirol. Innsbruck 1894. Mit Abb. (Rickelt) und Kommentierung aller damaligen einschlägigen Wappen.
[167] F. H. Hye, Neumarkt, a. a. O. = Anm. 12, S. 133.
[168] Vgl. dazu H. Jakobs, Eugen III. und die Anfänge europäischer Stadtsiegel = Studien und Vorarbeiten zur Germania pontificia Bd. 7, Köln 1980, S. 1 ff.
[169] F. H. Hye, Zur Geschichte des (Innsbrucker) Stadtwappens. In: Amtsblatt der Landeshauptstadt Innsbruck Jg. 33, 1970, Nr. 1.

zunächst den Marktort Innsbruck gegründet und dann – nach einer erheblichen Erweiterung über die Innbrücke – diesen Markt um 1187/1204 zur Stadt weiterentwickelt bzw. erhoben hat. Bei der genannten Dynastie handelt es sich um die bayerischen Grafen von Andechs, die seit 1173 Markgrafen von Istrien und seit 1180 Herzoge von Dalmatien bzw. Meranien waren.[170]

Vom Aussterben der Grafen von Andechs bis zur dauerhaften Etablierung der Grafen von Görz als Landesfürsten in Tirol bzw. als Stadtherren von Innsbruck vergingen – nämlich nach einem Zwischenspiel des fränkischen Grafen Gebhard von Hirschberg (1254–1263) – nur 15 Jahre, während welcher Zeit die Verleihung eines eigenen Stadtsiegels an Innsbruck eher unwahrscheinlich ist, zumal die Zuerkennung der selbständigen Führung eines Stadtsiegels nur auf der Grundlage gegenseitigen Vertrauens zwischen dem verleihenden Stadtherren und der begnadeten Stadtgemeinde erfolgt sein dürfte. Und ein solches Vertrauen konnte zwar in den rund 80 Jahren zwischen 1165/70 und 1248 im Verhältnis zwischen den Grafen von Andechs und den Bürgern von Innsbruck, wohl kaum aber in der Zeit zwischen 1248 und 1267 zwischen letzteren und den drei sich 1253 und 1263 ablösenden Grafenhäusern von Tirol, von Hirschberg und von Görz erwachsen.[171] Überdies ist seitens des Grafen von Hirschberg, der von 1254 bis 1263 allein Stadtherr von Innsbruck war, bisher keinerlei städtepolitische Aktivität bekanntgeworden. Für ihn war Innsbruck nur ein einträgliches, durch seine Gemahlin anererbtes Gut.

Dieses älteste, vermutlich also von den Grafen bzw. Herzogen von Andechs-Meranien verliehene Stadtsiegel von Innsbruck zeigt im runden Siegelfeld in Draufsicht oder Vogelschau die senkrecht verlaufende, auf drei Pfeilern ruhende, namengebende Innbrücke, welche Darstellung geradezu als quasi-kartographisch-realistisch zu bezeichnen ist, zumal der Betrachter des Siegels die Innbrücke darauf so gesehen hat, wie er sie auch sah, wenn er sich der wirklichen Brücke genähert hat, um sie zu überschreiten.

Dieses Bemühen nach realistischer Darstellung erscheint noch dadurch unterstrichen, daß im Siegel quer zur Brücke bzw. unter derselben Flußwellen dargestellt sind. Die Brückenpfeiler sind auf diesem ersten Stadtsiegel beiderseits zugespitzt. Dies zu erwähnen ist deshalb nötig, weil nach der Einziehung oder dem Verlust dieses ersten Siegels das im Jahr 1282 begegnende zweite große Siegel der Stadt die drei Brückenpfeiler nur an einer Seite und dies irrtümlich rechts statt links zugespitzt zeigt, was – umgesetzt in die natürliche Wirklichkeit – sinnwidrig gewesen wäre, da in diesem Falle nicht die zugespitzte, sondern die breite Seite der Pfeiler gegen die Flußrichtung gerichtet gewesen und bald von der Strömung zerstört und auseinandergerissen worden wäre.

Neben diesem zweiten großen Siegel, dessen Gebrauch wir bis 1360 nachweisen können, nahm die Stadt spätestens im Jahre 1325 noch ein kleines Siegel in Verwendung.

An diesem nun fällt auf, daß hier die Brücke plötzlich waagrecht verlaufend erscheint. Das heißt, an die Stelle der karthographisch-realistischen Brückendarstellung war nun eine unrealistisch-abstrakt-heraldische Wiedergabe und damit jenes Siegelbild getreten, welches in der Folge auch zum Innsbrucker Wappenbild geworden ist.

---

[170] Derselbe, Innsbruck. Geschichte und Stadtbild = Sonderband der Tiroler Heimatblätter, Innsbruck 1980, S. 10–17 u. 73.
[171] Derselbe, Die Städte Tirols, 1.Teil: Bundesland Tirol, a. a. O. = oben Anm. 9, S. 73.

Die erste Verwendung dieses Motivs in einem Wappenschild bzw. nun in aller Form als Stadtwappen begegnet dann allerdings erst auf einem mittelgroßen Stadtsiegel an einer Urkunde von 1511, wobei hinter dem tartschenförmigen Schild ein schildhaltender Engel steht, ein Motiv, welches seither häufig zu beobachten ist.

Die älteste farbige Darstellung des Wappens datiert von ca. 1504/28; – allerdings hat der betreffende Maler dabei irrtümlich die Pfeilerspitzen nach unten gerichtet. Die nächstfolgende, farbige Darstellung des Wappens im ältesten Wappenheft von 1547 des Innsbrucker Bürgerbuches wiederholt diesen Fehler, während das zweite Wappenheft dortselbst von 1600 die Brücke dann korrekt mit den Pfeilerspitzen nach oben zeigt.

In diesem Zusammenhang mag auch darauf hingewiesen werden, daß wir aus dem Jahre 1569 den ersten und zugleich bildhaften Beleg dafür haben, daß das Stadtwappen auch auf der Fahne geführt worden ist. Dabei beschränkte man sich jedoch allein auf den Wappenschild und verzichtete auf den schildhaltenden Wappenengel. Letzterer erscheint dagegen – in Fortführung der um 1510 begonnenen Wappenpraxis – sowohl auf den obzitierten Farbdarstellungen von 1547 und 1600 als auch auf einem 1557 neu geschnittenen Sekretsiegel der Stadt, in dessen Legende uns übrigens erstmals offiziell die humanistische Namensschöpfung „Oenipons" statt dem bis dahin üblichen „Insprucka" begegnet.

Wie in allen Gemeinden wird das Innsbrucker Stadtwappen heute nicht nur im amtlichen Schriftverkehr des Stadtmagistrates als Briefkopf und Siegel oder Stempel, sondern auch auf allen kommunalen Einrichtungen, auf Bauten, Brücken, Trambahnen und Bussen etc., von Vereinen kraft eigens erteilter Genehmigung, aber leider auch auf zahllosen nicht immer ganz geglückten Souvenirartikeln verwendet. Besondere Erwähnung verdient die Kombination des Innsbrucker Stadtwappens mit den Olympischen Ringen auf den sportlichen Leistungs-Medaillen und auf den Emblemen der Olympischen Winterspiele von 1964 und 1976.

Wie bereits erwähnt, ist das Innsbrucker Stadtwappen der Gruppe der sogenannten „sprechenden" Wappen zuzuordnen. Dasselbe gilt auch für das Stadtwappen der Salinenstadt Hall in Tirol unweit östlich von Innsbruck. Dieses Wappen begegnet erstmals auf einem Stadtsiegel an einer Urkunde von 1316 und zeigt im Schild eine gefüllte Salzkufe bzw. ein mit Salz gefülltes Holzfaß. 1501 erfuhr dieses einfache Stadtwappen durch den späteren Kaiser Maximilian I. eine dahingehende Wappenbesserung, daß dieses silberne Salzfaß in rotem Schild seither von zwei aufrecht stehenden, goldenen Löwen gehalten wird; aus dem heraldischen Element des Schildhalters wurden hier das Wappenbild prägende Salzkufenhalter.[172]

Während also die sprechenden Wappen von Innsbruck und Hall durchaus sinngemäß auf die Innsbrucker Innbrücke und auf die ehemalige Haller Salzproduktion Bezug nehmen, vertreten die Wappen der drei bis 1504 bayerischen Städte Kitzbühel, Rattenberg und Kufstein die Kategorie der weitgehend sinnwidrigen, geschichtsverfälschenden „sprechenden" Wappen, die dem Wappenbild eine unrichtige Etymologie zugrunde legen.

So zeigt das Wappen der Stadt Kitzbühel – nachweisbar im Stadtsiegel seit 1374 – in silbernem Schild eine nach rechts steigende, junge Gemse, auch Gamskitz genannt, auf einem gegen rechts ansteigenden grünen Dreiberg. Das Wappen der Stadt Ratten-

---

[172] Ebenda, S. 44.

berg wiederum – nachweisbar ebenfalls im Stadtsiegel seit 1374 – zeigt in silbernem Schild ein sechsspeichiges, eisenbeschlagenes Holzrad auf grünem Dreiberg. An die Stelle von zwei Bayern namens Chizzo und Ratpoto, den zwei vermutlichen Begründern der Orte Kitzbühel und Rattenberg, traten in diesen zwei sprechenden Wappen somit aus Unkenntnis der Geschichte ein Gamskitz und ein Rad.[173] Der Burgfelsen von Kufstein endlich wurde gleichzeitig zu einem oben eine geschlossene Salzkufe tragenden, grünen Dreiberg umstilisiert, obgleich weder das Salz noch die Herstellung derartiger Fässer eine besondere Beziehung zum Ort und zur späteren Stadt Kufstein hatten.

Auch die ehemals fürstbischöflich-brixnerische Grenzstadt Klausen erfreut sich eines – allerdings sinnvollen – „sprechendes" Wappens. Wie der Name dieser Stadt zum Ausdruck bringt, wurde der Straßenverkehr durch das Eisacktal an dieser natürlichen Talenge oder Klause, die bis 1803 die Südgrenze des geistlichen Fürstentums Brixen gebildet hat, angehalten bzw. die Straße hier durch eine Zollstelle gesperrt. Diese Sperre nun wird im Stadtwappen von Klausen durch einen schräg rechts aufgerichteten silbernen Schlüssel in rotem Schild zum Ausdruck gebracht. Dieses Wappen wurde nach Hans Prünster bereits 1397 verliehen. Es begegnet erstmals 1428 als Zeichnung auf einer Handschrift des Stadtarchivs sowie auf einem Stadtsiegel von 1448.[174]

Auch die einst ebenfalls fürstbischöflich-brixnerische Stadt Bruneck im Pustertal führt gewissermaßen ein „sprechendes" Wappen, welches wir oben bereits als letztes Tiroler Beispiel für den Typ des Stadtmauer-Stadtwappens angeführt haben: Es zeigt in silbernem Schild auf grünem Dreiberg einen roten Burg- bzw. Torturm, der sich auf die von Fürstbischof Bruno von Kirchberg initiierte Gründung der Stadt Bruneck um 1250/60 bezieht, welche mit dem Bau der gleichnamigen Burg begonnen wurde. Das betreffende Wappen kann auf den Stadtsiegeln – allerdings ohne Farben – seit 1356 nachgewiesen werden.[175]

Nach diesen Beispielen sprechender Stadtwappen in Tirol wollen wir uns nun jenen Stadtwappen zuwenden, die in ihrer Symbolik ähnlich wie die oberwähnten Stadtmauersiegel von Bozen (vor 1381) und Meran auf den jeweiligen Stadtherren hinweisen.[176]

Nachdem nach dem Anfall Tirols an die Herzoge von Österreich (1363) der Einfluß des Fürstbischofs von Trient in Bozen immer mehr zurückgegangen war, welche Entwicklung schon unter den früheren Tiroler Landesfürsten seit Meinhard II. eingesetzt hat, nahm sich Herzog Leopold III. von Österreich im Jahre 1381 das Recht, dem Stadtrat von Bozen anzuordnen, „ohne Verzug" ein neues Siegel anfertigen zu lassen und in Gebrauch zu nehmen.[177] Das Ergebnis dieser Anordnung liegt uns erst in Dar-

---

[173] Ebenda, S. 135 und 141 sowie S. 201 und 207. Irrtümlich wurde dort als ältestes erhaltenes Exemplar des Rattenberger Stadtsiegels ein solches an einer Urkunde von 1383 statt von 1374 angegeben. Vgl. dazu F. H. Hye, Rattenberg am Inn. Grundzüge seiner Stadtgeschichte, a. a. O. = oben Anm. 9, S. 68.

[174] H. Prünster, Die Wappen der Gemeinden Südtirols = Etschlandbücher Bd. 7, Bozen 1972, S. 78.

[175] J. N. Tinkhausers Brunecker Chronik 1834. Hg. von Hubert Stemberger, Bozen 1981, S. 66 und 90.

[176] K. Th. Hoeniger, Altbozner Bilderbuch. 3. erw. Auflage, Bozen 1968, S. 101.

[177] C. Fischnaler/K. Rickelt, Wappenbuch der Städte und Märkte der gefürsteten Grafschaft Tirol. Innsbruck 1894, S. 62; F. H. Hye, Neumarkt, a. a. O. = oben Anm. 12, S. 62 f.

stellungen des Bozner Stadtwappens seit ca. 1455 als Steinrelief am alten Rathaus in der Laubengasse und als Zeichnung in einem städtischen Ratsprotokoll von 1469 vor.[178] Es zeigt in Farbverwechslung den Österreichischen Bindenschild, also in silberweißem Schild einen roten Mittelbalken, der mit einem sechszackigen, goldenen Stern belegt ist. Dieses Wappen blieb seither – abgesehen von einer temporären Abänderung in der Zeit des italienischen Faschismus – unverändert in Geltung. Die faschistische Abänderung bestand einerseits in der Abänderung des Sternes zu einer fünfzackigen „Stella d'Italia" und andererseits darin, daß der Schild – wie in der italienischen Kommunal-Heraldik üblich – eine Mauerkrone aufgesetzt erhielt.[179] Überdies war in dieser Ära die Einfügung eines Schildhauptes mit dem „Fascio" bzw. dem Liktorenbündel in den Wappenschild üblich. Als Beispiel eines mit diesem faschistischen Schildhaupt versehenen Gemeindewappens sei auch auf jenes von Algund hingewiesen.[180]

Haben wir im Stadtsiegel und Stadtwappen von Bozen die Symbole der einander ablösenden Stadtherren – Hochstift Trient, Österreich und Königreich Italien – angetroffen, so weisen die Stadtsiegel und Wappen von Sterzing, Meran und Glurns in ihren jeweiligen heraldischen Kombinationen mit dem roten Tiroler Adler darauf hin, daß sie landesfürstliche Tiroler Städte waren. Bezüglich der Stadt Sterzing hat sich sogar das Privileg von 1328 erhalten, kraft dessen der damalige Landesfürst der Stadt das Recht zur Führung eines Stadtsiegels verliehen und darin dessen Inhalt genau beschrieben hat. Daraus geht hervor, daß das Siegel rund sein und folgende Legende oder Umschrift tragen soll: „Sigillum communitatis civium St(erzinge)". Als Siegelbild fungiert – wie gesagt – der Tiroler Adler, unter dem sich die Darstellung eines Mannes befindet: „cum *signo aquile* sub qua sculpta est quedam ymago".[181]

Prächtige Darstellungen dieser Bildkombination als Stadtwappen befinden sich am Südportal der Sterzinger Pfarrkirche aus dem Jahre 1497 und am Rathaus-Erker von 1524.[182] Auf den Brauch, den obgenannten Mann als einen auf einen Stock gestützten Pilger darzustellen, wurde bereits hingewiesen.

Ähnlich gestaltet ist das Meraner Stadtwappen, nur sitzt der Tiroler Adler dort auf einer von drei Toren durchbrochenen Stadtmauer, wobei es sich von selbst versteht, daß die zugrunde liegende Schildfarbe ebenfalls wie beim Wappen von Sterzing weißsilbern ist.

Die ältesten erhaltenen Siegelabdrücke mit dieser Darstellung hängen an Urkunden von 1353 und 1362. Die betreffenden Siegelstöcke oder Typare dürften jedoch, stilistisch gesehen, bereits um 1320 geschnitten worden sein.[183]

Hier gab es allerdings einen geringfügigen Unterschied zwischen Siegelbild und Wappenbild: Während nämlich das Siegel vor oder unter der Stadtmauer noch eine kleine, mit Kleeblättern besäte Wiese enthielt, war im Stadtwappen die Mauer rand-

---

[178] Vgl. die Abbildung Tafel I im (Bozner) Jahrbuch für Geschichte, Kultur und Kunst 1931/34, Bozen 1934, bzw. darin die Abhandlung von K. Th. Hoeniger, Das älteste Bozner Ratsprotokoll vom Jahre 1469, S. 61.
[179] H. Prünster, Die Wappen der Gemeinden Südtirols, a. a. O. = oben Anm. 174, S. 28.
[180] F. H. Hye, Geschichte von Algund bei Meran. Algund 1986, S. 59.
[181] C. Fischnaler, Urkunden-Regesten aus dem Stadtarchiv in Sterzing. Innsbruck 1902, S. 1 ff.
[182] F. H. Hye, Die heraldischen Denkmale Maximilians I. in Tirol. Versuch einer maximilianischen Heraldik. In: Der Schlern Jg. 43, Bozen 1969, S. 61, Abb. 6.
[183] K. Moeser, Siegel und Wappen der Stadt Meran. In: Meran – hundert Jahre Kurort 1836–1936. Innsbruck (1936), S. 174 ff.

ständig und führte hinunter bis zum Schildrand. Besonders schön zeigt dies u. a. ein Wappenrelief von ca. 1450 am Bozner Tor in Meran. Über Empfehlung eines übereifrigen Archivars, der glaubte, daß das Stadtwappen dem Siegelbild hundertprozentig entsprechen müßte – bekanntlich ist dies eine irrige Auffassung – entschloß sich die Stadtgemeinde Meran 1911, beim zuständigen Ministerium in Wien eine entsprechende Wappenänderung zu erwirken[184], wodurch das Meraner Stadtwappen nun von unten nach oben die Farben Grün-Weiß-Rot aufzuweisen hatte, was vom faschistischen Regime 1928 mit Freude bestätigt worden ist.[185] Über Empfehlung des Verfassers konnte diese Fehlentwicklung 1974 wieder rückgängig gemacht werden.

Das dritte hier zu nennende betont landesfürstliche Stadtwappen ist jenes des kleinen Städtchens Glurns im Vinschgau; es ist erheblich jünger und wurde der Stadt erst 1528 von König Ferdinand I. verliehen. Es zeigt in gespaltenem Schild vorne den halben Tiroler Adler am Spalt und ist hinten von Schwarz über Silber und Rot zweimal geteilt.[186] Einen überaus deutlichen Bezug zu seinem ursprünglichen Stadtherrn, dem Grafen von Görz, weist auch das Stadtwappen von Lienz in Osttirol auf.

Vom Wappen der genannten Grafen unterscheidet es sich nur durch eine rote Rose. Im schräg-rechts geteilten Görzer Schild, der oben in Blau einen steigenden goldenen Löwen aufweist und unten von Silber und Rot fünfmal geteilt ist, erscheint diese Rose dem untersten silbernen Balken dieses unteren Feldes in der Mitte aufgelegt. Die Auflegung der Rose erfolgte jedoch erst nach ca. 1520 und ist in dem erst aus dieser Zeit erhaltenen ältesten Stadtsiegel noch nicht enthalten. Dasselbe trägt zwar die Aufschrift „Sigillum civitatis Luenncz", zeigt dazu aber nur das Wappen der ehemaligen gräflichen Stadtherren, der Grafen von Görz, die kurz zuvor im Jahre 1500 ausgestorben waren. Ihr Wappen war damit an sich zum reinen Territorialwappen der Grafschaft Görz geworden, zu der Lienz jedoch spätestens seit 1501 keinen Bezug mehr hatte! Das Görzer Wappen wurde hier also zum Zeichen der Erinnerung an die Herrschaft der Grafen von Görz über Lienz.

Die Geschichte der Lienzer Rose wiederum, die mit dem bekannten Bild des dichtenden Burggrafen Heinrich von Lienz in der Manessischen Handschrift um 1300 beginnt, ist noch nicht gänzlich aufgeklärt. Jedenfalls entwickelte sich dieses Rosenwappen, das um 1450 dem hintersten Gewölbe-Schlußstein der Lienzer St.-Andrä-Pfarrkirche aufgemalt worden ist, nach und nach zum zweiten Wappensymbol der Stadt, zierte bereits 1536 einen im Zweiten Weltkrieg zerstörten Wappenstein am alten Rathaus, tritt im ältesten Lienzer Ratsprotokoll von 1572/75 neben das Görzer Wappen und findet sich erst ab dem 17. Jahrhundert in den Stadtsiegeln in unterschiedlichen Variationen mit dem Görzer Wappen kombiniert.[187]

Auch das heute eher dörflichen Charakter aufweisende Städtchen Vils nahe der Grenze gegen Schwäbisch-Bayern erinnert in seinem Wappen an seine Stadtherren, die Herren von Hohenegg. Letztere führten einen schwarzen Ochsenkopf mit roter

---

[184] Ebd., S. 177.
[185] H. Prünster, Die Wappen der Gemeinden Südtirols, a. a. O. = oben Anm. 174, S. 110.
[186] F. H. Hye, Glurns. Handelsplatz, Festungsstadt, Ackerbürger. Glurns 1977, S. 82.
[187] Meinrad Pizzinini, Lienz. Das große Stadtbuch. Lienz 1982, S. 51 ff., wo darauf hingewiesen wird, daß die rote Rose in silbernem Schild bereits um 1450 quasi inoffiziell als Fresko in der Lienzer Pfarrkirche begegnet und sich bis zu dessen Zerstörung (1945) auch auf einem Wappenstein von 1536 am ehemaligen Rathaus befunden habe. Die Kombination des Görzer und des Rosenwappens in den Stadtsiegeln beginnt erst im 17. Jahrhundert.

Zunge in goldenem Schild. Das Vilser Stadtwappen indessen zeigt dasselbe Siegelbild, nur mit dem Unterschied, daß die Zunge hier aus einem den Schildfuß bildenden blauen Wasserfluß, dem Flüßchen Vils, leckt bzw. lecken sollte, welcher Unterschied nicht immer beachtet worden ist. Dieses Wappen ist seit 1509 nachweisbar.[188]

Das letzte hier zu nennende alte Stadtwappen ist jenes der ehemaligen Bischofsstadt Brixen am Eisack. Im Stadtsiegel seit 1302 nachweisbar, zeigt es das Symbol unseres auferstandenen Heilands, das Agnus Dei, in rotem Schild und ist völlig identisch mit dem Wappen des Bistums bzw. des Bischofs von Brixen, der jedoch als weltlicher Territorialherr des Fürstentums Brixen ein anderes Wappen führte.[189]

Abschließend sind hier noch jene fünf Städte anzuführen, die erst am Ende des 19. Jahrhunderts bzw. nach 1918 förmlich zu Städten erhoben worden sind: Im österreichischen Bundesland Tirol sind dies Schwaz, Imst, Landeck und Wörgl; in Südtirol einzig und allein Leifers südlich von Bozen.

In Schwaz, bekannt als blühender Bergwerksort des 15. und 16. Jahrhunderts, jedoch bis 1837 in zwei Gemeinden geteilt, wovon der Ortskern links des Lahnbach seit 1326 Marktrecht genoß, begegnet für die Untertanen des Berggerichtes bereits seit 1506 namentlich an der dortigen bekannten Pfarrkirche das übliche Bergwerkswappen mit dem mit einem Bergmann-Eisen gekreuzten Bergmannschlägel, während für die dem Landrichter von Freundsberg unterstehende Bürger- und Bauerngemeinde das Familienwappen der Herren von Freundsberg gebraucht wurde, welche Familie 1467 Schwaz verlassen hat. Das heutige Stadtwappen wurde erst im Zuge der Stadterhebung durch Kaiser Franz Josef I. im Jahre 1899 verliehen: Es zeigt in silbernem Schild die oberwähnten gekreuzten Bergmanns-Werkzeuge und darüber im Schildhaupt den österreichischen Bindenschild.[190] Das früher manchmal mit dem Bergwerkswappen kombinierte Freundsberger Wappen wurde dabei nicht mehr berücksichtigt.

Imst im oberen Inntal hingegen hätte schon 1282 bzw. 1312 die Erhebung zur Stadt erlangen können, wenn seine Bürger die Stadtmauer erbaut hätten. Da die Imster dies nicht taten, blieb der Ort Markt und führte als solcher spätestens seit 1630 bzw. 1653 ein Gemeindewappen, welches im gespaltenen Schild vorne in Rot einen silbernen Mittelbalken (also den österreichischen Bindenschild) und hinten in Silber ein rotes Tatzenkreuz zeigt. Dieses Wappen prangt auch auf der Imster Schützenfahne von 1797. Bei der endlich 1898 erfolgten Stadterhebung durch den österreichischen Kaiser wurde dieses Wappen als Stadtwappen neuerdings verliehen.[191] Wie jüngst festgestellt werden konnte, findet sich die erste Darstellung dieses Wappens bereits auf einem Taufstein von 1507 in der Pfarrkirche von Nassereith einige Kilometer weiter nordöstlich von Imst, wo es gemeinsam mit dem österreichischen Bindenschild der Tiroler

---

[188] Otto Stolz, Geschichte der Stadt Vils in Tirol. Vils 1927, S. 29 f.
[189] F. H. Hye, Die alte Bischofsstadt Brixen – Geschichte und Stadtbild, a. a. O. = oben Anm. 1, S. 365.
[190] Vgl. die Festschrift „Stadt Schwaz 1899. Zur Erinnerung an die Erhebung des Marktes Schwaz zur Stadt, hg. im Auftrag der Gemeindervertretung der Stadt Schwaz", S. 59 und Abb. am Vorsatzblatt. Neues zur Geschichte des Schwazer Stadtwappens bei F. H. Hye, Schwaz. In: Österr. Städteatlas, Lieferung 6, Wien 2000.
[191] O. Stolz, Geschichte von Imst im Mittelalter und in der frühen Neuzeit. In: Imster Buch = Schlern-Schriften Bd. 110, Innsbruck 1954, S. 77–88; sowie F. H. Hye, Die Städte Tirols, 1. Teil: Bundesland Tirol, a. a. O. = oben Anm. 9, S. 64.

Landesfürsten sowie dem Tänzl'schen Familienwappen der damaligen Inhaber des Landgerichtes Imst und fünf weiteren Wappen aus der Verwandtschaft der Tänzl in Stein gehauen abgebildet wurde. Daraus ist wohl abzuleiten, daß dieses Wappen ursprünglich als Wappen der Herrschaft bzw. des Landgerichtes Imst entstand, welches nach seinem Gerichtssitz in Imst benannt worden ist. Dies würde auch das Auftreten des Wappens außerhalb der Marktgemeinde bzw. in der Dorfgemeinde Nassereith erklären.

Auch Landeck ist ein aus mehreren Ortsteilen unter dem Schutz der Gerichtsburg Landeck zusammengefügter Ort, der sich seit 1704 Marktcharakter zuschrieb, was jedoch erst 1904 in aller Form durch die Markterhebung seine Bestätigung fand. Die Stadterhebung dieses verkehrsgeographisch günstig gelegenen Ortes an der Arlbergbahn erfolgte 1923. Damit verbunden war auch die Verleihung des Stadtwappens durch die Österreichische Bundesregierung. Es zeigt als „sprechendes" Wappen in silbernem Schild, dessen Fuß von einem blauen Wasserfluß, dem Inn, gebildet wird, auf grünem Dreiberg eine perspektivisch übereck dargestellte Burg mit einem Mittelturm, wobei die vorstehende Mauerkante dieses Turmes mit dem roten Tiroler Adler belegt erscheint. Durch diesen Adler sollte der Standort von Landeck im Bundesland Tirol zum Ausdruck kommen.[192]

Auch Wörgl im unteren Inntal ist ein durch den Bau der Eisenbahn rasch aufgeblühter Ort, wo die Bahnlinie München – Innsbruck mit jener der sogenannten „Gisela-Bahn" von Salzburg über Bischofshofen und Kitzbühel zusammentrifft. Im Jahre 1911 zur Marktgemeinde erhoben, folgte hier die Stadterhebung durch den Tiroler Landtag erst 1951. Als Stadtwappen fungiert jedoch das bei der Erhebung zur Marktgemeinde 1911 verliehene Wappen: Es ist von Silber über Schwarz und Rot zweimal geteilt und trägt im oberen silbernen Feld den mit allen Spitzen randständigen Initialbuchstaben „W" und im schwarzen mittleren Feld zwei gegenläufige, goldene, beflügelte Ringe als Symbol des Eisenbahnknotens.[193]

Leifers endlich, ein Ort in der südlichen Nachbarschaft von Bozen, früher ein kleines Dorf, erhielt aufgrund der als Satellitenstadt von Bozen erreichten Einwohnerzahl von mehr als 10.000 über eigenen Antrag im Jahre 1985 den Titel „Stadt", hat aber das bereits 1970 noch als Dorfgemeinde angenommene bzw. vom Regionalratspräsidenten dekretierte Gemeindewappen beibehalten: Dieses unglücklich gestaltete Wappen zeigt in blauem Schild eine gestürzte, eingeschwungene silberne Spitze, das Wappen der einstigen Herren von Lichtenstein, welches unten von einem roten Berg verdeckt ist, auf dem sich die Fassade eines Kirchleins erhebt.[194] Dabei handelt es sich um die dortige, auf einem Geländevorsprung befindliche St.-Peter-Kapelle am Kofel der einstigen Burg Lichtenstein.

Zusammenfassend mag hier noch festgestellt werden, daß ein Blick auf die Wappen der Tiroler Städte Einblick in die vielfältigen historischen, politischen, wirtschaftlichen und topographischen Gegebenheiten der betreffenden Orte gewährt, wobei im Zuge der heraldischen Umsetzung die sinnvoll und sinnwidrig gestalteten „sprechenden" Wappen und jene mit heraldischer Andeutung des jeweiligen politischen Stadtherren dominieren. Endlich konnte dabei aufgezeigt werden, daß die Verleihung von

---

[192] F. H. Hye, Die Städte Tirols, ebd., S. 171.
[193] Ebd., S. 245.
[194] H. Prünster, Die Wappen der Gemeinden Südtirols, a. a. O. = oben Anm. 174, S. 98 f.

Stadtsiegeln und Stadtwappen bis 1918 ein Regal der einstigen Landesfürsten und in Österreich – in der Ersten Republik bis 1925/26 – ein Recht der Bundesregierung war bzw. seither ein Recht der Tiroler Landesregierung darstellt. In Südtirol hingegen werden, wie das Beispiel Leifers zeigt, neue Gemeindewappen im Rahmen der Gemeinde mit Hilfe von Archiven und Historikern ausgearbeitet, vom Gemeinderat beschlossen und schließlich vom Präsidenten des Regionalausschusses der Autonomen Region Trentino-Südtirol bestätigt und dekretiert.

Haben wir somit die wichtigsten profanen Bereiche, die das Bild der Tiroler Städte prägten, behandelt, so wollen wir uns abschließend dem Themenbereich „Stadt und Kirche" zuwenden.

Das historische Verhältnis zwischen Stadt und Pfarre in Tirol

Es gibt nur wenige Dinge, die für die Geschichte der Tiroler Städte so aufschlußreich und wesentlich sind wie das Verhältnis zwischen Stadt und Kirche, und dabei vor allem das Verhältnis zwischen Stadt und Pfarre. Konkret sind dazu drei Fragen zu berücksichtigen:
1. War die betreffende Stadt von Anfang an Sitz einer eigenen Pfarre?
2. In welchem Bereich der Stadt erhebt sich ihre erste bzw. älteste Stadtpfarrkirche?
3. Von wem wurde diese Kirche zumindest bis zum Konkordat von 1855 erhalten?

Auch die Wahl des Kirchenpatrons vermag für die Stadtgeschichte sehr aufschlußreich zu sein. Als konkretes Beispiel kann diesbezüglich auf die Wahl des hl. Apostels Jakob d. Ä. als Patron für hochmittelalterliche Stadtkirchen hingewiesen werden, was häufig einen engen Konnex zu der im 12. Jahrhundert in ganz Europa stark aufblühenden Wallfahrt zum Grab dieses Apostels in Santiago de Compostela erkennen läßt. Namentlich gilt dies für die heutige Dom-Pfarrkirche zu St. Jakob in Innsbruck sowie auch für zahlreiche andere St.-Jakobs-Kirchen in im 12. und 13. Jahrhundert gegründeten Städten oder neu entstandenen Stadtvierteln im österreichischen und süddeutschen Raum, die vielfach – ebenso wie Innsbruck – auch Stationen an einer der bekannten „Jakobsstraßen" gebildet haben.[195]

Wenn wir die drei obigen Fragen zunächst auf das konkrete Beispiel Innsbrucks anwenden, so wird die erste Fragestellung schon allein durch den Umstand aktualisiert, daß die Innsbrucker Dompfarre zu St. Jakob im Jahre 1993 erst das Fest ihres 350jährigen Bestandes als selbständige Pfarre 1643–1993 feiern konnte. Da nun die Gründung des Marktes Innsbruck um 1165/70 und sein Aufstieg zur Stadt um 1187/1204, also vor mehr als 800 Jahren, erfolgt ist, ergibt sich daraus, daß sich Innsbruck vor

---

[195] F. H. Hye, Tirol und die Pilgerfahrt nach Santiago de Compostela. In: Europäische Wege der Santiago-Pilgerfahrt, hg. von R. Plötz, Jakobus-Studien 2, Tübingen 1990, S. 131–142; derselbe, Stadtgründung, Stadterweiterung und Jakobus-Verehrung. Dargestellt am Beispiel Innsbrucks und anderer Städte in Österreich und seinen Nachbarländern. In: Ebenda, Jakobus-Studien 10 = Stadt und Pilger (Jakobus-Tagung in Innsbruck 1997), Tübingen 1999, S. 1–16; derselbe, Spanien – Tirol – Innsbruck. Zeugen gemeinsamer Geschichte = Veröffentlichungen des Innsbrucker Stadtarchivs NF Bd. 19, Innsbruck 1992, S. 2 und 31 ff.

1643 durch mehr als 450 Jahre seelsorglich in einem Abhängigkeitsverhältnis zu einer anderen Pfarre befunden hat.[196]

Diese andere Pfarre war die Dorfpfarre Wilten, welche seit der Mitte des 12. Jahrhunderts dem dortigen Prämonstratenser-Chorherrenstift inkorporiert war und ist.[197] Neben der jungen Gründungsstadt umfaßte diese Pfarre ein ziemlich großes Gebiet südlich und nördlich des Inn-Flusses mit insgesamt fünf alten Dorfgemeinden, die ebenso wie Wilten selbst auf eine Siedlungskontinuität von rund 3000 Jahren zurückblicken können.

Die flächenmäßig größte dieser Gemeinden war auf der Nordseite des Inntals Hötting, dessen vorbayerischer Name zwar in den Wirren der bayerischen Landnahme im 6. Jahrhundert untergegangen ist, wo aber eine große Zahl von Urnengräbern der Zeit um 1200–800 v. Chr. im Ortszentrum nebst einzelnen romanischen Flurnamen die angegebene Siedlungskontinuität dokumentieren.[198] Bei allen anderen Dörfern der Pfarre Wilten haben sich hingegen die vorrömischen Ortsnamen bis zum heutigen Tage erhalten bzw. sind noch heute in Geltung. Diese Dörfer namens Wilten, Völs[199], Natters und Mutters[200] liegen entweder knapp angeschmiegt an den Südrand des Talbodens oder – ebenso wie Hötting – in erhöhter Hang- oder Terrassenlage. Der von diesen Dörfern beiderseits des Inn umrahmte Talboden selbst hingegen blieb bis zur Gründung Innsbrucks um 1165/70 bzw. 1180 unbesiedeltes Gebiet, welches jedoch allmählich urbar gemacht worden ist, wodurch die Kommunikation namentlich zwischen Wilten und Hötting nach und nach erleichtert und verbessert wurde. Der Inn-Fluß selbst wurde dabei mittels einer Überfuhr bzw. Fähre überwunden.

Die östliche Nachbarpfarre von Wilten war jene von Ampass-Amras. Sie bildete zugleich den Kernbereich der Herrschaft Amras, welche sich als Allodialgut spätestens seit dem ausgehenden 11. Jahrhundert in der Hand der bayerischen Grafen von Andechs befand.[201] Als von 1165 bis 1170 Graf Otto von Andechs, ein Bruder des politisch überaus aktiven Grafen Berchtold III. von Andechs, Fürstbischof von Brixen war, unterstützte er seinen Bruder vor allem dadurch, daß er ihm die seit 1027 unter der Oberhoheit der bischöflichen Kirche von Brixen stehende Grafschaft am mittleren Inn- und im Wipptal zu Lehen gegeben hat.[202] Durch diese Belehnung wurde Graf Berchtold III. u. a. Herr über die große Dorfgemeinde Hötting. Das Dorf Wilten hingegen blieb sei-

---

[196] Derselbe, Innsbruck – Geschichte und Stadtbild = Sonderband der Tiroler Heimatblätter „800 Jahre Stadt Innsbruck", Innsbruck 1980; derselbe, Die Städte Tirols. 1. Teil: Bundesland Tirol, a. a. O. = oben Anm. 9, S. 71–132; derselbe, Von der Wiltener Filialkirche zum Bischofsdom St. Jakob. In: Der Dom zu St. Jakob. Innsbruck 1993, S. 11–25.

[197] Hans (Hermann) Lentze, Studia Wiltinensia = Forschungen zur Rechts- und Kulturgeschichte, hg. von N. Grass, Bd. 1, Innsbruck 1964.

[198] Hanns Bachmann, Zur mittelalterlichen Entwicklung des Dorfes Hötting. In: Veröffentlichungen des Innsbrucker Stadtarchivs N. F. Bd. 3, Innsbruck 1972, S. 5–21; Karl Finsterwalder, Die Sage von der Frau Hitt und der Name Hötting. In: Veröffentlichungen des Innsbrucker Stadtarchivs N. F., Bd. 3, S. 65–72.

[199] Liselotte Zemmer-Plank, Völs in vorgeschichtlicher und römischer Zeit. In: Völser Dorfbuch, redigiert von Karl Pertl. Völs 1991, S. 22–33.

[200] Herta Öttl, Die Pfarrkirchen von Mutters und Natters. In: Tiroler Heimatblätter Jg. 47, Innsbruck 1972, S. 73–85.

[201] F. H. Hye, Amras. Geschichte und Gegenwart = Die Stadtteile Innsbrucks Bd. 4, Innsbruck 1989.

[202] Anselm Sparber, Die Brixner Fürstbischöfe im Mittelalter. Bozen 1966, S. 67.

nem Zugriff versperrt, da es als Hofmark unmittelbar dem Kloster Wilten unterstand.[203] Durch die Herrschaft über das Dorf Hötting jedoch kam der Graf erstmals in unmittelbare Berührung mit der Pfarre Wilten, welcher ersten Kontaktnahme schon sehr schnell auch ein erster Interessenskonflikt mit dem Kloster Wilten folgte.[204]

Als einzige Verbindung zwischen der südlichen und der nördlichen Talseite fungierte damals die bereits oben erwähnte Fähre, und diese Fähre – zugleich die exklusive Überfuhr des Italienverkehrs – wurde vom Kloster Wilten betrieben, dessen Wiltener Dorfflur bis zum Innufer gereicht hat.

Als nun Graf Berchtold III. von Andechs gleichzeitig mit der Gründung des Marktes Innsbruck am nördlichen Innufer bzw. auf ursprünglichem Höttinger Gemeindegebiet auch die namengebende Innbrücke erbauen ließ, wurde die Fähre des Klosters überflüssig und versiegten die zweifellos bedeutenden Einnahmen des Klosters aus seinem Fährbetrieb. Der Brückenschlag aber war umgekehrt für die Andechser die unverzichtbare Basismaßnahme zur Gründung und Existenzsicherung ihres neuen Marktortes.

Es war daher wohl eine Geste der Respektierung auch der Klosterinteressen, wenn Berchtold bei der Planung der ersten Ausbauphase seines Marktortes links des Inn auf die Errichtung einer eigenen Kirche verzichtet hat. Dadurch flossen wenigstens die aus dem kirchlichen Leben erwachsenden Einnahmen des Stiftes weiterhin ungeschmälert an die Mutterpfarre bzw. an das Kloster Wilten.

In diesem Zusammenhang ist darauf hinzuweisen, daß auch im alten Dorf Hötting eine Ortskirche erst seit 1286 urkundlich nachweisbar ist. Alle Gläubigen auf der Nordseite des Tales waren daher auch noch nach der Marktgründung sowohl bezüglich des Sonntagsgottesdienstes als auch bezüglich allfällig gestifteter Wochenmessen allein auf die Pfarrkirche in Wilten angewiesen.

Dies änderte sich erst, als Graf Berchtold nach langwierigen Verhandlungen mit dem Abt und Konvent von Wilten im Jahre 1180 seinen Marktort über die Brücke auch auf das südseitige Innufer vergrößern konnte und dorthin nun den Siedlungsschwerpunkt verlagert hat. Die Grundlage für diese Marktvergrößerung bildete ein Tauschvertrag, der dem Kloster als Ersatz für die Abtretung des Areals der heutigen Altstadt und des westlich anschließenden Uferstreifens am Innrain eine Hufe aus dem Andechser Allodialbesitz in der Herrschaft bzw. im Dorfe Amras, weiters das alleinige, auch für die Bürger Innsbrucks verbindliche Mühlenmonopol der Wiltener Stiftsmühle, das exklusive Fährrecht am Inn u. a. garantiert hat. Die Wiltener Chorherren zweifelten offenbar am dauerhaften Bestand der neuen Innbrücke und hofften, bei deren Ausfall wieder ihre alten Fährgeld-Einnahmen genießen zu können. Andererseits stiegen die bei der Stiftsmühle erwirtschafteten Einnahmen, da die Innsbrucker Bürger fortan ihr Getreide hier mahlen lassen mußten und sich keine eigene Mühle errichten durften.

Angesichts dieser und weiterer in diesem Tauschvertrage zugestandener Einnahmen akzeptierte der klösterliche Pfarrherr insbesondere, daß im Markterweiterungsbereich nun auch eine eigene Kirche errichtet werde, welche im Vertrag – gemäß dem Planungsstadium – lediglich allgemein als „ecclesia in foro", also noch ohne Nennung des Kirchenpatrons, angeführt wird. Für die Errichtung dieser Kirche bzw. für ihre

---

[203] Otto Stolz, Politisch-historische Landesbeschreibung von Tirol. 1. Teil = Archiv für österreichische Geschichte Bd. 107, Wien 1926, S. 319–335.
[204] F. H. Hye, Wilten und Innsbruck – Geschichte einer mehrschichtigen Zweierbeziehung. In: Festschrift „850 Jahre Praemonstratenser-Chorherrenstift Wilten", Innsbruck 1988, S. 103–128.

weitere Erhaltung stiftete Graf Berchtold noch zusätzlich die Güter eines halben Gehöftes aus seinem Allodialbesitz und stellte die Kirche allein unter die Jurisdiktion des Klosters bzw. des klösterlichen Pfarrherrn. Wörtlich lautet der betreffende Passus: „...et ut ecclesia in foro ex nostro predio dotata cum dimidio mansu sub ditione claustri ab omni nostri exactione libera existat".[205] Somit war das Startzeichen für die Innsbrucker Bürgerkirche gegeben, deren Patrozinium zum hl. Apostel Jakobus d. Ä. wir freilich erst im Jahre 1270 erfahren, als in einem Ablaßbrief um Spenden für den Wiederaufbau dieser damals bereits erstmals abgebrannten Kirche geworben wurde.[206]

Bereits rund zehn Jahre zuvor waren spätestens im Jahre 1260 wegen der Seelsorge in der Stadt ernste Streitigkeiten zwischen den Innsbrucker Bürgern und dem Stift Wilten ausgebrochen, welche der Brixner Bischof auf einem Rechtstage zu Säben am 6. Februar 1261 damals noch zum Nachteil der Bürger entschieden hat[207]; dessenungeachtet hatte damit der Emanzipationsprozeß der Stadt gegenüber der klösterlichen Dorf- und Mutterpfarre in Wilten begonnen.

Wenngleich die damalige formalrechtliche Entscheidung zu Recht zugunsten des Klosters ausfiel, da die Innsbrucker Bürger über kein verbrieftes Recht verfügten, wonach sie einen in der Stadt seßhaften Kaplan beanspruchen konnten, so war doch ihre Forderung aus seelsorglicher Sicht durchaus legal und daher letzlich nicht abzuweisen. Es überrascht daher nicht, daß in den schriftlichen Quellen bereits ab dem Jahre 1286 konstant ein in der Stadt wohnender Kaplan nachweisbar ist[208], für den seit 1322 der Titel „pfarraer" gebraucht wird.[209] Der betreffende Priester wurde vom Stift eingesetzt, während die Stadt für seine Unterkunft und Ernährung etc. sorgte. Das damals als „pfarrhof" bezeichnete Wohnhaus des Kaplans befindet sich in der unmittelbaren Nachbarschaft von St. Jakob am Domplatz und dient noch heute demselben Zweck.[210]

Nachdem das Kloster jedoch schon bald Schwierigkeiten hatte, regelmäßig einen Chorherren nach Innsbruck zu delegieren – weshalb es nebst anderen Ursachen neuerlich zu Streitigkeiten mit der Bürgerschaft kam –, erreichte die Stadt in einem Vergleich des Jahres 1358, daß das Stift für die Stadt jährlich einen Weltpriester als Kaplan einzusetzen habe. Wörtlich lautet die betreffende Bestimmung: „Ez sullent auch die herren von Willtein diu stat besorgen iaerleich mit ainem erbern laypfaffen ze pfarrer. ... Paeten aber die purger umb ainen pfarrer, der Willtnaer ordens waer, den soll in der

---

[205] Zitiert nach der Edition von Ernst Frhr. v. Schwind und Alphons Dopsch, Ausgewählte Urkunden zur Verfassungsgeschichte der deutsch-österreichischen Erblande im Mittelalter. Innsbruck 1895, n. 21.

[206] F. H. Hye, Stadtpfarrkirche und Dom zu St. Jakob in Innsbruck. Innsbruck 1974, S. 21 f.; F. H. Hye, Propsteipfarrkirche und Dom St. Jakob. In: Österreichische Kunsttopographie Band LII: Die sakralen Kunstdenkmäler der Stadt Innsbruck, Teil I, Wien 1994, S. 1–20.

[207] K. Schadelbauer, Innsbrucker Urkunden aus dem Stiftsarchiv Wilten 1238–1350 = Veröffentlichungen aus dem Stadtarchiv Innsbruck Nr. 2, Innsbruck 1951, n. 2.

[208] Hans (Hermann) Lentze, Studia Wiltinensia = Forschungen zur Rechts- und Kulturgeschichte, hg. von N. Grass, Bd. 1, S. 100, Innsbruck 1964.

[209] Stadtarchiv Innsbruck, Urk. n. 29.

[210] Die ausdrückliche Erstnennung des „pfarrhof(s)" datiert von 1358, er wurde jedoch damals nicht erst errichtet, sondern als eine bereits vorhandene Einrichtung erwähnt (Stadtarchiv Innsbruck, Urk. n. 120). Vgl. die Edition bei H. Lentze, Die St.-Jakobs-Kirche in Innsbruck im Lichte der Rechtsgeschichte = Veröffentlichungen aus dem Stadtarchiv Innsbruck Nr. 12, Innsbruck 1957, S. 24–27.

abbt dargeben ze pfarrer."[211] Mit dieser Sonderregelung kündigt sich übrigens ein erster Ansatz zur selbständigen Nominierung des Pfarrer-Kandidaten durch die Stadt an.

Waren mit dem Vergleich von 1358 die Spannungen der letzten Jahrzehnte – seit 1320 – beigelegt, so entstanden bald neue Unstimmigkeiten. Die nächste schwere Krise ergab sich, als das Stift infolge Priestermangels ungefähr seit dem Beginn des 15. Jahrhunderts nicht mehr in der Lage war, alle nach St. Jakob gestifteten Messen stiftungsgemäß lesen zu lassen. Dadurch kamen die Chorherren in arge Bedrängnis, da die Stiftungsgüter bzw. -kapitalien der einzelnen Messenstiftungen von Anfang an selbstverständlich vom klösterlichen Pfarrherren und nicht vom jeweiligen städtischen Kirchpropst zu St. Jakob in Empfang genommen worden sind. Hier nun hakte die Stadt ein und erreichte in einem neuerlichen Vertrag von 1453, daß das Kloster die erwähnten Stiftungskapitalien an die Stadt übergeben hat, wogegen der Stadtrat künftig selbst sowohl für die alljährliche Nominierung eines Kandidaten für den sogenannten Pfarrer-Posten zu St. Jakob zu sorgen oder dessen Prolongierung zu beschließen, aber auch die Verantwortung für die Lesung der gestifteten hl. Messen in St. Jakob zu tragen hatte.[212] Der sogenannte Pfarrer erhielt damals das generelle Recht zur Sakramentenspendung, wovon u. a. die hier bereits in den Jahren 1578/80 einsetzenden Tauf-, Trauungs- und Totenbücher beredtes Zeugnis ablegen. Nach heutigen Begriffen erlangte der „Pfarrer zu St. Jakob" damals die Rechte eines Kuraten. Die Bürgerschaft war fortan nur noch an bestimmten hohen Feiertagen zum Besuch der hl. Messe in der klösterlichen Dorf-Pfarrkirche in Wilten verpflichtet.

Das damals vereinbarte Recht des Stadtrates, den „Pfarrer" bzw. Kuraten alljährlich entweder zu bestätigen oder dem Abt von Wilten einen anderen Priester zur Einsetzung auf diesen Posten namhaft zu machen, gab dem Stadtrat zweifellos eine mit der Würde und den Aufgaben des Seelsorgers unvereinbare Macht in seine Hand: War der Kurat willfährig und gefügig, wurde seine Amtszeit um ein weiteres Jahr gnädig verlängert, war er kritisch und unbestechlich, erhielt er nach einem Jahr den Laufpaß.

Spiegelt dieser Zustand noch die kirchlichen Verhältnisse vor dem Konzil von Trient, so bot namentlich Kapitel 13, Session 24 dieses Konzils nebst anderen Bestimmungen des Tridentinums eine konkrete Handhabe, um derartige Mißstände zu beheben. Die zitierte Bestimmung gibt nämlich dem zuständigen Bischof das Recht, in Städten und Orten, wo es keinen eigenen Pfarrer gibt, obwohl dies notwendig wäre, einen solchen einzusetzen, und zwar ohne Rücksicht auf ältere Privilegien. Wörtlich lautet diese Bestimmung: „... dispositum et ordinatum fuerit, ut Ordinarii in iis civitatibus ac locis, ubi nullae sint parochiales, quamprimum fieri curent non obstantibus quibuscunque privilegiis".[213] – Unter Berufung darauf waren es nun die Generalvikare der Diözese Brixen, die auf die *Anerkennung* Innsbrucks als Pfarre hingearbeitet haben. Formalrechtlich war aber gerade dies der unrichtige Weg, weshalb das erzbischöfliche Konsistorium in Salzburg im Jahre 1641 einer Berufung des Stiftes Wilten stattgeben mußte, freilich unter Hinweis darauf, daß der Bischof von Brixen gemäß des obzitierten Konzils-Beschlusses das Recht habe, an der St.-Jakobs-Kirche in Innsbruck eine neue Pfarre zu errichten.[214] Von diesem Rechte machte dann der visitierende General-

---

[211] Vgl. ebenda.
[212] Ebenda, S. 27–31.
[213] Ebenda, S. 34.
[214] Ebenda S. 33.

vikar und spätere Weihbischof Jesse Perkhofer im Auftrag seines Bischofs Gebrauch und erhob St. Jakob am 7. Mai 1643 zur Pfarre bzw. zu einem selbständigen Pfarrvikariat („vicariatus perpetuus"), welches formal weiterhin dem KlosterWilten inkorporiert blieb.[215] In der Realität bedeutete dies und gilt noch heute, daß der Innsbrucker Stadtrat gemäß der Vereinbarung von 1453 weiterhin – aber nun auf Lebenszeit – den Kandidaten für die Pfarrerstelle zu St. Jakob nominiert, daß dieser Kandidat dann vom Abt von Wilten dem zuständigen Bischof präsentiert und von diesem schließlich eingesetzt wird. Dabei ist es das Präsentationsrecht des Wiltener Abtes, welches auf die formale Inkorporation der Pfarre Innsbruck an das Kloster Wilten hinweist bzw. an die einstige Abhängigkeit Innsbrucks von der Dorfpfarre Wilten erinnert.

Das Jahr 1643 und die damals im Sinne des Tridentinums bzw. im Sinne einer effektiven Seelsorge getroffene Regelung steht somit am Ende eines mehrhundertjährigen kirchlichen Emanzipationsprozesses, wobei zu erwähnen ist, daß die damals innerhalb der ohnedies engen Stadtgrenzen konstituierte Stadtpfarre St. Jakob im Verlauf des Zeitraumes von 1786 bzw. 1850 bis heute ihrerseits – einschließlich der Universitätspfarre – in acht Pfarren aufgegliedert worden ist[216], um angesichts der zahlenmäßig stark angewachsenen Bevölkerung bzw. Seelenzahl eine möglichst gute seelsorgliche Betreuung zu erreichen.

Bleibt noch zu erwähnen, daß auch die Altpfarre Wilten durch die vom ehemaligen Gemeinderat von Wilten beschlossene und mit Wirkung vom 1. Jänner 1904 vollzogene Eingemeindung von Wilten nach Innsbruck heute eine Innsbrucker Stadtpfarre darstellt, während umgekehrt die einstige Wiltener Filialkirche zu St. Jakob in Innsbruck im Jahre 1964 zum Sitz der damals errichteten Diözese Innsbruck, d. h. zum Bischofsdom aufgestiegen ist.[217] – Soviel also zum Werdegang der zentralen Innsbrucker Stadtpfarre St. Jakob, der hier exemplarisch und stellvertretend für viele ähnliche pfarrliche Emanzipationsprozesse vorgeführt worden ist. Als weitere ähnliche Beispiele in Tirol, wo ebenfalls im Anschluß an das Konzil von Trient, freilich mit angemessener Bedächtigkeit, das Filialverhältnis zugunsten der verbesserten Seelsorge durch eine Pfarrerhebung beendet worden ist, können hier neben Innsbruck auch Bruneck (1610) und Schwaz (1645) angeführt werden. In Hall, Klausen und Meran ist man an die Lösung dieser Frage in der Weise herangegangen, daß man sie nicht zum Problem werden ließ, und zwar dadurch, daß die Pfarrherren der betreffenden Mutterpfarren in Absam, Latzfons und Tirol von sich aus ihren Pfarrsitz in die genannten Städte verlegt und dadurch die Größe ihrer Pfarren nicht reduziert haben. In Hall und Klausen erfolgte die so aufgeschobene Teilung dieser Großpfarren dann im Rahmen der josephinischen Pfarregulierung. In Meran allerdings kam es erst 1921 zur Teilung der großen Altpfarre Tirol in die beiden seelsorglich vertretbaren kleineren Pfarren Tirol und Meran.

Gemäß unserer Einleitung haben wir uns nun der zweiten Frage zuzuwenden: Wo befindet sich der Standort der Innsbrucker St.-Jakobs-Kirche in der Stadt? Die Antwort darauf lautet: Sie befindet sich in der Altstadt innerhalb der mittelalterlichen

---

[215] Ebenda, S. 33–35.
[216] Fridolin Dörrer, Zur ersten (Pfarr-)Teilung Innsbrucks. In: Der Schlern Jg. 29, Bozen 1955, S. 130–135; F. H. Hye, Die Dreiheiligenkirche zu Innsbruck = Veröffentlichungen aus dem Stadtarchiv Innsbruck Nr. 25, Innsbruck 1963.
[217] Josef Gelmi, Kirchengeschichte Tirols. Innsbruck 1986, S. 286–295; sowie F. H. Hye, Stadtpfarrkirche und Dom zu St. Jakob in Innsbruck. Innsbruck 1974, S. 68.

Stadt- oder Ringmauer. Dies besonders hervorzuheben ist deshalb wichtig, weil diese Lage innerhalb des mittelalterlichen Stadtkernes nicht nur für Innsbruck, sondern generell signifikant ist für Kirchen, die im Zuge der Stadtgründung von der Bürgerschaft als Stadtkirchen erbaut worden sind. Eine im Zuge einer Stadtgründung errichtete Kirche wurde nämlich stets innerhalb des schützenden Mauerringes erbaut und nicht in ungeschützter Lage außerhalb desselben. Da die Tiroler Städte durchwegs in das Territorium älterer Muttergemeinden bzw. bereits bestehender ländlicher Altpfarren eingepflanzt worden sind, waren die im Zuge dieser Stadtgründungen innerhalb der Städte im Schutze der Ringmauer errichteten Stadtkirchen stets Filialen der betreffenden Alt- oder Mutterpfarren. Nur dort, wo die Gründungsstadt unmittelbar neben oder nahe bei einer alten Landpfarrkirche angelegt worden ist, verzichtete man auf die Erbauung einer eigenen Stadtkirche innerhalb der Stadtmauer. Solche Beispiele bilden in Tirol Bozen, Sterzing und Glurns. Die Lage einer heutigen alten Stadtpfarrkirche innerhalb des einst ummauerten Stadtkerns einer hoch- oder spätmittelalterlichen Gründungsstadt, wie z. B. der St.-Jakobs-Dompfarrkirche in Innsbruck, kann daher im allgemeinen als sicheres Indiz für die kirchengeschichtliche Ausgangsposition dieser Stadtkirche als Filialkirche einer benachbarten dörflichen Altpfarre angesehen werden. Im Tiroler Raum können dafür neben Innsbruck auch die Städte Meran[218], Klausen[219], Hall in Tirol[220], Rattenberg[221] und – mit Einschränkungen – auch Kufstein[222] sowie die alten Marktgründungen Schwaz[223] und Neumarkt[224] südlich von Bozen angeführt werden. Im Salzburgischen entsprechen diesem Befunde Hallein[225] und Radstadt[226] und in Vorarlberg Feldkirch[227]. Auf die Aufzählung weiterer Beispiele in den übrigen Bundesländern und im süddeutschen Raum soll hier zunächst verzichtet werden. In allen diesen Städten bestand auch eine mehr oder weniger große Distanz zwischen der dörflichen Mutterpfarrkirche und der jüngeren Stadtkirche.

Darauf hinzuweisen erscheint wesentlich, denn jene Gründungsstädte, die in der un-

---

[218] F. H. Hye, Meran. In: Österreichischer Städteatlas, 3. Lieferung, Wien 1988.
[219] Derselbe, Die fürstbischöflich-brixnerische Stadt Klausen am Eisack. Geschichte und Stadtbild, a. a. O. = Anm. 8, S. 329–339.
[220] Derselbe, Hall i. T. In: Österreichischer Städteatlas, Lieferung 4/2. Wien 1993; derselbe, Die Städte Tirols, 1. Teil: Bundesland Tirol, a. a. O. = oben Anm. 9, S. 31–51.
[221] Derselbe, Rattenberg am Inn. Grundzüge seiner Stadtgeschichte. In: Festschrift zur Wiedereröffnung der Stadtpfarrkirche zum hl. Virgil in Rattenberg. Rattenberg 1983, S. 60–75; derselbe, Die Städte Tirols, 1. Teil: Bundesland Tirol, a. a. O. = oben Anm. 9, S. 201–209.
[222] Derselbe, Kufstein. In: Österreichischer Städteatlas, 2. Lieferung, Wien 1985; derselbe, Die Städte Tirols, 1. Teil: Bundesland Tirol, a. a. O. = oben Anm. 9, S. 149–161.
[223] Ebenda, S. 213–227.
[224] F. H. Hye, Neumarkt. Historisches Antlitz eines trientinisch-tirolischen „Burgum", a. a. O. = oben Anm. 12, S. 127–144.
[225] Hallein unterstand zumindest noch 1191 der Pfarre Anif und ist als selbständige Pfarre seit 1229 nachweisbar. Vgl. Fritz Koller, Hallein im frühen und hohen Mittelalter. In: Mitteilungen der Gesellschaft für Salzburger Landeskunde Jg. 116, Salzburg 1976, S. 1–116, besonders S. 62 ff.
[226] F. H. Hye, Zur Geschichte von Radstadt. Einige Aspekte aus der Sicht vergleichender österreichischer Stadtgeschichtsforschung. In: Die alte Stadt im Gebirge. 700 Jahre Radstadt. Radstadt 1989, S. 83–87. (Der im Band selbst gebrauchte Titel dieses Aufsatzes stammt von der Schriftleitung, nicht vom Autor!)
[227] Benedikt Bilgeri, Politik, Wirtschaft, Verfassung der Stadt Feldkirch. In: Geschichte der Stadt Feldkirch Bd. 1, Sigmaringen 1987, S. 90.

mittelbaren Nachbarschaft der Mutterpfarrkirche oder einer bereits bestehenden dörflichen Filialkirche angelegt worden sind, haben darauf verzichtet, innerhalb des Mauerringes eine eigene bürgerliche Seelsorgskirche zu errichten. Vielmehr tendierte man in diesem Fall dazu, das Stadtgebiet entweder gleich bei der Stadtgründung oder im Laufe der Zeit auch über die ursprünglich dörfliche Mutterpfarr- oder Seelsorgekirche auszudehnen bzw. diese Kirche in das Stadtgebiet miteinzubeziehen. Beispiele dafür liefern in Tirol die Städte Lienz[228], Bruneck[229], Bozen[230], Glurns[231] und Kitzbühel[232]. Die Geschichte der betreffenden Kirchen ist daher älter als die der zugehörigen Städte – ihr Standort liegt außerhalb der Stadtmauer.

Ein gleiches oder ähnliches Bild ergab sich dort, wo bei der Stadtgründung nicht nur ein Teil einer ländlichen Vorgängergemeinde beansprucht wurde, sondern deren Areal zur Gänze in das Gebiet der neuen Stadt miteinbezogen worden ist, vorausgesetzt, daß das betreffende Dorf Sitz einer Alt-Pfarrkirche war. Das einzige derartige Beispiel in Tirol liefert Sterzing.[233] Vils[234] und Kufstein, wo bei der Stadtgründung ebenfalls das gesamte Areal der gleichnamigen älteren Dorfgemeinde der neuen Stadt angeschlossen worden ist, können hier hingegen nicht als Beispiele dienen, da die betreffenden Alt-Dorfgemeinden zum Zeitpunkt der Stadtgründung noch nicht bzw. nicht mehr Pfarrsitze waren: Letzteres gilt namentlich für Kufstein, welches im Indiculus Arnonis um 788/90 noch als Pfarrsitz angeführt wird, aber noch vor der Gründung des Marktes und der Stadt Kufstein im 13./14. Jahrhundert in die Abhängigkeit der nördlich benachbarten Dorfpfarre Ebbs gelangt war.[235] In Kufstein ergab sich diese Entwicklung vermutlich aus dem Umstande, daß die ursprüngliche Kufsteiner Pfarrkirche, nämlich die im Indiculus Arnonis genannte „ecclesia in Kufstein cum cellola", welche mit der St. Martinskirche im uralten Ortsteil Zell (ursprünglicher Teil der Landgemeinde Kufstein) links des Inn identifiziert werden kann, in der Folge von der Erzdiözese Salzburg abgetrennt und zum Salzburger Suffraganbistum Freising geschlagen worden ist. Zum Zeitpunkt der Gründung des Marktes Kufstein entbehrte dessen ländliche Muttergemeinde daher pfarrlich bereits dieser ihrer alten Pfarrkirche und war der benachbarten Altpfarre Ebbs zugeordnet worden. Die im Zusammenhang mit der Marktgründung in diesem neuen befestigten Siedlungsbereich erbaute Kufsteiner Bürgerkirche

---

[228] F. H. Hye, Das „Castrum Luenz" von 1197 und die Gründung der Stadt Lienz. In: Katalog der Ausstellung „750 Jahre Stadt Lienz 1242–1992", Lienz 1992, S. 27–31.

[229] Derselbe, Stegen, Altstegen, St. Lorenzen. Ein Problem der historischen Topographie und Jahrmarktsgeschichte, verursacht durch die Gründung von Bruneck. In: Kunst und Kirche in Tirol. Festschrift für Karl Wolfsgruber. Bozen 1987, S. 37–46.

[230] Derselbe, Die Gründung von Bozen – gesehen im Rahmen der hochmittelalterlichen Stadtgründungen in Tirol. In: Bozen. Von den Anfängen bis zur Schleifung der Stadtmauern. Bozen 1991, S. 191–202.

[231] Derselbe, Geschichte der Stadt Glurns. Glurns 1992, S. 161 ff.

[232] Derselbe, Die Städte Tirols, 1. Teil: Bundesland Tirol, a. a. O. = oben Anm. 9, S. 135–145.

[233] F. Huter, Vom Werden und Wesen Sterzings im Mittelalter. In: Schlern-Schriften Bd. 232 = Sterzinger Heimatbuch, Innsbruck 1965, S. 33–94; sowie F. H. Hye, Tiroler Städte an Etsch und Eisack = Exkursionen des Österreichischen Arbeitskreises für Stadtgeschichtsforschung 9, Linz 1982, S. 50–54.

[234] Otto Stolz, Geschichte der Stadt Vils in Tirol. Vils 1927; Rudolf Palme, Vils. In: Die Städte Tirols, 1. Teil: Bundesland Tirol, a. a. O. = oben Anm. 9, S. 231–238.

[235] F. H. Hye, Kufstein. In: Österreichischer Städteatlas, a. a. O. = oben Anm. 222. Derselbe, Die Städte Tirols, 1. Teil: Bundesland Tirol, a. a. O. = oben Anm. 9, S. 149–161.

zum hl. Veit entstand daher konsequenterweise als Filiale der Pfarre Ebbs und blieb in diesem Abhängigkeitsverhältnis bis 1810. Ihr Standort befindet sich daher innerhalb des ehemaligen Ringmauerbezirkes.

Zusammenfassend kann daher noch einmal festgestellt werden, daß der Standort der ältesten Pfarrkirche einer Stadt innerhalb der ehemaligen Ringmauer bei Gründungsstädten des Hoch- und Spätmittelalters in der Regel darauf schließen läßt, daß die betreffende Stadt und Kirche sich anfangs in einem Abhängigkeitsverhältnis zu einer älteren, ländlichen Alt- oder Mutterpfarre befunden hat. Die einzige scheinbare Ausnahme dieser Beobachtungsreihe bildet in Tirol die Bischofsstadt Brixen, die im 10. und 11. Jahrhundert auf dem Areal einer älteren „curtis" entstanden ist. Hier unterstand der Bereich östlich des Eisack ursprünglich der ländlichen Altpfarre Natz und das Gebiet westlich des Eisack vermutlich jener von Vahrn, doch als um 1030 in der Stadt Brixen neben dem Dom die bürgerliche St.-Michaels-Kirche erbaut und 1038 geweiht worden ist, wurde dieselbe vermutlich gleich mit pfarrlichen Rechten ausgestattet.[236] Einer bischöflichen Residenzstadt wäre es wohl auch übel angestanden, wenn sie pfarrlich nicht selbständig gewesen wäre, sondern zwei ländlichen Nachbarpfarren unterstanden hätte. Dem bischöflichen Oberhirten war es eben möglich, sich mit den beiden Pfarrherren zu verständigen und eine entsprechende Vereinbarung zu erreichen. Genaugenommen liegt daher auch in Brixen keine Ausnahme vor. Vielmehr hat dort das Abhängigkeitsverhältnis der Gründungsstadt von den Nachbarpfarren bereits mit der Errichtung und Weihe der innerhalb der Ringmauer erbauten Bürgerkirche geendet. – In diesem Zusammenhang mag noch daran erinnert werden, daß der Turm dieser Kirche zum Unterschied vom Bischofsdom noch heute als das bürgerliche Wahrzeichen der Stadt Brixen gilt.

Ein weiteres untrügliches Kennzeichen für eine von einer Bürgergemeinde errichtete Kirche ist deren Erhaltung durch diese Gemeinde bzw. die Bestellung eigener hiemit beauftragter Amtsträger der Gemeinde, welche in Tirol den Titel Kirchpropst oder Kirchmaier geführt haben und für die St.-Jakobs-Kirche in Innsbruck seit 1322 nachweisbar sind.[237] In Innsbruck stehen übrigens neben der St.-Jakobs-Kirche noch drei weitere Kirchen – die Spitals-, die Sondersiechen- oder Leprosen- und die aus Anlaß der Pest 1611 gestiftete Dreiheiligenkirche – noch heute als sogenannte Patronatskirchen unter der Patronanz der Stadtgemeinde.[238] Mit der Erhaltung der Mutter-Pfarrkirche in Wilten hingegen hatte sich der Innsbrucker Stadtrat nicht zu befassen – sie fiel nicht in seine Kompetenz, da sie keine von der Innsbrucker Bürgerschaft errichtete Kirche war.

Eine Kirche aber, für deren Erhaltung sich eine Gemeinde von altersher verpflichtet fühlte, setzt auch die Existenz dieser Gemeinde von altersher in irgendeiner Form, un-

---

[236] Derselbe, Die alte Bischofsstadt Brixen. Geschichte und Stadtbild. In: Österreich in Geschichte und Literatur Jg. 30, Wien 1986, S. 361–371.
[237] H. Lentze, Die St.-Jakobs-Kirche in Innsbruck im Lichte der Rechtsgeschichte = Veröffentlichungen aus dem Stadtarchiv Innsbruck Nr. 12, Innsbruck 1957, S. 24–27.
[238] F. H. Hye, Die Dreiheiligenkirche zu Innsbruck = Veröffentlichungen aus dem Stadtarchiv Innsbruck Nr. 25, Innsbruck 1963; derselbe, Vom Innsbrucker Bürgerspital zur neuen Frauenklinik. In: Fruchtbarkeit und Geburt in Tirol. Oberschleißheim/München 1987, S. 143–153; derselbe, Die Geschichte von Innsbrucks ältestem Stadtteil. St. Nikolaus und Mariahilf. In: St. Nikolaus und Mariahilf = Die Stadtteile Innsbrucks Bd. 2, Innsbruck 1986, S. 14–51, bes. 40ff.

abhängig von ihrer jeweiligen Verfassung, voraus. Diese Feststellung, die – wie mir bewußt ist – wie eine Binsenweisheit klingt, liefert jedoch für die Entstehungs- bzw. Vorgeschichte der Stadt Klausen einen außergewöhnlichen Denkansatz: Das dortige Stadtrechtsbuch von ca. 1485 verzeichnet nämlich neben dem Urbar der jungen St.-Andreas-Pfarrkirche von ca. 1470/80 in der ummauerten Stadt auch das Urbar der Marienkirche „auff Seben" bzw. auf der halben Höhe am Weg zur alten Bischofsburg am Burgfelsen von Säben.[239] Diese im Laufe der Jahrhunderte mehrmals an derselben Stelle neu erbaute, heute barocke Rundkirche aber läßt sich laut den vor einigen Jahren durchgeführten Grabungen bzw. archäologischen Untersuchungen kontinuierlich „zumindest" seit dem 5. Jahrhundert nachweisen. Demnach dürfen wir annehmen, daß sich hier auf der mittleren Höhe des Aufganges nach Säben bzw. am hochwassergeschützten frühmittelalterlichen Höhenweg in Richtung Brenner der erste Siedlungskern des späteren Klausen befunden hat. Tatsächlich spricht der Archäologe Bierbrauer im Zusammenhang mit dieser Kirche, bei der auch ein gemauertes Taufbecken ergraben wurde, von einer kleinen Taufkirche, die zeitlich noch mit einer kleinen, spätantiken Siedlung zu verbinden ist.[240] Nachdem dann spätestens um 1200 die Straße auf den Talboden verlegt bzw. dort vermutlich reaktiviert worden ist, entstand an dieser Straße ein neuer Siedlungskern, eben die heutige Stadtanlage von Klausen, mit einem diesem nördlich vorgelagerten Pilgerhospiz, wohin um 1210 auch der Pfarrsitz vom Bergdorf Latzfons übertragen worden ist. Diese Veränderungen bedeuteten jedoch lediglich eine Verlagerung des Siedlungsschwerpunktes, nicht aber eine Vernachlässigung der alten Gemeindekirche am Säbener Berg. Die von der Klausener Bürgergemeinde des 15. Jahrhunderts laut des erwähnten Urbars verwalteten Einkünfte und die damit verbundene Verpflichtung zur Erhaltung dieser Marienkirche gewähren uns hier daher Einblick in eine für Tiroler Verhältnisse außergewöhnlich weit zurückreichende Gemeinde-Kontinuität.

Diesem außergewöhnlichen Beispiel im südlichen Landesteil kann als zeitlich nächstfolgendes im Norden Tirols das seit 763 urkundlich belegte „oppidum Humiste", die heutige Stadtgemeinde Imst mit der dortigen frühchristlichen St.-Laurentius-Kirche zur Seite gestellt werden[241], welche Kirche ebenfalls – nachweisbar seit 1502 – von der Gemeinde Imst durch den hiefür bestellten Kirchpropst verwaltet und gepflegt worden ist.[242]

Auch hier erfolgte später – vor 1267/1305 – eine seelsorgliche Schwerpunktverlagerung zur jüngeren Marien-Pfarrkirche im Oberen Markt unmittelbar an der Landstraße.

In diesen beiden Fällen, in Klausen sowohl als auch in Imst, wird daher durch die ge-

---

[239] Derselbe, Die fürstbischöflich-brixnerische Stadt Klausen am Eisack. Geschichte und Stadtbild. In: Österreich in Geschichte und Literatur Jg. 35, Wien 1991, S. 329–339.
[240] Volker Bierbrauer, Die germanische Aufsiedlung des östlichen und mittleren Alpengebietes im 6. und 7. Jahrhundert aus archäologischer Sicht. In: Frühmittelalterliche Ethnogenese im Alpenraum. Nationes 5 (1985), S. 46.
[241] Frajo Waitz, Kirchen und Kapellen in Imst. In: Schlern Schriften Bd. 110 (Imster Buch), Innsbruck 1954, S. 235–250, bes. 242 ff.; Gert Ammann, Kunst in Imst. In: Stadtbuch Imst. Imst 1976, S. 37 ff.; F. H. Hye, Imst. In: Die Städte Tirols, 1. Teil: Bundesland Tirol, a. a. O.= oben Anm. 9, S. 55–68.
[242] Sebastian Hölzl, Stadtarchiv und Museumsarchiv Imst (Regesten). Tiroler Geschichtsquellen, hg. v. Tiroler Landesarchiv Bd. 32, Innsbruck 1992, S. 52 f.

nannten Kirchen nicht nur eine bemerkenswerte Siedlungskontinuität, sondern auch eine noch viel bedeutendere Gemeindekontinuität dokumentiert, was bisher unbeachtet geblieben ist.

Ein weiteres, m. E. ebenso eindrucksvolles und überzeugendes Indiz für Siedlungskontinuität im Bereich einiger Tiroler Städte von der Spätantike bis in die Zeit der mittelalterlichen Stadtgründungen bietet der Umstand, daß im Bereich der jeweiligen Nekropole fast aller in der Tabula Peutingeriana und im Itinerarium Antonini genannten Straßenstationen jene Altkirchen errichtet worden sind, die uns in der Folge als Standorte von Altpfarren begegnen. Konkret betrifft dies TRIDENTUM/Trento, ENDIDAE/Neumarkt, PONS DRUSI/Bozen, SUBLABIONE/Latzfons-Klausen, VIPITENUM/Sterzing und VELDIDENA/Innsbruck-Wilten. Die Kenntnis dieses bemerkenswerten Faktums verdanken wir einschlägigen archäologischen Funden: So wurden am Friedhof bei der alten Marienpfarrkirche von „Egna", einer heutigen Filiale der Pfarrkirche von Neumarkt, weiters im Fundament der alten Dorfpfarrkirche bzw. des heutigen Domes von Bozen, desgleichen beim Grundaushub für den Neubau der Pfarrkirche von Sterzing 1497 römische Grabdenkmäler gefunden. In Innsbruck-Wilten gilt dies für die gesamte Nekropole in der südwestlichen Nachbarschaft der Marienpfarrkirche von Wilten, der Mutterkirche der Innsbrucker St.-Jakobs-Kirche. SUBLABIONE/Klausen wurde bereits oben als Beispiel der Siedlungskontinuität erwähnt. In diese Reihe fügt sich auch TRIDENTUM/Trento optimal ein, wo die spätantik-frühchristliche Glaubensgemeinde über dem Grab des in der römischen Nekropole bestatteten hl. Vigilius den Erstbau des späteren Bischofsdomes von Trient erbaut hat. Im Bereich Tirols fehlen bisher allein in MATREIUM/Matrei am Brenner einschlägige Funde.

Stadt und Kloster

Eine besondere Stellung im Verhältnis zwischen Stadt und Kirche nehmen die Klöster ein. Hier müssen wir allerdings grundsätzlich zwischen den mittelalterlichen Klöstern und den Ordensniederlassungen der Zeit der Gegenreformation unterscheiden.

Mittelalterlichen Klöstern begegnen wir nämlich nur in den alten Residenzstädten Brixen, Meran und Lienz sowie am Rande der internationalen Handelsstadt Bozen und – zufolge einer privaten Stiftung – in Rattenberg, wobei die Dominikanerinnen und die Klarissen bei den Residenzen in Brixen, Lienz und Meran einerseits als Versorgungsinstitut für unverheiratete adelige Töchter und zudem als ehrwürdiger geistlicher Dekor dienten, während die Franziskaner und besonders die Dominikaner in Bozen den religiösen Bedrüfnissen der Marktbesucher entgegenkamen.

Innerhalb der Stadtmauern bzw. des Stadtkerns befanden sich von allen diesen Klöstern aber nur das Augustiner-Eremiten- bzw. spätere Servitenkloster in Rattenberg, das der Klarissen am Rennweg in Meran und jenes der Karmeliter, später Franziskaner, in Lienz, wobei darauf hingewiesen werden muß, daß sich der Standort der beiden letztgenannten Klöster nicht innerhalb der ursprünglichen Ringmauern dieser Städte, sondern bereits im Bereich einer um 1300 erfolgten Stadt- und Mauererweiterung befindet. Wir können daher feststellen, daß es im Mittelalter in keiner Tiroler Stadt zur Ausbildung eines Klosterviertels gekommen ist. Dies wurde dafür im Zuge der Gegenreformation in der jüngeren Residenzstadt Innsbruck gründlich nachgeholt, wo unter der Patronanz der Landesfürsten im Verlauf weniger Jahrzehnte anschließend an die Altstadt ein Klosterviertel mit nicht weniger als vier unmittelbar beieinander liegenden Ordensniederlassungen entstand.[243]

Auf die übrigen Klostergründungen aus der Zeit der katholischen Restauration in Innsbruck wie in den übrigen Städten des Landes braucht an dieser Stelle jedoch nicht im Detail eingegangen zu werden. Der pauschale Hinweis besonders auf die fast in allen Tiroler Städten heimisch gewordenen Kapuziner mag hier genügen.

Als klosterähnliche Anlage ist schließlich noch der in Brixen um den Dom und den Domkreuzgang angeordnete Gebäudekomplex des mittelalterlichen Bischofspalastes mit dem anschließenden alten Friedhof und dem Domplatz anzuführen, um welchen geistlichen Kern im Norden und Westen im 11. Jahrhundert planmäßig die bürgerliche Stadt in der Gestalt der Großen und Kleinen Lauben angeordnet worden ist.[244]

Die fürstbischöfliche Residenzstadt Brixen bildet somit die einzige Tiroler Stadt, deren Grundriß von kirchlichen Einrichtungen her bestimmt wurde. Die ursprüngliche Südflanke der Stadt von der alten Bischofsburg herüber zum südlichen Ende des westlichen Straßenastes ließ dies noch deutlicher erkennen, als es seit dem Bau der neuen Bischofsburg an der Südwestecke der Stadt um 1265 der Fall ist, in dessen Verlauf die Stadtmauer um die Breite der neuen Burg gegen Süden verschoben worden ist.[245]

---

[243] F. H. Hye, Silbergasse und Kohlstatt. Ein Beitrag zur Geschichte der Stadtteile Innsbrucks. In: das Fenster Heft Nr. 18, Innsbruck 1976, S. 1892 ff.

[244] Anselm Sparber, Brixens Entwicklung bis zur Mitte des 15. Jahrhunderts. In: Der Schlern Jg. 39, Bozen 1965, S. 47–59.

[245] Karl Wolfsgruber, Die Hofburg Brixen. In: Tiroler Burgenbuch Bd. 4, Bozen 1977, S. 28–58. Im Sinne einer objektiven Information des Lesers sei an dieser Stelle auszugsweise eine briefliche Stellungnahme vom 18. Jänner 2000 zitiert, welche der Direktor des Südtiroler Landesarchivs Dr. Josef Nössing und sein Stellvertreter Dr. Hans Heiss nach Einsicht in das Manuskript dieses Bandes verfaßt und sowohl dem Verfasser als auch dem zuständigen Landesrat Dr. Bruno Hosp (Bozen) zugeleitet und in der sie folgende Forderungen erhoben haben: 1.) „Die These der Beziehung Stadt – Pfarrkirche ist in Hinblick auf die neuesten Erkenntnisse der Entstehung und Entfaltung der Pfarreien zu überdenken." 2.) „Sollte die Beschreibung der Altstraßen auf die Funktion der Städtebildung und Stadtentwicklung hin fokussiert werden." – Die beiden Herren übersahen dabei, daß die Ausbildung des ursprünglichen Pfarrnetzes zeitlich lange vor der Epoche der Städtegründungen lag, und die Gründungsstädte daher auf die Entwicklung desselben keinerlei Einfluß hatten bzw. selbst – wie oben dargelegt – in das damals bereits vorhandene Pfarrnetz eingepflanzt worden sind. Sie übersahen aber auch, daß eben diese beiden zentralen Fragen von mir einerseits bei der 1993 vom „Österreichischen Arbeitskreis für Stadtgeschichtsforschung" in Innsbruck veranstalteten internationalen Tagung „Stadt und Kirche" (Tagungsband Linz/D. 1995, S. 137–148) und andererseits im Tagungsband der ARGE Alpenländer III, NF. 7, Bozen 1996, S. 197–216 (vgl. die folgende Bibliographie!) eine grundlegende, allgemein anerkannte Neubearbeitung erfuhren, welche auch die Grundlage für die betreffenden Abschnitte der hier veröffentlichten generellen Einführung in die Geschichte des Tiroler Städtewesens bilden. Sie können daher tatsächlich selbst als jene „neuesten Erkenntnisse" betrachtet werden, deren Berücksichtigung hier urgiert wird. Bezüglich der hier geforderten Behandlung des Verhältnisses der Altstraßen zur Städtebildung vgl. oben S. 16–30! Hier und auch an anderer Stelle dieser Stellungnahme wurden also angeblich fehlende Sachbearbeitungen urgiert, welche sehr wohl bereits im vorgelegtem Manuskript enthalten waren! Man möge es mir ersparen, diese Art von Stellungnahme, welche vom zuständigen politischen Referenten selbstverständlich als seriöse Stellungnahme der eigenen Fachkräfte angesehen wird, näher zu charakterisieren. Andererseits soll dem Leser durch diese Information die Möglichkeit geboten werden, sich selbst über diesen Sachverhalt ein Bild zu machen.

Stadt und Kunst

In der Geschichte der Tiroler Kunst werden stets und zu Recht Landesfürst, Adel und Kirche als Mäzene hervorgehoben. Die Städte kommen dabei meist zu kurz – und dies zu Unrecht.

Es kann nun nicht die Aufgabe dieser allgemeinen Einführung sein, monographisch das Thema Stadt und Kunst zu behandeln. Wohl aber sei dieser wichtige Akzent hier zumindest stichwortartig angerissen. Der städtische Beitrag zur künstlerischen Gestaltung der Tiroler Städte beschränkt sich jedoch nicht auf die Errichtung offizieller, städtischer Bauten, wie von Rathäusern, Spitälern, Türmen und Toren etc., wobei als besonders repräsentative Beispiele das Rathaus von Sterzing und der dortige Zwölferturm, der Innsbrucker Stadtturm oder die malerischen Stadtspitäler und ihre Kirchen z. B. in Meran und Sterzing etc. hervorgehoben seien; den Schwerpunkt dieses städtischen Beitrags zum Baugeschehen bilden vielmehr die von den Bürgerschaften der einzelnen Städte errichteten und durch Jahrhunderte (bis zum Konkordat von 1855) erhaltenen ursprünglichen Stadtkirchen und späteren Stadtpfarrkirchen sowie die diversen städtischen Spitals-, Pest- und anderen Stiftungskirchen, welche Bauleistung ihren ersten Höhepunkt zweifellos im 15. Jahrhundert, in der Zeit der Tiroler Hochgotik, erreicht hat (man vgl. dazu nur die Stadtpfarrkirchen von Meran, Klausen, Brixen, Landeck und Hall sowie die nicht mehr bestehende alte St.-Jakobs-Kirche von Innsbruck etc.). Die Tatsache, daß diese künstlerisch *hochqualifizierte* städtische Bauleistung auch im Barock nicht nachgelassen hat, illustriert wohl am besten die bestehende Innsbrucker Dompfarrkirche zu St. Jakob. Die Auftragsvergabe und Durchführung aller dieser Bauten vollzog sich unter der Aufsicht der eigens für die Errichtung, Ausstattung und Erhaltung dieser Kirchen meist alljährlich von der Bürgerschaft gewählten „Kirchpröpste". Wie damit schon angedeutet, oblag ihnen auch die Ausstattung der städtischen Kirchen einschließlich aller ihrer Altäre, ihres Freskenschmuckes etc.

Dies hervorzuheben erscheint umso mehr angebracht, als auch die berühmten Flügelaltäre eines Hans Multscher in Sterzing oder Michael Pachers für Gries ebenso wie eine Reihe gänzlich in Verlust geratener großer gotischer Flügelaltäre, wie z. B. jener von Hall, von diesen städtischen Amtswaltern bzw. von den betreffenden Städten bestellt und bezahlt worden sind. (Dasselbe gilt übrigens auch für die Landgemeinden – man denke nur an den Schnatterpeck-Altar in Niederlana.)[246]

---

[246] Siehe dazu generell Erich Egg, Stadt und kirchliche Kunst in Tirol. In: Stadt und Kirche, hg. v. Franz-Heinz Hye im Auftrag des Österreichischen Arbeitskreises für Stadtgeschichtsforschung und des Ludwig-Boltzmann-Instituts für Stadtgeschichtsforschung. Linz 1995, S. 313–325.

Stadtgeschichtlich relevantes Schrifttum zur Geschichte des Landes Tirol

1. Bibliographien

Walter NEUHAUSER, Deutschtirolische Bibliographie = Tiroler Bibliographien (=Beihefte zur Tiroler Heimat) Heft II für das Jahr 1961, Innsbruck 1964, Heft VII für die Jahre 1966/68 , Innsbruck 1974.

DERSELBE und Martin WIESER, detto Heft VIII für die Jahre 1969 und 1970, Innsbruck 1978.

Gertrud LABENBACHER, detto Heft IX: Dissertationenverzeichnis der Universität Innsbruck, Bd. 1: Philosophische Fakultät, Innsbruck 1982.

DIESELBE, detto Heft X: detto Bd. 2: Theologische Fakultät, Rechts- und Staatswissenschaftliche Fakultät, Medizinische Fakultät, Innsbruck 1986.

W. RAUSCH (Hg.), Bibliographie zur Geschichte der Städte Österreichs. Linz a. D. 1984.

Aus Stadtgeschichte und Heraldik. Bibliographie Franz-Heinz Hye, Stand Juli 1998. In: PRO CIVITATE AUSTRIAE. Informationen zur Stadtgeschichtsforschung in Österreich NF. 3, Wien 1998, S. 63–74.

Bibliographie zur Geschichte der Städte Österreichs. Bearbeitet von Hermann RAFETSEDER nach diversen Vorarbeiten (vgl. oben) CD-ROM, Linz 1999.

Hannes OBERMAIR, Südtiroler Städtebibliografie 1985–1999. In: Der Schlern Jg. 73, Bozen 1999, S. 785–797. Anmerkung: Die Stadt Leifers wurde in dieser Bibliographie unverständlicherweise nicht berücksichtigt.

2. Zeitschriften

Der Sammler für Geschichte und Statistik von Tirol. Innsbruck 1806–1810.

Beiträge zur Geschichte, Statistik, Naturkunde und Kunst von Tirol und Vorarlberg. Innsbruck 1825–1834; fortgesetzt als

Neue Zeitschrift des Ferdinandeums für Tirol und Vorarlberg, Innsbruck 1835–1847;

Zeitschrift des Ferdinandeums für Tirol und Vorarlberg, 3. Folge, Innsbruck 1853–1920;

Veröffentlichungen des Museum Ferdinandeum, Innsbruck, seit 1922.

Archiv für Geschichte und Alterthumskunde Tirols, Innsbruck 1864–1869.

Jahrbuch des Österreichischen bzw. des Deutschen und Österreichischen Alpenvereins, München 1870–1950 (Bd. 1–75), 1951–1982 in Innsbruck. Seit 1983 Erscheinungsort wieder München.

Der Kunstfreund. Organ des Vereins für Kirchenkunst und Kunstgewerbe in Tirol und Vorarlberg, Innsbruck 1902–1914.

Forschungen und Mitteilungen zur Geschichte Tirols und Vorarlbergs, Innsbruck 1904–1920.

Mitteilungen des Tiroler Landesarchivs, Innsbruck 1911–1920.

Der Schlern. Zeitschrift für Heimat- und Volkskunde, Bozen, seit 1920.

Tiroler Heimat. Jahrbuch für Geschichte und Volkskunde, Innsbruck, seit 1921.

Tiroler Heimatblätter. Monatshefte für Geschichte, Natur- und Volkskunde, Innsbruck, seit 1925.

Jahrbuch des Südtiroler Kulturinstitutes, Bozen 1961–1980.

Das Fenster. Tiroler Kulturzeitschrift, Innsbruck, seit 1967.

Denkmalpflege in Südtirol – Tutela dei Beni culturali in Alto Adige, hg. v. (Südtiroler) Landesdenkmalamt, Bozen, seit 1984/85.

3. Schriftenreihen

Quellen-Studien aus dem historischen Seminar der Universität Innsbruck, Innsbruck 1909–1913.

Schlern-Schriften, begründet v. Raimund v. KLEBELSBERG, Innsbruck, seit 1923.

Tiroler Wirtschaftsstudien. Schriftenreihe der Jubiläumsstiftung der Kammer der gewerblichen Wirtschaft für Tirol, Innsbruck, seit 1956.

Veröffentlichungen der Universität Innsbruck, Innsbruck, seit 1968.

Veröffentlichungen aus dem Innsbrucker Stadtarchiv, Innsbruck 1950–1969;
Veröffentlichungen des Innsbrucker Stadtarchivs. Neue Folge, Innsbruck, seit 1970.
Veröffentlichungen des Tiroler Landesarchivs, Innsbruck, seit 1972.
Schriftenreihe des Südtiroler Kulturinstitutes, Bozen, seit 1975.
Innsbrucker Forschungen zur Zeitgeschichte, hg. v. Rolf STEININGER, Institut für Zeitgeschichte der Universität Innsbruck, seit 1987.
Veröffentlichungen des Südtiroler Landesarchivs, Bozen, seit 1995.

4. Quellenwerke

Tirolische Geschichtsquellen. Innsbruck 1867–1891.
Die Tirolischen Weisthümer = Österreichische Weisthümer, hg. v. d. Österreichischen Akademie der Wissenschaften, Bd. II / Bd. 1–7, Wien 1875–1891, ab 1966 Innsbruck.
Acta Tirolensia. Urkundliche Quellen zur Geschichte Tirols. Innsbruck, seit 1886.
Emil v. OTTENTHAL und Oswald REDLICH, Archiv-Berichte aus Tirol = Mittheilungen der dritten (Archiv-)Section der k. k. Central-Commission zur Erforschung und Erhaltung der Kunst- und historischen Denkmale Bd. 1 / Bd. I–IV, Wien 1888–1912.
Oswald v. ZINGERLE (Ed.), Meinhards II. Urbare der Grafschaft Tirol = Fontes rerum Austriacarum (= FRA), 2. Abt.: Diplomataria et Acta, Bd. 45, Wien 1890.
Otto STOLZ, Die Ausbreitung des Deutschtums in Südtirol im Lichte der Urkunden. 4 Bde., München 1927–1934.
Quellen zur Steuer-, Bevölkerungs- und Sippengeschichte des Landes Tirol im 13., 14. und 15. Jahrhundert, bearbeitet von Innsbrucker Historikern = Schlern-Schriften Bd. 44, Innsbruck 1939.
Tiroler Urkundenbuch, hg. v. d. Historischen Kommission des Landesmuseums Ferdinandeum, Innsbruck seit 1937, bisher erschienen Bd. I / 1–3, bearbeitet von Franz HUTER.
Tiroler Geschichtsquellen, hg. v. Tiroler Landesarchiv, Innsbruck seit 1976.
Christoph HAIDACHER, Die älteren Tiroler Rechnungsbücher. Analyse und Edition = Ebenda, Nr. 33 u. 40, Innsbruck 1993 u. 1998.
Christine ROILO (Hg.) und Raimund SENONER (Übersetzung), Das Registrum Goswins von Marienberg = Veröffentlichungen des Südtiroler Landesarchivs Bd. 5, Bozen 1996.
(Siehe zudem die Angaben bei jedem Städteartikel unter Abschnitt 19b: Quellenpublikationen.)

5. Atlas- und Kartenwerke

Warmund YGL, Tirolis comitatus ampl(issimus) regionum(que) finitimarum nova tabula. Holzschnitt in neun Blättern von Johann Willenberger, Prag 1605. Maßstab 1:247.000.
Matthias BURGKHLEHNER, Die f(ü)r(stlich) Grafschafft Tirol. 12 Blätter in Holzschnitt 1611, in Kupferstich 1629. Mittlerer Maßstab 1:135.000.
Peter ANICH und Blasius HUEBER, Atlas Tirolensis. Wien 1774. 20 Blätter im Maßstab 1:103.800 und ein Übersichtsblatt. Kupferstich von Johann Ernst Mansfeld. Katastermappe, Wien 1856–1858.
Österreichische Spezialkarte, Maßstab 1: 75.000, hg. v. k. u. k. Militärgeographischen Institut in Wien.
Alpenvereinskarten
Österreich-Karte 1: 50.000
Tirol Atlas. Eine Landeskunde in Karten, hg. im Auftrag der Tiroler Landesregierung v. Ernest TROGER, fortges. v. Adolf LEIDLMAIR. Gesamtbearbeitung am Institut für Geographie, Abteilung Landeskunde, der Universität Innsbruck 1960–1999. 109 Blätter mit 220 Karten. Hauptkarten im Maßstab 1:300.000, Nebenkarten 1:600.000.
Österreichischer Städteatlas, hg. vom Wiener Stadt- und Landesarchiv und dem Ludwig Boltzmann Institut für Stadtgeschichtsforschung (für Tirol sind bisher erschienen die Mappen Kufstein 1985, Meran 1988, Hall i. T. 1993, Innsbruck 1996 und Schwaz 2000, alle fünf geleitet bzw. verfaßt von Franz-Heinz HYE).

6. Landesbeschreibung und Landeskunde

Goswin von Marienberg, Registrum (2. Hälfte 14. Jh.), hg. von Christine ROILO, übersetzt von Raimund SENONER = Veröffentlichungen des Südtiroler Landesarchivs Bd. 5, Bozen 1996.

Gerold Rösch von Geroldshausen, Der Fürstlichen Grafschaft Tyrol Landtreim, Innsbruck 1558. Neuerlich hg. v. Conrad FISCHNALER, Innsbruck 1898.

Marx Sittich v. Wolkenstein, Landesbeschreibung von Südtirol (um 1600). Hg. v. einer ARGE von Innsbrucker Historikern = Schlern-Schriften Bd. 34, Innsbruck 1936.

Nicolò RASMO, Il XIII volume delle Cronache di Marx Sittich von Wolkenstein. In: Cultura Atesina – Kultur des Etschlandes Bd. VI, Bozen 1952, S. 64–139.

Franz Adam Graf v. BRANDIS, Des Tirolischen Adlers immergrünendes Ehren-Kräntzel, Bozen 1678.

Johann Jakob STAFFLER, Tirol und Vorarlberg statistisch und topographisch mit geschichtlichen Bemerkungen. 2 Teile in 5 Bänden, Innsbruck 1839–1846.

Beda WEBER, Das Land Tirol. 3 Bde., Innsbruck 1837–1838.

Otto STOLZ, Politisch-historische Landesbeschreibung von Tirol. 1. Teil: Nordtirol = Archiv für österreichische Geschichte Bd. 107, Wien 1926.

DERSELBE, Politisch-historische Landesbeschreibung von Südtirol = Schlern-Schriften Bd. 40, Innsbruck 1937 (Neudruck Bozen 1971).

DERSELBE, Geschichtskunde der Gewässer Tirols = Schlern-Schriften Bd. 32, Innsbruck 1936.

Heinrich OBERRAUCH, Tirols Wald- und Waidwerk. Ein Beitrag zur Forst- und Jagdgeschichte = Schlern-Schriften Bd. 88, Innsbruck 1952.

Erich EGG, Tirol in alten Ansichten = Österreich in alten Ansichten Bd. 4, Salzburg 1973.

Franz HUTER (Hg.), Alpenländer mit Südtirol = Handbuch der historischen Stätten: Österreich Bd. 2, 2. Aufl., Stuttgart 1978.

Oswald TRAPP/Magdalena HÖRMANN-WEINGARTNER, Tiroler Burgenbuch (bisher 8 Bde.), Bozen 1972–1989.

Martin BITSCHNAU, Burg und Adel in Tirol zwischen 1050 und 1300. Grundlagen zu ihrer Erforschung = Sitzungsberichte der Österr. Akademie der Wissenschaften, phil.-histor. Klasse, Bd. 403, Wien 1983.

Topographisches Post-Lexikon der gefürsteten Grafschaft Tirol mit dem Lande Vorarlberg und des Fürstenthumes Liechtenstein, Wien 1883.

Eduard WIDMOSER, Tirol A bis Z, Innsbruck 1970.

DERSELBE, Südtirol A – Z. 4 Bde., Innsbruck 1982–1985.

7. Orts- und Familiennamenkunde

Karl FINSTERWALDER, Tiroler Namenkunde. Sprach- und Kulturgeschichte von Personen-, Familien- und Hofnamen = Nachdruck der erweiterten 2. Aufl., Schlern-Schriften Bd. 284, Innsbruck 1978.

DERSELBE, Tiroler Ortsnamenkunde = Schlern-Schriften Bd. 285–287, Innsbruck 1990/95.

Egon KÜHEBACHER, Die Ortsnamen Südtirols und ihre Geschichte. 3 Bde., Bozen 1991–1995.

8. Landesgeschichte, gereiht nach historischen Epochen

a) *Allgemeine Darstellungen*

Josef EGGER, Geschichte Tirols. 3 Bde., Innsbruck 1872–1880.

Albert JÄGER, Geschichte der landständischen Verfassung Tirols. 2 Teile in 3 Bden., Innsbruck 1881–1885.

David v. SCHÖNHERR, Gesammelte Schriften, hg. v. Michael Mayr, 2 Bde., Innsbruck 1900–1902.

Otto STOLZ, Geschichte des Landes Tirol. Bd. 1, Innsbruck 1955.

Josef FONTANA (Hg.), Geschichte des Landes Tirol. 3 Teile in 4 Bden, Bozen 1985–1988, mit Beiträgen von Josef FONTANA, Peter W. HAIDER, Walter LEITNER, Georg MÜHLBERGER, Rudolf PALME, Othmar PARTELI und Josef RIEDMANN (mit umfangreichen bibliographischen Angaben).

Jakob Andrä Frhr. v. BRANDIS (1569–1629), Die Geschichte der Landeshauptleute von Tirol, hg. v. Clemens Graf Brandis, Innsbruck 1850.

Werner KÖFLER, Geschichte der Tiroler Landtage von den Anfängen bis 1808 = Veröffentlichungen des Tiroler Landesarchivs Bd. 3, Innsbruck 1985.

Richard SCHOBER, Geschichte des Tiroler Landtages im 19. und 20. Jahrhundert = Ebenda Bd. 4, Innsbruck 1984.

A. TÄNZER, Die Geschichte der Juden in Tirol und Vorarlberg, Meran 1905 ff.

b) Spezielle Darstellungen

Walter LEITNER, Die Urzeit. In: J. Fontana (Hg.), Geschichte des Landes Tirol Bd. 1, Bozen 1985, S. 4–124.

Peter W. HAIDER, Von der Antike ins frühe Mittelalter. Ebenda, S. 125–264.

Walther CARTELLIERI, Die römischen Alpenstraßen über den Brenner, Reschen-Scheideck und Plöckenpass = Philologus, Supplementbd. 18/1, Leipzig 1926.

Josef RIEDMANN, Das Mittelalter. In: J. Fontana (Hg.), Geschichte des Landes Tirol Bd. 1, Bozen 1985, S. 265–661.

Hermann WIESFLECKER, Meinhard der Zweite. Tirol, Kärnten und ihre Nachbarländer am Ende des 13. Jahrhunderts = Schlern-Schriften Bd. 124, Innsbruck 1955 (Nachdruck 1995).

Katalog der Landesausstellung „Eines Fürsten Traum. Meinhard II. Das Werden Tirols", Innsbruck 1995, mit zahlreichen Beiträgen.

Josef RIEDMANN, Die Beziehungen der Grafen und Landesfürsten von Tirol zu Italien bis zum Jahre 1335 = Sitzungsberichte der Österr. Akademie der Wissenschaften, phil.-histor. Klasse, Bd. 307, Wien 1977.

Alfons HUBER, Geschichte der Vereinigung Tirols mit Österreich und der vorbereitenden Ereignisse, Innsbruck 1864.

Clemens Wenzeslaus Graf BRANDIS, Tirol unter Friedrich von Österreich, Wien 1823.

Wilhelm BAUM, Margarete Maultasch. Erbin zwischen den Mächten, Graz 1994.

DERSELBE, Sigmund der Münzreiche = Schriftenreihe des Südtiroler Kulturinstitutes Bd. 14, Bozen 1987.

Albert JÄGER, Der Streit der Tiroler Landschaft mit Kaiser Friedrich III. wegen der Vormundschaft über Herzog Sigmund von Österreich 1439–1446. In: Archiv für österreichische Geschichte Bd. 49, Wien 1873, S. 89–265.

DERSELBE, Der Übergang Tirols und der österreichischen Vorlande von dem Erzherzoge Sigmund an den Römischen König Maximilian von 1478–1490. Ein Bruchstück aus der Geschichte der Tiroler Landstände. In: Ebenda, Bd. 51, Wien 1874, S. 297–448.

Margarete KÖFLER und Silvia CARAMELLE, Die beiden Frauen des Erzherzogs Sigmund von Österreich-Tirol = Schlern-Schriften Bd. 269, Innsbruck 1982.

Der Herzog und sein Taler. Erzherzog Sigmund der Münzreiche. Politik, Münzwesen, Kunst. Katalog der Landesausstellung in Hall i. T., Innsbruck 1986, mit Beiträgen von Meinrad PIZZININI, Erich EGG, Heinz MOSER, Manfred SCHNEIDER, Günther DANKL, Gert AMMANN und Franz-Heinz HYE.

Rudolf PALME, Frühe Neuzeit (1490–1665). In: J. Fontana (Hg.), Geschichte des Landes Tirol Bd. 2, Bozen 1986, S. 1–287.

Hermann WIESFLECKER, Maximilian I. Das Reich, Österreich und Europa an der Wende zur Neuzeit. 5 Bde., Wien 1971–1986.

DERSELBE, Maximilian I. Die Fundamente des habsburgischen Weltreiches, Wien 1991.

Erich EGG, Katalog der Ausstellung „Maximilian I.", Innsbruck 1969.

Albert JÄGER, Der Engedeiner Krieg im Jahre 1499 = Neue Zeitschrift des Ferdinandeums Bd. 4, Innsbruck 1838.

Franz-Heinz HYE, Die Siegel Maximilians I. von 1486 bis 1519, ihre historisch-politische und ihre kanzleigeschichtliche Bedeutung. In: Numismatische Zeitschrift Bd. 82, Wien 1967, S. 86–107.

DERSELBE, Die Stellung Innsbrucks in Leben und Politik Kaiser Maximilians I. In: Haller Münzblätter Bd. V, Hall i. T. 1992, S. 294–322.

DERSELBE, Die Siegel der Tiroler Behörden unter Ferdinand I. (1522–1564). Ein Beitrag zur österreichischen Verwaltungsgeschichte. In: Festschrift Nikolaus Grass Bd. 1, Innsbruck 1974, S. 599–611.
DERSELBE, Spanien – Tirol – Innsbruck. Zeugen gemeinsamer Geschichte = Veröffentlichungen des Innsbrucker Stadtarchivs NF. Bd. 19, Innsbruck 1992.
Ferdinand HIRN, Geschichte der Tiroler Landtage von 1518–1525, Freiburg i. Br. 1905.
Georg Kirchmair's „Denkwürdigkeiten" seiner Zeit. 1519–1533. Ed. v. Th. G. v. KARAJAN. In: Fontes rerum Austriacarum, 1. Abt.: Scriptores, Bd. 1, Wien 1855, S. 417–534.
Hermann WOPFNER (Ed.), Quellen zur Geschichte des Bauernkrieges in Deutschtirol 1525 = Acta Tirolensia Bd. 3, Innsbruck 1908.
Joseph HIRN, Erzherzog Ferdinand II. von Tirol. Geschichte seiner Regierung und seiner Länder. 2 Bde., Innsbruck 1885–1887.
Albert JÄGER, Beiträge zur Geschichte der Verhandlungen über die erbfällig gewordene gefürstete Grafschaft Tirol nach dem Tode des Erzherzogs Ferdinand II. von 1595–1597. In: Archiv für österreichische Geschichte Bd. 50, Wien 1873, S. 103–212.
Josef HIRN, Erzherzog Maximilian der Deutschmeister, Regent von Tirol. 2 Bde., Innsbruck 1915–1936, Nachdruck Bozen 1981 mit einem Nachwort von H. Noflatscher.
Bernhard SCHRETTER, Die Pest in Tirol 1611–1612 = Veröffentlichungen des Innsbrucker Stadtarchivs NF. Bd. 12/13, Innsbruck 1982.
Albert JÄGER, Beitrag zur Geschichte des Passauischen Kriegsvolkes, soweit es Tirol und die österreichischen Vorländer berührte. In: Archiv für österreichische Geschichte Bd. 51, Wien 1874, S. 241–296.
Josef HIRN, Kanzler Bienner und sein Prozess, Innsbruck 1898.
Georg MÜHLBERGER, Absolutismus und Freiheitskämpfe (1665–1814). In: J. Fontana (Hg.), Geschichte des Landes Tirol Bd. 2, Bozen 1986, S. 289–579.
Franz-Heinz HYE, Tirol zwischen Eigenständigkeit und Absolutismus (1665–1740). In: Prinz Eugen und das barocke Österreich, hg. v. K. Gutkas, Salzburg 1985.
DERSELBE, Tirol und Vorderösterreich zur Zeit des Prinzen Eugen. In: Österreich und die Osmanen – Prinz Eugen und seine Zeit, hg. v. E. Zöllner und K. Gutkas = Schriften des Instituts für Österreichkunde Bd. 51/52, Wien 1988, S. 186–202.
Albert JÄGER, Tirol und der baierisch-französische Einfall im Jahre 1703. Innsbruck 1844.
Katalog der Ausstellung „Maria Theresia und Tirol", Innsbruck 1958.
Fridolin DÖRRER, Probleme rund um die Theresianische Kreiseinteilung Tirols. In: Schlern-Schriften Bd. 207, Innsbruck 1959, S. 57–85.
Franz KOLB, Das Tiroler Volk in seinem Freiheitskampf 1796/97, Innsbruck 1957.
(Josef v. HÖRMANN), Tirol unter der baierischen Regierung. Von einem Tiroler. Aarau 1816.
Josef HIRN, Tirols Erhebung im Jahre 1809, Innsbruck 1909.
Ferdinand HIRN, Geschichte Tirols von 1809–1814, Innsbruck 1913.
Anton BUNDSMANN, Die Landeschefs von Tirol und Vorarlberg in der Zeit von 1815–1913 = Schlern-Schriften Bd. 117, Innsbruck 1954.
Josef FONTANA, Von der Restauration bis zur Revolution (1814–1848). In: J. Fontana (Hg.), Geschichte des Landes Tirol, Bd. 2, Bozen 1986, S. 581–760.
DERSELBE, Vom Neubau bis zum Untergang der Habsburgermonarchie (1848–1918). = Ebenda Bd. 3, Bozen 1987.
Fritz STEINEGGER (Hg.), 100 Jahre Bezirkshauptmannschaften in Tirol, Innsbruck 1972.
Karl BÖHM, Die Gefallenen Tirols 1914–1918 und 1939–1945, 1. (einziger) Band: Nord- und Osttirol 1914–1918 = Schlern-Schriften Bd. 200, Innsbruck 1962.
Anton v. MÖRL, Standschützen verteidigen Tirol 1915–1918 = Schlern-Schriften Bd. 185, Innsbruck 1958.
Othmar PARTELI, Südtirol (1918–1970) = J. Fontana (Hg.), Geschichte des Landes Tirol, Bd. 4/1, Bozen 1988.
Josef RIEDMANN, Das Bundesland Tirol (1918–1970) = Ebenda, Bd. 4/2, Bozen 1988.
Anton VON MÖRL, Erinnerungen aus bewegter Zeit Tirols 1932–1945. = Schlern-Schriften Bd. 143, Innsbruck 1955.
Franz HUTER (Hg.), Südtirol. Eine Frage des europäischen Gewissens, Wien 1965.

Alfons GRUBER, Südtirol unter dem Faschismus = Schriftenreihe des Südtiroler Kulturinstitutes Bd. 1, Bozen 1975.
Walter FREIBERG (= Kurt HEINRICHER), Südtirol und der italienische Nationalismus = Schlern-Schriften Bd. 282/1-2, 2. Aufl. Innsbruck 1994 bzw. 1990.
Tirol und der Anschluß. Voraussetzungen, Entwicklungen, Rahmenbedingungen 1918–1938. = Innsbrucker Forschungen zur Zeitgeschichte Bd. 3, Innsbruck 1988, mit 19 Beiträgen.
Franz-Heinz HYE, Innsbruck im Spannungsfeld der Politik 1918–1938 = Veröffentlichungen des Innsbrucker Stadtarchivs NF. Bd. 16/17, Innsbruck 1991.
Katalog der Landesausstellung „Tirol 1938 – Voraussetzungen und Folgen", Innsbruck 1988, mit 7 Beiträgen.
Widerstand und Verfolgung in Tirol 1934–1945. Hg. v. Dokumentationsarchiv des österreichischen Widerstandes. 2 Bde., Wien 1984.
Gad Hugo SELLA, Die Juden Tirols – Ihr Leben und Schicksal, Tel-Aviv 1979.
Johann HOLZNER, P. Anton Pinsker SJ, P. Johann Reiter SJ und Helmut Tschol, Zeugen des Widerstandes. Eine Dokumentation über (ausgewählte) Opfer des Nationalsozialismus in Nord-, Ost- und Südtirol von 1938 bis 1945, Innsbruck 1977.
Josef INNERHOFER, Südtiroler Blutzeugen zur Zeit des Nationalsozialismus. Bozen 1985.
Emile Marie BÉTHOUART, Die Schlacht um Österreich, Wien 1967.
Manfred RAUCHENSTEINER, Der Krieg in Österreich 1945 = Schriften des Heeresgeschichtlichen Museums in Wien Bd. 5, Wien 1984.

9. Wirtschafts-, Verkehrs- und Sozialgeschichte

Ludwig SCHEUERMANN, Die Fugger als Montanindustrielle in Tirol und Kärnten = Studien zur Fugger-Geschichte Bd. 8, München 1929.
Ferdinand KOGLER, Das landesfürstliche Steuerwesen in Tirol bis zum Ausgange des Mittelalters. In: Archiv für österreichische Geschichte Bd. 90, Wien 1901, S. 419–712.
Otto STOLZ, Das mittelalterliche Zollwesen Tirols (bis 1363). In: Archiv für österr. Geschichte Bd. 97, Wien 1909, S. 539–806.
DERSELBE, Geschichte des Zollwesens, Verkehrs und Handels in Tirol und Vorarlberg = Schlern-Schriften Bd. 108, Innsbruck 1953.
DERSELBE, Quellen zur Geschichte des Zollwesens und Handelsverkehres in Tirol und Vorarlberg vom 13. bis 18. Jahrhundert = Deutsche Handelsakten des Mittelalters und der Neuzeit Bd. X/1, Wiesbaden 1955.
Tiroler Wirtschaft in Vergangenheit und Gegenwart. Festgabe zur 100-Jahrfeier der Tiroler Handelskammer. 2 Bde. = Schlern-Schriften Bd. 77 und 78, Innsbruck 1951.
Herbert HASSINGER, Der Verkehr über Brenner und Reschen vom Ende des 13. bis in die zweite Hälfte des 18. Jahrhunderts. In: Tiroler Wirtschaftsstudien Bd. 26/I, Innsbruck 1969, S. 137–194.
Georg ZWANOWETZ, Die Anfänge der Tiroler Eisenbahngeschichte = Tiroler Wirtschaftsstudien Bd. 12, Innsbruck 1962.
Erich EGG, Wolfgang PFAUNDLER und Meinrad PIZZININI, Von allerley Werkleuten und Gewerben. Eine Bildgeschichte der Tiroler Wirtschaft, Innsbruck 1976.
Franz-Heinz HYE, Die Wirtschaft Tirols im 17. Jahrhundert. Zwischen Rezession, Stagnation und Innovation. In: Wirtschaft des alpinen Raums im 17. Jahrhundert (Internationales Symposium) = Schriften des Stockalper-Archivs in Brig, Heft 40, Brig 1988, S. 79–97.
DERSELBE, Grundzüge der Wirtschaftsgeschichte Tirols im Mittelalter. In: Chronik der Tiroler Wirtschaft, Wien o. J. (1992), S. I/29–74.
DERSELBE, Der Brenner und seine Stellung in der Geschichte Tirols. In: Alpenvereinsjahrbuch 1995, München 1995, S. 15–22.
Franz MATHIS, Die wirtschaftliche Entwicklung in der frühen Neuzeit (1519–1740). In: Chronik der Tiroler Wirtschaft, Wien o. J. (1992), S. I/75–113.
Elisabeth DIETRICH und Wolfgang MEIXNER, Die wirtschaftliche Entwicklung Tirols seit der Zeit des Merkantilismus bis zum Ersten Weltkrieg. In: Ebenda, S. I/115–207.

Ruth KLEON-PRAXMARER und Helmut ALEXANDER, Tirols Wirtschaft vom Beginn des Ersten bis zum Ende des Zweiten Weltkrieges. In: Ebenda, S. I/209–262.
Josef NUSSBAUMER, Wirtschaftliche und soziale Entwicklung in Tirol von 1945 bis 1990. In: Ebenda, S. I/263–301.
DERSELBE, Sozial- und Wirtschaftsgeschichte Tirols 1945–1985 = Tiroler Wirtschaftsstudien Bd. 42, Innsbruck 1992.
Hundert Jahre Tiroler Verkehrsentwicklung 1858–1958. Gedenkschrift anläßlich der Säkularfeier der Eröffnung der Eisenbahn Kufstein – Innsbruck = Tiroler Wirtschaftsstudien Bd. 10, Innsbruck 1961.
Die Brenner Autobahn. Die erste alpenüberschreitende Vollautobahn. Hg. v. d. Brenner-Autobahn AG., Innsbruck 1972.
Inntal-Autobahn. Hg. v. Bundesmin. f. Bauten und Technik u. v. Land Tirol, Innsbruck 1973.
Leo FEIST, Vom Saumpfad zur Tiroler Autobahn. Hg. v. Amt der Tiroler Landesregierung, Innsbruck 1980.
Adolf LÄSSER, 100 Jahre Fremdenverkehr in Tirol = Tiroler Wirtschaftsstudien Bd. 40, Innsbruck 1989.
Heinz MOSER und Heinz TURSKY, Die Münzstätte Hall in Tirol. 2 Bde., Innsbruck 1977–1981.
Helmut RIZZOLLI, Münzgeschichte des alttirolischen Raumes im Mittelalter und Corpus nummorum Tirolensium mediaevalium. Bd. 1, Bozen 1991.

10. Städtegeschichte

Franz HUTER, Historische Städtebilder aus Alt-Tirol, Innsbruck 1967.
DERSELBE, Rudolf der Stifter und die Tiroler Städte = Tiroler Wirtschaftsstudien Bd. 25 (mit Beiheft mit 22 Urkunden-Editionen und 20 Faksimile-Tafeln), Innsbruck 1971.
Herbert KNITTLER, Städte und Märkte = Sozial- und wirtschaftshistorische Studien. Bd. 2, Wien 1973.
Franz MATHIS, Zur Bevölkerungsstruktur österreichischer Städte im 17. Jahrhundert. Ebenda Bd. 11, Wien 1977.
Franz-Heinz HYE, Die Städte Tirols am Ausgang des Mittelalters. In: Die Stadt am Ausgang des Mittelalters = Beiträge zur Geschichte der Städte Mitteleuropas Bd. 3, Linz/Donau 1974, S. 155–176.
DERSELBE, Meran und Innsbruck: Das Problem der Landeshauptstadt in Tirol. In: Alpenregion und Österreich, Innsbruck 1976, S. 47–55.
DERSELBE, Die alten Städte Tirols. Grundzüge ihrer Entstehungsweise und ihres Erscheinungsbildes. In: Innsbrucker geographische Studien Bd. 6, Innsbruck 1979.
DERSELBE, Die Städte Tirols. 1. Teil: Bundesland Tirol (Mit Beiträgen von Franz HUTER, Rudolf PALME und Meinrad PIZZININI) = Österreichisches Städtebuch Bd. V/1, Wien 1980.
DERSELBE, Die Grafen von Andechs und Tirol. In: Schwaben – Tirol. Beiträge (zur gleichnamigen Ausstellung in Augsburg 1989), Rosenheim 1989, S. 47–53.
DERSELBE, 800 Jahre Neumarkt 1189–1989. In: 800 Jahre Neumarkt a. d. Etsch = Dolomiten-Sonderheft Nr. 14, September 1989, S. 5–17.
DERSELBE, Haupt- und Residenzstädte in Tirol. In: Die Hauptstadtfrage in der Geschichte der österreichischen Bundesländer = Mitteilungen des Museumvereins LAURIACUM-Enns, NF. Heft 29, Enns 1991, S. 44–55.
DERSELBE, Das historische Verhältnis zwischen Stadt und Pfarre in Tirol mit besonderer Berücksichtigung der Dom-Pfarre zu St. Jakob in Innsbruck. In: Stadt und Kirche = Beiträge zur Geschichte der Städte Mitteleuropas Bd. 13, Linz/Donau 1995, S. 137–148.
DERSELBE, Das Phänomen „Stadtmauer" in Tirol – vom Mittelalter bis ins 19. Jahrhundert. In: Stadt – Burg – Festung = Veröffentlichungen des Innsbrucker Stadtarchivs NF. Bd. 21, Innsbruck 1994, S. 279–331.
DERSELBE, Städtepolitik in Tirol unter Meinhard II. und seinen Nachfolgern. In: Katalog der Landesausstellung „Eines Fürsten Traum. Meinhard II. – Das Werden Tirols", Innsbruck 1995, S. 274–282.

DERSELBE, Das Verhältnis Stadt und Straße in Tirol von den Anfängen bis in die frühe Neuzeit. In: Die Erschließung des Alpenraums für den Verkehr im Mittelalter und in der frühen Neuzeit = Schriftenreihe der Arbeitsgemeinschaft Alpenländer, hg. v. d. Kommission III (Kultur), Berichte der Historikertagungen NF. Bd. 7, Bozen 1996, S. 197–216.

DERSELBE, Die Städte und Märkte in den Ostalpen im 11. Jahrhundert In: Die Frühgeschichte der europäischen Stadt im 11. Jahrhundert (Symposion Paderborn 1989) = Städteforschung. Veröffentlichungen des Instituts für vergleichende Städtegeschichte in Münster, begr. v. H. Stoob, hg. v. P. Johanek, Reihe A./Bd. 43, Köln 1998, S. 193–205.

DERSELBE, Die Städte der Fürstbischöfe von Brixen und ihre Stellung in der fürstbischöflichen Territorialpolitik im Mittelalter. In: Stadt und Hochstift. Brixen, Bruneck und Klausen bis zur Säkularisation 1803, Veröffentlichungen des Südtiroler Landesarchivs Bd. 12, hg. v. Helmut Flachenecker, Hans Heiss und Hannes Obermair, Bozen 2000, 165–172.

Georg TENGLER (Hg. u. Autor), Leifers. Vom Dorf zur Stadt, Leifers 1998.

Oliver AUGE, Stadtwerdung in Tirol. Ansätze, Erkenntnisse und Perspektiven vergleichender Stadtgeschichtsforschung. In: König – Kirche – Adel. Herrschaftsstrukturen im mittleren Alpenraum (6.–13. Jahrhundert.), hg. im Auftrag des Südtiroler Kulturinstituts, Bozen, von R. Loose und S. Lorenz, Lana 1999, S. 307–364.

Stadt und Hochstift. Brixen, Bruneck und Klausen bis zur Säkularisation 1803, hg. v. Helmut Flachenecker, Hans Heiss, Hannes Obermair =Veröffentlichungen des Südtiroler Landesarchivs Bd. 12, Bozen 2000 (mit Beiträgen von Paul GLEIRSCHER, Josef RIEDMANN, Stefan DEMETZ, Ludwig TAVERNIER, Giuseppe ALBERTONI, Gustav PFEIFER, Helmut FLACHENECKER, Franz-Heinz HYE, Christoph GASSER, Erika KUSTATSCHER, Klaus BRANDSTÄTTER, Johannes ANDRESEN, Heinz NOFLATSCHER, Paolo CANEPPELE, Rosanna PRUCCOLI und Hans HEISS).

11. Kirchengeschichte

Georg TINKHAUSER (und Ludwig RAPP), Topographisch-historisch-statistische Beschreibung der Diöcese Brixen. 5 Bde., Brixen 1855–1891.

Karl ATZ und P. Adelgott SCHATZ, Der deutsche Antheil des Bisthums Trient. 5 Bde., Bozen 1903–1910.

Johann G. MAYER, Geschichte des Bistums Chur. 2 Bde., Stans 1907–1914.

Karl WOLFSGRUBER, 200 Jahre Diözesan-Schematismus der Diözese Brixen. In: Schematismus der Diözese Brixen 1949, S. 11–39.

Franz GRASS, Pfarrei und Gemeinde im Spiegel der Weisthümer Tirols, Innsbruck 1950.

Fridolin DÖRRER, Der Wandel der Diözesaneinteilung Tirols und Vorarlbergs. In: Tiroler Heimat Bd. 17, Innsbruck 1953, S. 41–74.

Marianne VETTORI, Die Tertiar-Schulschwestern in Süd- und Nordtirol. Ihr Werden und Wirken 1700–1955. Ein Beitrag zur Geschichte der Mädchenschule in Tirol = Schlern-Schriften Bd. 141, Innsbruck 1955.

Matthias MAYER, Entstehung und Alter der Pfarren und Kirchen im Tiroler Anteil des Erzbistums Salzburg = Derselbe, Der Tiroler Anteil des Erzbistums Salzburg, Ergänzungsheft, Innsbruck 1959.

Josef KÖGL, La sovranità dei vescovi di Trento e Bressanone, Trento 1964.

Anselm SPARBER, Die Brixner Fürstbischöfe im Mittelalter, Bozen 1968.

Evangelisch in Tirol. Festschrift zur 100-Jahrfeier der evangelischen Gemeinden Innsbruck und Meran. Innsbruck 1975, mit Beiträgen von Wilhelm KÜHNERT, Grete MECENSEFFY, Wolfgang LIEBENWEIN, Dietrich BRAUER, Hartmut O. G. LINDENMEYER, Herwig STURM, Wolfgang SCHMIDT, Werner WEHRENFENNIG, Walter EIBICH, Günter UNGAR, Günter JONISCHKEIT und Günter GEISSELBRECHT.

Werner O. PACKULL, Die Hutterer in Tirol. Frühes Täufertum in Tirol, der Schweiz und Mähren = Schlern-Schriften Bd. 312, Innsbruck 2000.

Hans HOCHENEGG, Bruderschaften und ähnliche religiöse Vereinigungen in Deutschtirol bis zum Beginn des zwanzigsten Jahrhunderts = Schlern-Schriften Bd. 272, Innsbruck 1984.

Josef GELMI, Die Brixner Bischöfe in der Geschichte Tirols, Bozen 1984.

DERSELBE, Kirchengeschichte Tirols. Innsbruck 1986 (mit ausführlichem Literaturverzeichnis).

Mercedes BLAAS, Die „Priesterverfolgung" der bayerischen Behörden in Tirol 1806–1809. Der Churer Bischof Karl Rudolf v. Buol-Schauenstein und sein Klerus im Kampf mit den staatlichen Organen = Schlern-Schriften Bd. 277, Innsbruck 1986.

Franz-Heinz v. HYE, Auf den Spuren des Deutschen Ordens in Tirol (Corpus Monumentorum), Bozen 1991.

300 Jahre Ursulinen in Innsbruck = Jahresbericht des wirtschaftskundlichen Realgymnasiums der Ursulinen in Innsbruck, Innsbruck 1991 (mit mehreren Beiträgen).

Hans Norbert Huber (Hg.), Laus Deo – Gott sei gelobt. 400 Jahre Kapuziner in Tirol. Festschrift, Innsbruck 1994 (mit mehreren Beiträgen).

Stadt und Kirche, hg. v. F. H. HYE = Tagung des Österr. Arbeitskreises f. Stadtgeschichtsforschung in Innsbruck 1993 = Beiträge zur Geschichte der Städte Mitteleuropas Bd. XIII, Linz /D. 1995.

12. Kunstgeschichte

Karl ATZ, Kunstgeschichte von Tirol und Vorarlberg, Innsbruck 1909.

Theodor MÜLLER, Mittelalterliche Plastik Tirols, Berlin 1935.

DERSELBE, Gotische Skulptur in Tirol, Bozen 1976.

Ausstellungskatalog „Die Innsbrucker Plattnerkunst", Tiroler Landesmuseum Ferdinandeum, Innsbruck 1954.

Erich EGG, Der Tiroler Geschützguß 1400 bis 1600 = Tiroler Wirtschaftsstudien Bd. 9, Innsbruck 1961.

DERSELBE, Kunst in Tirol. 2 Bde., Innsbruck 1970–1972.

DERSELBE, Gotik in Tirol. Die Flügelaltäre, Innsbruck 1985.

DERSELBE, Kunst im Südtiroler Unterland, Bozen 1988.

DERSELBE, Kunst im Vinschgau, Bozen 1996.

Michael KRAPF, Die Baumeister Gumpp, Wien 1979.

Karl GRUBER, Kunstlandschaft Südtirol, Bozen 1979.

Nicolò RASMO, L'età cavalleresca in Val d'Adige, (Milano) 1980.

DERSELBE, Kunstschätze Südtirols, Rosenheim 1985.

13. Heraldik

Karl RICKELT und Conrad FISCHNALER, Wappenbuch der Städte und Märkte der gefürsteten Grafschaft Tirol, Innsbruck 1894.

Konrad FISCHNALER, Wappenschlüssel für Tirol, Vorarlberg und Nachbargebiete = Derselbe, Ausgewählte Schriften Bd. 2–7 (mit Nachträgen von Klemens M. MAYR), Innsbruck (1937)–1951.

Hans PRÜNSTER, Die Wappen der Gemeinden Südtirols = Etschlandbücher Bd. 7, Bozen 1972.

Botenbuch der Bruderschaft St. Christoph auf dem Arlberg. Tiroler Handschrift „Codex Figdor", hg. v. Eduard Widmoser und Werner Köfler, Innsbruck (1975).

Franz-Heinz HYE, Das Tiroler Landeswappen. Entwicklungsgeschichte eines Hoheitszeichens = Schriftenreihe des Südtiroler Kulturinstitutes Bd. 13, Bozen 1985.

DERSELBE, Die Entwicklung der Munizipal-Heraldik in Tirol mit besonderer Berücksichtigung der Geschichte des Wappens der Landeshauptstadt Innsbruck. In: Acta Concionis Heraldicae Municipalis hodiernae Anno 1988 in Oppido Keszthely habitae. Keszthely 1990, S. 135–150.

Derselbe, Innsbruck und seine Stadtteile in historischen Bildquellen. Mit Abbildung und Beschreibung aller (18) Stadtteilwappen, Innsbruck 1996.

DERSELBE, Haupt- und Residenzstadt, Stadtherr und Stadtwappen. In: La Ville et ses Habitants – Aspects généalogiques, héraldiques et emblématiques. Actes du XXIe Congrès International des Sciences Généalogique et Héraldique. Luxembourg 1994 = Annuaire 1994 (de l') Association Luxembourgeoise de Généalogie et d'Héraldique, Luxembourg 1999, S. 179–90.

Werner KÖFLER und Wilfried BEIMROHR, Wappen der Tiroler Gemeinden, Innsbruck 1995.

STÄDTE UND MÄRKTE IN TIROL

BOZEN

1 Name

Bauzanum um 680, Bauzono 769, ad Pauzanam 855, „in Pauzana valle, que lingua Teutisca Pozana nuncupatur" um 975/1000, Bozan um 1032/1066, ad Pavsanum 1083, Bozen 1086, Bauzan um 1140/47, Bozon 1143, de Bulzano 1144, Povcen 1145, Pozin um 1173/88, Bucan 1189, in Balcano 1194, in Bolcano 1195, Pozzen bzw. Bozun um 1200, Botzen 1234, Bovzani 1236/37, Poczen 1242, Botzen und Potzen 1288, Bozen 1620, Botzen 1774, Botzen 1822, Bozen 1847 und 1918. – Amtlich 1923/40: Bolzano. – Seit 1946/48: Bozen/Bolzano.

E. KÜHEBACHER, Die Ortsnamen Südtirols und ihre Geschichte. Bd. 1, Bozen 1991, S. 56.

2 Lage

a) Örtliche Lage

Bozen liegt in 262 m Seehöhe (46 Grad, 30′ nördl. Breite, 11 Grad, 21′ östl. Länge), rings umgeben von den steil aus dem Talboden aufsteigenden Erhebungen der großen Südtiroler Porphyrplatte, an der Einmündung des Eisacktales in das breite Etschtal bzw. am fruchtbaren Mündungsschwemmkegel der Talfer, die sich hier aus der Mündungsschlucht des Sarntales rund 4 km vor dem Zusammenfluß von Etsch und Eisack in den letzteren ergießt. Die Stadt umfaßt heute den Stadtkern links der Talfer, der im Norden, Osten und Süden – auch links des Eisack – von den Zwölfmalgreien umgeben ist, sowie Gries rechts der Talfer mit dem Burghügel von Sigmundskron rechts der Etsch. Dabei gliedert sich die Katastralgemeinde Zwölfmalgreien rechts des Eisack zu Füßen und am Südabhang des Ritten in die Malgreien oder Fraktionen Dorf, St. Peter, St. Magdalena, Rentsch, St. Justina und Leitach, links des Eisack am Nordabhang des Kohlerer Berges in die Weiler Kampenn, Bauern- und Herrenkohlern, Haslach und Oberau.

Zur Katastralgemeinde Gries wiederum gehören am Talboden die Ortsteile Gries, Fagen, Quirein, die Kaiserau mit Sigmundskron und Moritzing bzw. am Südabfall des Tschögglberges unter Jenesien die Ortsteile Guntschna, St. Georgen und St. Jakob am Sand. Mit Sigmundskron hat Bozen auch Anteil an dem sich von hier südwärts erstreckenden Mittelberg, der das Haupttal vom alten Talboden des Überetsch abtrennt.

b) Verkehrslage, zentrale Funktion

Verkehrsgeographisch gesehen liegt Bozen an jenem für Nah- und Fernverkehr gleich wichtigen Knotenpunkt, wo sich die Fernstraßen über den Reschenpaß (1508 m Seehöhe) und über den Brennerpaß (1371 m Seehöhe) südwärts vereinigen bzw. nordwärts

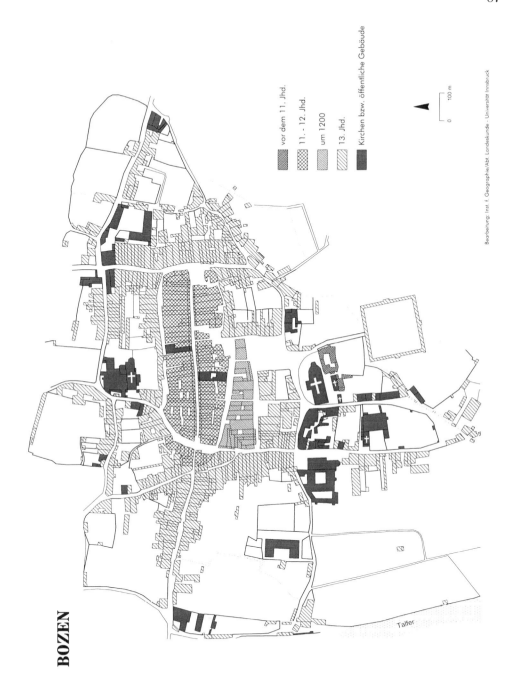

gabeln, wobei die kürzere und niedrigere Brennerlinie stets den Vorrang genossen hat. Dies zeigte sich sowohl beim Bau der Eisenbahn (1864/67) als auch der Autobahn (eröffnet 1974) über den Brenner, wohingegen die geplante Eisenbahn über den Reschen 1906 in Mals steckenblieb und der Gedanke an eine Autobahn von Füssen über den Fern- und Reschenpaß nach Bozen bis auf weiteres als begraben gelten muß.

Im Nahverkehr kommen darüber hinaus den Straßen über die Mendel (1363 m Seehöhe), in das Sarntal bzw. über das Penser Joch (2214 m Seehöhe) nach Sterzing sowie vor allem der Dolomitenstraße durch das Eggental zum Karerpaß (1753 m Seehöhe) und in das Fassatal große Bedeutung zu. Hingegen kommt der im Mittelalter als Hauptstraßentrasse fungierenden Straße auf den Ritten und von dort weiter nach Villanders und Klausen heute nur noch lokale bzw. eine erhebliche Wichtigkeit für die Tourismus-Wirtschaft zu.

Seit 1202 als Jahrmarkt- und Messestadt bekannt und beliebt, war Bozen seit 1531 auch Sitz eines tirolisch-landesfürstlichen Landgerichtes, von 1635 bis 1850 des Merkantilmagistrates sowie von 1754 bis 1849 Sitz eines k. k. Kreisamtes und endlich von 1868 bis 1918 einer k. k. Bezirkshauptmannschaft und eines Bezirksgerichtes, seit 1919 einer Prätur. Seit 1927 ist Bozen die Hauptstadt der seit 1972 so benannten italienischen Provinz Südtirol/Alto Adige (bis 1948 Provincia di Bolzano), von 1948 bis 1972 Sitz der Regierung und des Landtages dieser Provinz im Rahmen der autonomen Region Trentino-Tiroler Etschland bzw. Alto Adige, welche 1972 in die zwei autonomen Provinzen Südtirol und Trentino gegliedert worden ist. Als Hauptstadt erfüllt Bozen alle Funktionen eines zentralen Ortes in Politik, Verwaltung, Wirtschaft, Gesundheitswesen, Schulwesen und Kultur bzw. ist Sitz eines Verwaltungsgerichtshofes, des Oberlandesgerichtes, Landesgerichtes, weiters des IV. Armeekorps, der Diözese Bozen-Brixen, eines staatlichen Rundfunksenders (RAI) sowie der Bezirksgemeinschaften Bozen und Salten-Schlern.

A. LEIDLMAIR, Zur geographischen Lage von Bozen. In: Bozen. Von den Anfängen bis zur Schleifung der Stadtmauern. Internationale Studientagung 1989. Bozen 1991, S. 7–15.

3 Vorstädtische Siedlung

a, b) Prähistorische Funde – Römische und frühgeschichtliche Siedlung

Vorgeschichtliche Funde beschränken sich fast ausschließlich auf die die Stadt umgebenden Talhänge. So wurden am Bühel in Guntschna/Gries und am Kofel von St. Georg auf Ceslar/Gries bronzezeitliche Keramikscherben gefunden, desgleichen eisenzeitliche Scherben am Sattelkopf nahe der Jenesier Schlucht. Der Fund von rund 3000 bronzenen Fingerringen, 3 Fibeln, Anhängern etc. bei einer Schwefelquelle in Moritzing/Gries dürfte auf ein vorgeschichtliches Quellheiligtum hinweisen. Überdies lassen in Moritzing gefundene eisenzeitliche Waffen auf eine damalige Siedlung schließen.

Die „Tabula Peutingeriana" verzeichnet 40 Meilen bzw. 59,2 km nördlich von „Tredente" (Trient) im Bereich von Bozen die Station „Pontedrusi", wobei sowohl ein 1948 im Fundament des Langhauses des Bozner Domes gefundener spätrömischer Grabstein – Relikt der einstigen, an der Straße gelegenen Nekropole – als auch römerzeitliche Mauerreste, welche 1996 im Garten des dem Dom benachbarten Kapuzinerklosters entdeckt worden sind, deutlich erkennen lassen, daß die VIA CLAUDIA AUGUSTA PADANA in eben diesem Bereich bzw. in der Gegend der heutigen Loreto-

Bozen

Das älteste Siegel von Bozen – erhalten an einer Urkunde von 1309 – stammt aus dem 13. Jahrhundert. Es trägt die Umschrift oder Legende „.S(igillum): BONI : BVRGI : BOLZANI .+" und erweist sich damit vorwiegend als Grundsiegel für den Liegenschaftsverkehr. Das Siegelbild zeigt den Schutzpatron der Bischöfe von Trient, den hl. Bischof Vigilius, als Stadtherrn des fürstbischöflich-trientinischen Burgum bzw. des befestigten bürgerlichen Marktortes Bozen, welcher dem Betrachter von innen her als Schutzherr über die drei Tore und zwei Türme aufweisende Ringmauer von Bozen entgegenblickt. Die Zahl der Tore entspricht dabei der bis zur Zerstörung durch Meinhard II. (1276/77) gegebenen Realität. Repro nach K. Th. Höniger, Altbozner Bilderbuch. 3. Auflage, Bozen 1968, S. 101.

◄

Katasterplan der Stadtgemeinde Bozen von 1858. Er zeigt die Stadt bereits einschließlich der Erweiterungen von 1195 (Nordseite der Mustergasse) bis 1828, d. h. mit den rund um die Laubengasse liegenden Gebieten zwischen dieser und der Talfer- und der Eisackbrücke. Dessen ungeachtet kann man hier noch immer deutlich erkennen, daß die bis 1195 fast nur aus der Laubengasse und dem Kornplatz bestehende Stadt mitten in das Territorium des ursprünglichen Dorfes Bozen – seit der Mitte des 15. Jahrhunderts mit dem Sammelbegriff „Zwölfmalgreien" bezeichnet – eingepflanzt worden ist. Erst durch die Eingemeindung von Zwölfmalgreien 1910 wurde die ursprüngliche Ganzheit, nun aber unter dem Titel „Stadt", wiederhergestellt. Deutlich erkennbar ist auch der durch die Einkreisungspolitik Meinhards II. bedingte Verlauf der alten „Landstraße" nicht mehr durch, sondern rund um die Laubengasse, entlang der Linie Zoll- oder Eisenstange, Andreas-Hofer-Straße, Vintlerstraße, Obstplatz, Goethestraße, Eisackbrücke. Die heutige Piavestraße wurde erst nach der Eingemeindung von 1910 (wieder) errichtet.

►

Im Zuge von Grabungsarbeiten an den städtischen Leitungen wurde 1988 vorübergehend ein Teil der Fundamente der ehemaligen Stadtmauer im südlichen Bereich des Kornplatzes sichtbar. Sie war von der Silbergasse ostwärts zur Südseite des weiß-grauen Gebäudes orientiert, in dessen Bereich sich die St.-Andreas-Kapelle der von Meinhard II. zerstörten fürstbischöflich-trientinischen Stadtpfalz bei der nach Süden führenden „porta palatii" befunden hat. Die genannte Kapelle war urkundlich seit 1192 nachweisbar, woran auch eine marmorne Gedenktafel an der betreffenden Hauswand sowie eine Reliefdarstellung des hl. Andreas über dem Hausportal erinnern. Wie das nach Süden abgewinkelte Stadtmauerfundament erkennen läßt, ist der eigentliche Torturm über die Mauerlinie südwärts vorgestanden, um im Verteidigungsfalle Flankenschutz zu ermöglichen. Ca. 2 m parallel hinter der Stadtmauer erkennt man das stufenartige Fundament eines Turmes der ehemaligen Stadtpfalz, die in einem Bogen über die Straße mit der obgenannten Hofkapelle verbunden war. Foto: F. H. Hye

Das für die Wirtschaftsgeschichte von Bozen höchst bedeutsame alte Waaghaus, ein spätgotischer Bau des 15. Jahrhunderts, auf dem urkundlich seit 1290 nachweisbaren Bozner Kornplatz.
Foto: M. Hye-Weinhart

brücke den Eisack übersetzt hat, um hier die römische Straßenstation Pons Drusi zu erreichen. 1996 wurden bei Grabungen im Garten des Kapuzinerklosters neben antiken Mauerresten eine Bronzefibel in Form einer Taube sowie eine Münze des Kaisers Magnus Maximus (383–388 n. Chr.) gefunden.

Zahlreiche römische Kleinfunde sowie eine nahe dem „Grieser Hof" ausgegrabene Marmorstatuette der Göttin Diana lassen auch in Gries eine römisch-kaiserzeitliche Siedlung vermuten.

L. OBERRAUCH, Urgeschichtliche Siedlungsspuren im Raume Gries. In: Der Schlern Jg. 62, Bozen 1988, S. 90–99; – vgl. auch die Beiträge von M. COLTORTI, R. LUNZ, G. CONTA, G. ROSADA u. H. NOTHDURFTER in: Bozen. Von den Anfängen bis zur Schleifung der Stadtmauern, Bozen 1991; – G. BOMBONATO, L. DAL RI, C. MARZOLI, G. RIZZI, Die Ausgrabungen im Kapuzinerkloster. In: Der Schlern Jg. 74, Bozen 2000, S. 281–308.

c) Dorf- und Marktsiedlung

Im Werdegang von Bozen hat man zwischen dem älteren Dorf Bozen (1048/68: in villa Bozana) und der jüngeren Stadt gleichen Namens zu unterscheiden. Das Dorf Bozen, dessen Gestalt und Ausdehnung weitgehend mit der der heutigen Katastralgemeinde Zwölfmalgreien übereingestimmt hat, bestand aus einer Gruppe von größeren und kleineren Weilern oder Malgreien, wie Karnol-St. Peter (1213: „Bauzani ... sub ecclesia sancti Petri"), Dorf (1201: „aput Bauzanum in loco ubi dicitur a Villa"), Rentsch-St. Laurenz (um 1085/97: „Bauzano iuxta basilicam sancti Laurentii"), Prazöll-St. Magdalena (um 1170/74: „Bozan in Placedelle"), St. Justina (1236/37: „in plebe Bovzani in hora de sancta Justina"), Leitach, Kampill (um 1085/97: „Pauzani in loco Campille"), Kampenn, Bauern- und Herrenkohlern, Haslach mit der Burg Weinegg, Oberau und St. Jakob (heute bei Leifers, siehe S. 257). Den Mittelpunkt des Dorfes Bozen bildete die Pfarrkirche an der Stelle des heutigen Domes. Der im benachbarten Kapuzinerkloster aufgegangene Wendelstein-Turm wird daher ebenfalls als „im Dorfe gelegen" (1301: „turris cum domo apud sanctam Afram in vico") bezeichnet.

Da das Bachbett der Talfer noch im 13. Jh. weiter westlich als heute verlaufen ist, gehörten damals auch noch sowohl die erste Anlage des Klosters von Gries in der Bozner Au (1174: „ecclesia sancte Marie in Owe Pozani") als auch der Stadtteil Quirein (1250: „in villa Bocani subtus sanctum Churinum") zum Dorfe Bozen. – Zwischen den genannten Malgreien dehnten sich wie z. B. noch heute zwischen Rentsch und St. Magdalena bzw. zwischen St. Justina und Leitach vor allem Weingärten aus. Der letzte Weingarten im Ortskern befand sich bis 1808 an der Stelle des heutigen Waltherplatzes. – Die bürgerliche Siedlung Bozen, anfangs allein aus der heutigen Laubengasse und dem Kornplatz bestehend, entstand an der Stelle eines solchen Weingartens.

4 Stadtherr, Stadtwerdung oder Stadterhebung

a) Stadtherr (Ortsobrigkeit)

Stadtherr und Gründer von Bozen war der Fürstbischof von Trient, dem 1027 von Kaiser Konrad II. die Grafschaft Bozen verliehen worden war. De facto wurde der fürstbischöfliche Stadtherr durch seinen Vogt, Graf Meinhard II. von Tirol-Görz 1276/77 gewaltsam entmachtet. De iure aber blieb er bis 1531 Stadtherr von Bozen, als er die noch immer sehr kleine Stadt (vgl. § 14 e) tauschweise – Tauschobjekt war die Herrschaft Pergine mit dem Fersental – an den damaligen Grafen von Tirol, König Ferdinand I., abgetreten hat. Von 1805/06 bis 1810 mit dem übrigen Tirol zum Königreich Bayern geschlagen, gehörte Bozen 1810/13 zum napoleonischen Königreich Italien, hierauf wieder – wie 1804/05 bzw. bis 1918 – zum Kaisertum Österreich. Seit 1919 ist Bozen bei Italien.

1206/08 war Bozen an König Philipp von Schwaben verpfändet.

b) Erwähnung als bürgerliche Siedlung

um 1048/68 „in villa Bozana .... in castello eidem ville contiguo", um 1078/82 „in communione Pozanensium civium", um 1180/90 „iuxta forum inferius" bzw. „in superiori parte fori in loco, qui Uilla dicitur", 1191 „in burgo Bavcani", 1195 „vineas iuxta muros Bozani", 1195 „fossatum suburbii Bauzani", 1199 „mercatus Bolcani", 1210 „in burgo de Bolcano ... retro murus burgi", 1210 „aput Bauzanum in burgo novo", 1225 „in burgo novo Bolcani", 1237 „in burgo veteri Bozani infra muros" bzw. „infra murum in burgo veteri", 1242 „in burgo novo Bozani" bzw. „apud Bozanum ... extra muros civitatis", 1265 „civitas et burgum Bozani", 1288 „in der stat ze Potzen".

Zu „castellum" im 11. Jh. = „kleine Stadt" vgl. zuletzt M. GEBHARDT/M. SILLER, Burg und ‚Stadt' vom Germanischen bis zum Frühmittelhochdeutschen. In: Stadt – Burg – Festung = Veröffentlichungen des Innsbrucker Stadtarchivs NF. Bd. 21, Innsbruck 1994, S. 139–165, bes. 152 f.: Demnach bezeichnet obige urkundliche Angabe die zum Pfarrdorf Bozen gehörige kleine Stadt.

c) Stadtcharakter, Privilegien der Stadt

Eine Stadtrechtsverleihungsurkunde oder ein Bericht über eine förmliche Stadterhebung liegt nicht vor.

5 Die Stadt als Siedlung

a) Anlage und Entwicklung der Siedlung

Die von dem 1027 von Kaiser Konrad II. u. a. mit der Grafschaft Bozen belehnten Bischof Udalrich II. von Trient (gest. 1055) als „castellum" begründete Stadt Bozen nahm ihren Ausgang von der in Gestalt einer breitgezogenen T-Kreuzung angelegten fürstbischöflichen Kleinstadt, welche lange Zeit lediglich aus der Ost-West-orientierten Laubengasse und dem daran südlich angesetzten Kornplatz bestand und drei Stadttore aufwies, nämlich die „porta inferior" (Niedertor) gegen Nordosten, die „porta superior" gegen Westen sowie – bei der fürstbischöflichen Stadtburg oder Pfalz – die „porta palacii" (urkundlich 1189) gegen Süden. Diese Stadtanlage war auch von Ringmauer (zerstört 1276/77) und Graben umgeben, welch letzterer an der Stelle folgender heutiger Straßen verlief: Silbergasse, Obstmarkt, Dr.-Streiter-Gasse, Bindergasse und Rathausplatz etc. Bezugnehmend auf den Stadtgraben und auf das Obere Stadttor nennen sich die Besitzer der Häuser Obstplatz 10 u. 12 bereits seit ca. 1130/42 nach der Lage vor diesem Stadttor „de Anteporta" bzw. nach der Lage am Stadtgraben „de Fossato." Innerhalb der fürstbischöflichen Stadt bildeten je zwei schmale Durchgänge nach Norden und Süden im Erdgeschoß der Laubenhäuser eine direkte Verbindung von der Laubengasse zur Stadtmauer bzw. zum dortigen Wehrgang und gliederten den Stadtkern in sechs Viertel. Ein weiterer Durchgang besteht beim Alten Rathaus. Bei dem in einer Urkunde von 1293 als Ort der Beurkundung angegebenen „in Bolcano sub portichu Bertholdi", dürfte es sich um die Nennung eines Hauses an der Laubengasse handeln, welche Bezeichnung hier bereits verallgemeinert auf die Lage des betreffenden Hauses am Straßenzug der Laubengasse angewandt erscheint. Konkrete Angaben zum Baualter eines Laubenhauses lieferte eine im Jahre 1997 vom Südtiroler Denkmalamt durchgeführte Bauuntersuchung des Kellers des Hauses Laubengasse Nr. 72 (Bp. 209), von Westen her des dritten nordseitigen Hauses der Laubengasse. Dabei wurden im Keller Holzbalken als Bauelemente angetroffen, welche mittels der dendrochronologischen Untersuchung in die Zeit von 1173 bzw. 1186 datiert werden konnten. Daraus kann abgeleitet werden, daß die Verbauung der Laubengasse damals bereits voll im Gange war, und zwar einschließlich des dortigen Laubenganges, zumal sich der betreffende Keller südwärts unter den Lauben bis zum Straßenrand erstreckt. Wenn man davon ausgeht, daß auch die Verbauung der Laubengasse im Osten begonnen wurde, wie dies das vermutlich erste Bauprojekt der Stadt, nämlich die im Südosten liegende bischöfliche Stadtpfalz vermuten läßt, dann dürfte man auf Grund der Baudaten des genannten Hauses annehmen, daß sich die Verbauung der Laubengasse um 1180 bereits ihrem Abschluß genähert hat und daher geraume Zeit zuvor begonnen worden sein muß. Darauf, daß die Verbauung der Laubengasse oder Altstadt um 1180 kurz vor der Vollendung stand, weist auch die Bezeichnung der Mustergasse als „Neustadt" hin, deren Verbauung erst nach der Erwerbung des betreffenden Areals im Jahre 1195 begonnen werden konnte. So ergab sich zwischen beiden Stadtteilen ein entsprechender zeitlicher Abstand, der die Unterscheidung zwischen Alt- und Neustadt gerechtfertigt hat.

Als Bau- und Siedlungsprodukt wird die „Neustadt", das siebente Viertel, erstmals im Jahre 1210 genannt. Sie entwickelte sich auf dem 1195 südlich parallel zur Laubengasse zum Stadtgebiet hinzuerworbenen Areal der westlichen Mustergasse, wurde jedoch nicht in den Mauerring miteinbezogen. Übrigens wurde die Mustergasse noch 1458 und 1545 als „in der newen stat an der Muster" bezeichnet.

Der so beschriebene Stadtkern einschließlich eines schmalen Vorfeldes im Westen bis zur Linie Rauschertor- und Erbsengasse (= 8. Viertel) bildete zugleich auch bis zur Mitte des 17. Jh. den städtischen Burgfrieden, der ringsum vom Gebiet des Dorfes Bozen umgeben und eingeschlossen war.

Daß der obgenannte Bischof Udalrich von Trient das Territorium bzw. den Burgfrieden der Stadt Bozen so eng bemessen und nicht an die strategische Bedeutung der Eisack- und der Talferbrücke gedacht hat, zeigt seine Unerfahrenheit hinsichtlich der Vornahme einer Burgum- bzw. Stadtgründung. Als rund 150 Jahre später Bischof Konrad von Trient 1189 in das Territorium des alten Pfarrdorfes Egna das Burgum Neumarkt eingepflanzt hat, wußte er diesen Fehler seines Vorgängers zu vermeiden und verband mit der Neugründung von Anfang an das gesamte Territorium des alten Pfarrdorfes, welches damit gemeindemäßig im neuen Burgum aufging. Wäre auch das Burgum Bozen – wie H. Obermair meint (vgl. unten S. 94) – erst in der 2. Hälfte des 12. Jh., also nur 24 Jahre vor der Gründung Neumarkts gegründet worden, hätte man hier zweifellos einen ähnlichen Weg beschritten wie in Neumarkt.

So aber konnten in Bozen im breiten dörflichen Rahmen-Bereich zwischen der Stadt und der Eisackbrücke im Süden und der Talferbrücke im Westen etc. spätestens im 13. Jh. rund um die Stadt Vorstädte entstehen, die nicht dem bischöflichen Richter im Burgum Bozen, sondern dem an der Spitze des „Dorfgerichtes" stehenden gräflichen Landrichter von Bozen in Gries unterstanden, nämlich im Norden und Osten die heutige Vintlerstraße und Bindergasse in der Hand des Fürstbischofs von Brixen und der Herren von Wanga sowie im Westen und Süden der Straßenzug der heutigen Museumstraße, Goethe- und Kapuzinerstraße in der Hand des tirolischen Landesfürsten als Inhaber der Grafschaft Bozen (1295 „contrata domini M[einhardi] ducis exterius portam"), der damit sowohl die Eisackbrücke als auch die Talferbrücke in seiner Kontrolle hatte. Nachdem es Meinhard gelungen war, 1273/74 und in den folgenden Jahren auch die vorgenannten Straßenzüge des Brixner Bischofs und der Herren von Wanga zu erwerben, konnte er die ursprünglich zweifellos geradlinige östliche Zufahrt von der Brennerstraße zur Laubengasse durch die Verlängerung der östlichen Häuserzeile an der Bindergasse gegen Süden sperren und den gesamten Brennerverkehr durch seine Zollstätte bei der noch heute so benannten „Zollstange" (urkundlich 1285) bzw. über die Andreas-Hofer- und Vintlerstraße bzw. durch die Franziskanergasse und Goethestraße in Richtung Eisackbrücke oder umgekehrt umleiten und den bischöflichen Stadtkern isolieren. Nach den genannten Straßenzügen, die noch im 18. Jahrhundert im Gegensatz zur „Stadtgasse" bzw. Laubengasse als „die Landstraße" bezeichnet wurden, orientierte sich in der Folge bis Mitte des 19. Jh. sowohl die weitere zivile als auch die kirchliche Siedlungsentwicklung von Bozen einschließlich des seit 1237 urkundlich nachweisbaren Franziskanerklosters (1242 „extra muros civitatis") und des 1276 erstmals genannten ehemaligen Dominikanerklosters sowie des um 1270/71 gegründeten hl. Geistspitals westlich gegenüber der Pfarrkirche, des heutigen Domes.

Während Meinhard im Anschluß an die totale Isolation der fürstbischöflichen Stadt auch noch in kriegerischer Weise 1276/77 die Ringmauer und die Tortürme derselben zerstörte, verzichtete er andererseits darauf, die von ihm beherrschten Vorstädte mit einer erweiterten Ringmauer zu umgeben, sondern errichtete nur an allen Eintrittsstellen in dieselben Straßensperren bzw. Tortürme, namentlich das Spitaltor in der Eisackstraße, das Wendelsteintor in der Kapuzinerstraße, das Hurlachtor am Westende der Museumstraße, das Rauschertor in der noch heute danach benannten Gasse, das Wangener- oder Barfüßertor in der Franziskanergasse, das Vintlertor am Nordende der Bindergasse und das Niederhauser- oder Gurmentalertor am westlichen Anfang der Gärbergasse, wozu noch südlich des Eisack die Straßenklause am Fuße des Virgl zu ergänzen ist. Das Vintlertor hat bereits zum Zeitpunkt des Ankaufs dieser Gasse durch Meinhard (1273) bestanden.

Eine vom Stadtkern und den genannten Vorstädten weitgehend unabhängige Siedlungsentwicklung läßt sich lediglich entlang des beim Ansitz Rendelstein von der Talfer abgezweigten und seit ca. 1180/90 nachweisbaren Mühlkanals feststellen, der östlich der Linie Bindergasse – Weintraubengasse in einem weiten Bogen von Nordwesten her die Stadt umfließt und südlich der Pfarrkirche in den Eisack einmündet. (Als letzte Gewerbebetriebe am Mühlbach wurden die alte Deutschhaus-Mühle, zuletzt als Rössler-Mühle geführt, nach einem Brand 1977 sowie eine Baumwollspinnerei 1981 abgetragen.) 1992 erfolgte jedoch noch eine partielle Verlegung des Kanals.

Neue Impulse für die siedlungsmäßige Stadtentwicklung brachten erst die „Arrondierungen" des Stadtgebietes zur Größe der heutigen Katastralgemeinde Bozen, insbesondere bis zur Eisackbrücke (1827/28), sowie der Anschluß der Stadt sowohl an das oberitalienische Eisenbahnnetz (1859) als auch vor allem an die Brennerbahn (erbaut 1864/67). Ihnen folgte sowohl die Entwicklung des Bahnhofsviertels als auch des neuen Stadtteiles im Areal zwischen Eisack und Talfer westlich vom Dominikanerkloster und südlich von der Museumstraße bzw. des Stadtteiles nördlich der Museumstraße zwischen dieser und der Wangergasse. Damals (1857) erfolgte erstmals die Anstellung eines städtischen Architekten, zunächst auf die Dauer von drei Jahren, zur Planung der bevorstehenden Bauentwicklung. Die Herstellung der Bahnhofstraße (1860) brachte auch dem nach Ankauf durch die Stadt Bozen (1808) aus einem landesfürstlichen Weingarten geschaffenen heutigen Waltherplatz – so benannt nach dem 1889 dort aufgestellten Denkmal Walthers von der Vogelweide (entfernt 1935, wiedererrichtet 1981) – seinen südöstlichen Abschluß. Im nordwestlichen Bereich zwischen Museumstraße und Talfer erwarb 1898 die Sparkasse der Stadt Bozen ausgedehnte Grundstücke und ließ dort das Wohnviertel an der Sparkassenstraße entstehen.

Eine dichtere Besiedlung des Gebietes nördlich oberhalb der Katastralgemeinde Bozen sowie des Bozner Bodens östlich vom Bahnhof, aber auch in Haslach und Oberau, setzte jedoch erst nach der Eingemeindung von Zwölfmalgreien (1910) ein und wird – nach Maßgabe des Baugrundes – noch gegenwärtig fortgesetzt. Als ebenso symbolisches als auch praktisches Zeichen des neuerlichen Zusammenschlusses der Zwölfmalgreien bzw. des alten Dorfes Bozen mit der Stadt Bozen, deren Areal ursprünglich den geographischen Kern des Dorfes Bozen gebildet hat, wurde 1914 auch wieder die geradlinige Zufahrt von der Brennerstraße zur Laubengasse mit dem sogenannten Durchbruchhaus am Rathausplatz geschaffen.

Den nächsten Siedlungsschub löste schließlich die Eingemeindung von Gries (1925) aus. Damals als politische Maßnahme konzipiert, bildet die Katastralgemeinde Gries noch heute die wichtigste Bauland-Ressource der Stadt. 1990 erfolgte die Verbauung des letzten Bauloses in der Bozner/Grieser Au bzw. Kaiserau westlich der Reschenstraße mit 520 Wohnungen.

Gries war bis Ende des 13. Jh. eine bäuerliche Dorfgemeinde, in deren Zentrum sich am Hauptplatz die Haupt- und Verwaltungsburg der Grafschaft Bozen bzw. des seit 1272 genannten „lantgerihte(s)" Gries und Bozen befand bzw. noch heute in der Gestalt des dortigen Klosters erhebt. Nachdem Herzog bzw. Graf Meinhard II. (gest. 1295) seine Söhne testamentarisch aufgefordert hatte, dem Bischof von Trient wieder alles ihm gewaltsam Enteignete – und so auch die Stadt Bozen – zurückzustellen, beschloß sein ältester Sohn Herzog Otto, den Nachbarort zu einer landesfürstlichen Konkurrenzstadt auszubauen, den Kernbereich des neuen „oppidum Gries", rund um den Hauptplatz, in den Jahren 1298/1300 mit einer Ringmauer („murus circuitus") zu umgeben und mit einem Jahrmarkt zu St. Andreas im November zu dotieren. Ottos Nachfolger wandten ihre Aufmerksamkeit jedoch wieder verstärkt der bischöflichen Stadt Bozen zu, was sowohl in ihren Itinerarien als auch dadurch zum Ausdruck kommt, daß Ludwig der Brandenburger 1357 sogar den Grieser Jahrmarkt von dort nach Bozen verlegt hat. Fortan war Gries bis zu seiner förmlichen Erhebung zur Marktgemeinde 1901 bzw. bis zu seiner Eingemeindung (1925) eine aus sechs Malgreien bestehende Landgemeinde.

Th. WELLER, Beiträge zur Baugeschichte der Stadt Bozen in Südtirol, Stuttgart 1914; – L. SANTIFALLER, Ein Zinsverzeichnis der Herren von Wanga in Bozen aus der Zeit um 1300. In: Schlern-Schriften Bd. 9, Innsbruck 1925, S. 143–163; – K. SCHADELBAUER, Zwei tirolische Urbare aus dem bayrischen Hauptstaatsarchiv. In: Veröffentlichungen des Museum Ferdinandeum Bd. 18, Innsbruck 1938, S. 465–474, dabei bes.: Ein Grieser Gerichts-Urbar vom Jahre 1396. – K. Th. HOENIGER, Ein Häuserverzeichnis der Bozner Altstadt von 1497 = Schlern-Schriften Bd. 92, Innsbruck 1951; – DERSELBE, Altbozner Bilderbuch. 3. erw. Aufl., Bozen 1968; – A. LEIDLMAIR, Das Urteil über die „Cultivanten" des Bozner Neufeldes in der

Kaiserau im Jahre 1785. In: Schlern-Schriften Bd. 207, Innsbruck 1959, S. 219–225; – N. Rasmo, Bozen. Beiträge zur Entwicklungsgeschichte der Altstadt, Bozen 1976; – F. H. Hye, Die Anfänge und die territoriale Entwicklung der Stadt Bozen. In: Der Schlern Jg. 52, Bozen 1978, S. 67–74; – R. Galletti, Die Lauben der Stadt Bozen, Bozen 1994; – M. Perwanger (Hg.), Das Siedlungswerk in Haslach, Bozen 1985; W. Jochberger, Entstehung und Funktion des faschistischen Bozen. Städtebauliche Geschichte der Stadt Bozen zwischen beiden Weltkriegen, Diplomarbeit Wien 1987; – L. Dal Ri, Gli edifici medioevali dello scavo di Piazza Walther. In: Bozen. Von den Anfängen bis zur Schleifung der Stadtmauern. Internat. Studientagung 1989, Bozen 1991, S. 245–303; – W. Angonese, Bozen im 17. Jahrhundert – Bemerkungen zu Architektur und Städtebau. In: Bozen im 17. Jahrhundert. Die Malerei, Bozen 1994, S. 21–26; – P. Peintner, Gries bei Bozen 1838–1914, Diplomarbeit Wien 1995; – C. Trentini, Studi preliminari sulle cantine della casa di Via Portici 72 a Bolzano. In: Denkmalpflege in Südtirol 1997, S. 213–216; – F. Miori, Oltrisarco. Ricostruzione storica ed economica dello sviluppo di un quartiere di Bolzano (Tracce 2), Bozen 1998; – R. Loose, Wohnen und Wirtschaften in der Laubengasse. In: Bozen von den Grafen von Tirol bis zu den Habsburgern = Forschungen zur Bozner Stadtgeschichte, hg. v. Stadtarchiv Bozen 1, Bozen 1999, S. 105–126; – S. Bassetti, Dalla città fortificata alla città murata attraverso l'iterazione della casa mercantile su lotto gotico profondo. In: Ebenda, S. 203–228.

Anmerkung: H. Obermair, Bozner Urkundenwesen des Mittelalters und die Gründung der städtischen Siedlung Bozen. In: Bozen. Von den Anfängen bis zur Schleifung der Stadtmauern (= Tagung in Bozen. 1989), Bozen 1991, S. 159–190, schenkt der „castellum"-Nennung von 1048/68 keine Beachtung, auch sieht er in der um 1078/82 genannten „communio Pozanensium civium" (vgl. oben § 4 b, S. 90) keine Bozner Bürger-Gemeinde, sondern eine „Landgemeinde .... bäuerlich-ruraler Parochial- und Kommunalmitglieder" und setzt die Gründung der Stadt Bozen im Gegensatz zu den oben dargelegten Fakten erst „zwischen 1165/66" an. Vgl. dazu F. H. Hye, Die Gründung von Bozen – gesehen im Rahmen der hochmittelalterlichen Stadtgründungen in Tirol (mit Repliken auf die neuesten Theorien). In: ebenda, S. 191–202, sowie derselbe, Die Städte u. Märkte in den Ostalpen im 11. Jh. In: Die Frühgeschichte der europäischen Stadt im 11. Jh. (Tagung in Paderborn 1989), Wien 1997, S. 193–205; vgl. auch derselbe, Neumarkt. Historisches Antlitz eines trientinisch-tirolischen „Burgum". In: Jahrbuch des Südtiroler Kulturinstitutes Bd. 9, Bozen 1980, S. 127–144. Überdies steht obige Interpretation Obermairs auch in Widerspruch zur generellen Untersuchung dieser Frage von G. Marckhgott, Zur Bezeichnung der Stadtbewohner in den Quellen des Hochmittelalters (vor ca. 1250). In: Vom Ursprung der Städte in Mitteleuropa, Linz 1999, S. 225–231.

Gries: J. Tarneller, Die Burg-, Hof- und Flurnamen in der Marktgemeinde Gries bei Bozen = Schlern-Schriften Bd. 6, Innsbruck 1924; – V. Malfer, Bautätigkeit in Bozen-Gries 1850–1914. In: Der Schlern Jg. 58, Bozen 1984, S. 139–149; – F. H. Hye, Gries bei/in Bozen, Grundzüge seiner Entwicklungsgeschichte. In: Der Schlern Jg. 62, Bozen 1988, S. 67–89.

b) Gebäude

Sakralbauten in der Katastralgemeinde Bozen

Dom und Pfarrkirche zu Mariae Himmelfahrt: errichtet über den Fundamenten einer frühchristlichen und einer dreischiffigen romanischen Pfeilerbasilika (urkundlich 1184), heutiges dreischiffiges Langhaus 14. Jh. (Leitacher Törl mit Darstellung Herzog Albrechts III. von Österreich als Förderer der Kirche durch ein Privileg von 1387), Chor 1. Hälfte des 15. Jh., der bestehende Nordturm entstand nach der Zerstörung desjenigen von 1315 durch einen Brand 1499 und ist ein Werk von 1501/19 des Hans Lutz von Schussenried, der Südturm hat nur die Höhe des Langhauses erreicht. Der barocke Chor-Vorbau mit dem Marien-Gnadenbild wurde wie auch andere Teile der Kirche im Zweiten Weltkrieg durch Bombentreffer schwer beschädigt und nach 1945 wiederaufgebaut (siehe die dortige Gedenktafel). 1985 wurden das Leitachertörl im Norden (vgl. § 8 a, b, S. 112) und das Pfaffentörl im Süden wieder geöffnet. In der Kirche befindet sich das historische Herz-Jesu-Bild, vor dem die Tiroler Landstände 1796 ihr Gelöbnis zum Schutze des Landes vor der französischen Bedrohung abgelegt haben. In Verbindung mit der Pfarrkirche ist auch das eindrucksvolle alte Pfarrhaus bzw. Propsteigebäude in der östlichen Nachbarschaft derselben zu nennen (urkundlich 1244: in curte canonice plebis).

Ehemalige St. Nikolauskirche südlich parallel zur Pfarrkirche am alten Pfarrfriedhof: urkundlich 1237, im Volksmund aus unbekanntem Grunde als die „Alte Pfarrkirche" bezeichnet, 1944 durch einen Bombentreffer total zerstört. Hier bzw. anschließend an das Propsteigebäude wurde 1991/96 das *Pastoralzentrum des bischöflichen Ordinariats* erbaut.

Ehemalige hl.-Geist-Spitalkirche westlich gegenüber der Pfarrkirche: erbaut 1271, profaniert und abgetragen 1859.

Ehemalige Dreifaltigkeitskirche inmitten des heutigen Rathausplatzes: gestiftet 1396 von Nikolaus Vintler, abgerissen 1786.

Herz-Jesu-Anbetungs-Kirche an der Rauschertorgasse: erbaut 1897/99 im Stil der Neoromanik.

Klosterbauten

Franziskanerkloster: urkundlich 1237, mit romanischer St.-Ingenuin- und St.-Erhard-Kapelle (mit romanischen Fresken), welche noch aus der Zeit stammen dürfte, als der betreffende Straßenzug dem Bischof von Brixen zugehörte (vor 1288); Grablegen der Herren von Greifenstein, Weinegg und Hailwiger; Standort des berühmten Flügelaltares von Hans Klocker (1500); die Kirche wurde im Zweiten Weltkrieg schwer getroffen und nach 1945 wieder aufgebaut. Große Bedeutung für die Stadt erlangte das Kloster durch sein Gymnasium (vgl. § 17 a, b, S. 138) und seine Bibliothek.

Dominikanerkloster: urkundlich 1276, gefördert von der aus Florenz zugewanderten Familie Botsch mit eigener, reich mit Fresken geschmückter St.-Johannes-Grabkapelle zwischen Kirche und Kreuzgang, Familienwappen der Botsch am Glockenturm; bedeutende Fresken des 14./15. Jh. auch im Kreuzgang und in der St.-Katharinen-Kapelle; unter Josef II. 1785 als Kloster aufgehoben, erlitt die Klosteranlage im Zweiten Weltkrieg schwere Schäden und fungiert heute als städtische Musikschule bzw. als italienische Nationalkirche.

Deutschordenskommende Weggenstein mit St. Georgskirche: errichtet um 1410, ausgehend von dem damals angekauften gleichnamigen Ansitz, in der Kirche gotisches Rippengewölbe mit bemerkenswerten Schlußsteinen, geziert mit Elementen der Ordenssymbolik, ritterliche Aufschwörschilde von 1542 bis 1805 sowie historische Grabsteine etc. Der 1944 zerbombte Turm des ursprünglichen Ansitzes Weggenstein wurde 1990 wiederaufgebaut.

Sakralbauten in der Katastralgemeinde Zwölfmalgreien

St. Peter auf Karnol über der St.-Anton-Straße: urkundlich 1213, einfacher, eher kleiner Bau mit Seitenkapelle, abgesetzter Rundapsis und spitzem Glockenturm.

Kapelle beim sogenannten Geburtshaus des seligen Heinrich von Bozen an der Seligen-Heinrich-Straße: Bau und Weihe 1869.

Ehemalige St. Oswaldkirche am gleichnamigen Weg: urkundlich 1285, im Zweiten Weltkrieg durch einen Bombentreffer 1944 total zerstört und nicht wiederaufgebaut.

St. Johann im Dorf an der gleichnamigen Gasse: urkundlich 1233, kleiner Bau mit Ostturm über dem Chor mit angefügter romanischer Rundapsis, im Inneren Fresken des 14. Jh., gestiftet von der Familie Botsch.

St. Laurentius in Rentsch: urkundlich um 1085/97, als „basilica" bezeichnet, war ein einfacher Bau mit eingezogenem, gerade abschließendem Chor, seitlichem Turm und nördlicher Rundapsis. Die heutige Kirche erbaut 1823, von der alten sind nur noch der Turmsockel und die Ostapsis erhalten.

Ehemalige St.-Paul-Kirche in Rentsch: urkundlich 1300, wurde 1786 profaniert und seither als Widum verwendet; vom Altbau sind nur noch die Rundapsis und der darauf gesetzte Turm erkennbar.

St. Magdalena: urkundlich 1318, einfacher kleiner Bau mit Altarraum im Erdgeschoß des Turmes, Fresken Anfang des 15. Jh.

St. Justina: urkundlich um 1215/18, einschiffiger Bau mit schräg angebautem Chorturm.

Ehemalige St. Nikolauskirche in Publitsch: urkundlich 1295, bestand bis in die 1. Hälfte des 16. Jh. beim Publitschhof in der Malgrei St. Justina.

St. Georg in Leitach: urkundlich 1237, beim Wanggerhof, 1944 durch einen Bombentreffer zerstört und 1957 wiederaufgebaut.

St. Martin und St. Leonhard in Kampill: Weihe laut Inschrift 1303, Ablaßurkunde von 1340, einfaches Langhaus mit abgesetztem quadratischem Chorraum, über dem sich der Turm erhebt, mit anschließender Rundapsis.

Kirche zur hl. Familie in Kampenn: erbaut 1775.

Ehemalige Maria-Loreto-Kirche beim Südende der gleichnamigen Eisackbrücke: erbaut 1619 von der Fronleichnamsbruderschaft, 1894/95 Neubau infolge Straßenverlegung, 1943 zerbombt und nicht wiederaufgebaut.

Hl.-Grab- oder Kalvarienbergkirche: erbaut 1683 auf einer schmalen Hangterrasse am Westabfall in der halben Höhe des Virgl.

St.-Vigil- Kapelle bei der ehemaligen Burg Weinegg am Virgl: urkundlich 1275, überdauerte die Zerstörung der Burg durch Graf Meinhard II. 1292, wurde jedoch später profaniert.

St. Gertraud in Haslach: urkundlich 1275, der bestehende Bau von 1778/79, daneben neue *Pfarrkirche zur hl. Gertraud*, geweiht 1976.

St.-Josef-Pfarrkirche am Bozner Boden, Dolomitenstraße: erbaut 1960.

Pfarrkirche zum hl. Rosenkranz am Oberauer-Platz: erbaut 1937/38.

St.-Paulus-Kirche an der St. Vigilstraße in Oberau: erbaut 1966.

Sakralbauten in der Katastralgemeinde Gries

Pfarrkirche: siehe unter Klosterbauten S. 97!

Alte Pfarrkirche zu Unserer Lieben Frau: urkundlich 1165, einschiffiger gotischer Bau des 14. Jh. (eingewölbt nach Brand 1452) mit polygonalem Chor, zwei Portalvorhallen, drei angebauten Seitenkapellen und seitlichem Glockenturm mit Spitzhelm; berühmt ist der spätgotische Flügelaltar von Michael Pacher von 1475, welcher sich seit der Aufstellung des barocken Hochaltars um 1738 in der St.-Erasmus-Seitenkapelle befindet.

Ehemalige Kirche zu St. Jakob am Hof oder „in foro" am Grieser Hauptplatz: urkundlich 1224, um 1786 profaniert und noch vor 1802 abgetragen.

St.-Moritz-Kirche in Moritzing: urkundlich 1334, längliches Oktogon von 1733 mit angefügtem Glockenturm mit Spitzhelm sowie mit romanischer Rundapsis; in der Kirche Kopie des Marien-Gnadenbildes des hier begüterten Klosters Andechs.

St. Georg am Kofel links vom Fagenbach in St. Georgen: urkundlich 1165, das bestehende Kirchlein ist ein eleganter, gotischer Bau des 14. Jh., an der südlichen Außenwand bemerkenswerte Reliefdarstellung des St.-Georgs-Wappens mit Schildhaltern etc.

St. Jakob am Sand: urkundlich 1334, Bau des 13. Jh. mit romanischer Apsis und Triforien am Glockenturm, Fresken von 1320 (freigelegt 1982).

Ehemaliges hl.-Kreuz-Kirchlein mit Einsiedelei in der Schlucht des Fagenbaches: Weihe 1758, profaniert 1786, in der Folge bis auf wenige Mauerreste abgetragen.

Ehemalige St.-Quirin-Kirche in Quirein (heute Wohnhaus Venedigerstraße 13): urkundlich um 1190, mehrgeschossige Rundkirche, deren Oberbau nach der Profanierung (1786) abgetragen wurde, während die beiden runden Kellergeschoße noch bestehen.

Die drei Kapellen zu Mariaheim in Quirein: erbaut um 1638/42 bei dem damals angelegten Gutshof des Augustiner-Chorherrenstiftes Neustift bei Brixen, geweiht 1641, 1642 u. 1652, fungieren heute z. T. als Kulturzentrum der Pfarre Gries bzw. „Neugries".

Evangelische Pfarrkirche an der Col-di-Lana-Straße: erbaut 1906/08, wurde 1945 durch einen Bombentreffer zerstört und hierauf bis 1953 wieder aufgebaut.

Christ-Königs-Pfarrkirche am gleichnamigen Platz bzw. am Corso Italia: erbaut 1938/39, der Turm 1958.

Don Bosco-Pfarrkirche an der Sassaristraße: erbaut 1940 ff.

Pfarrkirche Regina Pacis an der Dalmatienstraße: erbaut 1955/57.

Pfarrkirche zum hl. Papst Pius X. an der Reschenstraße: erbaut um 1970.

Pfarrkirche zu den drei (Nonstaler) Heiligen Sisinius, Martyrius und Alexander an der Duca-d'Aosta-Allee: erbaut um 1970.

Pfarrkirche zur hl. Familie: erbaut um 1980.

Klosterbauten

Benediktinerkloster Muri-Gries bzw. Ehemaliges Augustiner-Chorherrenstift „sancta Maria ad portam clausam" in der Au: Das genannte Augustinerstift wurde um 1163 am südlichen Ende der heutigen Alexandriastraße nahe dem Eisackufer errichtet, hier jedoch häufig von Hochwässern mehr oder weniger beschädigt (Mauerreste dieser Klosteranlage wurden bei Bauarbeiten 1986 wiederentdeckt) und daher 1406 in die vom Tiroler Landesfürst Herzog Leopold IV. dem Kloster übereignete alte Grafenburg am Grieser Hauptplatz übersiedelt. Der Bau der bestehenden Stifts- und Pfarrkirche (ohne Glockenturm, als solcher fungiert weiterhin der alte Bergfried) nördlich anschließend an die Kloster-Burg folgte erst 1769/71 (Weihe 1788). Kurze Zeit später wurde das Kloster von der königlich-bayerischen Regierung 1807 aufgehoben. Es wurde hierauf vorübergehend anderweitig verwendet, bis Kaiser Ferdinand der Gütige von Österreich 1843 die Klosteranlage den in Muri (Schweiz) heimatlos gewordenen Benediktinern als neue Heimstätte angeboten und übereignet hat.

Ehemaliges Kloster der Annunziaten oder Cölestinerinnen: Der Gebäudekomplex dieses 1695 gegründeten und im Bereich des heutigen Siegesplatzes errichteten Klosters, welches bereits 1782 wieder aufgehoben und hierauf zu Wohnzwecken verwendet worden war, wurde 1935 bei der Anlage des genannten Platzes abgerissen.

Niederlassung und Kirche der Marcellinen an der gleichnamigen Straße: errichtet 1935, mit Mädcheninternat.

Karmeliterkloster und Kirche an der Col-di-Lana-Straße: erbaut 1954.

A. SPORNBERGER, Geschichte der Pfarrkirche von Bozen, Bozen 1894; – O. KLETZL, Das Leitacher Törl an der Pfarrkirche von Bozen. In: Veröffentlichungen des Museum Ferdinandeum, Bd. 18, Innsbruck 1938, S. 615–641; – A. MAURER, Baugeschichte der Bozner Pfarrkirche. In: Beihefte zum Bozner Jahrbuch für Geschichte, Kultur und Kunst Nr. 8, Bozen 1945, S. 7–86; – J. RINGLER, Die Überreste mittelalterlicher Wandmalereien in der Bozner Pfarrkirche. In: Ebenda S. 87–118; – K. Th. HOENIGER, Hans Lutz von Schussenried und der Bozner Pfarrturm. In: Der Schlern Jg. 20, Bozen 1946, S. 34–39; – F. HUTER, Der Lieferungsvertrag um das Ziegeldach der Bozner Pfarrkirche aus dem Jahre 1471. In: Ebenda, S. 268–272; – J. WEINGARTNER, St. Oswald. In: Ebenda, S. 290f.; – N. RASMO, La basilica paleocristiana di Bolzano, Bozen 1959. Sonderdruck aus: Cultura Atesina Jg. XI, Bozen 1957, S. 7–20; – E. THEIL, Das Franziskanerkloster in Bozen = Kleiner Laurin-Kunstführer Nr. 16, Bozen 1972; DERSELBE, St.-Johannes-Kapelle in der Dominikanerkirche in Bozen = Ebenda Nr. 17, Bozen 1972; – S. SPADA PINTARELLI u. S. BASSETTI, Dominikanerkirche und Kloster in Bozen, Bozen 1989; – H. STAMPFER, St. Johann im Dorf Bozen = Kleiner Laurin-Kunstführer Nr. 107, Bozen 1988; – Die Landkommende Weggenstein = Deutscher Orden Jg. 1992, Nr. 1, Bozen 1992, mit Beiträgen von F. H. v. HYE, H. STAMPFER, H. v. KLEBELSBERG, M. FREI, H. SADONI und I. ROTTENSTEINER Sr. OT.; – L. DAL RI e G. BOMBONATO, La chiesa di San Vigilio al Virgolo (Bolzano). In: Bozen von den Grafen von Tirol bis zu den Habsburgern = Forschungen zur Bozner Stadtgeschichte, hg. v. Stadtarchiv Bozen, Bd. 1, Bozen 1999, S. 363–398.

Gries: J. NÖSSING, Das Cölestinerinnenkloster Rottenbuch. In: Kunst und Kirche in Tirol. Festschrift K. Wolfsgruber, Bozen 1987, S. 153–164; – Stiftspfarrkirche Gries. In: Der Schlern Jg. 62/ Nr. 10, Bozen 1988, Sondernummer mit Beiträgen von A. GALLMETZER, P. HUNGERBÜHLER, E. PATTIS, E. BAUMGARTL, J. UNTERER, F. H. HYE, L. OBERRAUCH und G. TENGLER; – H. GASSER, Zum Anreiterhof in Moritzing. In: Der Schlern Jg. 69, Bozen 1995, S. 742–749.

Profanbauten in der Katastralgemeinde Bozen

Ehemalige Stadtburg der Fürstbischöfe von Trient an der einstigen „porta palacii" am Kornplatz: urkundlich 1189, mit St.-Andreas-Hofkapelle (urkundlich 1192, Gedenktafel am Hause Kornplatz Nr. 4), zerstört 1276/77 durch Graf Meinhard II. von Tirol-Görz. Grabungen haben 1988 gezeigt, daß sich der Bergfried der Stadtburg westlich des genannten Stadttores ca. 2 m innerhalb bzw. hinter der damals in diesem Bereich in ihren Fundamenten freigelegten Stadtmauer erhoben hat. Im Gegensatz zu Letzterer – von R. Lunz als „Grabenmauer" bezeichnet – wurde das Turm-Fundament im heutigen Straßenpflaster des Kornmarktes durch eine Bronze-Bodenmarkierung sichtbar gemacht (1990).

Altes Rathaus, Laubengasse Nr. 30: angekauft 1455, in Verwendung bis 1907. An der Leibung über den Hauptportalen unter den Lauben steinerne Wappenschilde von ca. 1455/60 mit der ältesten öffentlichen Darstellung des Stadtwappens, welches auf der der Dr.-Streiter-Gasse zugewandten Rückseite des Rathauses in einer barocken Wappenkartusche von 1629 dargestellt erscheint.

Neues Rathaus, Rathausplatz (zuvor Dreifaltigkeitsplatz) Nr. 7: erbaut 1904/07 an der Stelle des alten Wanga-Turmes, westlicher Erweiterungstrakt an der Gummergasse errichtet 1962/63.

Altes Waaghaus, Laubengasse Nr. 19: spätgotischer Bau mit Krüppelwalm, dessen dem Kornplatz zugekehrte Südfassade mit Freskodarstellung der Wappen Österreichs, Tirols und der Stadt Bozen geziert ist, noch heute in städtischem Besitz.
Ehemalige Bürgersäle beim alten Schießstand: erbaut 1884/86, zerbombt um 1943/45.
Altes landesfürstliches Amtsgebäude, Ecke Bindergasse Nr. 1/Andreas-Hofer-Straße: erbaut um 1498/1500, spätgotisches Gebäude mit hohem Krüppelwalmdach, fungierte bis 1918 als k. k. Hauptzollamt (zuvor bzw. 1828 k. k. Rent- und Mautoberamt), heute Naturmuseum des Landes Südtirol.
Amtsgebäude, Raingasse Nr. 15: *Ansitz Riegelheim*: 1798 als Kreisamtsgebäude erworben, bis 1918 Sitz der Bezirkshauptmannschaft.
Altes Amtsgebäude der tirolischen Landschaft bzw. der Landstände, Goethestraße Nr. 44: *Ansitz Kollegg* (privilegiert 1658), lange Zeit Sitz der Landeshauptmannschaft an der Etsch.
Altes Landhaus, Francesco-Crispi-Straße Nr. 3: zuvor Palais der freiherrlichen Familie von Widmann, 1924 von der Stadt Bozen angekauft und 1928 an die neu errichtete Provinzverwaltung übergeben. In der Folge wurde hier durch Ankauf und Abbruch einiger kleinerer Objekte der Landhausplatz geschaffen.
Neues Landhaus, Francesco-Crispi-Straße Nr. 6: erbaut 1952/54, Sitz des Südtiroler Landtages.
Palast der Region, Duca-d'Aosta-Straße: erbaut 1981/83, seither Sitz der Regionalämter, des Kataster- und Grundbuchamtes sowie des Rechnungshofes.
Altes (k. k.) Gerichtsgebäude (Justizpalais) mit Gefängnis, Dantestraße Nr. 30: erbaut 1898/99.
Hauptpost-Gebäude, Ecke Post-/Eisackstraße: erbaut 1889/90 an der Stelle des alten hl.-Geist-Stadtspitals.
Neubau des Bahnhofgebäudes: erbaut 1928 mit Turm und Ost-Erweiterung.
Gebäude des staatlichen Sozialfürsorgeinstitutes (INPS), Sernesistraße: erbaut 1933, die Fassade beherrscht die Westseite des Dominikanerplatzes; die beiden letztgenannten Gebäude repräsentieren den typischen Stil des Faschismus.
Palast des Merkantilmagistrates, Laubengasse Nr. 39/Silbergasse Nr. 6: Barockpalais, erbaut 1708/27 an der Stelle älterer Vorgängerbauten, heute Sitz der Handelskammer.
Haus der Kultur „Walther von der Vogelweide", Schlern-Straße: erbaut 1964/67, Sitz des Südtiroler Kulturinstitutes mit Theatersaal.

Ansitze

Kollegg und *Rieglheim* vgl. oben;
Kronegg, Laubengasse Nr. 16: hier wurde im Stiegenhaus 1887 eine Freskodarstellung der drei Pestheiligen Sebastian, Pirmin und Rochus entdeckt;
Sagburg, Andreas-Hofer-Straße Nr. 5: privilegiert 1675;
Schrofenstein, Vintler-Straße Nr. 2;
Stillendorf, Rauschertorgasse Nr. 2: urkundlich 13. Jh.;
Thurn, Dr.-Streiter-Gasse Nr. 25: urkundlich 1497, ehemaliger Wohnturm. Zwischen dem Turm und dem zugehörigen Wohnhaus Laubengasse Nr. 28 spannt sich ein halbrunder, z. T. verbauter Verbindungsbogentrakt über die Dr.-Streiter-Gasse, den alten Stadtgraben;
Troyburg, Silbergasse Nr. 16: markantes Wohnhaus mit Erker und Renaissance-Portal von 1603, geziert mit den Allianzwappen Troylo-Krayer;

Wanga- oder Wangerturm: ehemaliger Wohn- und Wehrturm an der Südostecke der Stadtmauer an der Stelle des heutigen Rathauses;

Wendelstein: urkundlich 1242, landesfürstlicher Turm etc. wurde in das Kapuzinerkloster integriert.

Palais

Campofranco, Mustergasse Nr. 3: Ursprünglich Ansitz der um 1300 aus Florenz zugezogenen und bald in den Tiroler Adel aufgestiegenen Familie Botsch, an dessen Stelle F. von Mayrl 1764 den heutigen Bau errichten ließ. 1848 von Erzherzog Rainer von Österreich angekauft, gelangte das Palais später in den Besitz seiner Enkelin, der Fürstin Campofranco.

Menz, Mustergasse Nr. 2: erbaut in der 2. Hälfte des 17. Jh. unter H. O. v. Wettin-Rafenstein (gest. 1701), 1753 bis 1807 im Besitz der 1722 nobilitierten Familie Menz, die namentlich den großen Saal vermutlich 1776 von K. Henrici aus Bozen mit prächtigen Fresken schmücken ließ. Nach Kriegsschäden wurde das Palais endlich 1970/72 mit Mitteln der Banca Commerciale Italiana restauriert.

Palais Trapp, Mustergasse Nr. 4: am steingerahmten Portal das von Trapp'sche Familienwappen.

Hotel zur Kaiserkrone, Musterplatz: Der Bozner Kaufmann F. A. Pock kaufte 1759 das ehemalige gräflich-liechtensteinische Amtshaus und ein westliches Nachbarhaus und schuf daraus dieses einst vornehmste Hotel von Bozen. Als Gäste weilten hier u. a. Papst Pius VI. 1782, Kaiser Franz I. von Österreich 1820 und Kaiser Franz Joseph I. 1905. Der selbstbewußte Erbauer setzte sich an der Fassade ein Denkmal mit Portrait und folgender Inschrift: „Domum hanc privilegiatam errexit pro gloria Dei, amore proximi et decore civitatis D(ominus) Franciscus Antonius Pock, Mercator Bulsanensis Anno 1759."

Profanbauten in der Katastralgemeinde Zwölfmalgreien

Burgen

Weinegg am Virgl: urkundlich um 1177/80 „in castro Winekke", Lehen der Fürstbischöfe von Trient und wurde deshalb 1292 von Graf Meinhard II., Herzog von Kärnten, zerstört, später nicht mehr aufgebaut.

Haselburg oberhalb von Haslach: urkundlich 1237, nördliche Hälfte ruinös, 1590 bis 1730 im Besitz der Herren von Khuepach, daher häufig auch danach benannt.

Kampenn am Nordabhang des Kohlerer Berges: Bergfried erbaut um 1250 (urkundlich 1242: „in Camponne"), durch spätere Zubauten vergrößert.

Maretsch in den Weingärten nördlich der Rauschertorgasse nahe der Bozner Wassermauer: erbaut um 1240/50, wurden der mittelalterliche Bergfried und der Palas um 1563 von den Gebrüdern Römer durch einen südseitigen Vorbau mit Innenhof und vier runden Ecktürmen umgeben, 1977/80 restauriert, danach Tagungszentrum.

Ansitze

Compill, St.-Heinrich-Straße Nr. 10: Hauskapelle zu den hl. Siebenschläfern, geweiht 1457;

Engelsburg, Bindergasse Nr. 31: 1534 „Haus am Engel";

Freyenthurn, St. Anton Nr. 3: Prädikat seit 1659;

Gerstburg, Runkelsteinerstraße Nr. 1: privilegiert 1490, Weihe der Hauskapelle 1495, durch die Südtiroler Landesregierung 1987 angekauft und restauriert als Sitz des hiesigen Verwaltungsgerichtshofes;

Grünewald, St.-Justina-Weg Nr. 1: 1828 als „Freysitz und Burgfrieden" bezeichnet;

Hörtenberg, Hörtenbergstraße Nr. 4: urkundlich 1471, privilegiert 1586;

Huebburg, Runkelsteinerstraße Nr. 16;

Hurlach, Museumstraße Nr. 45: ehemaliger Ansitz an der Stelle des heutigen Stadtmuseums;

Klebenstein, St. Anton Nr. 2: um 1600 umgebaut, St.-Anton-Kapelle;

Lindenburg, Runkelsteinerstraße;

Mondschein, Bindergasse Nr. 25: privilegiert 1635;

Niederhaus: ehemaliger Ansitz an der Ecke Rain-/Weintraubengasse, urkundlich 1218, abgerissen 1898;

Ober- und Nieder-Payrsberg, St. Oswaldweg Nr. 3;

Prackenstein, St. Johann Nr. 6;

Paugger, Runkelsteinerstraße Nr. 5;

Rendelstein, St. Anton Nr. 24: Wohnturm des 13. Jh.;

Palais Toggenburg (Wolkenstein, Sarnthein) am Marienplatz: ursprünglich Amts- und Gerichtshaus der Herren von Wanga; die Palais-Bezeichnung folgt jeweils der Besitzerfamilie;

Weggenstein, Weggensteinstraße Nr. 10: seit ca. 1400/10 Sitz der Landkommende des Deutschen Ordens (vgl. oben Klosterbauten S. 95);

Wildenburg, St.-Oswald-Weg Nr. 18.

Profanbauten in der Katastralgemeinde Gries

Neuer Justizpalast, Italien-Allee/Gerichtsplatz (Gries): erbaut 1939 im typischen Stil des Spätfaschismus.

Finanzamt, Gerichtsplatz: erbaut 1937/38 nach Plänen von F. Rossi, G. Pelizzari und L. Plattner (mit einem erst 1949 vollendeten Relief-Fries des Klausener Bildhauers Hans Piffrader zur Verherrlichung des faschistischen „Duce" Benito Mussolini) im gleichen Stil wie der Justizpalast, bilden diese beiden Amtsgebäude bzw. der betreffende Platz ein bemerkenswertes, programmatisches Platz-Ensemble am „Corso d'Italia".

Plaza-Turm an der Europastraße: Vom Land Südtirol 1990 angekauftes Firmen- bzw. seit 1991 Amtsgebäude.

Burgen

Gries-Morit, heute Kloster Muri-Gries: erbaut in der 2. Hälfte des 11. Jh., gelangte diese als Sitz der Grafschaft Bozen fungierende Talburg nach dem Aussterben der Grafen von Morit (1165) an die Grafen von Tirol und wurde 1406 von Herzog Leopold IV. von Österreich-Tirol dem durch Eisack-Hochwässer verheerten Augustiner-Chorherrenstift in der Bozner bzw. Grieser Au als neuer Klostersitz geschenkt (vgl. oben S. 97). Mit ihrem heute als Glockenturm fungierenden Bergfried und dem westseitigen Torturm („Grüner Turm") ist die weitgehend konzentrische Anlage noch heute gut als einstige wehrhafte Burg erkennbar.

Severs, Gscheibter Turm und Treuenstein an der Sarntaler Straße bzw. am Rafensteiner Weg: urkundlich um 1133/58 „apud Seuers", hat hier spätestens seit 1177 eine befestigte Zollstätte („castrum Sefirs") bestanden, nach der das heutige Fagenviertel bis ins 18. Jh. bezeichnet worden ist. Der dortige Rundturm bzw. Gscheibte Turm gilt als Rest dieser Burg, bei der später der Ansitz Treuenstein bzw. Troyenstein erbaut worden ist.

Burgruine Rafenstein: urkundlich 1222, hoch westlich über der Mündungsschlucht des Sarntales gelegen, kontrollierte die Burg den alten Karrenweg in dieses Tal und wurde seit dem 18. Jh. dem Verfall preisgegeben.

Sigmundskron: urkundlich 956 „Formicaria", 1163 „castrum Formigar", um 1177/78 „Furmian". Diese größte Burganlage Tirols war ein wichtiger Stützpunkt der Fürstbischöfe von Trient bzw. als deren Lehen in der Hand der Herren von Firmian. 1473 gelangte die Burg kaufweise an den Tiroler Landesfürst Sigmund den Münzreichen und wurde von diesem ausgebaut (Wappenstein über dem äußeren Burgtor). Mit Sigmundskron war ein über die dortige Etschbrücke auf die linke Talseite ausgreifender Burgfrieden verbunden, welcher im 19. Jh. zur Gänze mit der Katastralgemeinde Gries zusammengelegt worden und so bei der Eingemeindung von Gries 1925 an Bozen gelangt ist.

Ansitze

Rottenbuch, Armando-Diaz-Straße: Renaissancebau aus der 2. Hälfte des 16. Jh., privilegiert 1567, im Besitz der Familie Rottenbucher, später der jüngeren Grafen Sarnthein, heute Sitz des Südtiroler Denkmalamtes;

Rundenstein, St. Georgen: privilegiert 1598, bis Mitte des 19. Jh. im Besitz der Kofler auf Ceslar;

sogenannte *Münzbank* am Grieser Hauptplatz;

Anreiterhof am Moritzinger Weg, Kreuztragungsfresko von ca. 1520.

Anmerkung: *Schloß Runkelstein* gelangte zwar 1893 durch eine Schenkung Kaiser Franz Josephs I. von Österreich in den Besitz der Stadtgemeinde Bozen, liegt jedoch nicht im städtischen Gemeindegebiet, sondern in der Gemeinde Ritten/Wangen.

H. v. VOLTELINI, Eine Aufzeichnung des Bischofs Hinderbach über den Palast der Bischöfe von Trient in Bozen. In: Zeitschrift des Ferdinandeums 3. F., Bd. 42, Innsbruck 1898, S. 381–385; – J. WEINGARTNER, Die Kunstdenkmäler Bozens, Wien 1926; – H. HAMMER, Die ursprüngliche Bauart der Bozner Bürgerhäuser. In: Der Schlern Jg. 20, Bozen 1946, S. 133–137; – O. (Graf) THUN, Geschichte eines Bozner Hauses: Das Weisshaus und die St.-Gertraud-Kapelle zu Haslach und deren Besitzer im Laufe von acht Jahrhunderten, Bozen 1976; – V. MALFER, Die Münzbank von Gries. In: Der Schlern Jg. 54, Bozen 1980, S. 584 ff.; J. UNTERER, Der Bozner Ansitz Compill und seine Siebenschläferkapelle. In: Ebenda, S. 542–546; – C. GRAMM, Beiträge zur Häusergeschichte Bozens (Bischöfliche Altstadt) von 1828–1978. Ungedr. Diss., Innsbruck 1981; – R. GALLMETZER, Beiträge zur Häusergeschichte Bozens. Die Neustadt der Herren von Wanga (1828–1978). Ungedr. Diss., Innsbruck 1981; – Tiroler Burgenbuch Bd. 8, hg. v. O. TRAPP und M. HÖRMANN-WEINGARTNER, Bozen 1989; M. URZI, Palazzo Ducale di Bolzano Villa Reale „Roma", Calliano 1989; – F. H. HYE, Die ehemalige Landkommende Weggenstein in Bozen. In: Deutscher Orden. Zeitschrift des Ordens für seine Brüder, Schwestern, Familiaren und Freunde Jg. 1992/ Nr. 1, Lana 1992, S. 4–10 (vgl. auch § 15 a); – H. STAMPFER, H. MAYR und M. WACHTER, Die Gerstburg (Festschrift zum Abschluß der Restaurierung), Bozen 1992; – L. ANDERGASSEN, Cicero im Rathaus. Die (Neo-)Renaissancemalereien von Georg Müller im Bozner Ratssaal. In: Arx – Burgen und Schlösser in Bayern, Österreich und Südtirol 18, München/Bozen 1996, Heft 1, S. 3–10; – M. HÖRMANN-WEINGARTNER, Die Burg Wendelstein und der Maierhof von St. Afra als Vorgängerbauten des Kapuzinerklosters. In: Der Schlern Jg. 74, Bozen 2000, S. 273–280.

c) Brände und Naturkatastrophen

Brände

1222 (oder 1224), 1291, 1443, 1483.

Die älteste Bozner Feuerordnung datiert von ca. 1470. Darin werden bereits sowohl die Brandwache am Turm der Pfarrkirche als auch der Mühlbach (vgl. oben § 5 a S. 92) als Löschwasser-Spender erwähnt. 1583 agierten in Bozen vier gewerbsmäßige Kaminkehrer. Weitere Feuerordnungen wurden 1610, 1624 und 1655 erlassen. Seit 1706 unterhielt die Stadt drei Turmwächter, 1708 erfolgte die Anschaffung von fünf Messing-Feuerspritzen.

Eine Feuerwehr der Turnerschaft bestand 1862/70. Ihr folgte 1874 die Freiwillige Feuerwehr Bozen, welche vom faschistischen Regime 1925 aufgelöst und durch eine Berufsfeuerwehr ersetzt worden ist.

Das erste städtische Spritzenhaus befand sich bis 1912 an der Nordseite des Waltherplatzes. Ihm folgte eine 1911/12 erbaute Feuerwehrhalle im Erdgeschoß eines Wohnhauses südlich neben der Hauptpost. Ab 1925 hatten die Berufsfeuerwehr und das Landesfeuerwehr-Kommando ihren Sitz an der Fagenstraße in Gries, von wo sie gemeinsam mit der wiedererrichteten Freiwilligen Feuerwehr Bozen 1979 in den Neubau an der Drususstraße übersiedelten (Einweihung 1978); um 1980 Bau der Landesfeuerwehrschule bei der zugleich erweiterten Berufsfeuerwehrhalle, 1993/95 Bau einer neuen Gerätehalle für die Freiwillige Feuerwehr Bozen am Mayr-Nusser-Weg.

Die Freiwillige Feuerwehr Gries besteht seit 1878 (Auflösung 1927, Neugründung 1947); bereits 1878 erfolgte die Erwerbung einer von Pferden gezogenen „Landfahrspritze"; 1990/92 Bau eines neuen Gerätehauses. 1882 Gründung der Freiwilligen Feuerwehr von Zwölfmalgreien. 1978 Errichtung der Löschgruppe Kohlern (Jubiläum 1988). 1996 Gründung der Freiwilligen Feuerwehr Haslach.

1912 Errichtung der Rettungsstation der „Freiwilligen Rettungsgesellschaft Bozen-Gries" bei der obgenannten Feuerwehrhalle.

Überschwemmungen

1227, 1321, 1339, 1340, 1406, 1494, 1520, 1527, 1539, 1540, 1541, 1544, 1567, 1663, 1673, 1719, 1756, 1757, 1758, 1776, 1817, 1821, 1822, 1851, 1882, 1885, 1888, 1890.

Um die Gewalt der Hochwässer von Eisack und Talfer einzuschränken, wurden in Bozen bereits im 13. Jh. Uferschutzbauten bzw. die sogenannten Wassermauern errichtet. Für die Errichtung und Pflege dieser Schutz- oder Archenbauten waren die sogenannten „Leegen" zuständig, genossenschaftliche Zusammenschlüsse bzw. Ligen der Anrainer des jeweiligen Uferabschnittes, welche der Oberaufsicht des Bozner Stadtrates unterstanden. Im einzelnen bestanden folgende Leegen: Die obere und untere Talferleeg (aufgelöst 1984), die Leegen am Fagen, Graul und Neubruch bzw. die vereinigten Leegen in Gries, die Leeg bei St. Quirein, die Neufeld- und Herrschaftsleeg, die obere und untere Bozner-Boden-Leeg, die Leeg am Rifelaun in Rentsch sowie die Leeg am Grutzen. Landesfürstliche Privilegien zu Gunsten der Wasserschutzbauten erhielt Bozen 1357, 1363, 1442 und 1497.

D. SCHÖNHERR, Eine Inundationskarte von Bozen vom Jahre 1541. In: Gesammelte Schriften Bd. 2, Innsbruck 1902, S. 615–620; – F. HUTER, Das ältere Bozner Feuerlöschwesen bis zur Einführung der Feuerspritze. In: Tiroler Heimat, NF Bd. 2, Innsbruck 1929, S. 127–143.

– R. STAFFLER, Die Wasserleegen in der Bozner Gegend. In: (Bozner) Jahrbuch f. Geschichte, Kultur und Kunst 1931/34, Bozen 1934, S. 113–168.

d) Zerstörungen im Zweiten Weltkrieg

Im Zweiten Weltkrieg erfolgten vom 2. September 1943 bis zum 30. April 1945 insgesamt 17 Fliegerangriffe bzw. Bombardements auf Bozen, davon vier Tiefflieger-Angriffe, wobei 325 Gebäude zerstört, 548 stark und 1.395 teilweise beschädigt worden sind. Die Gesamtzahl der dabei getöteten Personen wird auf 200 geschätzt. Von den damals völlig zerstörten und nicht mehr wiederaufgebauten Objekten seien genannt: die St.-Nikolaus-Kirche bei der Pfarrkirche (Dom), das St.-Oswald-Kirchlein, das Stadttheater in der nördlichen Nachbarschaft des Bahnhofs, die Bürgersäle (erbaut 1886 anstelle des alten Schießstandes) und die nordseitigen Lauben an der Mustergasse.

Politische Opfer des NS-Regimes waren der katholische Aktivist Josef Mayr-Nusser, der 1944 zur SS nach Westpreußen einberufen worden war, den Eid auf den Führer verweigerte und 1945 in das KZ Dachau überstellt werden sollte, wobei man ihn auf dem Transport verhungern ließ, weiters der italienische Widerstandskämpfer Manlio Longon (bei einem Verhör in Bozen 1944 erschlagen) und Stefan Valentinotti (geboren 1892 Bozen/Gries), der im Zuge der Option Südtirol verlassen, sich aber entschieden gegen Hitlers Südtirol-Politik geäußert hat, weshalb er verhaftet und 1944 in Brandenburg enthauptet worden ist. (Siehe zu dieser Thematik auch § 6 g, S. 111.)

J. WEINGARTNER, Die bombardierten Bozner Kirchen = An der Etsch und im Gebirge, Bd. 1, Brixen 1947; – E. PATTIS, Verschwundene und erneuerte Bozner Altstadtbauten (1943–1960). In: Bozen. Stadt im Umbruch = Jahrbuch des Südtiroler Kulturinstitutes Bd. 8, Bozen 1973, S. 186–193; – Th. ALBRICH, Die Anfänge des strategischen Luftkrieges gegen Nord- und Südtirol. In: Historische Blickpunkte. Festschrift für Johann Rainer = Innsbrucker Beiträge zur Kulturwissenschaft 25, Innsbruck 1988, S. 1–10.

6 Bevölkerung

a) Herkunft und soziale Gliederung

Die Bevölkerung von Bozen ergänzte sich im 16.–18. Jh. zu 31 % aus der Stadt Bozen selbst und zu 38 % aus dem Landgericht Bozen-Gries. Aus der weiteren Umgebung der Stadt, namentlich von Jenesien/Mölten, vom Ritten, vom Sarntal, vom Eggental und von Deutschnofen sowie aus dem Bozner Unterland und dem Überetsch wanderten rund 20 % zu. Die Zuwanderung aus den übrigen Teilen Tirols und aus anderen Territorien hielt sich demnach in Grenzen.

F. HUTER, Beiträge zur Bevölkerungsgeschichte Bozens im 16.–18. Jh. = Bozner Jahrbuch 1948, Bozen 1948, S. 1–108; – H. LENTZE, Die soziale Struktur Bozens vom 16. bis 18. Jh. In: Tiroler Heimatblätter Jg. 24, Innsbruck 1949, S. 159–161; – H. HEISS, Schwäbische Zuwanderungen nach Brixen, Bozen und Trient. In: Zeitschrift d. histor. Vereins f. Schwaben Jg. 82, 1989, S. 39–63; – E. AUSSERER, Die hochmittelalterliche Personennamengebung in Bozen. In: Bozen. Von den Anfängen bis zur Schleifung der Stadtmauern (Tagung 1989). Bozen 1991, S. 203–222; – J. ANDRESEN, Die politische Führungsschicht der Stadt Bozen im 16. Jahrhundert. Magisterarbeit, Bonn 1995; DERSELBE, „.... Rat gehalten". In: Geschichte und Region 2, Bozen 1993, S. 167–179.

b) Seuchen

Pest: 1349, 1473, 1495, 1501, 1566/67, 1576, 1612, 1635/36.
Fieber: 1528, 1590, 1729, 1732.
Cholera: 1835/6, 1849, 1855; – Blattern: 1850, 1857, 1875, 1883; – Grippe: 1918.
Hungersnot: 1796.

G. FUSSENEGGER, Die Pest im Franziskanerkloster Bozen 1636. In: Der Schlern Jg. 24, Bozen 1950, S. 340.

c) Bevölkerungsverzeichnisse, Kirchenmatriken

Bürger- und Inwohnerbuch 1551–1806.
Kirchenmatriken:
Dompfarre zu Mariae Himmelfahrt: Taufbücher ab 1583, Heiratsbücher ab 1597, Sterbebücher ab 1647.
Pfarre Bozen-Gries zu Mariae Himmelfahrt bzw. St. Augustin: Tauf-, Heirats- und Sterbebücher ab 1598.
Tiroler Geschlechterbuch. Bozner Stammtafeln, seit 1889 im Bozner Stadtmuseum.

Bozner Bürgerbuch 1551–1806, hg. v. R. MARSONER und K. M. MAYR (mit Indexband) = Schlern-Schriften Bd. 153 und 154, Innsbruck 1956; – F. S. WEBER, Das Bozner Geschlechterbuch. Hundert Stammfolgen aus dem Jahre 1770 = (Bozner) Jahrbuch f. Geschichte, Kultur und Kunst 1935/1936. Bozen 1937 (2 Bde.); – B. MAHLKNECHT, Wer war der Verfasser des „Bozner Geschlechterbuches"? In: Der Schlern Jg. 60, Bozen 1986, S. 39–46.

d) Bedeutende Familien und Geschlechter

Das Bozner Geschlechterbuch von 1770 (vgl. § 6c) nennt folgende Familiennamen: Abmair, Achtmarcht, Adam, Adami, Afra, Agnelli, Aichinger, Aichner, Aich(h)olzer, Aichperger, Ainacker, Alapred, de Albertis, von Albrechtspurg, Algisi, Altendorfer, Altensperger, Altmayr, Altstetten, Amenti, Amorth, Ampach, Ampaspach, Anderlan, Andrian, Andriola, (de) Angelis, Angerer, von Annenberg, Anich, Anreiter, von Anthausen, Antonetti, Apperger, Arco, Arnold, Arporelli, Arz, Arzt, Aschauer, Athimis, Atlmayr, Auchentaller, Auer, Aufschnaiter, Auserpruner, von Ayerl, Azwanger, Baier, Baltheser, Baratti, Baroni, Batta, Begna, Belloni, Bellot, de Benzon, Beratoner (Perathoner), Berdold (Bertoldi), Berg, Bernhard, Bertoluzzi, Betta, Biasioli (Wiasioli), Bittrich, Blaas (Plaß), Boltolini, Bonani, Bonelli, Boratti, Borens, de Bossetti, von Botsch, Brand, von Brandis, Brobst (Probst), Brueder, Bruni, von Buol, Burgkhart, Burger, Buzeti, Caligari, von Call, von Calz, Camerlander, von Campi, Canau, Canthon, de Capell, Carl, Carneider (Karneider), Caspar, Castenalt, Cazan, Chimi, Christan (Cristani), Christoph, Ciller (Ziller), Ciurletti, von Clari, Clausner (Klausner), Coloredo, Conforti, Conton, von Coreth, Corthon, Cöstlan, Cramei, Crispi, Crololanza, Culturus, Dachel, Danzl, Delai (Delaio), Delama, Delfini, Denaglia, Dichtl, Dietrich, Dinglsperger, Dinßl, Dirle, Dirling, Dirlinger, Dirsinger, Diseni, Dobler, Dor, Dorffner, Dornacher, Dornsperg, Draxl, Eberhard, Eberle, Eberschlager, Ebner, von Eck, Egen, Egerer, Egg, Egger, Eggmann, Egiz, Eiperg, Eirle, Eisanch (Eisank), Eisele, Eisner, Eitelhausen, Ellinger, Elsässer (Elsesser), Elsler, Elzenpamer, Elzenpaum, von Ench, Engel, Englmohr, von Enzenberg (Enzenperg), Eppaner, Ertel, Esserman, Estfeller, Ettenhard, Faber, Faiteli, Falck, Falser, Fanthner, Fateth, Faustini, Federspill, Fedrigotti (Fedrigatti),

Feichtner, Feigenpuz, Feirtag, Feld, Feller, Felßenstain, Fenner, Fent, Ferr, Ferra, Fetari, Feudam, von Fieger, Fiegscher, von Firmian, Fischer, Fischnaller, Florentin, Florianer, Forstlechner, Franch (Frank), Frangiani, Franzin, von Frauenperg, Freiding, von Freundsberg, Freiperger, von Freising, Freisseisen, Freitag, Frelich (Fröhlich), de Fridericis (Friderizi), Fries, Frisch, Friz, Froschmair, Fugger, Fulterer, Funchner, Furtner, Fux, Gadolt, Gagers, de Gaia, Gaichling, Gaier, Gall, Ganer, Gapp, Garbeslander, Gartner, Gaßmair, Gaßniol, Gasser, Gasteiger, Gatterer, Gaudet, Gegele, Geiger, Geizkofler, Geltinger, Genger, Gentili, Gentiliner, Gerath, Gerhart, Gerio, Gersperger, Gerstel, Gerwig, Gienger, Giesser, Girardi, Giovanelli (Giuvanelli), Glazl, Gleithenn, Glögl, Glöß, Goldegg, Goldrainer, Goldwurmb, Gösl, Gosmair, Goßler, Götsch, Götshel, Göz, Grabmair, Grafenrieder, Graff, Grasser, Gratl, Grebner, Greifenstain, Greiff, Griebler, Grienpacher, Griesenegg, Grieser, Griftner, Grueber, Grustner, Gschachnes, Gschör, Gschwenter, Gstirner, Guarienti, Guetleben, Guffidaun, Guffl, Gugenaster, Guggenpichler (Gugenbichler), Guger, Gugler, Gumer, Gumperger, Haffele (Hafele), Haffner (Hafner), Haidenreich, Haimb, Haiperg (Heuberg), Halbeis, von Halerau, Hammerthaller, Han von Hanperg, Hansl, Hanßler, Harb, Hartmann, Haselbruner, Hauser, Hausmann, Hebenstraith (von Hebenstreit), Hechsteter (Höchstetter), Hefele, Heffter, Heifler (Heufler), Heilpand, Heinzelmann, Heis, Heistadl, Helff, Hell, Hemerspach, Henewerger, Hepperger, Graf Herberstain, Herzog, Heß, Heuberger, Hibler, Hieronimi, Hillebrand, Hingerle, Hinteregger, Hinterhueber, Hittman, Hochenburg, Hochenkirch, von Hochenperg, Hochenrainer, Hocher, Höchl, Hochleitner, Hoffenroth, Hoffer (Hofer), Hoffmann, Hofreiter, Holzer, Holzhammer, Holzknecht, Hör (Heer), Hormayr, von Hörtenberg, Hörtmaier, Hörwarther, Huber, Hueber, Huefnagl, Huepheer, Huisen, Hülsen, Hundertpfund, Hussel, Hütten, Jais, Jenewein, Jenner, Ilsung, Indermauer, Ingram, Inhoffen, Inwinkel, Johannser, Joanneser, Jöchl, Junckher, Kachler, Kager, Kälbl (Kelbl), Kalderbacher, Käller (Keller), Kaltenhauser, Karnutsch, Kasmannhueber, Kasparet, Kastner, Kauffmann, Kazler, Kazuffi, Kempter, Kerer, Kerspamer (Kerschbaumer), Keßler (Käßler), Khager, Kheiser, Kiechl, Kiem, Kiepach, Graf Künigl (Kinigl), Kircher, Kittmann, von Klebelsberg, Klinger, Klocher, Knauer, Knebelsberg, von Knillenberg, Knoll, Kobalt, Koch, Kofler (Koffler), Kögl, Köll, Kolz, Königsberg, Körbler, Kößler (Kösler), Kosser, Krachl, Kramer, Kraus, Kreizer (Kreuzer), von Kripp, Krismair, Kuen, Kurz, Kurzweil, Lachemann, Lachemayr, Lachmiller, Ladinser, Ladurner, Lagler, Lachardinger (Laichardinger), Laimbrucher, Laminger, Laner, Lang, Langweiler, Lanser, Lanziner, Lärchenfeld (Lerchenfeld), Larcher, Lechleit, Lechner, Lehner, Leibprechting, Leichter, Leiden, Leiner, Leis, Leiter, Leitgeb, Leitner, Leithzoff, Lenz, Lidl, Lieb, von Liechtenstain, Liechtstock, Ligsalz, von Lilienegg, Linauer, Lindenegg, Lindner (Lintner), Linser, Locher, Locherer, Lockenburger, von Lodron, Lofferer, Lorengo, Luditscher, Lun, Lutz (Luz), Mader, Maffetti, Maier (Mayr), Mairhauser, Mairhofer, Mairpöch (Mairbäck), Malemorth, Malusch, Mambl (Mamml), Maming, Mantschi (Manzi), Marcht (Markt), Mareiter, Marinelli, Maroni, Maretsch, Marsili, Martini, Marz, Massl, Masucki, Mattoi (Matthoy), Maur (Maurer), Mauracher, Mauren, Meierle (Meyrl, Meirle), Meisel, Meittinger, Melchiori, Mellanser, Memiger, Menz, Merl (von Mörl), Mezner, Millau, Miller, Milser, Milstetter (Mühlstätter, Millstötter), Mohr (Mor), Monsenrieder, von Montani, Morell (Morelli), Moriz, Mözger (Metzger), Muhr, Mulser, Mumblter (Mummelter), Muntegar, Murolt, Musch, Nagele, Nagiller, Nardino, Neidegg, Neier, Nender, Nesing (Nössing), Neuhaus, Neumair, Neuper, Neurieder, Neustifter, Niciolai, Niederkircher, Niderle, Niedermaier, Niedertor, Niederweger, Nigg, Niglutsch, Nizlander, Nobl, Nothaft, Obermair, Oberrauch,

Oberschmied, Oberweinper, Offenhausen, Ott, Öttel, Ötting, von Pach, Pacher, Pachmann, Pair (Paier, Payr), von Pairsperg, Paisser (Peisser), Palanck, von Palaus, Pallini, Panzoldi, Parolar, Parth, Partlman, Partold, Parzager, Paschiera, Pauer, Paugger, Pauliel, Paulin, Paumgartner (von Paumgarten), Paurenfeind, Paurschmied, Pawlowchi, Pederans, Peintner, Penz, Penzinger, Peer (Per), Perchmann (Perckmann), Perchofer, Perghamer, von Perghofen, Pergomasch (Bergamasch), Peringer, von Permoting, Pernstich, von Pernwerth, Petrans, Pezonelli, Pezzer, Pfaiffer (Pfeifer), Pfaller, Pfanzelter, von Pfeifersberg, Pichler, Pierlinger, Piffenrader (Piffrader), Pillier, Pingera, Pircher, Pirchner, Pittenstorfer, Planchensteiner (Blankensteiner), Plank, Planer, Plattner, Platzer, Platz, Plunger, Poch (Pock), Pölcher, Pollweil, Porer, Porzer, Postner, Pözer, Pozner (Bozner), Prack, Praitenperger (von Breitenberg), Prand, Prandeis (von Brandis), Prantauer, Prantl, Praun, von Praunsberg, von Prey (Prew), Prem, Prener, Priami, Prigett, Prigl, Prixner (Brixner), Pronger, Pröz (Prez), Prueder, Prugger, Pruner, Pschor, Pudinger, Puecher, Puechmair, Puell, Puntifeser (Pontifeser), Puntsch, Purger, Purgreither, Purgwalder (Purwalder), Puzer (Putzer), Rabenstainer, Radam, von Rafenstain, Rainer, Raiser, Ralser, Ramblmaier, Ramoser, Rampher, Ranthner, Rapmanspichler, Ratschiller, Rauch, Rautner, Recagno, Recheis, von Recordin, Reden, Reichalter, Reichart, Reiffer, Reinpold, Reiperger, Reischl, Reiter, Reitmair, Remele, Rempold, Renner, Rerlinger, Resenperger, von Ricabona, Richlering, Riedler, Riedmiller, Rieger, Riegler, Ritsch, Riz, Röchlinger, Rogen, Rogger, Röggl, Röggla, Röll, Römer, Rorer, Rösch (Resch), Rosenberg, Rosino, Rosmini, Rossath, Rossi, Roßkopf, von Rost, Roth, Rott, Rottenara, Rottenpuecher, Rottenstainer, Rudolphi, Ruedel, Rumbl, Rundstainer, Rusca, Rutter, Säben (Söwen), von Sagburg (Sagwurg), Saiger, von Sailern, Salaman, Salm, Salvati, Salvatori, Salzburger, von Sarnthein, Sartor, Sauerwein, Schaffenrath, Schaitter, Schaki (Schaggi), Schaller, Schalten, Schartlinger, Schech, Scheckendorfer, Schefferens, Schelener, Schell, Schen, Schenk, von Schenerben, Scherer, Schertler, Scherz, Schett, Schezer, Schgraffer, Schichmair, von Schickenhausen, von Schidenhofen, Schizer, von Schlandersberg, Schlechtleitner, Schleich, Schleiferpöck, Schliter, Schmid, Schmidl, Schnedizen, Schöpfer, Schoser, Schrafl, Schreger, Schreiber, Schrenk, Schrentewein, von Schrofenstain, Schrott, Schrottenpach, Schueler, Schwaigl, Schwaikhofer, Schwarz, Schwarzendorf, Schwarzenhorn, Schwarzl, Schweigel, Schweiger, Sedmoratschki, Seel, Seemann, Seitliz, Seler, Selmb, Semblrock, Sepp (Söpp), Sewald, Sieder, Sigel, Sigmund, Sigwein, Silbernagel, Simerle, Sisti, Sixt, Sölderer (Sölder), Söll, Someda, Sonther, Spaisser (Speiser), Spangler, Spannagl, von Spaur, Specher, Spett, Spreng, Sprenger, Stadler, Staffler, Stainer (Steiner), Stainhauser, Stainpais, Stampher, Staudacher, Steger, Steinlechner, Steinmann, Steinperger (Stainberger), Steirer, von Sternbach, Sterzl, Sterzinger (Störzinger), Stetten, Stichler, Stier, Stiffler, Stigelmair, Stober, Stochamer (Stockhammer), Stocharter, Stocher (Stocker), Stöckel, Stolz, Storch, Stöttner, Stralendorfer, Strasl, Straub, Stredele, Stremer, Striemer, Strigel, Strobel, Strusing, Stubenpöck, Sturm, Sutter, Synn, Tablath, Tais, Taisensee (Teisensee), Taler, Talhammer, Tamers, Tasch (Tosch), Tassenpacher, Tasser, Taussegg, Tavon, Taxis, Teitenhofen, Telser, Temporino, Tenz, Tepper, Tessari, Thanhausen (Thonhausen), Tharans, Thenn, Thenner, Thesers, Thisius, de Thomasi, von Thun, von Thurn, Tibolo, Tilpacher, Tirler, Titl, Told, Tomisari, Toner, Tonhammer, Tonhausen, Töpsel, Torggeler, Trahofer (Traihofer), Traibenreiff, von Trapp, von Trauttmannsdorf, Trautson, Traxel, Trenker (Trencher), Trentinaglia, Triangel, Triendl, Troier, Troile, Trost, Trueffer, Trutt, Tschengls, Tschiderer, Tschiggfrei, Tschofel, Tschuegg (Tschugg), Tschusi, Tusch, Tuzer, Twinger, Unterhoffer, Unterperger, Unterrichter, Ursenpöck (Ursenbäck), Valbenstain, Veilegger, Venden, Verguz, Verzi, Vescovi, Vesmair, Vesten, Vilas, Villanders, Villeprach, Viller, Vinschger, Vintler, Viole, Vogel, Vogelmair, Völcher, Volkra, Völs, von Völsegg, Vorhauser, Waffner, Wagner, Waindling, Waldmiller, Waldner, Wallis, Graf Wallensetin, Walnöfer, Waltenhofen, Walther, Wanck, Wassermann, Weber, Weigele, Weiller, Weinegg, Weingartner, Weis (Weiß), Weiser, Weishauser, Weispriach, Weißkopf, Welserheim, von Welsberg, Welz, Wendigen, Wenser, Wenzel, Werndle (Wörndle), Werner, Werth, Werwein, Wettin, Weihrauch, Wichtling, Widenhauser, Widenhueber, Widmann, Widner, Wielander, Wierer, Wieser, Wiesenegg, Wiest, Wild, Wildenburg, Willi, Winkelhofen, Winkelmair, Winkler, Winterl, Wipper, Wittelmair, Witting, Wiz, von Wolkenstein, Wolf, Wolfsthurn, Wolgemueth, Wolgeschaffen, Wosheti, Wotsch (Botsch), Wuschella, Wutrin, Zach, Zacherl, von Zallinger, Zanell, Zangerle, Zanna, Zauner, Zazer, Zeiller, Zeisler, Zeitler, Zeller, Zeno (Zenno), Zephiris, Zeschi (Ceschi), Zieglauer, Ziegler, Zignes (Zignis), Ziller, Zinneberg, Zipperle, Zobel, Zoller, Zorno, Zorza, Zuchristian, Zupler, Zurmarkt, Zuveith, Zwicknagel.

Heinrich Lun'isches Ahnenbuch, Bozen 1926; – H. HUEBER, Alte Bozner Geschlechter. In: Der Schlern Jg. 8, Bozen 1927, S. 367–426; – R.v. GRANICHSTAEDTEN-CZERVA, Bozner Kaufherren 1550–1850. Görlitz 1941; – F. BRAVI, I Rosmini di Bolzano. Bozen 1968; – A. v. EGEN, Die Bozner Familie von Eberschlager. In: Der Schlern Jg. 54, Bozen 1980, S. 20–34. E. KUSTATSCHER, Die Staffler von Siffian = Schlern-Schriften Bd. 291, Innsbruck 1992; – M. SILLER, Die Standesqualität der Vintler von Bozen zu Beginn des 14. Jahrhunderts. In: Festschrift Anton Schwob = Innsbrucker Beiträge zur Kulturwissenschaft, Germanistische Reihe 57, Innsbruck 1997, S. 447–462; – R. WETZEL, Die Wandmalereien von Schloß Runkelstein und das Bozner Geschlecht der Vintler. Habilitationsschrift, Freiburg/Fribourg 1999.

e) Bedeutende Persönlichkeiten

Politiker und Persönlichkeiten des öffentlichen Lebens

Erzherzog Rainer von Österreich (1783–1853 Bozen), Wohltäter, und seine Gattin Erzherzogin Elisabeth geborene von Savoyen-Carignan (1800–1856 Bozen); – Johann Nep. von Tschiderer (1777 Bozen – 1860 Trient), 1995 vom Papste seliggesprochen; – Joseph von Giovanelli (1750 Bozen – 1812 Bozen), landschaftlicher Verordneter des Herren- und Ritterstandes (Landtagsabgeordneter), als Vorstand der 1784 errichteten Landes-Filial-Kasse in Bozen war ihm in den Freiheitskämpfen die Finanzierung der Tiroler Landesverteidigung ein besonderes Anliegen, wofür er auch persönliche Opfer brachte; – Peter Mayr (Siffian – 1810 Bozen), Freiheitskämpfer des Jahres 1809, von einem französischen Exekutionskommando erschossen in Bozen am 22. Februar 1810 (Denkmal am alten Pfarrfriedhof); – Joseph Eisenstecken (1779 Matrei a. Br. – 1827 Bozen), Badlwirt und Schützenmajor, Vertrauter Andreas Hofers; – Josef Streiter (1804 Bozen – 1873 Bozen), Jurist und Publizist, liberaler Bürgermeister von Bozen; – Julius Perathoner (1849 Dietenheim/Bruneck – 1926 Bozen), Bürgermeister, seit 1895, quasi „der Lueger" von Bozen, wurde von den Faschisten 1922 gewaltsam seines Amtes enthoben; – Josef Noldin (1888 Salurn – 1929 Bozen), Rechtsanwalt und engagierter Gegner des Faschismus; – Josef Mayr-Nusser (1910 Bozen – 1945 Hungertod bei der Deportation aus dem KZ, Dachau in Erlangen), Diözesan-Jugendführer, Opfer des NS-Regimes; – Kanonikus Michael Gamper (1885 Prissian –

1956 Bozen), engagierter Gegner des Faschismus und des Nationalsozialismus, Förderer der Südtiroler Jugend durch die nach ihm benannte Stiftung, das „Kanonikus-Michael-Gamper-Werk"; – Friedrich Teßmann (1884 Überetsch – 1958 Bozen), Landtagsabgeordneter und Stifter der nach ihm benannten Südtiroler Landesbibliothek; – Walther Amonn (1898 Bozen – 1989 Bozen), Großkaufmann, Politiker, Förderer von Kunst und Kultur.

Geistesgeschichtlich bedeutsame Persönlichkeiten, Wissenschafter und Universitätsprofessoren

Peter Treibenraiff = Petrus Tritonius Athesinus aus Bozen (um 1466 – nach 1524), Humanist, Autor und Lateinschullehrer in Brixen, Hall i. T. und Schwaz; – Joseph Peter von Zallinger (1730 Bozen – 1805 Bozen), Physiker und Techniker, führte in Tirol den Blitzableiter ein, vollzog die Trockenlegung des Traminer Mooses, errichtete Wasserschutzbauten etc.; – Franz von Zallinger SJ (1743 Bozen – 1828 Innsbruck), Mathematiker und Geophysiker, Schüler und Nachfolger des Ignaz Weinhart SJ in Innsbruck; – Andrä Erhard (1791 Bozen – 1846 München), Philologe, Philosoph und Schriftsteller; – Franz Freiherr von Hausmann (1810 Bozen – 1878 Bozen), Botaniker; – Ludwig von Comini (1814 Innsbruck – 1868 Bozen), Pharmazeut und Chemiker, half der Weinwirtschaft gegen den Traubenschimmel („Schwefelapostel"); – P. Markus Vergeiner OFM (gest. 1883 Bozen), Orientalist; – P. Vinzenz Maria Gredler (1823 Telfs – 1912 Bozen), Naturwissenschaftler und Direktor des Franziskaner-Gymnasiums in Bozen; – Johann Bapt. Schöpf (1824 Seefeld – 1863 Bozen), Mundartforscher, Verfasser des „Tirolischen Idiotikons"; – Josef Riehl (1842 Bozen – 1917 Innsbruck), Techniker, Erbauer der Mittenwaldbahn etc.; – Alois Riehl (1844 Bozen – 1924 Berlin), Professor an mehreren Universitäten, Verfasser des „Philosophischen Kritizismus" 1876/87; – Karl Innerebner (1870 Bozen – 1970 Innsbruck), Bauingenieur und Unternehmer, schuf Straßen- und Kraftwerksbauten etc.; – Georg Innerebner (1893 Bozen – 1974 Bozen), Dr. Ing., Straßenbauer und Bauunternehmer, Wallburgforscher und Gründungsmitglied des „Schlern"; – Max Valier (1895 Bozen – 1930 Berlin, gest. bei einem Raketenversuch), Techniker und Erfinder im Bereich des Raketenantriebes und der Seilbahntechnik; – Otto von Zallinger (1856 Bozen – 1933 Salzburg), Jurist, Univ.-Prof. und Rektor der Universität Innsbruck; – Albert von Trentini (1878 Bozen – 1933 Wien), Jurist und Literat; – Franz Profunser (1913–1987 Bozen), Erfinder und Inhaber zahlreicher Patente.

Historiker und Kunsthistoriker

Franz Joseph Mumelter von Sebernthal (1762 Bozen – 1798 Wien), Jurist und Historiker; – Josef Tarneller (1844 Tschars – 1924 Bozen), Erforscher der Hofnamen- und Siedlungsgeschichte; – Nicolò Rasmo (1909 Trient – 1986 Bozen), Kunsthistoriker und Denkmalpfleger; – Norbert Mumelter (1913 Bozen – 1988 Bozen), Heimatforscher.

Künstler

Narziß (um 1484), nennt sich „Nartzis pildschnitzer zu Potzen"; – Georg Artzt (1494–1520), Bildhauer; – Bartlmä Dill-Riemenscheider (gest. 1549 Bozen), Maler, Sohn des Tilman Riemenscheider – Ludwig Pfendter (um 1607), Maler; – Delai, Bozner

Baumeister und Architektenfamilie des 17./18. Jh.; – Ulrich Glantschnigg (1661 Hall i. T. – 1722 Bozen), Maler; – Peter Ramoser vulgo Pietro Filippino (1722 Bozen – 1801 Bozen), Goldschmied und Bildhauer; – Karl Henrici (1737 Schweidnitz/Schlesien – 1823 Bozen), Maler; – Johann Peter Pichler (1765 Bozen – 1806 Wien), Graphiker; – Anton Rainalter (1788 Bozen – 1851 Bozen), Bildhauer; – Carl Moser (1790 Bozen – 1865 Bozen), berühmter Krippenbauer; – dessen gleichnamiger Sohn (1818 Bozen – 1882 Bozen), Landschaftsmaler; – dessen gleichnamiger Sohn (1873 Bozen – 1939 Bozen), Holzschnittkünstler; – Ignaz Stolz der Ältere (1840 Tramin – 1907 Bozen), Maler; – Ignaz Stolz der Jüngere (1868 Bozen – 1953 Lana), Maler; – Rudolf Stolz (1874 Bozen – 1960 Sexten), Maler; – Albert Stolz (1875 Bozen – 1947 Bozen), Maler; Heinrich Told (1861 Bozen – 1924 Sarnthein), Maler; – Albin Egger-Lienz (1868 Lienz – 1926 Bozen), Maler; – Hugo Atzwanger (1883 Feldkirch – 1960 Bozen), Maler; – Josef Mahlknecht (1886 Bozen – 1953 Meran); – Ignaz Gabloner (1887 Bozen – 1964 Bozen), Bildhauer; – Hans Piffrader (1888 Klausen – 1950 Bozen), Bildhauer; – Christian Heß (1895 Bozen – 1944), Maler; – Hubert Mumelter (1896 Bozen – 1981 Bozen), Maler; – Luis Plattner (1900 Bozen – 1976 Bozen), Architekt; – Peter Paul Morandell (1901 Bozen – 1976), Maler; – Willy Valier (1920 Bozen – 1968 Bozen), Maler; – Rolf Regele (1899 Bozen/Gries – 1987 Bozen), Maler.

Dichter und Schriftsteller

Karl von Lutterotti (1793 Bozen – 1872 Imst), Mundart-Dichter und Sammler; – Max Stichlberger (gest. 1882 Bozen), Novellendichter und Redakteur der Bozner Zeitung; – Heinrich Noë (1835 München – 1896 Bozen/Gries), Verfasser zahlreicher Reise- und Landschaftsbeschreibungen, namentlich auch von Südtirol; – Carl Dallago (1869 Bozen – 1949 Innsbruck), Philosoph und Literat; – Hans von Hepperger alias Hans von Hoffensthal (1877 Oberbozen – 1914 Oberbozen), Romancier; – Karl Felix Wolff (1879 Karlsstadt – 1966 Bozen), Sammler der Südtiroler Sagen; – Karl Felderer (1895 Margreid – 1989 Bozen), Schriftsteller.

Musiker und Komponist

Ludwig Thuille (1861 Bozen – 1907 München), Komponist (Gedenktafel am Geburtshaus an der Mustergasse).

Andere Persönlichkeiten

Der selige Heinrich von Bozen (gest. 1315); – Heinrich Kunter (gest. 1317 Bozen?), Bürger von Hall i. T. und Bozen, Erbauer des Kuntersweges durch die Eisack-Mündungsschlucht 1314); – Moritz Thoman SJ (1722 Langenargen – 1805 Bozen), Arzt und Missionar in Goa und Afrika, 1759–1777 als Jesuitenpater in portugiesischer Festungshaft.

f) Einwohner

Häuserzahlen

1846 (Staffler): 505 (G.: +237, Z.: +280); – 1869: 515 (G.: +302, Z.: +327); – 1880: 558 (G.: +361, Z.: +365); – 1890: 586 (G.: +412, Z.: +406); – 1900: 619 (G.: +491, Z.: +447); – 1910: 1274 (G.: +615).

Einwohnerzahlen

1846 (Staffler): 6.917 (G.: +1.612, Z.: +1.970); – 1869: 9.355 (G.: +2.301, Z.: +3.285); – 1880: 10.641 (G.: +2.795, Z.: +4.005); – 1890: 11.744 (G.: +3.213, Z.: +4.285); – 1900: 13.904 (G.: +4.271, Z.: +5.346); – 1910: 23.825 (G.: +6.298); – 1921: 23.315 (G.: +7.497); – 1931: 37.351; – 1936: 45.505; – 1951: 70.808; – 1961: 88.791; – 1971: 105.757; – 1981: 102.576; – 1991: 98.158; – 1993: 97.924.

G. = Gries, Z. = Zwölfmalgreien.

g) Friedhöfe

Der Friedhof bei der Bozner Pfarrkirche (urkundlich 1078/82) umgab dieselbe im Norden, Osten und Süden und wurde nach der Anlage der südwärtigen Friedhofsvergrößerung (1547) zum Unterschied von diesem „Unteren" als der „Obere Friedhof" bezeichnet, auf dem jedoch 1562 die Anlage neuer Grabstätten untersagt war. Östlich der Pfarrkirche erhob sich im Friedhof die 1463 von den Gebrüdern Roemer gestiftete Doppelkapelle zu Allerheiligen und Allerseelen, welche laut Katastermappe von 1858 damals nicht mehr bestanden hat. Dort findet sich hingegen die weitläufige Friedhofsanlage von 1826/27 im südlichen Bereich der heutigen Südtirolerstraße eingezeichnet, welche 1930 aufgelassen wurde, nachdem 1926/30 im Süden der Stadt an der St.-Jakob-Straße der bestehende städtische Friedhof angelegt worden war (mit eigener Abteilung für die israelitische Kultusgemeinde); seit 1981 kontinuierlich Erweiterungsprobleme, 1996 Errichtung eines Krematoriums geplant, Inbetriebnahme 2000. In St. Jakob befindet sich auch ein Militärfriedhof mit Mariahilf-Kapelle (erbaut 1900/01).

Kleine Friedhöfe haben auch bei den Kirchen zu St. Afra, St. Quirin, St. Johann und St. Georg in Leitach bestanden (urkundlich 1237). Über eigene Begräbnisstätten verfügten auch die Klöster der Franziskaner, der Dominikaner und der Kapuziner sowie die Deutschordens-Kommende. Eigene Familien-Begräbnisse und -Kapellen bestanden bei den beiden erstgenannten Klöstern.

Der erste Pfarrfriedhof von Gries befindet sich unmittelbar bei der dortigen Alten Pfarrkirche und wird noch belegt. Der 1886 angelegte zweite Grieser Gottesacker nördlich des Moritzinger Weges wurde hingegen bereits 1950 wieder aufgelassen.

Bozens erster Judenfriedhof soll sich nach der Chronik von F. Troyer (1649) bis 1475 in der Nähe des Bozner Pfarrhauses (Propstei) befunden haben und sei damals zum Pfarrhausgarten umgewandelt worden. 1562 wird ein Grundstück an der Talfer als „Judenfreithof" bezeichnet und 1614 ein Grundstück unterhalb der Haselburg.

Für evangelische Besucher der Bozner Messen, welche hier verstorben sind, errichtete der Merkantilmagistrat 1705 südlich der Dominikanerkirche einen kleinen evangelischen Friedhof, welcher im Maria-Theresianischen Steuerkataster von 1777 Katasternummer 133 verzeichnet erscheint. Er wurde jedoch 1826 aufgelassen. Hinsichtlich der gegenwärtigen Situation siehe oben beim städtischen Friedhof in St. Jakob!

1943/45 hat in der Nähe der heutigen Reschenstraße ein nationalsozialistisches (deutsches) Konzentrationslager bestanden, woran ein 1986 errichtetes Denkmal erinnert (siehe dazu auch § 5 d und 15 c, S. 104 und 132).

V. MALFÈR, Der Soldatenfriedhof in St. Jakob bei Bozen. In: Der Schlern Jg. 39, Bozen 1965, S. 317–323.

7 Sprache

Sprachgruppenzugehörigkeit

1880: dt. 9.106, ital. 1.142, andere 25 (G.: dt. 2.568, ital. 63, andere 6; – Z.: dt. 3.522, ital. 294, andere 1); – 1890: dt. 9.879, ital. u. lad. 1.355, andere 25 (G.: dt. 2.891, ital. 36, andere 9; – Z.: dt. 3.640, ital. u. lad. 448, andere 39); – 1900: dt. 11.479, ital. 1.493, andere 58 (G.: dt. 3.759, ital. 124, andere 20; – Z.: dt. 4.963, ital. 114); – 1910: dt. 22.005, ital. u. lad. 976, andere 844 (G.: dt. 5.429, ital. u. lad. 289, andere 580); – 1921: dt. 12.977, ital. 6332, lad. 156, andere 5.850 (G.: dt. 4.444, ital. 1.343, lad. 37, andere 1.673); – 1961: dt. 18.671, ital. 69.834, lad. 181, andere 113; – 1971: dt. 23.651, ital. 81.534, lad. 396, andere 176; – 1981: dt. 26.434, ital. 75.528, lad. 614; 1991: dt. 24.975, ital. 68.109, lad. 737.

8 Wirtschaft

a, b) Allgemeine Wirtschaftsentwicklung bis zum Zeitalter der Industrialisierung – Fabriken und Handelshäuser seit der Mitte des 19. Jahrhunderts

Das Bozner Wirtschaftsleben war bis zur Mitte des 19. Jh. von folgenden Hauptfaktoren beherrscht: Vom Handel auf den urkundlich seit 1202 nachweisbaren Bozner Jahrmärkten bzw. Messen und vom transalpinen Personen- und Güterverkehr, verbunden mit der für beide Wirtschaftszweige nötigen Gastronomie, sowie vom Weinbau und Weinhandel in der Umgebung der Stadt. (Ein Weinkeller im Dorf Bozen wird urkundlich bereits um 1048/68 genannt. Die Pfarre Gries wurde sogar im 12./13. Jh. schlechthin als Keller bzw. „Chellare, Kelr" etc. bezeichnet.) Dazu kamen nach dem Anschluß an die Eisenbahnlinie von Verona (1857/59) bzw. über den Brenner (1864/67) nach Innsbruck und München etc. einerseits der Tourismus und andererseits eine bescheidene Industrialisierung, welche der Verarbeitung heimischer Produkte (Obst, Schaf- und Baumwolle) gewidmet war. Im einzelnen zu nennen sind hier die 1849/50 errichtete Baumwollspinnerei der Gebrüder Kofler am Bozner Mühlbach in St. Anton (aufgelassen 1993) sowie die Konservenfabrik von Josef Ringlers Söhnen und die 1871 von Alois Tschurtschenthaler begründete „erste Südtiroler Conservenfabrik mit Dampfbetrieb". Um 1846 entstand das Kaufhaus Oberrauch.

Zentren der Weinwirtschaft waren – dank zahlreicher Stiftungen von Weingärten in der Umgebung der Stadt – das hl.-Geist-Spital und die Pfarrkirche (vgl. die einschlägige, auf ein Privileg Herzog Albrechts III. von 1387 bezogene Symbolik am sogenannten Leitachertörl an der Nordseite der Domkirche). Der Maria-Theresianische Steuerkataster von 1777 verzeichnet sogar ein eigenes „Weinschankhäußl der (Pfarr-)Propstei". Typische Bozner Weinsorten waren und sind der St. Magdalener, der Leitacher, der St. Justiner, der Runkelsteiner und der Guntschnaer. Ein erheblicher Teil der Weinproduktion in der Umgebung der Stadt befand sich – ebenfalls infolge von vorwiegend mittelalterlichen Schenkungen – im Besitz bayerischer Klöster (z. B. Tegernsee, Andechs etc.) und namentlich der Hochstifte Augsburg und Freising.

In Gries fand die wirtschaftliche Bedeutung der Weinwirtschaft – wie bereits erwähnt – sogar in der alten Dorf- und Pfarrbezeichnung „Chellare" (urkundlich um 1147/48) bzw. Keller manifesten Ausdruck.

Das innerstädtische Weinausschank-Recht wurde durch die Wein-Ordnung von 1397 geregelt und war an das Bürger- und Inwohnerrecht gebunden.

Mit dem Handel engstens verbunden waren die Geldwechsler: „Campsores" aus Verona werden in Bozen bereits 1237 genannt. Ein „prestitor" begegnet 1291. Auch in Gries hat schon 1297 ein Leihhaus („casana") bestanden. Die „domus prestatorum" bzw. das „Wuecherhaus" in Bozen befand sich im landesfürstlichen Turm „Wendelstein" südwestlich der Pfarrkirche und wurde erst Ende des 16. Jh. aufgelassen (seit 1601 Sitz des Kapuzinerklosters).

Bei den in Bozen ansässigen Kaufleuten konnte man generell zwei Gruppen unterscheiden, die Gruppe jener, die nur ihren eigenen Handel betrieben, und jene, die überdies als „Faktor" oder Vertreter auch die Interessen auswärtiger Firmen wahrnahmen, wie z. B. nacheinander Hans Löchel und Christoph Rotenpuecher als Fuggerische Geschäftsträger vor bzw. nach 1527, Bernhard Eyrle als Faktor der ebenfalls augsburgischen Firma Haug-Langenauer (um 1574), Balthasar Heisserer für die Augsburger Firma Miller und Andre Wolgeschaffen als Vertreter der Firma Saltz aus Wels (um 1610/12). In Bozen selbst stiegen jedoch vor 1800 nur die Familien Gummer und Menz in den Rang größerer Handelshäuser auf, denen 1802 das Haus Amonn – seit 1806 am Dreifaltigkeits- bzw. Rathausplatz – folgte (die Farbenfabrik Amonn-Color wurde 1994 nach Wien verlegt).

Beide Gruppen von Bozner Kaufleuten kamen beruflich weit herum. So z. B. nennen die Passauer Mautbücher von 1400/1402 sogar zehn Bozner Händler, welche mit ihren Waren (Wein, Lorbeer, Safran, Öl, Pomerantschen bzw. Orangen, Kastanien etc.) z. T. bis nach Böhmen zogen.

Radikal verändert und verfälscht wurde das Bozner Wirtschaftsleben durch die ab 1935 aus faschistisch-ethnopolitischen Motiven kraft königlichem Dekret vom 28. September 1934 errichtete Industriezone am Grutzen im Süden der Stadt links der Etsch, wo damals insbesondere einige große, überdies höchst umweltbelastende Industriebetriebe errichtet worden sind, nämlich eine Filiale der Automobilfabrik Lancia (heute IVECO-Werk), die Acciaierie di Bolzano (Stahlwerk Bozen), eine Aluminiumfabrik des Montecatini-Konzerns der Industria Nazionale Aluminio sowie ein Magnesiumwerk der Società Italiana Magnesio und das Karosseriewerk Viberti. Zweck dieser Fabriken, die durchwegs ortsfremde Rohstoffe verarbeitet haben bzw. z. T. noch verarbeiten, die kostenintensiv von weither antransportiert werden mußten bzw. müssen, war es, Arbeit suchende Mitbürger aus Notstandsgebieten Alt-Italiens (z. B. Süditaliens) zur Übersiedlung nach Bozen zu animieren, wo für sie auch Wohnbauten in Gries errichtet worden sind (bezüglich des Ergebnisses dieser Aktion vgl. § 7, S. 112). Allein ein Industriebetrieb, die Masonit-Werke, gehörte in die Branche der Holzverarbeitung.

Seit der Schaffung der autonomen Provinz Südtirol (1972) ist die Südtiroler Landesregierung bemüht, die Bozner Industriezone umzustrukturieren und auch die durch die genannten Betriebe verursachte erhebliche Umweltverschutzung einzudämmen, wobei andererseits seit 1976 südlich anschließend an die Problem-Industriezone eine Produktiv- und Handelszone Bozen-Süd entsteht, welche 1992 um weitere 6 Hektar vergrößert wurde.

P. v. RADICS, Handel und Wandel in Bozen vor 100 Jahren. In: Bote für Tirol etc. 1886, S. 32f., 47. – L. SANTIFALLER, Ein Verzeichnis der Urkunden der Bozner Pfandleihanstalt aus der Mitte des 14. Jh. In: Schlern-Schriften Bd. 12, Innsbruck 1927, S. 53–61; – F. HUTER, Die Quellen des Meßgerichts-Privilegs der Erzherzogin Claudia für die Bozner Märkte = (Bozner) Jahrbuch für Geschichte, Kultur und Kunst, Bozen 1927; R. STAFFLER, Die

Bozner Handelsordnung vom Jahre 1724. In: Der Schlern Jg. 15, Bozen 1934, S. 55–60; – D. SOUARD, Industrie-Rauch in Bozen = Beiträge zur alpenländischen Wirtschafts- und Sozialforschung, Folge 44, Innsbruck 1969; – E. MARCON, Beiträge zur Wirtschafts- und Sozialgeschichte der Stadt Bozen im Vormärz. Ungedr. Diss., Innsbruck 1978; – H. RIZZOLLI, Betriebswirtschaftliche Auswertung von vier Bozner Wechselbriefen aus den Jahren 1594 und 1597. In: Der Schlern Jg. 53, Bozen 1979, S. 689–691; – DERSELBE, Die Rolle Bozens im hochmittelalterlichen Münzwesen. In: Bozen. Von den Anfängen bis zur Schleifung der Stadtmauern (Tagung Bozen 1989), Bozen 1991, S. 233–236; – DERSELBE, Ein Gotteshaus an der Stelle des ehemaligen Wucherhauses. In: Der Schlern Jg. 74, Bozen 2000, S. 255–272; – Ch. EGGER, Bozen zwischen Stagnation und Wandel. Zur Geschichte der Verfassung des Finanzwesens und der Wirtschaft von 1765–1795. Ungedr. geisteswiss. Diss., Innsbruck 1993; – W. SCHNEIDER, Weinverkauf des Heilig-Geist-Spitals Bozen im 16., 17. und 18. Jh. In: Der Schlern Jg. 70, Bozen 1996, S. 195–221; J. NÖSSING, Bozens Weinhandel im Mittelalter und in der Neuzeit. In: Beiträge zur Geschichte der Städte Mitteleuropas Bd. 14, Linz a. D. 1996, S. 181–191; Ch. HAIDACHER, Die wirtschaftliche Rolle der Stadt Bozen und ihre finanzielle Bedeutung für das Tiroler Landesfürstentum. In: Bozen. Von den Grafen von Tirol zu den Habsburgern = Forschungen zur Bozner Stadtgeschichte 1, Bozen 1999, S. 41–56; – H. RIZZOLLI, Bozens Bedeutung für das Tiroler Münz- und Bankwesen vor dem Jahre 1363. In: Ebenda, S. 229–240.

c) Märkte, Messen und Ausstellungen

Die beiden älteren Bozner Jahrmärkte zu Mitfasten und zu St. Genesius sind urkundlich seit 1202, ihre genannten Termine seit 1208 nachweisbar. Ihnen fügte der Tiroler Landesfürst Ludwig der Brandenburger 1357 durch Transferierung des Grieser St.-Andreas-Marktes in die Stadt Bozen einen dritten hinzu, welchem in der 2. Hälfte des 16. Jh. – nachweisbar seit 1584 – als vierter der Fronleichnamsmarkt folgte. (Eine 1585 als Einblattdruck verlegte Allegorie auf den Handel von J. Amman zeigt allerdings in dem dort integrierten europäischen Messen-Kalender lediglich die drei althergebrachten Bozner Märkte, jedoch noch nicht den erst kurz zuvor eingeführten vierten Jahrmarkt um Fronleichnam.)

Als Aufsichtsorgan wird seit 1476 der landesfürstliche Hansgraf genannt. Eine erste detaillierte Marktordnung bilden die Bozner Statuten von 1437, welche 1556 erneuert worden sind. Danach waren die Markt- oder Messebesucher auch in Handelssachen noch dem Land- und Stadtrichter von Gries-Bozen unterworfen. Alle vier Jahrmärkte oder Messen hatten eine Dauer von zwei Wochen bzw. sogar von 17 Tagen, was nicht zuletzt für die Gastronomie jährlich mehr als acht Wochen gesicherte Hochkonjunktur bedeutet hat. Die Messebesucher oder Fieranten kamen ungefähr je zur Hälfte aus dem deutschen und aus dem italienischen Sprachraum, wobei letztere ihre Marktstände unter den „wälschen Gwölm", erstere hingegen unter den „teutschen Gwölm" zugewiesen erhielten, worunter einerseits der nordseitige und anderseits der südseitige Laubengang der Laubengasse verstanden wurde (so z. B. im Maria-Theresianischen Steuerkataster von 1777).

Um die bei Messen unvermeidlichen Streitigkeiten und Mißverständnisse, welche bei zweisprachigen Märkten in verstärktem Maße entstanden, möglichst unkompliziert und rasch beilegen zu können, hat die Tiroler Landesregentin Claudia von Medici, die Witwe Erzherzog Leopolds V., nach reiflicher Konsultierung vergleichbarer Marktordnungen in Italien und Frankreich (Verona, Genua, Bologna, Lucca, Piacenza und Besancon) durch Wirtschaftsexperten im Jahre 1635 für die Bozner Messen ein eigenes, vom Land- und Stadtgericht Bozen unabhängiges Markt- oder Meßgericht mit eigener Markt- und Wechselordnung, den Bozner Merkantilmagistrat geschaffen, der in der Folge seinerseits wieder beispielgebend war für ähnliche Einrichtungen in Frankfurt a. M., Leipzig, Braunschweig und Wien. In diesen Magistrat konnten sich die daran interessierten Marktbesucher als „Contrattanten" immatrikulieren lassen und waren dann auch – zum Unterschied von den übrigen „Fieranten" – bei der Wahl des Vorsitzenden und der Räte dieses Magistrates teilnahmeberechtigt. Die Wahlordnung sah vor, daß stets jede der beiden Nationen abwechselnd in der ersten oder zweiten Instanz den Vorsitzenden (Konsul bzw. Appellationsrichter) stellte, und daß dem Vorsitzenden als Vertreter der einen Nation immer zwei Räte bzw. Richter der anderen Nation beigegeben wurden. Die beiden Sprachen waren bei diesem Magistrat grundsätzlich gleichberechtigt, ihr Gebrauch richtete sich danach, „wie es der Partheien Erfahrenheit und Notturft erfordert". Da jedoch die Mehrzahl der Marktbesucher aus dem Süden kam und in der Regel mehr deutschsprachige Contrattanten auch der italienischen Sprache mächtig waren als umgekehrt, wurden die Protokolle des Merkantilmagistrats „bis ans Ende des 18. Jh. fast ausschließlich italienisch geführt" (F. Huter), was von der faschistischen Politik willkürlich im Sinne einer historischen „Italianità" von Bozen (vor 1919) interpretiert und mißbraucht worden ist.

Durch das 1780 von Kaiser Josef II. in den österreichischen Erbländern eingeführte neue Mautsystem, dessen Zolltarif mit seinen rund 4.000 Zollpositionen ein echtes Prohibitiv-Zollsystem darstellte, kam es zu einem starken Rückgang im Besuch und Umsatz der Bozner Märkte, doch wurde dieser Zolltarif über Betreiben des Merkantilmagistrates 1783 für Tirol wieder aufgehoben. Andererseits beschnitt Kaiser Josef II. 1787 auch die gerichtlichen Kompetenzen des Merkantilmagistrates, was jedoch 1792 von Kaiser Franz II. wieder rückgängig gemacht wurde. In der Zeit der Zugehörigkeit Bozens zum napoleonischen Königreich Italien (1810–1813/14) wurde der Merkantilmagistrat aufgelöst und durch ein Handelsgericht und eine Kommerzkammer ersetzt. Kaiser Franz I. von Österreich verfügte zwar 1816 seine Wiedererrichtung, doch verloren die Bozner Messen selbst entsprechend den damaligen politischen Verhältnissen immer mehr an Bedeutung. Als schließlich einerseits 1849 die österreichische Justiz neu organisiert und die gerichtlichen Kompetenzen des Merkantilmagistrates an das neu errichtete Landesgericht in Bozen übertragen und andererseits 1850 die Errichtung einer Handelskammer in Bozen verfügt worden war, hat sich der Merkantilmagistrat noch im gleichen Jahre selbst aufgelöst und gegen Zusicherung des Wahlrechtes der bisherigen Contrattanten in der Handelskammer sein gesamtes Eigentum einschließlich des Merkantilpalastes an diese übergeben. Dabei wurden auch das Symbol des Merkantilmagistrates und seine Devise „Ex merce pulcherior" übernommen. Die „Termine der vier freien Märkte der Stadt Bozen" wurden zwar noch 1851 im „Boten für Tirol" veröffentlicht, doch zeitigte dies nicht mehr das gewünschte Ergebnis. Neben diesen „Hauptmärkten" verzeichnet J. J. Staffler (1847) für Bozen „noch andere vier Märkte von minderer Wichtigkeit: am Montag nach Lätare, am 1. Mai, am 23. September (Anm.: Matthäus) und am 20. Dezember." Dazu kamen noch vor 1880 ein Drei-Königs- (6. Jänner), ein Bartholomäus- (24. August) und (im Oktober) ein Rosari Markt. Spezielle Viehmärkte wurden 1880/90 in Bozen zu Mariae Lichtmeß (2. Februar), am 3. April, zu St. Andreas der „Große Herbst-Vieh- oder Allerseelenmarkt" (2. November) und am Thomastag (21. Dezember) abgehalten. (Bis 1985 wurden die Bozner Viehmärkte am Viehmarktplatz in Gries abgehalten, seither beim Viehvermarktungszentrum VIVES in der Industriezone Süd.)

In der 2. Hälfte des 19. Jh. wurde dann zwar die Wiederbelebung der Bozner Haupt-

Märkte angestrebt, was seit 1896 in der Abhaltung des alljährlichen Weinmarktes, genannt „Bozner Weinkost", Gestalt annahm, doch wurde die im April 1921 vorgesehene „Erste Bozner Messe" infolge einer mörderischen Gewalttat von Faschisten schon beim Eröffnungsfestzug abgewürgt (vgl. den Amtlichen Katalog der Bozner Messe vom 19. bis 26. April 1921 mit dem Aussteller- etc. Verzeichnis). 1922 gab es stattdessen eine „Südtiroler Obstschau" und 1923 dem Namen nach eine „Allgemeine Mustermesse", womit dieser Versuch der Erneuerung endete. Ein dauerhafter Erfolg stellte sich erst nach dem Zweiten Weltkrieg ein, als die Bozner Messen 1948 durch Provinz, Stadt, Handel und Industrie wieder erneuert und auf dieser Basis 1955 auch eine „autonome Körperschaft *Bozner Messe*" gegründet wurde, nachdem bereits 1951/52 eine neue (erste) Messehalle in Gries errichtet worden war, der am dortigen Messegelände weitere folgten. Seit 1971 werden zwei Messen, eine Frühjahrs- und eine Herbstmesse abgehalten, wozu in der Folge andere regelmäßige Fachausstellungen diverser Wirtschaftszweige (Landwirtschaft, Freizeit, Hotel, Holz, etc.) kamen. Die Zunahme der Messe-Beteiligung führte 1993 zum Beschluß der Landesregierung, das Messegelände in die Industrie- und Handelszone Süd zu verlegen. Die Eröffnung dortselbst erfolgte 1998.

Bezüglich angeblicher „Bozner Märkte in Mittenwald/Bayern" ist folgendes festzustellen: Der vom Tiroler Landesfürst Sigmund dem Münzreichen 1487 provozierte Krieg gegen Venedig hat zwar die Bozner Märkte vorübergehend geschädigt, doch entspricht es keineswegs den Tatsachen, daß die Bozner Messen fortan bis 1679 von den venezianischen Kaufleuten gemieden und von diesen stattdessen nur noch die Jahrmärkte in Mittenwald in Bayern, quasi als „Bozner Märkte in Mittenwald" besucht worden wären. (Man vergleiche dazu vor allem oben S. 114 f. die 1635 beginnende Geschichte des Bozner Merkantilmagistrates!)

1588 wurde für den Samstag-Wochenmarkt am Kornplatz eine eigene Marktordnung erlassen; – 1981 erfolgte eine Neuordnung des Samstagmarktes.

Seit 1856 gibt es die „Blumenausstellung" bzw. den Blumenmarkt am Waltherplatz.

1898 gab es eine (Kaiser-)Jubiläums-Ausstellung von kunstgewerblichen und hausindustriellen Erzeugnissen des Kammer-Bezirks Bozen.

1935 Errichtung des „Allgemeinen Lagerhaus Bozen" (Jubiläum 1985); 1964 Errichtung der Gemüsegroßmarkthalle am Bozner Boden, welche 1984/85 durch Zubau für alle Lebensmittel erweitert wurde. – 1989 Eröffnung des Metro-Großmarktes Bozen.

Kaiserlich-Königliche Satzungen und Freyheiten für die freyen Märkte der Stadt Botzen, Bozen 1793; – G. Bückling, Die Bozner Märkte bis zum 30-jährigen Kriege, Leipzig 1907; – J. Leisching, Das Merkantilgebäude und der Merkantilmagistrat in Bozen, Wien 1908; O. Stolz, Neues zur älteren Geschichte der Bozner Märkte. In: Der Schlern Jg. 2, Bozen 1921, S. 137–143; – F. Huter, wie oben bei § 8 a, b; G. Canali, La Matricula dei Mercanti di Bolzano nel Magistrato mercantile 1635–1850. In: Cultura Atesina Bd. 2, Bozen 1948, S. 102–116; – H. Krasensky, Die Bozner Marktordnung 1718. Mit einem ‚Geleitwort' des Präsidenten der Bozner Messe und der Bozner Handelskammer W. v. Walther, Wien 1957; E. Muth, Die Bozner Messe = Beiträge zur alpenländischen Wirtschafts- und Sozialforschung 33, Innsbruck 1968; – W. v. Walther, Bozen als Handelszentrum – die Bozner Messen des 20. Jh. In: Jahrbuch des Südtiroler Kulturinstitutes Bd. 8, Bozen 1973, S. 282–301; – G. Mandich, Geld und Kreditwesen der Bozner Märkte. In: Festschrift zum 125-jährigen Bestehen der Südtiroler Landessparkasse, Bozen 1979, S. 459–548; – R. Sprung, Das Privileg und die Ordnung Erzherzogin Claudias von Medici vom 15. 9. 1635 für die Bozner Märkte und Messen. In: Die Bozner Handelskammer vom Merkantilmagistrat bis zur Gegenwart, Bozen 1981, S. 9–58; – H. Gallmetzer/M. Ferrandi/L. Nicolodi, Die Bozner Messe – Geschichte und Gegenwart, Bozen 1982; – K. F. Zani, Bozner Marktberufung vom

Jahre 1569. In: Der Schlern Jg. 58, Bozen 1984, S. 729–734; – N. GRASS, Vom Messegericht zum Merkantilmagistrat im alten Tirol. In: Festschrift für Hans Thieme. Sigmaringen 1986, S. 215–233; – H. HEISS, Die ökonomische Schattenregierung Tirols. Zur Rolle des Bozner Merkantilmagistrates vom 17. bis ins frühe 19. Jahrhundert. In: Geschichte und Region 1, Bozen 1992, S. 66–87; – DERSELBE, Der Merkantilmagistrat als Mäzen im Bozen des 17. Jahrhunderts. In: Die Malerei, hg. v. S. Spada-Pintarelli, Milano 1994, S. 13–19; E. DEMO, Mercanti e mercanzie alle fiere di Bolzano ed Egna (Neumarkt) nella prima metà del 500. In: Geschichte und Region 5, Bozen 1996, S. 345–365; – W. BRUNNER (Red. u. Mitautor)/Marktgemeinde Mittenwald (Hg.), „Bozner Märkte" in Mittenwald 1487–1679. Mittenwald 1987.

d) Organisationen des Handels und Gewerbes

Handwerksbruderschaften und Zünfte

St.-Anna-, später Mariae-Himmelfahrt-Bruderschaft der Bäcker, gegründet 1384, landesfürstlich bestätigt 1423 (bis 1771 mit den Müllern vereinigt);
Hl.-Kreuz-Bruderschaft der Schuster und Rotgerber, errichtet vor 1439;
Fronleichnams-Bruderschaft der Binder, landesfürstlich bestätigt 1423;
St.-Sebastian-und-Rochus-Bruderschaft der Schneider, gegründet 1448;
Zwölf-Apostel-, später St.-Johann-Nepomuk-und-Cölestin-Bruderschaft der Barbierer und Bader (Handwerksordnung von 1478);
St.-Cosmas-und-Damian-Bruderschaft der Chirurgen, landesfürstlich bestätigt 1480;
St.-Florian-und-Eligius-Bruderschaft der Hufschmiede, gegründet 1493;
St.-Katharina-und-Barbara-Bruderschaft der Steinmetze und Maurer, seit dem 15. Jh.;
Hutmacher-Handwerk, Ordnung von 1550;
Jesus-, Maria-und-Josef-Bruderschaft der Schlosser, Uhr- und Büchsenmacher, gegründet 1678;
St.-Josef-und-Sebaldus-Bruderschaft der Zimmerleute, begründet vor 1774.
Am St.-Georgs-Umgangsspiel zu Fronleichnam 1744 haben folgende Zünfte in dieser Reihung teilgenommen: Schuhmacher, Kupferschmiede, Weißgerber, Kaufleute, Kürschner, Tischler, Sattler, Metzger, Wirte, Goldschmiede, Maler und Bildhauer, Schlosser, Uhrenmacher, Büchsenmacher, Bäcker und Müller, Steinmetzen und Maurer.

1908 Gründung der Kellereigenossenschaft Gries (Jubiläum 1988).

Sparkassen und Banken

Sparkasse der Provinz Bozen: gegründet als Sparkasse Bozen (Vereinssparkasse) 1851/54, eröffnet 1855 im ehemaligen städtischen Waaghaus am Kornplatz, 1866 Übersiedlung an die Mustergasse, 1904/06 Bau des 1937 umgebauten Sparkassengebäudes an der Ecke Museum-/Sparkassenstraße, 1992 Umwandlung der Südtiroler Landessparkasse in eine Sparkasse AG.
1897 Gründung einer (Raiffeisen-)Spar- und Darlehenskasse für Zwölfmalgreien.
1900 Gründung einer (Raiffeisen-)Spar- und Darlehenskasse für Gries, heute: Volksbank Bozen; 1992 erfolgte die Fusion der Volksbank Bozen mit jener von Brixen.
1902 Errichtung einer Spar- und Vorschußkasse für Handel und Gewerbe in Bozen.
1953 Errichtung der Investitionsbank in Bozen (1993 Jubiläum).
1973 Gründung der Raiffeisen-Zentralkasse Südtirol in Bozen, 1985/89 Bau des neuen Verwaltungsgebäudes derselben an der Ecke Laurinstraße/Gerbergasse.

C. v. Braitenberg, Die Sparkasse Bozen im 20. Jh. In: Jahrbuch des Südtiroler Kulturinstitutes Bd. 8, Bozen 1973, S. 257–281; – W. Christanell, Die Bozner Glockengießer. In: Der Schlern Jg. 5, Bozen 1924, S. 271–276; – F. Huter, Das Bruderschaftsbuch der Bozner Maurer. In: Bozner Jahrbuch für Geschichte, Kultur und Kunst 1948, Bozen 1948, S. 109–154; – derselbe, Vom Bozner Schneiderhandwerk. Zunftordnung und Zunftleben. In: Tiroler Wirtschaftsstudien, Bd. 33, Innsbruck 1977, S. 157–174; J. Ringler, Notizen zur Bozner Goldschmiedekunst des 18. Jahrhunderts. In: Der Schlern Jg. 35, Bozen 1961, S. 171–176; – K. F. Zani, Volks- und Rechtsbräuche der Bozner Bäcker. In: Der Schlern Jg. 58, Bozen 1984, S. 150–152; – derselbe, Bozner Hutmachergesellenordnung vom Jahre 1550 und das Handwerk der Huter. In: Ebenda S. 86–101; – G. Mutschlechner, Ordnung und Bruderschaft der Weber in Bozen. In: Der Schlern Jg. 66, Bozen 1992, S. 780.

e) Verkehrseinrichtungen

Hauptstraßen und Straßenbrücken

Die Hauptlandstraße in und durch Bozen in Richtung nach oder von Süden, Nordosten und Nordwesten erfuhr mehrfache Verschiebungen. Am Beginn steht vor der Gründung der Stadt ein dem nördlichen Talhang folgender Weg von der Brennerstraße über St. Oswald und St. Peter zur Talferbrücke bei St. Anton bzw. dessen Fortsetzung vorbei an der Zollstätte von Severs beim Gscheibten Turm sowie weiters durch den Ortskern von Gries und durch Moritzing nach Meran, von welchem Wege an der Bozner Pfarrkirche vorbei zur Eisackbrücke die Straße nach Trient bzw. vom Ortskern von Gries über die Etschbrücke bei Sigmundskron eine Verbindung nach Überetsch geführt haben. – Im Zuge der Gründung der Stadt Bozen wurde die Ost-West-Transversale in die Laubengasse bzw. „Stadtgasse" verlegt und gleichzeitig in deren Verlängerung eine zweite Talferbrücke errichtet (vgl. dazu bezüglich der Stadttore oben § 5 a, S. 91 f.). – Nach der mehr oder weniger gewaltsamen Einnahme der bischöflichen Stadt Bozen durch Graf Meinhard II. 1276/77 wurde der Hauptverkehr über die Linie Andreas-Hofer-Straße – Vintlerstraße – Franziskanergasse – Obstmarkt – Goethestraße zur Eisack- bzw. Loretobrücke umgeleitet (dieser Straßenzug wird daher noch im Maria-Theresianischen Kataster von 1777/80 als die „Landstraße" bezeichnet), welcher Zustand erst nach der Eingemeindung von Zwölfmalgreien durch die 1914 erneuerte direkte Ost-Einfahrt durch das sogenannte „Durchbruchshaus" zum Rathausplatz bzw. zur Laubengasse beendet wurde. Eine typische Folge der Landstraßenführung rund um die Altstadt war, daß sich noch 1858 an der langen Laubengasse bzw. „Stadtgasse" nur zwei Gastgewerbebetriebe befanden, während allein am kurzen Straßenstück Obstmarkt – Goethestraße mit dem Postwirt zur Goldenen Sonne drei und an der Linie Bindergasse – Weintraubengasse sogar sieben Gasthöfe vor allem für die Marktbesucher bestanden. – Die rapide Zunahme des Automobilverkehrs und des baulichen Wachstums der Stadt vor allem im Gebiet des 1925 eingemeindeten Gries machten 1929/30 als neue Ost-West-Transversale die Anlage des Straßenzuges Rittner-, Garibaldi- und Marconistraße sowie der „Drususbrücke" über die Talfer und jenseits derselben die Anlage der Drusus-Allee notwendig, wobei die betreffende Namengebung und die Symbolik der Brückenzierden der politischen Situation der Zeit entsprach. – Zusätzlich machte die Errichtung der Industriezone (ab 1934/35) links des Eisack dort auch den Bau einer neuen Staatsstraßen-Trasse von Kardaun durch den 1929/62 geschaffenen Virgl-Tunnel (Länge 700 m) nach Haslach bzw. zur alten Staatsstraße nach Trient notwendig. Dabei wurde durch drei neue Eisackbrücken, die Rom-, die Palermo- und die

Reschenbrücke (erbaut 1939, 1976/77 und 1947) die nötige Verbindung zwischen der Industriezone und den neuen Wohnbauten in Gries hergestellt. Die 1971 errichtete Kampiller-Brücke verbindet die neue Staatsstraße mit dem Stadtteil Bozner Boden. 1998 wurde ein Fußgängersteg von Haslach zur Sportzone an der Triester Straße fertiggestellt. Derzeit (2000) in Bau ist eine Straßenbrücke zur Josef-Mayr-Nusser-Straße (Parkhaus).

Die letzten Phasen in der Entwicklungsgeschichte der Haupttransitstraßen durch Bozen bilden einerseits der Bau der Brennerautobahn (Eröffnung des Abschnittes Trient–Bozen 1968 bzw. des Teilstückes Bozen–Klausen 1975) sowie der 1976/78 begonnene Bau der Schnellstraße Bozen–Meran, der „MeBo", entlang der Etsch und mit einem Tunnel durch den Burgfelsen von Sigmundskron (Durchstich 1992). Dieses Teilstück wurde 1994, die gesamte Schnellstraße bis Meran 1997 dem Verkehr übergeben. Endlich ist hier die im Frühjahr 2000 dem Verkehr übergebene Linke Eisack-Uferstraße, südwestlich anschließend an die Trienter Straße zu nennen, die teilweise unter der Autobahnbrücke verläuft und sowohl als Zubringer zur MeBo, als auch als Direktverbindung zur neuen Gewerbezone Bozen-Süd fungiert.

1880 beschloß die Stadt Bozen den Bau der Straße über die Mendel (Mendelpaß) nach Fondo, eröffnet 1886. Im Zuge dieses Projektes wurde 1881/82 die Etschbrücke bei Sigmundskron flußaufwärts in die geradlinige Verlängerung der Sigmundskroner Straße bzw. an ihren heutigen Standort verlegt, sie befand sich bis dahin unmittelbar unterhalb des Burgfelsens. 1887 erfolgte die Errichtung der Straße von dieser neuen Etschbrücke nach Sigmundskron und Girlan.

1859/61 erster Bau der Straße durch die Eggentalschlucht, weiter ausgebaut und neuerlich eröffnet 1884. – Bau der weiterführenden „Dolomitenstraße" Bozen – Cortina d'Ampezzo – Toblach 1904–1909.

1853 Eröffnung des ersten Fahrweges durch die Sarntalschlucht; zuvor verlief der Fahrweg nach Sarnthein über Gries/St. Jakob und vorbei an der Burg Rafenstein, 1894/1901 folgte der Bau der heutigen Straße.

1981 Ausbau der Straße nach Kohlern.

1973/93 Bau der neuen Straße von Gries-Guntschna nach Jenesien.

Bahnanlagen

Staatsbahn Trient – Bozen eröffnet 1859, Bozen – Innsbruck eröffnet 1867, zweigeleisig erweitert 1900; Bahntunnel Bozen – Blumau und Blumau – Waidbruck 1997 (Demontage der alten Bahnanlagen im betreffenden Streckenabschnitt 1999).

Bozen – Meran eröffnet 1881, Neutrassierung in Bozen-Gries mit 1,8 km langem Viadukt 1978/80;

Bozen – Kaltern eröffnet 1898 (elektrifiziert 1910/11, eingestellt 1963);

Standseilbahn zum Mendelpaß erbaut 1903; – detto auf den Virgl erbaut 1907 (eingestellt 1943); – detto nach Guntschna erbaut 1912 (eingestellt 1963);

Zahnradbahn auf den Ritten erbaut 1907 (eingestellt 1966);

Seilschwebebahn nach Kohlern erbaut 1908 (Europas erste für den Personenverkehr zugelassene Seilschwebebahn), verbesserte Ausführung 1913; – detto auf den Ritten erbaut 1966; – detto auf den Virgl erbaut 1957 (eingestellt um 1975); – detto nach Jenesien erbaut 1936/37.

Straßenbahn Bozen – Gries erbaut 1908/09, Bozen – Wurzerhof erbaut 1914, bis Lei-

fers verlängert 1931. Beide Linien wurden 1948 aufgelassen und durch Autobus-Linien ersetzt. Errichtung des Autobusbahnhofs 1960/61.
Der während des Ersten Weltkrieges angelegte Militärflugplatz in St. Jakob wurde 1925/27 und auch nach 1945 mehrfach für den zivilen Flugverkehr weiter ausgebaut, jedoch von internationalen Fluglinien nicht angeflogen. 1986 Installierung einer elektronischen Anflughilfe (Wolkendurchstoßverfahren). Die Airport Bozen AG, der 1992 auch die Stadt Bozen beigetreten ist, betreibt jedoch einen entsprechenden Ausbau des Flugplatzes: 1997 Bauausschreibung, am 29. März 1999 konnte der Linienflugverkehr durch die Tyrolean Airlines (Innsbruck) auf folgenden Routen aufgenommen werden: Bozen – Rom, Bozen – Frankfurt/M., seit 12. 9. 1999 auch Bozen – Linz.

Einrichtungen der Post

1576 Verleihung des Postamtes Bozen an die Familie Taxis-Bordogna, deren Poststation beim Gasthaus zur Goldenen Sonne, Ecke Obstplatz/Museumstraße (abgebrochen 1874), untergebracht war. Hierauf im ärarischen k. k. Hauptzollamtsgebäude, Ecke Bindergasse/Andreas-Hofer-Straße, stationiert, übersiedelte das k. k. Hauptpostamt 1890 in den an der Stelle des ehemaligen hl.-Geist-Spitals errichteten und noch bestehenden Gründerzeit-Neubau Ecke Post-/Eisackstraße. 1868 Eröffnung des ärarischen Bahnpostamtes am Bozner Bahnhof.
1850 Errichtung der Telegraphenlinie Bozen – Innsbruck, 1899 Errichtung der Telephonverbindung Bozen – Meran, 1985 Errichtung eines Telekommunikationszentrums an der Reschenstraße.
1869 Eröffnung eines Postamtes in Gries.

Rundfunk

Der Sender Bozen besteht seit 1931, die Senderanlage am Montiggler Berg seit 1935. Die RAI in Bozen besteht seit 1946. Die Rundfunkanstalt Südtirol (RAS) wurde 1975 errichtet, seit 1983 hat ihren Sitz im Hause Europa-Allee Nr. 264.

H. v. VOLTELINI, Die Bozner Eisakbrücke (sic!). In: Schlern-Schriften Bd. 9, Innsbruck 1925, S. 164–169; – F. HUTER, Zur Geschichte der Bozner Brücken. In: Der Schlern Jg. 16, Bozen 1935, S. 194–201; – L. TAXIS-BORDOGNA und E. RIEDEL, Zur Geschichte der Freiherren und Grafen Taxis-Bordogna-Valnigra und ihrer Obrist-Erbpostämter zu Bozen, Trient und an der Etsch = Schlern-Schriften Bd. 136, Innsbruck 1955; – Th. CHRISTOMANNOS, Die neue Dolomitenstraße, Wien 1909.

f) Fremdenverkehr

Abgesehen von den alten Bozner Gasthöfen ist hier besonders auf die mit der Errichtung des Hotels zur Kaiserkrone 1759 am Musterplatz im Vergleich zu den übrigen Städten des Landes mehr als einhundert Jahre früher einsetzende Schaffung eines modernen Hotels hinzuweisen.

1869 Gründung der Sektion Bozen des Alpenvereins (Jubiläum 1994)
1883 Gründung eines Zweigvereines Bozen des Österreichischen Touristenklubs
1890 Gründung eines „Verschönerungsvereines für den Curort Gries"
1902 Gründung des Fremdenverkehrs- und Verschönerungsvereins Bozen und Umgebung.
1875 offizielle Erhebung von Gries zum Kurort, 1882 Herausgabe einer gedruckten

Kurliste, 1885 Umbenennung des „Kurvereines Gries" in „Kurverein Bozen-Gries". 1890 topographische Fixierung des Kur-Bezirkes- bzw. Rayons auf die Viertel Hof und Fagen; 1884 wurde das Grieser Kurhaus erbaut, jedoch 1935 aufgelassen und in ein Mädchenpensionat des Ordens der Marcellinen umgewandelt. Die damalige Errichtung der großen Kasernen in Gries sowie der Industriezone Bozen bedeutete auch generell das Ende der Kurort-Qualität.

Heinrich Noë, Bozen und Umgebung. Bozen 1898; GEUTERS Führer Bozen-Gries. Darmstadt 1908; – J. C. PLATTER's Bozen-Gries und Umgebung = Bruckmanns illustrierte Reiseführer No. 1–1a. 9. Aufl. München 1909; – A. BOENSCH, Festschrift zur Hundertjahrfeier der Sektion Bozen im Alpenverein 1869–1969, Bozen 1969, – P. MECHTLER, Die k. k. privilegierte Bozen-Meraner Bahn vor 90 Jahren eröffnet. In: Der Schlern Jg. 45, Bozen 1971, S. 183–190; – A. TRIPODI, Bolzano come città turistica. Diss., Trient 1997/98.

Gries: L. KRAMAR, Als Gries Kurort wurde. In: Der Schlern Jg. 28, Bozen 1954, S. 308–311; – V. MALFER, Der Kurort Gries. In: Jahrbuch des Südtiroler Kulturinstitutes Bd. 8, Bozen 1973, S. 150–173.

9 Verfassung und Verwaltung

Als erstes städtisches Amt begegnet spätestens 1289 der Stadtrichter, der seine Gerichtsversammlungen am Kornplatz abgehalten hat: „in Bozano in foro, ubi bladum venditur, in loco ubi solet fieri racio et iudicium burgi Bozani" (1290). Der Pranger hingegen befand sich, nachdem der Stadtgraben um 1277 zugeschüttet und zur Straßenfläche umgestaltet worden war, am so gebildeten Oberen- bzw. Obstplatz, an der Stelle des heutigen Neptunbrunnens. Als ältestes materielles Zeichen einer gewissen bürgerlichen Selbstverwaltung ist das wohl im 13. Jh. angefertigte Grundsiegel anzusehen (siehe § 12, S. 126). Die erste Nennung eines (Stadt-)Rates in Bozen datiert nach F. Huter von 1350. Dementsprechend wird in der am 5. Februar 1363 von Herzog Rudolf IV. von Österreich ausgestellten Privilegien-Bestätigungsurkunde formuliert, daß ihm „der richter, der rat und die purger gemainlich ze Poczen" gehuldigt haben. Aus Anlaß von Unstimmigkeiten zwischen dem „rat von Poczenn" und der dortigen Bürgerschaft wegen der Steuern für Wasserschutz-, Weg- und Brückenbauten verfügte Herzog Rudolf IV., daß neben dem Rat noch „neun erber man sein söllen, die wir inn oder unnser haubtmann .... ze geben unnd ze nemen habenn", und deren Aufgabe die gerechte Umlegung der Steuern sein solle. Das Amt des Bürgermeisters ist in Bozen seit 1443, die betreffenden Amtsträger namentlich seit 1450 bekannt. 1470 wird neben Bürgermeister und Rat noch ein „zusatz" erwähnt.

Die besonderen Rechts- und Verwaltungsverhältnisse in Bozen, wo auf engem Raum neben der bis 1531 fürstbischöflich-trientnerischen Stadt Bozen noch der noch kleinere Niedergerichtsbezirk der Wangergassen (= Vintler- und Bindergasse, vgl. oben § 5 a, S. 91 f.) und das im Verhältnis dazu große, dem landesfürstlichen Landrichter zu Gries unterstehende Gebiet des Dorfes Bozen (seit der zweiten Hälfte des 15. Jh. Zwölfmalgreien genannt) mit der landesfürstlichen Vorstadt der heutigen Museumstraße etc. bestanden, machten es nötig, daß bereits lange vor der Zusammenlegung dieser drei Gerichte ein Ratsgremium zur gemeinsamen Problembewältigung geschaffen wurde, welches urkundlich seit 1397 nachweisbar ist, und dessen Bestand sowohl 1397 als auch 1405 auch vom Fürstbischof von Trient bestätigt worden ist. Kaiser

Friedrich III. hat diese Ratsverfassung dann 1442 dahingehend präzisiert, „das sy alle jar ann denn zwölfften nach dem weinnachttag sollen drey aus dem adl unnd neynn erbar mann aus den zwayen gerichten zu Grües (= zu Gries und Wangergassen) unnd des gottshauß zu Triendt gerichte, die darzue wizig sein, zu rath auf ain gannzes jar erwellen unnd erkhüessen." Bei dieser Regelung ist es bis 1705 geblieben, als Kaiser Leopold I. die Zahl der Ratsherren für jeden der vier Wahlkörper auf fünf erhöht hat. Wie den städtischen Ratsprotokollen seit 1469 bzw. 1475 zu entnehmen ist, führte bei den Sitzungen dieses gemeinsamen Rates der jeweilige Bürgermeister von Bozen den Vorsitz. So z. B. laut Ratsprotokoll von 1475: „Des ratss haendell und furnemen der aembter bey Michll (B)ybinger als burgermeister beschehenn": Ratsherren: vom Adel 3, vom Wanger-Gericht 3, vom Stadtgericht 3 und vom „aussern Gericht" 3 (letzteres betraf das Dorf Bozen bzw. Zwölfmalgreien).

Der Sitz des Landgerichtes Gries hatte im Laufe der Zeit zur Folge, daß neben Zwölfmalgreien auch die zwei übrigen Gemeinden des Landgerichtes, nämlich Gries und Leifers, in diesen gemeinsamen Rat miteinbezogen wurden, weshalb es spätestens in der 1. Hälfte des 19. Jh. üblich war, nicht mehr vom Landgericht Gries, sondern vom „Stadtbezirk Bozen" zu sprechen (so z. B. in der Landesbeschreibung von J. J. Staffler, 1847).

Bleibt noch festzustellen, daß sich an der verwaltungsrechtlichen Gliederung, Stadtgericht – Wangergericht – Landgericht, auch nach der „de facto"-Vereinigung aller drei in der Hand der Landesfürsten von Tirol um 1273/77, nach der „de iure"-Vereinigung (1462) 1531 nichts geändert hat, wiewohl andererseits von diesem gemeinsamen Rat bereits seit 1469 ein gemeinsames Ratssiegel mit dem Bozner Stadtwappen als Siegelbild und der Legende „S(iegel) des rats lantgerichts und statgerichts Bozen" geführt worden ist.

Die Gemeinde- und Gerichtsversammlungen der Stadt und des Dorfes Bozen (= Zwölfmalgreien) wurden selbstverständlich getrennt abgehalten, d. h. die vom Stadtrichter einberufene Versammlung am Kornplatz in der Stadt und die vom Grafen von Tirol bzw. von seinem Grieser Landrichter präsidierte jährliche Versammlung, das Ehafttaiding, des Dorfes Bozen an der gewöhnlichen Dingstatt am Platz zwischen der Pfarrkirche und dem hl.-Geist-Spital (1272: „in Bozano aput novo hospitali in der dincstat", 1277: „iudicium, quod dicitur Dorfgerich(t)e ... et eciam iudicium annale, quod dicitur Eleichtaidinch").

Die Stadt Bozen erlangte überdies 1643 bis 1677 sowie 1705 bis 1806 die Pfandherrschaft über das Landgericht Gries-Bozen sowie 1766 die Pfandherrschaft über das östlich angrenzende Gericht Karneid (bis 1805).

Die alte Stadtverfassung von Bozen, deren „Privilegien und Freyheiten" nochmals durch Hofdekret vom 19. September 1783 bestätigt worden sind, war bis zur Neuregulierung des Magistrates 1784 in Geltung, durch die der Magistrat jegliche Autonomie verlor und zum reinen Befehlsempfänger der landesfürstlichen Zentralverwaltung degradiert worden ist.

Unter den alten Ratsämtern und -funktionen kam neben dem Bürgermeister etc. auch in Bozen kulturgeschichtlich vor allem den Kirchpröpsten größte Bedeutung zu, welche für die Erhaltung und Ausstattung der Pfarrkirche zuständig waren.

Gelegentlich der „Regulirung der Gemeinden und ihrer Vorstände in Tyrol und Vorarlberg" im Jahre 1819 wurde die Stadt Bozen, obwohl noch immer sehr klein, ebenso wie Innsbruck, Trient und Rovereto den „größeren Stadtgemeinden" zugeordnet, ihre definitive neue Verfassung jedoch vertagt. Von 1850 bis 1918 war Bozen Stadt mit eigenem Statut, wobei dem provisorischen Gemeindestatut vom 2. September 1850 (Landesgesetzblatt für Tirol Nr. 389/1850) nach Abänderungen von 1868 und 1870 endlich am 19. Juli 1882 das (definitive) Gemeindestatut für Bozen folgte, veröffentlicht im „Gesetz- und Verordnungsblatt für die gefürstete Grafschaft Tirol etc." Nr. 23/ 1882. Kraft dieses Statuts gliederte sich die Bevölkerung der Stadt in Gemeindemitglieder und in Fremde. Die Gemeindemitglieder wiederum, wurden in Gemeindeangehörige (mit Heimatrecht) und Gemeindegenossen (gegenüber der Gemeinde steuerpflichtige österreichische Staatsbürger) unterteilt. Die Vertretung der Stadt oblag demnach einem 33-köpfigen, von den wahlberechtigten Gemeindemitgliedern aus ihrer Mitte gewählten Gemeinderat. Die Gemeinderäte wurden alle drei Jahre gewählt, und zwar in der Weise, daß jährlich im November ein Drittel von ihnen ersetzt bzw. „ergänzt" wurde. Der Gemeinderat wählte hierauf aus seiner Mitte für die Dauer von drei Jahren den Bürgermeister und den Vizebürgermeister, deren Wahl der Bestätigung durch den österreichischen Kaiser bedurfte. Dem Bürgermeister und dem Vizebürgermeister standen sechs jährlich aus der Mitte des Gemeinderates gewählte, unbesoldete Magistratsräte sowie ein beamteter bzw. besoldeter Magistratsrat mit dem nötigen Hilfspersonal zur Seite, welche zusammen den Magistrat bildeten. Hinsichtlich der Kompetenzen der Stadtgemeinde wurde zwischen einem eigenen und einem übertragenen Wirkungsbereich unterschieden, welch letzterer dem Stadtmagistrat von Statutarstädten für ihren Stadtbezirk auch die politisch-administrativen Agenden anvertraute, die sonst durch die staatlichen Bezirkshauptmannschaften wahrgenommenen worden sind. Die Wahlordnung, welche dem Statut als Anhang beigegeben erscheint, entspricht der damals in Tirol etc. allgemein üblichen Gemeindewahlordnung und war ebenso wie das Statut bis 1918 in Geltung.

Die drei Dorfgemeinden des Landgerichtes Gries erlangten 1849 ihre Selbständigkeit, wobei Gries sogar 1901 (neuerlich) zur Marktgemeinde erhoben worden ist (vgl. dazu § 14 e, S. 128 f.).

1986 erfolgte die Konstituierung von Stadtviertelräten für Oberau, Haslach, Zentrum, Gries und Europa-Neugries.

R. STAFFLER, Die Bozner Pfarrkirchpröpste. In: Der Schlern Jg. 14, Bozen 1933, S. 282–285; – K. Th. HOENIGER, Das älteste Bozner Ratsprotokoll vom Jahre 1469. In: (Bozner) Jahrbuch für Geschichte, Kultur und Kunst, Bd. 1931/34, Bozen 1934, S. 7–111; – C. v. BRAITENBERG, Die Bozner Pfarrkirchenrechnung von 1474/75. In: Der Schlern Jg. 43, Bozen 1969, S. 352–370; – M. BONETTO, Le istituzioni della città di Bolzano tra il 1490 e il 1530. Diss., Venezia 1993/94; – H. OBERMAIR „Item es ist durch ratt furgenomen" – Ein unbekanntes Bruchstück des ältesten Bozner Ratsprotokolls von 1469. In: Der Schlern Jg. 71, Bozen 1997, S. 293–298; – DERSELBE, Das Bozner Stadtbuch (Stadtarchiv Bozen) Hs. 140. Das Amts- und Privilegienbuch der Stadt Bozen. In: Bozen. Von den Grafen von Tirol zu den Habsburgern = Forschungen zur Bozner Stadtgeschichte, hg. v. Stadtarchiv Bozen, Bd. 1, Bozen 1999, S. 399–432.

10 Landesherrschaft, Rolle in der Staats- und Landesverwaltung

Das landesfürstliche Landgericht Gries-Bozen hatte seinen Sitz in der Burg zu Gries und übersiedelte spätestens nach der geschenkweisen Überlassung dieser Burg an das Grieser Kloster der Augustiner-Chorherren (1406) in die Stadt, wo jedoch erst um 1499/1500 das stattliche landesfürstliche Verwaltungsgebäude an der Ecke Bindergasse/Andreas-Hofer-Straße erbaut worden ist. Im Eckhaus gegenüber – noch 1777 im Besitz des Hochstiftes Augsburg – befand sich 1810 das staatliche Gefängnis, wo daher auch Andreas Hofer auf seinem Transport nach Mantua inhaftiert war.

Tiroler Landtage wurden in Bozen in den Jahren (1361), 1420, 1433, 1435, 1481, 1491, 1500, 1506, 1507, 1508, 1509, 1518, 1540, 1549, 1551, 1554, 1556, 1566, 1569 etc. abgehalten.

1754 wurde Bozen Sitz des k. k. Kreisamtes an der Etsch und blieb dies – mit Unterbrechung durch die königlich-bayerische (1806/10) und königlich-italienische Zeit (1810/13) – bis 1849. 1849–1854 bestanden – konsequent voneinander getrennt – eine Bezirkshauptmannschaft und ein Bezirksgericht, die beide von 1854–1868 vom Bezirksamt abgelöst wurden. Von 1868 bis 1918 amtierten hier eine Bezirkshauptmannschaft, ein k. k. Kreis- und ein k. k. Bezirksgericht sowie ein Staatsanwalt. – Im 16./18 Jh. beherbergte Bozen auch eine Kanzleifiliale der Tiroler Landstände (im Ansitz Kollegg) sowie das „adelige Hofrecht" als Berufungsinstanz für den Adel, 1768 als „landeshauptmannschaftliches Amt an der Etsch" bezeichnet.

Seit der Errichtung der Provinz Bozen mit Wirkung vom 1. Jänner 1927 Provinzhauptstadt, ist Bozen seit 1948 auch Sitz der Landesregierung und des Landtags der Provinz Bolzano-Alto Adige bzw. seit 1972 Sitz der Landesregierung und des Landtages der autonomen Provinz Südtirol sowie alternierend mit Trient Sitz der Körperschaften der autonomen Region Trentino-Südtirol.

1995/96 nahm hier das Oberlandesgericht seine Tätigkeit auf.

H. KRAMER, Die (landesfürstliche) Bozner Amtsordnung von 1548. In: Der Schlern Jg. 16, Bozen 1935, S. 458–463; – W. KÖFLER, Bozen – Wiege der Tiroler Landtage = Lebendige Geschichte, hg. v. Tiroler Landesarchiv, Heft 4, Innsbruck 1972.

11 Wehrwesen und kriegerische Ereignisse

a, b) Bürgerliche Verteidigungsorganisation/Schützenvereinigungen, Schießstätten

Der Maria-Theresianische Steuerkataster von 1777 verzeichnet sowohl ein „städtisches Zeughaus" an der heutigen Museumstraße als auch eine „städtische Militär Caserne" im Viertel „Dominicaner Gasse" und eine „Untere Stadt-Caserne" südlich der Pfarrkirche an der Straße zur Loretobrücke.

Der seit 1482 als „schießhütte" nachgewiesene Schießstand, seit 1853 mit dem Titel „k. k. Kreishauptschießstand", befand sich am Südende der Eisackstraße mit Nord-Süd-Erstreckung vom Mühlbach zum Eisackufer und mußte infolge der dort verlegten Eisenbahntrasse nach Oberau (neues Schießstandsgebäude erbaut 1912) und später nach Gries/Moritzing übersiedelt werden.

In P. Ferdinand Troyers Bozner Chronik wird zum Jahre 1594 ein „gross Schüessen zu Botzen" mit den Listen der Teilnehmer und Gewinner ausführlich beschrieben.

Ein Kaiserschießen in Bozen gab es 1856, ein Freischießen auf dem Hauptschießstand Bozen 1860, ein kaiserliches Landes-Fest- und Freischießen in Bozen 1882, ein kaiserliches Distriktschießen 1905, ein Fest- und Vereinigungsschießen (Bozen und Zwölfmalgreien) 1911.

Seit ca. 1654 gab es – örtlich und gesellschaftlich – nebeneinander eine adelige und eine bürgerliche Schützengesellschaft.

Besondere Bedeutung erlangte der 1668 errichtete „Oberbozner Schießstand" am Ritten, der alten Sommerfrische der Bozner Gesellschaft; hier haben sich auch prächtige historische Schießscheiben erhalten.

Von ca. 1840 bis 1888 bestand auch auf dem ummauerten Grundstück des ehemaligen Klosters der Cölestinerinnen in Gries der Schießstand einer Schützengilde.

An der Fronleichnams-Prozession 1744 beteiligten sich die Stadtschützen mit der Stadtfahne in einer Stärke von 150 Mann. – 1848 erfolgte die Aufstellung mehrerer Schützenkompagnien in Bozen und Umgebung zur Verteidigung der Südgrenze des Landes; – 1861 Losziehung zur Bildung der von der Stadt Bozen zu stellenden Schützenkompagnie.

1874 Gründung des Bozner (bis 1918 „Militär-) Veteranenvereins (119-Jahr-Jubiläum 1993).

1959 Neugründung der Schützenkompagnie Bozen und der Schützenkompagnie Bozen-Gries;

1977 Neugründung der Schützenkompagnie Bozen-Zwölfmalgreien;

1985 Gründung der Schützenkompagnie Bozen-St. Johann im Dorf.

H. VINATZER, Der alte, adelige Schießstand am Klösterlgrund in Gries (Bozen). In: Der Schlern Jg. 8, Bozen 1927, S. 166; – C. v. BRAITENBERG, Ein altes Bozner Söldnerfähnlein aus dem Jahre 1513. In: Der Schlern Jg. 12, Bozen 1931, S. 480–483; – H. KNEIFEL, Das Bozner k. k. Kaiserschützenregiment Nr. 2. In: Ebenda Jg. 60, Bozen 1986, S. 219–229; – W. AMONN und C. v. BRAITENBERG, 300 Jahre Schießstand in der Oberbozner Sommerfrisch, Bozen 1968; – F. v. WALTHER (Hg.), Die Schützenscheiben von Oberbozen. 3. Auflage, Bozen 1994.

c) Garnisonen

Nach der Aufhebung des Dominikanerklosters 1785 wurde dasselbe bis 1902 als Militärkaserne verwendet. – 1892/1902 wurden die Kaiser-Franz-Josef I.- und die Landesschützenkaserne an der Marconistraße sowie das Landesschützen-Stabsgebäude an der Leonardo-da-Vinci-Straße erbaut. 1902 Übergabe der erstgenannten Kaserne an die k. k. Landwehr. Weitläufige Kasernen-Anlagen entstanden nach 1918 bzw. wurden 1936 bezogen, so die Vittorio-Veneto- und die Cadorna-Kaserne an der Vittorio-Veneto-Straße sowie die Otto-Huber- und die Carabinieri-Kaserne (Francesco Gentile) an der Drususstraße in Gries, die Mignone-Kaserne an der Claudia-Augusta-Straße in Oberau und die Siracusa-Kaserne am Bozner-Boden/Mitterweg. Um 1930 wurde auch am Südrand der Industriezone eine Beton-Bunkeranlage geschaffen, welche 1977 wieder aufgelassen worden ist.

d) Wichtigste kriegerische Ereignisse

1276/77 Zerstörung der Befestigungen der fürstbischöflich-trientinischen Stadt Bozen durch Graf Meinhard II. von Tirol-Görz, derselbe ließ 1292 auch die Burg Weinegg am Virgl zerstören. – In den folgenden Jahrhunderten hatte Bozen vor allem unter Truppendurchzügen zu leiden. – Am 5. November 1809 kam es zu einem Gefecht zwischen Tiroler Schützen und französischem Militär bei St. Magdalena. – Im Ersten Weltkrieg war Bozen seit der Kriegserklärung Italiens (1915) Etappe der Südfront sowie wichtiger Nachschub-Bahnhof, weshalb italienische Flugzeuge im Februar und August 1918

Bomben auf Bozen abgeworfen und dabei drei Personen getötet und Schäden an einer Schule und an Schloß Maretsch etc. verursacht haben.

H. Mairhofer, Die Bozner Schützenkompagnie in den Jahren 1796/97. Bozen 1897; – J. Hirn, Aus Bozens Franzosenzeit. Innsbruck 1910; – H. Kipfner, Bozen im Bauernkriege von 1525. In: Der Schlern Jg. 5, Bozen 1924, S. 145–176.

12 Siegel, Wappen und Stadtfarben

Das erste Siegel von Bozen ist ein fast rundes Grundsiegel (H = 58 mm, B = 53 mm). Es trägt die Umschrift „ +. S(igillum) : BONI : BURGI : BOLZANI." und zeigt die von drei Stadttoren durchbrochene, gezinnte und links und rechts von einem Wehrturm überhöhte Stadtmauer hinter der unter einem Baldachin als Symbolfigur des fürstbischöflichen Stadtherren der hl. Bischof Vigilius, in seiner Linken den Hirtenstab haltend, die Rechte segnend erhoben, hervorblickt. Im 13. Jh. angefertigt, hat sich dieses Siegel an einer Urkunde von 1309 erhalten. Ein weiteres Exemplar konnte der Verfasser als lose Beilage einer Urkunde von 1391 September 29 im Deutschordens-Zentralarchiv in Wien (DOZA) feststellen.

Das neue Stadtwappen (Stadtsiegel) von Bozen hingegen wurde der Stadt 1381 von Herzog Leopold III. von Österreich verliehen (Kopie des Privilegs im Bozner Stadtbuch fol. 78v–79v) und zeigt in silbernem Schild einen roten Mittelbalken, belegt mit einem goldenen, sechszackigen Stern. Abgesehen vom Stern handelt es sich dabei also um eine farbverwechselte Variante des österreichischen Bindenschildes. Die ältesten Abbildungen des Stadtwappens bilden zwei in Stein gehauene Wappenreliefs über den Portalen des Alten Rathauses unter den Lauben aus der 2. Hälfte des 15. Jh. sowie zwei Farbdarstellungen am Beginn der Ratsprotokolle von 1469 und 1475.

Das faschistische Regime hat das Stadtwappen insoferne abgeändert, als der sechszackige Stern 1930 durch die fünfzackige „Stella d'Italia" ersetzt worden ist, was jedoch 1968 wieder rückgängig gemacht wurde.

Auch die ehemalige Marktgemeinde Gries hatte ein Gemeindewappen, welches seit 1530 nachweisbar ist. Es zeigte ursprünglich auf einem Mittelbalken (Farbwerte unbekannt), später in blauem, ungeteiltem Schild eine mit ihren Spitzen nach heraldisch-links gewandte goldene Mondsichel und heraldisch-links daneben einen goldenen, sechszackigen Stern.

Kaiser Maximilian I. hat überdies im Jahre 1517 der Pfarrkirche von Bozen ein eigenes Wappen verliehen. Es zeigt im Hauptfeld den rot-weiß-roten österreichischen Bindenschild, belegt mit einer in goldenem Strahlenkranz, auf goldener Mondsichel stehenden Figur der hl. Maria mit dem am rechten Arme sitzenden Jesuskind und darunter in weißem Schildfuß ein rotes, allseits randständiges St.-Georgs-Kreuz. Der damalige Pfarrer und Empfänger dieses Wappenbriefes, Ulrich Lechendorfer, war „kaiserl. Kaplan und des hl. Georgius Ordens Senior".

C. Fischnaler und K. Rickelt, Wappenbuch der Städte und Märkte der gefürsteten Grafschaft Tirol, Innsbruck 1894, S. 61 ff.; – V. Malfèr, Das Wappen von Gries. In: Der Schlern Jg. 46, Bozen 1972, S. 512–514; – F. H. Hye, Gries (wie oben § 5 a); – derselbe, Programmatische Polit-Heraldik: Landeswappen, Einheitswappen, Anspruchswappen. In: Bericht über den 19. Österreichischen Historikertag in Graz 1992 = Veröff. d. Verbandes Österr. Historiker und Geschichtsvereine Bd. 28, Wien 1993, S. 395–402, bes. 397.

13 Finanzwesen

b) Städtischer Haushalt

Einnahmen erzielte die Stadt Bozen bei der öffentlichen Waage am Kornplatz, bei der – noch erhaltenen – „Vischpanckh" am Westende der Dr.-Streiter-Gasse (urkundlich 1497, TLA, Hs. 41, fol. 313v) sowie vor allem durch die Zuweisung der Marktstände, durch Strafgelder, Pflastergeld (1851) und vom städtischen Schlachthof, welcher sich bis Ende des 19. Jh. im westlichen Endbereich der danach benannten „Fleischgasse", der heutigen Museumstraße, befand und 1935 in den Stadtteil Bozner Boden verlegt wurde. 1978/80 Schlachthof-Neubau in der Industriezone Bozen-Süd (Schließung 1993). – Der Schlachthof der Marktgemeinde Gries wurde 1934 abgerissen.

c) Mauten, Zölle, Ladstätten

Landesfürstliche Zollstätten befanden sich bei der Zollstange (urkundlich 1285) an der Einmündung der Brennerstraße (= Zoll- oder Eisenstange), an der Talferbrücke (urkundlich 1309) und an der Eisackbrücke. Diese seit 1447/66 städtischen Mautstellen – mit gleichzeitig fixiertem Zolltarif – wurden noch 1860 und 1880 im Ausschreibungswege verpachtet, wobei der Bau bzw. die Inbetriebnahme der Mendelstraße eine Zunahme der städtischen Zolleinnahmen an der Talferbrücke um jährlich rund 2.000 Gulden zur Folge hatte (so z. B. 1890). 1900 erfolgte die Abtragung des alten Zollhauses an der Talferbrücke, bei gleichzeitiger Transferierung des städtischen Zollamtes in das 1897/1900 neuerbaute Zollhaus. 1907 betrug der städtische Zoll 14 Heller für 1 Liter Wein und 20 Heller für 1 Liter Branntwein. – Von durchreisenden oder die Märkte besuchenden Juden wurde in Bozen überdies ein landesfürstlicher Judenzoll bzw. Aufschlag von 2 Talern eingehoben.

Eine ältere Zollstätte befand sich bei der Burg Severs bzw. beim Gscheibten Turm in Gries (urkundlich 1177).

G. MUTSCHLECHNER, Das Weggeld in Bozen (1447 und 1466). In: Der Schlern Jg. 59, Bozen 1985, S. 132 f.; – DERSELBE, Judenzoll in Bozen. In: Ebenda Jg. 61, Bozen 1967, S. 435 f.

14 Gebiet der Stadt

a) Fläche

Gesamtfläche 52,23 km², davon entfallen auf die Katastralgemeinde Bozen 0,69 km², auf die Katastralgemeinde Gries 18,42 km² und auf die Katastralgemeinde Zwölfmalgreien 33,12 km².

c) Grundherrliche Verhältnisse

Grundherr über die Liegenschaften im „Stadtgericht" bzw. im ursprünglichen städtischen Burgfrieden war der Fürstbischof von Trient, im sogenannten „Wanger-Gericht" hingegen ursprünglich die Herren von Wanga, nach ihnen der Landesfürst.

K. Th. v. HOENIGER, Ein Häuserverzeichnis der Bozner Altstadt von 1497 (wie oben § 5 a); – L. SANTIFALLER, Ein Zinsverzeichnis der Herren von Wanga in Bozen aus der Zeit um 1300 (wie oben § 5 a).

d) Burgfried

Der städtische Burgfrieden bzw. das Stadtgericht umfaßte bis 1195 nur die Laubengasse, den Kornmarkt und das westliche Vorfeld bis zur Linie Erbsengasse – Rauschgasse. Dazu kam 1195 die sogenannte Neustadt, d. h. das Areal zwischen dem südlichen Stadtgraben (Silbergasse – Kornplatz) und der Mustergasse, wobei das Areal südlich dieser Straße bzw. an der Südseite derselben (!) außerhalb des Burgfriedens lag. Eine Erweiterung des Burgfriedens erfolgte erst nach 1655 bzw. spätestens anläßlich der Anlage des Maria-Theresianischen Steuerkatasters von 1777, wo zusätzlich zum eben beschriebenen, in acht Viertel geteilten Stadtgerichtsgebiet nun auch die Viertel „Wanger Gasse" (Katasternummer 174–230), „Dominicaner Gasse" (Katasternummer 231–287) und „Fleischgasse" bzw. Museumstraße (Katasternummer 288–329) sowie ohne Viertelbezeichnung die Gebäudegruppe beim hl.-Geist-Spital und bei der Pfarrkirche (Katasternummer 330–338) dem Stadtgericht zuordnet und als letztes Objekt desselben als Katasternummer 339 die „landesfürstliche Zollsbehausung auf der Talfer" verzeichnet erscheinen. – Seit dieser Stadterweiterung verlief die Stadtgerichtsgrenze im Osten entlang der Rückseite der oberen 27 an der Ostseite der Bindergasse und des obersten Teiles der Weintraubengasse befindlichen Liegenschaften, was ungefähr mit dem Verlauf des Mühlbaches zwischen der Andreas-Hofer-Straße und der Gerbergasse bzw. heutigen Mühlgasse übereinstimmt. Gegen Nordosten bildeten das ehemals landesfürstliche Amtsgebäude an der Ecke Bindergasse/Andreas-Hofer-Straße (Katasternummer 202, heute Naturkunde-Museum) sowie dessen westliches Nachbarhaus, das ehemals Augsburgische St.-Afra-Propstamtshaus an der Ecke Bindergasse / Vintlerstraße (Katasternummer 201) einen markanten Grenzpunkt der Stadt, während gegen Nordwesten das Franziskanerkloster (Katasternummer 168) und das diesem westlich gegenüberliegende „Versammlungshaus" der Tertiarinnen (Katasternummer 167) als Grenzpunkte fungierten. Die Rauschertorgasse hingegen verblieb – abgesehen von den beiden Eckhäusern an der Museumstraße (Katasternummer 148 und 329) – bei der Gemeinde Zwölfmalgreien. Im Gegensatz zu der nun bis zur Talferbrücke bzw. bis zum dortigen Zollhaus dem Stadtgericht zugeordneten Fleisch- oder Museumstraße verblieb das Areal südlich bzw. hinter den südseitigen Liegenschaften an dieser Straße ebenso bei Zwölfmalgreien wie das Dominikaner- und das Kapuzinerkloster, der Schießstand und das landesfürstliche Zollhaus an der Eisackbrücke. – Somit brachte diese erste, bedeutende Stadterweiterung die Stadtgrenzen zwar im Westen bis zur Talfer und im Osten ungefähr bis zum Mühlbach, verwehrte der Stadt aber noch immer den direkten Zugang zur Eisackbrücke. – Diesen erhielt sie erst kraft der am 1. Jänner 1828 verlautbarten „Arondirungen", welche Bozen schließlich die Größe der heutigen Katastralgemeinde Bozen gegeben haben.

R. STAFFLER, Die Grenzbereitung des Bozner Stadt- und Landgerichtes vom Jahre 1779. In: Der Schlern Jg. 16, Bozen 1935, S. 347–353; – F. H. HYE, Die Anfänge und die territoriale Entwicklung der Stadt Bozen (wie oben § 5 a).

e) Ein- und Ausgemeindungen

Zwölfmalgreien wurde 1910 auf der Grundlage demokratisch herbeigeführter Beschlüsse der Gemeindevertretungen von Zwölfmalgreien und von Bozen, Gries 1925 kraft königlich-italienischem Dekret nach Bozen eingemeindet. – Als die Gemeinde Zwölfmalgreien bereits 1850 beschlossen hat, sich „auf unbestimmte Zeit" der Stadt

Bozen anzuschließen, wurde dies von der Stadt Bozen abgelehnt (Bote für Tirol 1850, Nr. 103, S. 509). Entgegen Bestrebungen der Gemeinde Eppan (1984) verblieb Sigmundskron bei der Katastralgemeinde Gries bzw. bei Bozen.

15 Kirchenwesen

a) Einrichtungen der katholischen Kirche

Die Pfarre Bozen hat ihren Sitz bei der Pfarrkirche zu Unserer Lieben Frau, seit 1964 Dompfarrkirche, welche das kirchliche Zentrum des Dorfes Bozen bildete und in deren Nachbarschaft um 1027/55 die Stadt Bozen eingepflanzt worden ist. Seither war die Pfarre Bozen eine Dorf- und Stadtpfarre, deren Pfarrkirche jedoch bis ca. 1655/1780 außerhalb des städtischen Burgfriedens lag und erst durch die betreffende Erweiterung des städtischen Burgfriedens (vgl. oben § 14 d) ihrem Standort nach zu einer Stadtpfarrkirche umgewandelt worden ist, funktional jedoch weiterhin eine Dorf- und Stadtpfarrkirche verblieb. Die Pfarre Bozen unterstand bis 1964 der Diözese Trient und wurde im Zuge der gesamttirolischen Diözesanregulierung 1964 selbst zum Sitz der dabei neu geschaffenen Diözese Bozen-Brixen (seit 1991 mit eigenem Radio-Kirchensender).

Kaiser Maximilian I. hat der Pfarre Bozen 1517 ein eigenes Wappen verliehen.

1716 wurde an der Pfarrkirche Bozen ein Kollegiatstift weltlicher Kanoniker geschaffen, an deren Spitze als „Propst" der Bozner Pfarrer stand. 1967 wurde dieses Kollegiatstift wieder aufgelöst, als der letzte Bozner Propst in den Ruhestand trat.

Die starke Zunahme der Seelenzahl machte die Schaffung neuer Pfarren bzw. die territoriale Aufteilung des alten Pfarrbezirkes, bestehend aus Bozen, Zwölfmalgreien und Leifers, auf mehrere Pfarren nötig: (innerhalb von Bozen-Zwölfmalgreien) Dompfarre, St. Lorenz in Rentsch (1969), Rosenkranz in Oberau (1941), St. Josef am Bozner Boden (1953), St. Gertrud in Haslach (1965), St. Paul in Haslach (1965).

An Klöstern sind in Bozen jene der *Franziskaner* (nachweisbar nach 1221 bzw. seit 1237, vgl. dazu auch § 17 a, b), der *Dominikaner* (seit 1272) und der *Kapuziner* (errichtet 1601/02) anzuführen, von denen jenes der Dominikaner unter Kaiser Josef II. 1785 aufgehoben worden ist. Das Kapuzinerkloster hingegen wurde 1810 vom damaligen (napoleonischen) Königreich Italien aufgehoben und als Liegenschaft verkauft, konnte jedoch durch eine private Stiftung 1816 wiedererstehen.

Die Kongregation der *Eucharistiner* hat sich 1897 an der Rauschertorgasse bzw. bei der 1897/99 erbauten Herz-Jesu-Kirche niedergelassen. Seit 1949 ist Bozen auch Sitz der Südtiroler Provinz dieses Ordens.

Die *Salesianer* kamen 1938 nach Bozen, wo sie das Institut „Rainerum" betreuen.

Der *Deutsche Orden* hat sich 1202 in Bozen niedergelassen, als ihm ein privat gestiftetes Hospiz „ad refectionem pauperum" mit St.-Johannes-Kirche vom Bischof von Trient zur weiteren Betreuung und Führung überantwortet worden ist. Der erste Standort dieses Hospizes bzw. dieser Kommende befand sich links des Eisack unweit der Eisackbrücke, wo es stark unter Hochwässern zu leiden hatte und deshalb um 1400 zu dem damals zu diesem Zwecke vom Orden angekauften Gut Weggenstein an der Weggensteinstraße übertragen worden ist. Im Zuge der Aufhebung des Ordens in den Rheinbund-Ländern durch Kaiser Napoleon I. (1809) wurde auch die Landkommende Weggenstein aufgelöst, jedoch 1819 bzw. 1835/36 wieder erneuert und dient seit der Ordensreform 1929 mit ihren Priestern und Schwestern in der Seelsorge und als Schülerheim.

Die *Tertiarinnen* bzw. Schulschwestern kamen 1712 – ausgehend von ihrem Institut in Brixen – nach Bozen, wo sie gegenüber vom Franziskanerkloster ein kleines Kloster errichteten, im Maria-Theresianischen Steuerkataster von 1777 als „Versammlungshaus" bezeichnet. Obgleich sogar vorwiegend im Schulunterricht tätig, wurde das Tertiarinnenkloster unter Kaiser Josef II. 1783 aufgehoben, später jedoch wiederhergestellt; bezüglich der Leistungen der Schwestern in der Krankenpflege und im Schulbereich vgl. § 16 a, b und 17 a, b.

Die Diözesanbeschreibung von 1903 nennt in Bozen auch sowohl die *Barmherzigen Schwestern vom hl. Kreuz* im St.-Josefs-Institut südlich neben der Pfarrkirche (sie betreuen heute das Altenheim an der Carduccistraße) als auch die *Barmherzigen Schwestern vom hl. Vinzenz von Paula* (vom Mutterhaus in Zams, seit 1922 eigene Ordensprovinz mit Sitz im St.-Josefs-Heim in Gries) bzw. deren Tätigkeit in Schule und Krankenpflege, letztere besonders im ehemaligen Stadtspital sowie im Elisabethinum an der Runkelsteinerstraße und im Kofler-Institut an der Vintlerstraße.

In **Gries** läßt sich seit ca. 1164/73 ein „sacerdos de Chellare" bzw. seit 1165 ein „plebanus" und seit 1211 die Marien-Pfarrkirche von Gries („ecclesia sancte Marie plebis de Kelr") nachweisen, welche Pfarre bis 1412 dem Hochstift Freising inkorporiert war und im genannten Jahre an das Kloster der Augustiner-Chorherren in Gries übertragen worden ist. Das nicht immer spannungsfreie Verhältnis zwischen der Gemeinde Gries und dem Kloster erfuhr seine größte Belastung, als die Chorherren 1787 nach dem Bau ihrer neuen, spätbarocken Stiftskirche den Pfarrsitz von der alten Marien-Pfarrkirche in die Stiftskirche verlegten.

Nach der Aufhebung des Klosters durch die königlich-bayerische Regierung 1807 wurden seine Baulichkeiten 1845 von Kaiser Ferdinand dem Gütigen von Österreich an die 1841 vom Schweizer Kanton Aargau aufgehobene Klostergemeinschaft der Benediktiner des alt-habsburgischen Hausklosters Muri übergeben, die auch die Pfarrseelsorge in Gries übernahmen und noch heute versehen. – Die ursprüngliche Pfarrgrenze gegen die Pfarre Bozen wurde übrigens nicht vom heutigen Flußlauf der Talfer gebildet, sondern verlief weiter westlich, sodaß das Ortsviertel Quirein mit dem ehemaligen dortigen Kirchlein nicht zur Pfarre Gries, sondern zur Pfarre Bozen gehörte.

Die starke Zuwanderung in Gries namentlich seit 1935 machte auch hier die Errichtung zusätzlicher Pfarren nötig: Christ-König (1943), Don Bosco (1948), Regina Pacis (1954), St. Pius X. (1959), zu den drei (Trentiner) Heiligen Sisinius, Martyrius und Alexander (1963) sowie zur hl. Familie (1966) und Maria Heimsuchung (1978).

Überdies hat die Grieser Pfarrgeschichte neben den *Augustiner-Chorherren* und den *Benediktinern* noch folgende Klöster zu nennen: Als Filiale der *Augustiner-Chorherren von Neustift bei Brixen* das kirchliche Zentrum Mariaheim (errichtet 1638), das ehemalige Kloster der *Cölestinerinnen* bei der Talferbrücke (1695–1782) sowie die Klöster der *Suore Marcelline* (1935) und der *Karmeliten* an der Col-di-Lana-Straße (1939).

K. Atz und A. Schatz, Der deutsche Antheil des Bisthums Trient, Bd. 1, Bozen 1903, S. 1–67. – H. Obermair, Kirche und Stadtentstehung. Die Pfarrkirche Bozen im Hochmittelalter. In: Die Dompfarre Bozen im Wandel der Zeiten. In: Der Schlern Jg. 69, Bozen 1995, S. 449–474; – J. Andresen, Stadt und Pfarre im 16. Jahrhundert. In: Ebenda, S. 475–482; – W. Schneider, Eine soziale Aufgabe der Pfarrkirche Bozen im Mittelalter. In: Ebenda, S. 483–491; – J. Gelmi, Die kirchliche Präsenz in Bozen von 1900 bis heute. In: Ebenda, S. 506–527; – J. Rier, Ereignisse und Entwicklungen des letzten Jahrhunderts in der Pfarre Bozen. In: Ebenda, S. 528–539; – P. Valente, Oltre Isarco. Elementi e testemonianze di storia religiosa dei quartieri bolzanini di Oltrisarco e Aslago (Tracce 3), Bozen 1998; – G. SCHRAFFL, Das Kapuzinerkloster in Bozen (neben Beiträgen anderer Autoren). In: Der Schlern Jg. 74, Bozen 2000 (Heft 4/5 = Sondernummer „400 Jahre Kapuziner in Bozen"), S. 207–218.

F. H. HYE, Die Ballei an der Etsch und die Landkommende Bozen. In: Der Deutsche Orden in Tirol = Quellen und Studien zur Geschichte des Deutschen Ordens, hg. v. U. Arnold, Bd. 43, Bozen 1991, S. 329–358.

N. K. WEIS, Das Franziskanerkloster in Bozen in seiner geschichtlichen Entwicklung, Bozen 1946; – S. MIETH, Das Franziskanerkloster in Bozen. Geschichte, Baugeschichte, Kunst 1221–1514, Bozen 1998; – DERSELBE, Bemerkungen zum Begräbniswesen und zur Entstehung des Kreuzgangs der Minoriten. In: Bozen. Von den Grafen von Tirol bis zu den Habsburgern = Forschungen zur Bozner Stadtgeschichte, hg. vom Stadtarchiv Bozen, Bd. 1, Bozen 1999, S. 257–274.

H. GRITSCH, Zur Entstehung des Dominikanerklosters in Bozen. In: Ebenda Jg. 53, Bozen 1979, S. 326–338; – M. SILLER, Der Südtiroler Dichter Heinrich von Burgeis und die Entstehung des Bozner Dominikanerklosters (1272–1276). In: Bozen. Von den Anfängen bis zur Schleifung der Stadtmauern (Tagung 1989), Bozen 1991, S. 223–231.

J. PSENNER, Die Erbauung des Kapuzinerklosters in Bozen. In: Der Schlern Jg. 3, Bozen 1922, S. 403–404; – Sr. A. H. MESSNER, Die Tertiarschwestern des hl. Franziskus in Bozen von 1712 bis 1929 mit besonderer Berücksichtigung ihres öffentlichen Wirkens. Ein Beitrag zur Bozner Stadtgeschichte. Ungedr. Diss., Innsbruck 1984.

V. GASSER, Lage und Überschwemmung des Augustiner-Chorherren-Stiftes in der Au unter Bozen. In: Forschungen und Mitteilungen zur Geschichte Tirols und Vorarlbergs Jg. 6, Innsbruck 1909, S. 359–363; – P. A. TRAFOJER OSB, Das Kloster Gries (Bozen), Bozen 1982; E. PATTIS, Albert M. Prack als Propst des Augustiner-Chorherrenstiftes Gries bei Bozen und seine Zeit (1753–1781). Diss., Innsbruck 1985; – A. GALLMETZER, Das Augustiner-Chorherrenstift Gries bei Bozen zur Zeit des letzten Propstes Augustin Nagele 1790–1807 (1815). Diss., Innsbruck 1986; – I. MADER, Zur Geschichte des ehemaligen Klosters Rottenbuch in Gries bei Bozen. In: Der Schlern Jg. 22, Bozen 1948, S. 299f.

J. NÖSSING, Das Bozner Kollegiatstift. In: Ebenda S. 492–496; siehe auch Lit. zu § 5 b.

b) Reformation und Gegenreformation, Einrichtungen der evangelischen Kirche

Infolge der auch aus den deutschen Landen gern und gut besuchten Bozner Jahrmärkte wurden auch die reformatorischen Aktivitäten Martin Luthers hier bald bekannt und seine Thesen 1522 sogar durch Prediger und Schriften verbreitet. Gerade im Hinblick auf die Jahrmärkte vermied man jedoch beiderseits Überreaktionen. Noch 1568 weigerte sich der Bozner Pfarrer gemäß einer landesfürstlichen Weisung, gegen „irrgläubige Personen" vorzugehen. Bezüglich des vom Merkantilmagistrat eigens errichteten Friedhofes für die „reformierten Fieranten" vgl. oben § 6 g, S. 111.

Die einzigen Exzesse ereigneten sich im Mai 1525, als im Rahmen der Bauernerhebung die mit ihren geistlichen Grundherrschaften unzufriedenen Bauern sowohl die Landkommende Weggenstein des Deutschen Ordens als auch das Augustiner-Chorherrenstift Gries gestürmt und geplündert haben. – Hinsichtlich der Wiedertäuferbewegung verzeichnet das „Geschicht-Buch der Hutterischen Brüder" in Bozen im 16. Jahrhundert 11 „Martyrer."

Im Kurort (!) Gries wurde 1906/08 die bestehende evangelische Pfarrkirche errichtet. Zuvor bestand hier für die 15 evangelischen Familien bzw. 28 Personen – die Kurgäste nicht mitgezählt – im Kurhaus ein evangelischer Betsaal.

H. WOPFNER, Bozen im Bauernkriege von 1525. In: Der Schlern Jg. 5, Bozen 1924, S. 145–149; – H. LINDENMEYER, Die evangelische Gemeinde Bozen-Gries. In: Evangelisch in Tirol. Festschrift zur 100-Jahr-Feier der evangelischen Gemeinden Innsbruck und Meran. Innsbruck 1975, S. 55–60. – W. O. PACKULL, Die Hutterer in Tirol. Frühes Täufertum in Tirol, der Schweiz und Mähren, Schlern-Schriften Bd. 312, Innsbruck 2000.

c) Juden

Eine kleine jüdische Gemeinde hat in Bozen spätestens im Jahre 1525 bestanden, deren Häuser damals von den mit ihren geistlichen Grundherren (vgl. oben) unzufriedenen Bauern ebenfalls heimgesucht und beraubt worden sind. Im Maria-Theresianischen Steuerkataster von 1777 wird die Erbsen- oder Arbesgasse als „Judengasse" bezeichnet.

Vorwiegend zur systematischen Verfolgung der jüdischen Mitbürger wurde vom NS-Regime 1943/45 auch in Bozen ein KZ bzw. ein Sammel- und Durchgangslager der SS betrieben, von wo die politisch und rassisch Verfolgten in die großen Konzentrations- und Vernichtungslager abtransportiert worden sind (siehe dazu auch § 5 d u. 6 g, S. 104, 111).

16 Wohlfahrtspflege

a, b) Bürgerspitäler, Bruderhäuser, Fürsorgeheime, Armenhäuser Siechenhäuser, Lazarette, Krankenhäuser

Das hl.-Geist-Stadtspital in Bozen westlich gegenüber der Pfarrkirche bzw. außerhalb der Stadt (vgl. oben § 14 d, S. 128), wurde 1271 durch private Initiative errichtet und wird in einer Urkunde vom 7. Jänner 1272 als „novus hospitalis" bezeichnet. Für das damals in Bau befindliche Objekt fungierte bereits am 4. Juni 1271 ein „frater" Konrad als Spitalsverwalter namens der „comunitas burgensium Bocani". Wie der Titel des Frater Konrad vermuten läßt und das an einer Urkunde von 1274 hängende spitzovale Spitalssiegel zweifelsfrei belegt, wurde das Spital vom hl.-Geist-Spitalsorden geführt: Das Siegel zeigt das Ordenskreuz mit dem Doppelbalken, worüber die hl.-Geist-Taube schwebt. Das Stadtspital hat hier bis zu seiner Übersiedlung in den Neubau am Sernesiplatz 1858/59 bestanden, von wo es in das weitläufige neue Allgemeine Regional-Krankenhaus in Bozen-Moritzing (erbaut 1963/81, Weihe der Krankenhauskirche 1988) transferiert worden ist. Organisatorisch untersteht es der mit Landesgesetz 1981 proklamierten Sanitätseinheit Mitte-Süd mit Sitz in Bozen.

Das Langzeit-Krankenhaus an der Montecassinostraße wurde 1992/94 erbaut.

Private Marienklinik, Wangergasse: bis 1927 Marieninternat (vgl. § 15 a, S. 129), seit 1932 Krankenhaus, seit 1964 als Marienklinik bezeichnet; damit verbunden ist eine Krankenpflegerinnenschule (staatlich approbiert seit 1969); – Privatsanatorium „Maria Regina (Grieserhof), seit 1954, ausgebaut 1996 (vormals Hotel).

Anläßlich einer pestartigen Epidemie wurden 1495 jenseits des Eisack bei der Loretobrücke, wo sich bereits das von der Pfarre betreute Leprosenhaus (1242 „Bozani subtus castrum de Winecco apud leprosos", 1427 Sondersiechen) befunden hat, eigene „Pestilenzhäuser" geschaffen, deren letztes erst 1864 abgerissen wurde. Es findet sich noch in der Katastermappe von 1858 eingezeichnet, aber nicht mehr verbal gekennzeichnet.

Das im Jahre 1511 genannte städtische Bruderhaus am südlichen Ende der Eisackstraße am einstigen Mühlbach wird hingegen noch in der Mappe von 1858 als „Lazareth" bezeichnet.

1984/86 erfolgte der Bau des St.-Franziskus-Heimes für Drogenabhängige am Mariaheimweg in Gries.

W. SCHNEIDER und G. DELLE DONNE, Das Krankenhaus Bozen einst und jetzt, Bozen 1992; – W. SCHNEIDER, Die Ziegelei des Heilig-Geist-Spitals von Bozen. In: Der Schlern Jg. 67, Bozen 1993, S. 264–296.

c) Waisenhäuser, Kindergärten, Sonderinstitute, karitative Stiftungen

1768 stiftete Franz de Paula von Mayrl, um dem „verderblichen Müßiggang" entgegenzuwirken, ein Arbeitshaus, welches als „Lehrschule der Spinnerei" bzw. Spinnhaus realisiert worden ist. – 1848 Errichtung einer von den Barmherzigen Schwestern geführten Kleinkinderbewahranstalt; 1849 Stiftung des *Rainerum* für „arme Knaben" durch Erzherzog Rainer in der nördlichen Nachbarschaft des Kapuzinerklosters, eröffnet 1853 ; – 1852 Stiftung des „weiblichen Erziehungsinstitutes *Elisabethinum*" durch Erzherzogin Elisabeth (gest. 1857), die Gattin des Erzherzogs Rainer, in der westlichen Nachbarschaft des Tertiarinnen-Klosters; 1855 Beschluß zur Errichtung eines Armenversorgungshauses an der Rauschertorgasse, 1982/85 zu einem Altersheim umgebaut.

1867 Einweihung des „Gesellenhauses", gefolgt 1908 von einem Jugendstil-Neubau an der Spitalgasse, Um- und Neubau 1981/85; – 1897 Fertigstellung des großen von Mayrl'schen Stiftungshauses „Freiwilliges Arbeitshaus" an der Ecke Weggensteinstraße/Vintlerstraße; – „Josephinum – Institut für Waisenknaben", errichtet 1894 an der Pfarrgasse; – 1909 Einweihung einer Kinderbewahranstalt bzw. eines Kindergartens in Gries; – 1910 Eröffnung eines Arbeiterheimes der sozialdemokratischen Gewerkschaften an der Gilmstraße; – 1957 Eröffnung des St.-Georg-Schülerheimes des Deutschen Ordens bei der ehemaligen Landkommende Weggenstein; – 1959 Bau des St.-Josef-Lehrlingsheimes in Haslach, es erhielt 1981 eigene Turnhalle und Saal; – 1959 Inbetriebnahme des Schüler- und Studentenheimes des Kanonikus-Michael-Gamper-Werkes in Gries; 1966 Einweihung des Lehrlingsheimes des ACLI (= Christliche Arbeiterbewegung Italiens) in Haslach; 1995 Errichtung eines Mädchen-Wohnheimes an der Defreggerstraße; – 1976/80 Errichtung des Südtiroler Landes-Blindenheimes „St. Raphael" am Schießstandweg in Bozen-Gries.

Im Jahre 1996 bestehende städtische Sozialeinrichtungen in Bozen

Kinderkrippen: Venedigerstraße Nr. 49, Mailandstraße Nr. 131, Gaismairstraße, Lagederstraße und Claudia-Augusta-Straße.
Altersheime: Trienterstraße 1979–1989; „Serena", Fagenstraße Nr. 18–20 und „Don Bosco", Mailandstraße Nr. 170 (voll ausgebaut 1995); Langzeit-Krankenhaus an der Montecassinostraße 1995.
Seniorenheim „Reichrieglerhof" in Gries-Guntschna 1994 (vormals Hotel);
Pflegeheim in der ehemaligen Mignone-Kaserne, errichtet 1995;
Obdachlosenheim, Trienterstraße, eröffnet 1990;
Frauenhaus in Bozen-Haslach, errichtet 1995/96.

Öffentliche Kindergärten (Scuole materne pubbliche)

„Via Aosta", Aostastraße Nr. 43 (eröffnet 1974); „Biancaneve", Triesterstraße Nr. 28; „Via Cadorna", Cadornastraße Nr. 6; „Cep", Weineggstraße Nr. 16; „Città di Bologna", Venedigerstraße Nr. 45; „Via Dolomiti", Dolomitenstraße Nr. 11; „Via Druso", Drususstraße Nr. 227; „Via Maso della Pieve", Pfarrhofstraße Nr. 13; „Via Milano", Rovigostraße Nr. 50; „Montessori", Parmastraße Nr. 5; „G. Pascoli", Frontkämpferstraße Nr. 3; „Regina Pacis", Rovigostraße 50 b; „Via del Ronco", Neubruchstraße Nr. 31; „Via Roen", Roenstraße Nr. 6 (eröffnet 1976); „Santa Maria Goretti", Mailandstraße Nr. 131; „S. Pio X.", Reschenstraße Nr. 90; „Vittorino da Feltre", Claudia-Augusta-Straße Nr. 52 (eröffnet 1976); Montecassinostraße.

„Guntschna", Guntschnastraße Nr. 54; „Kaiserau", Reschenstraße Nr. 28f. (eröffnet 1983); „St. Heinrich", St.-Heinrich-Straße Nr. 10 (errichtet 1981); „Max-Valier-Straße", Max-Valier-Straße Nr. 28; „Wentergasse", Wentergasse Nr. 1; „Weineggstraße", Weineggstraße Nr. 1d; – „Gries", Knollerstraße Nr. 5; „Haslach", Kuepachweg Nr. 15; „Kofler", Vintlerstraße Nr. 12; „Maria Heim", Mailandstraße Nr. 168 (erbaut 1963/66); „Rentsch"; Rentscherstraße Nr. 51; „St. Quirein", Horazstraße Nr. 18 (erbaut 1967/71); „St. Gertraud", Nicolodistraße Nr. 16; Bozen-Dorf, eröffnet 1991. 1976 Errichtung eines Kindergartens für Hörgeschädigte.

R. STAFFLER, Das Bozner Spinnhaus. In: Der Schlern Jg. 16, Bozen 1935, S. 464–469; – P. SCHÖNE, Die Kindergärten der Provinz Bozen = Beiträge zur alpenländischen Wirtschafts- und Sozialforschung, Folge 41, Innsbruck 1969.

d) Ärzte und Apotheken

Der Bozner Stadtrat hat bereits 1473 den Arzt Jakob von Fontanellis angestellt, mit der Auflage, Reichen und Armen sowohl im Stadt- als auch im Landgericht in gleicher Weise beizustehen. Im Jahre 1525 amtierte Jakob von Ziliis als Bozner Stadtphysikus. In einem amtlichen Bericht von 1738 wird eigens hervorgehoben, daß die Stadt Bozen „seit langer Zeit einen Stadtphysicum aus den Medicis" anzustellen pflege. Das amtliche Tiroler Ärzteverzeichnis von 1813 nennt in Bozen 10 Ärzte, nämlich Andrä Bergmeister, „auch Dr. der Chirurgie", Anton Flora, Joseph Kofler, Joseph Lobenwein, Joseph Luggin, Felix Marchesani, Karl von Mayerhauser, Anton Paskoli, „k. k. Kreisarzt", Georg Rottensteiner und Alois Tavonatti – sowie sieben Wundärzte, nämlich Anton Chelodi, Joseph Gelmo, Michael Gillhuber, Jakob Kotter, Johann Patis, Joseph Rodi und Anton Zagler.– Auf Grund der Sanitätsreform gehen die Aufgaben des bisherigen Stadtphysikates mit 1. Jänner 1982 in die Kompetenz der Sanitätseinheit Mitte-Süd über.

Die erste Nennung eines „apotecarius de Bozano" namens Jacobus de Auulano datiert von 1326. Um 1348/50 werden die Apotheker Belischerius am Obstplatz und Bonasingus unter den Lauben genannt. – Die „Stadtapotheke" unter den Lauben (sie gilt als die älteste der Stadt und wurde später zum „Schwarzen Adler" genannt, Laubengasse Nr. 46) sowie die seit dem 19. Jh. „Zur Madonna" benannte Apotheke, Laubengasse Nr. 17, werden bereits beide im Maria-Theresianischen-Steuerkataster von 1777, Katasternummern 17 und 57, verzeichnet. Nachfolgend werden 1850 eine Apotheke der Gebrüder Zambra und 1859/60 eine solche des A. Schulz genannt. 1881 erfolgt die amtliche Kundmachung über die geplante Errichtung einer dritten (= der St.-Anna-)Apotheke in Bozen, errichtet 1882 am Musterplatz (Inhaber Bergmeister). Noch

1909 bestanden in Bozen drei Apotheken („St. Anna" des P. von Aufschnaiter, „Zur Madonna" des M. Liebl und zum „Schwarzen Adler" des G. Illing), in Gries die „Marien-Apotheke" am Kaiser-Franz-Josefs-Platz. Dazu kamen bis 1975 vier städtische Apotheken, am Dominikanerplatz, an der Weinegg-, an der Horaz- und an der Reschenstraße sowie 13 private Apotheken. 1985 erfolgte die Verlegung der „Stadtapotheke Nr. 16" von der Europa-Straße an den Neubruchweg.

(Über die Rettungsgesellschaft Bozen siehe oben § 5 c, S. 103.)

F. HUTER, Beiträge zur Geschichte des Apothekerwesens in Tirol. I. Teil. In: Tiroler Heimat Bd. 41, Innsbruck 1978, S. 5–43; – K. F. ZANI, Erlebnisbericht des Bozner Stadtphysikus Jakob von Ziliis zum Jahre 1525. In: Der Schlern Jg. 65, Bozen 1991, S. 279–283; – W. SCHNEIDER, Das Sondersiechenhaus. Eine soziale Aufgabe der Pfarre Bozen. In: Der Schlern Jg. 69, Bozen 1995, S. 483–491; – R. LOOSE, Wohnen und Wirtschaften in der Laubengasse .... um 1350. In: Bozen. Von den Grafen von Tirol bis zu den Habsburgern = Forschungen zur Bozner Stadtgeschichte, hg. v. Stadtarchiv Bozen, Bozen 1999, S. 105–126.

e) Wasserleitungen, Kanalisation, Beleuchtung (Gaswerke, Elektrizitätswerke)

Trinkwasserversorgung: 1486 erließ der Stadtrat eine Ordnung „von der Ritschen wegen allenthalben und der Brünn in der Stadt." – 1520 hat die Stadt die Quelle des sogenannten „Lichtbrunnen" beim Kreuzerhof im Dorfe Bozen angekauft und daraus mittels einer hölzernen Rohrleitung vier öffentliche Brunnen gespeist. 1533 haben 16 städtische Brunnen bestanden, welche z. T. aus dieser Leitung, zum Großteil aber direkt aus der Talfer gespeist worden sind, woran sich bis in die 2. Hälfte des 19. Jh. nichts geändert hat (vgl. B. Weber 1849, S. 194). Von den im 18./19. Jh. aufgestellten öffentlichen Marmorbrunnenschalen haben sich je eine in der Vintler- und in der Wangergasse, zwei in der Rauschertorgasse und je eine in der Dr.-Streiter-Gasse und in der Silbergasse erhalten. In der Dr.-Streiter-Gasse steht auch noch – bei den dortigen barocken Fischbänken – Tirols einziger barocker Marmor-Fischkalter (saniert 1992/94) mit Frischwasser-Zufuhr. Neben den fließenden Rohrbrunnen bestanden lange Zeit auch eine Reihe von Ziehbrunnen, deren einer 1987 im Franziskanerkloster wiederentdeckt worden ist. – 1868/69 Entdeckung von Quellen bei Kampenn und der Fuchshof-Quelle am Sand in Gries. – 1874/77 Errichtung der ersten Hochdruck-Trinkwasserversorgungsanlage für die Stadt Bozen; – ab 1894 nahm die Zahl der Hausanschlüsse von 280 um rund 200 zu, weshalb 1898 in der obgenannten Fuchswiese in Gries ein Tiefbrunnen von 18,25 m Tiefe angelegt, und dessen Wasser über die Talferbrücke dem Stadtnetz zugeleitet werden mußte. 1899 wurde eine zweite Wasserleitung von St. Anton in Zwölfmalgreien durch das „Dorf" herab in die Stadt geführt, der 1906/07 eine weitere, ausgehend von einem Quellstollen beim Schloß Ried folgte, nachdem 1901 in Bozen von 600 Häusern nur 440 einen Wasseranschluß hatten.

Die Grieser Wasserleitung befand sich 1888 in Bau.

Nach der 1898 erhaltenen Bewilligung durch die Bezirkshauptmannschaft errichtete die Gemeinde Zwölfmalgreien am Eggental-Bach eine kombinierte Trinkwasserversorgungs- als auch E-Werks-Anlage, eröffnet 1900.

1984 erfolgte der Bau einer Trinkwasserleitung zu den Bozen-Grieser Vierteln Guntschna, St. Georgen, Sand und St. Jakob; 1992 wurde eine generelle Sanierung der Bozner Trinkwasserleitungen nötig. Im Jahre 1996 basierte die Trinkwasserversorgung von Bozen vor allem auf 5 Tiefbrunnen-Pumpwerken: Grutzenweg, Kardaun,

Neubruchweg, Cesare-Battisti-Straße und Claudia-Augusta-Straße bzw. auf insgesamt 11 gefaßten und durch Schutzzonen rein gehaltenen Quellen.

Die um 1480 angelegten offenen Ritschen wurden vom Dorf herab mit Talferwasser, aus dem Mühlbach mit Schwemmwasser versorgt. Die Bauarbeiten zur Einführung der Schwemmkanalisation in Bozen begannen 1895/1900 im Bereich der neuen Straßenzüge im Westen der Altstadt, nämlich der Sparkassen-, Kaiserin-Elisabeth- und Erzherzog-Heinrich-Straße. 1929/31 folgte die *Kanalisierung* der Altstadt.

1932 Einführung des *Müll*abfuhrdienstes, welcher an die Firma FIAT verpachtet wurde.

Zunehmend Probleme mit der bis 1986 wachsenden Bozner Mülldeponie hinter der Burg Sigmundskron (Schließung 1990);

1970 Errichtung einer Müllverbrennungsanlage im Zwickel zwischen Eisack und Etsch (2. Ofen seit 1977, 3. Ofen 1985/88);

1983/90 Errichtung einer Großkläranlage ebendort in der Kaiserau (Projekt einer Erweiterung 1992 bewilligt, 1994 der EU-Norm gemäß fertiggestellt).

1778 Aufstellung von 24 Öllampen zur städtischen *Straßenbeleuchtung*;

1861 Einführung der Gasbeleuchtung in Bozen, das städtische Gaswerk wird 1977 eingestellt und die *Gasversorgung* 1978 an die Erdgasleitung aus Trient (SNAM) angeschlossen, 1981/84 Verlegung des neuen Methangasnetzes in Bozen und Gries.

1996 wird die Errichtung einer zweiten Erdgasleitung von Trient nach Bozen geplant.

1880 Verlegung einer Gasleitung in Gries, 1887 Einführung der Gas-Straßenbeleuchtung in Gries.

1888 hat der Bozner Bahnhof-Restaurateur J. Staffler bei der Burg Ried rechts der Talfer am Ende einer 1.250 m langen Druckrohrleitung ein E-Werk für die Straßenbeleuchtung in Bozen, Gries und Zwölfmalgreien errichtet, welches die Stadt 1892 mit der Burg Ried um 25.000 Gulden angekauft hat.

1889 Einführung der elektrischen Straßenbeleuchtung in Bozen.

1896/97 Bau des gemeinsamen Elektrizitäts- bzw. Etschwerkes der Städte Bozen und Meran an der Töll, welches 1911 durch den Bau des Schnalstalwerkes bei Naturns erheblich erweitert worden ist. Zwei weitere Ausbaustufen folgten in Kardaun und 1960/62 in Naturns.

1898/99 Aufstellung der elektrischen Straßenlaternen in Bozen und im Grieser Kurrayon. Dessen ungeachtet erfolgte die Beleuchtung der Bozner Franziskanerkirche 1899 mit Acetylengas-Lampen. Es war dies die erste künstliche Kirchen-Innenbeleuchtung einer Kirche in Tirol.

Seit 1988 ist mit der Bozner Müllverbrennungsanlage auch ein kalorisches E-Werk verbunden.

1901 Errichtung des gemeinsamen Wasser- und Elekrizitätswerkes der Gemeinden Zwölfmalgreien und Gries im Eggental.

MAHLKNECHT, Ein alter Vertrag um den 50 m tiefen Ziehbrunnen oder „Ziggl" von Rentsch bei Bozen (1608). In: Der Schlern Jg. 53, Bozen 1979; S. 114–118.

f) Badstuben und Bäder

Die erste Nennung eines Badhauses in Bozen datiert von 1288. Am Ende des 16. Jh. waren im Bereich des Obstplatzes drei Badhäuser in Betrieb, ein Oberes, Mittleres und

Unteres. Letzteres wird auch noch im Maria-Theresianischen-Steuerkataster von 1777, Katasternummer 156, angeführt: „von alters am Unterbaad".

Georg Gugler – vermutlich betrieb seine Familie bereits das Mitterbad – errichtete um 1850 das erste und noch 1909 einzige öffentliche Bozner Schwimmbad am rechten Ufer der Talfer, unweit der Talferbrücke (bis 1931). 1931/32 wurde von der Bozner Kurverwaltung das neue Schwimmbad „Lido" westlich der Einmündung der Talfer in den Eisack errichtet. – 1881 erfolgte die Errichtung einer (privaten) Badeanstalt als Zubau beim Gasthof zum Greifen am Johannes- bzw. heutigen Waltherplatz.

A. ROMEN, Von der alten Gugler-Schwimmschule. In: Der Schlern Jg. 22, Bozen 1948, S. 216–218.

g) Parkanlagen und Promenaden

1889/92 Errichtung der Erzherzog-Heinrich-Promenade in Gries-Guntschna, 1989 Restaurierung des Aufganges; 1901 Errichtung der Grieser Wassermauer-Promenade und des Talferparks am Westende der Talferbrücke (an der Stelle der alten Holzreife), 1899/1904 Errichtung der Bozner Wassermauer-Promenade von der Talferbrücke bis hinauf zum Ansitz Klebenstein bzw. St. Anton; 1907 wird auf dieser Promenade der König-Laurin-Zierbrunnen aufgestellt (1933 vom faschistischen Regime entfernt und in den Festungsgraben von Rovereto transferiert).
1908 und 1937 Errichtung des westlichen und des östlichen Abschnittes der St.-Oswald-Promenade von St. Anton/Klebenstein bis St. Magdalena. 2000 Promenade und Radweg von der Grieser Wassermauer nach Runkelstein (mit Brücke).

W. PFAFF, Führer durch die öffentlichen Parkanlagen und Promenaden in Bozen und Gries, Innsbruck 1912.

17 Bildungswesen

a, b) Das niedere und mittlere Schulwesen

1205 Nennung eines „scolaris de Bozano".– Nicht nur als Schulmeister an der Lateinschule der Pfarre Bozen 1588–1602 bekannt war der Komponist Adam Haslmair. – 1608 erfolgte die Erbauung eines Schulhauses für die Deutsch- und Lateinschule an der Pfarrgasse, südlich anschließend an das spätere Hotel zur Kaiserkrone. Den Lateinunterricht darin übernahmen 1646 die Dominikaner (1645 wird noch Simon Hörmann als „lateinischer Schuelmeister" genannt). – Für „arme Knaben" stiftete Franz Kager 1742/47 eine Privatschule, welche 1771 mit der Pfarrschule vereinigt wurde.

Dem *Mädchen-Unterricht* in Bozen widmeten sich seit 1712 die Tertiarinnen, die zu diesem Zwecke mehrere Schul- und Internats-Bauten errichteten oder adaptierten: 1817 Errichtung des Schulhauses Franziskanergasse Nr. 10; 1905/07 Bau der „Marienschule", Volks- und Bürgerschule für Mädchen an der Ecke Wangergasse/Rauschertorgasse; 1904/06 Errichtung eines kleinen Mädchen-Internates im ehemaligen Schulhaus von 1817; 1907/08 Bau eines geräumigen und zeitgemäßen Mädchenheimes, genannt „Marieninternat", gegenüber der Marienschule; später wurde das Marieninternat in die bestehende Marienklinik umgewandelt und erweitert. Die Marienschule fungiert seit 1951 als Kindergärtnerinnen-Seminar mit Übungskindergarten.

Der Maria-Theresianische Steuerkataster von 1777 nennt als Katasternummer 333 in der östlichen Nachbarschaft der Pfarrkirche ein „Pfarr-Singschulhaus". 1822 folgte mit Bewilligung des Landesguberniums die Errichtung einer städtischen Singschule für Choralgesang für 12 Schüler unter der Leitung eines „Singmeisters".

1780/81 Gründung des *öffentlichen Gymnasiums* mit Franziskanerpatres als Lehrern im Eckhaus Pfarrgasse/Postgasse. 1806 von der königlich-bayerischen Regierung aufgelöst und in eine Realschule umgewandelt, wurde das Gymnasium 1813/14 von der österreichischen Regierung wieder errichtet. 1855 wurde dafür ein städtischer Neubau an der Weggensteinstraße geschaffen, jedoch 1872 das darin geführte „k. k. Untergymnasium der PP. Franziskaner" säkularisiert. Die auch als Lehrer sehr beliebten und geschätzten Patres haben hierauf zunächst im Ansitz „Stillendorf" an der Rauschertorgasse ein Privatgymnasium errichtet, welches 1882 mittels Spenden im Klostergarten den bestehenden neuen Schulbau an der Vintlerstraße und 1887 das Öffentlichkeitsrecht erhielt. Das „Staatsgymnasium" wurde im folgenden Jahre aufgelassen bzw. fand in der Folge im k. k. Reform-Realgymnasium an der Defreggerstraße einen Nachfolger.

1861 Beschluß der Handelskammer zur Errichtung einer öffentlichen Handelsschule, welche 1862 im Hause Vintlerstraße Nr. 6 eröffnet wurde;

1873 Errichtung einer landwirtschaftlichen Abendschule;

1881 Eröffnung einer gewerblichen Fortbildungsschule im Anschluß an obige Realschule, 1883 Ankauf eines Hauses an der Vintlerstraße zur Errichtung einer Gewerbeschule für Holz-Industrie, eröffnet 1884; – die beiden letztgenannten Schulen kamen später zur K. k. Fach- bzw. Gewerbeschule für Baugewerbe, Handwerk, Kunstgewerbe, Fachgewerbliche Fortbildung, Spezial- und Meisterkurse, seit 1902 im ehemaligen Dominikanerkloster.

1857 Errichtung einer 2-klassigen Unterrealschule durch Erweiterung der Hauptschule im Stadtschulgebäude am Waltherplatz (vgl. unten);

1902/03 Errichtung einer „k. k. Oberrealschule" mit Neubau an der Kaiserin-Elisabeth-, heute Leonardo-da-Vinci-Straße Nr. 13 (1902/04).

Bei der Einführung der allgemeinen Schulpflicht 1774 erhielt Bozen eine „k. k. Haupt- und Normalschule", welche auch der Ausbildung von Lehramtskandidaten diente. Sie befand sich an der Stelle des heutigen „Stadthotels" an der Nordseite des Waltherplatzes und wurde 1869 bei gleichbleibendem Standort durch eine „k. k. Lehrerbildungsanstalt" mit 4-klassiger Übungsvolksschule für Knaben in Bozen abgelöst.

Weitere öffentliche Volksschulen bestanden vor 1918 am Marienplatz (erbaut 1905/08), seit 1888 an der Weggensteinstraße (erbaut 1855 als Staatsgymnasium), an der St.-Heinrich-Straße im „Dorf" in Rentsch (Schulbau erst von 1928), in Oberau (Schulbau von 1912), Kampenn sowie in Gries (Bau der „Kaiser-Franz-Josef I.-Schule" an der Martin-Knoller-Straße 1908/09) und St. Georgen (erbaut 1885).

1876 Eröffnung einer sechsklassigen „städtischen Mädchenschule" in einem Neubau an der Silbergasse, gefolgt von der städtischen „Höheren Töchterschule" (Öffentlichkeitsrecht 1914) in einem Privathaus an der Sparkassenstraße. Die vorgenannte städtische Mädchenvolksschule erhielt 1881 eine siebte Klasse. 1910/11 erfolgte der Bau der „Kaiserin Elisabeth-Knaben-Volks- und Bürgerschule" an der Sparkassenstraße.

Eine „Mädchen-Volks- und Bürgerschule" wurde seit 1910 kurze Zeit an der Franziskanergasse geführt. Daneben bestand noch seit 1906/07 eine „Privat-Mädchenschule des kleinen Frauenvereines" in einem eigenen „Mädchenschulhaus" im Hause Vintlerstraße Nr. 14.

Über die Mädchenschulen der Tertiarinnen siehe oben S. 137.

Schulen in Bozen im Zeitraum von 1968–2000

Grundschule „D. Alighieri e A. Cairoli", Sparkassenstraße Nr. 24 (ital.), erbaut 1910/11
Grundschule „S. G. Bosco", S.-G.-Bosco-Platz Nr. 18 (ital.), erbaut 1951/52
Grundschule „A. Manzoni", Dalmatienstraße Nr. 63 (ital.), erbaut 1958
Grundschule „A. Tambosi", Claudia-Augusta-Straße Nr. 52 (ital.), erbaut nach 1969
Grundschule „M. Longon", Armando-Diaz-Straße Nr. 33 (ital.), erbaut nach 1969
Grundschule „S. F. Neri", Palermostraße Nr. 87 (ital.), erbaut nach 1969
Grundschule „A. Rosmini", Knollerstraße Nr. 7 (ital.), erbaut 1908/09
Grundschule „F. Chini", Bozner Boden, Dolomitenstraße Nr. 12, erbaut 1960 bzw. 1988
Grundschule „E. Fermi", Haslach, St.-Vigil-Straße 17, erbaut 1960/61
Grundschule „N. Tommaseo", Rentscherstraße 49, erbaut 1928 (nach 1969 aufgelassen)
Grundschule „R. Stolz", Gries, St.-Virgil-Straße Nr. 17, erbaut nach 1969
Grundschule „J. W. v. Goethe", Marienplatz Nr. 1 (dt.), erbaut 1905/08
Grundschule Gries, Knollerstraße Nr. 7 (dt.), erbaut 1908/09
Grundschule St. Quirein, Quireiner Wassermauer Nr. 4 (dt.), erbaut nach 1969
Grundschule „J. H. Pestalozzi", Europastraße Nr. 5 (dt.), erbaut 1979/81
Grundschule „Karl Felix Wolff", Rentscherstraße Nr. 49 (dt.), erbaut 1928
Grundschule „Martin Luther King", Parmastraße Nr. 18 (dt.), erbaut 1965 bzw. 1986
Grundschule Küepachweg Nr. 11 (dt.), erbaut 1982/83
Grundschulen in St. Georgen, Kampenn (siehe oben!) und Kohlern

Mittelschule „Archimede", Duca-d'Aosta-Straße Nr. 46 (ital.), erbaut nach 1969
Mittelschule „Ugo Foscolo", Neustifterweg Nr. 7 (ital.), erbaut nach 1969
Mittelschule „V. Alfieri", Parmastraße Nr. 4 (ital.), erbaut 1985
Mittelschule „E. Fermi", Kuepachweg Nr. 16 (ital.), erbaut 1977
Mittelschule „Leonardo da Vinci", Neapelstraße Nr. 1 (ital.), erbaut nach 1969
Mittelschule Musikkonservatorium „Claudio Monteverdi" im ehemaligen Dominikanerkloster, Dominikanerplatz Nr. 19 (ital.)
Mittelschule „Ada Negri", Drususstraße Nr. 289 (ital.), erbaut nach 1969
Mittelschule „Josef von Aufschnaiter", Leonardo-da-Vinci-Straße Nr. 13 (dt.), erbaut 1902/04 als Realschule, wurde 1983 generalsaniert
Mittelschule „Adalbert Stifter", Armando-Diaz-Straße Nr. 38 (dt.), erbaut 1967/68
Mittelschule „Albin Egger Lienz", Kuepachweg Nr. 14 (dt.), erbaut nach 1969
Mittelschule „Albert Schweitzer", Europaallee Nr. 15 (dt.), erbaut 1985/88

Lyzeum-Gymnasium „G. Carducci", Mancistraße Nr. 8 (ital.), erbaut nach 1969
Humanistisch-neusprachliches Gymnasium „Walther von der Vogelweide", Armando-Diaz-Straße Nr. 34 (dt.), erbaut 1968 (vor 1968 im Schulgebäude Leonardo-da-Vinci-Straße Nr. 13)
Staatliches wissenschaftliches Lyzeum-Realgymnasium „E. Torricelli", Rovigostraße Nr. 42 (ital.), erbaut nach 1969
(Wissenschaftliches staatliches Lyzeum =) Realgymnasium „Raimund von Klebelsberg", Fagenstraße Nr. 10 (dt.), Neubau von 1977, Einweihung 1981, Turnhalle 1995
(Privates) Humanistisches Gymnasium „St. Antonius" der Franziskaner, Vintlergasse Nr. 23 (dt.), Schulbau von 1887
Europäisches Realgymnasium „Rainerum", Carduccistraße Nr. 7
(Privates) Lyzeum der Suore Marcelline in Bozen-Gries, seit 1935
Das Gymnasialgebäude von 1855 an der Weggensteinstraße steht derzeit leer

Lehrerbildungsanstalt „G. Pascoli", Longonstraße Nr. 3, erbaut nach 1969
Kindergärtnerinnenschule „G. Toniolo", Carduccistraße Nr. 7 (ital.), errichtet 1952
Gründung eines Pädagogischen Institutes in Bozen 1973
Private Kindergärtnerinnenschule „Marienschule" mit Öffentlichkeitsrecht, Wangergasse Nr. 91, erbaut 1907 (vgl. oben S. 137)
Staatliche Handelsoberschule „Cesare Battisti", Cadornastraße Nr. 16 (ital.), erbaut nach 1969
Handelsoberschule „Gaetano Salvemini", Armando-Diaz-Straße Nr. 33, erbaut nach 1969
Handelsoberschule „Heinrich Kunter", Guntschnastraße Nr. 1, erbaut 1960 bzw. 1993/95
Staatliche Fachlehranstalt für Wirtschaft und Tourismus „Robert Gasteiner", bis 1988 im einstigen Gymnasialgebäude an der Weggensteinstraße, seither Roenstraße Nr. 12 (dt.), erbaut 1983/88
Staatliche Fachlehranstalt für Kaufmännische Berufe und Gastgewerbe „Claudia de Medici", Quireinerstraße Nr. 37 (ital.), erbaut nach 1969
Staatliche Gewerbeoberschule, „Galileo Galilei", L.-Cadorna-Straße Nr. 14 (ital.), erbaut 1967, errichtet 1940 an anderem Standort
Gewerbeoberschule „Max Valier", Sorentostraße Nr. 20 (dt.), Erweiterungsbau von 1983
1997 Errichtung einer Gewerbe- und Gewerbeoberschule, Drususstraße
Oberschule für Geometer „Delai", L.-Cadorna-Straße Nr. 16 (ital.) und
Oberschule für Geometer „Peter Anich", Fagenstraße Nr. 8 (dt.), errichtet kraft Beschlusses der Landesregierung 1976/78, seit 1979 selbständige Schule, erbaut um 1980
Fachlehranstalt für Industrie und Handwerk, L.-Cadorna-Straße Nr. 14, errichtet 1965
Landesberufsschule für Handwerk und Industrie, Romstraße Nr. 20, erbaut 1955 (dt.)
Landesberufsschule für Handel und Graphik „Johannes Gutenberg", Europaallee Nr. 5, erbaut um 1980 (dt.)
Fachschule für Hauswirtschaft „Haslach", Kuepachweg Nr. 40, erbaut 1976 (dt.)
Landesfachschule für Sozialberufe, Sernesisstraße 1 (dt.)
Landesberufsschule für Industrie und Handwerk „Luigi Einaudi", St.-Gertraud-Weg 3 (ital.)
Landesberufsschule für soziale Berufe „Luigi Einaudi", St.-Getraud-Weg 3 (ital.)
Landesberufsschule für Handel, Tourismus und Dienstleistungen „Luigi Einaudi", St.-Gertraud-Weg Nr. 3 (ital.)
Lehranstalt „Rudolf Stolz" in Haslach, eröffnet 1990.

c) Das höhere Schulwesen, Hochschulen, Universitäten

Am Dominikanerkloster in Bozen bestand von 1643 bis zur Aufhebung des Klosters 1785 ein theologisches Hochschulstudium, an dem auch akademische Grade verliehen wurden.
Südtiroler Bildungszentrum (SBZ) e. V., 1972 errichtet als Expositur der Universitäten Innsbruck und Padua. 1983 Errichtung eines Informationsbüros der Universität Trient in Bozen. Als „Landesuniversität" für Südtirol galt bis 1998 jene in Innsbruck.
1991 Gründung einer „Europäischen Akademie Bozen für angewandte Forschung und Bildung", Weggensteinstraße Nr. 12, dieselbe stellte 1994 ihr Programm vor.
1997 Offizieller Beschluß zur Errichtung einer Freien Universität Bozen für Wirt-

schaftswissenschaft (Sernesistraße 1) und Bildungswissenschaften (in Brixen), deren Eröffnung 1998 mit Beginn des Wintersemesters 1998/99.
1996 Errichtung der Landesfachhochschule für Gesundheitsberufe „Claudiana", Claudia-Augusta-Straße 19/D.
1998 wurde die Akademie für Design, Schloß-Weinegg-Straße 2, eröffnet.

A. SCHWARZ, Ein Ehrenbuch der Bozner Mädchenschule aus den Jahren 1817–1838. In: (Bozner) Jahrbuch für Geschichte, Kultur und Kunst 1931/34, S. 209–252; – Festschrift „75 Jahre Franziskanergymnasium Bozen 1882–1957", Bozen 1957; – L. WALDNER, Der Wandel der Bozner Schulen seit der Jahrhundertwende (bis1969). In: Bozen. Stadt im Umbruch = Jahrbuch des Südtiroler Kulturinstitutes Bd. 8, Bozen 1973, S. 302–323. – B. KLAMMER, 200 Jahre Franziskanergymnasium Bozen 1781–1981, Bozen 1981; – H. GRITSCH, Studien zur Dominikanerhochschule in Bozen. In: Tiroler Heimat Bd. 43/44, Innsbruck 1980, S. 185–220; A. H. MESSNER, Die Tertiarschwestern des hl. Franziskus in Bozen (siehe Lit. zu § 15 a!) – Festschrift 40 Jahre Handelsoberschule und Oberschule für Geometer „Heinrich Kunter" 1947–1987, Bozen 1987. – I. ZIEGLAUER, Die Kindergärtnerinnenschule in Bozen seit ihren Anfängen. In: Der Schlern Jg. 69, Bozen 1995, S. 335–343.

d) Theater, Musikvereine, Orchester, Musikschulen

Durch Textbücher und Beschreibungen seit 1495 nachweisbar sind die Bozner Passions- und Umgangsspiele, deren Tradition seit 1959 durch die „Bozner Passionsspiele" (Jubiläum 1989) erneuert wird.

Von 1804 bis 1904 befand sich das Stadttheater im Hotel zur „Kaiserkrone" und mußte dort trotz gründlicher Restaurierung 1883/84 im Jahre 1905 wegen Feuergefährlichkeit endgültig gesperrt werden. 1908 Beschluß des Bauplatzes für das neue Stadttheater im rechtsseitigen Bahnhofspark, 1918 Eröffnung des Neubaues dortselbst, der 1943 zerbombt wurde. 1995 Grundsteinlegung für ein neues Theater am Verdiplatz, erbaut nach Plänen von Marco Zanuso (Mailand) mit einem großen Saal für 800 und einem Kammertheater für 240 Besucher, eröffnet am 9.9.1999 als „Neues Stadttheater" der VBB (Vereinigte Bühnen Bozens).

Am 7.4.2000 öffnete das „Konzerthaus Joseph Haydn" des Landes Südtirol als offizieller Sitz des „Haydn-Orchesters – Berufsorchester der beiden autonomen Provinzen Bozen und Trient" in einem zu diesem Zwecke umgebauten Kino in der Dantestraße seine Pforten.

Schon bald nach Errichtung des Gesellenhauses (1867) wurde darin das Bozner Gesellenhaus-Theater eröffnet.

1940 Gründung der Volksbühne Bozen (Jubiläum 1990), 1958 Gründung der „Talferbühne Bozen" (Jubiläum 1978), 1950 Gründung des „Teatro Stabile" in Gries (Jubiläum 1980).

1645 Erstnennung der „Pfarrmusica" (Chor und Instrumentalensemble) mit eigenem städtischen Musikdirektor, dessen Posten 1822 ausgeschrieben worden ist.
1854 Gründung eines Musikvereines Bozen, dessen Musikschule 1926 von der Stadt Bozen übernommen wurde („Liceo musicale G. Rossini"), seit 1940 als staatliches Konservatorium „Claudio Monteverdi" weitergeführt. Standort ist das ehemalige Dominikanerkloster.
1861–1876 Liedertafel Bozen; 1876 Gründung des Männergesangsvereines Bozen (Jubiläum 1986);
1878 Gründung des Stiftspfarrchores Gries; 1921 Gründung des Männergesangsverei-

nes Gries (Jubiläum 1981); 1952 Gründung des Kammerchores „Leonhard Lechner"; 1960 Gründung des Haydn-Orchesters (Jubiläum 1995); 1966 Gründung des Haslacher Singkreis Bozen (Jubiläum 1976); 1973 Gründung des Kirchenchores von St. Gertraud in Haslach/Bozen (Jubiläum 1993); 1978 Gründung des Singkreises „Mariaheim" in Gries/Quirein;

1975 Gründung der „Musikkurse Haslach" (Jubiläum 1985); 1977 Gründung des Institutes für Musikerziehung (Jubiläum 1987);

1821 Gründung der Bürgermusikkapelle Gries (Jubiläum 1996), 1877–1904 Bestand einer Feuerwehrmusikkapelle Bozen, 1884 Bildung einer Feuerwehrmusikkapelle Zwölfmalgreien,

1919 Gründung der Musikkapelle Bozen (Jubiläum 1994); 1920 Gründung der Musikkapelle Zwölfmalgreien (Jubiläum 1995).

A. DÖRRER, Bozner Bürgerspiele. Alpendeutsche Prang- und Kranzfeste = Bibliothek des literarischen Vereins in Stuttgart Bd. 291, Leipzig 1941; – A. ROMAN, 70 Jahre Bozner Männergesangsverein. In: Der Schlern Jg. 20, Bozen 1946, S. 324–327; – DERSELBE, Vom Bozner Gesellenhaus-Theater. in: Ebenda, S. 20–24; – Conservatorio Statale di Musica. Staatliches Musikkonservatorium „Claudio Monteverdi" Bolzano 1940–1965, Bozen 1965; – E. SCHNEIDER, Das Bozner Stadttheater im Bahnhofspark. In: Jahrbuch des Südtiroler Kulturinstitutes Bd. 8, Bozen 1973, S. 393–409; – B. MAHLKNECHT, Die Zusammensetzung der Bozner „Pfarrmusica" im Jahre 1645. In: Ebenda Jg. 56, Bozen 1982, S. 91–93.

e) Volksbildungseinrichtungen, Büchereien

„Haus der Kultur – Walther von der Vogelweide (Waltherhaus)", Sitz des 1954 gegründeten Südtiroler Kulturinstitutes mit Theater-und Konzertsaal, Ausstellungsräumen etc., erbaut 1964/67;

Schloß Maretsch – Tagungszentrum seit 1979;

Urania bzw. Volkshochschule Bozen, gegründet 1949 (Jubiläum 1994);

Heimatschutzverein Bozen, gegründet 1919;

Gemeinschaftszentrum Haslach, erbaut 1975/76;

Comunanza Ladina a Bulsan, ladinisches Kulturzentrum in Bozen, eröffnet 1981;

Kulturheim Gries, Fagenstraße, erbaut 1972/74 (Jubiläum 1995);

Kulturheimgenossenschaft Rentsch, errichtet 1982;

Eröffnung des Gemeinschaftszentrums Maria Heim, Neustifter Weg, Neu-Gries 1988; Pfarrzentrum Neugries erbaut 1992.

f) Sporteinrichtungen

1861 Eröffnung der Turnhalle im ehemaligen städtischen Werkhaus an der heutigen Museumstraße;

1894 Eröffnung der Turnhalle des 1862 gegründeten Bozner Turnvereines (gegenüber vom Franziskanergymnasium);

1896 Eröffnung der Turnhalle des Turnvereins Jahn;

1930/31 Errichtung des Drusus-Sportplatzes am Eisack beim „Lido" (Umbau 1983);

1976 Errichtung einer Rollschuhbahn an der Genuastraße in Bozen-Gries;

1984/86 Errichtung des Sportzentrums (Sportpalast/Stadthalle) an der Reschenstraße, Eröffnung 1987; offene Sportzone im ehemaligen Talferbett sowie in der Pfarrhofgasse;

1991/93 Errichtung der Eishalle (Eisstadion, Eispalast, Mehrzweckhalle) im Bozner Messegelände.

18 Buchdruckereien, Zeitungen, Buchhandlungen

a) Buchdruckereien

Buchdrucker: 1684 Karl Girardi, 1686 Hieronymus Franz Sibilla, 1699 Philipp Jakob Khuen, 1771 Karl Josef Weiß, genannt als „Stadt- und Mercantil- Buchdrucker", Druckerei Joseph Eberle (später: Ferrari, Buchhandlung am Waltherplatz) druckt 1813/14 den „Boten von Tirol", dessen Erscheinen im damals noch königlich-bayerischen Innsbruck nicht möglich war.

1878 Eröffnung der Buchdruckerei Anton Perger, 1880 wird die Wohlgemut'sche Buchdruckerei genannt.– 1899 Gründung des Preßvereins Tyrolia in Bozen mit eigener Druckerei und Buchhandlung (1909 Errichtung des Neubaues Museumstraße 42, 1925 Umbenennung von „Tyrolia" in „Verlagsanstalt Vogelweider" bzw. 1936 in „Athesia", seit 1974 Direktion und Hauptbuchhandlung unter den Lauben, 1966/67 Neubau des Druckereigebäudes am Weinbergweg).

H. HUMER, (Festschrift) Tyrolia – Athesia. 100 Jahre, Bozen 1990.

b) Zeitungen und Zeitschriften

„Bozner Wochenblatt" 1842–1855, fortgeführt als „Bozner Zeitung", ab 1.1.1864 als Tageszeitung; – „Tiroler Volksblatt" ab 1862; – „Der Volksbote" 1893–1918, dann in Innsbruck, während in Bozen ab 1919 ein neuer „Volksbote" erschien; – (Neue) „Bozner Zeitung" 1856–1922 – „Bozner Nachrichten", 1893–1925; – „Der Tiroler" 1900–1923, hierauf bis 1925 „Der Landsmann" und seit 1926 „Dolomiten"; – „Katholisches Sonntagsblatt" seit 1927 (mit Unterbrechung 1941/45); – „Volksrecht" 1920–1923; – „Piccolo Posto" 1922–1943; – „Eco della settimana – Echo der Woche" 1924–1926, hierauf als „L'eco di Bolzano – Echo von Bozen" erschienen; – „Alpenzeitung" 1926–1943; – „Bozner Tagblatt" 1943–1945; – „Alto Adige" seit 1945; – „Südtiroler Wirtschaftszeitung" seit ca. 1945/46; – „Der Standpunkt" 1947–1957; – „Alpenpost" 1951–1957; – „Das Gastgewerbe in Südtirol" seit 1965; – „Juridische Zeitschrift Südtirols" seit 1966; – „Die Brücke" 1967–1969; – „FF (Fernsehen und Freizeit) Die Südtiroler Wochenzeitung" seit 1980; – „Presserundschau", hg. v. Landesausschuß Bozen; – „Das Land Südtirol. Monatszeitschrift der Südtiroler Landesverwaltung mit Landtagsteil" = „Provincia Autonoma. Rivista mensile della Giunta provinciale di Bolzano con pagine del Consiglio" seit 1991;– Il Mattino; – Bozner Stadtnachrichten; – Gemeindeblatt der Stadt Bozen seit 1995.

Programme des öffentlichen Obergymnasiums der Franziskaner zu Bozen 1851–1917, fortgeführt als „Jahresbericht" 1918–1938, hierauf ab 1947/48 nur „Schülerverzeichnis", seit 1963/64 wieder als Jahresbericht.

Der Schlern. Zeitschrift für Heimat- und Volkskunde. Jg. 1 Bozen 1920, erscheint monatlich.

Bozner Jahrbuch für Geschichte, Kultur und Kunst, Bozen 1927–1948.

Autonome Provinz Bozen-Südtirol. Informationsschrift des Landtages und der Landesregierung, Bozen seit 1981.

Denkmalpflege in Südtirol – Tutela dei Beni culturali in Alto Adige, hg. v. Landesdenkmalamt, Bozen seit 1984/85.

Veröffentlichungen des Südtiroler Landesarchivs, Bozen seit 1991.

R. STAFFLER, Bozner Buchdruckerei und Zeitungswesen. In: Der Schlern Jg. 1, Bozen 1920, S. 393–396; – A. DÖRRER, Bozner Buchdrucker. In: Gutenberg-Jahrbuch 1931, S. 221–243; – DERSELBE, Etschländer Buchwesen und Geistesleben. Bozen 1933 (zuvor in Lieferungen in: Der Schlern Jg. 13, Bozen 1932); – G. FLEISCHMANN, Zeitungen und Verlage in Bozen. In: Bozen. Stadt im Umbruch = Jahrbuch des Südtiroler Kulturinstitutes Bd. 8, Bozen 1973, S. 438–450.

19 Quellen und Darstellungen zur Stadtgeschichte

Bozner Chronik von 1338–1341/42 eines namentlich nicht bekannten Verfassers, überliefert nur in späteren, textlich variierenden Abschriften, deren zwei älteste von 1518 (Tiroler Landesmuseum Ferdinandeum, Dip. 612) sowie ebenfalls aus dem frühen 16. Jh. (UB Innsbruck, Hs. 502) stammen. Ed. v. Bruno MAHLKNECHT. In: Der Schlern Jg. 70/71, Bozen, 1996 (S. 643–677) / 1997.

P. Ferdinand TROYER, Chronik von Bozen (Ms. in der Bibliothek des Franziskanerklosters).

P. Justinian LADURNER, Chronik von Bozen, 1844, ed. v. B. KLAMMER, Bozen 1982.

Beda WEBER, Die Stadt Bozen und ihre Umgebungen, Bozen 1849 (Neudruck Bozen 1987).

Archangelus SIMEONER, Die Stadt Bozen, Bozen 1890.

Alois SPORNBERGER, Geschichte der Pfarrkirche von Bozen, Bozen 1894.

David v. SCHÖNHERR, Eine Inundationskarte von Bozen vom Jahre 1541. In: D. Schönherrs gesammelte Schriften Bd. 2, Innsbruck 1902, S. 615–620.

Hans v. VOLTELINI, Aus Bozens Vergangenheit. In: Der Schlern Jg. 1–8, Bozen 1920–1927, in Lieferungen.

Heinz BRAUN, Beiträge zur Geschichte Bozens im 16. Jahrhundert = Schlern-Schriften Bd. 33, Innsbruck 1936.

Franz HUTER, Die Quellen des Meßgerichts-Privilegs der Erzherzogin Claudia für die Boznermärkte (1635) = Bozner Jahrbuch für Geschichte, Kultur und Kunst 1927, Bozen 1927.

Derselbe, Beiträge zur Bevölkerungsgeschichte Bozens im 16.–18. Jahrhundert = Bozner Jahrbuch für Geschichte, Kultur und Kunst 1948, Bozen 1948.

Etta MORANDINI, Saggio di bibliographia del comune di Bolzano. In: Archivio per l'Alto Adige 41, Bozen 1946/47, S. 122–168.

Karl Theodor HOENIGER, Altbozner Bilderbuch, 1. Aufl. Bozen 1933, 3., erweiterte Auflage Bozen 1968.

DERSELBE, Ein Häuserverzeichnis der Bozner Altstadt von 1497 = Schlern-Schriften Bd. 92, Innsbruck 1951.

Hans KRAMER, Neue Beiträge zur Geschichte Bozens unter Maximilian I. In: Schlern-Schriften Bd. 30, Innsbruck 1935, S. 89–99.

Anton DÖRRER, Tiroler Umgangsspiele. Ordnungen und Sprechtexte der Bozner Fronleichnamsspiele und verwandter Figuralprozessionen vom Ausgang des Mittelalters bis zum Abstieg des Aufgeklärten Absolutismus = Schlern-Schriften Bd. 160, Innsbruck 1957.

Nicolò RASMO/Luciano GUARNIERI, Bolzano, Rovereto 1959.

Nicolò RASMO, Bozen. Beiträge zur Entwicklungsgeschichte der Altstadt, Bozen 1976.

Bozen. Stadt im Umbruch = Jahrbuch des Südtiroler Kulturinstitutes Bd. 8, Bozen 1973, mit Beiträgen von Norbert MUMELTER, Paul MAYR, Alfons GRUBER, Rainer SEBERICH, Viktor MALFÈR, Friedrich HOFER, Erich PATTIS, Georg INNEREBNER, Anton MAURER, Ernst SAILER, Carl v. BRAITENBERG, Walter v. WALTHER, Luise WALDNER, Egon Baron EYRL, Walther AMONN u. a.

Franz-Heinz HYE, Die Anfänge und die territoriale Entwicklung der Stadt Bozen. In: Der Schlern Jg. 52, Bozen 1978, S. 67–74.

Franco LAITEMPERGHER und Rosella LAITEMPERGHER-MODENA, Bolzano. Storia urbanistica dal 1100. o. J. u. O.

Reinhard VIGL, Die Entwicklung Bozens unter Bürgermeister Josef v. Braitenberg (1879–1895). Ungedr. Diss., Innsbruck 1980.

Carmen GRAMM, Beiträge zur Häusergeschichte Bozens (Bischöfliche Altstadt) von 1828–1978. Ungedr. Diss., Innsbruck 1981.

Reinhard GALLMETZER, Beiträge zur Häusergeschichte Bozens – Die Neustadt der Herren von Wanga (1828–1978). Ungedr. Diss., Innsbruck 1981.

Gianni FAUSTINI, 1900–1930 Bolzano nella Fotografia, Bolzano 1981.

Katalog der Ausstellung „Bozen zur Franzosenzeit 1797–1814", Bozen 1984, mit Beiträgen von J. NÖSSING, H. RIZZOLLI, A. v. LUTTEROTTI, W. SCHNEIDER.

Josef RAMPOLD, Bozen. Mittelpunkt des Landes an der Etsch und im Gebirge = Südtiroler Landeskunde in Einzelbänden Bd. 7, Bozen 1985.

Fabio DUREGON, Verso una città. Urbanistica ed architettura di Bolzano tra le due guerre. Tesi di laurea, Venezia 1988/89.

Rolf PETRI, Storia di Bolzano (Le città nelle Venezie 3), Padova 1989.

Ulrike CLEMENTI, Die Bozner Altstadt. Imageanalyse eines historisch gewachsenen Einkaufszentrums. Ungedr. Diplomarbeit, Innsbruck 1989.

Gaetano SESSA, Die Stadt Bozen in den Ansichtskarten 1890–1940, Trient 1989.

Katalog der Ausstellung „Bozner Porträts von 1800 bis heute" im Rizzolli-Haus, Bozen 1989, mit Beiträgen von K. KRAUS, H. RIZZOLLI, W. SCHNEIDER und L. W. REGELE.

Gerold PERATHONER, Kulturelle Aspekte der Stadt Bozen von 1850 bis 1860. Diplomarbeit, Innsbruck 1990.

Norbert MUMELTER, Bozner Geschichte am Straßenrand, Bozen 1990.

Reinhard JOHLER, Die Stadt – die Landschaft – das Denkmal. In: O. Egger/H. Gummerer (Hgg.), Walther. Dichter und Denkmal, Wien/Lana 1990, S. 67–74.

Bozen. Von den Anfängen bis zur Schleifung der Stadtmauern (Vorträge der Internationalen Studientagung, veranstaltet vom Assessorat für Kultur der Stadtgemeinde Bozen, Schloß Maretsch 1989), Bozen 1991, mit Beiträgen von Adolf LEIDLMAIR, Mauro COLTORTI, Reimo LUNZ, Gioia CONTA, Guido ROSADA, Hans NOTHDURFTER, Rainer LOOSE, Jörg JARNUT, Silvia SPADA, Josef RIEDMANN, Hannes OBERMAIR, Franz-Heinz HYE, Elmar AUSSERER, Max SILLER, Helmut RIZZOLLI, Bruno ANDREOLLI, Lorenzo DAL RI, Helmut STAMPFER, Josef NÖSSING u. a.

Walter SCHNEIDER/Giorgio DELLE DONNE, Das Krankenhaus Bozen einst und jetzt. Bozen 1992.

Walter SCHNEIDER, Weinverkauf des Heilig-Geist-Spitals in Bozen im 16., 17. und 18. Jahrhundert. In: Der Schlern Jg. 70, Bozen 1996, S. 195–221

Christine EGGER, Bozen zwischen Stagnation und Wandel. Zur Geschichte der Verfassung des Finanzwesens und der Wirtschaft von 1765–1795. Ungedr. Diss., Innsbruck 1993.

Ugo SORAGNI, Il Monumento alla Vittoria di Bolzano, Vicenza 1993.

Lothar STERNBACH, Bozen 1910–1927, ein zeitgenössischer Erlebnisbericht. In: Der Schlern Jg. 68, Bozen 1994, S. 27–34.

R. GALLETTI, Die Lauben der Stadt Bozen. Bozen1994.

Hannes OBERMAIR, Kirche und Stadtentstehung. Die Pfarrkirche Bozen im Hochmittelalter. In: Der Schlern Jg. 69, Bozen 1995, S. 449–474.

Josef NÖSSING, Das Bozner Kollegiatstift. In: Der Schlern Jg. 69, Bozen 1995, S. 492–496.

DERSELBE, Bozner Weinhandel im Mittelalter und in der Neuzeit. In: Beiträge zur Geschichte der Städte Mitteleuropas Bd. 14, Linz/D. 1996, S. 181–191.

Thomas PARDATSCHER, Das Siegesdenkmal in Bozen. Entstehung – Symbolik – Rezeption. Diplomarbeit, Innsbruck 1998.

Ivan DUGHERA, Gli uomini della palude. Una ricerca di antropologia urbana ad Oltrisarco – faubourg operaio (Tracce 1), Bozen 1998.

Bozen. Von den Grafen von Tirol bis zu den Habsburgern (Tagung 1996) = Forschungen zur Bozner Stadtgeschichte, hg. v. Stadtarchiv Bozen, Bd. 1, Bozen 1999, mit Beiträgen von Giuseppe ALBERTONI, Wilhelm BAUM, Klaus BRANDSTÄTTER, Hannes OBERMAIR, Franco LAITEMPERGHER/Gianni PACELLA, Rainer LOOSE, Reimo LUNZ, Josef RIEDMANN.

Sven MIETH, König Sigismund in Bozen und die Johanneskapelle der Franziskaner. In: Der Schlern Jg. 73, Bozen 1999, S. 341–354.

Flavio SCHIMENTI/A. RONCA, Bolzano e l'Alto Adige 1929–1969. Memorie d' architettura, Bolzano 1999.

20 Wissenschaftliche Sammlungen

a) Archive

Südtiroler Landesarchiv = SLA, seit 1985. Ein Großteil seiner Bestände galt seit 1919 als Teil des italienischen Staatsarchivs Bozen (vgl. unten), welches sich bis 1973 in Schloß Maretsch befand und hierauf provisorisch in eine Werkshalle ausgelagert wurde. Seit 1985 befindet sich das durch Beschluß des Südtiroler Landtages (1985) vom Staatsarchiv getrennte SLA gemeinsam mit der Landesbibliothek in einem Neubau beim Ansitz Rottenbuch (Rotenbuch).

Das Staatsarchiv Bozen bildete anfangs eine Sektion des „Archivio di Stato" in Trient. 1926 erfolgte dann die Errichtung des selbständigen Staatsarchivs in Bozen, mit welchem auch eine Archivschule zur Ausbildung von Archivaren verbunden ist.

Das historische Stadtarchiv Bozen befindet sich z. T. im Stadtmuseum. Im Rathaus wurde 1996 ein neues Stadtarchiv eingerichtet.

Schließlich gibt es in Bozen das Archiv der Dompfarre.

L. SANTIFALLER, Die Archive Deutschsüdtirols. In: Tiroler Heimat NF. Bd. 3, Innsbruck 1930, S. 149–200; A. ZIEGER, L' Archivio di Stato di Bolzano. In: Gli Archivi di Stato Italiano. Miscellanea di Studi storici, 1933. – H. OBERMAIR, Die Bozner Archive des Mittelalters bis zum Jahr 1500. Grundlegung zu ihrer mediävistischen Aufbereitung. Regesten der Urkunden. Teil 1 = Ungedr. geistwiss. Diss., Innsbruck 1986; – DERSELBE, Das Stadtarchiv Bozen. Eine Übersicht über die kommunalen Bestände seit 1848. In: Der Schlern Jg. 68, Bozen 1994, S. 669–672; – DERSELBE, Das Bozner Stadtbuch. Handschrift 140 – Das Amts- und Privilegienbuch der Stadt Bozen. In: Bozen. Von den Grafen von Tirol bis zu den Habsburgern = Forschungen zur Bozner Stadtgeschichte, hg. v. Stadtarchiv Bozen, Bd. 1, Bozen 1999, S. 399–432.

b) Bibliotheken

Die Bibliothek des Franziskanerklosters sowie die Bibliothek der Dompfarre sind die ältesten von Bozen; 1851 erfolgte die Eröffnung einer „ersten Leihbibliothek für Handwerker in Bozen" mit 663 Werken. – 1862/69 Katholischer Leseverein. – 1904 Gründung einer katholischen Volksbibliothek mit Lesehalle.

Die bestehende Stadtbibliothek wurde 1928 errichtet, befindet sich seit 1937 in eigenem Bibliotheksgebäude bei der Talferbrücke und führt mehrere Filialen.

1958 Eröffnung der anfangs nur nach ihrem Stifter, Dr. Friedrich Teßmann (1884–1958), benannten Südtiroler Landesbibliothek (als solche 1982 durch den Südtiroler Landtag gesetzlich verankert), welche gemeinsam mit dem Landesarchiv im Neubau von 1980/84, Armando-Diaz-Straße Nr. 8, beim Ansitz Rottenbuch untergebracht ist.

1996 erfolgte die Eröffnung der öffentlichen Bibliothek der Dompfarre Bozen.

G. MAMMARELLA, La Biblioteca civica „Cesare Battisti" in Bozen. In: Atti del primo Congresso mondiale delle Biblioteche e di Bibliografia, Roma-Venezia 1929, S. 53 f.

c) Museen

1882 Gründung des Bozner Museumsvereines als Nachfolger des „Christlichen Kunstvereines" (gegründet 1857). Seine Bestände waren anfangs im Hause Franziskanergasse Nr. 15/Ecke Obstplatz deponiert und wurden 1883 in drei Räumen des alten „Hirschenwirts" unter den Lauben bzw. Dr.-Streiter-Gasse Nr. 9 aufgestellt, von wo sie 1886 in das Katholische Gesellenhaus an der Spitalgasse übersiedelt wurden. 1901/05 erfolgte dann der Bau des bestehenden Museumsgebäudes an der Südwestecke Museum-/Sparkassenstraße durch die Stadtgemeinde Bozen, 1984/87 Errichtung eines Erweiterungsbaues.
1985/87 Errichtung eines Museums für moderne Kunst im ehemaligen Spitalsgebäude am Sernesiplatz;
1993 Errichtung eines Schulmuseums in der Dante-Schule;
1982 wird die Errichtung eines naturwissenschaftlichen Landesmuseums im historischen landesfürstlichen Amtsgebäude Ecke Bindergasse/Andreas-Hofer-Straße projektiert, Eröffnung 1997.
1997 Eröffnung eines Archäologischen Landesmuseums mit dem „Mann vom Hauslabjoch", „Ötzi" genannt, in einem hiefür 1991 angekauften ehemaligen Bankgebäude Ecke Museum-/Sparkassenstraße.
Museum im Merkantilpalast.

A. v. LUTTEROTTI, Zur Geschichte des Bozner Museumsvereins. In: Festschrift „100 Jahre Museumsverein Bozen", Bozen 1983, S. 5–12; – Merkantilmuseum Bozen. Katalog Bozen 1998; Villa Wendtlandt. Ausstellungskatalog Bozen Stadtgalerie, hg. v. Stadtarchiv Bozen = Hefte zur Bozner Stadtgeschichte 1, Bozen 1999.

BRIXEN

1 Name

Pressena 828, Prihsna 901, Prixina um 955/75, Prihsin(ensis) und Brihsin 967, Brixina um 1050/65, Prixanerium in der Chronik des Anselm von Lucca, Bischof von Lucca 1057/61, = Papst Alexander II. 1061/73, Brixin(ensis) 1085/97, Brixn(ensis) 1179, Brixina 1223, Brichsne 1277, Brixnen 1307, Bryxen 1311, Brixin 1312, Brixen 1314, Brixenn 1336, Brichsen 1380 und 1527, Brixen 1604, 1620, 1774, 1822, 1918. – Amtlich 1923/40: Bressanone. – Seit 1946/48 de facto: Brixen/Bressanone.

E. Kühebacher, Die Ortsnamen Südtirols und ihre Geschichte, Bozen 1991, S. 61; – I. Mader, Die Ortsnamen am St. Andräer Berg bei Brixen a. E. (einschließlich Milland, Sarns, Albeins) = Schlern-Schriften Bd. 31, Innsbruck 1936; – derselbe, Die Ortsnamen der Gemeinde Pfeffersberg bei Brixen a. E. = Ebenda Bd. 37, Innsbruck 1937.

2 Lage

a) Örtliche Lage

Brixen liegt in 561 m Seehöhe (46 Grad, 43' nördl. Breite, 11 Grad, 39' östl. Länge v. Gr.) im gleichnamigen Becken des Eisacktales südlich der Talenge von Franzensfeste an jener Stelle, wo von Osten die wichtige südliche Längstalfurche der Ostalpen, das Pustertal, westwärts durchflossen von der Rienz, einmündet, wobei sich die Einmündung der Letzteren – dem ortsunkundigen Betrachter kaum sichtbar – in einer tiefen Schlucht südöstlich hinter dem Höhenrücken von Schabs-Natz-Elvas vollzieht.

Das ursprüngliche Stadtgebiet erstreckt sich vom untersten Abschnitt des genannten Höhenrückens links des Eisack ungefähr bis zum Fuße des westseitigen Talhanges rechts des Flusses und grenzt im Norden an die Dorfgemeinde Vahrn-Neustift. Durch die Eingemeindungen von 1928/41 wurde das Stadtgebiet an beiden Talseiten bis zum Gebirgsgrat und südwärts bis zu den Grenzen der Nachbargemeinden Feldthurns und Villnöss erweitert.

b) Verkehrslage, zentrale Funktion

Einerseits hatte Brixen durch seine Lage im Eisacktal seit seinen Anfängen stets Anteil an den jeweiligen Verkehrswegen auf der Linie Brennerpaß – Bozen und umgekehrt (Straße, Bahn seit 1867, Autobahn seit 1974), andererseits verlief auch der Verkehr von Bozen in Richtung Pustertal und umgekehrt stets durch Brixen, während die Verkehrswege vom Brennerpaß in Richtung Pustertal und umgekehrt das Brixner Becken stets an seiner Nordflanke umfahren und die Stadt nie berührt haben. Letzteres hatte jedoch für die administrative, kirchliche und kulturelle Ausstrahlung dieser ein-

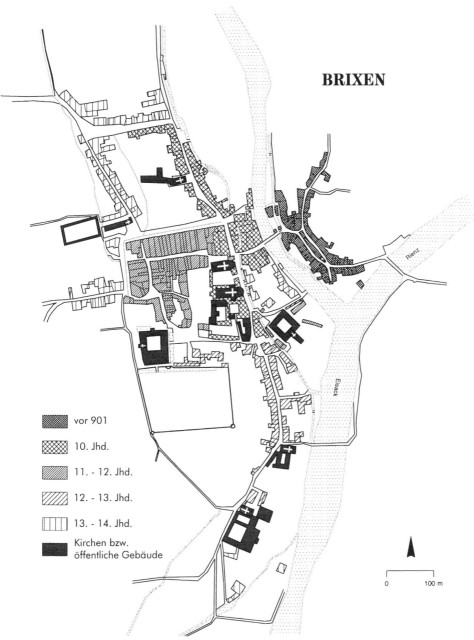

stigen fürstbischöflichen Residenzstadt vor allem nach Norden und Osten keinerlei Einschränkung zur Folge.

Von ca. 901/67 bis zur Säkularisierung 1803 Residenz der Fürstbischöfe von Brixen sowie darüber hinaus noch bis 1964 Sitz der Diözese Brixen, war Brixen auch nach 1803 stets Sitz regionaler Verwaltungsbehörden, Schul-, Kultur- und Wirtschaftszentrum des Eisacktales sowie später auch Garnisonsstadt und Sitz des Bezirkskrankenhauses.

3 Vorstädtische Siedlung

a, b) Prähistorische Funde – Römische und frühgeschichtliche Siedlung

Wie vorgeschichtliche und römerzeitliche Funde vor allem im Stadtteil Stufels erweisen, lagen die ursprünglichen Anfänge der Siedlung am hochwassergeschützten Sokkelbereich des Höhenrückens von Elvas in leicht erhöhter Lage über dem Zusammenfluß von Eisack und Rienz. Vor einigen Jahren wurden auch im Stadtkern rechts des Eisack vorgeschichtliche Funde gemacht, wie das Mauerstück eines eisenzeitlichen Hauses vermutlich des 5.–3. Jh. v. Chr. im südöstlichen Bereich des Domplatzes, weiters angeblich römerzeitliche Grundmauern unter dem Kassianeum (1993) sowie im Roßlauf (1999).

R. LUNZ, Ur- und Frühgeschichte des Brixner Raumes = Archäologisch-historische Forschungen in Tirol Bd. 9, Bruneck 1995; – St. DEMETZ, Archäologische Erkenntnisse zur frühen Stadtgeschichte Brixens. In: Stadt und Hochstift = Veröffentlichungen des Südtiroler Landesarchivs Bd. 12, Bozen 2000, S. 63–84.

c) Dorf- und Marktsiedlung

Im Jahre 901 übergab König Ludwig das Kind an Bischof Zacharias und die Kirche von Säben den in der Grafschaft Ratpods gelegenen Reichshof „Prihsna" am Zusammenfluß von Eisack und Rienz: „quandam curtem inter convallia comitatu Ratpodi consistentem, quae dicitur Prihsna". Die Baulichkeiten des betreffenden Gutshofes wird man im Altsiedelbereich von Stufels annehmen dürfen, während die dazugehörigen, weitgehend unverbauten landwirtschaftlichen Flächen desselben sich am Talboden rechts des Eisack ausgedehnt haben. Infolge dieser Schenkung verlegten die Bischöfe von Säben ihre Residenz vom Burgfelsen von Säben über Klausen (vgl. S. 233 ff.) in das noch unverbaute Areal der genannten „curtis" bzw. in die Nähe des Eisacküberganges nach Stufels, was im Verlauf des 10. Jh. zur Anlage des neuen bischöflichen Dombezirkes mit Kreuzgang und bischöflicher Burg sowie zur Entstehung eines Nord-Süd-orientierten Straßenmarktes auf der Linie Runggad – Altenmarkt geführt hat.

4 Stadtherr, Stadtwerdung oder Stadterhebung

a) Stadtherr (Ortsobrigkeit)

Stadtherr von Brixen war bis zur Säkularisierung des geistlichen Fürstentums im Jahre 1803 der Fürstbischof von Brixen, hierauf kam Brixen – abgesehen die Jahre der

Zugehörigkeit zum Königreich Bayern 1806/1814 – zum Kaisertum Österreich (bis 1918). Seit 1919 gehört Brixen zu Italien.

F. H. HYE, Die Städte der Fürstbischöfe von Brixen und ihre Stellung in der fürstbischöflichen Territorialpolitik im Mittelalter. In: Stadt und Hochstift = Veröffentlichungen des Südtiroler Landesarchivs Bd. 12, Bozen 2000, S. 165–172.

b) Erwähnung als bürgerliche Siedlung

um 1050/65 und um 1085/97 „urbs", um 1140/47 und um 1147/60 „civitas", um 1170/74 „cives", um 1174/78 „civitas" und „forum", 1313 und 1380 „stat".

c) Stadtcharakter, Privilegien der Stadt

Eine Stadterhebungs- oder Stadtrechtsverleihungsurkunde für Brixen ist nicht bekannt, doch wird Brixen seit der 2. Hälfte des 11. Jh. als Stadt tituliert und führt – nachweisbar seit 1302 – ein eigenes Stadtsiegel. Die erste Aufzeichnung der Brixner Stadtrechte datiert von 1380.

J. MUTSCHLECHNER, Alte Brixner Stadtrechte = Schlern-Schriften Bd. 26, Innsbruck 1935.

5 Die Stadt als Siedlung

a) Anlage und Entwicklung der Siedlung

In der Hauptsache hat man in Brixen bis zur Mitte des 13. Jh. drei Phasen der Siedlungsentwicklung zu unterscheiden. Die erste bildet die Entstehung des ursprünglichen „Prihsna" im heutigen Stadtteil Stufels „inter convallia" links des Eisack und rechts der Rienz (vor 901). Die zweite wird – im 10. Jh. – einerseits vom Straßenzug der alten „Pusterer Straße" bzw. der von Süden her zur Eisackbrücke führenden Runggadgasse und dem daran gelegenen engeren Dombezirk und andererseits von dem von Norden her rechtwinkelig zur Eisackbrücke verlaufenden Straßenzug der Weißlahn-, Tratten- und vor allem von der seit dem 13. Jh. so benannten Altenmarktgasse (um 1085/97 als „mercatum foris urbem", 1174/78 noch als „forum" und 1223 – nach der Verlegung des Marktplatzes in die Stadt – als „forum vetus" bezeichnet) gebildet. An die Westseite dieser Süd-Nord-Achse bzw. südlich vom Markt wird in einer 3. Phase ab der 1. Hälfte des 11. Jh. in Parallelverschiebung des Domkreuzganges und des später von Häusern des Klerus umgebenen Domplatzes in rechteckig abgewinkelter Form die mit vier Tortürmen, vier Ministerialenburgen an den Ecken und einer mächtigen Ringmauer befestigte bürgerliche Stadt in Gestalt der Großen und Kleinen Lauben und der Herrengasse angefügt, deren Ringmauer (1110/22 „area ... in Brixinensi territorio infra muros") selbstverständlich auch den Dombezirk miteinschloß. Ein wesentlicher Funktionsbau dieser Bürgerstadt war die 1038 geweihte St.-Michaels-Pfarrkirche der Bürgergemeinde. Die Nahtstelle zwischen dem damaligen Altbaubestand und der planmäßig angelegten Bürgersiedlung der Laubengassen ist im Grundriß der Altstadt noch heute deutlich in jenem Straßenknick erkennbar, der vom Platz nördlich der St.-Michaels-Pfarrkirche zu den Großen Lauben überleitet. Urkundlich greifbar ist diese Siedlungsentwicklung in den Brixner Traditionsnotizen, wo um 1050/65 bereits eine „area infra urbem Brixinam sitam" sowie um 1085/97 ein Grundstück „in Brixinensi mercato foris urbem", also im Markt vor der Stadt, genannt werden. Die genannten Ministerialenburgen waren die Burg des Stadthauptmannes nördlich anschließend an das St.-Gotthard- oder hl.-Kreuz-Tor, die Burg der Säbener westlich neben dem gleichnamigen Torturm, die Burg der Voitsberger nördlich des St.-Michaels-Torturmes (heute „Athesia"-Buchhandlung) und die Burg der Rodanker (Rodenegger) südlich neben dem Kreuzgangtor.

Als der Fürstbischof um 1260 aus sicherheitspolitischen Gründen seine Stadtburg von der Südwestecke des Domkreuzganges in einen Neubau an der Südwestecke der bürgerlichen Stadt am Südende der Hofburggasse verlegt hat, wurde auch die Südflanke der Stadtbefestigung mit Mauer und Graben in der Breite der neuen Stadtburg nach Süden verschoben, wobei in der Folge in dieser Stadterweiterungszone auch einzelne Neubauten entstanden, wie z. B. die heutige Dompropstei (Hofburgplatz Nr. 2). Die damalige Stadtmauer-Verlängerung vom Kassianeum über die jetzige Brunogasse zum „Scheuchegg" wurde 1696 wieder beseitigt.

Annähernd gleichzeitig mit dem Werdegang der Stadtsiedlung wurde bereits im 12. Jh. für die Mühlen, Hammerschmieden und anderen mechanischen Gewerbebetriebe die nördlich der Stadt vom Eisack gespeiste Mühlwiere angelegt und vollzog sich hierauf die Ausbildung des Stadtteiles „am Gries" auf der „Insel" zwischen dem Eisack und dem Mühlkanal rechts des Flusses. Dieser erstreckte sich nordwärts bis zu einer vom Graben ostwärts bis zum Eisack reichenden Linie und schloß südwärts das einstige Pilgerhospiz zum hl. Kreuz auf der Insel bzw. das heutige Priesterseminar mit ein. Dieser Stadtteil war gegen Norden durch das „Altenmarkttor" (urkundlich 1284) und gegen Süden durch ein Stadttor in der unteren Runggadgasse abgeschlossen. Als grober Irrtum ist es übrigens zu bezeichnen, wenn L. Tavernier die Mühlwiere als „einen Seitenarm des Eisacks" bezeichnet, der „später zu einem Stadtbach eingeengt worden war".

Vermutlich erst nach 1380 erhielten auch die drei Eingänge nach Stufels, von Norden (Vahrn/Neustift) bei der ehemaligen Hofmühle, von Osten durch die steile Schlipfgasse von Elvas herab und von Süden von der Köstlaner- oder Unterdrittelbrücke über die Rienz her beim Ansitz Neidheim, je eine Torsperre. Das Tor bei der Hofmühle (Hotel zum Grünen Baum) ist noch erhalten.

Auf diesem Stand der Siedlungsentwicklung verharrte Brixen – abgesehen von Aufstockungen und einzelnen Neubauten – bis 1900. Wie ein Stadtplan von 1900 zeigt, bewirkte auch die 1867 erfolgte Anbindung der Stadt an das Eisenbahnnetz auffallenderweise keineswegs die Entstehung eines Bahnhofsviertels. Vielmehr zeigt dieser Plan noch zum Jahre 1900 im Grünland bzw. in den Angerfeldern zwischen der oberwähnten fürstbischöflichen Stadt- oder Hofburg und der Brennerbahn lediglich einen „Gehweg zum Bahnhof". Einen ersten Ansatz bildeten hier die 1883/84 erbauten drei „Kienerhäuser". Eine dichtere Verbauung erfolgte westlich und südlich der Altstadt jedoch erst nach 1900 bzw. nördlich davon gegen Vahrn, im feuchten sogenannten „Roßlauf" (einst Pferdeweide) erst nach 1960. Hier lag das 1872/78 errichtete fürstbischöfliche Konvikt und Gymnasium „Vincentinum" noch um 1965 wie eine Festung im Grünen, wird nun aber zusehends von Wohnanlagen umgeben.

Ein beinahe gänzlich neuer Wohn-Stadtteil erwuchs seit ca. 1960 (geregelt erst durch den Bauleitplan von 1968) im Bereich des 1928 eingemeindeten Dorfes Milland links des Eisack, während im gegenüberliegenden, ebenfalls zu Milland gehörigen Territorium südlich des Stadtkerns, rechts des heutigen Flußlaufes des Eisack (seit dessen Regulierung bzw. Verlegung gegen Osten 1883) ungefähr seit 1970 eine ausgedehnte Gewerbe- und Industriezone angelegt wurde.

Brixen

Zu den ältesten Gebäuden, die im Zuge der Transferierung des Bischofssitzes von Säben nach Brixen in der Mitte des 10. Jahrhunderts erbaut worden sind, gehört neben dem Dom und dem Kreuzgang mit seinen Nebengebäuden vor allem die erste bischöfliche Burg mit der St.-Johannes-Hofkapelle an der Südwestecke des Kreuzganges. Die Burg diente nach der Übersiedlung des Fürstbischofs in die neue Hofburg um 1265 bzw. bis 1661 dem fürstbischöflichen Stadthauptmann als Amtssitz. Am linken Bildrand die Mauerkante des südlichen Domturmes sowie die barockisierte Marienkirche am Kreuzgang („in ambitu"). Seit der Säkularisation 1803 in staatlichem Besitz, fungiert die alte Burg seit 1828 als Gerichtssitz.
Foto: M. Hye-Weinhart

Ansicht von Brixen gegen Südwesten um 1570 (Ausschnitt). Den Mittelpunkt beherrschen vier Kirchtürme, von links nach rechts: der Spitzturm der St.-Johannes-Hofkapelle, der um 1441 gotisierte südliche Spitzturm und der noch romanische Nordturm des Domes sowie der Weiße Turm der St.-Michaels-Stadtpfarrkirche. Vor und rechts neben dem Weißen Turm erkennt man die Adlerbrücken- und die Weißenturmgasse sowie den Großen Graben mit dem Altenmarktturm (vorne) und dem Säbenertorturm, in dessen Nachbarschaft das Ensemble des Stadtspitals zum hl. Geist (heute: Hartmannheim) erkennbar ist. Besonders hingewiesen hat der Zeichner und Stecher auf die „Straßen von Potzen", die von Südwesten her dem Hl.-Kreuz-Tor zustrebt.

▶

Das Stadttor beim sogenannten Weißen Turm, dem Glockenturm der 1038 geweihten St.-Michaels-Stadtpfarrkirche, vermittelte sowohl den Straßenverkehr von und zum Brenner als auch jenen aus dem und ins Pustertal. Letzterer verlief anfangs über die sogenannte Adlerbrücke über den Eisack, durch Brixens ältesten Stadtteil Stufels („inter convallia", zwischen Eisack und Rienz) und steil hinauf durch die dortige Schlipfgasse nach Elvas. Nach der Gründung des Klosters Neustift (1142) nahm die Pusterer Straße dann ihren Weg über dieses Kloster, während die Brennerstraße weiterhin bis in das 19. Jahrhundert durch die Tratten- und Weißlahngasse nach Vahrn verlief. Diesen Weg nahm auch der berühmte Elefant im Winter 1551/52. – Der Weiße Turm, dessen Turmspitze weiß gekalkt ist, fungierte auch als Stadtturm bzw. mit seinen vier Auslug-Erkern als Sitz des Turmwächters und gilt daher als das bürgerliche Wahrzeichen der Bischofsstadt. Foto: M. Hye-Weinhart

▶▶

Das Hl.-Kreuz- oder Sonnentor an der Westseite der Brixner Altstadt. Die breitere rechte Durchfahrt wurde erst 1911 für den Autoverkehr durchgebrochen. Vor der Anlage der bürgerlichen Stadt Brixen in Gestalt der beiden Laubengassen im 11. Jahrhundert bildete die T-Kreuzung an der Westseite der Eisackbrücke den lokalen Verkehrsknoten. Die von Süden her durch die Runggad zu dem deshalb an dieser Straße angesiedelten Dombezirk (mit dem außergewöhnlichen Kreuzgangtor) führende Landstraße wurde daher schlechthin als die Pusterer Straße bezeichnet, eine Bezeichnung, die südlich des Klarissenklosters (jedenfalls in der Katastermappe) noch heute als Flurname fortlebt. Auch die Anlage des Alten Marktes bzw. der Altenmarktgasse im 10. Jahrhundert folgte – nordwärts der Brücke – dieser Straßenlinie. Durch die Anlage der Stadt Brixen wurde der Hauptverkehr dann zum Umweg durch die Stadt (Hl.-Kreuz-Tor – Kleine und Große Lauben – Weißer-Turm-Tor) veranlaßt.
Foto: M. Hye-Weinhart

Anmerkung: Im Gegensatz zu der hier oben dargelegten mittelalterlichen Entwicklungsgeschichte der Stadt Brixen sieht L. Tavernier in der „urbs" – in Analogie für eine gelegentlich begegnende derartige Bezeichnung des Bischofssitzes auf Säben – lediglich die Bezeichnung des „befestigten Sitzes eines Bischofs", d. h. für ihn besteht die Brixner „urbs" nur aus dem Dombezirk, der im Osten durch die heutige Albuingasse, im Süden durch den Kreuzgang, im Westen durch den heutigen Domplatz und im Norden ungefähr durch den alten Friedhof nördlich des Doms begrenzt gewesen sei. Diese Interpretation des „urbs"-Begriffes durch Tavernier ist sehr subjektiv und hat keinen Anspruch auf allgemeine Akzeptanz. – G. Pfeifer geht diesbezüglich noch einen Schritt weiter und behauptet rein hypothetisch, daß das Territorium der „urbs" einen eigenen Immunitätsbezirk, die „seit ca. 1030 befestigte Domimmunität", gebildet habe. Demnach wäre der Dombezirk gegen die jüngere Bürgerstadt sogar durch einen Befestigungsring mit eigenen „Toren" abgegrenzt gewesen. Dazu ist nun festzustellen, daß ein Immunitätsbezirk ein Gebiet unterschiedlicher Größe darstellt, welches aus dem dasselbe umgebenden Herrschaftsbereich herausgehoben bzw. jedem Eingriff der umgebenden Herrschaft in diesen Bezirk entzogen wurde. Im konkreten Falle hätte dies die Herausnahme des Dombezirkes aus dem eigenen Herrschaftsbereich des Fürstbischofs und uneingeschränkten Stadtherren von Brixen oder – umgekehrt betrachtet – den Rückzug des Bischofs aus dem Territorium der den ganzen Talboden umfassenden „curtis Prihsna" bedeutet, welcher Gedanke als absurd zu bezeichnen ist. Als Immunitätsbezirk hätte dieses Gebilde selbstverständlich Grenzen gegen die Bürgerstadt gehabt, doch werden dergleichen Grenzen in den Quellen weder im Hochmittelalter noch später jemals erwähnt. Es besteht somit keinerlei Anlaß, die seit dem 11. Jahrhundert für Brixen nachweisbare Bezeichnung als „urbs" nur für den Dombezirk anzuwenden, vielmehr gilt er selbstverständlich von Anfang an für die im 11. Jahrhundert in Verbindung mit dem Dombezirk angelegte Stadt. Übrigens erinnert noch heute die Viertelbezeichnung „Burgfrieden" im Westen der Stadt daran, daß der fürstbischöfliche Stadtgerichtsbezirk oder „Burgfrieden", der erst im 20. Jahrhundert besiedelt wurde, dessen ungeachtet schon immer zum Stadtgebiet von Brixen gehört hat.

In Anlehnung an die eben explizierten Theorien von Tavernier und Pfeifer vertritt schließlich H. Heiss zur Chronologie der Stadtwerdung die Ansicht: „Der Aufstieg zur *civitas*, zur *stat*, war erst spät erfolgt. Nicht schon im 11. Jahrhundert, wie oft *kolportiert*, sondern frühestens ein Jahrhundert später, kurz vor 1200, wird man Brixen den Charakter einer städtischen Siedlung zubilligen können." Auf die oben zitierten *urbs*-Nennungen von Brixen von 1050/65 und 1085/97 und die bereits am Ende des 11. Jh. bestehende Wechselbeziehung der *urbs* zum *mercatum foris urbem* geht Heiss in Entsprechung zu der von ihm akzeptierten „urbs"-Theorie von Tavernier und Pfeifer erst gar nicht ein. Zu den von ihm kraft seiner Ausdrucksweise als *Kolporteure* bezeichneten Historikern und Stadtgeschichtsforschern gehört – neben I. Mader, A. Sparber, K. Wolfsgruber und meiner Person – vor allem auch der nicht nur zu seinen Lebzeiten allseits hochgeehrte Promotor des „Tiroler Städtebuches" Franz Huter, der im „Handbuch der historischen Stätten" über Brixen schreibt: „Die älteste Bürgersiedlung wird man in dem der Domstadt n. vorgelagerten Altenmarkt sehen dürfen. Die planmäßige Anlage der Urbs (heutige Stadt- oder Laubengasse) wird auf Bischof Hartwig (1022/39) zurückgeführt, der auch die St. Michaelskirche gebaut und Bürgerstadt und Dombezirk in einem Mauerviereck zusammengefaßt hat."

I. MADER, Die alte Stadtanlage und Befestigung von Brixen. In: Der Schlern Jg. 2, Bozen 1921, S. 244–249; – DERSELBE, Das alte Schlipf-Tor in Stufels zu Brixen. In: Ebenda Jg. 5, Bozen 1924, S. 392 f.; – F. HUTER, Alpenländer mit Südtirol = Handbuch der historischen Stätten – Österreich. Bd. 2, Stuttgart 1966, S. 501; – DERSELBE, Historische Städtebilder aus Alt-Tirol, Innsbruck 1967; – A. SPARBER, Die Bischofsstadt Brixen in ihrer geschichtlichen Entwicklung, 3. Aufl. Brixen 1979; – H. FINK, Stufels. Urzelle von Brixen. Geschichte und Gegenwart, Brixen 1985; – F. H. HYE, Die alte Bischofsstadt Brixen. Geschichte und Stadtbild. In: Österreich in Geschichte und Literatur Jg. 30, Wien 1986, S. 361–371 (mit Neuabdruck eines Stadtplans von 1900); – H. GRIESSMAIR (Hg.), Milland. Beiträge zu Natur und Geschichte (Anm.: 893–1993), Brixen 1993; – H. HEISS, Zur Geschichte des Domplatzes von Brixen. In: Das neue Gesicht der „guten Stube". Festbroschüre zur Einweihung des neu gestalteten Domplatzes. Brixen 1998, S. 4–18; – H. HEISS, Eine neue Stadt. Brixen an der Schwelle zum 16. Jahrhundert. In: Circa 1500. Landesausstellung 2000 Mostra storica, Innsbruck – Mailand 2000, S. 215–218; – G. PFEIFER, Ministerialität und geistliche Stadt. Entwicklungslinien in Brixen bis zur Mitte des 13. Jahrhunderts. In: Stadt und Hochstift = Veröffentlichungen des Südtiroler Landesarchivs Bd. 12, Bozen 2000, S. 131–148; – L. TAVERNIER, Grundherrschaft, Siedlungsvielfalt, geschlossene Stadt. Anfänge und städtebauliche Entwicklung der alten Bischofsstadt Brixen im Mittelalter. In: Ebenda, S. 85–113.

b) Gebäude

Sakralbauten in der Katastralgemeinde Brixen

Bischofsdom zu Mariae Himmelfahrt, seit 1958 „Basilica minor": Erstbau Mitte 10. Jh. vollendet mit Ost- und Westchor. Nach dem Investiturstreit ließ der selige Bischof Hartmann Mitte des 12. Jh. den Westchor in zwei Fassadentürme umwandeln, deren Mauerwerk noch weitgehend erhalten ist. Umbau des Langhauses mit Querschiff nach Bränden von 1174 und 1234 (Weihe 1237). In der Folge weitere Zu- und Umbauten. 1612 erhielt der romanische Nordturm seine heutige Gestalt, welcher 1748 auch der Südturm angeglichen wurde. 1745/54 Bau des bestehenden Barock-Domes unter Beibehaltung der Glockentürme, des gotischen Chores (Weihe 1472) und der südseitigen Langhauswand bis zur Höhe des angefügten Kreuzganges. Deckenfresko von Paul Troger. 1783/85 Anbau der Fassaden-Vorhalle, wohin dank der Initiative des Kirchenhistorikers Josef Resch die alten Grabsteine der Brixner Fürstbischöfe des 14.–18. Jh. aus dem alten Dom versetzt und so erhalten worden sind. – *Domkreuzgang* südlich an den Dom anschließend: Romanische Anlage, in der 2. Hälfte des 15. Jh. eingewölbt und hierauf – z. T. über älteren – mit den berühmten spätgotischen Fresken geziert. An seiner Ost- und Südostseite befinden sich die einstige Domschule und der Wohntrakt der Domherren mit dem burgartigen Torturm (mit Einmannloch) zur Runggadgasse, an der Südwestecke die ursprüngliche bischöfliche Burg (heute Sitz der Prätur) mit der St.-Johannes-Baptist-Hofkapelle sowie an der Nordwestecke neben dem Dom eine *Kapelle zu Unserer Lieben Frau im Kreuzgang,* seit ca. 1214 Sitz eines gleichnamigen Kollegiatstiftes (romanische Wandfresken). Auch die genannte *Hofkapelle zu St. Johann Baptist* enthält romanische Fresken des 13. Jh. (Ecclesia und Synagoge) und galt früher – wohl wegen ihres Patroziniums – als Taufkapelle.

St.-Michaels-Stadtpfarrkirche nördlich des Doms bzw. des anschließenden alten Friedhofs: Erstbau um 1025, Weihe 1038, heutige Anlage spätgotisch, Weihe 1503, barockisiert 1757/58. Der Glockenturm, genannt der Weiße Turm, ist das bürgerliche Wahrzeichen der Stadt und fungierte einst als Stadtturm bzw. als Sitz des städtischen Feuerwächters (Türmerwohnung). An der Südseite der Pfarrkirche zwischen dieser und dem Dom befindet sich der aufgelassene alte Friedhof, an dessen Ostseite sich bis 1792 eine stattliche *St.-Barbara-Kapelle* befunden hat.

Hl.-Kreuz-Kirche einst des gleichnamigen Spitals oder Hospizes auf der Insel, heute des Priesterseminars: Erstbau 1157 auf der sogenannten „Insel" zwischen dem Eisack und der Mühlwiere, heutige Anlage von 1764/67, Deckenfresken von F. A. Zeiller. Epitaph für den Kirchenhistoriker Joseph Resch (gest. 1782, begraben in der Kapuzinerkirche).

St.-Gotthard-und-Erhard-Kirchlein am Südende der Kleinen Lauben: Erstbau 13. Jh., urkundlich 1380, heutiger Bau 2. Hälfte des 17. Jh., über dem Portal Wappenrelief Papst Innozenz' XI. (1676–1689).

Spitalskirche zum hl. Geist am Langen Graben bzw. an der Stadelgasse: Erstbau um 1330, barocker Umbau 1695.

Schutzengelkirche in Stufels: Vom Erstbau ist die romanische Apsis erhalten, Barock-Umbau 1711/12.

Mariahilf-Kirche in Zinggen an der Staatsstraße nördlich des Stadtkerns: Erbaut 1654, am Hochaltar eine Kopie des Innsbrucker Mariahilf-Gnadenbildes von L. Cranach dem Älteren.

Unsere Liebe Frau von den sieben Schmerzen an der gegen Westen verlängerten Kreuzgasse: Einfacher Bau von 1722.

Klarissenkloster mit St.-Elisabeth-Kirche an der unteren Runggadgasse: urkundlich 1235, älteste Elisabethkirche Tirols.

Kapuzinerkloster mit St.-Katharina-Kirche an der Runggadgasse: errichtet 1603/30; in der Kirche Votivbild des Stifters, des Fürstbischofs Andreas von Spaur von 1645.

Kloster der Englischen Fräulein mit St.-Josephs-Kirche an der Altenmarktgasse: errichtet 1765, Weihe 1768.

Sakralbauten in den Katastralgemeinden Afers, Albeins, Elvas und Milland

Pfarrkirche zum hl. Georg, Katastralgemeinde Afers: urkundlich 1232, der Altbau wurde 1758 abgebrochen, heutiger Bau von 1778.

St.-Jakobs-Kirche, Katastralgemeinde Afers: heutiger Bau aus dem 15. Jh.

Pfarrkirche zu den Heiligen Hermagoras und Fortunat, Katastralgemeinde Albeins: urkundlich 1214, umgebaut 1488 (Weihe 1489), barockisiert 1784. Das Patrozinium dieser Altpfarre erinnert an die Zugehörigkeit des Bistums Säben zum Patriarchat Aquileja (bis 811).

St.-Margarethen-Kirche, Katastralgemeinde Albeins: mittelalterlicher Baukern, Langhaus im 15. Jh. eingewölbt, im 18. Jh. barockisiert.

St.-Peter-und-Paul-Kirche, Katastralgemeinde Elvas: erste Weihe angeblich bereits 1077, neuerliche Weihe 1428, heutige Gestalt von 1696/98, Filiale der Pfarre Natz.

Marien-Pfarrkirche, Katastralgemeinde Milland: urkundlich 1305, heutiger Bau von ca. 1464, im 18. Jh. im Inneren barockisiert.

Neue Pfarrkirche zum seligen Pater Josef Freinademetz mit Pfarrzentrum, Katastralgemeinde Milland: erbaut 1984/85.

Sakralbauten in der Katastralgemeinde Pfeffersberg

St. Veit in Tils: urkundlich 1366, Ende des 18. Jh. umgestaltet.

St. Cyrill in Tils: romanisches Langhaus, Choranbau des 17. Jh., bemerkenswerte Fresken.

St. Ulrich in Pinzagen: urkundlich 1365, barockisiert 1786.

St. Johann Baptist in Tschötsch: urkundlich 1406, Weihe des heutigen Baues 1490.

St. Johannes Evangelist in Tötschling: urkundlich 1341, Langhaus jedoch älter, der Chor von 1493/96, Türmchen des 18. Jh.

St. Nikolaus in Tötschling: neben der vorgenannten Kirche, urkundlich 1337, Chor und Turm 16. Jh.

St. Jakob in der Mahr: urkundlich um 1173, Umbau im 15. Jh., Weihe 1428, im Inneren Fresko von 1461 über das Martyrium des Kirchenpatrons sowie mit Darstellung der „Hühnerlegende".

Sakralbauten in der Katastralgemeinde St. Andrä

St.-Andreas-Pfarrkirche: urkundlich 1177, mittelalterlicher Bau, um 1556 verlängert, um 1930 neuerlich vergrößert; dabei eine Mariahilf-Friedhofkapelle, ein achteckiger, barocker Kuppelbau von 1696 an der Stelle einer mittelalterlichen Vorgängerkapelle.

St. Johann in Mellaun: spätgotisches Kirchlein des 15. Jh., Fresken von 1464, Fassaden-Giebelreiter von 1913.

St. Nikolaus in Klerant: erbaut in der 1. Hälfte des 15. Jh., Fresken von ca. 1474/79.

St. Leonhard: erste Weihe 1194, Erweiterungen 1430 und 1695; besonders zu erwähnen ist die die Kirche außen umgebende Schmiedeeisenkette als Attribut des Kirchenpatrons.

St. Johann d. T. in Karnol: auf einem kegeligen Rundhügel gelegen, erste Weihe 1113, Umbauten 1415 und um 1500, die damals angebrachten Gewölbeschlußsteine tragen die Wappen von Österreich, Tirol, Brixen und von Geschlechtern der Gegend.

Sakralbauten in der Katastralgemeinde Sarns

St.-Sebastians-Kaplaneikirche: erbaut 1502, angeblich an der Stelle einer älteren St. Nikolauskirche, Weihe 1510, Filiale der Pfarre Albeins.

Profanbauten in der Katastralgemeinde Brixen

Alte Bischofsburg an der Südwestecke des Domkreuzganges bzw. an der Südostseite des Domplatzes Nr. 11: erbaut im 10. Jh., nach ca. 1260 Sitz des fürstbischöflichen Stadthauptmanns, ab 1803 des jeweiligen staatlichen Gerichtes (mit Gefängnis), seit 1919 der Prätur.

Neue Hofburg an der Südwestecke der Altstadt: erbaut um 1260, heutige Gestalt durch Umbau von 1595–1711 mit Arkadenhof (in Wandnischen 44 Habsburger-Statuetten von Hans Reichle), Hofkapelle, Hofrats-Wartestube (mit umfangreichem, die Herrschaften etc. des geistlichen Fürstentums dokumentierenden, umlaufenden Wappenfresko von 1607) etc., heute Sitz des Diözesanarchivs und des nach 1973 in den bis dahin als bischöfliche Residenz genutzten Räumen eingerichteten Diözesanmuseums.

Fürstbischöfliches Hof-Verwaltungsgebäude an der Westseite der Hofburggasse.

Erhalten sind alle *vier Tortürme* (Kreuzgang- oder Münstertor, St.-Michaels- oder Weißer-Turm-Tor, Säbener- oder Stadeltor und Kreuz- oder St.-Gotthard-Tor, südlich daneben zweiter Tor-Durchbruch von 1911 für den Autoverkehr) sowie südlich an das Kreuztor anschließend ein als solches noch unverändertes Stück der *Stadtmauer*.

Alte Stadtburg der Herren von Säben, jetzt *Lachmüllerhaus*, an der Nordwestecke der Stadtmauer bzw. am Graben: im 13. Jh. Sitz dieser Ministerialenfamilie, der andere adelige Besitzer folgten (Sarnthein, Andrian, Gienger, Lachmiller), Innenhof, heute Sitz der Bezirksgemeinschaft Eisacktal.

Alte Stadtburg der De Porta – so benannt nach dem St.-Michaels-Tor –, die sich im 13. Jh. nach ihrer Burg in Vahrn *Voitsberg* nannten, Weißenturmgasse Nr. 1.

Dompropstei, Hofburgplatz Nr. 2: in der südseitigen Stadt-Erweiterungszone des 13. Jh. an Stadtmauer und -graben, östlich des Hofburg-Grabens.

Stadtgerichtshaus, Große Lauben Nr. 27, an der Ecke zu den Kleinen Lauben; an der Ecke unter dem hier breiteren Laubengewölbe von 1404 der ehemalige *Kornplatz*.

Altes Rathaus, Große Lauben Nr. 18, 1530–1911.

Neues Rathaus, Große Lauben Nr. 5 = Nordflanke des Domplatzes, seit 1911.

Priesterseminar am Gries (mit hl.-Kreuz-Kirche, vgl. oben S. 155), erbaut 1764/67 (aufgestockt 1890, neue Fassadeninschrift) an der Stelle des hl.-Kreuz-Spitals auf der Insel von 1157, westlich daneben durch die moderne *Cusanus-Akademie* ergänzt, erbaut 1961/62.

Domdechantei (im Volksmund wegen der dort wohnenden Domherren ‚Gimpelsteige' genannt), Albuingasse Nr. 2, am Gries an der ehemaligen Mühlwiere: stattliches spätgotisches Wohnhaus mit Krüppelwalm, Gedenkstein an den Wiederaufbau nach dem Stadtbrand (1444) mit Wappen des Domherren Friedrich von Mülinen von 1446, Fresko-Inschrift von 1487 an der Westfassade: „Recte agas ne timeas regem".

In der südlichen Nachbarschaft *Dommesnerhaus*, Albuingasse Nr. 4: am Gewölbe des Erdgeschosses Doppeladlerfresko des 15. Jh. zum Gedenken an Kaiser Karl den Großen.

Küchenmaierhof des Domkapitels, Runggadgasse Nr. 12: stattlicher Bau mit Rustica-Rundbogentor und Wappen-Keilstein von 1632, es war dies einer der vier kirchlichen Maierhöfe (1380 bestanden zwei an der Runggad, einer an der Mahr und einer in Vahrn).

Behausung der Halbsleben bzw. im 17. Jh. der *Wolkenstein*, Altenmarktgasse Nr. 8, mit einem gartenseitigen, runden Treppenturm, urkundlich 1699.

Ansitz Neuhaus, Schlachthausgasse Nr. 3: an der Fassade Wappenfresko der Neuhaus von 1508.

Bischofleins Hofstatt, Stuflergasse Nr. 1 an der Adlerbrücke: Bezeichnung aus dem 15. Jh., später in adeligem Besitz, um 1900 erneuerte barocke Fassadenfresken.

Ansitz Neidheim in Stufels, Unterdrittelgasse Nr. 15: über dem Portal weißmarmorner Wappenstein des Hans Goret zu Seeburg von 1591.

Gasthof/Hotel zum Elefanten („Elephant"), Weißlahnstraße Nr. 2: Seit 1551 nachweisbare historische Gaststätte an der alten Brennerstraße nach und von Sterzing (1449: grenzt an die „gemain strass gen Sterzingen"), Fassadenfresko mit Darstellung des 1551/52 von Spanien nach Wien geführten Elefanten des nachmaligen Kaisers Maximilian II.

Ansitz Köstlan, auf der gleichnamigen Geländeerhebung links der Rienz: an der Fassade Wappenrelief des Weihbischof Jesse Perkhofer, über dem Portal des östlichen Nebentraktes Wappenstein des T. Gerhard von 1599, fungierte noch um 1900 als Standort einer Brauerei.

Amtsgebäude, Trattengasse Nr. 19: 1604–1823 Bärenwirt, im 19. Jh. Kaserne, Sitz der Bezirkshauptmannschaft.

Ansitz Seeburg am Kranebitberg bei Krakofel ober Stufels.

Vinzentinum, Knabenseminar, errichtet 1872/76 unter Fürstbischof Vinzenz Gasser nach Plänen von Architekt Josef Vonstadl, mit Kirche und Theatersaal (Parzival-Zyklus von E. v. Wörndle).

Krankenhaus Brixen, Jugendstilbau der Architekten Payr und Bayr 1911/14.

Profanbauten in den Katastralgemeinden Albeins, Elvas und Milland

Turm zu Albeins, Katastralgemeinde Albeins: Reste eines mittelalterlichen Wohnturms, lange Zeit „Turnerhof" benannt.

Ansitz Hanberg (Hahnberg), Katastralgemeinde Elvas: errichtet 1550 vom Brixner Domherren Sigmund Han, verdankt seine heutige malerische Gestalt einem Umbau von ca. 1890.

Ansitz Karlsburg, Katastralgemeinde Milland: Dieser ursprünglich obere Maierhof des Brixner Domkapitels (urkundlich 1250), wurde 1618 von Carl H. v. Winkelhofen angekauft und hierauf zu der heutigen, hoch aufragenden Baugestalt mit Walmdach umgebaut, im Inneren zentrale, zweigeschossige Halle, Hauskapelle mit Altar von 1627/28, über dem Hauptportal des Ansitzes Winkelhofen – Wappenstein von 1631.

Die übrigen Adelssitze in Milland, namentlich *Platsch*, *Ratzötz* (romantische Schloßanlage in einem Park) und *Vilsegg* (privilegiert 1601) wurden von den Franzosen 1809 niedergebrannt und danach im Stil der Zeit erneuert, *Hubenhof* und *Rindlhof* sind heute Bauernhäuser.

Profanbauten in den Katastralgemeinden Pfeffersberg und Sarns

Burgruine Pfeffersberg, Katastralgemeinde Pfeffersberg: urkundlich 1233, in der Brixner Stadtordnung von 1604 als „Schloß Pfefferberg" erwähnt, heute nur noch spärliche Mauerreste, der Bergfried ist 1837 eingestürzt.

Ansitz Palbit, Katastralgemeinde Pfeffersberg, Pfeffersbergerstraße Nr. 29: gleichnamiger Hof, der sich im 13. Jh. im Besitz des Hochstifts Eichstätt befand, welches ihn 1275 den Klarissen in Brixen schenkte. Im 16. Jh. zum Ansitz ausgebaut, wurde das Gut am 6. Dezember 1809 vom französischen Militär in Brand gesteckt und danach als Bauernhaus erneuert.

Schloß Pallaus, Katastralgemeinde Sarns: rechteckige Ringmauer mit vier Eckerkern, dahinter ein im Westen, Osten und Süden von einem Zwinger umgebener, ebenfalls rechteckiger Pallas, der den achteckigen Wehrturm im Norden, Osten und Süden umfaßt, Sitz der seit dem 13. Jh. nachweisbaren Familie der Pallauser, fürstbischöfliche Küchenmaier in Sarns, denen nach 1471 andere adelige Besitzer folgten.

S. BSTIELER, Der Brixner Dom. Seine Entstehung und Ausstattung, Brixen o. J. (1927); – I. MADER und A. SPARBER, Brixner Häusergeschichte = Schlern-Schriften Bd. 224, Innsbruck 1962; – F. H. HYE, Der Brixner Elefant von 1552 – ein heraldisches Denkmal des nachmaligen Kaisers Maximilian II. In: Der Schlern Jg. 48, Bozen 1974, S. 112–114; – J. BAUR, Das Brixner Priesterseminar, Brixen 1975; – L. DE LASZLOCZKY und K. WOLFSGRUBER, Wappen und Siegel in der Hofratskanzlei des Fürstentums Brixen, Brixen 1981; – K. WOLFSGRUBER, Die Brixner Hofburg, Bozen 1983; – DERSELBE, Dom und Kreuzgang von Brixen. Bozen 1988; – DERSELBE, Die Hofburg Brixen. In: Tiroler Burgenbuch, hg. v. O. Trapp, Bd. 4, Bozen 1977, S. 28–58; – ebenda, Pfeffersberg S. 22f. und Pallaus, S. 58–68 (von G. Kutschera); – K. GRUBER, Pfarrkirche St. Michael, Brixen 1987; – E. KUSTATSCHER, Der Ansitz Lachmüller. Hg. v. d. Bezirksgemeinschaft Eisacktal, Brixen 1992; – L. TAVERNIER, Der Dombezirk von Brixen im Mittelalter = Schlern-Schriften Bd. 294, Innsbruck

1996; – A. ENGBRODT, Das Ostheimer-Haus in Brixen. Ausdruck bürgerlicher Lebensformen im 19. Jahrhundert. In: Denkmalpflege in Südtirol 1997, Wien/Bozen 1998, S. 217–224; – A. u. U. SCHWOB, Die Kapellenstiftungen Oswalds von Wolkenstein im Brixner Dom (St. Oswald und St. Christophorus). In: „Ze hove und an der strazen" – Festschrift für V. Schupp, Stuttgart 1999, S. 114–124.

c) Brände und Naturkatastrophen

Brände

1174 und 1234 Dom, Stadtbrand 1444. Am 6. Dezember 1809 hat das französische Militär angesichts des letzten hier noch geleisteten Tiroler Widerstandes 118 Höfe in den Dörfern Milland, Elvas, Pfeffersberg, Vahrn und Neustift (ausgenommen Kloster Neustift) rücksichtslos niedergebrannt. Weitere Großbrände ereigneten sich 1800, 1820, 1839, 1840, 1907.

Um eine einigermaßen funktionierende Feuerverhütung oder notfalls Brandbekämpfung durchführen zu können, sieht das Stadtrecht von 1604 die Einrichtung von „Viertlmaistern" „in der Runggat, in der Statt, an der Creutzstrassen, (am) Grieß, im Altenmarkt und in Stufls" vor. – 1850 war die Brixner Feuerwehrmannschaft mit der gemeindeeigenen Feuerlöschspritze beim Großbrand in Bruneck im Einsatz.

1872 Gründung der Freiwilligen Feuerwehr Brixen, der nach 1895 einige Zeit das gemeindeeigene Haus Altenmarktgasse Nr. 11/13 als Gerätehaus diente. 1894 Gründung des Feuerwehr-Bezirksverbandes Brixen; Freiwillige Feuerwehr Afers, gegründet 1952 (Gemeinschaftshaus mit Feuerwehr-Halle erbaut 1992); Freiwillige Feuerwehr Albeins, gegründet 1900.

Überschwemmungen und Vermurungen

Die mit starkem Gefälle und viel Geschiebe beinahe im rechten Winkel aus ihrer Mündungsschlucht in den Talboden von Brixen hervorbrechende Rienz hat häufig den hier bereits ruhiger fließenden Eisack aufgestaut und so Überschwemmungen von Brixen verursacht (1520, 1757, 1839, 1882). Um dies künftig zu verhindern, wurde 1883/84 unter der Amtsführung des Tiroler Landeshauptmannes Dr. F. v. Rapp südwärts anschließend an Stufels ein gegen Süden spitz zulaufender Landsporn, die Rapp-Anlage, errichtet, wodurch die Einmündung der Rienz in den Eisack in einem länglichen Bogen nach Süden abgelenkt wurde, sodaß der Fluß seither fast parallel in den Eisack einfließt. In weiterer Folge wurde auch der anschließende Flußlauf des Eisack begradigt, weshalb seither der westliche Teil der Katastralgemeinde Milland rechts des Flusses liegt und dort als Bauland für die heutige Brixner Industriezone genutzt wird.

1971 wurde das „Weiße Kreuz" Brixen gegründet; die Flugrettung Brixen erhielt 1993 einen neuen Hubschrauber.

K. F. ZANI, Beiträge zur älteren Geschichte des Hochtals Schalders. In: Der Schlern Jg. 58, Bozen 1984, S. 591–611.

d) Zerstörungen im Zweiten Weltkrieg

Im Zweiten Weltkrieg hat Brixen selbst nur wenige Bombentreffer beim Bahnhof und bei der Fischzucht in der Schwesternau erleiden müssen, wobei jedoch 19 Soldaten und Zivilisten den Tod fanden. Albeins wurde wegen der dortigen Eisenbahnbrücke ziemlich schwer heimgesucht.

6 Bevölkerung

a) Herkunft und soziale Gliederung

Nach H. Schwüppe hat sich der Großteil der Stadtbevölkerung „aus Brixen selbst oder aus der näheren Umgebung der Stadt" ergänzt. Überdies gab es in Entsprechung zur Lage an der Brennerstraße einen „verhältnismäßig starken Zuzug aus Süddeutschland, vor allem aus Bayern, demgegenüber die östlichen österreichischen Länder stark zurückgetreten sind". Der fremdsprachige Zuzug war sehr gering.

H. SCHWÜPPE, Das Bürger- und Inwohnerbuch der Stadt Brixen 1500–1709. Ungedr. phil. Diss., Innsbruck 1955. Darin wird diese Quelle zwar kommentiert, aber nicht ediert. – H. HEISS, Schwäbische Zuwanderungen nach Brixen, Bozen und Trient vom 16. bis zum 19. Jahrhundert. In: Zeitschrift des historischen Vereins für Schwaben Bd. 82, 1989, S. 39–63; – R. JOHLER/H. STEKL, Bürgertum in der Bischofsstadt Brixen. Problemfelder und Charakteristika. In: Brixen 1867–1882, Wien 1994, S. 405–429; – E. KUSTATSCHER, Brixen, Klausen und Bruneck im Spätmittelalter. Urbane Strukturen unter bischöflicher Herrschaft im Spiegel der Personengeschichte. In: Stadt und Hochstift = Veröffentlichungen des Südtiroler Landesarchivs Bd. 12, Bozen 2000, S. 187–204.

b) Seuchen

1348 Pest; wegen der 1431 in Brixen wütenden Pest flieht der Fürstbischof nach Bruneck; 1512, 1564, 1576 Pest; 1611 blieb Brixen von der damals landesweit grassierenden Pestepidemie verschont, sodaß die Erzherzogin-Witwe Anna Katharina vor dieser Epidemie, die damals in Innsbruck wütete, in Brixen Schutz suchen konnte; Pest 1631/32, 1634; 1734 epidemische Seuche mit über 700 Toten (vermutlich durch Truppendurchzüge eingeschleppt). Typhusepidemie 1796/97 (250 Tote), Cholera 1831/32.

c) Bevölkerungsverzeichnisse, Kirchenmatriken

Stadtpfarre St. Michael: Taufbücher ab 1572, Heiratsbücher ab 1572, Sterbebücher ab 1572.

d) Bedeutende Familien und Geschlechter

Die Steuerordnung, welche in das Stadtrecht von 1604 integriert erscheint, nennt folgende Familien als damalige Liegenschaftsbesitzer in Brixen: Aichholzer, Aichner, Anrater, Anreiter, Arner, von Arzt, Asthofer, Berchtold (Perchtold), Bergmann (Pergman), Camertschiner, Claus, Creuzer, Christan, Dieter, Ebesler, Ebner, Egarter, Egger, Elpler, Erlacher, Erspamer (Erschbaumer), Falmarayer (Fallmerayer), Fieger (Füeger), Fix, Forchner, Frei (Frey), Freller, Friesenpühler, Fritscher, Gabriel, Gall, Gänsl (Gansl), Gasser, Gasteiger, Gäzl, Genßpüchler, Gerhardt, Glänger, Glantschnig, Glanz, Goret, Guggenperger, Häberl (Haberl), Haid, Haiden, Halbsleben, Haller, Hätt (Hatt), Härtl (Hartl), Helzler (Hölzler), Heusler, Hinderburger (Hinderpurger), Hingerl, Hueber, Huls, Huter (Hueter), Jenin, Junckher, Kanz, Karg, Kembter (Kempter), Kerer, Kinz, Kirschner, Kleber, Klinger, Kloz, Köfele, Köfler, Kofler, Koler, Kössler, Kreuzer, Kröll, Lechner, Lehner, Leopold, Löchler, Loizl, Mair, Mairegger, Maniasco, Mareniel, Marx, Mauer, Mauracher, Maurer, Mauss, Meirer, Merck, Mesmer, von Mornberg,

Mortwein, Moser, Nainer (Neuner), Niescher, Oberhueber, Oberpurgstainer, Oberwanger, Ölhafen, Partgaisser, Päsinger (Pasinger), Paumgarten, Peisser, Penn, Perckhofer, Percktoldt, Perger, Pettinger, Pezl, Pfeisinger, Pfosserer, Pichler, Pilling, Pinter, Plach, Planer, Plapacher (Pläbacher), Pliembl, Pranger, Prugger, Pupp, Puzer, von Quadria, Raiffer, Rauch, Rauter, Rebensperger, Recordin, Reindl, Rigger, Ringsmaul, Rinz, Rungger, Santer, Säzl (Sazl), Schärdinger, Schedlach, Schegg, Schelter, Schinagl, Schmidl, Schmizer, Schober, Schönfelder (Schenfelder), Serntein, Sigmund, von Spaur, Sprinzenberger, Stainer, Stallegger, Staudacher, Steffan, Stieger, Stix (Stixt), Stolz, Strasser, Streli, Sturbm (Sturmb), Taler, Tanner, Tarner, Taschler, Teutenhofer, Topf, Trabl, Treffer, Unterberger (Underperger), Untergasser (Undergasser), Valser, Vederl, Veit, Veldner, Velßkhorn, Vilscheider, Vischer, Vischler, Waiz, Walder, Walser, Warell, Wazin, Weingarter, Weinperger, Weiss, Welser, Wider, Windfang (Wintfang), von Winckhlhofen, Winkler, Wörz, Zächerl (Zacherl), Zacherle, Zepher, Zeier, Zendl, Zepolt, Zollner, Zwerger.

H. HEISS, Altes und neues Stadtbürgertum in Brixen 1770–1803. In: Stadt und Hochstift = Veröffentlichungen des Südtiroler Landesarchivs Bd. 12, Bozen 2000, S. 305–332.

e) Bedeutende Persönlichkeiten

Bischöfe von Brixen

Hl. Albuin (†1006 Brixen), sel. Hartmann (†1164 Brixen), Bruno von Kirchberg (†1288 Brixen), Stadtgründer von Bruneck; Johann von Lenzburg (†1374 Brixen), Kanzler Herzog Rudolfs IV. von Österreich; Kardinal Nicolaus von Kues/Cusanus (in Brixen 1450–1460, †1464 Rom), kämpferischer Theologe und Reformator des Bistums, dessen fürstliche Oberhoheit über die einstige Grafschaft an Eisack und Inn bis zum Ziller er gegenüber Herzog Sigmund von Österreich-Tirol urgierte; Tiroler Kardinal Andreas von Österreich, Markgraf von Burgau (Bischof 1591–1600, †Rom), Sohn Erzherzog Ferdinands II. und der Philippine Welser; Erzherzog Karl von Österreich (Bischof 1613–1624, †Madrid), auch Bischof von Breslau und Hochmeister des Deutschen Ordens; Kaspar Ignaz Graf von Künigl (1671 Innsbruck, Bischof 1702–1747), Bernhard Galura (1764 Herbolzheim/Breisgau – 1856 Brixen); siehe dazu auch insgesamt das Verzeichnis der Bischöfe von Brixen.

Persönlichkeiten des öffentlichen Lebens

Peter Mayr, Wirt an der Mahr (1767 Siffian – 1810 in Bozen exekutiert), Freiheitskämpfer 1809; Otto von Guggenberg (1848–1914), Gründer der Kuranstalt, Bürgermeister 1903–1913, Abgeordneter zum Tiroler Landtag, Präsident des Landeskulturrates; Sigismund Waitz (1864–1941), Apostolischer Administrator von Innsbruck-Feldkirch, Erzbischof von Salzburg.

Wissenschafter

Franz Xaver Anton Sinnacher (1772 Brixen – 1836 Brixen), Verfasser einer neunbändigen Kirchengeschichte von Säben und Brixen; Jakob Philipp Fallmerayer (1790 Brixen/Tschötsch – 1861 München), Orientalist.

Künstler

Meister Leonhard Scherhauff (1400–1476), Maler zu Brixen; Hans Klocker, Bürger von Brixen (um 1460–1500), Bildhauer; Martin Theophil Polak (aus Polen – 1639 Brixen), Maler; Johann Georg Daniel Grasmayr (1691 Brixen – 1751 Innsbruck/Wilten), Maler; Barat, Künstlerfamilie; Josef Erler (1804 Brixen – 1844 Innsbruck), Maler.

Unternehmer

Leopold von Bisdomini (1764–1846), Bierbrauer, Agrarreformer und Begründer einer Kupferdruckanstalt; Julius Durst (1909–1964), Begründer des gleichnamigen phototechnischen Unternehmens.

f) Einwohner

Häuserzahlen

1844 (J. J. Staffler): 374 (Af.: +70, Al.: +60, E.: +22, M.: +27, Pf.: +124, St. An.: +93, S.: +25); – 1869: 373 (Af.: +72, Al.: +62, E.: +21, M.: +32, Pf.: +120, St. An. +171, S.+26); – 1880: 373 (Af.: +74, Al.: +64, E.: +21, M.: +27, Pf.: +118, St. An.: +173, S.: +26); – 1890: 382 (Af.: +77, Al.: +62, E.: +21, M.: +27, Pf.: +118, St. An. +174, S.: +26); – 1900: 415 (Af.: +77, Al.: +63, E.: +20, M.: +32, Pf.: +118, St. An.: +175, S.: +26); – 1910: 463 (Af.: +75, Al.: +64, E.: +20, M.: +49, Pf.: +117, St. An.: +180, S.: +26).

Einwohnerzahlen

1844 (J. J. Staffler): 2971 (Af.: +435, Al.: +383, E.: +167, M.: +170, Pf.: +691, St. An.: +562, S.: +135); – 1869: 4.349 (Af.: +381, Al.: +337, E.: +152, M.: +186, Pf.: +648, St. An.: +537, S.: 140); – 1880: 4.842 (Af.: +387, Al.: +335, E.: +149, M.: +160, Pf.: +669, St. An.: +520, S.: +135); – 1890: 5.525 (Af.: +397, Al.: +334, E.: +132, M.: +176, Pf.: +628, St. An.: +514, S.: +137); – 1900: 5.783 (Af.: +380, Al.: +311, E.: +142, M.: +286, Pf.: +656, St. An.: +535, S.: +128); – 1910: 6.545 (Af.: +394, Al.: +320, E.: +131, M.: +438, Pf.: +704, St. An.: +1.025, S.: +151); – 1921: 6.845 (Af.: +438, Al.: 305, M.– S.: +759, Pf.: +673, St. An.: +1.070); – 1931: 11.659; – 1936: 11.242; 1951: 11.797; – 1961: 13.456; – 1961: 13.456; 1971: 16.017; 1981: 15.532; – 1991: 16.992; – 1993: 17.326.

Af.= Afers, Al.= Albeins, E.= Elvas, M.= Milland, Pf.= Pfeffersberg, St. An.= St. Andrä, S.= Sarns.

g) Friedhöfe

Alter Stadtfriedhof zwischen dem Dom und der St. Michaels-Pfarrkirche (mit bedeutenden alten Grabdenkmalen), aufgelassen 1792. Gleichzeitig erfolgte die Anlage des neuen Friedhofs bzw. die Erweiterung des alten Friedhofs beim hl.-Geist-Stadtspital (heute: Hartmannheim) in der nordwestlichen Nachbarschaft der Altstadt bzw. nördl. der Romstraße (Erweiterungen des Stadtfriedhofs erfolgten 1847, 1880 und 1992). Weitere Friedhöfe bestanden bei der Klarissenkirche sowie bei den Ortskirchen in Elvas, Milland, Sarns, Albeins, St. Andrä, St. Leonhard, Afers, Tils, Pinzagen, Tschötsch und Tötschling. Seit 1997 ist eine Erweiterung bzw. Verlagerung des Stadtfriedhofs eventuell zum Militärfriedhof in Vahrn in Diskussion.

1832 wurde in der Kachlerau im Nordwesten der Stadt ein Cholerafriedhof errichtet, der nicht mehr besteht (Gedenkkreuz im Park südlich des Krankenhauses).

7 Sprache

Sprachgruppenzugehörigkeit

1880: dt. 4.615, ital. 63, andere – (Af.: dt.372, ital. 8, Al.: dt.335, E.: dt. 149, M.: dt. 160, Pf.: dt. 664, St. An.: dt. 518, S.: dt. 132); – 1890: dt. 4.664, ital. 277, andere 144 (Af.: dt. 386, ital. 11, Al.: dt. 334, E.: dt. 132, M.: dt. 174, Pf.: dt. 626, St. An.: dt. 510, S.: dt. 134); – 1900: dt. 5.155, ital. 309, andere 9 (Af.: dt. 380, Al.: dt. 307, ital. 4, E.: dt.129, ital. 13, M.: dt. 228, Pf.: dt. 655, St. An.: dt. 517, ital. 17, S.: dt. 128); – 1910: dt. 5.788, ital. und lad. 176, andere 192 (Af.: dt. 393, andere 1, Al.: dt. 310, andere 4, E.: dt. 121, ital und lad. 10, M.: dt. 352, ital. und lad. 43, andere 43, Pf.: dt. 667, ital. und lad. 37, St. An.: dt. 983, andere 42, S.: dt. 133, ital. und lad. 14, andere 4); – 1921: dt. 3.804, ital. 1.559, lad. 38, andere 1.444 (Af.: dt. 416, ital. 1, lad. 18, andere 3, Al.: dt. 303, andere 2, E.: – , M. +S.: dt. 591, ital. 62, lad. 6, andere 100, Pf.: dt. 634, ital. 3, lad. 16, andere 20, St. An.: dt. 1.012, ital. 29, lad. 6, andere 100); – 1961: dt. 8.278, ital. 5.095, lad. 69, andere 14; – 1971: dt. 10.369, ital. 5.486, lad. 131, andere 31; – 1981: dt. 10.923, ital. 4.409, lad. 200; – 1991: dt. 11.663, ital. 4.399, lad. 210.

P. ERNST, Der Beginn der deutschsprachigen Urkundenüberlieferung in Wien und Brixen. In: Literatur und Sprache in Tirol = Schlern-Schriften 301, Innsbruck 1996, S. 39–66.

8 Wirtschaft

a) Allgemeine Wirtschaftsentwicklung bis zum Zeitalter der Industrialisierung

Bis zum Beginn des 20. Jh. war die Wirtschaft von Brixen fast ausschließlich von drei Elementen geprägt, vom Verkehr an der Brenner- und an der Pustertallinie, von der Land- und Forstwirtschaft sowie von der fürstbischöflichen Residenz. Verkehr und Tourismus sowie die Anziehungskraft der Residenz und ihrer geistlichen, früher auch weltlichen Behörden etc., aber auch die durch Jahrhunderte gut besuchten vierzehntägigen Jahrmärkte bedingten die Entstehung einer ausgeprägten Gastronomie. 1847 bestanden hier – vor allem rechts des Eisack – 22 Gasthäuser und eine Bierbrauerei im „Preyhaus" innerhalb der Ringmauer beim Säbener Tor (die erste Brixner Brauerei bestand bereits 1739 bis 1815 im Glöcklgut an der Burgfriedengasse).

Der Holzwirtschaft diente der urkundlich seit ca. 1400 nachweisbare Holzrechen, genannt „Hachl", am unteren Ende der Rienz-Schlucht, wo das auf dem Flusse angetriftete Holz an Land gezogen wurde. Moderne Wirtschaftsstrukturen wurden hier – abgesehen von wenigen Ausnahmen – erst vor wenigen Jahrzehnten, vor allem in der seit 1960/75 angelegten neuen Industrie- und Handwerkerzone südlich der Stadt, rechts des heutigen Flußlaufes des Eisack (seit 1883/84), in eingemeindetem Millander Gebiet geschaffen. Doch auch der Landwirtschaft kommt im Bereich der eingemeindeten ehemaligen Dorfgemeinden noch heute große Bedeutung zu.

H. HEISS, Das Gastgewerbe der Stadt Brixen 1770–1815. Diss., Innsbruck 1985; – P. CANEPPELE, Popolazione, mestieri e prezzi a Bressanone (secoli XVI–XVIII). In: Studi Trentini di scienze storiche vol. 71, Trento 1992, S. 473–548; – DERSELBE, Popolazione, ceti produttivi, redditi e proprietà fondiaria a Bressanone nel XVII e XVIII secolo. In: Stadt und Hochstift = Veröffentlichungen des Südtiroler Landesarchivs Bd. 12, Bozen 2000, S. 289–295.

b) Fabriken und Handelshäuser seit der Mitte des 19. Jahrhunderts

Eine Filiale der aus dem Ötztal stammenden Innsbruck-Wiltener Glockengießerei-Familie Grassmayr hat in Zinggen von 1591 bis 1877 bestanden. Im 19. Jh. sind zu nennen die Bierbrauerei „Seidner" in Köstlan von ca. 1815 bis 1925, die Lodenfabrik „Jörs u. Klug" von ca. 1880 bis 1960 sowie die von Luigi Bisi aus Rovigo um 1865 errichteten „Venetianischen Sägen" in der Hachl, welche ihren Betrieb um 1960 eingestellt haben. In die ehemalige Glockengießerei zog 1890 die Druckerei des „katholisch-politischen Preßvereins", gefolgt 1905 vom „Tyrolia"-Verlag bzw. 1936 von der noch heute hier befindlichen Filiale der Verlagsdruckerei „Athesia" ein, während die für ihre optischen Geräte weitbekannte Firma „Durst" 1934 ihren Betrieb in der ehemaligen Bierbrauerei in Köstlan aufnahm, ihn 1960 jedoch in die neuen Fabrikationsanlagen in der Industriezone verlegt hat (1998 Eröffnung einer Filiale in Lienz). Als lokaler Vorreiter der erwähnten Industriezone ist die 1914 errichtete Holzstoff-Fabrik in der Mahr zu nennen.

Obstgenossenschaft, Sennereigenossenschaft Brixen-Schabs-Natz Ges. m. b. H. errichtet 1977.

c) Märkte, Messen und Ausstellungen

Die Abhaltung von Jahrmärkten wird erstmals in dem 1380 aufgezeichneten Stadtrecht erwähnt und als Ort derselben der Domplatz genannt: „So sol ze Jarmarckten ... auf dem Tum ... menikchleich verchauffen und chauffen". Termin dieses zweiwöchigen Jahrmarktes war der 1. November (Allerheiligen). Ein deutliches Indiz für den Bekanntheitsgrad desselben liefert seine Berücksichtigung in einer gesamteuropäischen Jahrmarktsübersicht in Gestalt eines Einblattdruckes aus dem Jahre 1585 von Jost Ammann.

Staffler (1847) nennt in Brixen dann sieben Jahrmärkte, am 3. Februar (St. Blasius), 29. April, 15. Juni, 31. Juli, 9. Oktober, 9. November und 9. Dezember sowie einen Samstag-Wochenmarkt. Der Wochenmarkt ist seit 1490 nachweisbar, wurde jedoch bis 1595 am Montag abgehalten und erst damals durch Kardinal Andreas v. Österreich auf den Samstag verlegt.

Der St.-Blasius-Viehmarkt wurde 1867 vom Domplatz auf den Großen Graben verlegt. Der gegenwärtige Marktplatz befindet sich am Oberen Eisackdamm.

d) Organisationen des Handels und Gewerbes

Eine Florentiner Leihbank hat hier bereits von 1294 bis 1303 bestanden.

1871 Gründung der Sparkasse der Stadt Brixen; – 1889 Gründung der Raiffeisenkasse – bis 1936 „Raiffeisen Spar- und Vorschußkasse Brixen Gen. m. b. H."; – Brixner Bank, registrierte Genossenschaft, errichtet 1906; – Spar- und Darlehens-Kassenverein der Pfarrgemeinde Brixen, errichtet 1911.

Von den Brixner Zünften haben sich im Diözesanmuseum Brixen die Schriften der

Zunftlade der Müller und Bäcker erhalten. Weitere Unterlagen befinden sich im Stadtarchiv Brixen.

e) Verkehrseinrichtungen

Eine römerzeitliche Straße konnte durch Einzelfunde in Albeins, Milland, Stufels und Elvas auf der linken Talseite vom unteren Eisacktal talaufwärts nach Schabs bzw. zur Römerstraße durch das Pustertal (Via Claudia Augusta Altinate) nachgewiesen werden.

Spätestens seit dem 10. Jh. verlief die Haupttalstraße rechts des Eisack, wobei die Abzweigung in das Pustertal, die „Pusterer Straß", in Gestalt der heutigen Runggadgasse direkt auf die Brixner Eisackbrücke zulief, weshalb das Gelände zwischen dieser Straße und dem Eisack den bis heute gültigen Flurnamen „Unter der Pustererstraß" erhielt. Wie der fast rechtwinkelig abgestufte Verlauf der von Norden zur Brixner Eisackbrücke führenden Landstraße in Gestalt des Straßenzuges der Weißlahn-, Tratten- und Altenmarktstraße zeigt, hat der Verkehr hier schon sehr früh auf eine alte, rechtwinkelige Flureinteilung (Quadraflur?) Rücksicht nehmen müssen. – Nach der Anlage der Stadtsiedlung verlief der gesamte Verkehr von und nach Bozen durch die beiden Laubengassen bzw. einerseits durch das Kreuz- oder Sonnentor und andererseits durch das Weiße-Turm- oder St.-Michaels-Tor. Die Brennerstraße folgte von hier dem Straßenzug Altenmarkt-, Tratten-, Weißlahnstraße nach Vahrn. Die Straße in das Pustertal hingegen verlief anfangs noch über die Brixner Eisackbrücke und von dort durch die Schlipfgasse steil hinauf nach Elvas, wurde jedoch nach der Gründung des Augustiner-Chorherrenklosters Neustift bei Brixen durch den seligen Bischof Hartmann (1142) über dieses Kloster umgeleitet. Seit ca. 1850 ist auch der Brennerverkehr in Richtung Vahrn bis zur Abzweigung der Pusterer Straße nach Neustift mit dieser Straße gebündelt, wodurch die alte Landstraße von Brixen nach Vahrn – vorbei am Galgenbühel – zu einem lokalen Fahrweg degradiert wurde.

Die Stadtordnung von 1380 nennt im Kapitel „Von den Prukken" die Brücke über den Stadtgraben vor dem hl. Kreuztor oder „vor sant Erhart", „die Prukke gen dem Steyge" über den Langen Graben vom Säbener Tor zur Stadelgasse, „die Prukk an der Fläschpanch", womit wohl die Brücke über den Graben bei der Fleischbank am östlichen Ende des Langen Grabens gemeint war, sowie „die Eysach Prukke" (die heutige Adlerbrücke), an deren Erhaltung sich sowohl die „Grießer", d. h. die Bewohner des betreffenden Stadtteiles, als auch die benachbarten Gerichtsbezirke und die „Pfarre von Nauts" (Natz) zu beteiligen hatten. Endlich wird dort auch die „Kestlan-Prukke" über die Rienz, später auch „Unterdrittel-Brücke" genannt, verzeichnet, zu deren Erhaltung die vier Dom- und Domkapitel-Maierhöfe sowie die Bewohner von Lüsen und Sarns sowie die Pfarre St. Andrä verpflichtet waren. Die Bezeichnung „Unterdrittel-Brücke" bezog sich auf den Umstand, daß dieselbe vom städtischen Burgfrieden über die Rienz hinüber in das Untere Drittel des Landgerichtes Rodenegg geführt hat. Zusätzlich zu diesen zwei Straßenbrücken bestand sowohl in Zinggen als auch beim Kapuzinerkloster je ein Steg über den Eisack. Letzterer wurde 1878 durch ein Hochwasser zerstört, hat 1900 wieder bestanden, wurde jedoch später entfernt. 1884 erfolgte die Errichtung der Widmann-Brücke am unteren Ende der Rapp-Anlagen über Eisack und Rienz. In Milland wurde während des Ersten Weltkrieges im Jahre 1916 über Anordnung von General Josef Roth-Limanowa eine nach ihm benannte Holzbrücke errichtet, welche nicht mehr besteht.

Um 1900 Bau der Autostraßen nach Elvas, Lüsen, St. Leonhard, St. Andrä und Afers.
1864/67 Bau der Brenner-Eisenbahn.
1974 Eröffnung der Autobahn, wobei sich die Anschlußstelle für Brixen in Vahrn befindet, 1976 Eröffnung der Autobahn-Anschlußbrücke über die Eisackschlucht von Schabs/Pustertal.
1978 Errichtung eines Fußgängersteges über den Eisack in Milland.
1964 Errichtung der Seilbahn auf die Plose.

Eine Poststation bestand in Brixen seit 1557. Postwirt war der „Elephant", in dessen Nachbarschaft 1839 ein eigenes „Postamtsgebäude am Bärenplatze" (Trattengasse Nr. 26) errichtet wurde, „welches mit dem Gasthause zum Elephanten in Verbindung steht". Noch 1857 wurde bei Ausschreibung der Postmeisterstelle in Brixen u. a. der Besitz von 15 diensttauglichen Pferden zur Voraussetzung gemacht. 1912 erfolgte die Verlegung des Postamtes in das einstige Interims-Rathaus bzw. Schlachthaus an der Schlachthausgasse.
1851 Eröffnung des Telegraphenamtes.
1978 Inbetriebnahme der RAS-Sendeanlage auf der Plose.

G. RIZZI, Archäologisches aus Milland. In: Milland, hg. v. H. Grießmair, Brixen 1983, S. 14–31 (Römerzeitliche Straße); – K. MITTERMAIER, Die Anfänge der Plosebahn. In: Beiträge zur Wirtschafts- und Sozialgeschichte der Stadt Brixen Bd. 1, Brixen 1985.

f) Fremdenverkehr

Gründung des Kurvereins Brixen 1898, später Kurverwaltung, seit 1995 Tourismusverein Brixen.
Sektion Brixen des Alpenvereins gegründet vor 1875, Wieder-Gründung 1946.

9 Verfassung und Verwaltung

Das Amt des Stadtrichters begegnet seit der Mitte des 12. Jh. und war bis zur Ministerialen-Rebellion um 1260 in der Hand der Familie der Voitsberger (vgl. § 5 b, S. 157). Danach wurde es nur noch individuell verliehen. Die 1380 im „liber jurium civium Brixi(n)ensium" aufgezeichneten „Stat recht ze Brichsen, als si mit alter gewonhait herchomen", betonen im ersten Abschnitt „Von dem Herrn", daß dies der jeweilige Fürstbischof ist, dem es zusteht, den Stadtrichter zu ernennen. Allerdings soll dieser die „burger und die gemain ... bei iren alten rechten behalten und beschirmen". An zweiter Stelle wird die dem Fürstbischof abzuführende Stadtsteuer erörtert, die die Bürger durch selbst erwählte Mitbürger, „die si darzu welent", in Gegenwart des Richters oder „sein(es) Unterrichter(s)" umlegen sollen. Der Richter hat dreimal jährlich zu St. Georgen-, zu St. Gallentag „und zu perchnechte" Eleichteidinge bzw. Gerichtsversammlungen abzuhalten sowie zu gewissen Terminen zu Gericht zu sitzen „auf dem Hof vor der Ristür an der rechten Dinghstat". Ihm steht auch die Hochgerichtsbarkeit zu: „der statrichter sol richten tod wider tot". Der hiefür nötige Galgen stand am „Galgpüchel" (1380) an der alten Brennerstraße nach Vahrn und bildete einen Grenzpunkt des Stadtgebietes. Spätestens von 1404 bis Ende des 18. Jh. fungierte das südliche Eckhaus an den Großen und Kleinen Lauben über dem Kornplatz mit dem Stadtpranger (um 1630 „ain plosser Halsring in der Maurn") als das Stadtgerichtshaus. So z. B. saß Th. Echter am 29. Okt. 1413 namens des Bischofs „am Kornplatz zu Gericht".

Ein Bürgermeister wird erstmals 1385 genannt. Eine erste Bürgermeister-Amtsordnung tritt uns um 1410 entgegen. Ihr folgte bereits 1448 eine etwas abgeänderte, neue Ordnung. Ein erstes Rathaus erhielt Brixen durch den 1530 von Bürgermeister und Ausschuß vorgenommenen Ankauf des Hauses Große Lauben Nr. 18/14, von wo die Stadtverwaltung nach 1895 in ein stadteigenes Objekt an der Schlachthausgasse und 1911 in das neue Rathaus, Große Lauben Nr. 3/5, mit Südfassade zum Domplatz übersiedelt ist.

Bereits in der zitierten ältesten Bürgermeisterordnung ist zwar bereits vorgesehen, daß „ain Burgermaister mitsambt ainem Richter" berechtigt sei, „ainen Rat ze machen", doch entsprach dies – wenn überhaupt – nur kurze Zeit der Realität, zumal erst Fürstbischof Melchior von Meckau (1489–1509) der Stadt einen „Ausschuß von zwelff Bürgern" bewilligt hat, was der betreffenden Bestätigung durch Fürstbischof Sprenz von 1523 zu entnehmen ist, der jedoch gleichzeitig das Ansuchen der Bürgerschaft, „inen ainen Rath zu geben", entschieden abgelehnt hat. Offenbar sollte der Ratstitel damals noch den Mitgliedern des fürstbischöflichen Hofrates vorbehalten bleiben. Die Erhebung des Ausschusses zum „Stadtrat" blieb somit Kardinal Andreas von Österreich (1595) vorbehalten, und die 1604 von Fürstbischof Christoph Andreas von Spaur der Bürgerschaft verliehene, sehr detaillierte neue Stadtordnung erscheint daher an „unsere getreue N. Burgermaister, Rath und Gemainde unserer Statt Brixen" gerichtet. Sie blieb bis zur Säkularisierung des geistlichen Fürstentums (1803), de facto jedoch bis 1819 in Geltung.

Im Zuge der „Regulirung der Gemeinden und ihrer Vorstände in Tyrol und Vorarlberg" wurde Brixen den „kleineren Stadtgemeinden" zugeordnet und erhielt einen „politisch-ökonomischen Magistrat", der dem Landgericht Brixen untergeordnet war und aus einem Bürgermeister, aus vier nicht remunerierten Magistratsräten, einem besoldeten Vermögensverwalter, einem Steuereintreiber und – wenn nötig – aus einem vom zuständigen k. k. Kreisamt zu bestätigenden Stadtschreiber bestand. Diese „Regulierung" wurde 1849 durch das in diesem Jahre erlassene, bemerkenswerte Provisorische Gemeindegesetz Österreichs abgelöst, dessen programmatischer erster Grundsatz lautete: „Die Grundfeste des freien Staates ist die freie Gemeinde." Dieses Gesetz wurde jedoch bereits 1852 im Sinne des Neoabsolutismus wieder abgeschafft und blieb bis 1860 außer Kraft. 1861 fanden dann auf seiner Grundlage Gemeinderatswahlen statt, und am 5. März 1862 wurde anstelle des Provisoriums in Gestalt des „Österreichischen Reichsgemeindegesetzes" eine definitive Grundlage für das politische Gemeindeleben geschaffen („Tiroler Gemeindegesetz" 1866), welche fortan bis zum Ende der k. k. Monarchie (1918) in Geltung blieb. Es sah für die Städte und Märkte einen für die Dauer von drei Jahren gewählten Gemeindeausschuß bzw. Gemeinderat vor, der aus seinen Reihen den Bürgermeister wählte. Die Zahl der Gemeinderatsmitglieder richtete sich jeweils nach der Bevölkerungszahl, wobei das aktive Wahlrecht auf jene volljährigen, männlichen Gemeindebürger beschränkt war, die eine gewisse Steuerleistung erbrachten bzw. über einen entsprechenden Besitz verfügten. Bis 1925 amtierten in Brixen noch deutschsprachige Bürgerausschüsse und Bürgermeister, die während des Ersten Weltkrieges sowie im Jahre 1923 suspendiert wurden. Die bis 1945 letzte demokratische Gemeinderatswahl – nunmehr auf der Grundlage des allgemeinen, geheimen und gleichen Wahlrechts – erfolgte in Südtirol (seit 1919 bei Italien) im Jahre 1922. Der Herbst desselben Jahres brachte in Italien die Machtergreifung des Faschismus und an der Spitze der Gemeinden den von der Partei autoritär eingesetzten Podestà (in Brixen von 1925 bis 1943). Die Rückkehr zur Demokratie erfolgte erst nach dem Sieg der Alliierten über das mit Mussolinis faschistischer „Republik von Salò" verbündete „Großdeutsche Reich" Adolf Hitlers, des „Führers" der Nationalsozialistischen Deutschen Arbeiterpartei (NSDAP), im Frühjahr 1945. Vom Herbst 1943 bis zum Frühjahr 1945 unterstand Brixen ebenso wie ganz Südtirol der reichsdeutschen „Operationszone Alpenvorland" unter dem Kommando der Gauleitung in Innsbruck, die hier einen kommissarischen Bürgermeister eingesetzt hat (in Brixen war dies Dr. Hans Stanek). Im Rahmen der im Frühjahr 1946 konstituierten Republik Italien wurde die Stadtführung einem seit 1952 wieder demokratisch gewählten Gemeinderat mit einem Bürgermeister an der Spitze anvertraut.

J. MUTSCHLECHNER, Alte Brixner Stadtrechte = Schlern-Schriften Bd. 26, Innsbruck 1935; – K. WOLFSGRUBER, Der Brixner Stadtpranger. In: Der Schlern Jg. 42, Bozen 1968, S. 34 f.; – E. DELMONEGO, Das Stadtgericht Brixen, die Gerichte Lüsen, Albeins und Pfeffersberg 1500–1641. 2 Bde., Diss., Innsbruck 1975; – Der Gemeinderat von Brixen 1952–1992. 40-Jahr-Feier des Gemeinderates, Brixen 1992; – K. BRANDSTÄTTER, Verfassungskämpfe der Bürgerschaft Brixens im 15. und 16. Jahrhundert. In: Stadt und Hochstift = Veröffentlichungen des Südtiroler Landesarchivs Bd. 12, Bozen 2000, S. 205–248.

10 Landesherrschaft, Rolle in der Staats- und Landesverwaltung

Brixen war bis zur Säkularisierung des gleichnamigen geistlichen Fürstentums Sitz der fürstbischöflichen Residenz und aller zugehörigen Institutionen, wie namentlich des Hofrates. Bischofssitz und Sitz des Ordinariates blieb die Stadt auch nach 1803 bzw. bis 1964.

Nach der Vereinigung des Fürstentums Brixen mit der Grafschaft Tirol wurde Brixen Sitz des gleichnamigen k. k. Landgerichtes, welches dem Kreisamt im Pustertal unterstand. Im Zuge der königlich-bayerischen Verwaltungsreform Tirols wurde Brixen 1806 Sitz des damals neu geschaffenen „Eisackkreises" (bis 1814). 1814/15 wieder dem Kreisamt Bruneck unterstellt, war die Stadt 1849 bis 1867 wieder selbst Sitz des neuen Kreises bzw. der Kreisbehörde in Brixen sowie eines Bezirksamtes, hierauf von 1869 bis 1918 Sitz einer Bezirkshauptmannschaft und eines Bezirksgerichtes (seit 1919 Prätur).

Es war wohl der Umstand, daß das Fürstentum bzw. Hochstift Brixen mit der Grafschaft Tirol konföderiert war, der dazu führte, daß der Tiroler Landtag auch in Brixen getagt hat, wie z. B. 1423, 1473 u. 1479.

Seit 1978 ist Brixen Sitz der Bezirks- und Talgemeinschaft Eisacktal.

K. FAJKMAJER, Studien zur Verwaltungsgeschichte des Hochstiftes Brixen im Mittelalter. In: Forschungen und Mitteilungen zur Geschichte Tirols und Vorarlbergs Jg. 6, Innsbruck 1909, S. 1–22, 113–126, 209–249, 313–347; – R. GRANICHSTAEDTEN-CZERVA, Brixen. Reichsfürstentum und Hofstaat, Wien 1948; – J. STADLHUBER, Johann VI. Thomas Freiherr von Spaur, Fürstbischof von Brixen (1578–1591), seine Diözese und sein Reichsfürstentum. 2 Bde., Diss. Innsbruck 1960; – A. ZINGERLE, Die Säkularisation des Hochstiftes und Domkapitels von Brixen durch Österreich. Diss., Innsbruck 1964; – G. BONELL, Geschichte des Hochstifts Brixen zur Zeit des Bischofs Johann Franz von Khuen 1685–1702. Diss., Innsbruck 1969; – H. FLACHENECKER, Geistlicher Stadtherr und Bürgerschaft. Zur politischen Führungsschicht Brixens am Ausgang des Mittelalters. In: Stadt und Kirche (Tagung Innsbruck 1993), hg. v. F. H. Hye = Beiträge zur Geschichte der Städte Mitteleuropas Bd. 13, Linz 1995, S. 83–119.

11 Wehrwesen und kriegerische Ereignisse

a) Bürgerliche Verteidigungsorganisation

Auch die Bürger und Inwohner von Brixen waren als Defensivtruppe organisiert und erhielten laut Bürgerbuch seit 1606 bei ihrer Aufnahme je nach Person und Stand eine Rüstung, eine Hellebarde, eine Muskete oder ein „Schlachtschwert" etc. 1626 erhielt ihr Milizhauptmann den Befehl, „sich mit 200 wol staffirten mit Schitzenreckhlen und saubern Claidern befassten Mann neben einem Fenrich fürzusehen" und die von Florenz zur Hochzeit mit Erzherzog Leopold V. in Innsbruck anreisende Prinzessin Claudia von Medici von Klausen nach Brixen und von dort bis zur „Pruggen under dem Peisser" zu begleiten. – Als im Verlauf des Spanischen Erbfolgekrieges bzw. beim „Bayerischen Rummel" in Tirol (1703) „Bayrische Husaren" bis zur Grenze des geistlichen Fürstentums streiften, beschloß der Fürstbischof Künigl, „solche Incursiones zu erwöhren (und) das Cleisl am Forcha (die Brixner Klause bei Franzensfeste) mit Manschaft, insonderest mit Scheibenschitzen undter einem Haubtmann zu besetzen".

b) Schützenvereinigungen, Schießstätten

Der alte städtische Schießstand, Schwesternau-Weg Nr. 1, wurde 1692 über Betreiben des damaligen Fürstbischofs Franz Graf von Khuen im Gelände südlich des Klarissenklosters zwischen dem Eisack und der „Pusterer Straß" errichtet, wo er bis zum Bau des Eisackdammes nach der Hochwasserkatastrophe von 1882 bestanden hat. Die Eröffnung des dortigen Schießstandsbetriebes erfolgte im 19. Jh. alljährlich in feierlicher Form am Ostermontag. – Als Ersatz für den alten wurde 1897 ein „Militär-und Civil-Schiesstand" bzw. 1902 ein k. k. Bezirksschießstand im Köstlaner Wald in Milland nahe der damaligen Gemeindegrenze gegen Brixen errichtet und nach 1944 dem Verfall preisgegeben. Der gegenwärtige Bezirksschießstand befindet sich seit 1974 an der Pustertalerstraße in Neustift.

1878 Gründung des Erzherzog-Karl-Ludwig-Veteranenvereines, im Gedenkjahr 1809–1909 erfolgte die Gründung der „Reservisten Colonne"in den historischen Uniformen der einstigen fürstbischöflichen Miliz; – vom faschistischen Regime aufgelöst, erlebte das Brixner Schützenwesen 1960 seine Erneuerung durch die Gründung der Schützenkompanie „Peter Mayr", so benannt in Erinnerung an den am 19. Februar 1810 vom französischen Militär in Bozen füsilierten Wirt an der Mahr, an der alten Landstraße südlich der Stadt.

Festschrift „Erbe und Auftrag". 40 Jahre Schützenkompanie „Peter Mayr" Brixen, Brixen 2000, mit Beiträgen von R. Nössing, J. und K. Mittermaier, B. Niederstätter u. F. H. v. Hye.

c) Garnisonen

1834 hat die Stadtgemeinde Brixen das ehemalige Bären-Wirtshaus, Trattengasse Nr. 19, angekauft, um es zu einer Kaserne zu adaptieren (Bärenkaserne).– Der ehemalige bischöfliche Maierhof, Runggadgasse Nr. 12, beheimatete 1866/76 ein privates Jesuiten-Gymnasium und wurde danach als Kaserne genutzt, genannt „Jesuitenkaserne". – In den Jahren 1895/1915 wurden vom k. u. k. Ärar große Kasernenanlagen an der Westseite der Andreas-Hofer- bzw. heutigen Dantestraße erbaut, welche nach langjähriger Nutzung durch das italienische Heer 1983 abgerissen wurden. Nur die 1912 errichtete Artilleriekaserne blieb bestehen und fungiert seit 1951 als Schulgebäude.

d) Wichtigste kriegerische Ereignisse

Die belastenden wirtschaftlich-sozialen Verhältnisse besonders der bäuerlichen Bevölkerung, von der sich ein erheblicher Anteil von den Lehren Martin Luthers einen Weg zur Besserung ihrer Lage verhofften, führten auch im Umland der Bischofsstadt zu Unmutsäußerungen. So kam es bereits 1520 zu einem Protestzug von rund 800 Bauern in die Stadt, die jedoch durch gütliches Zureden durch den Pfleger des benachbarten landesfürstlichen Landgerichtes Rodenegg zu friedlicher Heimkehr bewogen werden konnten. Vollends entzündet aber hat sich die Unzufriedenheit, als Peter Paßler, ein Bauer aus Antholz, 1525 als Unruhestifter verhaftet, zum Tode verurteilt wurde und am Domplatz vor dem Gerichtsgebäude – der alten Burg – hätte hingerichtet werden sollen. Auf dem Weg zur Richtstätte wurde er von einer Gruppe von Bauern den Exekutivorganen entrissen und über die Unterdrittelbrücke nach Köstlan bzw. in das landesfürstliche Gericht Rodenegg gebracht und damit dem Zugriff der fürstbischöflichen Organe entzogen. Damit standen die Zeichen für beide Seiten irreversibel auf Sturm. Zwei Tage später sammelte sich eine große Anzahl von Bauersleuten in der Millander Au und rückte am Abend des 11. Mai gegen die Stadt vor, die sie – ohne auf erheblichen Widerstand zu treffen – auch einnehmen konnten. Nur die Hofburg mußte erstürmt werden. Plünderungen und Gewalttaten in der Stadt, deren Bürger sich z. T. den Bauern anschlossen, folgten. Am folgenden Tag richtete sich der Zug der Bauern gegen Kloster Neustift, dessen Heimsuchung der damalige Hofrichter Georg Kirchmair in seinen zeitgeschichtlichen Aufzeichnungen ausführlich beschrieben hat. Am 13. Mai folgte dann die Wahl des Michael Gaismair aus Tschöfs/Sterzing, bis dahin fürstbischöflicher Sekretär, zum Anführer der Unzufriedenen, der jedoch in der Folge im übrigen, d. h. im landesfürstlichen Tirol dank der Eigeninitiative der Bauern beim sogenannten „Meraner Beschwerdelandtag" nicht in dem Maße politische Bedeutung erlangte, wie er es erhoffte. In Brixen kam es nach der Niederwerfung des Aufstandes zur Enthauptung von fünf Bauernanführern vor dem Gerichtsgebäude am Domplatz.

Während der Türkenkriege (vor allem im Zeitraum von 1529 bis 1683) sowie danach in den ersten Jahren des Spanischen Erbfolgekrieges (1701–1714) hatte Brixen unter Truppen-Durchzügen zu leiden, wobei die österreichischen Regierungsstellen stets – wenn auch nur aus formalen Gründen – beim Fürsten von Brixen um die Durchmarschbewilligung durch das Gebiet des mit der Grafschaft Tirol konföderierten geistlichen Reichsfürstentums Brixen ansuchen mußten.

Während der Tiroler Freiheitskriege von 1796 bis 1813 kam es zwar nicht in Brixen selbst, wohl aber in der nächsten Umgebung der Stadt in Mühlbach und Spinges, bei der Mühlbacher Klause sowie in den Dörfern Milland, Elvas und Vahrn zu heftigen Kämpfen und Brandschatzungen (vgl. oben § 5 c, S. 159).

J. HIRN, Tirols Erhebung im Jahre 1809, Innsbruck 1909; – F. HIRN, Geschichte Tirols von 1809–1814, Innsbruck 1913; – J. KOLB, Das Tiroler Volk in seinem Freiheitskampf 1796/97, Innsbruck 1957.

12 Siegel, Wappen und Stadtfarben

Ein Stadtsiegel von Brixen wird erstmals an einer Urkunde von 1302 genannt bzw. hängt an einer Urkunde von 1316; es ist rund (D = 59 mm) und zeigt im runden Siegelfeld das nach heraldisch-rechts gerichtete, jedoch zurückblickende Agnus Dei, wobei der Fahnenschaft hinter dem Tierkörper angeordnet ist. Die Siegellegende lautet: „SIGILLVM : CIVIUM : CIVITATIS . B(r)IXINE."

Das Stadtwappen stimmt mit dem Siegelbild überein und zeigt in rotem Schild ein nach heraldisch-rechts schreitendes, rückwärts schauendes, golden nimbiertes Lamm, welches mit seinem rechten Vorderbein die weiße, mit einem roten Kreuz belegte Fahne des auferstehenden Christus hält.

Laut der Stadtordnung von 1604 wurde während der Wochenmärkte vormittags „das Fendl mit dem Stattwappen aufgesteckht". Die Stadtfarben sind: Gold (gelb) – weiß – rot.

In der Ära des Faschismus erfolgte kraft königlichen Erlasses vom 13. Nov. 1928 bzw. kraft königlichen Patentes vom 16. Mai 1929 folgende Neuregelung des Stadtwappens: „Di rosso, alla muraglia merlata al naturale, chiusa e murata di nero, terrazzata di verde e sormontata da un agnello pasquale, al naturale, nimbato d'oro." Die Gültigkeit dieses Wappens endete mit dem Regime 1943.

C. Fischnaler und K. Rickelt, Wappenbuch der Städte und Märkte der gefürsteten Grafschaft Tirol, Innsbruck 1894, S. 65–68; – G. Gerola, Gli stemmi dei comuni della Venezia Tridentina I, Trento 1934, S. 14–17; – L. Santifaller/H. Appelt, Die Urkunden der Brixner Hochstiftsarchive 1295–1336. 2. Teil, Leipzig 1943, Abb. n. 126 (Stadtsiegel von Brixen an Urkunde von 1316); – L. de Laszloczky/K. Wolfsgruber, Katalog der Ausstellung Wappen und Siegel in der Hofratskanzlei des Fürstentums Brixen, Brixen 1981, bes. S. 42. – F. H. v. Hye, Grundelemente der Brixener Heraldik. In: Der Schlern Jg. 56, Bozen 1982, S. 260–266.

13 Finanzwesen

a) Münzstätten

Zwar verlieh Kaiser Friedrich I. Barbarossa 1179 den Fürstbischöfen von Brixen sowohl Zoll- als auch Münzrecht, doch haben dieselben von letzterem in der Stadt Brixen keinen Gebrauch gemacht.

H. Rizzolli, Münzgeschichte des alttirolischen Raumes im Mittelalter. Bd. 1, Bozen 1991, S. 37–42, vertritt die Auffassung, daß die Fürstbischöfe das Münzprivileg von 1179 entsprechend der darin enthaltenen Bestimmung der freien Ortswahl für ihre Münzstätte zwar nicht in der Stadt Brixen, wohl aber innerhalb ihrer Grafschaft zwischen Thinnebach und Ziller in Innsbruck angewandt haben. – G. Durst, Tausend Jahre Brixner Raritäten. Corpus nummorum Brixinensium, Brixen 1981; – P. Gummerer, Brixner Münzgeschichte, Hall i. T. 1982.

c) Mauten, Zölle, Ladstätten

Das auf dem kaiserlichen Zollprivileg von 1179 basierende „teloneum apud civitatem Brixine" wird urkundlich 1277 genannt. Das betreffende fürstbischöfliche Zollhaus befand sich an der „Chreuzstrazzen" (urkundlich 1362), westlich *vor* dem hl. Kreuztor, offenbar um eine Umgehung westlich außerhalb der Stadtmauer auf einem der heutigen Dantestraße folgenden Weg zu unterbinden (es wurde 1994 abgerissen). Demselben Zwecke diente auch ein ab 1493 nachweisbarer Zollschranken in der Runggadgasse für den Verkehr auf der alten Pusterer Straße. – Im 19. Jh. wurde auch an der Landstraße in Zinggen ein Straßenzoll eingehoben. Laut volkstümlicher Überlieferung hat auch an der Schlipfgasse in Stufels eine Zollstelle bestanden.

14 Gebiet der Stadt

a) Fläche

Zumindest bis 1803 umfaßte das Gemeindegebiet von Brixen nur das Territorium zwischen Rienz und Eisack sowie rechts des Eisack. Das heutige Stadtgebiet von Brixen umfaßt 84,86 km^2, davon entfallen auf die Katastralgemeinde Brixen 3,20 km^2, auf die Katastralgemeinde Afers 22,86 km^2, auf die Katastralgemeinde Albeins 3,79 km^2, auf die Fraktion Elvas 3,90 km^2, auf die Katastralgemeinde Milland und Sarns 4,02 km^2, auf die Katastralgemeinde Pfeffersberg 15,19 km^2 und auf die Katastralgemeinde St. Andrä 31,90 km^2.

c) Grundherrliche Verhältnisse

Grundherr innerhalb des alten städtischen Burgfriedens von Brixen, der mit dem Areal der „curtis Prihsna" von 901 als ident angesehen werden darf, war ursprünglich allein der Bischof von Säben bzw. Brixen.

d) Burgfried

Beschreibungen der Burgfriedensgrenzen finden sich sowohl in der Stadtordnung von 1380 als auch in jener von 1604. Diesen zufolge begann die betreffende Grenzlinie – gegen das Gericht Pfeffersberg – inmitten des Eisack unter dem „Siechenheusl" (1604), stieg entlang des „Höllerpachs" westwärts auf bis zum Leitengütl, um von dort in gewundener Linie nordwärts bis zum „Gaißtrib" (Ziegenweide) zu verlaufen. Von dort ab- bzw. ostwärts zum oberen Vahrner Weg, zur „Zinggner Au" und wieder bis zum Eisack verlaufend, fungiert die einstige Burgfriedensgrenze hier noch heute als Grenze gegen die Gemeinde Vahrn mit Neustift, um ungefähr am südlichen Ende der „Roßlauf"-Flur den Fluß zu übersetzen und links vom Eisack hoch über Stufels bzw. oberhalb von Krakofl und Seeburg entlang der einstigen Grenze des Landgerichtes Rodenegg bzw. der heutigen Katastralgrenze gegen Elvas hinabzusteigen zu Rienz und Eisack bzw. zum obgenannten Grenzbeginn.

e) Ein- und Ausgemeindungen

Die erste Erweiterung des Gemeindegebietes erfolgte nach 1774 (Anich-Karte) bzw. zwischen 1803 und der Anlage der Katastralmappe von 1858, vermutlich kurz nach der Säkularisierung des Fürstentums 1803, und betraf die im Norden und Westen von

Rienz und Eisack umflossene Hügel-Terrasse von Köstlan, die bis dahin noch zum tirolisch-landesfürstlichen Landgericht Rodenegg gehört hat.

1928 folgte kraft königlichen Dekretes vom 20. Juli 1928, Nr. 1013, die Eingemeindung von Pfeffersberg, Albeins, Sarns und Milland sowie der Fraktion Elvas der Gemeinde Natz. 1941 folgte noch die Eingemeindung von St. Andrä und Afers.

15 Kirchenwesen

a) Einrichtungen der katholischen Kirche

Seit 901/67 Sitz des Bistums Brixen, dürfte das sich beiderseits des Eisack ausdehnende Areal der „curtis Prihsna" mit der sich über romanischen Fundamenten erhebenden Kirche in Stufels ursprünglich der Pfarre Natz angehört haben. Im Zuge der Errichtung der Stadt Brixen, verbunden mit dem Bau der St.-Michaels-Pfarrkirche (Weihe 1038), erfolgte die Abtrennung von Brixen aus der dörflichen Mutterpfarre Natz und 1265 die Inkorporation der Pfarre Brixen an das dortige Domkapitel. Die Kirchen in Pfeffersberg, namentlich in Tschötsch und Tils, sind Kuratien bzw. Filialen der St. Michaelspfarre.

Darüber hinaus umfaßt das heutige Stadtgebiet die Pfarren Albeins zu den hll. Hermagoras und Fortunatus, St. Andrä, Afers-St. Georg (bis 1891 Filiale der Pfarre St. Andrä), Milland-Mariae Himmelfahrt (bis 1891 Filiale der Pfarre St. Andrä bzw. bis zur Errichtung einer Lokalkaplanei 1788 dem Spital zum hl. Kreuz auf der Insel inkorporiert), Sarns-St. Sebastian (bis 1986 Filiale der Pfarre St. Andrä) sowie Elvas-St. Peter und Paul, zuvor Filiale der Pfarre Natz).

Neben dem Domkapitel bestand noch von 1218 bis 1808 das Kollegiatstift an der Kirche zu Unserer Lieben Frau im Kreuzgang.

Der Bestand des Klarissenklosters (mit der zweitältesten der hl. Elisabeth von Thüringen geweihten Kirche) ist urkundlich seit 1235/36 nachweisbar und wird in einer Urkunde Gregors IX. von 1236 als „monasterium sancte Elisabeth" bezeichnet. Den Gottesdienst in der Klosterkirche und die Seelsorge für die Nonnen besorgten von Anfang an Franziskanerpatres, deren Hospitium (ohne eigene Klosterkirche) sich unmittelbar neben dem Nonnenkloster befindet.

1602 Gründung des Kapuzinerklosters durch Fürstbischof Christoph Andreas von Spaur, der damals diesem Orden zu diesem Zwecke die ältere, kleine St. Katharinenkirche an der Runggadgasse mit zugehörigem Haus und Garten übereignete (Weihe des neuen Klosters und der Kirche 1631).

1739 kam der Orden der Englischen Fräulein nach Brixen, der Bau ihres Klosters und der Klosterkirche an der Altenmarktgasse erfolgte 1743/45 (vgl. dazu § 17 a, b, S. 178).

1701/07 Errichtung des Klosters der Tertiarinnen nach der Dritt-Ordensregel der P. P. Franziskaner, Runggadgasse Nr. 23–29/ 22 (vgl. dazu § 17 a, b, S. 178).

1902 Ankauf eines Hauses an der Runggadgasse als Niederlassung für die Kongregation der Schwestern von hl. Kreuz des Mutterhauses Ingenbohl bei Brunnen (Kanton Schwyz).

1903 Erbauung des St.-Josef-Missionshauses der Gesellschaft Mill Hill an der Bahnhofstraße.

Für die allgemeine Kirchengeschichte erwähnenswert ist einerseits 1048 die Wahl des Brixner Bischofs Poppo III. zum Papst (er nannte sich Damasus II.) und andererseits die während des Investiturstreites von Kaiser Heinrich IV. im Einverständnis mit Bischof Altwin nach Brixen einberufene Bischofssynode von 1080, welche Papst Gregor VII. für abgesetzt erklärte und den Erzbischof Wibert von Ravenna zum Gegenpapst (Clemens III.) erwählte.

Besonders zu erwähnen ist auch Bischof Georg II. Golser (1464–1489), welcher als erster und lange Zeit einziger Bischof dem vor allem von Heinrich Institor ausgelösten Wahn der Hexenverfolgungen in seiner Diözese energisch entgegengetreten ist.

F. A. SINNACHER, Beyträge zur Geschichte der bischöflichen Kirche Säben und Brixen in Tyrol. 9 Bde, Brixen 1821–1837; – G. TINKHAUSER, Beschreibung der Diöcese Brixen, Bd. 1, Brixen 1855; – J. FREISEISEN, Rückblick auf die dreihundertjährige Geschichte des Priesterseminars in Brixen mit besonderer Berücksichtigung der Bischofs- und Stadtgeschichte, Brixen 1908; – A. SPARBER, Die Brixner Fürstbischöfe im Mittelalter, Bozen 1968; – L. SANTIFALLER, Das Brixner Domkapitel in seiner persönlichen Zusammensetzung im Mittelalter = Schlern-Schriften Bd. 7, Innsbruck 1924; – K. WOLFSGRUBER, dasselbe in der Neuzeit 1500–1803 = ebenda Bd. 80, Innsbruck 1951; – DERSELBE, Das Brixner Klarissenkloster im 13. Jh. In: Der Schlern Jg. 59, Bozen 1985, S. 459–468; – M. SENFTER, Das Klarissenkloster von Brixen (1600–1800), Innsbruck 1977; – Margherita ÜBERBACHER-BURGER, Das Institut der Englischen Fräulein in Brixen (1739–1839), Diss., Innsbruck 1991; – K. GRUBER, Das Priesterseminar in Brixen mit Heilig-Kreuz-Kirche und philosophisch-theologischer Hochschule. Bozen 1990; – H. NOFLATSCHER, Gehorsame Untertanen? Politik und Religion im Hochstift Brixen im 17. Jahrhundert. In: Stadt und Hochstift = Veröffentlichungen des Südtiroler Landesarchivs Bd. 12, Bozen 2000, S. 261–288; – H. GRIESSMAIR (Hg.), Milland, Brixen 1993.

b) Reformation und Gegenreformation

In Bezug auf die Bewegung der Wiedertäufer verzeichnet das „Geschicht-Buch der Hutterischen Brüder" im 16. Jh. in Brixen 16 „Martyrer".

16 Wohlfahrtspflege

a) Bürgerspitäler, Krankenhäuser Bruderhäuser, Fürsorgeheime, Armenhäuser

Seit 1157 bestand am unteren Gries zwischen der Mühlwiere und dem Eisack ein vom nachmaligen Bischof Richer begründetes Pilgerspital, das „Hospitalis sanctae Crucis in Insula", welches 1764 aufgelassen wurde, als an seiner Stelle das bestehende Priesterseminar errichtet wurde.

Das Stadtspital zum hl. Geist jenseits des Langen Grabens bzw. gegenüber vom Säbener Tor, Stadelgasse Nr. 1, ist seit 1348 urkundlich nachweisbar und wurde 1985 unter dem Titel „Hartmannheim" (benannt nach dem gleichnamigen seligen Bischof von Brixen) in ein modernes städtisches Altenwohnheim umgebaut.

1913/14 folgte der Bau eines neuen Städtischen Krankenhauses („Kaiser-Franz-Joseph-Jubiläums-Krankenhaus") mit Sanatorium an der Dantestraße, welches um 1930 in eine Lungenheilanstalt umgewandelt worden ist, nachdem 1929/39 nebenan ein weiteres neues öffentliches Krankenhaus erbaut worden war. Diesem folgte 1968/78 ein weiterer Neubau, das Landeskrankenhaus Brixen, Dantestraße Nr. 51, sodaß der Altbau 1989/90 in ein Pflegeheim umgewandelt werden konnte. – Beim Krankenhaus wird seit 1959 auch eine eigene Krankenpflegeschule geführt.

1788 beschloß der Fürstbischof, um das Bettelwesen einzuschränken, „eine Wollenspinnerey" zu errichten, welche als „Städtisches Spinnhaus" noch 1842 im ehemaligen städtischen Schulhaus, Große Lauben Nr. 14, bestanden hat.

1833 wurde eine Freiwillige Beschäftigungsanstalt (Teppich- und Leinwandweberei etc.) für ca. 100/120 Personen errichtet.

A. SIGMUND, Festschrift anläßlich der Eröffnung des Krankenhauses und Sanatoriums der Stadt Brixen (Südtirol), Brixen 1914; – K. SCHADELBAUER, Die verlorenen Urkunden des Brixner Heilig-Geist-Spitals in Nürnberg. In: Der Schlern Jg. 6, Bozen 1925, S. 16–19; – W. HOFER, Das Hl.-Kreuz-Spital auf der Insel in Brixen als Grundherrschaft (1157–1721). 2 Bde., Diss., Innsbruck 1971; – H. HEISS, Vom Heilig-Geist-Spital zum Hartmannsheim. Ein historischer Überblick von 1348–1984, Brixen 1985; – F. KLOS, Das Heilig-Kreuz-Spital auf der Insel zu Brixen in seinen Anfängen. In: Der Schlern Jg. 62, Bozen 1988, S. 16–24.

b) Siechenhäuser, Lazarette

Ein Sondersiechen- oder Leprosenhaus hat südwestlich vom Klarissenkloster zwischen der „Pusterer Straß" und dem Eisack in der Nähe des späteren Schießstandes bis 1775 bestanden und ist als „tuguriolum Leprosorum" seit 1247 urkundlich nachweisbar. Das betreffende Gebäude existierte noch 1882.

Bei Epidemien stand zumindest seit 1521 ein „Siechen- oder Lazareth-Haus" an der Kreuzstraße zur Verfügung, in dessen granitene Türeinfassung die Jahreszahl 1686 eingemeißelt war.

c) Waisenhäuser, Kindergärten, Sonderinstitute, karitative Stiftungen

1890/91 wurde vom Frauenverein an der Stelle eines zu diesem Zwecke 1837 von der Stadtgemeinde angekauften Hauses der Neubau der „Kinder-Bewahranstalt" am Oberen Eisackdamm errichtet; 1923 wurde dieser deutschsprachige Kindergarten geschlossen, jedoch 1944 wieder eröffnet, 1988/90 umgebaut und 1992 als „Anna-Seidner-Kindergarten" neu eröffnet. – 1996 bestanden in Brixen ein Kindergarten an der Mozartstraße (seit 1976, Neubau von 1991/93), ein Sonderkindergarten, Runggadgasse 23 (seit 1983), ein Kinderhort, Goethestraße 18 (seit 1979/80, Sanierung 1993). Weitere Kindergärten bestehen in Albeins (eröffnet 1993), Milland (Einweihung 1972), ebenda mit italienischer Unterrichtssprache seit 1979, in Tils (im Pfarrwidum, eingeweiht 1976), Tschötsch (Einweihung 1974).

1956 Errichtung des „Kinderdorfes" in Brixen-Pfeffersberg; – Leo-Waisenhaus an der Runggadgasse errichtet 1908 (Sanierung 1983); – Jugendhort am Schwesternau-Weg erbaut 1912 vom Verein zum Wohle der männlichen Jugend in Brixen; – „Dienstbotenheim", Trattengasse Nr. 12, errichtet 1901 von der St.-Vinzenz-Konferenz in Brixen (Sanierung 1983). – Konstituierung der St.-Vinzenz-Konferenz Brixen 1886; – 1834/35 wird der Bestand eines Taubstummen-Institutes im Gebäude des Kassianeums, Brunogasse Nr. 2 erwähnt; – Behinderten-Zentrum beim Ansitz „Seeburg", errichtet 1983/85, eröffnet 1988.

d) Ärzte und Apotheken

Ein offizielles Verzeichnis von 1813 nennt in Brixen fünf Ärzte, nämlich Johann Bacher, Franz von Guggenberg, Pius von Isser, Joseph Thaler und Joseph Wassermann – sowie drei Wundärzte, nämlich Joseph Mar, Joseph Thurneretscher und Johann Weth.

1421 bestätigen die Chorherren zu Unserer Lieben Frau im Kreuzgang eine Stiftung von Niklas dem „Apotekger". Wolfgang Schachenleytter erhält 1497 vom Fürstbischof acht Mark „zu Hilf der Appoteken" in Brixen; 1530 wird Peter Peuntinger, 1543 Hans Paumgartner und 1581 Johann Alexander Zeffer jeweils als Apotheker in Brixen genannt. – Die „Hofapotheke", Große Lauben Nr. 8, nachweisbar seit 1585, wurde 1931 in das Haus Große Lauben Nr. 1 übertragen. – Die „Stadtapotheke", Adlerbrückengasse Nr. 4, besteht zumindest seit 1693, seit 1787 im Besitz der Familie Peer (Familienarchiv ab 1531). – 1975 Errichtung einer dritten Apotheke.

H. HEISS, „Umb merer Erfarung willen Artis Pharmaceuticae ..." Brixens Apotheker in der Frühen Neuzeit. In: Ars Pharmaceutica. Zum 200. Jubiläum der Stadtapotheke Peer in Brixen, Brixen 1987, S. 20–38; – DERSELBE, Stadtapotheke Peer 1787–1987. Bürgerliches Leben in einer Bischofsstadt. Eine Familienchronik, Brixen 1987.

e) Wasserleitungen, Kanalisation, Beleuchtung (Gaswerke, Elektrizitätswerke)

Eine *Trinkwasserleitung* in Holzrohren wurde 1558 durch Hans Krol, „gemainer Stat Brichsn Pavmaister", von der Polten-Quelle beim Hilpold-Haus in Vahrn in die Stadt hinunter verlegt und bei der genannten Quelle ein steingefaßtes Wasserschloß (mit Inschrift) errichtet. Diese Leitung versorgte laut des Stadtbuches von 1604 „zwen fliessende Prünnen" bei St. Erhard und beim Weißen Turm. Neben diesen bestanden damals noch zehn öffentliche Ziehbrunnen. 1842 erfolgte eine Erneuerung dieser Quellfassung durch den Stadtbaumeister Johann von Kemptner. Bis dahin bestanden in Brixen drei fließende öffentliche Brunnen (bei der St. Erhardkirche, an der Adlerbrückengasse und an der Altenmarktgasse), seit 1842/47 waren es „mehr als 12, einige mit vortrefflichem Wasser". Überdies gab es den sogenannten „Jungfernbrunnen" am Gries, von dem nur noch eine Gedenkinschrift von 1634 am rechten Eisack-Uferdamm erhalten ist. Einzelne Gebäude, wie die Hofburg, das Klarissen- und das Kapuzinerkloster verfügten über eigene Wasserzuleitungen.

Eine moderne Hochdruck-Trinkwasser-Versorgungsanlage, ausgehend von den Gruber-Quellen im hinteren Schalderertal, erhielt Brixen 1896/1900, wobei für den Stadtteil Stufels auch ein Wasserbehälter unweit oberhalb von Krakofl angelegt worden ist. Der Jahrzehnte später angelegte Tiefbrunnen im Stadtpark mit 30 l/sec. wurde 1978 neu geschlagen. 1982/86 erfolgte die Errichtung einer neuen Trinkwasserleitung von Schalders nach Brixen mit zusätzlicher Einbindung der vier Nockbachquellen und verbunden mit der Errichtung einer Ringwasserleitung.

Für das Gebiet von Pfeffersberg hat sich 1976 eine eigene „Trink- und Löschwasser-Interessentschaft" gebildet und 1979 eine neue Trinkwasserleitung eingeweiht. 1982 wurde abermals eine neue Wasserleitung für den Pfeffersberg verlegt.

1976 erfolgte die Errichtung einer neuen Wasserleitung bzw. Quellfassung des Trattenbaches sowie eines eigenen Hochbehälters für Sarns.

1987 wurde die Trinkwasserversorgung von Milland durch die Einbindung einer Quelle beim Trattnerhof und einer Quelle im Pfarrwald sowie durch die Errichtung eines Tiefbrunnens in der Industriezone verbessert.

1986 erfolgte die Reaktivierung des historischen Ziehbrunnens bei der Schutzengelkirche in Stufels.

1847 wird auch berichtet, daß „reichliches Wasser mittels Canälen durch die Stadt geleitet wird". Diese offenen Ritschen wurden 1906/07 durch die moderne Schwemm-*Kanalisation* abgelöst. 1979/87 wurde dieselbe erneuert und erhielt eine abschließende Kläranlage bei Albeins am unteren Ende der Industriezone (1982 Bildung eines Abwasserverbandes der Gemeinden Brixen, Vahrn und Natz-Schabs). 1994 wurde mit dem Bau eines neue Hauptsammlers begonnen.

1976 erfolgte die Schließung des *Müll*ablagerungsplatzes bei Albeins. Mit demselben Jahr datiert der Beschluß zur Errichtung einer Müll-Kompostierungsanlage in den sogenannten „Böden an der Lahn" in Schabs, durchgeführt 1981/85.

1902/03 Errichtung des ersten städtischen *Elektrizitätswerkes* bei der Rundlerbrücke an der Rienz, 1940 Eröffnung des bestehenden, großen E-Kraftwerks weiter flußabwärts in der Hachl (Baubeginn 1937), welches sowohl die Wasserkraft des bei Franzensfeste gestauten Eisack als auch der bei Mühlbach gestauten Rienz verwertet. 1984 kauft das Elektrizitätswerk Brixen, 1994 in „Stadtwerke" umbenannt, die Objekte der aufgelösten Wierer-Fertighaus Fabrik in der Industriezone als Verwaltungssitz an, Eröffnung 1987. Im gleichen Jahre wurde zur Verbesserung der Brixner Stromversorgung der Anschluß an das staatliche 130 KV-Netz der ENEL notwendig.

f) Badstuben und Bäder

1374 Nennung eines Badhauses in Brixen bzw. der Witwe „Christleins des Baders von Prichsen". Das Unterbad am Gries an der Adlerbrückengasse bzw. „Jordan der pader am Griezz", Bürger zu Brixen, begegnen seit 1394, zeitlich gefolgt vom Mitterbad, Großer Graben Nr. 2, nachweisbar von ca. 1460 bis 1718/45, sowie vom Oberbad (1. Hälfte des 15. Jh.: „domus balnei in antiquo foro") an der Altenmarktgasse, welche alle drei ihren Standort an der Mühlwiere hatten und daraus ihr mehr oder weniger sauberes Wasser bezogen!

1879 Errichtung einer städtischen Schwimmschule. – Eines bedeutenden Zustromes erfreut sich die 1885/89 durch den Arzt Otto von Guggenberg errichtete private Kneipp-Kur- bzw. Wasserheilanstalt an der Unterdrittelgasse in Stufels (Erweiterung 1979).

P. v. GUGGENBERG, Das Kurhaus Dr. von Guggenberg in Brixen, Bozen 1990.

g) Parkanlagen und Promenaden

1883/84 Errichtung der Rapp-Anlage zwischen Eisack und Rienz. 1907 wird durch den Kurverein Brixen die rechtsufrige Eisack-Dammpromenade bis in die Mahr verlängert. 1980 erfolgte die Fertigstellung derselben zwischen der Widmannbrücke und der Griesgasse. 1991 Eröffnung der Parkanlage „Herrengarten" nördlich der Hofburg.

17 Bildungswesen

a, b) Das niedere und mittlere Schulwesen

1300 Fridrich der Schulmeister, 1560 Nennung des Lateinschulmeisters Magnus Payr. Der „Statt Brixen Schuelhaus" war von 1717 bis 1781 das Haus Große Lauben Nr. 14, von wo die Stadtschule 1781 in das Haus Domplatz Nr. 4 verlegt wurde und den Rang einer Kreishaupt- bzw. Normalschule einnahm. 1895 noch allein als städtische Knabenvolksschule bezeichnet, nahm der Gemeinderat 1910 die Umbenennung in „Städtische, öffentliche, allgemeine Volksschule" vor. 1926 zog hier das italienische Lyzeum-Gymnasium ein, während die Volksschule in das Haus Runggadgasse Nr. 12/11 übersiedelt wurde.

Dem Mädchen-Unterricht in Brixen widmeten sich als erste die Tertiarinnen des Franziskaner-Ordens in ihrem 1701/07 errichteten Kloster an der Runggadgasse, wo sie hiefür 1767 ein eigenes Schulhaus errichtet haben. Diesem ließen sie 1900 im Klosteranger einen Neubau folgen, dessen (deutschsprachiger) Schulbetrieb jedoch 1926 durch die italienische Regierung geschlossen wurde.

Auch die Englischen Fräulein nahmen sich seit ihrer Niederlassung an der Altenmarktgasse (1739/45) des Mädchen-Unterrichtes an und unterhielten hiefür zuerst 1862–1902 ein eigens erbautes Schulhaus, als dessen Nachfolger sie 1902 zum Großen Graben hin ein zweites Schulhaus erbauen ließen, dasselbe jedoch nach der Öffnung der städtischen Volksschule auch für Mädchen (1910) an die Molkereigenossenschaft verkauft haben.

1909 erhielt eine private Mädchen-Bürgerschule in Brixen das Öffentlichkeitsrecht verliehen.

Das (Knaben-)Gymnasium, Hartwiggasse Nr. 1, wurde 1601 von Fürstbischof C. A. von Spaur durch den Ankauf dieses Hauses, anschließend an den Kapitelsaal am Domkreuzgang, begründet, und seine Führung als „k. k. Gymnasium" 1816 dem Augustiner-Chorherrenstift Neustift überantwortet. Es war dies die Bedingung für die Wiederherstellung dieses durch die königlich-bayerische Regierung 1807 aufgehobenen Klosters. 1910 durch einen hofseitigen Neubau erweitert, wurde dieses (deutschsprachige) Gymnasium 1926 durch das faschistische Regime aufgehoben und im städtischen Volksschulgebäude am Domplatz ein italienisches Gymnasium-Lyzeum errichtet (vgl. oben); heute befinden sich darin Stadtarchiv und Stadtbibliothek.

Fürstbischof Vinzenz Gasser hat 1872/95 im Roßlauf im Norden der Stadt das „Vincentinum" als Gymnasium und Konvikt für Knaben errichtet, die Eröffnung erfolgte 1876, der Bau der dortigen Kirche 1876/78.

1866–1876 wurde im Hause Runggadgasse Nr. 12/11 ein privates italienisches Jesuitengymnasium betrieben, geführt von aus Padua geflohenen Jesuiten.

An der alten fürstbischöflichen Domschule, später im „Schuelhaus" oder „Collegium Cassiani" („Kassianeum") südöstlich anschließend an den Domkreuzgang (Brunogasse Nr. 2) wirkte um 1500 der bekannte Südtiroler Humanist Peter Treibenraiff (Petrus Tritonius Athesinus). Dieses Collegium fungierte von 1607 bis 1756 als erstes Priesterseminar von Brixen, danach bis 1985 als Konvikt für 40 Domschüler. Das bestehende (zweite) Priesterseminar mit der hl. Kreuzkirche wurde 1771 eröffnet. Seit 1962 besteht daneben die Cusanus-Akademie.

Das Kassianeum wurde 1995/97 in ein „Jugendhaus" umgestaltet.

Derzeit bestehende Schulen in der Stadtgemeinde Brixen

Grundschule „A. Rosmini", Widmannbrückengasse (ital.), erbaut 1988/90
Grundschule „Msgr. Joh. Tschurtschenthaler", Fischzuchtweg (dt.), erbaut 1981/87
Grundschule „Goller", Dantestraße (dt.)
Grundschule „Waldner", Vintlerweg (dt. u. ital.)
Grundschulen (dt.) in Afers (mit Kindergarten, erbaut 1977/82, Einweihung 1984), Albeins (Renovierung 1982), Elvas (erbaut 1982/83), Milland (erbaut 1982), St. Andrä (er-

baut 1981/84 mit Kindergarten und Gemeindesaal), Tils (Umbau 1990) und Tschötsch (Um- bzw. Neubau 1984/86, Eröffnung 1988)

Mittelschule „Oswald von Wolkenstein", Dantestraße 39, (dt.), Umbau 1990/92
Mittelschule „March", Dantestraße 33 (dt.)
Mittelschule „Manzoni", Dantestraße 39, erbaut um 1973/82, Umbau 1988/89 (ital.)
Mittelschule „Michael Pacher", Fischzuchtweg 5 (dt.), Neubau um 1973/77

Realgymnasium „Jakob Philipp Fallmerayer", errichtet 1945 (dt.), nun Dantestraße 39 E, erbaut 1972/75
Lyzeum, Schwesternau (ital.), Neubau eröffnet 1975, ergänzt 1983/86 durch ein Mehrzweckschulgebäude an der Mozartallee für die italienischen Oberschulen: Handelsschule, Realgymnasium und humanistisches Gymnasium „Dante Alighieri", dieses wurde 1925 gegründet
Vinzentinum. Kirchliche Mittelschule und humanistisches Gymnasium, Brennerstraße 37 (vgl. oben)
Lehranstalt für kaufmännische Berufe, Fischzuchtweg (dt.), erbaut 1979/83
Lehranstalt für kaufmännische Berufe und Gastgewerbe „Falcone e Borsellino", Schwesternau (ital.)
Lehrerbildungsanstalt „Josef Gasser" (errichtet 1976), Stadelgasse 8 B
Landesberufsschule für das Gast- und Nahrungsmittelgewerbe „Emma Hellenstainer", Fischzuchtweg 9 (dt.), Klassentrakt erbaut um 1980, Werkshallen erbaut 1985
Landesberufsschule für Handel, Handwerk und Industrie „Christian Josef Tschuggmall", Vittorio-Veneto-Straße 31 c (dt.)
Landesberufsschule für Handwerk, Industrie und Handel „E. Mattei", Schwesternauweg 1 (ital.)
Landes-Hauswirtschaftsschule für Sozialberufe „Jakob Stainer", Milland, Vintlerweg 6
Landes-Hauswirtschaftsschule „Bühlerhof", Sarns, errichtet 1971
Landesberufsschule für das Gast- und Nahrungsmittelgewerbe, erbaut 1982/83
Berufsertüchtigungszentrum für Behinderte Ansitz Seeburg, erbaut um 1980
Philosophisch-theologische Hochschule am Priesterseminar (vgl. oben)
Sommerkurse der Universität Padua mit Bibliothek und Studentenheim, Weißlahnstraße, errichtet 1952.

Für die Fakultät für Bildungswissenschaften der 1998 eröffneten Universität Bozen wurde bereits 1994 das ehemalige St.-Josef-Missionshaus als Standort vorgesehen, welches – laut Mitteilung von Dr. Hans Heiss vom 18. 1. 2000 – um einen entsprechenden nordseitigen Neubau ergänzt werden wird.

H. AMMANN, Geschichte des Gymnasiums zu Brixen. In: Programm des k. k. Gymnasiums zu Brixen 1901–1903 (in Lieferungen); – W. PERTRAMER, Die Domschule in Brixen. In: Der Schlern Jg. 26, Bozen 1952, S. 233–236.

d) Theater, Musikvereine, Orchester, Musikschulen

Bürgermusikkapelle Brixen (gegründet 1801), Musikkapelle Afers (seit 1919), Albeins (seit 1803), Musikkapelle Pfeffersberg (seit 1932), Musikkapelle Milland (gegründet 1984).
Musikschule Brixen, Albuingasse, seit 1962 (erster städtischer Gründungsbeschluß 1911).

Domchor Brixen, zahlreiche weitere Chöre (laut H. Heiss). Der Männergesangsverein Brixen (gegründet 1862) errichtete bereits 1877 eine öffentliche Gesangs- und Musikschule.
1908 Errichtung eines Vereines „Brixner Volkstheater"; Theater-Gruppe „Kulisse" seit 1975, Theatergruppe „Dekadenz" im Anreiterkeller in Stufels seit 1980, Brixner Freilichtspiele im „Kutscherhof" 1981, Theater im Regenbogen, Theaterpädagogisches Zentrum.

e) Volksbildungseinrichtungen, Büchereien

1907 Bildung eines Lesevereines in Brixen.
1983 Einweihung des Mehrzweck-Vereinshauses „J. Stainer" in Milland (ehemals Waisenhaus „Regina Elena"); 1988 Eröffnung des Bildungshauses St. Georg in Sarns; 1990 Grundsteinlegung für die Brixner Bürgersäle (Kulturhaus).

f) Sporteinrichtungen

Der 1867 gegründete Turnverein Brixen (seit 1956 Sportverein Brixen) hat 1911 die Turnhalle an der Bahnhofstraße (später ENAL-Kino) und 1993 eine neue Turnhalle errichtet; 1958 wurde am Oberen Eisackdamm die bestehende Sportzone mit Sportplatz und Freischwimmbad eröffnet. 1980/86 wurde auch ein Sportzentrum Süd mit Eishalle am Fischzuchtweg geschaffen.

18 Buchdruckereien, Zeitungen, Buchhandlungen

a) Buchdruckereien

Ein fürstbischöflicher „Hofbuechtrucker" namens Thomas Weeger begegnet 1779.
 Am Dachboden des Hauses Nr. 2 am Großen Graben, früher Sitz der Druckerei A. Weger, wurde 1990 eine dort deponierte alte Buchdruckerpresse mit Satzschiff und Lettern aufgefunden, die 1993/97 restauriert wurde, wobei dendrochronologisch festgestellt werden konnte, daß die Holzteile der Presse aus der Zeit um 1550/60 stammen. Seit 1997 ist die Presse wieder funktionsbereit.
 Druckerei des Katholisch-politischen Pressvereins im Glockengießerhaus, Brennerstraße Nr. 4, in Zinggen 1895–1907; deren Nachfolge traten 1907 die Verlagsanstalt Tyrolia, 1925 der Vogelweider- und 1936 der Athesia-Verlag an.

A. DÖRRER, Brixener Buchdrucker. In: Gutenberg-Jahrbuch 12, 1937, S. 144–167; – R. HÄUSLER, Der Kalender im 15. und 16. Jahrhundert mit (bes.) Berücksichtigung der Tiroler Drucker und ihrer Stellung an den Höfen in Innsbruck und Brixen. Diss., Wien 1962. S. HÖLLRIGL, Die Brixner Druckerpresse. In: Circa 1500. Landesausstellung 2000 (in Lienz, Brixen und Beseno), Milano 2000, S. 362f., Abb. S. 263.

b) Zeitungen und Zeitschriften

Wochentliche Zeitung.
Brixner Wochenblatt ab 1851.
„Brixener Chronik. Ein konservatives Wochenblatt." 1. Jg. 1888.

Programme des k. k. Gymnasiums zu Brixen 1851–1918.
Jahresberichte des fbfl. Privatgymnasiums am Seminarium Vincentinum ab 1876.
„J ladin" („Der Ladiner"). Ladinisch-deutsche Zeitung 1908 (zuvor: „Ladinerfreund").
Die erste Nachkriegs-Nummer der Südtiroler Tageszeitung „Dolomiten" erschien am 19. Mai 1945 in Brixen (normaler Erscheinungsort seit 1926 ist Bozen).
Landeskundliche Schriftenreihe „An der Etsch und im Gebirge", hg. von A. Weger's Buchhandlung in Brixen.
Alt-Brixner Photokalender seit 1978
„Der Brixner" – Monatszeitschrift, 1. Jg. 1990.

A. SITZMANN, „Wochentliche Zeitung von Brixen." Das älteste, erhaltene Exemplar einer periodischen Zeitung (Süd-)Tirols. In: Die wissenschaftliche Bibliothek. Festschrift für O. Stranzinger = Biblos-Schriften 153, Wien 1990, S. 121–124.

c) Buchhandlungen

1850 Eröffnung einer Filiale der Wagnerischen Buchhandlung aus Innsbruck (Schumacher und Weger).
Buchhandlung und Verlag Weger, Weißenturmgasse Nr. 5;
Buchhandlung Athesia, Weißenturmgasse Nr. 1;
Buchhandlung Buch und Papier, Milland, Plosestraße 38, eröffnet 1982.

19 Quellen und Darstellungen zur Stadtgeschichte

b) Quellenpublikationen

Theodor MAIRHOFER, Urkundenbuch des Augustiner Chorherren-Stiftes Neustift in Tirol = Fontes Rerum Austriacarum (FRA), 2. Abt., Diplomataria et Acta Bd. 34, Wien.
Oswald REDLICH, Die Traditionsbücher des Hochstifts Brixen vom 10. bis in das 14. Jh. = Acta Tirolensia Bd. 1, Innsbruck 1886.
Leo SANTIFALLER, Die Urkunden der Brixner Hochstifts-Archive 845–1295 = Schlern-Schriften Bd. 15, Innsbruck 1929.
Leo SANTIFALLER und Heinrich APPELT, Dasselbe Bd. 2/1–2, Leipzig 1940–1943.
Josef MUTSCHLECHNER, Alte Brixner Stadtrechte = Schlern-Schriften Bd. 26, Innsbruck 1935.
Hans WAGNER, Das Traditionsbuch des Augustiner-Chorherrenstiftes Neustift bei Brixen = FRA, 2. Abt., Bd. 76, Wien 1954.
Georg Johannes KUGLER, Die Urkunden des Augustiner-Chorherrenstiftes Neustift bei Brixen = FRA, 2. Abt., Bd. 77, Wien 1965.
Victor SCHALLER, Ulrich II. Putsch, Bischof von Brixen und sein Tagebuch 1427–1437. In: Zeitschrift des Ferdinandeums 3. F., Bd. 36, Innsbruck 1892, S. 225–322.
Hartmann AMMANN, Gregor Angerer von Angerburg, Bischof von Wiener Neustadt, Probst und Dekan an der Domkirche von Brixen und seine historischen Aufzeichnungen. In: Forschungen und Mitteilungen zur Geschichte Tirols und Vorarlbergs Jg. 8, Innsbruck 1911, S. 9–20, 127–140, 215–239 u. 304–319.

c) Darstellungen

Johann WALCHEGGER, Brixen. Geschichtsbild und Sehenswürdigkeiten, Brixen 1901.
Sebastian BSTIELER, Der Brixner Dom, Brixen (1927).
Anselm SPARBER, Einige wichtige Urkunden zur Geschichte Brixens im Mittelalter. In: Der Schlern Jg. 6, Bozen 1925, S. 266–275.

DERSELBE, Brixens Entwicklung seit 1803. Eine historische Skizze. In: Der Schlern Jg. 31, Bozen 1957, S. 121-134.

DERSELBE, Brixens Entwicklung bis zur Mitte des 15. Jahrhunderts. In: Der Schlern Jg. 39, Bozen 1965, S. 47-59.

DERSELBE, Die Bischofsstadt Brixen in ihrer geschichtlichen Entwicklung = An der Etsch und im Gebirge Bd. 12, 3. Auflage, Brixen 1979.

Valerius DEJACO, Brixen. In: Jahrbuch des Südtiroler Kulturinstitutes Bd. 1, Bozen 1961, S. 153-165.

Ignaz MADER und Anselm SPARBER, Brixner Häusergeschichte = Schlern-Schriften Bd. 224, Innsbruck 1962.

Erich EGG, Die spätgotische Malerei in Brixen. In. Veröffentlichungen des Tiroler Landesmuseum Ferdinandeum Bd. 48, Innsbruck 1968, S. 5-68.

Karl WOLFSGRUBER, Geschichtliches und Rechtliches über Brixner Fischwässer = An der Etsch und im Gebirge Bd. 17, Brixen o. J.

DERSELBE, Die Brixner Hofburg, Bozen 1983.

DERSELBE, Der Brixner Dombezirk, Bozen 1986.

DERSELBE, Dom und Kreuzgang von Brixen, Bozen 1988.

Paul LANG, Beiträge zur Kulturgeographie des Brixner Beckens = Innsbrucker geographische Studien Bd. 3, Innsbruck 1977.

DERSELBE, Der Brixner Raum. Merkmale einer Wirtschaftslandschaft innerhalb Südtirols. In: Österreich in Geschichte und Literatur Jg. 30, Wien 1986, S. 372-378.

Franz-Heinz HYE, Die alte Bischofsstadt Brixen. Geschichte und Stadtbild. In: Ebenda, S. 361-371.

DERSELBE, Grundelemente der Brixner Heraldik: Das Wappen des Bistums, des Fürstentums und des Domkapitels. In: Der Schlern Jg. 56, Bozen 1982, S. 260-266 u. 518.

Hans GRIESSMAIR, Milland. Beiträge zu Natur und Geschichte (von Hans GRIESSMAIR, Luis STAINDL, Giovanni RIZZI, Eduard SCHEIBER, Cornelia STEINER, Georg MUTSCHLECHNER, Manfred TSCHAIKNER, Erika KUSTATSCHER, Karl WOLFSGRUBER, Brigitte GRIESSMAIR, Hans HEISS u. a.), Brixen 1983.

Sabina KASSLATTER, Die Stadt Brixen von 1918 bis 1925. Wirtschaft und soziale Anpassungsprobleme. Diplomarbeit, Innsbruck 1988.

Norbert PARSCHALK, Die Stadt Brixen 1926-1935. Diplomarbeit, Innsbruck 1991.

DERSELBE, Die Stadt Brixen 1919 bis 1939. Diss., Innsbruck 1993.

Rosanna PRUCCOLI, Il principato vescovile di Bressanone e le sue istituzioni in età teresiana. Diss., San Marino 1991/92.

Helmut FLACHENECKER, Brixen und Eichstätt im Mittelalter. Zwei geistliche Städte im Vergleich. In: Der Schlern Jg. 66, Bozen 1992, S. 392-404.

Markus MÜHLÖGGER, Kleinkriminalität in Brixen während des Ersten Weltkrieges. Diplomarbeit, Innsbruck 1994.

Hans HEISS und Hermann GUMMERER (Hg.), Brixen 1867-1882. Die Aufzeichnungen des Färbermeisters Franz Schwaighofer = TRANSFER Kulturgeschichte Bd. 1, Bozen/Wien 1994.

Hans HEISS, Chronik und Stadtgeschichte: Brixen 1800-1882. In: Ebenda, S. 317-403.

DERSELBE, Brixen 1943-1945. Ein Problemaufriß. In: Der Schlern Jg. 68, Bozen 1994, S. 538-560.

Ulrike KÖNIGSRAINER, Stadtbürgertum und Politik in Brixen zwischen 1861 und 1914. Diplomarbeit, Wien 1995.

Ludwig TAVERNIER, Der Dombezirk von Brixen im Mittelalter = Schlern-Schriften Bd. 294, Innsbruck 1996.

Paolo CANEPPELE, Bressanone e i brissinesi nel 1717. In: Studi Trentini di scienze storiche 75, Trento 1996, S. 61-103.

Icones Clarae. Kunst aus dem Klarissenkloster, (Ausstellungskatalog) hg. v. Leo Andergassen, Brixen 1999 (mit Beiträgen von Leo ANDERGASSEN, Martin BITSCHNAU, Gerald Pieter FREEMAN).

Stadt und Hochstift = Veröffentlichungen des Südtiroler Landesarchivs Bd. 12, Bozen 2000 (mit Brixner Beiträgen von Paul GLEIRSCHER, Josef RIEDMANN, Stefan DEMETZ, Ludwig TAVERNIER,

Giuseppe ALBERTONI, Gustav PFEIFER, Franz-Heinz HYE, Erika KUSTATSCHER, Klaus BRANDSTÄTTER, Johannes ANDRESEN, Heinz NOFLATSCHER, Paolo CANEPPELE, Rosanna PRUCCOLI und Hans HEISS).

20 Wissenschaftliche Sammlungen

a) Archive

Diözesanarchiv in der Hofburg;
Stadtarchiv, seit 1983/84 in neuen Räumen am Domplatz Nr. 13.

b) Bibliotheken

Bibliothek des Priesterseminars (spätbarocker Bibliothekssaal mit Deckenfresken von F. A. Zeiller 1772);
Stadtbibliothek, seit 1983/84 im ehemaligen Schulgebäude am Domplatz Nr. 13;
Eröffnung einer Filiale in Milland 1987, desgleichen in Tschötsch 1993;
1990 Eröffnung einer öffentlichen Bibliothek in St. Andrä.

c) Museen

Diözesan-Museum: Erster Standort dieses Museums war bereits 1901/07 der Saal im Ostflügel der Hofburg, von wo es infolge Raumnot durch Adrian Egger in das Domkapitelhaus an der Ostseite des Dom-Kreuzganges übersiedelt wurde, um nach der Auflassung der bischöflichen Residenz in Brixen durch den nimmermüden Diözesanarchivar und Dompropst Dr. Karl Wolfsgruber 1974/77 in die Hofburg rückübersiedelt zu werden. Dort befindet sich auch das 1928 errichtete Krippenmuseum.

Die Errichtung eines Stadtmuseums – eventuell im ehemaligen Schlachthaus – wird seit 1994 projektiert.

BRUNECK

1 Name

Bruneke 1256, 1266, 1276, Praunek und Brunekka 1345, Praunekk 1375, Praunek 1379, Braunegge 1620, Prunekken 1774, Brunecken 1822, Bruneck 1834, 1847, 1918. – Amtlich 1923/40: Brunico. – Seit 1946/48 de facto: Bruneck/Brunico.
   Der Name geht auf den Gründer von Bruneck, den Brixner Fürstbischof Bruno von Kirchberg zurück.
   Seit 1977 offizieller Beiname: „Michael-Pacher-Stadt".

E. KÜHEBACHER, Die Ortsnamen Südtirols und ihre Geschichte. Bd. 1, Bozen 1991, S. 63.

2 Lage

a) Örtliche Lage

Bruneck liegt in 835 m Seehöhe (46 Grad, 48' nördl. Breite, 11 Grad, 56' östl. Länge) im Zentrum des gleichnamigen Beckens inmitten des westwärts von der Rienz durchflossenen westlichen Teiles des Pustertales, in welches Becken von Norden das Tal der Ahr (Tauferer- und Ahrntal) und von Süden – am Westrand des Beckens – das Gadertal einmündet, wobei der historische Stadtkern am linken Ufer der Rienz liegt, überhöht vom gleichnamigen Burgberg, der eine vorgelagerte Hügelkuppe der südseitigen Talterrasse von Reischach bildet.

b) Verkehrslage, zentrale Funktion

Verkehrsgeographisch wird die Lage von Bruneck einerseits von der südlichen Längstalfurche der Ostalpen, dem Puster- und Drautal, und andererseits vom Kreuzungspunkt dieser Dominante mit dem Tal der Ahr, vor allem aber mit der Sekundär-Verkehrslinie des Gader- und – jenseits des Passo di Campolungo – des Cordevoletales bestimmt. Dementsprechend läßt sich hier eine Hauptstraßen-Kontinuität (a) von der Römerstraße (VIA CLAUDIA AUGUSTA ALTINATE) mit der Straßenstation von SEBATUM (St. Lorenzen) über die (b) spätestens seit dem Beginn des 11. Jh. als Strada de Alemagna neuerdings benutzte Alpentransversale von Venedig – Treviso durch das Cadore und das westliche Pustertal, den Brennerpaß etc. nach Augsburg bis (c) zum Bau der Eisenbahnlinie Villach – Franzensfeste (1870/71) nachweisen, die auch durch die Routenwahl der vom 13. bis 18. Jh. belegten Transportorganisation der Rodfuhr über den „Unteren Weg" bestätigt wird. – Nach der Erwerbung des Herzogtums Kärnten (1335) und jener der Grafschaft Tirol (1363) durch die Herzoge von Österreich aus dem Hause Habsburg bildete das Pustertal mit Bruneck – bis zur Erwerbung von Salzburg (1816) – die einzige – seit dem Anfall des Görzer Erbes mit Lienz (1500) – durchgehende

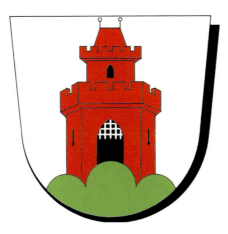

Bruneck

Ansicht der Stadt Bruneck von 1581 mit der noch heute weitgehend erhaltenen Ringmauer, deren Kulminationspunkt vom Schloß Bruneck (Bildmitte) gebildet wird. Nicht mehr erhalten ist der dem Unteren Stadttor vorgelagert gewesene Torturm am Graben (im Vordergrund). Rechts davon ist der ehemalige Galgen, Zeichen der hohen Gerichtsbarkeit der Stadt, und nahe am oberen Bildrand der Schießstand von Bruneck zu erkennen. Besonders hinzuweisen ist auch auf die Spitalbrücke über die Rienz und das dortige Stadttor, wo die Landstraße in das Obere Pustertal ihren Ausgang nahm. Oberhalb des Oberen Stadttors und damit außerhalb der Stadtmauer erkennt man den alten Ortskern von Ragen mit der Marien(-Pfarr)kirche, die bis 1610 eine Filiale von St. Lorenzen war. Bei der Gründung der Stadt Bruneck wurden der Ortskern und das Ortsgebiet von Ragen mit der neuen Stadt vereinigt. Original im Tiroler Landesmuseum Ferdinandeum in Innsbruck

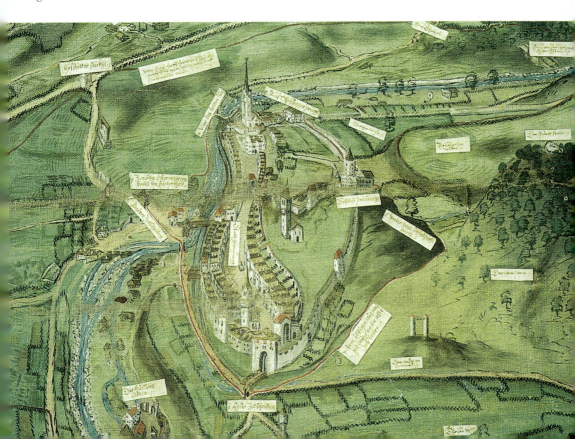

Das Untere Stadttor neben dem Ursulinenkloster, der Stadt- und Glockenturm von 1480 mit geschlossenem Umgang für den Turmwächter sowie das nur zweigeschoßige ehemalige fürstbischöflich-brixnerische Ballhaus, welches 1743 aufgelassen und dem bestehenden Ursulinenkloster übereignet worden ist. Die Umwidmung des Ballhauses weist darauf hin, daß damals die Rodfuhr durch das Pustertal nicht mehr rentabel war und daher eingestellt worden ist. Foto: M. Hye-Weinhart

▶

Das nur zwei Fensterachsen schmale alte Rathaus (links) und das stattliche, fünf Fensterachsen breite Gebäude der Ahrntaler Gewerken (Welsberg, Jenner, Wenzl-Sternbach etc.) lassen noch heute durch ihre unterschiedlichen Dimensionen die einstige, sehr unterschiedliche wirtschaftliche und politische Potenz dieser beiden Institutionen erkennen. Foto: F. H. Hye

Blick in die mit Freskodarstellungen Ulrich Springenklees von 1526 gezierte Trinkstube im Hause der Brunecker Stadtapotheke (v. Zieglauer). Die Fresken zeigen die Wappen der Mitglieder dieser vom Ratsbürger Veit Söll (gest. 1528) initiierten Stubengesellschaft, der Adelige und Bürger angehört haben. Foto: F. H. Hye

Wappen des Brixner Fürstbischofs Erzherzog Karl von Österreich (1613–1624) über dem äußeren Burgtor der Burg zu Bruneck. Heraldisch-rechts unten, neben dem erzherzoglichen befindet sich das Wappen des Bistums Brixen, während das Wappen des Fürstentums Brixen heraldisch-links unten der Verwitterung anheimgefallen ist. Foto: F. H. Hye

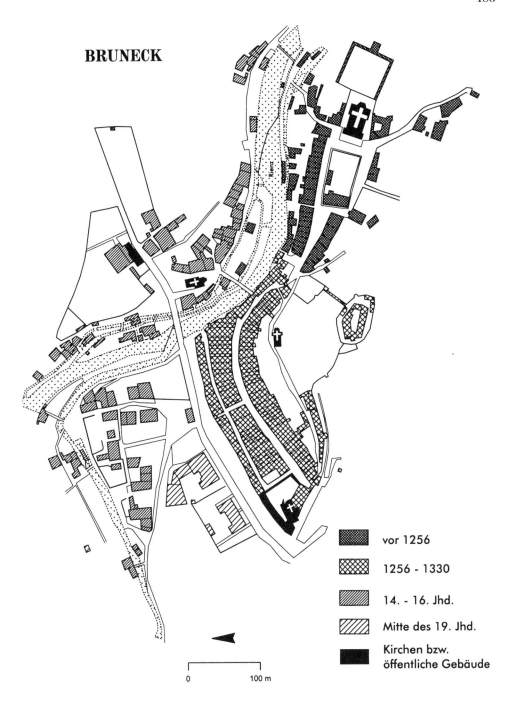

österreichische Straßenverbindung von Österreich nach Tirol und weiter in die althabsburgischen Gebiete in der Ostschweiz und in die sogenannten Österreichischen Vorlande. Nachdem die strategische und wirtschaftliche Bedeutung des Verkehrsweges durch das Pustertal bereits 1816 eine erste starke Einbuße erlitt, brachte die Grenzziehung von 1919 eine weitere verkehrspolitische Entwertung der Pustertal-Linie.

Bruneck war bis 1803 Sitz eines fürstbischöflich-brixnerischen Schloßhauptmannes und Richters, 1806 bis 1813/14 königlich-bayerisches Landgericht, 1804/05 sowie 1815 bis 1849 k. k. österreichisches Kreisamt und Landgericht, 1855/68 k. k. Bezirksamt, 1849 bis 1854 sowie 1868 bis 1918 k. k. Bezirkshauptmannschaft und Bezirksgericht, seit 1919 Prätur.

Die Stadt an der Rienz ist Amtssitz der Tal- bzw. Bezirksgemeinschaft Pustertal.

Seit 1603 ist Bruneck r. k. Dekanatssitz; die Stadt ist das Wirtschafts- und Schulzentrum des westlichen Pustertales, Sitz der (Landes-) Sanitätseinheit Ost am Bezirkskrankenhaus, Militärgarnison.– 1896 erfolgte in Bruneck die Gründung der „Tiroler Viehzuchtgenossenschaft".

A. LEIDLMAIR, Das Pustertal im Wandel der Gegenwart. In: Der Schlern Jg. 71, Bozen 1997, S. 747–757.

3 Vorstädtische Siedlung

b) Römische und frühgeschichtliche Siedlung

In der unmittelbaren westlichen Nachbarschaft von Bruneck, in St. Lorenzen, konnten beiderseits der Rienz die Grundmauern der römischen Straßenstation SEBATUM ausgegraben und museal freigelegt werden.

H. STEMBERGER, Vorgeschichtliche Altertümer zwischen Bruneck und Vintl im Pustertal. Diss. Innsbruck 1952.

c) Dorf- und Marktsiedlung

Den ältesten Siedlungskern von Bruneck bildete der Kirchort Ragen (urkundlich um 995–1005 „locus Ragouva"), an welchen westwärts die jüngere Stadtsiedlung angefügt worden ist. Der betreffende Stadtteil heißt noch heute Ragen bzw. Oberragen oder Oberdorf sowie rechts der Rienz Außerragen. Die dortige Marienkirche war bis 1610 eine Filiale der St.-Laurentius-Pfarre zu St. Lorenzen, dem alten Stegen (urkundlich 1027 „Stegon"), dessen alter Name sich von den dortigen Brücken über die Gader und vor allem über die Rienz (zum Burghügel der einstigen Grafschaftsburg „Sonnenburg") herleitete. Wie die einstige Marktwiese der „Stegener Märkte" östlich des Ortskerns von St. Lorenzen, der Stegener Wald rechts und der heutige Brixner Stadtteil Stegen links der Ahr noch heute erkennen lassen, breitete sich der Pfarrort Stegen beiderseits von Rienz und Ahr aus. Nach der Gründung von Bruneck, verbunden mit der Verlegung des alten Stegener Jahrmarktes in die Stadt, kam es in Alt-Stegen zu einem Namenswechsel zu Gunsten des Pfarrpatrons.

F. H. HYE, Stegen, Altstegen, St. Lorenzen – ein Problem der historischen Topographie und Jahrmarktgeschichte, verursacht durch die Gründung von Bruneck. In: Kunst und Kirche in Tirol. Festschrift für Karl Wolfsgruber, Bozen 1987, S. 37–46.

4 Stadtherr, Stadtwerdung und Stadterhebung

a) Stadtherr (Obrigkeit)

Die Fürstbischöfe von Brixen erhielten 1091 von Kaiser Heinrich IV. auch die Grafschaft im Pustertal verliehen, welche sie in der Folge an Familien des Hochadels zu erblichem Lehen vergaben. Diese allerdings versuchten in zunehmendem Maße den Einfluß der Fürstbischöfe zu reduzieren. Im konkreten Falle war es Bischof Bruno von Kirchberg (1250–1288), der die politische Zäsur nach dem Aussterben der Grafen von Andechs (1248) und deren Erben, der Grafen von Tirol (1253), dazu benutzte, um zumindest im Zentralbereich des westlichen Pustertales durch die Gründung von Bruneck, dem er seinen eigenen Namen gab, die Position der Fürstbischöfe zu stärken – was ihm auch einigermaßen gelungen ist.

Stadtherren von Bruneck waren bis zur Säkularisierung ihres Fürstentums im Jahre 1803 die Fürstbischöfe von Brixen, 1804/05 sowie 1814–1918 das Kaisertum Österreich, 1806–1814 der König von Bayern. 1919 gelangte Bruneck mit dem übrigen Südtirol (ohne den Bezirk Lienz) an Italien. – An die einstige Zugehörigkeit Brunecks zum geistlichen Fürstentum Brixen erinnert u. a. dessen um 1723/25 al fresco aufgemaltes Wappen am Turm der St. Katharinakirche am Rain in Bruneck.

F. Huter, Die Anfänge von Bruneck. In: Der Schlern Jg. 30, Bozen 1956, S. 291–294; – F. H. Hye, Die Städte der Fürstbischöfe von Brixen und ihre Stellung in der fürstbischöflichen Territorialpolitik im Mittelalter. In: Stadt und Hochstift = Veröffentlichungen des Südtiroler Landesarchivs Bd. 12, Bozen 2000, S. 165–172.

b) Erwähnung als bürgerliche Siedlung

1266: „Actum Bruneke in stupa domini G. civis"; 1276 „castrum", 1295 „urbs", 1298 „opidum", 1305 Bau der „rinchmauren", 1321 und 1331 Nennung des Stadtgrabens, ab 1333 in Urkunden etc. weltlicher Aussteller kontinuierlich „stat", in solchen der Fürstbischöfe von Brixen „oppidum". (*Anmerkung:* Nach kirchlicher Rechtsauffassung konnte nur eine Stadt mit Bischofssitz als „civitas" bezeichnet werden.) Die Fürstbischöfe von Brixen tolerierten jedoch das städtische Selbstverständnis der Bürger von Bruneck bzw. die Umschrift „S(igillum) CIVIVM. CIVITATIS. PRAVNEKE." auf dem seit 1356 nachweisbaren Stadtsiegel.

c) Stadtcharakter, Privilegien der Stadt

Eine Stadterhebungs- oder Stadtrechtsverleihungsurkunde für Bruneck ist nicht bekannt, doch beruft man sich im städtischen Rechtsleben auf „der stat recht ze Praunnek" (1376).

5 Die Stadt als Siedlung

a) Anlage und Entwicklung der Siedlung

Abgesehen vom fürstbischöflichen Schloß, dem Kulminationspunkt der städtischen Ringmauer am Burghügel südlich über der Stadtgasse, hat man in Bruneck vor allem zwei Siedlungskerne zu unterscheiden, einerseits das Zentrum des nicht ummauerten ehemaligen Dorfes Ragen links der Rienz mit der einstigen Dorfkirche bzw. heutigen Stadtpfarrkirche (seit 1610) und dem Friedhof hinter derselben als östlichen Abschluß des Ortsteiles Oberragen oder Oberdorf links der Rienz – und andererseits die ringmauerbewehrte Stadtgasse. Einen weiteren historischen Stadtteil bildet das Viertel mit dem ehemaligen Stadtspital und dem Kapuzinerkloster in Außerragen rechts der Rienz. Endlich ist noch die alte Gewerbezone am Plärer zwischen dem einstigen, lediglich nordseitigen Stadtgraben und der Rienz nördlich des Stadtkerns anzuführen.

Die Stadtgasse fungierte bis Anfang 19. des Jh. zugleich als Teil der Pusterer Landstraße, welche den Stadtkern beim Unteren Tor betrat und beim Brücken- oder Spitaltor wieder verließ. Hinaus auf den Plärer und weiter in das Mühlenviertel Stegen der Gemeinde St. Lorenzen führte das Florianitor bzw. das Tor oder „die Lucken" des Schlipfturmes, während das vorgenannte Obere Tor die Verbindung der Stadtgasse zum Stadtteil Oberragen bildet. Alle vier Stadttore sind dank der im 19. Jh. erfolgten Verlagerung des Hauptverkehrs auf den zugeschütteten Graben noch vollzählig erhalten (infolge der genannten Verkehrsverlagerung bildeten die Tore nämlich kein relevantes Verkehrshindernis). Abgesehen vom östlichsten Abschnitt der Stadtgasse, wo diese unmittelbar von Fluß und Burgberg eingeengt ist, wird sie nordseits von einer parallel verlaufenden „hintern gazzen" (urkundlich 1382) begleitet. Für die zeilenartig geschlossene Bauweise an der Stadtgasse und in Oberragen wird bereits im 14. Jh. der Ausdruck „Zeilen" gebraucht: 1383 „im Oberdorf an der untern (wasserseitigen) Zeilen", 1396 „in der stat an der obern (bergseitigen) Zeilln". Die Erwähnung einer mittleren Zeile im Oberdorf (1382) läßt erkennen, daß hier vor dem Bau des Wolkensteinischen, heute Sternbachischen Stadtpalais mit großem Garten, d. h. im 14./15. Jh., auch eine mittlere Häuserzeile bestanden hat.

Gegen Ende des 19. Jh. entstand allmählich eine Vorstadt westlich vom ehemaligen Stadtgraben in Richtung westliche Burgfriedensgrenze. Die dortigen großen Kasernenanlagen entstanden jedoch erst nach 1919. Seit der Eingemeindung der Fraktion Stegen (1927) entwickelte sich vor allem nach 1960/76 im Anschluß an die historischen Gewerbebetriebe am dortigen Mühlkanal eine bedeutende Industriezone im Ausmaß von ca. 40 Hektar. Zwischen dieser und den ebenfalls 1928 eingemeindeten ehemaligen Dorfgemeinden St. Georgen, Aufhofen und Dietenheim besteht jedoch noch eine deutlich wahrnehmbare, landwirtschaftlich genutzte Grünzone. Eine zweite Industriezone im Ausmaß von 14,5 Hektar befindet sich auf der südlichen Talseite entlang der Straße nach St. Lorenzen. Auch die gleichzeitig eingemeindete alte Dorfgemeinde Reischach auf der südseitigen Mittelgebirgsterrasse, südöstlich der Burg Bruneck, hat ihren dörflichen Charakter noch weitgehend erhalten.

Anmerkung: In Widerspruch zur obigen urkundlich sowie durch den Steuerkataster von ca. 1775 und durch historische Pläne vor allem von 1586 und 1858 zweifelsfrei belegten Darstellung vertritt jüngst der Direktor des Südtiroler Landesarchivs Dr. Josef Nössing (Bozen) die Meinung, das „Stadtbild" von Bruneck werde geprägt durch „zwei Häuserzeilen, durch welche die Pustertaler Landstraße führte, die im Osten durch das Obertor in die Stadt herein kam und im Westen durch das Untertor sie wieder verließ". Tatsächlich aber hat die Landstraße den Stadtkern von Osten her nicht durch das Obere- bzw. Oberragen-Tor, sondern durch das Spital- oder Brückentor betreten. Ein Ortsunkundiger kann freilich leicht glauben, die Landstraße habe oben hinein und unten wieder hinaus geführt. Auch umfaßt der Stadtkern in seinem westlichen Abschnitt nicht nur zwei Häuserzeilen, sondern drei Parallelstraßen mit teilweise vier Häuserzeilen.

F. H. HYE, Bruneck – die Stadt des Pustertales. Grundzüge der Stadtgeschichte. In: Der Schlern Jg. 70, Bozen 1996, S. 410–427; J. NÖSSING, Bruneck zur Zeit Michael Pachers. In: Katalog der Ausstellung „Michael Pacher und sein Kreis 1498–1998", Augustiner-Chorherrenstift Neustift (bei Brixen) 1998, S. 23–27.

b) Gebäude

Sakralbauten in der Katastralgemeinde Bruneck

Pfarrkirche zu Unserer Lieben Frau in Oberragen: urkundlich erst 1331, Weihe nach Umbau 1381, Neubau des Presbyteriums 1489/1517, Pfarrsitz seit 1610, Neubau von Langhaus und beiden Türmen 1788/98 (Grundsteinlegung durch den Fürstbischof 1789), abgebrannt 1850, bestehender Neubau von 1851/53 (Weihe 1855) mit prächtigen Nazarener-Gewölbefresken von 1860/62 von Georg Mader aus Steinach (Ehrenbürger von Bruneck 1867) und bedeutenden Ausstattungsstücken, die aus der alten Kirche gerettet werden konnten.

St. Katharina auf dem Rain, in mittlerer Höhe des Nordabhanges des Burghügels über der Stadtgasse bzw. innerhalb der Stadtmauer: gestiftet zu Ehren des hl. Geistes, St. Johann Bapt. und St. Johann Ev. 1340 vom Brunecker Bürger Hainrich dem Stukche, nach der Gründung des Stadtspitals Patroziniumswechsel zugunsten der hl. Katharina; nach dem Stadtbrand von 1723 mußten Dach und Turm erneuert werden.

Spitalskirche zum hl. Geist jenseits der Rienzbrücke in Außerragen: gestiftet von demselben Brunecker Bürger Hainrich dem Stukche, hierauf errichtet um 1358/69, Weihe 1381, bestehender barocker Neubau von 1759/60, Weihe 1761.

Neu- oder Ursulinenkirche beim Unteren Stadttor: erbaut 1410/11, Vollendung des Glocken- bzw. Stadtturms 1480 (mit rundum vorkragender Türmerwohnung), seit 1741/43 Kirche des damals gegründeten Ursulinenklosters.

Kirche zur hl. Dreifaltigkeit und Kloster der Kapuziner in Außerragen: errichtet 1626/27, Weihe 1628.

Ehemalige St. Sebastianskirche auf dem Friedhof bei der Marien(-Pfarr-)kirche in Oberragen: errichtet um 1483/85 vom Brunecker Bürger U. Gebesdorff über dem „Painhaus" bzw. auf der „Totengrufft", seit 1507 in städtischem Besitz, später abgekommen.

Klosterwald-Kriegergedächtniskapelle bei einem Massengrab von 1809/13.

Sakralbau im Stadtteil Stegen (bis 1927 Fraktion der Katastralgemeinde St. Lorenzen):

St. Nikolauskirche: urkundlich 1371, bis zur Pfarrerhebung 1971 Filiale von St. Lorenzen bzw. von Bruneck.

Sakralbauten in den Katastralgemeinden Aufhofen, Dietenheim, St. Georgen und Reischach

Expositurkirche zur hl. Katharina, Katastralgemeinde Aufhofen: erneuert um 1360, jedoch viel älter, Mitte des 15. Jh. gotisiert und durch Fürstbischof Nikolaus Cusanus 1452 neuerlich geweiht. Friedhofkapelle des 16. Jh.

(Pfarr-)Kirche zum hl. Jakob, Katastralgemeinde Dietenheim: urkundlich 1332, Ende

des 15. Jh. gotisiert und erweitert, neue Weihe 1503, Turmbekrönung von 1643/92; – durch eine tonnengewölbte Vorhalle mit der Kirche verbunden ist die zweigeschossige Friedhofkapelle des 16. Jh.

Expositurkirche zum hl. Georg, Katastralgemeinde St. Georgen: urkundlich 1442, jedoch viel älter, um 1475/83 umgebaut und erweitert, neuerlich geweiht 1483; an der Westfassade St. Christophorus-Fresko.

Dreifaltigkeitskirche, erbaut 1989/90, Weihe 1991.

(Pfarr-)Kirche zu den Heiligen Peter und Paul, Katastralgemeinde Reischach: urkundlich um 1075/90, Turmsockel noch romanisch, ansonsten Neubau von 1814, Weihe 1819.

Profanbauten in der Katastralgemeinde Bruneck

Schloß Bruneck am Burghügel: urkundlich 1256 bzw. 1276, Kulminationspunkt der städtischen Ringmauer, im Innenhof Freskodarstellung der Wappen der Fürstbischöfe von Brixen, über dem äußeren Burgtor jenes des Fürstbischofs Erzherzog Karl von Österreich etc.

Palais Sternbach in Oberragen anstelle der ehemaligen mittleren Zeile: erbaut im 16. Jh. durch die Herren von Wolkenstein, später im Besitz derer von Welsberg, denen 1682 die Wenzl Freiherrn von Sternbach folgten.

Ansitz Ragen südlich neben der Pfarrkirche in Oberragen: alter Mairhof, vom 13.–17. Jh. im Besitz der Mair bzw. Kirchmair zu Ragen, 1558 privilegiert, 1670 kaufweise an Stefan Wenzl zu Ragen, im 19. Jh. an die von Klebelsberg, 1851 Ankauf durch die Stadtgemeinde als Schulhaus, um 1923 Kaserne, seit ca. 1985 städtische Musikschule und Kulturzentrum.

Pfarrhaus nördlich neben der Pfarrkirche: erbaut 1369/70.

Weitere *Ansitze* in Oberragen: *Theißegg, Ansiedl (Einsiedl)* und *Vintler*.

Stadtbefestigung: Teile der ost- und westseitigen Ringmauer-Verbindung von der Burg bzw. vom Schloß herunter zu den Stadttoren am oberen und unteren Ende der Stadtgasse, *Unteres Tor, Florianitor* (alte Bezeichnung „die Lucken"), Brücken- oder Spitalstor, *Oberes Tor oder Ragentor*, „Kelberskopf"-Rundturm vor der Ringmauer am linken Rienzufer; ein *Zwinger* bestand vermutlich nur im Westen und Norden der Stadtmauer, wobei in jenem vor dem Unteren Tor 1560 Gärten angelegt wurden.

Stadtgasse/bergseitig: fürstbischöflich-brixnerische *Stadtgerichtsbehausung;* – das schmale, *alte Rathaus* (1491–1802) und westlich daneben das stattliche *Ahrntaler Bergwerkshandelshaus der Gewerken im Ahrntal*, – der aus drei fürstbischöflichen Amtshäusern zusammengebaute ehemalige *Kirchberger Brauereigasthof* (heute Bank).

Stadtgasse/nordseitig: Urbar-Amtshaus des Klosters *Neustift bei Brixen* mit Wappenstein des Neustifter Propstes von 1547 über dem Portal; – die *von Mohrische Behausung* mit bemerkenswertem Fresko-Wappenschmuck von ca. 1450 (irrtümlich als Engelmohrhaus bezeichnet); – Stadtapotheke mit *Trinkstube* von 1526.

Am Plärer: der sogenannte *Ansitz Stegen*, am linken Rienz-Uferdamm, an der Grenze gegen St. Lorenzen, erbaut 1555 vom Augsburger Unternehmer H. Kraft als Messingfabrik (nur bis 1595), später u. a. städtisches Lazarett.

Sparkassengebäude am Graben, erbaut 1898.

Städtisches Kultur- und Verwaltungszentrum „Michael Pacher" am Kapuzinerplatz, erbaut 1981/83 an der Stelle der baufälligen Sternkaserne.

Profanbauten in den Katastralgemeinden Aufhofen, Dietenheim, Reischach und St. Georgen

Ansitz Aufhofen, Katastralgemeinde Aufhofen: ursprünglich fürstbischöflicher Küchenmeierhof, 1502 bis 1706 im Besitz der Herren von Rost (Wappensteine von 1534 und 1540), hierauf bis 1870 derer von Hebenstreit.

Ansitz Steinburg, Katastralgemeinde Aufhofen: ursprünglich fürstbischöflicher Küchenmeierhof, spätestens ab 1540 zu Lehen vergeben an die Herren von Jöchl, Ruml, Söll etc., zum Ansitz erhoben 1640.

Ansitz Mohrenfeld, Katastralgemeinde Aufhofen: im 17. Jh. im Besitz derer von Rost, 1692 bis 1771 derer von Hebenstreit, in dieser Zeit erfolgte die Erhebung zum Ansitz.

Landhaus Hebenstreit, Katastralgemeinde Dietenheim: heutige Gestalt mit zwei übereck-gestellten Erkertürmchen durch A. B. Hebenstreit von Glurnher etc. 1724.

Ansitz Getreuenstein, Katastralgemeinde Dietenheim: erbaut im 16. Jh. durch A. und W. von Mor (Mohr) zu Sonnegg, zum Ansitz erhoben 1587, später im Besitz der Hölzl von Thierburg, 1667 an die Wenzl von Sternbach verkauft.

Mair am Hof, Katastralgemeinde Dietenheim: stattliches Herrenhaus und Wirtschaftsgebäude, durch Tormauer verbunden, mit Hauskapelle, ca. 1690 bis 1797 im Besitz der Wenzl von Sternbach.

Ansitz Sonnegg, Katastralgemeinde Dietenheim: ursprünglich Bauernhof, durch den Brunecker Ratsbürger H. Mohr angekauft und umgebaut, welcher hierauf 1557 die Erhebung zum Ansitz und die Nobilitierung mit dem Prädikat „Sonnegg" erreicht hat.

Ansitz Morberg, Katastralgemeinde Dietenheim: einfaches Wohnhaus, unter H. Mohr 1557 zum Ansitz mit dem Prädikat „Morberg" erhoben, im 17. Jh. bzw bis 1794 im Besitz der Söll zu Teißegg.

Ansitz Angerburg, Katastralgemeinde Reischach: mittelalterlicher Sitz der Familie von Rischon (bis 1402), hierauf als fürstbischöflich-brixnerisches Lehen an diverse Adelige (Prack, Wenzl von Sternbach etc.), 1536 Verleihung des Prädikates „Angerburg".

Ansitz Gießbach, Katastralgemeinde St. Georgen: stattlicher Bau mit West-Risalit, geschwungenem Giebel, Glockentürmchen und Hauskapelle (von 1690), 1542 von Ch. Troyer angekauft, der 1546 gemeinsam mit seinen Brüdern nobilitiert wurde, später folgte der Aufstieg der Familie, die den Ansitz bis ins 18. Jh. besessen hat, bis in den Grafenstand.

Ansitz Gremsen, Katastralgemeinde St. Georgen: vom 14. bis 16. Jh im Besitz der Grembs/Gremser, von denen Caspar von Grembs 1534 infolge seiner Zuwendung zu den Wiedertäufern emigrierte, ihm folgten als Besitzer die von Mayerhofen, Troyer und Mörl etc.

Ansitz Freyenstein-Mörl, Katastralgemeinde St. Georgen: dreigeschossiger Bau mit Eckerker und Krüpelwalm, im 17. Jh. im Besitz des Grafen C. von Troyer, Freiherr von Freyenstein.

P. Tschurtschenthaler, Brunecker Heimatbuch, Bozen 1928; – A. Sitzmann, Häuserbuch der Altstadt Bruneck (1780–1964). Ungedr. phil. Diss., Innsbruck 1965; – K. Wolfsgruber, Schloß Bruneck. In: Der Schlern Jg. 42, Bozen 1968, S. 14–18; – E. Egg, Trinkgesellen und Stubenmeister. In: Das Fenster Nr. 8, Innsbruck 1971, S. 631–642; Oberhaidacher-Herzig, Ein neuentdecktes Fresko Friedrich Pachers in Bruneck. In: Österreichische Zeitschrift für Kunst und Denkmalpflege Jg. 36, Wien 1982, S. 6–11; – F. H. Hye, Die Wappenfresken am Englmohr-Haus in Bruneck und ihre Bedeutung für die Brunecker Stadtgeschichte. In: Der

Schlern Jg. 61, Bozen 1987, S. 323–327; – B. LONGARIVA, Die Kirchen von Bruneck. Diplomarbeit, Innsbruck 1988; – E. KOBLER, Der Ansitz im Raum Tirol als Ausdruck repräsentativen Wohnens zwischen Renaissance und Barock unter besonderer Berücksichtigung des Ansitzes Sternbach zu Bruneck. Diplomarbeit, Innsbruck 1994; – C. PLAIKNER, Die Ansitze im Raum Bruneck. 2 Bde. Diss., Innsbruck 1994; – W. BAUM, Zu Friedrich Pacher als Kirchenpropst in Bruneck. In: Der Schlern Jg. 59, Bozen 1995, S. 348–357; – Ph. EGGER, Die Trinkstube in Bruneck im Haus der Apotheke von Zieglauer. Ein Kulturbild aus dem frühen 16. Jahrhundert, Bozen 1998.

M. MITTERHOFER (Hg.), St. Georgen an der Ahr. Dorfbuch. St. Georgen 1985.

c) Brände und Naturkatastrophen

Brände

1378, großer Stadtbrand 1723 (verschont blieben nur die Pfarrkirche, das Kapuzinerkloster, das Palais Sternbach und ein Teil der Häuser in Oberragen), 1836.

Nach dem verheerenden Stadtbrand von 1723 hat der Stadtrat 12 „sächsische Handspritzen" angekauft. 1864 Gründung der Freiwilligen Feuerwehr Bruneck; 1891 Aufstellung eines Feuertelegraphen, 1895 Bau eines neuen Spritzenhauses; – noch bis ca. 1970 war im Turmzimmer des Glockenturms der St. Katharinenkirche am Rain ein städtischer Nacht- bzw. Feuerwächter stationiert.

1887 Gründung des Bezirksfeuerwehrverbandes Bruneck, 1990/92 Bau der Bezirksfeuerwehrhalle, verbunden mit einer Feuerwehrschule, in Bruneck am östlichen Stadtrand an der Staatsstraße, das alte Gerätehaus wurde 1993 zu einem „Theatertreff" adaptiert.

Gründung der Freiwilligen Feuerwehr Aufhofen 1922, der Freiwilligen Feuerwehr Dietenheim 1900, der Freiwilligen Feuerwehr Reischach 1890/91 (neue Feuerwehrhalle im kombinierten Schul- und Vereinshaus erbaut 1988/89), der Freiwilligen Feuerwehr St. Georgen 1921 und der Freiwilligen Feuerwehr Stegen 1899.

Überschwemmungen, Vermurungen

1385, 1568, 1823, 1882. – Hierauf erfolgten 1886/88 „Reconstructionsbauten" an den Schutzdämmen beiderseits der Rienz.

P. SCHRECKENTHAL, Aus Brunecks Unglückstagen. Die Feuersbrunst 1836. In: Der Schlern Jg. 37, Bozen 1963, S. 170–172.

d) Zerstörungen im Zweiten Weltkrieg

Im Zweiten Weltkrieg erlitt Bruneck 1945 einige Bombentreffer in der Nähe des Bahnhofs, die diverse Gebäudeschäden anrichteten und auch Menschenleben forderten.

6 Bevölkerung

a) Herkunft und Gliederung

Eine systematische Bevölkerungsgeschichte von Bruneck steht noch aus, doch läßt sich auch hier auf Grund des vorhandenen Quellenmaterials feststellen, daß sich die Stadtbevölkerung vorwiegend aus den hiesigen Familien sowie aus solchen der engeren und weiteren Umgebung des Pustertales und seiner Nebentäler ergänzt hat. Einschlägige Familiennamen dieser Gruppe sind z. B. die Hellensteiner, Jöchl, Steger, Vintler, Welsberg; die Rost stammten aus Livinalongo (Buchenstein). Allerdings blieb auch diesbezüglich die Lage an der „Strada de Alemagna" von Süddeutschland nach Venedig bzw. an der einst wichtigen Verbindung nach Kärnten und in die Steiermark nicht wirkungslos, was sich z. B. in den Familiennamen „Kempter" und „Steirer" oder in der Herkunftsbezeichnung des Bürgermeisters L. Kögl aus Hall i. T. manifestiert. Auch die Nürnberger Patrizierfamilie Rumml ist hier zu nennen. Endlich könnte sich der Familienname „Kirchberger" vom gleichnamigen Ort bei Kitzbühel herleiten. Interessant wäre diesbezüglich auch eine Untersuchung des möglicherweise von Retz in Niederösterreich ableitbaren Familiennamens „Retzer".

E. KUSTATSCHER, Brixen, Klausen und Bruneck im Spätmittelalter – urbane Strukturen unter bischöflicher Herrschaft im Spiegel der Personengeschichte. In: Stadt und Hochstift = Veröffentlichungen des Südtiroler Landesarchivs Bd. 12, Bozen 2000, S. 187–204.

b) Seuchen

Pest 1571, „Faulfieber" 1796.

c) Bevölkerungsverzeichnisse, Kirchenmatriken

Matrikenbücher der Marien-Stadtpfarre: Tauf-, Heirats- und Sterbebücher seit 1580.

d) Bedeutende Familien und Geschlechter

Das Verzeichnis der Bürgermeister von Bruneck von 1426 bis 1841 (nach J. N. Tinkhauser) enthält folgende, alphabetisch gereihte Familiennamen, denen hier nach derselben Quelle weitere Namen alter Brunecker Bürgerfamilien (= B) beigefügt wurden:

Angerer, Auracher, Bachlechner, Carl, Dorn, Elzenbaumer, Engl, Ettel (B), Festner (Vestner), Frisch (B), Gartner, Gaßmayr, Gasteiger, Gebesdorfer, Gerle, Goldwurm, Haintzer, Händl, Hauser, Hellensteiner, Hilber, Hinterburger, Hofstätter, Hueber, Jenner, Jöchl, Kaan, Kempter, Kern, Kipperer, Kirchberger, Kirchmayr, Kofler (B), Kögl, Kramer (Cramer), Kupferdegen, Mayr (Mair), Mittermayr, Mor (Moor, Mohr), Mutz (Mutio), Neuhauser (B), Obexer (Owexer), Oblaser, Prack v. Asch, Primus (B), Puel, Retzer, Riß, Rysl, Ruethart, Salcher, Santer, Schöpfer, Schreyner (Schreiner), Schrottenegger, Schwaighofer, Sell (Söll), Semblrock (Semmelrock), Staudacher, Steger, Steirer (Steyrer, Steyerer), Stemberger, Sternbach, Tinkhauser, Tintl, Toldt, Trattenberger, Tschurtschenthaler, Valtiner (B), Waitz (B), Wenzl, Wierer, Winkelhofer, Wörz, Zacher, Zieglauer.

J. N. TINKHAUSER, Brunecker Chronik 1834.

e) Bedeutende Persönlichkeiten

Persönlichkeiten des öffentlichen Lebens

Anton Steger, Schützenhauptmann und Oberkommandant im Pustertal 1809 (1768 Bruneck – 1832); – Maria Theresia Freifrau von Sternbach, geb. Obholzer, Tiroler Aktivistin 1809, in bayerisch-französischer Festungshaft bis 1810 (1775 Bruneck – 1829

Innsbruck/Mühlau); – Hieronymus von Klebelsberg zu Thumburg, Bürgermeister von Innsbruck 1838–1850, Landeshauptmann von Tirol 1861–1862 (1800 Bruneck – 1862 Innsbruck); – Eduard von Grebmer, Postwirt, Schützenhauptmann und Bürgermeister von Bruneck sowie Landeshauptmann von Tirol (1821 Bruneck – 1875 Bruneck); – Oswald von Hörmann (um 1840 Bruneck – 1917 Innsbruck), Wohltäter und Sozialaktivist, erster Präsident des Zentralrates der Vinzenzkonferenzen Tirols.

Künstler

Friedrich Pacher, als Bürger von Bruneck nachweisbar 1478–1508; – Michael Pacher, 1467, 1478 Bürger zu Bruneck, †1498(?) Salzburg; – Jakob Philipp Santer (1756 Bruneck – 1809 Bruneck); – Josef Bachlechner (1871 Bruneck – 1923 Hall i. T.).

Literaten

Anton Müller, genannt „Bruder Willram" (1870 Bruneck – 1939 Innsbruck); – Paul Tschurtschenthaler (1874 Bruneck – 1941 Bregenz); – Norbert C. Kaser (1947 Brixen – 1978 Bruneck).

Unternehmer

Anton Alois Neuhauser (1805 Bruneck – 1886 Innsbruck), Begründer der Tiroler Glasmalerei- und Mosaikanstalt in Innsbruck/Wilten.

Wissenschafter

a) Historiker: Anton Steyerer SJ (1673 Bruneck – 1741 Dresden); – Stephan von Mayrhofen zu Koburg und Anger (1751 Bruneck – 1848 in Vahrn); – Georg Tinkhauser (1811 Bruneck – 1873 Brixen), Verfasser der historischen Topographie des Bistums Brixen.
b) Mediziner: Karl Toldt (1840 Bruneck – 1920 Wien), Universiätsprofessor und Rektor der Universität Wien, Ehrendoktorate, verfaßte einen berühmten „Anatomischen Atlas."
c) Wirtschaftswissenschafter: Alfred Ammon (1883 Bruneck), Universitätsprofessor in Freiburg i. Br., Czernowitz, Prag, Tokio.

A. Dörrer, Paul Tschurtschenthaler (1874–1941). In: Brunecker Buch = Schlern-Schriften Bd. 152, Bruneck 1956, S. 249–262; P. Schreckenthal, Der Brunecker Architekt und Bildhauer Jakob Philipp Santer (1756–1809). In: Der Schlern Jg. 32, Bozen 1958, S. 414–418 (mit zwei Abbildungen der barocken Brunecker Pfarrkirche); – W. Eppacher, Ein Ehrenkranz für Bruneck In: ebenda, S. 179–191; – B. Sauer, Norbert C. Kaser. Eine Biographie. Innsbruck 1997.

f) Einwohner

Häuserzahlen

1847 (J. J. Staffler): 182 (A: +25; D: +25; G: +52; R: +29); 1869: 185 (A: +29, D: +25; G: +19; R: +41); – 1880: 202 (A: +29, D: +26, G: +20, R: +32); – 1890: 216 (A: +27, D: +27, G: +20, R: +33); – 1900: 229 (A: +29, D: +26, G: +21, R: +–); – 1910: 258 (A: +29, D: +27, G: +21, R: +36).

Einwohnerzahlen

1847 (J. J. Staffler): 1.655 (A: +164; D: +203; G: +449; R: +218); 1869: 1.878 (A: +191, D: +173, G: +144, R: +207); – 1880: 2.186 (A: +199, D: +202, G: +168, R: +207); – 1890: 2.286 (A: +171, D: +228, G: +143, R: +236); – 1900: 2.565 (A: +217, D: +247, G: + 158, R: –); – 1910: 3.283 (A: +240, D: +290, G: +437, R: +607); 1921: 3.280 (A: +217, D: +340, G: – , R: –); – 1931: 5.579; – 1951: 6.871; – 1961: 8.631; – 1971: 10.133; – 1981: 11.301; – 1991: 12.624; – 1993: 12.818.

A = Aufhofen, D = Dietenheim, G = St. Georgen, R = Reischach.

g) Friedhöfe

Der Friedhof bei der Marien(-Pfarr)-Kirche in Oberragen ist seit dem 14. Jh. nachweisbar, wurde 1833 östlich der Kirche neu angelegt und 1983/84 neuerlich vergrößert. – Weitere Friedhöfe befinden sich bei den (Pfarr-)Kirchen in Stegen, Aufhofen, Dietenheim, Reischach und St. Georgen (erweitert 1983).

Während des Ersten Weltkrieges bzw. schon im ersten Kriegsjahr gegen Italien (1915) wurde im Walde am Kühbergl südlich der Stadt für die vielen in den damals provisorisch eingerichteten Militärspitälern verstorbenen Soldaten ein eigener Militärfriedhof angelegt, der seither liebevoll gepflegt wird.

7 Sprache

Sprachgruppenzugehörigkeit

1880: dt. 2.110, ital. 41 (A: dt. 181, ital. 18; D: dt. 190, ital. 11; G: dt. 165, ital. 3; R: dt. 205, andere 2); – 1890: dt. 2.270, ital. u. lad. 6 (A: dt. 157, ital. u. lad. 14, D: dt. 195, ital. u. lad. 26, G: dt. 141, ital. u. lad. 2, R: dt. 236); – 1900: dt. 2.408, ital. 64, andere 19 (A: dt. 216, ital. 1, D: dt. 246, andere 1, G: dt. 157, andere 1, R: –); – 1910: dt. 2.660, ital. u. lad. 54, andere 446 (A: dt. 235, ital. u. lad. 2, D: dt. 279, andere 11, G: dt. 435, ital. u. lad. 1, R: dt. 575, ital. u. lad. 31); – 1921: dt. 2.273, ital. 390, lad. 106, andere 511 (A: dt. 214, andere 3, D: dt. 321, ital. 4, andere 15; G: – , R: –); – 1961: dt. 6.247, ital. 2.290, lad. 94; – 1971: dt. 7.779, ital. 2.187, lad. 158, andere 9; – 1981: dt. 9.223, ital. 1.834, lad. 244; – 1991: dt. 9.907, ital. 1.951, lad. 285.

8 Wirtschaft

a) Allgemeine Wirtschaftsentwicklung bis zum Zeitalter der Industrialisierung

Dominantes Element in der Wirtschaftsentwicklung von Bruneck war bis ins 19. Jh. der Verkehr auf der „Strada d'Alemagna" (Augsburg – Brenner – Bruneck – Cadore – Venedig), deren aktuelle Bedeutung für Handel und Wirtschaft noch 1849 in der Presse betont wird, jedoch seit dem Bau der Brennerbahn (1864/67) schlagartig an Bedeutung verlor, was auch durch den Bau der Pustertaler Bahn von Villach nach Franzensfeste (1870/71) nur beschränkt wiedergutgemacht werden konnte. Vollends ins Abseits kamen Bruneck und das Pustertal durch die Grenzziehung von 1919. Durch die 1987/89 durchgeführte Elektrifizierung dieser Bahnlinie konnte deren Frequenz wieder gesteigert werden.

Mit dem Verkehr auf das engste verbunden war und ist die Gastwirtschaft, die in Bruneck stets gepflegt worden ist: Von 1546 bis 1835 lassen sich hier kontinuierlich 11 Gasthöfe nachweisen, zu denen um 1800 zwei Bierbrauereien und 1848 der Neue Postgasthof am Graben hinzukamen. Sie dienten selbstverständlich auch den offenbar zahlreichen Fieranten, die den seit den Anfängen der Stadt stets veranstalteten Brunecker St.-Laurentius-Jahrmarkt besuchten. – Auch das Handwerk war in Bruneck in vielfältiger Weise präsent. So nennt die Brunecker Handwerksordnung von 1644 im einzelnen: Müller, Bäcker, Metzger, Schlosser, Schmiede, Kessler, Zinngießer, Tischler, Binder, Zimmerleute, Tagwerker (auch „Weibertagwerch"), Glaser, Weber, Schneider, Huter, Seiler, Rot- und Weißgerber, Schuster, Kürschner, Bader und Goldschmiede.

Besonders ausgeprägt waren in Bruneck die mechanischen Gewerbe, für deren Betrieb nachweisbar seit dem 14. Jh. drei bzw. – mit jenem in Stegen – vier Mühlwieren geschaffen und instandgehalten wurden. Neben mehreren Mühlen und je einer Lodenwalke und einer Sägemühle befanden sich hier nicht weniger als fünf Hammerschmieden, wodurch Bruneck als ein Zentrum des Eisenhandels und der Metallverarbeitung ausgewiesen wird. Das hiefür benötigte Roheisen kam aus Kärnten und wohl auch vom steirischen Erzberg. 1638 amtierte hier sogar ein Eisenhändler als Bürgermeister. Zum Eisen kamen seit Ende des 15. Jh. auch der Handel und die Verarbeitung der Produkte des Kupfer-Bergbaues in Prettau im hinteren Ahrntal. Eine 1555 vom Augsburger Unternehmer H. Kraft am Plarer errichtete Messinghütte wurde jedoch bereits 1595 wieder aufgelassen.

Wie die sechs historischen Getreidemühlen, die ausgedehnten landwirtschaftlich genutzten Fluren vor allem in Außerragen sowie die Nutzung des Stegener Waldes wie auch die durch ihre Dimension beeindruckenden Sägewerke in Stegen erkennen lassen, hatte auch die Land- und insbesondere die Forstwirtschaft – letztere auch noch gegenwärtig – große Bedeutung für die Wirtschaft von Bruneck und erlebte durch die Eingemeindung der peripheren Dorfgemeinden (vgl. § 14 e, S. 204) zunächst sogar noch einen erheblichen Aufschwung. – Die landwirtschaftliche Eigenproduktion war jedoch bereits im Mittelalter für die Versorgung der Einheimischen und Gäste nicht ausreichend, weshalb der nachmalige Kaiser Friedrich III. 1442 über Ersuchen des Fürstbischofs von Brixen zur besseren Versorgung der Stadt Bruneck mit Lebensmitteln gestattet hat, daß die Untertanen des landesfürstlichen Gerichtes Taufers ihre Fleisch-, Schmalz-, Getreide- und Käse-Produkte zollfrei nach Bruneck ausführen und dort verkaufen dürfen. – Auf das landwirtschaftliche Interesse der Brunecker Bürgerschaft weisen auch die Weiderechte auf der Tesselberger Alm hin, über die 1586 mit den übrigen Teilhaber-Gemeinden Tesselberg, Aufhofen, Dietenheim, Percha und Wielenberg eine neuerliche Vereinbarung getroffen wurde, wonach der Stadt Alprechte für jährlich 24 Pferde oder 48 Rinder sowie das Ernennungsrecht für den Hirten zugesprochen wurden. Zusätzlich war jedoch die Einfuhr von Lebendfleisch bzw. der Zutrieb von ungarischen Ochsen nötig, wodurch um 1735 in Bruneck eine Viehseuche verursacht wurde. – Zur besseren Holzversorgung haben die städtischen Holzmeister im Tauferertal Holz zugekauft, welches auf der Ahr angetriftet wurde.

Seit ca. 1960 vollzog sich in der wirtschaftlichen Struktur von Bruneck eine totale Veränderung zugunsten der industriellen Wirtschaft, sodaß hier 1997 20 Betriebe mit mehr als 20 Mitarbeitern bestanden, angeführt von Firmen der Metallbau-, Elektro-, Fahrzeug- und Maschinenbau-Branche, gefolgt von der Holz- und von der Bauwirtschaft. Landesweit steht Bruneck heute als Wirtschaftsstandort in Südtirol nach Bozen und Meran an dritter Stelle. Auch der Fremdenverkehr hat seit dem Bau der Seilbahn auf den Kronplatz (1963) erheblich zugenommen, zumal sich neben der traditionellen Sommersaison eine mitunter sogar noch bedeutendere Wintersaison entwickelt hat.

R. HEISS, Eine Wirtshausordnung des fürstlich-brixnerischen Hochstiftes für Tabernwirte der Stadt Bruneck vom 24. Jänner 1795. In: Der Schlern Jg. 32, Bozen 1958, S. 52. M. OBERMAIR, Gewerbetopographie des Stadt- und Oberamtsgerichtes Bruneck in der Zeit von 1700 bis 1860. Diss., Innsbruck 1985; – C. HAINZ, Der sozioökonomische Strukturwandel in der Gemeinde Bruneck nach 1946. Diplomarbeit, Innsbruck 1990; – A. LEIDLMAIR, Das Pustertal im Wandel der Gegenwart. In: Der Schlern Jg. 71, Bozen 1997, S. 747–757.

b) Fabriken und Handelshäuser seit der Mitte des 19. Jahrhunderts

Als älteste Fabrik in Bruneck ist wohl die oberwähnte Kraft'sche Messing-Hütte von 1555/95 zu bezeichnen, wo damals angeblich „bey 80 Personen" beschäftigt waren. – Pappenfabrik I. Franzelin in St. Georgen gegründet 1871, Pustertaler Papierniederlage gegründet von Johann Amonn 1881; Lodenfabrik gegründet 1894; Milchhof Bruneck gegründet 1949, seit 1974 in neuem Betriebsgebäude. Heute bestehen noch eine Reihe weiterer bedeutender Firmen, die sich in der in den letzten Jahrzehnten vor allem in Stegen und Außerragen angelegten Gewerbezone angesiedelt haben.

c) Märkte, Messen und Ausstellungen

Seit der Gründung der Stadt wurde in Bruneck alljährlich vor allem der zwei-, zeitweise dreiwöchige große St.-Laurentius-Jahrmarkt (10. August) abgehalten, der sogar in einem als Einblatt-Holzschnitt von J. Amman veröffentlichten europäischen Jahrmarkt-Kalender von 1585 eingetragen erscheint. Daneben wurden – wie einem Schreiben des Stadtrates von ca. 1498 zu entnehmen ist – bereits damals zusätzlich noch „vier kleine jarmärckte" in Bruneck veranstaltet, nämlich zu St. Petri Stuhlfeier (22. Februar), zu St. Pankraz (12. Mai), zu St. Johann und Paul bzw. zu Sonnwenden (24./26. Juni) und zu St. Nikolaus (6. Dezember). J. J. Staffler erwähnt 1847 zusätzlich noch einen Jahrmarkt am 21. September.

Während die Jahrmärkte üblicherweise nördlich vor der Stadt am Graben abgehalten wurden, hat man sie 1554 bis 1585 in die Stadt bzw. auf die Stadtgasse verlegt.

Kaiser Karl IV. verlieh Bruneck 1370 über Bitten des Fürstbischofs von Brixen auch einen Samstag-Wochenmarkt. – 1397 läßt sich in Bruneck auch ein „Pfandladen" bzw. Leihhaus nachweisen. Überdies fanden über das 1867 eingereichte Ersuchen des Brunecker Stadtmagistrates nach allmonatlichen Märkten seit 1868 noch vier weitere Jahrmärkte in Bruneck statt, ein Vieh- und Krämermarkt am 3. Jänner, ein Markt am Montag nach dem Sonntag Laetare, ein Viehmarkt zu St. Magdalena am 22. Juli sowie ein Markt am 18. November. Ab 1891 wurde hier auch ein Mastvieh-Vormarkt abgehalten. Infolge der Eingemeindung von Stegen (1927) wurde auch Tirols größter Markt, der (jüngere) Stegener Markt am 27./29. Oktober zu einem Brunecker Markt.

1993 gab es Proteste wegen Raumknappheit beim Brunecker Wochenmarkt!

d) Organisationen des Handels und Gewerbes

Sparkasse Bruneck gegründet 1857; Raiffeisenkasse Bruneck; Volksbank Bruneck eröffnet 1974; Raiffeisenkasse Reischach.

Als Formen gewerblicher Organisation begegnen 1421 die Brunecker „hantwerchmaister" der Kürschner und 1456 die „maister aus dem hantwergk der schuster". Einem Einkünfteverzeichnis der Pfarre Bruneck von 1643 ist der damalige Bestand folgender sechs Handwerksbruderschaften zu entnehmen: 1. Kürschnerbruderschaft, 2. Maurerbruderschaft, 3. Schneiderbruderschaft, 4. Schmied- und Kesslerbruderschaft, 5. Hutmacherbruderschaft, 6. Müller- und Bäckerbruderschaft.

E. Pfeifhofer, Geschichte des Brunecker Hafnergewerbes von den Anfängen bis zur Gegenwart. Diss., Innsbruck 1977.

e) Verkehrseinrichtungen

Die von St. Lorenzen kommende Landstraße durch das Pustertal durchquerte Bruneck auf der Linie Untertor – Stadtgasse – Rienz-, Brücken- oder Spitaltor und stieg vom Kapuzinerplatz über Dietenheim in weitem Bogen über die Talstufe am Ostrand des Brunecker Beckens nach Percha auf. In den Jahren 1828/29 wurde dann die neue Straßentrasse vom zugeschütteten Graben bzw. Platz über die damals von Grund auf erneuerte Baderbrücke und von dort weiter ostwärts angelegt, welche die Talstufe – ohne den Umweg über Dietenheim – in mehreren Straßen-Serpentinen überwindet. Seit 1988 wird der Transitverkehr durch das Pustertal über eine seit 1981 erbaute Süd-Umfahrungsstraße von der Hochfläche von Percha über eine neue Brücke hoch über die Rienz hinüber auf die südseitige Talterrasse von Reischach und von dort durch den Kühbergl-Tunnel hinunter nach St. Lorenzen geführt, wodurch der Stadtkern von Bruneck stark verkehrsentlastet wurde.

Die Spitalbrücke über die Rienz wurde 1983 unter dem Namen „Oberhofer-Brücke" in Gestalt einer Spannbetonbrücke erneuert. Als stadtinterne Brücken über die Rienz fungieren die 1932 errichtete „Kehrerbrücke" im Verlauf der Stegenerstraße sowie die 1972 erbaute sogenannte „Tennisbrücke" bei der Walther-von-der-Vogelweide-Straße.

An weiteren Rienz-Übergängen sind zu nennen: a) die von 1495 bis 1780 nachweisbare „Kuhbruggen" für den Viehtrieb auf die Weide am Stegener Berg, b) die im 18. Jh. mehrfach genannte und ebenfalls vor allem für den Viehtrieb genutzte „Waldebrücke" bei der Seeberstraße, c) der im Zuge des Eisenbahnbaues (1870/71) als Behelfsbrücke errichtete Fußgängersteg zwischen der Schweighofer- und der Verdistraße sowie d) der Holzsteg bei der Walther-von-der-Vogelweide-Straße, der am Ende des 19. Jh. gelegentlich der Errichtung der Fa. Moessmer dortselbst angelegt worden ist.

Die alte Holzbrücke über die Ahr bei St. Georgen wurde 1967 und – nach einem Defekt – 1976 als Betonbrücke erneuert.

Die einstige Transitgüter-Transportorganisation, die auf der Grundlage der Kurzstreckenfrächterei basierende „Rodfuhr", hatte im Verlauf des sogenannten Unteren Weges auf der Strecke von Augsburg über Scharnitz, Innsbruck, den Brennerpaß, das Pustertal und das Cadore nach Treviso und Venedig spätestens seit ca. 1300 auch eine Umladestation bzw. ein Ballhaus in Bruneck (Nennung der dortigen Ballwaage 1410). Dasselbe befand sich innerhalb des Unteren Stadttores an der Stelle des heutigen Ursulinenklosters, zu dessen Errichtung 1741 der Fürstbischof von Brixen das einstige Ballhaus bzw. dessen Areal zur Verfügung gestellt hat, nachdem die wirtschaftliche Bedeutung der Rodfuhr damals bereits stark abgenommen hatte.

1634 erfolgte die Errichtung der Poststation in Bruneck. Sie war anfangs bzw. bis 1848 im alten Postgasthof zum „Goldenen Löwen" an der alten Spitalgasse rechts der Rienzbrücke untergebracht. 1848 übersiedelte das Postamt in den Gasthof zur „Neuen Post" am Graben. Seit 1900 besteht ein eigenes Amtsgebäude. Von 1703 bis 1808 wirkte in Bruneck die Postmeisterfamilie von Steyrer, von 1830 bis 1893 jene von Grebmer.

1870/71 Bau der Eisenbahn durch das Pustertal mit Bahnhof in Bruneck, elektrifiziert 1984/89. Von Bruneck zweigte von 1908 bis 1957 eine Normalspur-Nebenbahn in das Tauferertal bzw. nach Sand in Taufers ab.

1963 Errichtung der Seilbahn von Bruneck-Reischach auf den Kronplatz, modernisiert 1984/87.

1977 Errichtung eines privaten Radiosenders.

J. WINDHAGER, Die Post zu Bruneck und im Pustertal. In: Brunecker Buch = Schlern-Schriften Bd. 152, Innsbruck 1956, S. 153–177; – A. MAYR, Über die heutige – und alte Straße von Bruneck bis in die Goste. In: Der Schlern Jg. 58, Bozen 1984, S. 179 f.; – H. PALLUA, 25 Jahre Kronplatzseilbahnen 1963–1988. (Bruneck 1988).

f) Fremdenverkehr

1870/74 Gründung des Brunecker „Stadtverschönerungsvereins";
1880 Gründung der Sektion Bruneck des Alpenvereins;
1889 bzw. 1892 Gründung und Wiederauflösung der Sektion Bruneck des Österreichischen Touristenclubs;
1894 Bau des Brunecker Hauses am Kronplatz.

E. IRSCHARA, Der Sommerfremdenverkehr im Pustertal am Beispiel der Gemeinden Bruneck, Sexten und Gsies. Diss., Innsbruck 1987.

9 Verfassung und Verwaltung

Als ältest-nachweisbare Institution der Kommunalverwaltung in Bruneck ist das 1309 genannte „marchtgericht ze Bravnekk", der Vorgänger des späteren Stadtgerichtes, anzuführen. Letzteres war ursprünglich ein Niedergericht und hatte gemäß einer 1315 in der Brixner Hofburg aufgezeichneten Rechtsordnung kriminelle Übeltäter zur Aburteilung an der Stadt- oder Burgfriedensgrenze an den gräflichen Landrichter von Michelsburg zu übergeben. Über Bitten des Fürstbischofs von Brixen verlieh jedoch Kaiser Karl IV. 1371 dem Stadtgericht Bruneck die Hohe Gerichtsbarkeit. Der Brunecker Galgen befand sich fortan, weithin sichtbar, auf einer Anhöhe nahe der westlichen Stadtgrenze über der Landstraße von St. Lorenzen nach Bruneck. Bis 1536 wurde der Stadtrichter von der Bürgerschaft selbst erwählt. Seit 1536 war mit dem Stadtgericht auch jenes im Antholzertal verbunden.

Anfangs war der Stadtrichter zugleich das Oberhaupt der Bürgergemeinde. Ihm oblag auch die Führung des seit 1356 nachweisbaren Stadtsiegels. Ein „purgermaister" begegnet in Bruneck seit 1424, doch rangiert dieser hier noch lange Zeit an zweiter Stelle nach dem Stadtrichter. Ein Stadtrat ist seit 1461 und das erste bzw. alte Rathaus an der Stadtgasse bergseits seit 1491 nachweisbar. – 1511 installierte der Fürstbischof von Brixen in Bruneck einen zwölfköpfigen Geschworenen-Senat, je zur Hälfte gebildet vom Stadtrat und von der Gemain, zur Aburteilung von Kriminaldelinquenten. Eine sehr detaillierte Stadtordnung liegt von 1649 vor, sie stand bis 1806 in Geltung.

Im Zuge der „Regulirung der Gemeinden und ihrer Vorstände in Tyrol und Vorarlberg" mit kaiserlicher Entschließung vom 14. August 1819 wurde Bruneck den „kleinern Stadtgemeinden" zugeordnet und erhielt einen „politisch-ökonomischen Magistrat" mit einem Bürgermeister, vier unbesoldeten Magistratsräten, einem ökonomischen Verwalter, einem Steuereintreiber und – wo nötig – mit einem Stadtschreiber. Der Magistrat war dem zuständigen Landgericht untergeordnet. Diese „Regulierung" wurde 1849 durch das in diesem Jahre erlassene, bemerkenswerte Provisorische Gemeindegesetz Österreichs abgelöst, dessen programmatischer erster Grundsatz lautete: „Die Grundfeste des freien Staates ist die freie Gemeinde." Dieses Gesetz wurde jedoch bereits 1852 im Sinne des Neoabsolutismus wieder aufgehoben und blieb bis 1860 außer Kraft. 1861 fanden dann auf seiner Grundlage Gemeinderatswahlen statt, und am 5. März 1862 wurde anstelle des Provisoriums das Österreichische Reichsgemeindegesetz als definitive Grundlage für das politische Gemeindeleben erlassen, welches fortan bis zum Ende der k. k. Monarchie (1918) in Geltung blieb. Es sah für die Städte und Märkte einen auf die Dauer von drei Jahren gewählten Gemeindeausschuß bzw. Gemeinderat vor, der aus seiner Mitte den Bürgermeister wählte. Die Zahl der Gemeinderatsmitglieder richtete sich jeweils prozentuell nach der Bevölkerungszahl, wobei das aktive Wahlrecht auf jene volljährigen, männlichen Gemeindebürger beschränkt war, welche eine gewisse Steuerleistung erbrachten bzw. über einen entsprechenden Besitz verfügten. Die bis 1945 letzte demokratische Gemeinderatswahl – nunmehr auf der Grundlage des allgemeinen, geheimen und gleichen Wahlrechtes – erfolgte in Südtirol (seit 1919 bei Italien) im Jahre 1922. Der Herbst desselben Jahres brachte in Italien die Machtergreifung des Faschismus und an der Spitze der Gemeinde den von der Partei autoritär eingesetzten Podestà (bis 1943). Die Rückkehr zur Demokratie erfolgte erst nach dem Sieg der Alliierten über das mit Mussolinis faschistischer „Republik von Salò" verbündete „Großdeutsche Reich" Adolf Hitlers, des „Führers" der Nationalsozialistischen Deutschen Arbeiterpartei, im Frühjahr 1945. Vom Herbst 1943 bis zum Frühjahr 1945 unterstand Bruneck ebenso wie ganz Südtirol der reichsdeutschen „Operationszone Alpenvorland" unter dem Kommando der Gauleitung in Innsbruck, die in Bruneck einen kommissarischen Bürgermeister eingesetzt hat. In der im Frühjahr 1946 konstituierten Republik Italien wurde die Stadtführung wieder einem demokratisch gewählten Gemeinderat mit einem Bürgermeister an der Spitze anvertraut.

10 Landesherrschaft, Rolle in der Staats- und Landesverwaltung

Bis 1803 war Bruneck sowohl Sitz eines fürstbischöflich-brixnerischen Schloßhauptmannes, der Hauptmannschaft und Amtmannschaft, als auch eines vom Fürstbischof bestätigten und eingesetzten Stadt- und Landrichters, welcher hier „nach lands- und und des hochwirdigen gotshaws zu Brichsen recht und gewonheit" (so in Urkunden von 1376 und 1457), also nach Brixner Landrecht amtierte. 1806–1813/14 war Bruneck Sitz eines königlich-bayerischen Landgerichtes; 1804/05 sowie 1815–1849 war die Stadt Sitz eines k. k. österreichischen Kreisamtes (Standort im Ansitz Ragen) und Landgerichtes, 1854–1868 eines k. k. Bezirksamtes sowie 1849–1854 und 1868–1918 einer k. k. Bezirkshauptmannschaft; seit 1919 ist Bruneck Sitz einer Prätur.

Vor 1803/04 hatte das 1754 errichtete österreichische Kreisamt seinen Sitz in Dietenheim, dann vorübergehend im Palais Sternbach in Bruneck und zuletzt in St. Lorenzen.

M. BAUMGARTNER, Hauptmannschaft, Amtmannschaft und Stadtgericht Bruneck (1500–1641). In: Der Schlern Jg. 46, Bozen 1972, S. 451–456 (Zusammenfassung der gleich betitelten Dissertation, vgl. unten § 14 d); – N. GRASS, Die Verwaltungsgeschichte Tirols bis zum Jahre 1868. In: 100 Jahre Bezirkshauptmannschaften in Tirol. Red. v. F. Steinegger, Innsbruck 1972, S. 6–18; – H. E. MAIR, Die Hauptmannschaft, das Amtsgericht, das Stadtgericht Bruneck und das Gericht Antholz 1641–1803. Diss., Innsbruck 1985.

11 Wehrwesen und kriegerische Ereignisse

a) Bürgerliche Verteidigungsorganisation

1478 trifft die Stadt ernstliche Verteidigungsmaßnahmen im Hinblick auf einen möglichen Angriff durch die Türken. Im Stadtarchiv befindet sich noch heute die hausweise erstellte und daher auch für die Topographie der Stadt höchst bedeutungsvolle „Ordnung zu Brawneck wider die Türcken facta de anno etc. LXX octavo." – Im Schweizer Krieg 1499 hatte Bruneck auf Befehl des mit Tirol konföderierten Fürstentums Brixen 60 Fußknechte zu stellen. Ähnliche Forderungen wurden auch bei den späteren Tiroler Kriegen an Bruneck gestellt.

Als städtisches Zeughaus und als Pulverturm fungierte der Kälberskopf (vgl. 5 b, S. 190). 1527 beginnt die Gepflogenheit des Stadtrates, den Brunecker Scheibenschützen jährlich ein Stück Barchent verabfolgen zu lassen.

b) Schützenvereinigungen, Schießstätten

1549 wurde den Schützen auf ihre Bitte hin vom Stadtrat ein Schießstand in der „Schießau" (= heute „beim alten Schießstand") bewilligt. Ein Fuggerisches Hochzeitsschießen wurde hier 1583 abgehalten. Spätestens 1738 wird laut den Aufzeichnungen des Brunecker Stadtschreibers J. J. von Tschusi zwischen dem Brunecker Anteil an der (fürstbischöflich-brixnerischen) „Landmiliz" bzw. den „Millitioten" unter einem Obristwachtmeister und der Kompanie der Brunecker „Scheibenschützen" unterschieden. Letztere sind bereits 1733/34 zur Verteidigung der „wellischen Confinen" ausgerückt. Eine Brunecker Bürgergarde wurde 1835 aufgestellt. Um 1830/47 befand sich der „privilegierte k. k. Kreisschießstand" von Bruneck noch immer im Südosten von Oberragen an der Rienz und erhielt 1847 ein neues Schießstandsgebäude. 1849 kaiserliches Fest- und Freischießen, 1853 Kaiserschießen anläßlich der Rettung des Kaisers bei einem Attentatsversuch, 1898 Fest- und Freischießen zum 50. Regierungsjubiläum Kaiser Franz Josephs I. von Österreich etc. in Bruneck; 1882 wurde der Schießstand durch das Hochwasser beschädigt, jedoch wiederaufgebaut. 1904 erfolgte eine Vergrößerung des Hauptschießstandes Bruneck, welcher 1918 bis 1960 vom italienischen Militär benutzt wurde und mit mehreren Bahnen zu 150, 300 und 400 Schritt noch heute besteht.

P. TSCHURTSCHENTALER, Aufzeichnungen eines Stadtschreibers von Bruneck 1723–1741. In: Die Heimat Jg. 1913/14, Meran 1913/14, S. 169–195; – Festschrift „1975–2000 25 Jahre Schützenkompanie Anton Steger Bruneck", Bruneck 2000.

c) Garnisonen

Kasernenbau-Projekte werden bereits 1880 erwähnt. Seit 1901 war Bruneck Garnison einer k. u. k. Kaiserjäger-Kompagnie; 1906 Umbau des Hotels „Stern" zu einer k. k. Landesschützen-Kaserne, 1907 Übernahme dieser „Sternkaserne" durch das k. u. k. Militär, 1909 Kasernenbau am „langen Rain". Die Kasernenanlagen im Westen der Stadt wurden nach 1919 erheblich erweitert.

d) Wichtigste kriegerische Ereignisse

Um 1309/11 kriegerische Fehde zwischen dem Fürstbischof von Brixen bzw. seiner Stadt Bruneck und Hugo von Taufers bzw. seinen Erben.
1336 Kriegszug des böhmischen Kronprinzen Karl von Böhmen-Luxemburg, des nachmaligen Kaisers Karls IV., durch das Pustertal nach Kärnten, dabei wurde auch die St. Lamprechtsburg in Reischach in Mitleidenschaft gezogen.
1378 Krieg gegen Venedig.
1460 belagert Herzog Sigmund von Österreich-Tirol den Kardinal und Fürstbischof von Brixen, Nikolaus Cusanus, in dessen Burg in Bruneck, woraufhin der Kardinal nach Rom emigrierte, wo er 1464 auch verstorben ist.
1552 floh Kaiser Karl V. vor Herzog Moritz von Sachsen aus Innsbruck nach Bruneck.
1797 zog ein französisches Corps nach der Niederlage bei Spinges (2. April) am 6./7. April durch Bruneck und das Pustertal nach Kärnten.
Im November 1805 erfolgte hier ein Durchzug von französischem Militär.
Beim Beginn der Erhebung Tirols im Jahre 1809 gegen die bayerische Herrschaft kam es am 11. April zu einem Gefecht bei der Rienzbrücke von St. Lorenzen, welche das nordwärts retirierende bayerische Militär abtragen wollte. Am gleichen Tage erfolgte der Einmarsch des österreichischen Militärs von Lienz her. In der Folge versah bis Ende Oktober stets eine Kompagnie Brunecker Schützen, abwechselnd unter den Hauptleuten Anton Steger, Joseph Ettel und Karl Kirchberger, Wachtdienst an der südlichen Landesgrenze. Am 1. August zog sich dann das österreichische Militär unter General Buol infolge des Waffenstillstandes von Znaim durch Bruneck aus Tirol wieder nach Kärnten zurück. Mitte August half eine weitere Kompanie unter Johann von Zieglauer ein von Süden her gegen Ampezzo vorrückendes französischen Detachement zurückzuwerfen. Am Ende der Erhebung wurde Anfang November 1809 Aufhofen vom vorrückenden französischen Militär unter General Rusca geplündert und Bruneck besetzt. Schließlich kam es noch am 30. November und vor allem am 2. Dezember zu Kampfhandlungen, wobei letztere mehr als 100 Tote forderten. Fanatisierte Bauern drohten hierauf die Stadt in Brand zu stecken und begannen deren mehrtägige Beschießung, welche erst beim Eintreffen zusätzlicher französischer Truppen am 10. Dezember geendet hat. Am 1. Februar 1810 wurde die französische dann von der zurückkehrenden bayerischen Besatzung abgelöst.

Ende September 1813 rückte neuerlich österreichisches Militär von Kärnten her in Bruneck ein, mußte sich jedoch vor einer von Brixen her vorstoßenden französischen Einheit zurückziehen, deren Soldatesca in der Stadt wütete. Nach einem blutigen Gefecht bei Percha mit rund 200 gefallenen Franzosen am 3. Oktober zog sich die restliche Besatzung am 4. Oktober bis zur Sonnenburg und von dort am folgenden Tag endgültig in Richtung Italien zurück.

M. GRUBER, Bruneck und das westliche Pustertal im Jahre 1809 = Schlern-Schriften Bd. 86, Innsbruck 1952.

12 Siegel, Wappen und Stadtfarben

Ein Stadtsiegel von Bruneck begegnet erstmals an einer Urkunde von 1356. Es ist rund und zeigt als Siegelbild das spätere Stadtwappen, einen Torturm auf einem Dreiberg. Die Siegellegende lautet: „ +S(igillum) CIVIVM . CIVITATIS . PRAVNEKE ."

Das Stadtwappen von Bruneck zeigt in silbern-weißem Schild auf grünem Dreiberg einen zweigeschoßigen, roten Torturm, dessen weniger breites Obergeschoß sich hinter dem vorkragenden und gezinnten Wehrgang des Erdgeschoßes erhebt. 1561 wird das „gemainer Stadt roth und weis Stadtfändl" erwähnt.

H. PRÜNSTER, Die Wappen der Gemeinden Südtirols = Etschlandbücher, hg. v. Landesverband für Heimatpflege in Südtirol, Bd. 7, Bozen 1972, S. 36 f. – F. H. HYE, Bruneck. Die Stadt des Pustertales. In: Der Schlern Jg. 70, Bozen 1996, S. 410–427, bes. 424 f.

13 Finanzwesen

b) Städtischer Haushalt

Rund zwei Drittel der Einnahmen der Stadt bildeten die bei den St.-Lorenzi-Jahrmärkten von den Kaufleuten für die insgesamt rund 100 Marktstände eingehobenen Standgebühren (vgl. die 1532 einsetzenden Marktregister im Brunecker Stadtarchiv), desgleichen das Siegelgeld im Liegenschaftsverkehr seit 1422. J. J. Staffler (1847) berichtet hinsichtlich der Marktstände, daß diese „hart aneinander sich reihenden Krämerbuden" rechts bzw. östlich vor dem Florianitor „an beiden Seiten der Poststrasse" ihren Standort hatten, „jedoch außer den Marktzeiten geschlossen" blieben.

P. TSCHURTSCHENTHALER, Der Lorenzimarkt im 16. Jh. In: Brunecker Heimatbuch, Bozen 1928, S. 124–132.

c) Mauten, Zölle, Ladstätten

Das fürstbischöflich-brixnerische Zollamt ist seit 1298 urkundlich nachweisbar und befand sich jenseits der alten Rienzbrücke östlich gegenüber der Spitalskirche zwischen dem Spital und dem Rößlwirt bzw. am Eingang der alten Oberpustertaler Landstraße in den Stadtkern von Bruneck.

14 Gebiet der Stadt

a) Fläche

Die Fläche der Katastralgemeinde Bruneck beträgt 3,82 km², jene des Stadtteiles Stegen 14,27. Die Katastralgemeinde Dietenheim mißt mit Aufhofen 19,95 km², die Katastralgemeinde Reischach 19,64 km², die Katastralgemeinde St. Georgen 7,39 km².

c) Grundherrliche Verhältnisse

Ursprünglich war allein der Fürstbischof von Brixen Grundherr von Bruneck.

d) Burgfried

Die Burgfriedensgrenze von Bruneck entspricht den Grenzen der Katastralgemeinde Bruneck von 1858 und umfaßt zwei beinahe gänzlich voneinander getrennte Territorien, nämlich den Stadtkern mit den rundum angrenzenden Gebieten von Ragen bzw. Ober- und Außerragen sowie andererseits den Stegener Wald rechts der Ahr, welche beiden Teile allein durch einen Weg vom Brunecker Siechenhaus in Außerragen zur Stegener Brücke über die Ahr miteinander verbunden waren. Detaillierte Beschreibungen der Burgfriedensgrenze liegen von ca. 1494 und in der Stadtordnung von 1649 vor. Die darin genannten Grenz- bzw. Marksteine sind z. T. noch heute im Gelände an Ort und Stelle erhalten.

P. TSCHURTSCHENTHALER, Das alte Stadtgebiet von Bruneck. In: Der Schlern Jg. 12, Bozen 1931, S. 220–225; – M. BAUMGARTNER, Die Hauptmannschaft, die Amtmannschaft, das Stadtgericht Bruneck 1500–1641. Ungedr. phil. Diss., Innsbruck 1972; – vgl. die Teil-Edition der Stadtordnung bei J. N. TINKHAUSER, Brunecker Chronik 1834, Bozen 1981, S. 138.

e) Ein- und Ausgemeindungen

Eingemeindet wurden im Jahre 1928 der Weiler Stegen (zuvor bei St. Lorenzen) sowie die bis dahin selbständigen Dorfgemeinden Dietenheim mit Aufhofen, Reischach und St. Georgen (kraft königlichen Dekrets Nr. 450 vom 19. Februar 1928).

15 Kirchenwesen

a) Einrichtungen der katholischen Kirche

Die urkundlich seit 1331 nachweisbare Marienkirche in Bruneck-Ragen war ursprünglich eine Filiale der Pfarre St. Lorenzen und wurde 1610 zum selbständigen Pfarrsitz erhoben. Nachdem der Bischof von Brixen das Patronatsrecht über die Pfarre St. Lorenzen 1393 dem Domkapitel von Brixen übertragen hatte, wurde im Zuge der Pfarrerhebung von 1610 auch die neue Pfarre dem Domkapitel inkorporiert, um dessen Einkünfte durch das Ausscheiden von Bruneck aus der Pfarre St. Lorenzen nicht zu verringern.

Das bestehende Pfarrhaus nördlich neben der Pfarrkirche wurde von der Stadtgemeinde 1369/70 für die damals vier in Bruneck residierenden Kapläne erbaut.

Beguinen sind in Bruneck von 1430 bis 1519 nachweisbar (Schwesternhaus im Oberdorf). 1626/28 entstand hier das noch bestehende Kapuzinerkloster. 1741/43 folgte – ausgehend vom Innsbrucker Kloster dieses Ordens – die Errichtung des Ursulinenklosters.

Von den eingemeindeten Stadtteilen wurden Dietenheim und Reischach 1891, Stegen 1971 und Aufhofen 1986/87 (zuvor Pfarre Gais), zu selbständigen Pfarren erhoben. Bei St. Georgen – zuvor der nördlichen Nachbarpfarre Gais zugehörig – erfolgte die Pfarrerhebung 1932.

Bis 1964 unterstand Bruneck dem Bistum Brixen, seither ist es Teil der damals neu gebildeten Diözese Bozen-Brixen.

K. WOLFSGRUBER, Zur Kirchengeschichte von Bruneck. In: Brunecker Buch = Schlern-Schriften 152, Innsbruck 1956, S. 27–46; – H. INNERKOFLER und I. PERATHONER, 350 Jahre Kapuziner in Bruneck. In: Der Schlern Jg. 50. Bozen 1976, S. 392–397; – M. MAIR, Das Ursulinenkloster in Bruneck von 1741 bis 1850. Diss., Innsbruck 1980; – F. H. HYE, 300 Jahre Ursulinen in Innsbruck. In: Jahresbericht des WiKu Gymnasiums der Ursulinen 1990/91, Innsbruck 1991, S. 11–19.

b) Reformation und Gegenreformation

Während in der Umgebung von Bruneck mehrfach Wiedertäufer wirkten – einer ihrer Anhänger war Kaspar von Grembs in St. Georgen, der 1534 außer Landes floh –, wurde davon bisher aus dem Bereich der Stadt Bruneck in ihrem alten Umfange nichts bekannt. In der benachbarten Mutterpfarre St. Lorenzen jedoch verzeichnet das „Geschicht-Buch der Hutterischen Brüder „elf Martyrer". – 1564 wiederum beschloß der Brunecker Stadtrat angesichts einer drohenden „Pest-"Epidemie, daß zur Abwendung derselben einerseits „Prozesionen mit abgesungenen Psalmen und Liedern in deutscher und jedermann verständlicher Sprache gehalten werden sollen" und daß andererseits „jedermann, wer es aus Drang seines Gewissens verlangt, das hl. Abendmahl in beyderley Gestalten gereicht werden solle". Dieser noch dazu von Untertanen eines „geistlichen Fürsten" gefaßte Beschluß wurde vom Brixner Hofrat selbstverständlich als „Unfug" abgestellt. Dessenungeachtet wird auch in einem bischöflichen Visitationsbericht vermerkt, daß 1572 einige Bürger von Bruneck die Kommunion in beiden Gestalten verlangen, „nur bey den Predigten erscheinen", und daß man in Bruneck viele „ketzerische Bücher" – auch bei Priestern – aufgefunden und verbrannt habe.

16 Wohlfahrtspflege

a, b) Bürgerspitäler, Fürsorgeheime / Siechenhäuser, Lazarette, Krankenhäuser

Das Stadtspital mit eigener Kirche zum hl. Geist wurde bald nach 1358 kraft einer privaten Stiftung des Brunecker Bürgers Heinrich Stuck in Außerragen in der unmittelbaren südlichen Nachbarschaft des fürstbischöflichen Zollamtes an der Ostseite der alten Pusterer Landstraße errichtet, sein Bestand ist seit 1369 urkundlich nachweisbar. Die Spitalskirche erhebt sich auf der gegenüberliegenden Straßenseite und wurde 1759/60 von Grund auf neu erbaut.

Um 1909/10 wurde das „Kaiser-Franz-Joseph-Jubiläums-Spital" an der Spitalstraße

erbaut, an dessen Stelle 1976/93 – in mehreren Bauphasen – durch einen Neubau mit vier Gebäudetrakten das bestehende Bezirkskrankenhaus, Spitalstraße Nr. 11, errichtet worden ist (Abbruch des Altbaues 1981). Im alten Stadt-Spitalsgebäude wurden 1983 achtzehn Seniorenwohnungen eingerichtet, wobei während des Umbaus gotische Tür- und Bogenöffnungen entdeckt (1985) worden sind.
1990 Verkauf des alten bzw. zweiten Brunecker Rathauses an die Söll-Stiftung zur Errichtung von Altenwohnungen.
1965 Errichtung des städtischen Altersheimes Bruneck an der C.-Told-Straße, betreut durch Schwestern der Ursulinen.
1992/93 Bau des Bezirksaltersheimes „Wohnheim Bruneck", Sternbachstraße.
1995 Baubeginn des Seniorenheimes „Seraphin" im Klostergarten der Kapuziner.
1993 Errichtung eines Obdachlosenheimes.

Ein urkundlich seit 1396 nachweisbares Sondersiechen- oder Leprosenhaus in Außerragen am Weg nach Stegen wird gelegentlich der Beschreibung der Burgfriedensgrenze von Bruneck sowohl 1494 als auch 1649 genannt, befand sich also außerhalb der Stadtsiedlung unmittelbar an der Gemeindegrenze, ist baulich jedoch nicht mehr erhalten. Sein Standort konnte noch nicht exakt lokalisiert werden.

Im 17. und 18. Jh. fungierte die einstige Messinghütte am Plarer (vgl. oben § 5 b, S. 190: Ansitz Stegen) als Infektions-Lazarett.

H. STEMBERGER, Das alte Spital in Bruneck, Bruneck 1987.

c) Waisenhäuser, Kindergärten, Sonderinstitute, karitative Stiftungen

1877 Errichtung einer Kleinkinderbewahranstalt (verbunden mit einer Nähschule) durch ein Frauenkomitee unter Louise von Vintler geb. Hell (gest. 1898);
1978 Eröffnung des deutschen Kindergartens „Bruder Willram", Landes-Kindergarten mit italienischer Unterrichtssprache, an der Bahnhofstraße;
1979 Einweihung des Kindergartens in Aufhofen sowie eines Behindertenzentrums in Bruneck-Stadt;
1984/89 Bau eines Sozialzentrums für Behinderte der Talgemeinschaft.

d) Ärzte und Apotheken

Das Amt eines „Stadt-Medicus" wird bereits in der Stadtordnung von 1649 genannt; zu seiner Bezahlung hat sich eine 1694 urkundlich nachweisbare Interessentschafts-Genossenschaft weltlicher und geistlicher Institutionen etc. nicht nur aus Bruneck, sondern aus dem gesamten Pustertal konstituiert. – Ein amtliches Verzeichnis von 1813 nennt in Bruneck drei Ärzte, nämlich Friedrich von Gasteiger, Johann von Marchetti und den k. k. Kreisarzt Joseph von Vogl – sowie drei Wundärzte, nämlich Joseph Bergmeister, den Kreiswundarzt Joseph Pfefferer und Johann Tinkhauser. – J. J. Staffler (1847) nennt hier 2 bis 3 Ärzte, 2 Wundärzte (Bader) und einen Tierarzt sowie eine „Stadtapotheke".

Eine Apotheke bestand in Bruneck kontinuierlich, aber mit wechselndem Standort, nachweisbar seit 1546. Gegenwärtig bestehen die Dreifaltigkeits-Apotheke an der Stadtgasse und die St.-Anna-Apotheke an der Michael-Pacher-Straße.

1969 wurde die Sektion Bruneck des „Weißen Kreuzes" errichtet.

e) Wasserleitungen, Kanalisation, Beleuchtung (Gaswerke, Elektrizitätswerke)

Der *Trinkwasserversorgung* dienten laut der Stadtordnung von 1649 drei öffentliche Brunnen in der Stadtgasse und in Oberragen. 1758 wurde ein steinerner Brunnentrog vor dem damaligen Rathaus, ungefähr in der Mitte der Stadtgasse, aufgestellt. 1833 erfolgte eine Erneuerung der Stadtbrunnenleitung. Die Katastermappe von 1858 verzeichnet je einen Brunnentrog in der oberen und in der unteren Stadtgasse, weiters an der zum Florianitor führenden Quergasse sowie am Platz westlich vor dem Sternbach-Palais in Oberragen. 1887/88 Errichtung einer Trinkwasserleitung von den Korer- und Reipertinger Quellen. 1888 Beschädigung der Lamprechtsburger Wasserleitung. Eine moderne Hochdruck-Trinkwasser-Versorgungsanlage bzw. -leitung, ausgehend vom Reischacher Quellengebiet (Tiefe des Hauptstollens 80m, 550 l / sec.), mit Hochbehälter beim Waldfriedhof am Kühberg, erhielt die Stadt 1890/93.

1908 Errichtung einer Hochdruck-Quellwasserleitung für die Fraktion St. Martin.
1979 Einweihung der neuen Trinkwasserleitung für Aufhofen.
1994 umfaßte das städtische Trinkwasserleitungsnetz 121,5 km, der überwiegende Teil des Trinkwassers entstammte dem Grundwasser-Pumpwerk in der Ahr-Au bei St. Georgen.
Anfang 1997 wurde ein Trinkwasserbezug von der Dolomiten-Gemeinde Prags erwogen.

1903/05 Errichtung des städtischen *E-Werkes* in Gais.
1986/91 Bau eines zweiten E-Werkes am Kniepaß an der Rienz.

1898 Beginn der Arbeiten zur Schaffung der Schwemm-*Kanalisation* in der Stadt.
1994/96 Errichtung des Kavernen-Klärwerkes.
1984 Bau eines 4,6 km langen Abwasserkanals am Kronplatz zum Schutz des dortigen Quellgebietes oberhalb von Reischach.
1992 Inbetriebnahme der Kläranlage in Stegen sowie Eröffnung der ersten Gemeinschaftskompostieranlage

f, g) Badstuben und Bäder/Parkanlagen und Promenaden

Urkundlich sind seit 1376/85 zwei Badhäuser, das untere und das obere, beide in Außerragen nachweisbar, sie befanden sich in der westlichen Nachbarschaft des Spitals, weshalb die dortige Rienzbrücke (vom Stadtgraben herüber) als die „Baderbruggen" bezeichnet worden ist. Noch im Jahre 1600 verfügte der Stadtrat die Instand- und Offenhaltung beider Badhäuser.
1893 Errichtung der privaten Badeanstalt J. Schifferegger; 1901/02 Bau der städtischen Schwimmschule und Badeanstalt, heute städtisches Freibad, am Neurauthweg.
1978/79 Bau des Crontour-Hallenbades in der Sportzone Reiperting/Reischach.

1991 Errichtung eines Stadtparks im Kapuzinergarten (5.000 m^2).

17 Bildungswesen

a, b) Das niedere und mittlere Schulwesen

Ein „schulmaister" ist in Bruneck seit 1396 urkundlich nachweisbar, später sogar auch ein eigener „latainischer Schulmaister" (1629). Letzterem unterstand das zumindest seit 1546 belegte lateinische Schulhaus der Stadt wasserseits am oberen Ende der Stadtgasse, während diesem schräg gegenüber bergseits neben dem Oberen Stadttor spätestens seit 1700 ein zweites Schulhaus (für den Trivialunterricht) existent war. Dieses diente im Gegensatz zu ersterem 1835 nur noch als „quasi Caserne".
1782 Errichtung einer (österreichischen) Normalschule in Bruneck
1851 Ankauf des Ansitzes Ragen als städtisches Schulhaus
Seit der Errichtung des Ursulinenklosters in Bruneck 1741/43 bestand auch für die weibliche Jugend die Möglichkeit des Schulbesuches (heute: Mittelschule mit Schülerinnenheim)
1908 Bau der Mädchenvolksschule in Bruneck
1875/76 Bau der „Realschule"
1890 Eröffnung einer Gewerblichen Fortbildungsschule
1897 Bau des Schulhauses in St. Georgen

Derzeit bestehende Schulen in der Stadtgemeinde Bruneck

Grundschule Bruneck, Galileo-Galilei-Straße Nr. 5 (dt.)
Grundschule Bruneck im italienischen Schulzentrum, Josef-Ferrari-Straße Nr. 16 (ital.)
Grundschule Stegen, erbaut 1980/81, G.-Kaneider-Straße Nr. 13 (dt.)
Grundschule Reischach, Bau des Schul- und Vereinshauses 1988/89, Prack-Zu-Asch-Straße Nr. 20 (dt.)
Grundschule Dietenheim, seit 1888 in adaptiertem Altbau, Neubau 1987/90, Hebenstreitstraße Nr. 8 (dt.)
Grundschule St. Georgen, Gremenstraße (dt.)

Mittelschule „Karl Meusberger", seit 1950, Schulhaus in der Enrico-Fermi-Straße Nr. 2, erbaut 1979/81 (dt.)
Mittelschule „Dr. Josef Röd", seit 1948, Neubau 1972/76, Josef-Ferrari-Straße Nr. 14 (dt.)
Mittelschule in italienischer Sprache, italienisches Schulzentrum, Josef-Ferrari-Straße Nr. 16

Humanistisches Gymnasium „Nikolaus Cusanus", Josef-Ferrari-Straße Nr. 10 (dt.)
Gymnasium-Lyzeum „Cantore", italienisches Schulzentrum, Josef-Ferrari-Straße Nr. 16 (ital.)
Realgymnasium, Stadtgasse Nr. 63 (dt.)
Lehrerbildungsanstalt, seit 1974, Tschurtschenthalerpark Nr. 1 (dt).
Gewerbeoberschule, seit 1989, Josef-Ferrari-Straße Nr. 14 (dt.)
Fachlehranstalt für Kaufmännische Berufe, errichtet 1968 (mit Sporthalle), Neubau von 1980/83, Josef-Ferrari-Straße Nr. 12 (dt.)
Fachlehranstalt für Wirtschaft und Tourismus, Josef-Ferrari-Straße Nr. 12 (dt.);
Fachschule für Hauswirtschaft in Dietenheim, Gänsbichl Nr. 2 (dt.)
Landesberufsschule Bruneck, Toblstraße Nr. 6 (dt.)

Berufsausbildung in italienischer Sprache, Bruder-Willram-Straße Nr. 21
Landeslandwirtschaftsschule, errichtet 1958, seit 1983 im Mair am Hof-Gut in Dietenheim, mit Bildungs- und Förderungszentrum
1971 Eröffnung einer Krankenpflegeschule beim Krankenhaus in Bruneck

Als Fachhochschule besteht die „Internationale Schule für alpinen Tourismus" (gegründet 1993 im Ansitz Ragen) in Dietenheim, Gänsbichl 2.

d) Theater, Musikvereine, Orchester, Musikschulen

1899 Eröffnung eines Bauerntheaters beim Schießstand; Volksbühne Bruneck seit 1920.
Eine Musikschule wird hier 1847 erwähnt, eine Gesangsschule 1897 eröffnet; seit 1961 Musikkurse des Institutes für Musikerziehung in Bruneck, seit 1981 „Musikschule" genannt, im hiefür adaptierten Ansitz Ragen (Abschluß der Bauarbeiten 1985).
Die Stadt- bzw. Bürgermusikkapelle besteht seit 1835; Bürger-Musikvereinskapelle errichtet und aufgelöst 1899; Musik des Arbeitervereins Bruneck, gegründet 1900.
Gründung der Musikkapelle Reischach 1912, seit 1982 mit eigenem Musikpavillon, Gründung der Musikkapelle Dietenheim-Aufhofen 1984, Gründung der Musikkapelle Stegen 1984/85.
Männer-Gesangsverein Bruneck seit 1883; Männerchor Stegen seit 1968; Kinderchor Stegen seit 1992.

A. Dörrer, Barockes Volksschauspiel in seinen Grotesken. In: Brunecker Buch = Schlern-Schriften 152, Innsbruck 1956, S. 109–152.

e) Volksbildungseinrichtungen, Büchereien

1847 bestanden in Bruneck ein Casino sowie ein Leseverein. Bezüglich der heutigen Stadtbibliothek vgl. § 20 b, S. 210.
Kulturhaus „Michael Pacher" seit 1983;
Internationale Ferienakademie im Schloß Bruneck seit 1975;
Eröffnung des Brunecker Jugendzentrums 1988.

f) Sporteinrichtungen

1978 Errichtung der städtischen Sportanlagen in Reiperting-Reischach (Sportzone);
1981 Eröffnung einer neuen Turnhalle in St. Georgen;
1987/90 Errichtung eines städtischen Eisstadions am Oberen Rienzdamm;
1990 Eröffnung eines neuen Sportplatzes in Dietenheim.

18 Buchdruckereien, Zeitungen, Buchhandlungen

b) Zeitungen und Zeitschriften

„Pustertaler Bote" ab 1850, „Pustertaler Zeitung" seit 1989.

c) Buchhandlungen

1850 Buchhandlung J. Mahl;
Buchhandlung Athesia an der Stadtgasse, Eröffnung des Neubaues 1989.

19 Quellen und Darstellungen zur Stadtgeschichte

Johann Nep. TINKHAUSER, Brunecker Chronik 1834. Für die Drucklegung bearbeitet und kommentiert von Hubert STEMBERGER, Bozen 1981.
Paul TSCHURTSCHENTHALER, Aufzeichnungen eines Stadtschreibers von Bruneck (Johann Josef von TSCHUSI) 1723–1741. In: Die Heimat. Blätter für Tirolische Heimatkunde Jg. 1913/1914, Meran (1913/1914), S. 169–195.
DERSELBE, Brunecker Heimatbuch, Bozen 1928.
Brunecker Buch = Schlern-Schriften Bd. 152, Innsbruck 1956 (mit Beiträgen von Otto STOLZ, Karl WOLFSGRUBER, Anton DÖRRER u. a.).
Franz HUTER, Die Anfänge von Bruneck. In: Der Schlern Jg. 30, Bozen 1956, S. 291–294.
Christoph JENTSCH, Das Brunecker Becken. Bevölkerungs- und wirtschaftsgeographische Untersuchungen im Südtiroler Pustertal = Tiroler Wirtschaftsstudien Bd. 14, Innsbruck 1962.
Anton SITZMANN, Häuserbuch der Altstadt Bruneck (1780–1964). Ungedr. phil. Diss., Innsbruck 1965.
Hans PESCOLLER, Rund um den Kronplatz. Ein Gebietsführer durch Bruneck – Olang – St. Vigil in Enneberg – St. Lorenzen = Südtiroler Gebietsführer Bd. 7, Bozen 1. Auflage 1975, 2. Auflage 1978.
Dietenheimer Dorfbuch, 1981.
St. Georgen an der Ahr. Dorfbuch, hg. v. M. MITTERHOFER, St. Georgen 1985.
Franz-Heinz HYE, Stegen, Altstegen, St. Lorenzen – ein Problem der historischen Topographie und Jahrmarktgeschichte, verursacht durch die Gründung von Bruneck. In: Kunst und Kirche in Tirol. Festschrift für Karl Wolfsgruber, Bozen 1987, S. 37–46.
DERSELBE, Bruneck. Die Stadt des Pustertales. Grundzüge der Stadtgeschichte. In: Der Schlern Jg. 70, Bozen 1996, S. 410–427.
DERSELBE, Die Städte der Fürstbischöfe von Brixen und ihre Stellung in der fürstbischöflichen Territorialpolitik im Mittelalter. In: Veröffentlichungen des Südtiroler Landesarchivs Bd. 12, Bozen 2000, S. 165–172.
Josef NÖSSING, Bruneck zur Zeit Michael Pachers. In: Ausstellungskatalog Michael Pacher. Ein Tiroler Künstler der europäischen Spätgotik (1498–1998), Bozen 1998, S. 23–27.
Philipp EGGER, Die Trinkstube in Bruneck im Haus der Apotheke von Zieglauer. Ein Kulturbild aus dem frühen 16. Jahrhundert, Bozen 1998.

20 Wissenschaftliche Sammlungen

a) Archive

Das reichhaltige historische Stadtarchiv befindet sich als Depositum im Südtiroler Landesarchiv in Bozen. Ein neues Stadtarchiv wurde 1983 im Rathaus eingerichtet.

b) Bibliotheken

Die Stadtbibliothek befindet sich seit 1980 im Gebäude des ehemaligen Urbarpropstes des Klosters Neustift bei Brixen an der unteren Stadtgasse bzw. in demselben Gebäude wie das Realgymnasium.

c) Museen

1911 Eröffnung des (ersten) Stadtmuseums (es wurde nach 1919 aufgelöst und seine Bestände in das Stadtmuseum bzw. geplante Provinzmuseum Bozen transferiert). Im „Seeböckhaus" in Oberragen werden regelmäßig Ausstellungen veranstaltet, desgleichen seit 1990 in der alten Feuerwehrhalle. 1990 Neu-Gründung des Museumsvereins Bruneck; Standort des neuen Stadtmuseums ist der entsprechend sanierte und adaptierte alte Poststall (Beginn der Arbeiten 1992, Eröffnung 1995).

1976/80 Errichtung des Südtiroler Landesmuseums für Volkskunde in Dietenheim mit begehbaren alten Bauernhäusern, Gewerbebetrieben und Freigelände sowie mit Einbeziehung des alten Gutshofes „Mair am Hof".

H. GRIESSMAIR, Das Südtiroler Volkskundemuseum in Dietenheim, Bozen 1986.

GLURNS

1 Name

Glurnis 1163, Glurns um 1164/67, Clurne 1178, Clorno 1220, Glurnes u. Glurens 1227, Clurnio 1298, Glurns 1321, Glurnio 1327, Glurns 1353/90, Glurens 1457/58, Glurns 1495, 1620, 1774, 1918. – Die Namensform „Glorenza" begegnet erstmals auf einer 1866 in Mailand gedruckten Landkarte des südlichen Landesteiles: „Carta corografica del Trentino". – Amtlich 1923/1940: Glorenza. Seit 1946/48 de facto: Glurns/Glorenza.

J. Pardeller, „Glurns" und Ortsnamen mit -uer, -rns und ver. In: Der Schlern Jg. 41, Bozen 1967, S. 546 f.; – E. Kühebacher, Die Ortsnamen Südtirols und ihre Geschichte. Bd. 1, Bozen 1991, S. 129 f.

2 Lage

a) Örtliche Lage

Glurns liegt in 907 m Seehöhe (46 Grad, 40′ nördl. Breite, 10 Grad, 33′ östl. Länge) im oberen Vinschgau beiderseits der Etsch, unweit unterhalb der rechtsseitigen Einmündung des vom Rambach durchflossenen Münster- oder Tauferertales in das Etschtal, am unteren Rande der Malser Heide bzw. der obersten Talstufe dieses Tales.

b) Verkehrslage, zentrale Funktion

Glurns liegt zwar unmittelbar an der Straße sowohl zum Wormser Joch (2.601 m) und nach Bormio als auch zum Ofenpaß und in das obere Engadin, nicht aber direkt an der wichtigeren Reschenpaß-Straße. Vielmehr bildet die Etschbrücke von Glurns lediglich eine Querverbindung beider Straßen bzw. von Glurns hinauf zu dem an der linken Talseite etwas höher gelegenen Marktort Mals.

Ungefähr von 1500 bis 1931 war Glurns Gerichtssitz; in den letzten Jahrzehnten konnte die Stadt ihre Position als regionales Schulzentrum ausbauen.

3 Vorstädtische Siedlung

a, b) Prähistorische Funde – Römische und frühgeschichtliche Siedlung

Zum Unterschied von den an der Römerstraße gelegenen Orten Schluderns, Mals und Burgeis konnten in Glurns bisher weder vorgeschichtliche noch römerzeitliche Funde gemacht werden.

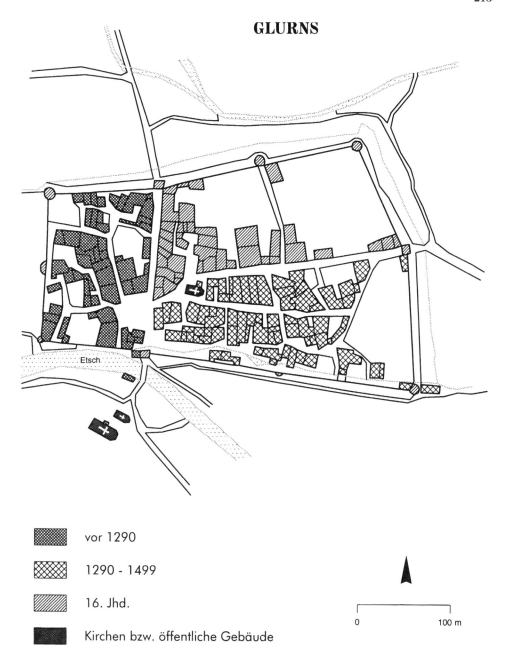

GLURNS

Etsch

▨ vor 1290

▨ 1290 - 1499

▨ 16. Jhd.

■ Kirchen bzw. öffentliche Gebäude

0   100 m

Bearbeitung: Inst. f. Geographie/Abt. Landeskunde - Universität Innsbruck

c) Dorf- und Marktsiedlung

Am Beginn der Ortsgeschichte steht das seit 1163 nachweisbare Dorf Glurns, welches – seit 1227 auch als Pfarrsitz belegt – sich ebenso wie die Katastralgemeinde Glurns einerseits in der feuchten Talsohle nördlich der Etschbrücke und andererseits südlich derselben territorial bis hinauf zum Glurnser Köpfl ausdehnt, wobei die Pfarrkirche in leicht erhöhter Lage unweit südlich oberhalb der Brücke situiert ist. Neben dem Ortskern gehören auch die urkundlich ebenfalls seit dem 12. Jh. nachweisbaren Söleshöfe an der von der Pfarrkirche talabwärts führenden Straße gegen Lichtenberg sowie einige weitere Einzelhöfe am Nordabhang des Glurnser Köpfls zum Dorfgebiet.

4 Stadtherr, Stadtwerdung oder Stadterhebung

a) Stadtherr (Ortsobrigkeit)

Im Vinschgau gelegen, unterstand Glurns bis 1918 stets den Grafen von Tirol und gelangte 1919 mit dem südlichen Landesteil an Italien.

b) Erwähnung als bürgerliche Siedlung

„burgum" 1294, „oppidum" 1303, 1309, 1319, „civitas" 1321, 1328, um 1353/90 etc. – Die deutschsprachige Nennung von Glurns als „stat" findet sich in einer Urkunde von 1304, die jedoch nur in notarieller deutscher (!) Übersetzung überliefert ist.

c) Stadtcharakter, Privilegien der Stadt

Eine förmliche Stadterhebungsurkunde oder Stadtrechtsverleihung ist nicht überliefert, doch wurde Glurns spätestens seit seiner Erstnennung als „burgum", dessen Ringmauer und Stadttore seit 1309 bzw. 1321 auch urkundlich belegt sind, stets als Stadt angesehen.

5 Die Stadt als Siedlung

a) Anlage und Entwicklung der Siedlung

Im historischen Stadtbild von Glurns hat man drei Siedlungskerne zu unterscheiden. Der älteste ist die heutige „Oberstadt" westlich der Malser Straße und wird vor allem vom ursprünglichen Straßendorf gebildet, welches sich entlang der Süd-Nord (in Richtung Mals) orientierten Linie vom Vorplatz der Pfarrkirche über die alte Etschbrücke, am einstigen Dorf- und heutigen Stadtplatz sowie entlang der heute sogenannten Silbergasse entwickelt hat. Westlich abseits dieses Straßendorfes lag bis 1534 der alte Pfarrhof, an den heute nur noch der dortige Flurname „Widum" erinnert. Zu diesem Dorfe gehörten auch die zwei mittelalterlichen Wohntürme, der sogenannte Flurinsturm am Ostrand des Dorf- bzw. heutigen Stadtplatzes und das spätere „Schloß Glurns" westlich desselben.

Den zweiten Siedlungskern, die heutige „Unterstadt", bildet die zum Unterschied vom Straßendorf West-Ost-orientierte Laubengasse, welche – ungeachtet ihrer Kleinheit – die von Meinhard II. von Tirol-Görz (gest. 1295) angelegte und von einer Ringmauer umgebene ursprüngliche Stadtsiedlung Glurns darstellt. Den Anlaß zu ihrer Anlage bildete vermutlich die säkulare Expansionspolitik der Fürstbischöfe von Chur, welche sich sowohl in der Errichtung der Churburg bei Schluderns um 1253/59 als auch im Bau der Fürstenburg bei Burgeis (um 1278/82) manifestiert. Es ist anzunehmen, daß es die Fürstbischöfe von Chur waren, die – um über eine möglichst direkte Verbindung vom Münstertal und der Glurnser Etschbrücke nach Schluderns bzw. zur Churburg zu verfügen – die betreffende Verbindungsstraße haben anlegen lassen. Und in Reaktion darauf hat dann Graf Meinhard II. von Tirol-Görz als durchaus wirkungsvolle Straßensperre am westlichen Beginn dieser neuen Straße das Städtchen Glurns begründet und damit dieselbe unter seine Kontrolle gebracht.

Das westliche oder Obere Tor dieser Stadt befand sich unweit östlich des noch bestehenden, obgenannten Flurinsturmes, das untere Stadttor hingegen am Ostende der Laubengasse, wobei zwischen den beiderseitigen Häuserzeilen der Laubengasse und der Ostflanke der Stadtmauer eine teilweise noch heute existente Gartenzone bestanden hat.

Im Engadiner- oder Schweizer Krieg des Jahres 1499 wurde das kleine Städtchen von den Bündnerischen Truppen unschwer erobert und die Stadtmauern und Stadttore zerstört. Bei dem nun folgenden Wiederaufbau wurde daher eine erhebliche Vergrößerung dieser grenznahen Stadtfestung angestrebt und die bis dahin getrennten Ortskerne von Dorf und Stadt zu einer Einheit verbunden bzw. mit der heute noch bestehenden neuen Stadtmauer umgeben. Dabei ergab sich als – im 16./17. Jh. nur teilweise besiedelter – dritter Ortskern östlich des alten Dorfes und nördlich der alten Stadt ein zusätzlicher Siedlungsbereich sowie nördlich parallel zur Laubengasse eine neue West-Ost-Hauptstraße, die heutige Florastraße (an der Stelle des alten Stadtgrabens) mit einem neuen Schludernser Tor. Damals wurde auch die Etschbrücke ein Stück flußabwärts annähernd an ihren heutigen Standort verschoben und durch einen unmittelbar am nördlichen Brückenkopf befindlichen, mächtigen Torturm, das Brücken-, Kirch- oder Münstertor, geschützt. Dies hatte auch eine Neutrassierung der Straße nach Mals bzw. der Malser Straße – mit neuem Malser Tor – östlich parallel zur Silbergasse zur Folge, welche letztere, nordwärts durch die neue Stadtmauer abgeschlossen, beinahe zur Sackgasse wurde. Das obgenannte Schloß Glurns endlich wurde damals in die Südwestecke der neuen Stadtmauer miteinbezogen, und in der Folge das nun außerhalb des Ortes bzw. der Ringmauer gelegene alte Pfarrhaus abgerissen, um das Schußfeld gegen einen allfälligen neuen Angreifer frei zu haben.

Allein der alte, von der Etsch abzweigende Mühlbach verblieb an seinem Standort, verlief nun aber nicht mehr südlich außerhalb der Stadtmauer und des zugehörigen Chael-, Kel- oder Kolbenturmes, sondern innerhalb der Südflanke der Ringmauer.

Auch das bis dahin nordwestlich außerhalb der Stadtmauer gelegene hl.-Geist-Stadtspital geriet durch den neuen Radius derselben innerhalb des Stadtkerns zu liegen. Das durch die Stadtmauererweiterung geschaffene neue Bauareal nördlich der Florastraße wurde jedoch im 16./17. Jh. nur zu einem geringen Teil genutzt und bot daher noch um 1980 die Möglichkeit, innerhalb der Ringmauer ein weitläufiges, modernes Schulzentrum mit Sportplatz zu errichten.

Abgesehen von der Pfarrkirche und den obgenannten Einzelhöfen befanden sich nach 1534 nur noch zwei Getreidemühlen an der durch Mals herabfließenden Puni bzw. am Punibach, eine Sägemühle am rechten Ufer der Etsch und eine Hammerschmiede am unteren Ausgang des Mühlbaches außerhalb der schützenden Stadtmauer, wozu 1686 die Einsiedelei zu St. Martin am Fuße des Glurnser Köpfls kam.

Dieses Bild änderte sich erst nach 1918, als an der Straße nach Schluderns die große Militärkaserne und in deren Folge einzelne Wohnhäuser auch an der Malser Straße und am linken Ufer der Etsch errichtet wurden.

Einen erheblichen neuen, aber maßvollen Siedlungsschub löste die um 1972/75 begonnene planmäßige Sanierung des Städtchens aus, die sowohl mit der Anlage einer neuen Wohn- als auch Gewerbezone östlich und südlich der Kaserne verbunden war und auch die Entstehung einer Sportzone im Nordosten nach sich zog.

Endlich bleibt noch anzumerken, daß anläßlich der Errichtung der meinhardinischen Stadt bzw. der Laubengasse der Lauf des Punibaches, der zuvor östlich neben dem Dorf Glurns in die Etsch floß, durch einen künstlich aufgeworfenen Damm annähernd parallel zur neuen Stadtanlage gegen Osten umgeleitet worden ist, woran nicht nur der seither unveränderte Bachverlauf, sondern auch der dortige Flurname „Am Damm" erinnert.

F. H. HYE, Glurns. Handelsplatz, Festungsstadt, Ackerbürger. Ein historisch-topographischer Stadtführer, Glurns 1977; – DERSELBE, Glurns und die Tiroler Städte. Erscheinungsbild und Entstehung ihrer Altbezirke. In: Die alte Stadt 6, 1979, S. 121–135; – Sanierungsplan der Stadt Glurns. In: ARGE Alpen-Adria, Unterkommission für historische Zentren, Ljubljana 1985, S. 498–501.

b) Gebäude

Sakralbauten

St.-Pankrazius-Pfarrkirche rechts oberhalb des Etschufers: urkundlich 1227, von der romanischen Anlage ist noch der Glockenturm erhalten, Chor und Langhaus wurden 1481 in spätgotischem Stil neu gebaut, nach dem Stadtbrand von 1664 erhielt der Turm einen barocken Zwiebelhelm.

Doppelkapelle am Friedhof nordöstlich neben der Pfarrkirche: Die Unterkapelle zu den hhl. Cosmas und Damian (1521 als „noi Capel" bezeichnet) erhielt um 1740 eine Oberkapelle zum hl. Johann Nepomuk aufgesetzt.

Filialkirche zu Maria Zuflucht in der Stadt am westlichen Beginn der Laubengasse: ursprünglich hl.-Geist-Kirche des ehemaligen Stadtspitals und bis 1499/1500 knapp außerhalb der Westflanke der alten Stadtmauer gelegen, erfuhr nach dem Stadtbrand von 1664 einen barocken Neubau (1665/69) und zugleich damit eine Änderung des Patroziniums.

Dreifaltigkeitskirchlein beim einstigen Liechtenstein-Haus (heute Hotel Post) an der Florastraße: Bau und Weihe 1535, derzeit profaniert.

Ruine des St.-Lorenz-Kirchleins in den Tawentz-Wiesen nördlich der Stadt: um 1460 „in Tawentz ... ad capellam sancti Laurencii", spätgotischer, achteckiger Zentralbau, 1799 durch französisches Militär zerstört.

Einsiedelei zu St. Martin am Fuße des Glurnser Köpfls, Kirchlein und Wohnhaus: private Stiftung von Th. Patscheider und seiner Gattin A. Verklayrer, 1686.

St. Jakob bei den Söleshöfen am alten Fahrweg nach Lichtenberg: archäologisch ergrabene frühmittelalterliche Fundamente, urkundlich belegt seit 1178 „capella sancti Iacobi in Salina cum ipsa curte", Eigenkirche des Söleshofes mit ehemaligem Friedhof, das romanische Langhaus mit einfacher Fassaden-Glockenmauer erhielt im

Glurns

Der von einer Ringmauer umgebene Stadtkern von Glurns auf der Katastermappe von 1857. Diese Stadtmauer wurde jedoch erst nach der Zerstörung der alten im Schweizer Krieg von 1499 errichtet und umfaßt sowohl den alten Nord-Süd-orientierten Dorfkern von Glurns links bzw. westlich der Malser Straße als auch die West-Ost-orientierte meinhardinische Stadtanlage der Laubengasse von ca. 1291/94 mit anschließender Gartenzone. An der Stelle der vom heutigen Stadtplatz zum Schludernser Tor führenden heutigen Florastraße verlief die nordseitige Stadtbefestigung des meinhardinischen Städtchens.

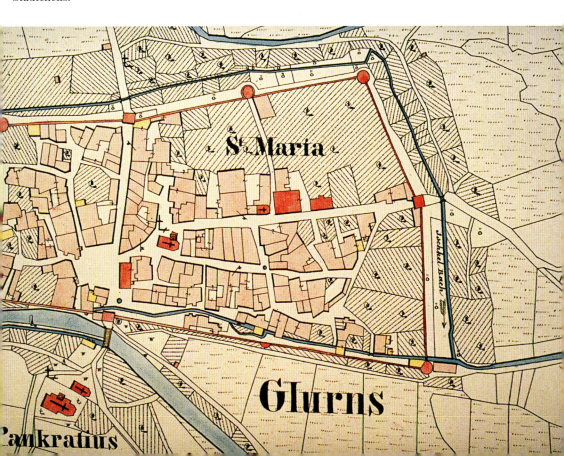

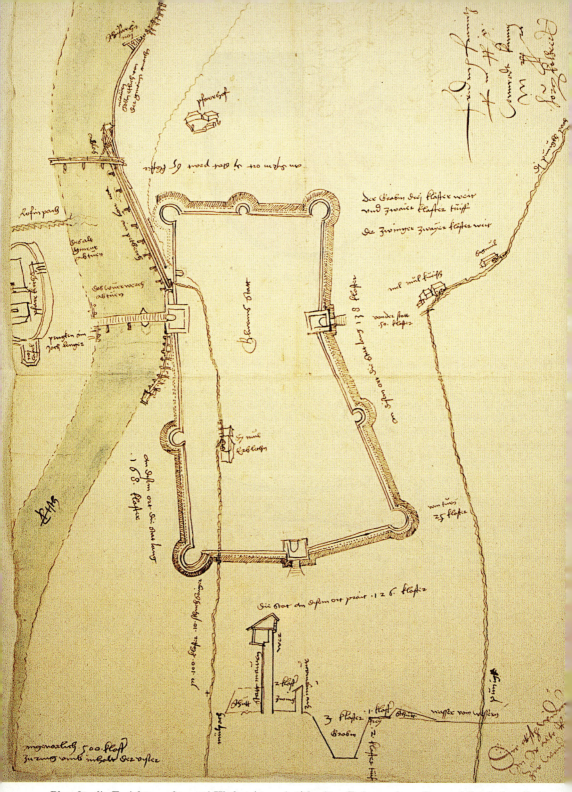

Plan für die Errichtung des zwei Klafter (= ca. 4 m) breiten Zwingers bzw. der ca. 4,5 m hohen Zwingermauer und des drei Klafter breiten und zwei Klafter tiefen Stadtgrabens vor der neuen Stadtmauer, verfaßt um 1521 von Jörg Kölderer (siehe seine Unterschrift rechts oben).
Original im Tiroler Landesarchiv in Innsbruck

Blick auf die jenseits der Etsch bzw. außerhalb des ummauerten Stadtkerns gelegene, seit 1227 urkundlich nachweisbare St.-Pankrazius-Pfarrkirche von Glurns, welche erst im Zuge der Zusammenlegung von Dorf und Stadt Glurns im Zuge des Wiederaufbaues nach dem Schweizer Krieg von 1499 von der Dorf- zur Stadtpfarrkirche aufstieg. – Bemerkenswert ist, daß die Kirche, deren Langhaus 1481 neu erbaut worden war, bei den vorerwähnten Kriegshandlungen in keiner Weise in Mitleidenschaft gezogen wurde. Foto: M. Hye-Weinhart

Blick in die im Zuge der Stadterweiterung von Glurns nach 1499 vermutlich anstelle des ursprünglichen nordseitigen Stadtgrabens geschaffene neue West-Ost-Hauptstraße, die heutige Florastraße, rechts mit dem breiten Tor des einstigen Ballhauses der Rodfuhr.
Foto: F. H. Hye

Ansicht der Stadt Glurns um 1615/16 bzw. vor dem Stadtbrand von 1664, worauf nicht nur die noch bestehende Stadtmauer mit ihren Türmen und Toren, sondern auch die alten Türme von Glurns wie der in den Bau der neuen Mauer miteinbezogene Schidmannturm (links), der Flurinsturm (rechts neben dem Brückentorturm) und der als turmartiges Wohnhaus dargestellte Chael- oder Kolbenturm (etwas weiter rechts, ziemlich nahe hinter der Ringmauer) in ihrer damaligen Bauhöhe dargestellt erscheinen. Original im Tiroler Landesarchiv, Innsbrucker Codex III, n. 27.

Blick in den nachträglich vorgebauten, südseitigen Laubengang der Glurnser Laubengasse mit älterer Freskodarstellung des hl. Christophorus, welche durch das Gewölbe des jüngeren Laubenganges oben teilweise verdeckt worden ist. Foto: F. H. Hye

15. Jh. einen spätgotischen Chor, im 19. Jh. dem Verfall preisgegeben, doch nunmehr wieder restauriert.

Profanbauten

Schidmannturm oder Schloß Glurns an der Südwestecke der Stadt: in seiner Höhe reduzierter, mittelalterlicher Wehr- und Wohnturm im Bereich des Dorfes Glurns, war landesfürstliches Lehen und ist als solches seit 1449 nachweisbar. Beim Bau der neuen Stadtmauer um 1500/10 wurde der Turm in dieselbe integriert und erhielt an der Innenseite einen Palas bzw. einen Innenhof, von 1477/79 bis 1598 im Besitz der Familie Schidmann, seit 1694 der Familie von Scarpatetti.

Flurinsturm oder Fronfeste: ursprünglich frei stehend, bildete dieser heute in seiner Höhe reduzierte mittelalterliche Wohn- und Wehrturm bis 1499/1500 die östliche Begrenzung des Dorf- bzw. heutigen Stadtplatzes. Landesfürstliches Lehen, 1373 im Besitz des Glurnser Richters Flurin vom Turm, dem 1382 Vogt Ulrich von Matsch und seine Erben, d. h. seit 1537 die Herren bzw. seit 1655 Grafen Trapp folgten. Um 1500/1510 ließ der damalige Pfleger des Landgerichtes Glurns westlich an den Turm das noch bestehende, aber nach 1931 umgewidmete stattliche Gerichtsgebäude anbauen, was schließlich 1825 bis 1931 die Verpachtung des Turmes als Gefängnis bzw. Fronfeste an die Gerichtsverwaltung nach sich zog.

Chael-, Kel- oder Kolbenturm: Fungierte bis 1499 zur Verstärkung der Südwestecke der alten Stadtmauer und bildete möglicherweise gemeinsam mit dem nördlich bis zur Laubengasse vorgelagerten, zinnenbekrönten Wohnhaus (Palas?) die landesfürstliche Stadtburg von Glurns. 1425 als landesfürstliches Lehen an Georg bzw. Hainrich Kel gelangt, wird der Turm spätestens seit 1732 „Kolbenturm" genannt, gelangte später in den Besitz der Familie von Scarpatetti und wurde um 1900 erheblich umgebaut.

Im Gegensatz zu der erst vom Verfasser wieder nachgewiesenen, gänzlich anders verlaufenden alten *Stadtmauer* (vor 1499) ist die bestehende als früh-frühneuzeitliche Ringmauer an der Wende zu bezeichnen. Dem entspricht das Nebeneinander von drei rechteckigen Tortürmen (Brücken- oder Kirchentor, Malser Tor, Schludernser Tor), vier Eckrondellen und drei Halbrondellen sowie z. T. vorgelagertem Zwinger und Graben: erbaut nach Zerstörung der alten Stadtbefestigung im Schweizer Krieg (1499) in den Jahren 1500–1520 – Stadtbefestigungsplan Jörg Kölderers von 1521 – mit Aufstockungen und Verbesserungen bis ca. 1560. An den Außenfassaden der Tortürme Fresken mit dem Wappen Kaiser Ferdinands I. (1558–1564) als damaligem landesfürstlichem Stadtherrn. – Wie noch deutlich erkennbar ist, wurden die Tore der neuen Stadtmauer ursprünglich, d. h. um 1500/10, noch an den Ausgängen der alten Hauptstraßen (Silbergasse gegen Süden und Norden, Laubengasse gegen Osten) situiert und erst in einer zweiten Planungsphase, spätestens jedoch vor 1521, zugemauert und durch die bestehenden Tortürme ersetzt.

Torwärterhäuschen bei allen drei Stadttoren.

Liechtenstein-Haus (Hotel Post) an der Nordseite der Florastraße: stattlicher, vom Glurnser Pfleger Jörg von Liechtenstein (gest. 1517) an der neuen West-Ost-Hauptstraße errichteter Neubau mit typischem Krüppelwalm (vgl. oben S. 216 die zugehörige Hauskapelle von 1535).

Ansitz Hendlsburg (heute Rathaus) an der Nordseite der Florastraße: ebenfalls adeliger Neubau des Ritters Hanns Hendl zu Ober- und Niederreichenberg (mit Krüppelwalm) in der durch die Stadtmauererweiterung geschaffenen Neubauzone des 16. Jh., 1604 landesfürstlich zum Ansitz erhoben (Sanierung und Neu-Adaptierung 1989/95).

Hohes Haus (Gasthof zur Krone) an der Nordwestseite des Stadtplatzes: Dieses die übrigen Häuser deutlich überragende dreistöckige Wohnhaus wurde – wie eine in Stein gemeißelte Inschrift kundtut – 1562 an der Stelle einer Brandruine von 1499 von Ritter Reinprecht Hendl zu Ober- und Niederreichenberg als sein „Schlos widrum von neum gebaut".

Fröhlichhaus an der Westecke Stadtplatz/Malser Straße: Ebenfalls ein im stattlichen Stil des 16. Jh. (vor 1579) mit polygonalem Eckerker etc. erbautes Stadthaus, Bauherr war Balthasar Fröhlich zu Fröhlichsburg, dessen Wappen sich u. a. auf einem um 1980 wiederentdeckten Fassadenfresko des Hauses befindet, für welches um 1950 völlig willkürlich und ohne jede historische Begründung die für die Tourismuswerbung klangvolle Bezeichnung „Fuggerhaus" frei erfunden worden ist.

Weitere Beispiele für diese in der Wiederaufbau- und Erweiterungsphase des 16. Jh. erbauten Gebäude bilden der *Gasthof zum Grünen Baum* an der Westseite des Stadtplatzes, der ehemalige *Löwenwirt* an der Florastraße und die sogenannte *Hössische Behausung* an der Ostseite der Malser Straße (jüngst offiziell irrig als Ansitz Schlandersberg bezeichnet).

O. Trapp, Die Stadtbefestigung von Glurns. In: Der Schlern Jg. 28, Bozen 1954, S. 243–250; – derselbe, Tiroler Burgenbuch Bd. 1, Bozen 1972, S. 71–74; – derselbe, Sicherungsvorkehrungen an den Glurnser Stadttoren 1553. In: Veröff. d. Innsbrucker Stadtarchivs NF. Bd. 3, Innsbruck 1972, S. 199f.; – M. Bliem, Zur Stadtanlage von Glurns. In: Jahrbuch d. Südtiroler Kulturinstitutes Bd. 5–7, Bozen 1967, S. 424–435; – F. H. Hye, Das Fröhlichhaus in Glurns und sein Wappenschmuck. In: Der Schlern Jg. 55, Bozen 1981, S. 411–413; – derselbe, Geschichte der Stadt Glurns, Glurns 1992; – H. Nothdurfter, Archäologische Hinweise auf Adel und Raumorganisation des 7./8. Jahrhunderts im westlichen Südtirol (behandelt u. a. St. Jakob in Söles). In: König – Kirche – Adel, hg. im Auftrag des Südtiroler Kulturinstituts von R. Loose u. S. Lorenz, Lana 1999, S. 118–124.

c) Brände und Naturkatastrophen

Brände

1499; umfassende Stadtbrände ereigneten sich 1664 und 1732, sechs Häuser wurden 1743 ein Raub der Flammen; der fürchterliche Stadtbrand vom 26. März 1799 wurde vom französischen Militär gelegt; ein weiterer großer Brand ereignete sich 1908, als acht Häuser zwischen dem Malser Tor und dem Pfarrhaus brannten.

Um 1770/71 Ankauf einer Feuerspritze durch die Stadt; laut der Feuerordnung von 1835 fungierte das ehemalige Zeughaus rückwärts neben dem Rathaus als Feuerwehrmagazin.

1876 Gründung der Freiwilligen Feuerwehr Glurns; 1984 Errichtung eines neuen Feuerwehrgerätehauses rechts der Etsch.

Überschwemmungen und Vermurungen

1598, 1628, 1855, 1868, 1871 und 1905. Die Katastrophe von 1628 wurde durch einen Murbruch vom Nordabhang des Glurnser Köpfls ausgelöst.

Festschrift zum 100-Jahr-Jubiläum der Freiwilligen Feuerwehr Glurns 1876–1976.

d) Zerstörungen im Zweiten Weltkrieg

Glurns erlitt im Zweiten Weltkrieg keinerlei Zerstörungen.

6 Bevölkerung

a) Herkunft und soziale Gliederung

Eine systematisch erarbeitete Bevölkerungsgeschichte von Glurns steht noch aus. Auf Grund der bisherigen historischen Forschungen zur Stadtgeschichte läßt sich jedoch bereits jetzt feststellen, daß sich die Bevölkerung der Stadt vorwiegend aus den ansässigen Familien sowie aus der näheren Umgebung, aus dem oberen Vinschgau, ergänzt hat. Die diversen schriftlichen Quellen lassen aber immer wieder erkennen, daß sich hier auch Zuzügler sowohl aus dem Veltlin und dem Engadin als auch aus dem süddeutschen Raum niedergelassen haben.

b) Seuchen

Pest und andere Epidemien: 1348, vielleicht noch in Bezug darauf enthält das Urbar der Frühmesse in Glurns von ca. 1450 bezüglich einer Grundabgabe die Eintragung: „solvebat ante pestilenciam ..."; – an die „Pest" bzw. epidemische Seuche von 1635 erinnert noch das Portal des damaligen Pestfriedhofs sowie ein Gedenkkreuz mit Inschrift; – Cholera 1836, Blattern 1873/74.

c) Bevölkerungsverzeichnisse, Kirchenmatriken

Das Glurnser „Statt Puech 1643" enthält neben rechtlichen Aufzeichnungen die Namen der erwählten Gemeindefunktionäre ab 1732 (im Rathaus). Die Matrikenbücher der Pfarre Glurns, Tauf-, Hochzeits- und Totenbücher, beginnen durchwegs mit dem Jahre 1735.

d) Bedeutende Familien und Geschlechter

Das Verzeichnis der Bürgermeister von Glurns ab 1431, zusammengestellt vom Verfasser, enthält folgende, hier alphabetisch gereihte Familiennamen:

Abarth, Anndre, Anngerer, Baldauf, Blaß (Blaas), Contart, Delman, Deville (Theuille), Fattinger, Federspiel, Flora, Flori, Fluri, Gebhard (Göbhardt), Grasser, Hafner, Heiprecht (Heuprecht), Hess (Höss), Hofer, Holzner, Karner, Karniffl, Koch, Ladurner, Lanng, Leimberer, Lun, Marstailler, Maurer, Mezger (Metzger), Minig, Mitterhofer, Moelner, Moriz (Moritz), Murr, Niederholzer, Nuskorb (Nußkorb), Nuzinger, Oberhauser, Ofner, Patscheider, Peer, Perfler, Perlinger (Pörlinger), Plaß, Platzer, Prugg, Reinalter, Riedl, Robustella, Sagmeister, Sain, Satler (Sattler), Scarpatetti, Schenweger (Schenbeger, Schönbeger), Schmid (Schmied, Schmidt), Schwartz , Seeler, Spechtenhauser, Steckh, Taberzhofen (Taberzhofer), Taler (Thaler), Telffer, Theni (Thöni), Theuille (Deville), Trauner, Tschellener, Veillegger, Veith, Velenstainer, Wegmann, Weiglmayr, Winkler (Winchler), Woelflin, Wolf, Wurmastin.

F. H. HYE, Geschichte der Stadt Glurns, Glurns 1992, S. 154–160.

e) Bedeutende Persönlichkeiten

Josef Grasser (1782 Glurns – 1839), Bischof von Treviso 1822–1828 und von Verona 1828–1839.

f) Einwohner

Häuserzahlen

1841 (J. J. Staffler): 98; – 1869: 103; – 1880: 106; – 1890: 107; – 1900: 116; – 1910: 122; – 1992: 114 innerhalb und 76 außerhalb der Stadtmauer.

Einwohnerzahlen

1841 (J. J. Staffler): 735; – 1869: 727; – 1880: 649; – 1890: 626; – 1900: 653; – 1910: 710; – 1921: 712; – 1951: 811; – 1961: 792; – 1971: 717; – 1981: 696; – 1991: 795; – 1993: 812.

g) Friedhöfe

Der Friedhof bei der St.-Pankraz-Pfarrkirche (um 1450: „cimiterium ecclesie parrochialis") wurde in jüngster Zeit vergrößert. – Weitere Friedhöfe waren jener bei der St.-Jakobs-Kirche in Söles sowie der Pestfriedhof.

7 Sprache

Sprachgruppenzugehörigkeit

1880: dt. 647, andere 2; – 1890: dt. 613, ital. 2, andere 11; – 1900: dt. 644; – 1910: dt. 706, andere 4; – 1921: dt. 658, ital. 16, lad. 5, andere 33 ; – 1961: dt. 704, ital. 88; – 1971: dt. 654, ital. 63; – 1981: dt. 650, ital. 46; – 1991: dt. 738, ital. 29.

8 Wirtschaft

a) Allgemeine Wirtschaftsentwicklung bis zum Zeitalter der Industrialisierung

Glurns ist ein anschauliches Beispiel für eine zu ihrer Zeit rein politisch motivierte, landesfürstliche Stadtgründung in – im Gegensatz zum nahen Mals – verkehrsgeographisch und landschaftlich ungünstiger Lage. Das politische Motiv war die Zurückdrängung sowohl des Einflusses der Fürstbischöfe von Chur als auch der Vögte von Matsch im oberen Vinschgau. Der Zuzug von Siedlern in die seit 1291 quellenmäßig faßbare Neugründung wurde noch nach Jahrzehnten (so 1328) durch Steuerbefreiungen begünstigt. Um dem Glurnser St.-Bartholomäus-Jahrmarkt Ende August zu einigem Leben und Ansehen zu verhelfen, wurden unter beträchtlichem Aufwand landesfürstliche Ladboten bis in die Lombardei gesandt. Durch das regional-exklusive Recht der Salzniederlage, die Rodfuhrstation und gewisse Weinhandelsrechte sollte auch in der übrigen Zeit des Jahres ein Hauch von Wirtschaftsleben in Glurns entstehen, was für die

Zeit des 14./15. Jh. auch einigermaßen gut gelang, wofür die Ansiedlung einer kleinen jüdischen Kolonie um 1400 wie auch die Abhaltung des bekannten Fürstentages in Glurns und Mals durch König Maximilian I. 1496 als Indizien angesehen werden mögen.

Die Zerstörung der Stadt im Schweizer oder Engadiner Krieg 1499 bildete zwar einen schweren Schlag für die Bevölkerung, doch brachte der darauf folgende Ausbau der Stadt zur erheblich erweiterten Festung einen bis dahin nicht gekannten wirtschaftlichen Aufschwung mit sich. Neben einer Reihe respektabler Neubauten des 16. Jh. weisen darauf sowohl die Präsenz eines Goldschmiedes in Glurns um 1569 als auch die Anstellung eines öffentlichen Notars als Schulmeister hin.

Nachdem jedoch durch den Verkauf des Unterengadin an Graubünden 1652 die betreffenden Spannungen beigelegt und die Region befriedet wurde, verlor Glurns seine Funktion als Quasi-Grenzfestung, was sich auch in einem entsprechenden Rückgang der landesfürstlichen Verwaltung im Städtchen manifestierte. Glurns sank somit seit der 2. Hälfte des 17. Jh. immer mehr zu einer reinen Ackerbürgerstadt herab, eine Entwicklung, die durch die verheerenden Brandkatastrophen von 1664, 1732 und 1799 etc. in erschreckender Weise gefördert worden ist.

Einen wirtschaftlichen Aufschwung erlebte Glurns erst durch die 1972/76 begonnene Sanierung, welche das kleine Städtchen mit seiner in ganz Tirol heute einzigartigen Ringmauer zu einer Attraktion für den Tourismus werden ließ. Diese Entwicklung verlief jedoch nicht zum Nachteil des für Glurns noch immer charakteristischen Ackerbürgertums, sondern brachte auch für die Landwirtschaft eine Strukturverbesserung, zumal die Tierhaltung nunmehr nicht mehr beengt innerhalb der Wohnstadt, sondern in großen Gemeinschaftsstallungen nördlich außerhalb der Ringmauer praktiziert werden kann.

F. HUTER, Das ältere Glurns als Handelsplatz. In: Mitt. d. Instituts f. Österr. Geschichtsforschung Bd. 68, Wien 1960, S. 388–401; – H. WIESFLECKER, Der Kongress zu Mals und Glurns. In: Schlern-Schriften Bd. 207, Innsbruck 1959, S. 347–371.

c) Märkte, Messen und Ausstellungen

Die Abhaltung des Glurnser St.-Bartholomäus-Jahrmarktes läßt sich seit 1291 nachweisen. Er wurde – wie F. Huter nachgewiesen hat – von Graf Meinhard II. von Tirol-Görz, Herzog von Kärnten als Konkurrenz zu dem um Mariae Geburt (8. September) terminisierten Jahrmarkt im fürstbischöflich-churischen Münster – und zwar bewußt einige Wochen vor diesem – angesetzt. Der Glurnser Markt wurde acht Tage vor dem St. Bartholomäustag (24. August) durch die Marktberufung eröffnet, welche der Richter des landesfürstlichen Landgerichtes Glurns und Mals vornahm. Acht Tage nach dem genannten Tage endete der somit zweiwöchige Jahrmarkt, der sich seit Ende des 17. Jh. immer mehr zu einem Viehmarkt entwickelte. Da sich aber das Vieh gegen Ende August noch auf den Almen befand, erbat die Stadt Glurns im Jahre 1701 bei der landesfürstlichen Regierung mit Erfolg die Verlegung des Marktermins rund um den St. Michaelstag (29. September). Kaiser Ferdinand I. von Österreich verlieh Glurns 1845 zusätzlich einen Viehmarkt zu Allerseelen (2. November) sowie einen Vieh- und Viktualienmarkt am Donnerstag vor Weihnachten. J. J. Staffler verzeichnet für Glurns 1847 einen allgemeinen Viehmarkt am Rosari-Samstag sowie als Pferdemarkt jenen am 29. September. 1858 wurden diese beiden Märkte auf den 22. Mai und

23. September verlegt. Der als Viehmarkt eingeführte „(Aller-)Seelenmarkt" („Sealamorkt") ist heute der beliebteste Jahrmarkt in Glurns. – Im Gegensatz zu den heutigen Märkten innerhalb der Ringmauer wurden die mittelalterlichen Märkte, wie einer Urkunde von 1488 zu entnehmen ist, „ze Glurns auff den Margktwysen" vor der Stadt abgehalten.
1993 Erste Vinschgauer Leistungsschau in Glurns.

d) Organisationen des Handels und des Gewerbes

Die Bruderschaft der Müller und Bäcker erhielt 1615, jene der Schneider und Schuster 1689 die landesfürstliche Bestätigung ihrer jeweiligen Handwerksordnung. Das Directorium der Pfarre Glurns von 1732 nennt als damals dort bestehende Bruderschaften jene der Schuster, Schneider, Weber, Maurer und Steinmetzen, Zimmerleute, Tischler, Schmiede und Fischer.

1901 Gründung der Raiffeisenkasse Glurns, aufgelassen 1942; 1974 Eröffnung der Filiale Glurns der Raiffeisenkasse Prad, seit 1992 in einem sanierten alten Wirtschaftsgebäude am Stadtplatz.

M. BLIEM, Beiträge zur Stadtgeschichte von Glurns im 16. und 17. Jh. Ungedr. phil. Diss., Innsbruck 1962; Ch. ANSTEIN, Die Pfarre Glurns und ihre Geschichte. Ungedr. histor. Diplomarbeit an der Geistwiss. Fakultät der Universität Innsbruck, Innsbruck 1997.

e) Verkehrseinrichtungen

Während der Hauptverkehr von und zum Reschenpaß ebenso wie bereits die Römerstraße über die Orte Schluderns – Tartsch – Mals – Burgeis verlaufen ist, hatte die von Augsburg über den Reschen nach Meran etc. führende landesfürstliche Kurzstrecken-Frächterei, genannt Rodfuhr, ihren Weg durch Glurns zu nehmen, wo sich eine der vorgeschriebenen Umlade- bzw. Rodfuhrstationen befand. Dementsprechend verpflichtete sich bereits der Glurnser Bürger Lanzoletti 1330 in einem dem Landesfürsten ausgestellten Revers „pallen zu furen in den rechten, als ander meins herrn purger tunt zu Glurens". Laut einem landesfürstlichen Privileg von 1332 war die Teilnahme an der Rodfuhr jedoch nicht allein den Bürgern von Glurns vorbehalten, vielmehr waren „alle unser aigen leut in unserem gerichte von Glurns" berechtigt, „ze furn trukens gut und (Waren-) palln". Die Rodfuhrstation in Glurns war jedoch nicht unumstritten, wie aus einer Gerichtsurkunde von 1485 hervorgeht, worin ein Streit zwischen Glurns und den Gemeinden Mals und Tartsch über den Verlauf der Landstraße behandelt wird. Darin vertraten die Glurnser – wie schon um 1470 – die Auffassung, die „alte strassen" verlaufe durch Glurns, während die Vertreter der beiden anderen Gemeinden den Straßenverlauf durch ihre Orte verteidigten, durch „die man uncs her mit der Rod gevarn" sei. Hinsichtlich der Rodfuhr konnten sich die Vertreter der Stadt behaupten und erreichen, daß „der stat Glurns zu einer hilff, auch den werbenden mann zu furdrung seins guets auff der Rode, die daselbs nider- und aufgelegt und durch die von Glurns gefuret wurd", die Straße von Glurns nach Mals verbessert werde. Die außerhalb der Rodfuhr verkehrenden Direktwägen einzelner Kaufleute durften jedoch über die „ober straßen, von Mals fur Tartsch gen Sluderns geende", fahren.

Ein eigenes Ballhaus zum Umladen der Warenballen von einem Frachtfuhrwerk auf das nächste hat in Glurns allerdings bis 1530 nicht bestanden, weshalb die landesfürstliche Rodordnung von 1530 u. a. die Forderung enthält: „Nachdem von alter kain Pallhaus alda zu Glurns gewesen ist, soll gemaine Statt daselbs unverzogenlich ain Pallhaus daselbshin unnden ins Rathaus guet und nuzlich pawen." Dasselbe wurde hierauf auch tatsächlich 1531 erbaut und bildete einen rückwärtigen Anbau zum Rat- und städtischen Zeughaus. Im Gegensatz zu dem der Laubengasse zugekehrten (alten) Rathaus öffnete sich das weite Einfahrtstor des Ballhauses zur neuen Hauptstraße bzw. zur heutigen Florastraße. Nach dem Stadtbrand von 1799 nicht mehr wiederaufgebaut, befindet sich an seiner Stelle hinter der genannten Toreinfahrt ein Innenhof, der nunmehr privat genützt wird.

Gemäß der erwähnten Rodordnung von 1530 war die Glurnser Rodfuhrstation verpflichtet, „zu solher Rodferttigung zwelff Rodwaegen mit irer notdurfftigen Zuegehoerung unabgenngig unndter inen" bereit zu halten, bei Bedarf sogar noch mehr. Als Gegenleistung erhielten die Rodfuhrwerker eine ebenfalls in der genannten Ordnung geregelte, vom Weger im Ballhaus je nach Gewicht der Warenballen berechnete Transportgebühr, wobei zwischen der Strecke Glurns – Nauders und Glurns – Latsch als den benachbarten Rodfuhrstationen differenziert wurde. Eine Ballhausgebühr von 1 Kreuzer pro beladenem Wagen und Nacht durfte nur für die erste Nacht eingehoben werden. Dies sollte zu rascher Abfertigung bzw. nicht verzögertem Weitertransport motivieren.

Fuhrwerke, die ohne umzuladen direkt von Nauders nach Latsch oder umgekehrt durchfuhren, sollten gemäß der genannten Ordnung gleichsam als Ablöse – je nach Gewicht ihrer Transportgüter – ein bestimmtes Niederleggeld bezahlen, welches unter den Glurnser Rodführern zu gleichen Teilen aufzuteilen war. Wie Beschwerden der Stadt von 1555 und 1563 zeigen, wurde diese Auflage jedoch häufig umgangen, was ebenso wie die abnehmende Wertigkeit der Gebühren dazu beitrug, daß die in der 2. Hälfte des 18. Jh. auslaufende Rodfuhr im Laufe der Zeit für die Glurnser eher eine Belastung als einen Gewinn bedeutete.

Die Glurnser Etschbrücke befand sich bis zur kriegerischen Einnahme der Stadt 1499 weiter flußaufwärts in der direkten Linie Silbergasse – Pfarrkirchen-Vorplatz und wurde im Zuge des Wiederaufbaues zum damals erbauten Kirchen- oder Brückentorturm verlegt. Neben dieser hierauf abgetragenen Holzbrücke ließ die Stadt 1901 die bestehende Eisenfachwerkbrücke erbauen. Die Wichtigkeit dieser Brücke und der westlich anschließenden Straße nach Müstair für die Stadtgemeinde Glurns wird nicht zuletzt dadurch dokumentiert, daß die Stadt 1884 ein Majestätsgesuch für die Subventionierung des Baues der Münstertalstraße eingereicht hat.

Zu den hier gebotenen Quellenzitaten vgl. F. H. HYE, Geschichte der Stadt Glurns. Eine Tiroler Kleinstadt an der obersten Etsch, Glurns 1992.

f) Fremdenverkehr

„Stadtverschönerungsverein", seine ersten Statuten wurden 1884, die erneuerten 1951 bestätigt.

9 Verfassung und Verwaltung

In Glurns hat man vom Ende des 14. Jh. bis zum Wiederaufbau nach den Kriegszerstörungen von 1499 nebeneinander eine ältere Dorf- und eine jüngere Stadtgemeinde zu unterscheiden. Dementsprechend werden noch 1390 zwei Vertreter „ville" bzw. „comunitatis de Glurnio" und 1427 als Vertreter „der gmainschafft zu Glurnß .... H. Pöckh, die zeit dorfmaister" genannt. Die bauliche Zusammenlegung nach 1499 bewirkte hier auch die Zusammenlegung der beiden gleichnamigen Gemeinden als Stadt Glurns.

Die erste Erwähnung des Glurnser Stadtrates datiert von 1443 und findet sich in der an „richter und rath, auch burger gemainiclich unnserer statt Glurns im Vintschgei" adressierten Bestätigung der städtischen Privilegien. 1448 trifft man auf die älteste überlieferte Nennung eines Bürgermeisters („magister civium opidi Glurns"), wobei aus Urkunden der folgenden Jahre hervorgeht, daß in Glurns anfangs jährlich je zwei Bürgermeister gewählt wurden. Die in dem 1643 neu angelegten „Statt Puech" kopial überlieferte Stadtordnung von 1489 sieht als zweithöchsten Gemeindefunktionär anstelle des zweiten Bürgermeisters den Baumeister vor, wobei es bis zum Ende des 18. Jh. verblieben ist. Neben diesen beiden wurden ebenfalls an St.-Petri-Stuhlfeier (22. Februar) oder am „Käßsontag" von der „groß Gmain", d. h. von der „gannz Gmain, reich und armb, so darzue gehören und Bürgerrecht haben oder zu Ynwohner an- und aufgenomben seindt", noch folgende „Stattdiener" gewählt: der Spitalmeister, 2 Kirchpröpste, 2 Holzmeister für den Wald am Glurnser Köpfl, für den der Stadt 1304 verliehenen zwischen Sulden und Trafoi am Fuße des Ortlers und für den Auwald an der Etsch, 2 Waaler als Aufseher über die sechs Bewässerungskanäle oder „Waale" (rechts der Etsch der seit 1439 nachweisbare Bergwaal vom Lichtenberger Berg, weiters der 1333 „ex necessitate aque ad aquandum culturam de Glurnio oppido" angelegte Mitterwaal und der ebenso wie letzterer aus dem Rammbach gespeiste und seit 1394 urkundlich belegte Unterwaal; – links davon der seit 1353 belegte Latinigwaal von Laatsch, darunter der Wieswaal, genannt ca. 1450, und der aus der Puni gespeiste Tawentzwaal), 2 Feldsaltner, 2 Albmeister für die Alm am Glurnser Köpfl, 2 Brunnenmeister, 2 Stadtknechte sowie eine dreiköpfige Kommission, gebildet durch je einen Vertreter des Rates, des seit 1732 begegnenden Ausschusses und der Gemain für die Feuerbeschau, Fisch- und Fleischbeschau und das Weinschätzen. Die Doppelbesetzung einer Reihe von Funktionen resultiert aus der dabei angestrebten paritätischen Repräsentanz der Ober- und der Unterstadt. Der Stadtrat bestand – ohne den Bürger- und den Baumeister – aus elf geschworenen „Ratsverwonten". Das Amt des Stadtrichters war in Glurns mit dem des Landrichters in Personalunion verbunden. Desgleichen fungierte der Gerichtsschreiber zugleich als Stadtschreiber (urkundlich 1521). – Als erstes Rathaus (1530–1856) konnte der Verfasser das bescheidene nordwestliche Eckhaus am oberen Beginn der Laubengasse nachweisen. Um 1854/56 erwarb die Gemeinde den Ansitz Hendlsburg vor allem für das ehemalige Stadtspital. Nach 1945 zog dort vollends das Rathaus ein; der Bau wurde 1992/95 von Grund auf saniert.

Im Zuge der „Regulirung der Gemeinden und ihrer Vorstände in Tyrol und Vorarlberg" kraft kaiserlicher Entschließung vom 14. August 1819 wurde Glurns den „kleineren Stadtgemeinden" zugeordnet und erhielt einen „politisch-ökonomischen Magistrat", der dem betreffenden Landgericht untergeordnet war und aus einem Bürgermeister, vier unbesoldeten Magistratsräten, einem besoldeten Verwalter des Gemeindevermögens, einem Steuereintreiber und einem Stadtschreiber bestand. Diese „Regulierung" wurde 1849 durch das in diesem Jahre erlassene, bekannte Provisorische Gemeindegesetz Österreichs abgelöst, dessen programmatischer erster Grundsatz lautete: „Die Grundfeste des freien Staates ist die freie Gemeinde." Dieses Gesetz wurde jedoch bereits 1852 im Sinne des Neoabsolutismus wieder abgeschafft und blieb bis 1860 außer Kraft. 1861 fanden dann auf seiner Grundlage Gemeinderatswahlen statt, und am 5. März 1862 wurde anstelle des Provisoriums das „Österreichische Reichsgemeindegesetz" als eine definitive Grundlage für das politische Gemeindeleben geschaffen, welches fortan bis zum Ende der k. k. Monarchie (1918) in Geltung blieb. Es sah für die Städte und Märkte einen für die Dauer von drei Jahren gewählten Gemeinderat vor, der aus seiner Mitte den Bürgermeister wählte. Die Zahl der gewählten Gemeinderatsmitglieder – in Glurns waren dies 12 – richtete sich nach der Bevölkerungszahl, wobei das aktive Wahlrecht auf jene volljährigen, männlichen Gemeindebürger beschränkt war, die eine gewisse Steuerleistung erbrachten bzw. über einen entsprechenden Besitz verfügten. Die bis 1945 letzte demokratische Gemeinderatswahl – nunmehr auf der Grundlage des allgemeinen, geheimen und gleichen Wahlrechts – erfolgte in Südtirol (seit 1919 Teil des italienischen Staates) im Jahre 1922. Der Herbst desselben Jahres brachte in Italien die Machtergreifung des Faschismus und an der Spitze der Gemeinden den von der Partei autoritär eingesetzten Podestà (bis 1943). Die Rückkehr zur Demokratie erfolgte erst nach dem Sieg der Alliierten über das mit Mussolinis faschistischer „Republik von Salò" verbündete „Großdeutsche Reich" Adolf Hitlers, des „Führers" der Nationalsozialistischen Deutschen Arbeiterpartei (NSDAP), im Frühjahr 1945. Vom Herbst 1943 bis zum Frühjahr 1945 unterstand Glurns ebenso wie ganz Südtirol der reichsdeutschen „Operationszone Alpenvorland", die in Glurns einen kommissarischen Bürgermeister eingesetzt hat. In der im Frühjahr 1946 konstituierten Republik Italien wurde die Stadtführung wieder einem demokratisch gewählten Gemeinderat mit einem Bürgermeister an der Spitze anvertraut.

Vgl. die Edition der Stadtordnung von 1489 bei I. V. ZINGERLE und K. Th. v. INAMA-STERNEGG, Die Tirolischen Weisthümer Bd. 3, Wien 1880, S. 9 ff. Zu den übrigen Quellenzitaten vgl. F. H. HYE, Geschichte der Stadt Glurns. Eine Tiroler Kleinstadt an der obersten Etsch, Glurns 1992.

10 Landesherrschaft, Rolle in der Staats- und Landesverwaltung

Ein landesfürstlicher „officialis" oder Amtmann ist in Glurns seit 1291, ein landesfürstlicher Richter seit 1315 nachweisbar. Im 15. Jh. allerdings befand sich der Sitz des Landgerichtes Glurns zeitweise in Mals. Dementsprechend überließ der Landesfürst 1456 an Vogt Ulrich von Matsch den Jüngeren pflegweise „unser gericht zu Glurns mitsambt dem turn zu Mals" (dem heutigen Fröhlichturm dortselbst). Erst nachdem „Schloss unnd Thurn zu Mals, das dann von allter das recht Ghrichtshaus gwesen" ist, im Schweizer Krieg 1499 zerstört worden waren, erbaute der damalige Pfleger Jörg von Liechtenstein um 1500/1510 in Glurns neben dem Flurinsturm das noch bestehende Gerichtsgebäude, welches als solches bis 1931 in Verwendung stand (vgl. oben § 5 b, S. 217). Die 1504/37 nach dem Aussterben der Vögte von Matsch, Grafen von Kirchberg (1504) erbweise an die Herren bzw. seit 1665 Grafen Trapp gelangte Pfandherrschaft Glurns und Mals bzw. das gleichnamige Patrimonial-Landgericht wurde 1806/09 Teil des neuen königlich-bayerischen Landgerichtes Fürstenburg, welches 1810 wiederum vom Landgericht Glurns mit Sitz dortselbst abgelöst worden ist. 1817/24 nochmals gräflich-trappisches Patrimonialgericht, gelangte das Landgericht Glurns 1825 wieder in unmittelbare landesfürstliche Verwaltung. Das im Zuge der neuen „Organisirung der Gerichte" 1849 geschaffene Bezirksgericht Glurns hat – ab 1919 als Prätur – bis 1931 bestanden. Seither untersteht Glurns der Prätur Schlanders.

Volkskundlich und justizgeschichtlich bemerkenswert war der sogenannte „Glurnser Mäuseprozeß" von 1520.

K. F. ZANI, Der große Tierprozeß von Glurns vom Jahre 1520. In: Der Schlern Jg. 22, Bozen 1948, S. 203f.; – J. PARDELLER, Der Glurnser Tierprozeß vom Jahre 1520 und der Vollzug des Urteils in der Überlieferung. Ebenda, Jg. 23, Bozen 1949, S. 113f.; – DERSELBE, „Der Gemain Stillfß Verlob-Brief wegen von unndterschidlichen Thieren erlitenen Schäden aufgericht." In: Ebenda, Jg. 28, Bozen 1954, S. 466f.

11 Wehrwesen und kriegerische Ereignisse

a) Bürgerliche Verteidigungsorganisation

Das städtische Zeughaus, nachweisbar seit 1514, befand sich östlich neben bzw. hinter dem alten Rathaus mit Toröffnung zur neuen Haupt- bzw. heutigen Florastraße.

b) Schützenvereinigungen, Schießstätten

Als Gerichtssitz war Glurns gemäß der Tiroler Landesverteidigungsordnungen von 1511 bis 1918 Standort des betreffenden Gerichts-Aufgebotes bzw. der betreffenden Standschützenformationen. 1732 wird hier eine „löbliche Scharf- und Scheibenschützen-Gesellschaft des Gerichtes Glurns und Mals" bzw. deren „Confraternitas S. Sebastiani et Rochi" genannt. In Erinnerung an diese alte Tradition wurde 1977 die bestehende Schützenkompanie Glurns gegründet (Fahnenweihe 1979).

Der vom Verfasser wieder identifizierte ältere Schießstand von Glurns befand sich unmittelbar vor der östlichen Stadtmauer zwischen dem Schludernser Tor und dem Südost-Eckrondell. Die Schießscheibenmauer und – einige Meter vor dieser – die aufgemauerte, mehr als halbrunde Zielerdeckung sind noch erhalten. In der Katastermappe von 1857 findet sich dieser Schießstand nicht mehr eingezeichnet. Seine Verlegung zum unteren Waldrand bei der Einsiedelei von St. Martin muß daher vor 1857 erfolgt sein. – Ein Ehrenschießen wird 1882 erwähnt.

c) Garnisonen

Die Blütezeit als Garnison erlebte Glurns seit seinem Ausbau zur Festungsstadt nach 1499 bis 1652, doch wurde der Brückentorturm noch um 1860 durch einen unterdessen wieder entfernten, westseitigen Anbau zu einer Kaserne ausgebaut. Die bestehende weitläufige „Caserma Petitti di Roteto" östlich vor dem Schludernser Tor wurde nach 1919 erbaut.

d) Wichtigste kriegerische Ereignisse

Im Engadiner- oder Schweizer Krieg 1499 wurde Glurns im Anschluß an die schwere Niederlage des Tiroler Aufgebotes an der Calva (Wald- und Feldflur westlich der Stadt am Ausgang des Münstertales) am 22. Mai von den siegreichen Bündnern schwer heimgesucht, in Brand gesteckt und die alte Stadtbefestigung zerstört. – Im 2. Koalitionskrieg war eine französische Militäreinheit unter General Desolles vom Veltlin über das Wormser Joch und durch das Münstertal in das Talbecken von Glurns eingefallen und konnte trotz versuchter, aber zu schwacher Gegenwehr von nur zwei Tiroler Landesschützen-Kompanien am Vormittag des 25. März 1799 in die Stadt einmarschieren und darin bis zum Morgen des 31. März in der Manier von Kriegsverbrechern gegen Mensch und Material wüten und die Stadt in Brand stecken. Währenddessen lag das österreichische Militär unter General Heinrich Graf von Bellegarde untätig im nahen Laas, um am Vormittag des 31. März, nach dem Rückzug der Franzosen, in Retterpose in Glurns zu erscheinen.

A. JÄGER, Der Engedeiner Krieg im Jahre 1499. In: Neue Zeitschrift des Ferdinandeums Bd. 4, Innsbruck 1838, bes. S. 114–125; – C. STAMPFER, Geschichte Vintschgaus während der Kriegsjahre 1796–1801. Mit besonderer Beziehung auf das Gericht Glurns. Bozen 1861. M. BLAAS, Das Calvengeschehen aus tirolischer Sicht. In: Freiheit einst und heute. Calvengeschehen 1499–1999, Chur 1999, S. 173–216; – F. H. HYE, 500 Jahre Schlacht an der Calven. Stationen des Gedenkens. Hg. v. Südtiroler Schützenbund, Bozen 1999.

12 Siegel, Wappen und Stadtfarben

Das Stadtwappen von Glurns zeigt in gespaltenem Schild vorne am Spalt in silbernem Feld den halben, roten, golden bekrönten Tiroler Adler mit goldener Flügelspange und goldenem Fang, hinten hingegen ein zweimal geteiltes, von rot über silber und schwarz tingiertes Feld.

Das Wappen wurde der Stadt von König Ferdinand I. mit Privileg vom 9. Jänner 1528 verliehen. Der Stadtrat ließ hierauf ein großes (D = 30 mm) und ein kleines (D = 20 mm) Stadtsiegel mit dem Wappenschild der Stadt als Siegelbild schneiden, deren ersteres von 1539 bis 1780, das kleine hingegen nur an einer Urkunde von 1658 nachweisbar ist. Die Legende des großen Siegels mit schildhaltendem Putto lautet „STATT GLVRVS" (sic!), die des kleinen zeigt nur die Initialen „S. G." – An einer Urkunde von 1645 hängt dann noch ein größeres Stadtsiegel (D = 45 mm) mit dem Stadtwappen und der Legende „Statt GLURNS SIGIL."

Die Stadtfarben sind – wie im hinteren Wappenfeld – Rot-Weiß-Schwarz.

13 Finanzwesen

c) Mauten, Zölle, Ladstätten

Das exklusive Recht der Salzniederlage im Vinschgau für das von der landesfürstlichen Saline in Hall i. T. angelieferte Salz genoß die Stadt Glurns vermutlich bereits seit ihrer Gründung, doch läßt sich die funktional zugehörige Frei- oder Fronwaage urkundlich erst seit 1380 nachweisen. Die landesfürstliche Privilegien-Bestätigung von 1496 bzw. 1508 enthält dazu folgende zentrale Bestimmung: „Also, was Salz uber Lanng Crewz von Nawders (her) furgefuert, das(s) dasselb gen Glurns an die Freywag unnd Salzmass gefuert unnd daselbs verkaufft und (aus-)gegeben werden (möge), auch das(s) die Sämer ir Salz, so sy also dahin bringn werden, inmassen wie die Wagner verkauffen unnd dhainer furfarn oder annder Weg unnd Strassen damit besuechen noch brauchn, unnd unnser Burger unnd Inwoner zu Glurns damit hanndln unnd iren Gewerb fuern solln unnd mogen, wie dann des alles die Gewonhait unnd von alter herkomen ist" (Original-Pergamenturkunde im Pfarrarchiv Glurns). Ungeachtet dieser monopolistischen

Bestimmungen zu Gunsten von Glurns kam es offenbar zu häufigen Umgehungen sowohl in Richtung Münstertal als auch hinunter in den unteren Vinschgau, weshalb die Stadt im 16./17. Jh. ihren Salzzoll zudem sowohl in Laatsch als auch in Schluderns eingehoben hat (einige derartige Zollregister haben sich im Pfarrarchiv Glurns erhalten). Abgesehen vom Salzzoll selbst wurde der Betrieb der Salzwaage bzw. das lokale Salzmairamt spätestens seit 1471 (vermutlich bereits seit 1380) bis 1793 als landesfürstliches Lehen an Einzelpersonen bzw. Familien verliehen.

14 Gebiet der Stadt

a) Fläche

Die Fläche der Stadtgemeinde bzw. Katastralgemeinde Glurns beträgt 12,98 km².

c) Grundherrliche Verhältnisse

Als Grundherrschaft begegnen in Glurns – soweit dies dem Maria-Theresianischen Steuerkataster von 1775 zu entnehmen ist:
– das Benediktinerkloster Marienberg in Mals/Burgeis bei 10 Gebäuden;
– der Landesfürst noch bei 7;
– die Kartause Allerengelberg im Schnalstal bei 6;
– die Pfarre und Frühmesse von Glurns bei 5;
– das Hochstift Chur bzw. Fürstenburg bei 3;
– die Grafen Khuen bei 3;
– die Herren von Matsch, Grafen von Kirchberg, sowie deren Erben, die Herren bzw. Grafen Trapp bei 2;
– andere Grundherren bei 9 Gebäuden.

Im genannten Kataster fehlt allerdings bei vielen Liegenschaften die Angabe der Grundherrschaft; viele Objekte waren damals auch bereits davon befreit.

F. STEINEGGER, Das Urbar der Pflege zu Lichtenberg und des Gerichtes Glurns von 1429–1432. In: Forschungen zur Rechts- und Kulturgeschichte Bd. 4, Innsbruck 1969, S. 535–562; – R. LOOSE, Siedlungsgenese des oberen Vinschgaus = Forschungen zur Deutschen Landeskunde Bd. 208, Trier 1976; – obige Aufstellung basiert auf den detaillierten Angaben zur Häusergeschichte von Glurns von F. H. HYE, Geschichte der Stadt Glurns, Glurns 1992, S. 197–252.

d) Burgfried

Die Grenzen des städtischen Burgfriedens von Glurns entsprechen seit der Zusammenlegung von Dorf und Stadt Glurns um 1500 jenen der heutigen Katastralgemeinde.

15 Kirchenwesen

a) Einrichtungen der katholischen Kirche

Die St.-Pankratius-Pfarre Glurns ist urkundlich seit 1227 nachweisbar, war ursprünglich eine Dorfpfarre und wurde erst durch die Zusammenlegung von Dorf und Stadt

Glurns zu einer Stadtpfarre. Der Standort der Pfarrkirche außerhalb der städtischen Ringmauer weist noch heute auf die ursprüngliche Situation hin.

Bis zum 18. Mai 1808 unterstand die Pfarre Glurns dem Bistum Chur, hierauf – infolge der damaligen politischen Verhältnisse – bis zum 7. September 1808 dem Bistum Trient, an welchem Tage Glurns mit dem übrigen oberen Vinschgau bzw. Dekanat Mals vom Hl. Stuhl an das Bistum Brixen übertragen worden ist. 1814 wieder kurzfristig an Chur zurückgestellt, verfügte Rom am 27. Jänner 1816 über Betreiben der österreichischen Regierung neuerlich den Anschluß des ehemaligen churischen Anteils in Tirol und Vorarlberg an das Bistum Brixen, welches 1964 der neuen Diözese Bozen-Brixen integriert worden ist.

Das Stadtspital in Glurns wurde nachweisbar von 1498 bis 1534 vom hl.-Geist-Spitalsorden geführt.

G. TINKHAUSER und L. RAPP, Beschreibung der Diöcese Brixen. Bd. 4, Brixen 1889, S. 695–722; – F. DÖRRER, Bistümer und Bistumsgrenzen im Umkreis des Reschen. In: Der Obere Weg = Jahrbuch d. Südtiroler Kulturinstitutes Bd. 5–7, Bozen 1967, S. 251–274; – Ch. ANSTEIN, Die Pfarre Glurns und ihre Geschichte. Diplomarbeit, Innsbruck 1997.

b) Reformation und Gegenreformation

1527 werden im Gericht Glurns und Mals Anhänger der Wiedertäufer und der Lehre Luthers erwähnt, die über Weisung der Regierung in Innsbruck zu bestrafen und außer Landes zu verweisen waren. 1564 und 1567 wurde ein angeblich zuvor Priester gewesener Franzose aufgegriffen, der lutherische und „sektische" Bücher verkauft hatte. – Im Visitationsbericht von 1595 wird der damalige Glurnser Pfarrer als säumig in der Erfüllung seiner Pflichten und als „concubinarius" bezeichnet, der gerne die Gasthäuser frequentiere.

Ch. ANSTEIN, Die Pfarre Glurns und ihre Geschichte. Diplomarbeit, Innsbruck 1997.

c) Juden

Um 1393/1430 waren in Glurns auch Juden ansässig, wobei ihnen Ulrich von Matsch den Flurinsturm als Wohnstätte zur Verfügung gestellt hat. Anläßlich einer Fehde zwischen dem Matscher und dem Fürstbischof von Chur seien sie dann laut Aussage des Churer Richters im Münstertal von 1430 von dort geflohen.

16 Wohlfahrtspflege

a) Bürgerspitäler, Fürsorgeheime

Das Stadtspital zum hl. Geist in Glurns befand sich westlich vor der mittelalterlichen Stadtmauer bzw. vor dem Oberen Stadttor. Obgleich erst 1527 ein „Preceptor des wirdign Gotzhaus des heiligen Geists zu Glurns" bzw. des zugehörigen „Spitals" genannt erscheint, ist – in Analogie zu den übrigen landesfürstlichen Städten Tirols – anzunehmen, daß auch das Glurnser Stadtspital spätestens im 14. Jh. errichtet worden ist. Zum Unterschied von manchen anderen Tiroler Stadtspitälern mit hl.-Geist-Patrozinium hat in Glurns bis 1534 auch tatsächlich der hl.-Geist-Spitalorden gewirkt. Dementsprechend zeigt das Siegelbild des Glurnser Stadtspitals unter der üblichen hl.-Geist-Taube einen Wappenschild mit dem Doppelkreuz dieses Ordens. 1535 hat der letzte Präzeptor des Glurnser Spitals die Stadt verlassen, da er sich hier „nymer wol erhalten" könne. – In das so frei gewordene Wohnhaus des Spitalskaplans konnte damals der Pfarrer von Glurns einziehen, dessen altes Widum westlich vor der neuen Stadtmauer eben damals abgerissen worden war. Nach dem Stadtbrand von 1799 einige Jahre obdachlos, konnte das Spital 1821 in ein damals zu diesem Zwecke von der Gemeinde angekauftes Haus an der Nordseite des Stadtplatzes einziehen und von dort 1854 in das Obergeschoß des Ansitzes Hendlsburg, das heutige Rathaus. Von 1844 bis zur Auflassung des Spitals nach 1945 besorgten hier Barmherzige Schwestern die Kranken- und Altenpflege.

d) Ärzte und Apotheken

Das amtliche Verzeichnis von 1813 nennt in Glurns den Arzt Anton Zimeter und den Wundarzt Joseph Walnöfer. Um 1814/21 wirkte in Glurns der „Landarzt" Johann Moriggl. J. J. Staffler (1847) bezeichnet Glurns als Standort für einen „Gerichtsarzt" und einen Wundarzt. 1902 erfolgte die Ausschreibung für einen zweiten Amtsarzt des Gerichtsbezirkes Glurns mit Sitz in Mals.

P. NOGGLER, Gemeindeärzte von Glurns. In: Der Schlern Jg. 30, Bozen 1956, S. 479 (Die dortigen, mit ca. 1800 beginnenden Angaben stimmen jedoch für die betreffende Zeit mit den obigen nicht überein).

e) Wasserleitungen, Kanalisation, Beleuchtung (Gaswerke, Sanitätswerke)

Die erste städtische Trinkwasserleitung wurde 1579 vom Nordhang des Glurnser Köpfls bzw. „hoch vom Gepürg unnzt in der Statt" angelegt. Seither bestanden hier zwei öffentliche Brunnen, der obere am Stadtplatz und der untere an der Ecke Laubengasse/Tränkgassl.

Eine erste Hochdruck-Quellwasserleitung, von derselben Quelle ausgehend, mit 60 cbm Wasserreservoir oberhalb von St. Martin erhielt Glurns im Jahre 1904. Sie ermöglichte weitere private Hausanschlüsse und öffentliche Brunnen sowie die Schaffung von Oberflur-Hydranten für die allfällig nötige Feuerbekämpfung; 1990 wurde sie erneuert. Zusätzlich geschaffen wurde 1969/71 eine zweite Hochdruck-Quellwasserleitung von Paföl herab mit eigenem Reservoir.

1958 wurden die alten, mit Steinplatten abgedeckten Ritschen durch die Schwemmkanalisation ersetzt und letztere 1983 zugleich mit der Verlegung und Erneuerung anderer Versorgungsleitungen (1984) vollständig erneuert. Kläranlage 1996.

Die talabwärts links der Straße nach Lichtenberg situierte Mülldeponie von Glurns ging 1982 in Betrieb.

f) Badstuben und Bäder

Eine „Padstuben" in Glurns wird im Pfarrkirchen-Urbar von ca. 1480 genannt, dasselbe Urbar von ca. 1510 nennt zusätzlich auch eine „untere Padstuben".

17 Bildungswesen

a, b) Das niedere und mittlere Schulwesen

In einem Dokument von 1538 nennt sich der öffentliche Notar Johann Schrattenthaler „Schuelmaister zu Glurnß". Als Schulhaus fungierte spätestens im 18. Jh. ein Haus an der Nordseite der unteren Laubengasse. Nach der Brandzerstörung desselben 1799 wurde seine Ruine verkauft und die Schule in das wiederaufgebaute Rathaus verlegt. 1855 erbaute die Stadt dann erstmals am heutigen Standpunkt nordseits an der unteren Florastraße ein eigenes Schulhaus, welches nach 1919 im Stil der damaligen Machthaber unter Verwendung von Steinen der Stadtmauer umgebaut worden ist. 1960 wurde im Hofe dahinter – im Bereich des Sportplatzes – ein zweites Grundschulgebäude errichtet. – 1971/72 erhielt Glurns eine Filiale der Mittelschule Mals, wofür 1978/82 ein gelungener, ebenso moderner als in das Ensemble gut eingefügter Schulneubau z. T. an der Stelle des Schulgebäudes von 1855 erbaut worden ist.

Nur eine Episode war das 1723/24 von einem aus dem Vinschgauer Dorfe Morter gebürtigen Augustinerchorherrn des Klosters Polling/Bayern initiierte „Seminarium puerorum" in Glurns.

d) Theater, Musikvereine, Orchester, Musikschulen

Die bestehende Blasmusikkapelle Glurns wurde 1861 als „Musikverein" gegründet.

f) Sporteinrichtungen

Seit ca. 1920/30 besteht in Glurns in der weitläufigen Winkel-Fläche innerhalb der nord- und ostseitigen Stadtmauer ein Sportplatz. 1978 wurde ein moderner Sportplatz nordöstlich der Stadt an der Straße nach Schluderns errichtet und in der Folge zu einer Sportzone mit Tennisplätzen und einem Sportgebäude, welches auch einen Zimmergewehr-Schießstand enthält, erweitert.

19 Quellen und Darstellungen zur Stadtgeschichte

Karl KARNER, Die Stadt Glurns. Ein Gedenkblatt zur 600-jährigen Jubelfeier (1304–1904), Brixen 1904.

Franz HUTER, Das ältere Glurns als Handelsplatz. In: Mitteilungen d. Instituts f. Österr. Geschichtsforschung Bd. 68, Wien 1960, S. 388–401.

Max BLIEM, Beiträge zur Stadtgeschichte von Glurns im 16. und 17. Jh. Mit besonderer Berücksichtigung seiner Bedeutung als Festung und Waffenplatz. Ungedr. phil. Diss., Innsbruck 1962.

DERSELBE, Zur Stadtanlage von Glurns. In: Der Obere Weg = Jahrbuch d. Südtiroler Kulturinstitutes Bd. 5–7, Bozen 1967, S. 424–435.

Sieghard EBNER, Glurns = Beiträge zur alpenländischen Wirtschafts- und Sozialforschung Folge 51, Innsbruck 1969.

Franz-Heinz HYE, Glurns. Handelsplatz, Festungsstadt – Ackerbürger. Ein historisch-topographischer Stadtführer, Glurns 1977;

DERSELBE, Geschichte der Stadt Glurns. – Eine Tiroler Kleinstadt an der obersten Etsch, Glurns 1992.

Concino DE CONCINI und Giorgio FEDELE, Unsere Statt zu Glurns, Bozen 1987.
Christof ANSTEIN, Die Pfarre Glurns und ihre Geschichte. Ungedr. Geistwiss. histor. Diplomarbeit, Innsbruck 1997.

20 Wissenschaftliche Sammlungen

a) Archive

Pfarrarchiv Glurns: 201 Urkunden, Urbare etc., die sich inhaltlich vorwiegend auf die bürgerliche Stadtgemeinde beziehen bzw. eigentlich das in der Kirche deponierte alte Gemeindearchiv repräsentieren. (Das betreffende Archiv galt als verschollen bzw. verbrannt, wurde 1974 anläßlich von Umbauarbeiten in einer Kommode wiederentdeckt und hierauf vom Verfasser geordnet.)

Stadtarchiv im Rathaus (Ansitz Hendlsburg): Es umfaßt heute in 54 Mappen einen bescheidenen, aber inhaltlich bedeutenden Rest des einstigen Stadtarchivs und wurde ebenfalls vom Verfasser geordnet.

KLAUSEN

1 Name

Clausa sub Sabiona 1027, clusa sita in loco Sebona 1028, in Clusa um 1228/30, in Cluse 1239, Chlaus 1304, in Clusa Sabyone 1306, Chlaus 1313, Chlousen 1316, Chlausen 1332, Clausen 1533, 1579, 1774, Klausen 1822, 1918. Amtlich 1923 und 1940: Chiusa. – Seit 1946/48 de facto: Klausen/Chiusa.

K. FINSTERWALDER, Ortsnamen um Klausen. In: Der Schlern Jg. 46, Bozen 1972, S. 417–428; E. KÜHEBACHER, Die Ortsnamen Südtirols und ihre Geschichte, Bozen 1991, S. 106, 143, 193 u. 216.

2 Lage

a) Örtliche Lage

Die Katastralgemeinde Klausen liegt in 525 m Seehöhe (46 Grad, 38′ nördl. Breite, 11 Grad, 34′ östl. Länge) an der rechten Seite des in diesem Bereich schon ziemlich engen Eisacktales, in welches hier von Nordwesten das steile Thinnebachtal einmündet, wobei der wilde Thinnebach bis 1929 die südwestliche Stadtgrenze gebildet hat. Wenige Kilometer talabwärts beginnt der sogenannte Kuntersweg, die Mündungsschlucht des Eisacktales oberhalb seiner Einmündung in das Etschtal bei Bozen. Auf die beengte Raumsituation des Ortes zwischen dem rechten Ufer des Eisack und dem steilen Burgfelsen von Säben, wo es unschwer möglich war, den Talweg zu sperren, bezieht sich auch der Name „Klausen", der in der Namensform „Klause" in Tirol mehrfach für grenzbildende Talengen begegnet.

b) Verkehrslage, zentrale Funktion

Durch die Talenge von Klausen führten und führen alle Fahrwege auf der Strecke Innsbruck – Brennerpaß – Bozen etc. von der Römerstraße bis zur Eisen- und Autobahn, wobei die mit der Talenge verbundene Sperrfunktion dazu geführt hat, daß Klausen bis 1964 stets ein Grenzort war. Am Beginn stand diesbezüglich rechts des Eisack die Nordgrenze des antik-römischen Municipium Tridentum, an welche sich noch in römischer Zeit die Diözesangrenze von Tridentum-Trient angelehnt und dazu geführt hat, daß diese vom Thinnebach gebildete Grenze auch zur Grenze zwischen der Grafschaft Bozen und der 1027 den Bischöfen von Brixen verliehenen Grafschaft im Eisack- und mittleren Inntal wurde. Eine weitere Folge dieser Grenzfunktion war die einst hier installierte Zollstation, welche von 1028 bis 1803 in der Hand der Fürstbischöfe von Brixen und deren wichtigste Einnahmequelle war. – In den letzten Jahrzehnten hat sich Klausen zu einem regionalen Schul- und Wirtschaftszentrum entwickelt.

3 Vorstädtische Siedlung

a) Prähistorische Funde

1988 Fund einer neolithischen Silex-Pfeilspitze im Klausener Leitach, 1992 Fund eines Bronzebeiles im Thinnebachtal.

b) Römische und frühgeschichtliche Siedlung

Am Karrenweg von Klausen hinauf zur Klosterburg Säben wurden 1978/82 auf mittlerer Höhe im Bereich der kleinen, barocken Marienkirche Reste einer „kleinen, spätantiken Siedlung" sowie die Fundamente einer größenmäßig bedeutenden Kirche ergraben, deren Taufkirche in den Fundamenten der genannten Marienkirche mit gemauertem Taufbecken unterhalb der heutigen Sakristei wiedererkannt wurde. – 1983 Ausgrabung jungsteinzeitlicher Funde am Aichholzerbühel in Gufidaun; – 1984 Ausgrabung von Teilen eines römerzeitlichen Gebäudes beim Gschlosserhof in Gufidaun.

P. GLEIRSCHER, Säben. Von der Spätantike ins frühe Mittelalter. Stand der archäologischen Forschung. In: Der Schlern Jg. 60, Bozen 1986, S. 552–562; – DERSELBE, Vallis Norica – Sabiona – Prihsina. Zu territorial-politischen Fragen im Eisacktal. In: Stadt und Hochstift = Veröffentlichungen des Südtiroler Landesarchivs Bd. 12, Bozen 2000, S. 27–47.

c) Dorf- und Marktsiedlung

Als nach dem Zusammenbruch des Römischen Imperium die Römerstraße mangels nötiger Straßenverwaltung den Naturgewalten, vor allem der Erosion des Eisack preisgegeben und am Talboden unbegehbar wurde, verlief der Verkehr bergwärts durch die vorerwähnte frühchristlich-spätantike Siedlung bzw. über die vor Hochwasser geschützte Berglehne von Säben und die nordwärts anschließende Mittelgebirgsterrasse von Feldthurns. An diese Phase der Verkehrsentwicklung erinnern u. a. die an und bei diesem Höhenweg situierten Altpfarrsitze Latzfons und Feldthurns, aber auch die vorerwähnte Marienkirche, welche auch nach der Transferierung der Siedlung Klausen auf den Talboden weiterhin als Kirche dieser Gemeinde von derselben kontinuierlich erhalten und immer wieder erneuert worden ist. Es wäre auch denkbar, daß die genannte spätantike Siedlung identisch wäre mit der in der „Tabula Peutingeriana" genannten Straßenstation „Sublabione", bzw. daß diese Namensform das Produkt einer Verschreibung sei und im spätantiken Original dieser Straßenkarte „Sub Sabiona" geheißen habe (vgl. oben § 1, S. 233). – Die Entstehung der bürgerlichen Siedlung Klausen am Talboden vollzog sich nach der Erneuerung der Talstraße, wobei – wie einer Traditionsnotiz von Kloster Neustift zu entnehmen ist – spätestens um 1228/30 entlang dieser Straße Bauplätze („areae") zu Marktrecht („iure forensi") verliehen worden sind.

4 Stadtherr, Stadtwerdung und Stadterhebung

a) Stadtherr (Obrigkeit)

Begründer und Stadtherr von Klausen war der Fürstbischof von Brixen, dem von Kaiser Konrad II. im Jahre 1027 die Grafschaft im Eisack-, Wipp- und mittleren Inn-

tal vom Thinnebach im Süden bis zu Melach und Ziller im Norden verliehen worden ist. In der von König Heinrich III. 1140 ausgestellten Bestätigungsurkunde dieser Grafschafts-Verleihung findet sich bezüglich der Südgrenze derselben ausdrücklich die Angabe: „..... comitatum situm in valle Enica ab eo termino, qui Tridentinum a Prixinense dividit episcopatum, et Clusam sitam sub Sabione." Die Herrschaft der Fürstbischöfe von Brixen über Klausen dauerte bis zur Säkularisierung des bis dahin geistlichen Fürstentums im Jahre 1803, welches damals der Grafschaft Tirol einverleibt wurde und mit Tirol bei der Konstituierung des Kaisertums Österreich (1804) zu diesem kam. Durch den Friedensvertrag von St. Germain gelangte Klausen mit Südtirol an Italien.

L. SANTIFALLER, Die Urkunden der Brixner Hochstifts-Archive 845–1295 = Schlern-Schriften Bd. 15, Innsbruck 1929; – F. H. HYE, Die Städte der Fürstbischöfe von Brixen und ihre Stellung in der fürstbischöflichen Territorialpolitik im Mittelalter. In: Stadt und Hochstift = Veröffentlichungen des Südtiroler Landesarchivs Bd. 12, Bozen 2000, S. 165–172.

b) Erwähnung als bürgerliche Siedlung

Die erste Nennung von Klausen als „stat" datiert von 1300/1308.

F. HUTER, Alpenländer mit Südtirol = Handbuch der historischen Stätten, Österreich Bd. 2, Stuttgart 1966, S. 527 (1308); – DERSELBE, Historische Städtebilder aus Alt-Tirol, Innsbruck 1967, S. 30 (1300).

c) Stadtcharakter, Privilegien der Stadt

Eine Stadterhebungsurkunde ist nicht bekannt. Die der Stadt von den Fürstbischöfen von Brixen eingeräumten „statt recht ze Clausen" wurden sowohl in einer als Raitbuch begonnenen Folio-Hs. von 1428 als auch in einer um 1485 zu datierenden Folio-Handschrift mit dem Incipit „Die statrecht zu Clausen" niedergeschrieben. Beide Codices befinden sich im Stadtarchiv Klausen.

5 Die Stadt als Siedlung

a) Anlage und Entwicklung der Siedlung

Siedlungsmäßig entwickelte sich die Stadt entlang der beinahe geradlinig vom Brixner Tor im Norden bis zur Brücke über den Thinnebach im Süden durch Klausen führenden, schmalen Brennerstraße bzw. „Stadtgasse", die sich südlich vor dem ehemaligen Bozner Tor, also erst außerhalb der ehemaligen Ringmauer zum Thinneplatz weitet. Unmittelbar nördlich bzw. innerhalb dieses ehemaligen Tores zweigt ostwärts das Bader- oder Färbergaßl ab, welches zur ehemaligen Fußgängerbrücke über den Eisack geführt hat, woran der heute zugemauerte ehemalige Brückentorturm erinnert. Die ostseitige Häuserzeile der Stadtgasse bzw. der Oberstadt ist überdies von zwei schmalen Stiegenwegen, der Wasser- und der Tränkgasse, unterbrochen, die sowohl als Zugang zur Viehtränke als auch allenfalls zur Beschaffung von Löschwasser dienten. Der heutige Stadtplatz bei der Pfarrkirche entstand erst 1881 im Zusammenhang mit dem Bau der neuen Eisackbrücke (an der Stelle der heutigen). Zuvor befand sich hier ein Wohnhaus und hinter diesem der städtische Friedhof. Dieser neuen Straßenführung fiel auch der sogenannte Archivturm im Verlauf der hier parallel zum Eisackufer verlaufenden Ringmauer zum Opfer. Erhalten ist noch das nordseitige Brixner Tor, von wo die Stadtmauer einerseits bis zur Einmündung des Mühlbaches entlang dem Eisack und andererseits schräg aufwärts zur Burg Branzoll verlief, welche, seit 1304 nachweisbar, den Kulminationspunkt der Stadtmauer und die fürstbischöfliche Stadtburg bildete. Von dort stieg die Ringmauer steil hinab auf den Talboden zum ehemaligen Torturm des Bozner Tores und zur Südostecke der Ringmauer links neben der Einmündung des Mühlbaches in den Fluß.

Unmittelbar südlich vor der heute weitgehend in Wohnhäuser integrierten südlichen Stadtmauer verläuft noch heute der vom Thinnebach abgezweigte Mühlbach, an dem sich drei Mühlen und die städtische Metzbank etc. befanden.

Oberhalb des oberwähnten Thinneplatzes entwickelte sich schon früh eine Gewerbezone (vgl. § 8 a, S. 244), während sich unterhalb dieses Platzes bereits um 1498 in fünf unterschiedlichen „Zeilen" die 71 Gärten der Hausbesitzer von Klausen ausgedehnt haben. Beginnend mit der Errichtung des dortigen Schwimmbades wurde diese Grünzone in den letzten Jahren immer mehr dem Wohnbau erschlossen. Einen gewissen Schutz vor den Wildwassern des Thinnebaches bietet eine Schutz- oder Archenmauer, an der viele Generationen gebaut haben. Ihretwegen steigt die Straße vom Thinneplatz zur Brücke über den Thinnebach deutlich an.

Obgleich erst 1929 von Villanders nach Klausen eingemeindet, bildet auch die sogenannte „Frag" südlich des Thinnebaches schon seit Jahrhunderten de facto einen Stadtteil von Klausen, wo sich an der alten Hauptstraße mehrere „Erzstädel", das berühmte ehemalige Kapuzinerkloster sowie das Leprosenhaus und der Richtplatz von Klausen befanden. Seit 1959/1966 und insbesondere seit 1993 wurde dort südlich vom Kapuzinerbergl bzw. unterhalb der Frag die gemischte Wohnbau- und Gewerbezone Langrain errichtet.

Auch der formal erst 1929 mit Gufidaun nach Klausen eingemeindete Stadtteil „Griesbruck" links des Eisack war bereits lange zuvor Standort wesentlicher Einrichtungen des städtischen Lebens (Pfarrhaus, Friedhof, Bahnhof etc.), wozu in den letzten Jahrzehnten mehrere Schulen kamen. Ähnliches gilt auch für das damals mit Latzfons nach Klausen eingemeindete Klausener Leitach und die Eisackau nördlich der Stadt. Die Gewerbezone „Klausen-Süd" oder Glun links des Eisack, deutlich flußabwärts unterhalb von Griesbruck und auch geländebedingt davon getrennt, ist hingegen erst um 1987 auf ehemaligem Gemeindegebiet von Gufidaun entstanden.

Die Eingemeindung von Latzfons (1929) ermöglichte überdies auch sowohl die Entwicklung des neuen Wohnstadtteiles „Klausener Leitach" nordwestlich des historischen Stadtkernes bzw. zwischen diesem, der Staatsstraße und dem alten Spitalerhof als auch der neuen Sportzone mit Schwimmbad, Tennisplätzen etc. auf den ehemaligen Spitalwiesen östlich der genannten Straße.

J. GARBER, Von den alten Stadttoren und -türmen in Klausen. In: Der Schlern Jg. 1, Bozen 1920, S. 84–87; – F. H. HYE, Die fürstbischöflich-brixnerische Stadt Klausen am Eisack. Geschichte und Stadtbild. In: Österreich in Geschichte und Literatur Jg. 35, Wien 1991, S. 329–339.

b) Gebäude

Sakralbauten in der Katastralgemeinde Klausen

St.-Andreas-Pfarrkirche: urkundlich 1342, heutige spätgotische Hallenkirche von 1482/94.

Kirche des 12-Apostel-Spitals beim Brixner Tor: erbaut um 1471 (vgl. § 15 a, S. 250f.), 1987 von der Stadt zur Erweiterung des Rathauses angekauft.

Eine spätgotische Doppelkapelle bzw. *Gruftkapelle* südlich neben der Pfarrkirche bildet ein letztes bauliches Relikt des alten Friedhofs (renoviert 1983).

Sakralbauten auf/in der Frag

Ehemaliges *Kapuzinerkloster und Kirche zum hl. Felix von Cantalicio:* erbaut 1699/1701, gegründet von P. Gabriel Pontifeser aus Klausen mit Unterstützung der Königin Maria Anna, geb. Prinzessin von der Pfalz, Gattin bzw. Witwe König Karls II. von Spanien-Habsburg (gest. 1700); das Kloster mußte 1971 wieder aufgelassen werden und wurde 1988 zum städtischen Kulturzentrum umgewandelt.

Maria-Loreto-Kirchlein beim Kapuzinerkloster und zu diesem gehörig, berühmt durch den von Königin Maria Anna gestifteten „Loretoschatz"; nach der Auflassung des Klosters zunächst als eines der Südtiroler Landesmuseen geführt, bildet dieser „Schatz" seit 1992 einen Teil des Stadtmuseums Klausen.

Sakralbauten in der Katastralgemeinde Latzfons

Kloster Säben mit hl.-Kreuz-Kirche: nach archäologischem Befund seit dem 4./5. Jh. Sitz der Bischöfe von Säben (urkundlich um 572/77: „Materninus Sabionensis", Teilnehmer einer Bischofssynode in Grado; desgleichen wird der hl. Bischof Ingenuin, „episcopus Secundae Raetiae", als Teilnehmer einer Bischofssynode in Grado 579 genannt), die nach 901 ihren Sitz auf den Talboden von Brixen verlegt haben. Säben blieb jedoch weiterhin bischöfliche Burg, wurde 1533 durch Blitzschlag und Brand zur Ruine und blieb dies bis zum Wiederaufbau und zur Neubesiedlung durch Benediktinerinnen von Nonntal/Salzburg 1681/86, initiiert durch den Klausener Pfarrer M. Jenner und verbunden mit dem Bau einer zusätzlichen, barocken Klosterkirche (Weihe 1688) anstelle des einstigen Palas.

St.-Jakobs-Pfarrkirche: urkundlich 1153, im 15./16. Jh. gotisiert, 1857 nach Westen verlängert; Gruftkapelle des 17. Jh. nördlich an die Kirche angebaut.

St. Peter im Wald: romanischer Bau, urkundlich jedoch erst 1373.

Unsere Liebe Frau im Dorf: romanischer Bau, urkundlich jedoch erst 1373.

Hl. Kreuz auf Rizlar bzw. Latzfonser Kreuz: erbaut 1867/69 anstelle einer Kapelle von 1743 zur Verehrung eines im 17. Jh. aus der Latzfonser Gruftkapelle hier heraufübertragenen Kreuzes.

St. Andreas in Garn: romanischer Bau, im 15. Jh. gotisiert; Friedhofskapelle ebendort: erbaut im 17. Jh.

Sakralbauten in der Fraktion Verdings

Expositurkirche zum hl. Valentin: romanischer Bau, in der 2. Hälfte des 14. Jh. gotisiert; ebendort romanische Friedhofskapelle.

St. Katharina in Viers: erbaut 1720 bei dem 1878 abgebrannten und danach wiederaufgebauten ehemaligen brixnerischen Küchenmeierhof.

Unsere Liebe Frau in Pardell: einfacher Bau beim gleichnamigen Hof, um 1700.

(Hospiz und) *Spitalskirche zu den hl. Zwölf Aposteln* mit eigenem Friedhof in der Eisackau nördlich der Stadt Klausen: errichtet um 1210 durch den Fürstbischof von Brixen Konrad Rodank. Nach mehrfachen, durch den Eisack verursachten Hochwasserkatastrophen (zuletzt 1471) wurde das Spital in die Stadt Klausen verlegt und beiderseits des Brixner Tores neu erbaut. Vom Altbau blieben nur das Kirchengebäude, ein polygonaler Zentralbau (nach der Wiederherstellung neue Weihe als Kapelle auf der Insel zu Ehren des hl. Sebastian 1487, letzte Sanierung 1984) sowie der zugehörige Wirtschaftshof beim „Spitaler" erhalten.

Sakralbau in der Katastralgemeinde Gufidaun

St.-Martins-Pfarrkirche: urkundlich 1280, im 15. Jh. gotisiert.

J. RINGLER, Die Jenner-Kapelle in Klausen. In: Der Schlern Jg. 28, Bozen 1954, S. 207–209; – E. THEIL, Die Kirchen von Klausen = Kleiner Laurin-Kunstführer Nr. 29, Bozen 1976; – F. HUTER, Säben, Ursprung der bischöflichen Kirche Brixen. Tatsachen und Thesen aus anderthalbtausend Jahren. In: Der Schlern Jg. 51, Bozen 1977, S. 6–13.

Profanbauten in der Katastralgemeinde Klausen

Burg Branzoll, Stadtburg von Klausen: urkundlich 1304, Sitz des fürstbischöflichen Stadthauptmanns von Klausen bis zur Brandzerstörung der Burg durch Blitzschlag 1671, neues Pyramidendach am Wehrturm 1895, Wiederaufbau der Burg 1912.

Brixner Tor und Brückentorturm: einzig erhalten gebliebene Stadttore.

Zollhaus der Fürstbischöfe von Brixen an der oberen Stadtgasse in der südlichen Nachbarschaft des Brixner Tores, Fassade geziert mit den Wappen der Fürstbischöfe ab 1490, diente von 1913 bis 1929 als Rathaus (renoviert 1982); – gegenüber an der Ostseite der Stadtgasse befindet sich das ehemalige fürstbischöfliche Zoll-Gegenschreiberhaus.

Rathaus: ehemaliges Hospiz zu den hl. 12 Aposteln, erbaut im Zuge der Übersiedlung des alten Hospizes von der Eisackau in die Stadt 1471 (vgl. oben Sakralbauten/Katastralgemeinde Latzfons), ostseitig angebaut an das Brixner Tor (westlich davon die neue 12-Apostel-Spitalskirche, vgl. oben), fungiert seit 1929 als Rathaus.

Altes Rathaus an der oberen Stadtgasse bergseits: ursprünglich Gasthaus „am Hirschen", 1609 über Bitten der Gemeinde durch den Fürstbischof von Brixen als Rathaus angekauft, von 1791 bis 1912 fungierte es auch als Schulhaus.

Amtshaus des Urbarpropstes von Kloster Neustift bei Brixen mit Stiftswappenstein von 1544 (ebenfalls bergseits); – desgleichen das

Verwaltungsgebäude des Benediktinerinnenklosters auf Säben (mit Verladerampe).

Amtsgebäude der Prätur: *von Neidegg'sche Behausung,* in welche der Stadthauptmann nach dem Brand von Branzoll 1671 übersiedelt ist (wasserseits).

Stadthaus der 1675 nobilitierten Klausener Bürgerfamilie *Jenner* mit Freitreppe südlich neben der Pfarrkirche (Bärenwirt).

Profanbauten auf/in der Frag (bis 1929 bei der Katastralgemeinde Villanders)

An der Ostseite des Platzes laut eines Planes von 1533 im Tiroler Landesarchiv in Innsbruck die ehemaligen *Erzkästen* der Gewerkenfamilien Baumgartner, des Landesfürsten, der Fugger und der Stöckl.

Ansitze *Ansheim* (urkundlich 1429), *Fragsburg* (mit getrennt stehender barocker Kapelle am Fahrweg nach Villanders), *Friedburg, Mayrheim* (privilegiert 1658, mit Eckturm und Erker), *Neidegg* und *Rechegg* von 1547 (mit zwei halbrunden Ecktürmen und Wappenstein des Erbauers C. Rech).

Profanbauten in der Katastralgemeinde Latzfons

Burg Garnstein (Gernstein) im Thinnebachtal: erbaut um 1200, Sitz einer Linie der Brixner Ministerialenfamilie Voitsberger, seit 16. Jh. ruinös; 1879 an Friedrich von Gerstein-Hohenstein gelangt, wurde die Burg um 1880 im Stil der Zeit wiederaufgebaut. 1988 wurde ein *Haus der Dorfgemeinschaft Latzfons* als Mehrzweckgebäude eröffnet, nachdem Verdings bereits 1986 ein neues Schul- und Mehrzweckgebäude erhalten hatte.

Profanbauten in der Katastralgemeinde Gufidaun

In Griesbruck: *Ansitz Bärburg:* erbaut durch die nobilitierte Klausener Bürgerfamilie Jenner, seit 1847 Pfarrhaus von Klausen; *Ansitz Griesbruck:* privilegiert 1680, stattlicher Herrensitz mit dem Wolkenstein-Wappen am Torhäuschen; *Ansitz Sebegg:* großes, dreiflügeliges Gebäude, erbaut in der 2. Hälfte des 17. Jh. durch die Familie Jenner, Linie von Sebegg, später Sitz des Bergamtes, heute Schulgebäude.

In Gufidaun: *Burg Koburg,* Sitz der Herren von Gufidaun, 1525 bis 1814 im Besitz derer von Mayrhofer; *Burg Summersperg* (Sommersberg): urkundlich 1202; *Burg Anger:* 1288 als Gehöft genannt und in der Folge von den Herren von Teis zu einem festen Sitz ausgebaut; *Ansitz Hohenhaus*.

G. TÖCHTERLE, Wann wurde der Turm Branzoll ob Klausen erbaut? In: Der Schlern Jg. 5, Bozen 1924, S. 382–384; – F. PFISTER, Klausens alte Bärburg – 100 Jahre Pfarrwidum. In: Der Schlern Jg. 21, Bozen 1947, S. 312; – G. KIERDORF-TRAUT, Zur Geschichte der Burg Branzoll. In: Der Schlern Jg. 46, Bozen 1972, S. 345 f.; – E. THEIL, Der Loretoschatz von Klausen = Kleine Laurin-Kunstführer Nr. 28, Bozen 1976; – M. NÖSSING, Häuserbuch der Stadt Klausen (1814–1980). Ungedr. geistwiss. Diss., Innsbruck 1983; – Ch. GASSER und M. NÖSSING, Beiträge zur Häusergeschichte der Stadt Klausen, Brixen 1991.

c) Brände und Naturkatastrophen

Brände

1533 Brand durch Blitzschlag in Säben, 1671 Brand durch Blitzschlag in Branzoll. 1992 Zerstörung des Gasthofes zu Latzfons durch Brand. 1993 Großbrand in „Fonteklaus". Am 20. Jänner und 1. Februar 1859 ereignete sich in Klausen ein Erdbeben.

Um allfälligen Bränden in einigermaßen geordneter Weise begegnen zu können, war die Stadt in vier Viertel geteilt, an deren Spitze je ein alljährlich neu gewählter Viertlmeister stand. Das sogenannte Transportobuch von ca. 1857/60 nennt ein im Besitz der Gemeinde befindliches „Spritzenhaus" auf der Thinne. Die Freiwillige Feuerwehr Klausen wurde 1876/81 gegründet (Jubiläum 1996). Das erste Feuerwehr-Gerätehaus links des Thinnebaches wurde 1921 von diesem zur Gänze weggerissen. 1989 wurde der Fahrzeugpark der Freiwilligen Feuerwehr Klausen erheblich vergrößert, Feuerwehrhalle an der Bahnhofstraße.

1888 Gründung der Freiwilligen Feuerwehr Latzfons (Ankauf eines neuen Fahrzeuges 1983), 1911 Gründung der Freiwilligen Feuerwehr Verdings, 1904 Freiwillige Feuerwehr Gufidaun.

Überschwemmungen und Vermurungen

Um 1401/17 Eisack (= E.), 1471 E., 1520 E., 1549 Mur, 1584 Thinnebach (= T.), 1598 , 1614 , 1632, 1635 u. 1637 T., 1642 E., 1645 u. 1677 T. , 1728 u. 1746 E. u. T., 1753, 1757 E. u. T., 1766, 1768 u. 1776 T., 1878, 1881 Tuschenbach links des E., 1882, 1885 u. 1888 E. – Die wohl ärgste Hochwasserkatastrophe der jüngsten Zeit ereignete sich 1921, als der durch wolkenbruchartige Unwetter ungeheuer angewachsene Thinnebach mit seinem Geröll den Eisack aufgestaut und so in Klausen ein z. T. mehrere Meter tiefes Hochwasser verursacht hat (ein Toter), woran noch heute mehrere Hochwassermarken an Gebäuden erinnern. Um einer ähnlichen Katastrophe künftig vorzubeugen, wurde die bis dahin fast rechtwinkelige Einmündung des Thinnebaches in den Eisack durch einen mächtigen, linksufrigen Damm leicht gegen Süden abgebogen, sodaß die Bacheinmündung nunmehr beinahe parallel zum Eisack erfolgt, und das Geschiebe schneller südwärts weiterbefördert wird. – 1982/83 Errichtung von Ufermauern zum Schutz der neuen Wohnsiedlung in Griesbruck; – 1987 Überschwemmung in Klausen, 1993 verursachte der Bruch einer Stausperre am Thinnebach Hochwasseralarm in Klausen.

Klausen. Zum Gedenken an das große Unglück am 9. August 1921. Hg. v. Schlern-Verlag, u. a. mit Beiträgen von R. v. KLEBELSBERG (Das Einzugsgebiet des Hochwassers von Klausen) und A. PERNTHALER (Überschwemmungen in Klausen und Umgebung); – A. HELLMESSEN, Zum Wiederaufbau von Klausen In: Der Schlern Jg. 3, Bozen 1922, S. 204–207.

6 Bevölkerung

a) Herkunft und soziale Gliederung

Eine systematische Erforschung der Bevölkerungsgeschichte von Klausen steht noch aus, doch ist anzunehmen, daß sich die Stadtbevölkerung zum Teil aus sich selbst sowie vor allem aus den umgebenden Tälern und dem Gebiet der Grafschaft Tirol ergänzt hat. Geradezu charakteristisch für eine Stadt an der Brennerstraße ist auch der relative hohe Anteil von Zuwanderern, die z. B. 1579 ausdrücklich als „Ausländer" bezeichnet wurden (vgl. unten § 6 d).

b) Seuchen

Epidemien: Pest 1636.

c) Bevölkerungsverzeichnisse, Kirchenmatriken

Matrikenbücher der St.-Andreas-Stadtpfarre: Taufbücher ab 1573, Heiratsbücher ab 1573, Sterbebücher ab 1610.

d) Bedeutende Familien und Geschlechter

Das „Verzaichnuß der Statt Clausen Bürger und Einwonner / 1579 Jar" enthält folgende Familiennamen mit der Angabe der Abkunft (SK = Sohn aus Klausen, T = Tiroler, A = Ausländer):

Allperger T, Augustin A, Dinzl T, Eder T, Finder A, Frieauf (Frühauf) T, Gaßmair T, Graf SK, Hecher T, Hilleprannt SK, Hueber A, Huetter T, Jenner SK, Joachim T, Kircher SK, Koch SK, Kramer SK, Kramer A, Kröll T, Kurz SK, Lannger A, Lechler T, Leutter SK, Mair SK, Mallknecht T, Maurer A, Memynnger A, Messerschmidt SK, Neuner SK, Nick T, Parnpüchler SK., Peintner T, Per (Peer) A, Petzer T, Platzlunnger T, Plauer T, Prugger T, Pichler T, Püchler SK, Rauch A, Reider T, Schießer SK, Schinntzenperger T, Schlosser T, Schnidt T, Schneider SK, Schneider T, Scholz A, Schorndorffer A, Schuster A, Spilberger A, Stainer T, Strickenmacher T, Trocker T, Waffner SK, Wartter T, Weigl T, Wismann T, Zannggl A, Zesmair (Zösmair) T, Zeßmair SK, Zimmermann T.

Von den damals insgesamt 73 (vier davon ohne Nennung des Familiennamens) wehrfähigen Männern in Klausen waren demnach nur 19 gebürtige Klausener, 40 aus dem Gebiet der Grafschaft Tirol und 14 waren „Ausländer", z. B. aus Bayern, Schwaben und Salzburg (vgl. § 13 c, S. 249).

A. PERNTHALER, Gesellschaftliche Verhältnisse in Klausen am Ausgang des Mittelalters. In: Ebenda Jg. 2, Bozen 1921, S. 419–427; – A. A. CORNET, Die Jenner von Vergutz, Sebegg und Bärburg = Beihefte zum (Bozner) Jb. für Geschichte, Kultur und Kunst Nr. 3, „Bolzano" 1939. K. F. ZANI, Wehrhaftes Klausen (1579). In: Der Schlern Jg. 55, Bozen 1981, S. 86–95; – Umfangreiche Namenslisten von Amtsinhabern und Bürgern bietet K. BRANDSTÄTTER (Hg.), Städtische Verwaltung und Bürgerschaft in Klausen im 15. Jahrhundert. In: Der Schlern Jg. 73, Bozen 1999, S. 437–448 und 715–739.

e) Bedeutende Persönlichkeiten

P. Gabriel Pontifeser O. Cap., Beichtvater der Königin Maria Anna von Spanien und Begründer des Kapuzinerklosters in Klausen/Frag (1633 Klausen – 1707 Klausen); – Josef Anton Perlath E. von Kaltenburg, Landsturmhauptmann und Bürgermeister von Klausen; Florian Blaas (1827 Klausen – 1906 Innsbruck), Maler; – Hans Piffrader (1888 Klausen – 1950 Bozen), er schuf u. a. das faschistische Großrelief zur Verherrlichung Benito Mussolinis am Amtsgebäude der Finanzverwaltung in Bozen-Gries.

A. CORETH, Unbekannte Briefe P. Marco d'Avianos an P. Gabriel Pontifeser aus Klausen. In: Mitt. d. Österreichischen Staatsarchivs, Wien 1956, S. 23–47.

f) Einwohner

Häuserzahlen

1847 (J. J. Staffler): 111 (L.: +165, G.: +59); – 1869: 86 (L.: +171, G.: +59, F.: +23, Gr. +49); – 1880: 87 (L.: +179, G.: +60, F.: +94, Gr.: +48); – 1890: 89 (L.: +184, G.: +63, F.: +95, Gr.: +56); – 1900: 92 (L.: +195, G.: +65); – 1910: 93 (L.: +197, G.: +68, F.: +96).

Einwohnerzahlen

1847 (J. J. Staffler): 775 (L: +1.126, G.: +327); – 1869: 624 (L.: +1.227, G.: +315, F.: +186, Gr.: +213); – 1880: 638 (L.: +1.183, G.: +312, F.: +571, Gr.: +244); – 1890: 711 (L.: +1.233, G.: +312, F.: +568, Gr.: +274); – 1900: 654 (L.: +1.274, G.: +323); – 1910: 705 (L.: +1.270, G.: +334, F.: +652); – 1921: 904 (L.: +1.234, G.: +318); – 1951: 4.732; – 1961: 3.632; – 1971: 3.958; – 1981: 3.980; – 1991: 4.284.

L.= Latzfons, G.= Gufidaun, F.= Frag, Gr.= Griesbruck.

g) Friedhöfe

Der alte Stadtfriedhof (urkundlich 1406) befand sich bei der St.-Andreas-(Pfarr-)Kirche rund um diese, vor allem aber an der Stelle des heutigen Stadtplatzes. Neben einzelnen Grabsteinen erinnert heute noch besonders die alte Totenkapelle an der Südseite der Kirche an diesen ersten Gottesacker, welcher um 1840 an seinen heutigen Standort in Griesbruck verlegt worden ist. – Auch beim ursprünglichen Pilgerspital zu den hl. 12 Aposteln in der Eisackau befand sich ein Friedhof, der 1985/86 durch die Archäologie wiederentdeckt worden ist. – Weitere Friedhöfe bestehen bei den Kirchen in Gufidaun, Verdings und Latzfons. Letzterer wurde 1985 erweitert.

7 Sprache

Sprachgruppenzugehörigkeit

1880: dt. 631 (L.: dt. 1.180, G.: 309, F.: dt. 566, ital. 5); – 1890: dt. 692, ital. u. lad. 2 (L.: dt. 1.210, ital. u. lad. 8, – G.: dt. 311, – F.: dt. 541, ital. u. lad. 9); – 1900: dt. 634, ital. 5 (L.: dt. 1.263, G.: dt. 321); – 1910: dt. 695, andere 10 (L.: dt. 1.256, ital. u. lad. 18, andere 13, – G.: dt. 333, andere 1, F.: dt. 635, ital. u. lad. 5, andere 12); – 1921: dt. 785, ital. 57, lad. 1, andere 61 (L.: dt. 1.195, ital. 2, lad. 1, andere 36, G.: dt. 312, andere 6); – 1961: dt. 3.077, ital. 548, lad. 3, andere 4; – 1971: dt. 3.464, ital. 469, lad. 20, andere 5; – 1981: dt. 3.650, ital. 317, lad. 13; – 1991: dt. 3.822, ital. 337, lad. 17.

8 Wirtschaft

a) Allgemeine Wirtschaftsentwicklung bis zum Zeitalter der Industrialisierung

Abgesehen von den üblichen Handwerken und Gewerbebetrieben war die Wirtschaft von Klausen stets vom Straßenverkehr dominiert. Dementsprechend wird hier bereits 1373 ein Wirt und werden im obzitierten Musterungs-Verzeichnis von Klausen von 1579 (vgl. oben § 6 d, S. 242) in dieser kleinen Stadt sogar 10 Wirte genannt. Dieselbe Zahl nennen auch J. J. Staffler 1847 und die Katastermappe von 1858. Die Steuerfassionen von 1783 enthalten hingegen nur 7 Wirtshäuser (Löwe, Bär, Gans, Rößl, Rose, Mondschein, Lamm), sie dürften nicht vollständig erhalten sein. Nach den Wirten folgten im Jahre 1579 zahlenmäßig die Bäcker (8), die Schneider (5), die Faßbinder (4), die Müller, Kramer und Kürschner (je 3), die Metzger, Tischler, Kesselschmiede, Weber und Bader (je 2) sowie je ein Maurer, Zimmermann, Weißgerber, Rotgerber, Schuster, Sattler, Seckler, Rädermacher, Schlosser, Spengler und Messerschmied, ein Barbierer sowie je ein Apotheker und ein Goldschmied. – Ein erhebliche Gruppe davon hatte ihren Standort in der Gewerbezone oberhalb (Gärber- und Rauschgasse) und unterhalb des Thinneplatzes, namentlich am Mühlbach, so die Obere Mühle, eine Gerberei, die Mühle am Tor (ehemaliges Bozner Tor), die bis 1989 städtische bzw. von der Stadt verpachtete Metzbank bzw. Metzgerei und die Untere Mühle (Mühlgasse 1355), in deren südlicher Nachbarschaft sich am Eisack die Rotgerberei befand. – Noch 1884 ließ sich oberhalb dieser Zone links des Thinnebaches die Lodenfabrik Scheidle nieder (aufgelassen 1988).

Wie die Erzstädel der Fugger, Baumgartner, Stöckl etc. auf der Frag sowie der stattliche, spätgotische Neubau der St.-Andreas-Pfarrkirche von Klausen zeigen, hat die Stadt im 15./16. Jh. auch vom Bergsegen am Pfunderer Berg profitiert. Eine moderne, vielgestaltige Handwerker- und Industriezone, „Klausen-Süd", wurde in den letzten Jahrzehnten planungsmäßig etwas flußabwärts links des Eisack angelegt und 1987 durch eine eigene neue Eisackbrücke erschlossen. 1985/92 erfolgte die Anlage der Gewerbezone „Putzen" mit zehn Handwerksbetrieben in der Nähe der Eisenbahnstation Villnöss. 1993 wird die Errichtung einer weiteren Gewerbezone in den Spitalwiesen nördlich der Stadt geplant. – An die Stelle der alten Metzbank trat 1983 der „Schlachthof Eisacktal" in der Brixner Industriezone.

G. MUTSCHLECHNER, Das Bergwerk am Pfunderer Berg. In: Der Schlern Jg. 46, Bozen 1972, S. 347–359.

b) Fabriken und Handelshäuser seit der Mitte des 19. Jahrhunderts

Die Lodenfabrik Scheidle hat 1988 ihre Produktion eingestellt (1990 zu einem Wohnhaus umgewidmet); Kellereigenossenschaft Klausen gegründet 1961, Firma Duscholux gegründet 1974.

c) Märkte, Messen und Ausstellungen

Am 24. Juli 1429 haben der Fürstbischof und das Domkapitel von Brixen der Stadt Klausen zwei Jahrmärkte mit je achttägiger Dauer zum hl. Kreuztag im Mai (3. Mai) und im Herbst (14. September) verliehen, und zwar mit denselben Rechten, wie sie die beiden anderen fürstbischöflichen Städte Brixen und Bruneck genossen. – Am 10. Juni 1489 verlieh Kaiser Friedrich III. über Ersuchen des Fürstbischofs von Brixen dem „Markt" Klausen einen Pfinztag- bzw. Donnerstag-Wochenmarkt, dem König Ferdinand I. 1526 einen Samstagwochenmarkt hinzufügte. – In der Folge kamen weitere vier Jahrmärkte dazu. J. J. Staffler (1847) nennt hier daher insgesamt sechs, nämlich zusätzlich zu den vorgenannten noch Jahrmärkte am 24. Februar, am Montag nach dem Dreifaltigkeits-Sonntag, am 28. Oktober und 30. November. Jene am 24. Februar (St. Matthias) und am 28. Oktober (hll. Simon und Juda) sind besonders beliebt.

Eine Gewerbe-Ausstellung in Klausen wird 1913 genannt. Eine neue Marktordnung wurde 1983 vom Gemeinderat beschlossen.

d) Organisationen des Handels und Gewerbes

Eine Bruderschaft der Müller und Bäcker zu Unserer Lieben Frau und St.-Urbans-Bruderschaft der Bauleute wird 1509 erwähnt.

Die Volksbank Klausen eröffnete 1990 eine neue Geschäftsstelle.
Die Filiale Klausen der Südtiroler Landessparkasse hat ihren Sitz am Kirchplatz im restaurierten Jennerhaus (1993).

e) Verkehrseinrichtungen

Die Stadtgasse fungierte seit ihrer Anlage bis zum Bau der Umfahrungsstraße am Berg oberhalb der Stadt im Jahre 1934 mit Tunnel unter Branzoll und zweiter Thinnebachbrücke als Abschnitt der Hauptlandstraße durch das Eisacktal bzw. als Träger des gesamten Brenner-Verkehrs. Die Motivation zum Bau der Umfahrungsstraße kam vom Militär, das sich in der damaligen gespannten politischen Lage bewußt wurde, daß diese wichtige Nachschubstraße durch die überdies sehr enge Stadtgasse im Falle einer neuerlichen Hochwasserkatastrophe wie 1921 gänzlich unbenützbar wäre.

Beim Bau der Eisenbahnlinie über den Brenner 1864/67 mußten die Bahntrasse und der Standort des Bahnhofs außerhalb des damaligen Stadtgebietes, jenseits des Eisack in Griesbruck situiert werden. Nicht zuletzt die höchst notwendige verbesserte Verbindung der Stadt zum Bahnhof veranlaßte auch 1881 den Bau einer neuen Eisackbrücke oberhalb der damals demontierten Fußgänger-Holzbrücke beim Brückenturm. Ihre Eisenfachwerkkonstruktion wurde 1957 durch die moderne Spannbetonbrücke, genannt „St.-Andreas-Brücke", ersetzt.

Auch die in diesem Abschnitt 1975 eröffnete Brennerautobahn verläuft am linken Talhang, d. h. durch das Gebiet der Katastralgemeinde Gufidaun.

Die während des Ersten Weltkrieges 1916 als k. u. k. Militärbahn errichtete Schmalspurbahn von Klausen in das Grödental förderte zwar einige Zeit Wirtschaft und Fremdenverkehr, mußte aber infolge von Unrentabilität 1960 wieder aufgelassen werden. Der Viadukt dieser Bahn quer über die Bahnhofsanlagen von Klausen besteht heute nur noch als funktionsloses Denkmal, die Tunnels der ehemaligen Grödner Bahn werden als Straßentunnels für die neue Zufahrt in das Grödnertal genutzt.

Der Autobahnanschluß Klausen und die Schaffung der Gewerbezone „Klausen-Süd" am linken Eisackufer unterhalb der Stadt (1986/87) erforderten den Bau von zwei zusätzlichen Eisackbrücken.– 1991 erfolgte der Bau einer Zufahrtsstraße und Brücke über das Tuschenbachl zur Eisackzone.

1889 Eröffnung der neuen „k. k. Bergwerksstraße" durch die Thinnebachschlucht, nachdem der alte Fahrweg im Jahre 1874 vom Thinnebach fast gänzlich zerstört worden war.

1985/90 Bau der neuen Latzfonser Straße.

1856 Eröffnung der neuen Straße in das Grödental.

Die Poststation von Klausen befand sich 1847 in der Frag, 1858 hingegen im Gasthof zur Gans am Thinneplatz, wo sie in der Katastermappe von 1858 eingezeichnet erscheint. 1866 Errichtung eines Telegraphenamtes in Klausen. – 1990 wurde ein neues Postamt eröffnet.

f) Fremdenverkehr

Die Inbetriebnahme der Brennerbahn (1867) sowie die damals verstärkt propagierte Meinung, der einst am Hofe des Herzogs Leopold VI. von Österreich nachweisbare berühmte Dichter Walther von der Vogelweide (gest. um 1230), stamme vom Vogelweidhof in der südlich benachbarten Gemeinde Lajen bewirkten durch einige Jahrzehnte eine starke Zunahme des Tourismus in Klausen.

1901 Gründung des Verschönerungsvereins Klausen, dessen Vorgängerverein sich 1894 aufgelöst hat.

1895 Gründung der Sektion Klausen des Deutschen und Österreichischen Alpenvereins; Neugründung 1947.

K. KLAAR, Die beiden Vogelwaidhöfe bei Klausen. Ein Beitrag zur Heimatsfrage Walthers. In: Mitteilungen des Instituts f. Österr. Geschichtsforschung, Erg. Bd. 6, Innsbruck 1901, S. 265–279; – J. RAMPOLD, Die Waltherstadt Klausen. In: Der Schlern Jg. 46, Bozen 1972, S. 368–371; – E. THURNHER, Klausen in deutscher Dichtung. In: Ebenda, S. 372–380.

9 Verfassung und Verwaltung

Der Stadtrichter von Klausen wurde vom Fürstbischof von Brixen eingesetzt, jedoch – laut Stadtrecht von 1428 und 1485 – „mit rat der burger". Der Richter sollte selbst „burger und erlich gesessen sein in der stat". Als die ersten gewählten Gemeindefunktionäre von Klausen erscheinen 1342 die zwei für die Erhaltung des Kirchengebäudes verantwortlichen Kirchpröpste der St. Andreaskirche. Neben diesen begegnen im Stadtrechtsbuch von 1485 auch eigene städtische Kirchpröpste für die Marienkirche am Säbener Berg (vgl. oben § 3 b, c, S. 234). Ein Bürgermeister läßt sich in Klausen seit 1427 nachweisen. Seine Wahl sowie die der Viertlmeister, Kirchpröpste, des Spitalers und des Mesners sowie des Holzmeisters erfolgte jeweils in Gegenwart des Stadtrichters gelegentlich des am Freitag nach St. Valentinstag (14. Februar) beginnenden „Ehafftäding" jeweils auf die Dauer eines Jahres. Dasselbe galt wohl auch für das im Stadtrechtsbuch von 1485 genannte Gremium der „vier desselben jars stewrer", die einerseits die hausweise Umlegung der Steuer, aber auch gemeinsam mit dem Fronboten die vierteljährliche Feuerbeschau durchzuführen hatten. Der Ankauf eines Hauses „für ain Rath- und Statgerichtsbehausung" an der Stadtgasse bergseits („am Hirschen") durch den Fürstbischof von Brixen erfolgte erst 1609, wobei anzumerken ist, daß als Empfänger der betreffenden fürstbischöflichen Schenkungsurkunde nur der „Statrichter, Burgermaister und Ausschuß" – aber noch kein Stadtrat bzw. „Rat" – genannt werden. Der übrigens auch erst seit 1608 nachweisbare Ausschuß – im 15. Jahrhundert nach der Zahl seiner Mitglieder als das Gremium der „Achter" bezeichnet – erhielt erst durch ein Privileg des Fürstbischofs Erzherzog Karl von Österreich vom 31. März 1615 den Titel „Rat", obwohl die Bürgerschaft bereits in ihren Beschwerdeartikeln von 1525 die Einführung eines Stadtrates forderte. – An den in Holz gearbeiteten Türflügeln des Portals des alten Rathauses erinnern noch heute die geschnitzten Wappen von Brixen und Klausen an die einstige – von manchen vergessene – Funktion des Hauses.

Im Rahmen der „Regulirung der Gemeinden und ihrer Vorstände in Tyrol und Vorarlberg" im Jahre 1819 wurde Klausen den „kleineren Stadtgemeinden" zugeordnet, an deren Spitze je ein „politisch-ökonomischer Magistrat" stand, der dem landesfürstlichen Landgericht untergeordnet war. Die „Regulierung" wurde 1849 durch das damals erlassene, bekannte Provisorische Gemeindegesetz Österreichs abgelöst, dessen programmatischer erster Grundsatz lautete: „Die Grundfeste des freien Staates ist die freie Gemeinde." Dieses Gesetz wurde jedoch bereits 1852 im Sinne des Neoabsolutismus wieder abgeschafft und blieb bis 1860 außer Kraft. 1861 fanden dann auf seiner

Grundlage Gemeinderatswahlen statt, und am 5. März 1862 wurde aus dem Provisorium in Gestalt des „Österreichischen Reichsgemeindegesetzes" eine definitive Grundlage für das politische Gemeindeleben geschaffen, welche fortan bis zum Ende der k. k. Monarchie (1918) in Geltung blieb. Es sah für die Städte und Märkte einen auf die Dauer von drei Jahren gewählten Gemeindeausschuß bzw. Gemeinderat vor, der aus seiner Mitte den Bürgermeister erwählte. Die Zahl der zu wählenden Gemeinderatsmitglieder einschließlich des Bürgermeisters etc. richtete sich jeweils prozentuell nach der Bevölkerungszahl, wobei das aktive Wahlrecht auf jene volljährigen, männlichen Gemeindebürger beschränkt war, die eine gewisse Steuerleistung erbrachten bzw. über einen entsprechenden Besitz verfügten. Die bis 1945 letzte demokratische Gemeinderatswahl – nunmehr auf der Grundlage des allgemeinen, geheimen und gleichen Wahlrechts – erfolgte in Südtirol (seit 1919 bei Italien) im Jahre 1922. Der Herbst desselben Jahres brachte in Italien die Machtergreifung des Faschismus und an der Spitze der Gemeinde den von der Partei autoritär eingesetzten Podestà (bis 1943). Die Rückkehr zur Demokratie erfolgte erst nach dem Sieg der Alliierten über das mit Mussolinis faschistischer „Republik von Salò" verbündete „Großdeutsche Reich" Adolf Hitlers, des „Führers"der Nationalsozialistischen Deutschen Arbeiterpartei (NSDAP), im Frühjahr 1945. Vom Herbst 1943 bis zum Frühjahr 1945 unterstand Klausen ebenso wie ganz Südtirol der reichsdeutschen „Operationszone Alpenvorland" unter dem Kommando der Gauleitung in Innsbruck, die in Klausen einen kommissarischen Bürgermeister eingesetzt hat. In der im Frühjahr 1946 konstituierten Republik Italien wurde die Stadtführung wieder einem demokratisch gewählten Gemeinderat mit einem Bürgermeister an der Spitze anvertraut.

A. PERNTHALER, Die Bürgermeister von Klausen. In: Mitteilungen aus dem Tiroler Landesarchiv Nr. 10, Innsbruck 1915, S. 7–9; – K. BRANDSTÄTTER (Hg.), Städtische Verwaltung und Bürgerschaft in Klausen im 15. Jahrhundert. In: Der Schlern Jg. 73, Bozen 1999, S. 437–448 u. 715–739.

10 Landesherrschaft, Rolle in der Staats- und Landesverwaltung

Im Rahmen des geistlichen Fürstentums Brixen (1027–1803) war Klausen bzw. Säben Sitz eines fürstbischöflichen Stadthauptmannes und Stadtrichters, eines Zöllners und eines Zollgegenschreibers. Innerhalb der Tiroler Landesverwaltung und auch nach 1919 hatte hier stets ein Bezirksgericht seinen Standort, seit 1919 Prätur genannt und 1989 aufgelassen. Klausen ist auch Sitz eines Grundbuch- und Katasteramtes, seit 1990 am Thinneplatz, sowie seit 1991/92 eines Gesundheits- und Sozialamtes bzw. einer Filiale der Sanitätseinheit Nord.

Der in einer Planansicht der Frag von 1533, also außerhalb des städtischen Burgfriedens und hier auch außerhalb des Fürstentums Brixen bzw. in der Grafschaft Tirol eingezeichnete Blutgerichtsplatz („auf disem Plaz richt man mit dem Swert") kann sich kaum auf das fürstbischöfliche Stadtgericht, sondern wohl eher auf das Berggericht des Tiroler Landesfürsten bezogen haben, dessen Vorsitzender z. B. im Jahre 1600 den Titel „Römisch Kayserlicher Maiestät Perckhrichter zu *Chlaußen*" führte. Dementsprechend differenzierte man auch hinsichtlich der Angehörigen der städtischen Bevölkerung zwischen Bürgern, Inwohnern und Bergwerksleuten („Perckhwerchsverwondte").

A. Rastner, Die Hauptmannschaft Säben. Das Stadtgericht Klausen. Die Gerichte Latzfons und Verdings. 1500–1641. Diss., Innsbruck 1974; – derselbe, Die Hauptmannschaft Säben im 16. Jahrhundert. In: Der Schlern Jg. 51, Bozen 1977; – G. Mutschlechner, Die Hauptmannschaft Säben im 16. Jahrhundert. In: Der Schlern Jg. 52, Bozen 1978, S. 171 f. – R. Stifter, Dasselbe 1641–1803. Diss., Innsbruck 1984.

11 Wehrwesen und kriegerische Ereignisse

a) Bürgerliche Verteidigungsorganisation

Der Einsatz wehrhafter Mannschaften von Klausen zur Unterstützung des Landesfürsten von Tirol, mit dem das 1803 säkularisierte geistliche Fürstentum Brixen konföderiert war, läßt sich seit dem Schweizer Krieg 1499 bzw. bis 1803 mehrfach nachweisen. Auch Musterungen der wehrfähigen Mannschaft haben immer wieder stattgefunden. Der Wehrorganisation hilfreich war sicherlich auch die Vierteleinteilung der Stadt mit ihren jährlich gewählten Viertelmeistern (vgl. oben § 9, S. 246). Als städtisches Zeughaus fungierte der ehemalige Archivturm. – 1849 erhielten die Klausener Landesschützen eine neue Fahne. 1978 erfolgte im Sinne der Traditionspflege die Gründung der „Schützenkompanie Pater Haspinger".

K. F. Zani, Wehrhaftes Klausen (1579). In: Der Schlern Jg. 55, Bozen 1981, S. 86–95.

b) Schützenvereinigungen, Schießstätten

Von 1863 bis ca. 1910 befand sich der Bezirksschießstand in der „Gamp"; er wurde um 1910 in das Leitach verlegt. 1979 wurde ein Luftgewehrschießstand in Klausen errichtet.

d) Wichtigste kriegerische Ereignisse

Kleinere, doch nicht unblutige Gefechte lieferten die Bauern der umgebenden Dörfer dem französischen Militär am 25. November und 5. Dezember 1809 am Platz auf der Frag.

K. Schadelbauer, Klausen als Truppenstation im Rofereiter Krieg von 1487. In: Tiroler Heimatblätter Jg. 32, Innsbruck 1957, S. 104–107.

12 Siegel, Wappen und Stadtfarben

Das Stadtwappen von Klausen ist ein sogenanntes „sprechendes Wappen" und zeigt mit deutlicher Bezugnahme auf den Stadtnamen bzw. auf die hier sperrbare Talklause (vgl. oben § 2 a, S. 233) in rotem Schild einen silbern-weißen, nach heraldisch schräg rechts-oben gerichteten Schlüssel mit heraldisch rechtsseitigem Bart. Die vermutlich älteste Darstellung des Stadtwappens findet sich als Zeichnung auf einer Handschrift des Stadtarchivs von 1428, beginnend mit der damals gelegten Bürgermeisteramtsrechnung, desgleichen aber in Farbe im Stadtrechtsbuch von 1485. – Ein Stadtsiegel ist seit 1448 nachweisbar. Es ist rund (D = 45mm), zeigt im Siegelfeld den Wappenschild der Stadt und enthält im Außenkreis die Legende: „s. der . stat . sigel . ze . clavsen."

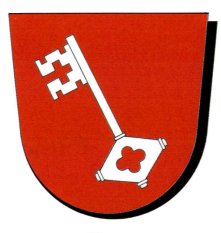

Klausen

Ansicht von Klausen als Hintergrund einer Darstellung des hl. Kassian, gemalt vor der Brandzerstörung der Burg Branzoll durch Blitzschlag 1671: Unter Branzoll der Turm des Bozner Tores, bei der St.-Andreas(-Pfarr-)kirche links der Brücken- und rechts der ehemalige Archivturm, rechts im Bild das Brixner Tor mit dem nach 1471 dahin übersiedelten Zwölf-Apostel-Spital (heute Rathaus). Repro aus Oswald Trapp, Tiroler Burgenbuch Bd. IV, Bozen 1977, Farbtafel IX, S. 128 f.

Die Zwölf-Apostel-Kirche des um 1210 an der neuen Talstraße nach Brixen errichteten bischöflich-brixnerischen Spitals in der Eisackau nördlich ober- bzw. außerhalb der Stadt mit dem Spitalerhof im Hintergrund. Diese Spitalskirche war von ihren Anfängen bis zu ihrer Transferierung in die Stadt 1471 Sitz der Pfarre Latzfons. Foto: M. Hye-Weinhart

Das nordwärts führende Brixner Tor in Klausen, rechts mit dem Chor der nach 1471 erbauten jüngeren Spitalskirche zu den hl. Zwölf Aposteln. Fotos: M. Hye-Weinhart

Das fürstbischöflich-brixnerische Zollhaus in Klausen in der fast unmittelbaren südlichen Nachbarschaft des Brixner Tores: Der den Bischöfen von Brixen 1028 von Kaiser Konrad II. verliehene Zoll zu Klausen war bis zur Säkularisation dieses geistlichen Fürstentums oder Hochstifts 1803 dessen wichtigste Einnahmequelle. Foto: F. H. Hye

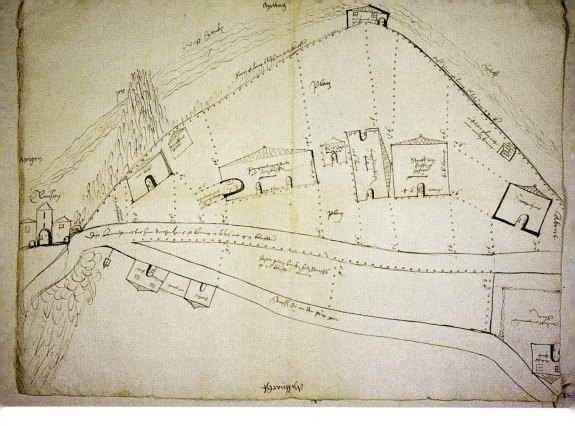

Plan der Frag von 1533; dieser Stadtteil gehörte bis zu seiner Eingemeindung nach Klausen (1929) zur Gemeinde Villanders. Wie dem Plan zu entnehmen ist, befanden sich jedoch bereits damals wesentliche Funktionsbauten der Infrastruktur Klausens wie Erzkästen des Pfunderer Bergbaus, das Leprosen- oder Siechenhaus sowie der Köpfplatz dortselbst. 1699/1700 wurde dort auch das Klausener Kapuzinerkloster angesiedelt. Original im Tiroler Landesarchiv in Innsbruck, Karten und Pläne Nr. 385.

Grenzstein in der Frag bzw. südlich neben der vom Thinnebach gebildeten ehemaligen Grenze zwischen den Diözesen Trient (links) und Brixen (rechts) aus dem Jahre 1756. Foto: M. Hye-Weinhart

(Das Minuskel-s am Beginn der Legende, wie es C. Fischnaler angibt, sollte wohl als ein kleines Chrismon + gelesen werden!)

C. FISCHNALER u. K. RICKELT, Wappenbuch der Städte und Märkte der gefürsteten Grafschaft Tirol. Innsbruck 1894, S. 98f.; – A. PERNTHALER, Regesten der Urkunden des Stadt- und Kirchenarchivs in Klausen vom Jahre 1328 bis 1500. In: Forschungen u. Mitteilungen zur Geschichte von Tirol und Vorarlberg Jg. X, Innsbruck 1913, S. 114–131.

13 Finanzwesen

c) Mauten, Zölle, Ladstätten

Im Jahre 1028 verlieh Kaiser Konrad II. der bischöflichen Kirche von Säben die Klause von Säben („Clusas sitas in loco Sebona in pago Orital in comitatu Engilberti cum theloneo"), also die Straßensperre unter Säben mit dem Zoll, wobei nicht auszuschließen ist, daß dieser Zoll anfangs bzw. im 11./12. Jh. bei der späteren Burg Branzoll, bei „dem turen ze Prantzol unter Seben, der ob Chlaus leit" (1304) eingehoben wurde (vgl. oben § 3 c, S. 234). Später im fürstbischöflichen Zollhaus beim Brixner Tor einkassiert (vgl. § 5 b, S. 239), bildete dieser Zoll bis zur Säkularisierung des geistlichen Fürstentums (1803) die bedeutendste Einnahmequelle der Brixner Fürstbischöfe.

1424 überließ der Fürstbischof der Stadt Klausen zur Finanzierung der Bauten an der Stadtmauer auf die Dauer von 5 Jahren den Zoll auf das in Klausen verkaufte Salz (von 1 ganzen Faß 1 Pfund Berner), 1608 folgte dann die Prolongierung dieses Salzzoll-Privilegs mit der Auflage für die Stadt, die Stadtgasse zu pflastern.– Weitere Einahmen erzielte die Bürgerschaft durch die jährliche Verpachtung von „messambt" bzw. von den „platzstär- und fronwag"-Rechten, die 1391 einem Zimmermann aus Salzburg verpachtet wurden, gegen die Verpflichtung, die Eisackbrücke instand zu halten. 1416 legt Friedrich, ein Zimmermann aus Burghausen, Rechnung bezüglich „prukkplatz-stär, wag und ellenstab". Das Stadtrechtbuch von 1485 setzt dafür eine jährliche Pachtzins-Einnahme von 20 Pfund Berner ein. An der Metzbank wurden drei Stände gegen zusammen 12 Pf. verpachtet. Weiters wurden das „platzhaus", das untere Badhaus in der „Mülgassen", das Garbhaus, der Turm auf dem Brückentor und der Turm „vor dem obern tor" (Brixner Tor) verpachtet, während der ehemalige Archivturm beim alten Friedhof im Erdgeschoß als Schule und darüber als städtisches Zeughaus benutzt wurde: „den turm auf der schul braucht die stat selbs und hat iren zeug darinne." – Endlich kassierte die Stadt für die Verleihung des Bürgerrechtes 3 Gulden und für die Aufnahme eines Bewerbers als Inwohner 1 Gulden „Besteegelt", welcher Tarif vom Fürstbischof 1582 auf 6 bzw. 3 Gulden erhöht worden ist. Die genannten Angaben wurden dem Stadtrechtsbuch von 1485 und den darin enthaltenen Nachträgen entnommen (Stadtarchiv Klausen). Weitere Einnahmen erzielte die Stadt auch von der Holztrift (vgl. dazu „Ainer ersamen Bürgerschafft zu Chlausen Holtzpuech, darinnen die erkhauffte Holtztrifften und Raittungen mit den Holtzpaurn und Holtzmaistern eingeschrieben werden. Angefangen das 1600-te Jar." – Ebenda).

K. WOLFSGRUBER, Der Zoll in Klausen. In: Der Schlern Jg. 46, Bozen 1972, S. 335–341.

14 Gebiet der Stadt

a) Fläche

Die Katastralgemeinde Klausen umfaßt 0,08 km², die Katastralgemeinde Latzfons 40,17 km², die Katastralgemeinde Gufidaun 7,84 km² und die Frag 3,48 km²; insgesamt sind dies 51,37 km².

c) Grundherrliche Verhältnisse

Grundherr über die Altstadt bzw. die Katastralgemeinde von Klausen war allein der Fürstbischof von Brixen.

d) Burgfried

Die Burgfriedensgrenze der fürstbischöflichen Stadt Klausen verlief von der Einmündung des Thinnebaches in den Eisack diesem flußaufwärts – nach Auffassung der Gemeinde Klausen entgegen jener der Gemeinde Latzfons – bis zur Einmündung des Fuskengrabens in den Fluß und von dort diesem Bachgraben aufwärts, um von diesem südwestwärts über den Grat des Burgfelsens von Säben und entlang der Ringmauer von Säben steil hinunter zum Thinnebach und mit diesem wieder zum Mittellauf (Faden) des Eisack zu gelangen.

e) Ein- und Ausgemeindungen

Im Jahre 1929 erfolgte per Dekret Nr. 735 vom 20. März 1929 die Eingemeindung von Latzfons (rechts des Eisack), von Gufidaun (links des Eisack) sowie der Fraktion Frag der Gemeinde Villanders (rechts des Thinnebaches). – Auch Feldthurns am Mittelgebirge in der nordöstlichen Nachbarschaft von Säben wurde damals nach Klausen eingemeindet, erlangte jedoch 1960 wieder seine Selbständigkeit.

15 Kirchenwesen

a) Einrichtungen der katholischen Kirche

Klausen gehörte bis 1818 zur Diözese Brixen, hierauf bis 1964 zur Diözese Trient und seither zur Diözese Bozen-Brixen. Aus der Zeit der Zugehörigkeit zu Brixen stammt ein Diözesangrenzstein von 1756 an der Staatsstraße rechts des Thinnebaches in der Frag mit den Wappen der Bistümer Trient und Brixen und der genannten Jahreszahl.

Bei seiner Gründung wurde Klausen in den Bereich der Alt- und Dorfpfarre Latzfons eingepflanzt, deren Pfarrsitz jedoch anläßlich der bischöflichen Gründung des Spitals zu den hl. Zwölf Aposteln in der Eisackau nördlich von Klausen um 1208/10 dorthin verlegt wurde, wobei die Pfarre dem Domkapitel von Brixen inkorporiert worden ist. Fortan war der Pfarrer von Latzfons zugleich Hospitalarius zu Klausen und Domherr zu Brixen. Als dann 1471 nach einem Eisack-Hochwasser das genannte Spital von der Eisackau in die Stadt Klausen hinein verlegt worden ist, wurde der Pfarrsitz nicht zur neuen Spitalskirche zu den hl. 12 Aposteln neben dem Brixner Tor, sondern zur St.-Andreas-Stadtkirche verlegt, die damit zur Pfarrkirche für Latzfons und Klausen aufstieg. Die pfarrliche Trennung von Latzfons und Klausen erfolgte erst im Jahre 1871. – Seit 1603 besteht das Dekanat Klausen.

In der Pfarre Latzfons befindet sich auch Säben, spätestens vom 6. bis in das 10. Jh. erster Bischofssitz Tirols, welcher nach 901 von der dortigen Felsenburg auf den Talboden von Brixen verlegt worden ist. Danach fungierte Säben als fürstbischöfliche Burg und wurde 1533 durch einen Blitzschlag eingeäschert. Eine Wiederbelebung erfuhren die betreffenden Ruinen, als hier über Initiative des Pfarrers und Spitalers von Klausen bzw. Domherren von Brixen, Dr. theol. M. Jenner 1681/86 das bestehende, von Salzburg-Nonnberg her besiedelte Benediktinerinnenkloster eingerichtet wurde.

Auch die Pfarre Gufidaun gehörte bis 1818 zur Diözese Brixen, kam damals zu jener von Trient und 1964 zum Bistum Bozen-Brixen.

Die Frag bildete bis zur Eingemeindung nach Klausen (1929) einen Bestandteil der Pfarre Villanders, die bis 1964 zur Diözese Trient gehörte und seither dem Bistum Bozen-Brixen zugehört. In der Frag wurde 1699/1701 durch die Initiative des Klausener Kapuzinerpaters Gabriel Pontifeser, Beichtvater der Königin bzw. Witwe Anna Maria nach König Karl II. von Spanien, geb. Prinzessin von der Pfalz, das Klausener Kapuzinerkloster errichtet, welches 1971 infolge Personalmangels seine Pforten wieder schließen mußte.

K. Atz und A. Schatz, Der deutsche Anteil des Bistums Trient. Bd. 3, Bozen 1905, S. 61–132; – A. Pernthaler, Säben im Jahre 1685. In: Der Schlern Jg. 3, Bozen 1922, S. 202–204; – derselbe, Die Benediktinerinnen-Abtei Säben. In: Ebenda Jg. 8, Bozen 1927, S. 300–302; – derselbe, Eine mittelalterliche Widumsbibliothek. In: Ebenda Jg. 18, Bozen 1937, S. 62; – O. Wonisch, Die Gründung der Benediktinerinnenabtei Säben = Schlern-Schriften Bd. 39, Innsbruck 1938; – M. J. Michaeler, Die rechtliche Natur des Hl. Kreuzspitals zu Brixen und des Zwölf-Apostel-Spitals zu Klausen. Eine rechtshistorische Untersuchung der Beziehung dieser Spitäler zum Brixner Domkapitel, Brixen 1963; – P. Bohlinger OSB, Die Benediktinerinnen-Abtei vom Hl. Kreuz in Säben. In: Der Schlern Jg. 46, Bozen 1972, S. 399–406; – J. Oberhollenzer O. Cap., Klausen und die Kapuziner. In: Ebenda, S. 407–416; – J. Gelmi, Kirchengeschichte Tirols, Innsbruck 1986; – Ch. Gasser (Hg.), 300 Jahre Kapuzinerkloster in Klausen, Klausen. 1999, mit Beiträgen von G. Schraffl O. Cap., L. Toffoli u. des Hg.

b) Reformation und Gegenreformation

Als „lutherische Prediger" in Klausen betätigten sich 1525 der als radikal bekannte Andreas Karlstadt und 1527 Mathias Messerschmied, ein ehemaliger Chorherr von Innichen, der wegen seiner Konversion bereits 1524/25 in Brixen inhaftiert war, sich nach seiner Haftentlassung nach Augsburg begeben hat und von dort, mit reformatorischen Büchern versehen, nach Klausen zurückgekommen ist.– Bemerkenswerten Zulauf hatten hier die Wiedertäufer. Ihr aus Chur gekommener Prediger Jörg Blaurock erlitt 1529 in Klausen den Tod am Scheiterhaufen. Das „große Geschichtbuch der Hutterischen Brüder" nennt überdies zum Jahre 1533 „sieben Brüder aus Gufidaun, die im Etschland gericht" wurden. In Klausen verhaftet wurde 1536 der namengebende Vater dieser Gruppe, Jakob Hutter, der wenig später, am 25. Februar, am Stadtplatz in Innsbruck vor dem Goldenen Dachl am Scheiterhaufen getötet wurde. Ohne weitere Angaben verzeichnet das „Geschichtbuch" noch 19 weitere Opfer in Gufidaun.

J. BÜCKING, Mathias Messerschmieds „reformatorische" Agitation in Klausen. (1527). In: Der Schlern Jg. 46, Bozen 1972, S. 342–344. W. O. PACKULL, Die Hutterer in Tirol = Schlern-Schriften 312, Innsbruck 2000.

16 Wohlfahrtspflege

a) Bürgerspitäler, Bruderhäuser, Fürsorgeheime, Armenhäuser

In Klausen hat man zwischen dem „armen" Stadtspital zum hl. Geist an der Badergasse, nachweisbar seit 1397, und dem fürstbischöflichen bzw. pfarrherrlichen (Pilger-)Hospiz zu den hl. 12 Aposteln, bis 1471 in der Eisackau nördlich der Stadt und danach beim Brixner Tor in derselben, zu unterscheiden (vgl. dazu § 15 a, S. 250 f.). Letzteres hat hier als Altersheim bis 1929 bestanden. – Wohl als ein mittelalterliches Altenwohnheim der Handwerksbruderschaften war das seit 1408 nachweisbare Bruderhaus neben dem Stadtspital gedacht, welches später diesem zugeordnet wurde. Im genannten Jahr erhielt die Bruderschaft am Hospital zu Klausen einen Ablaßbrief.

A. PERNTHALER, Das „Zwelfbotenhospital" auf der Insel in der Au bei Chiusa. In: Der Schlern Jg. 11, Bozen 1930, S. 4–15; – M. ZWERGER, Gesundheitswesen und medizinische Versorgung vom Mittelalter bis 1710 in Klausen. Diplomarbeit, Innsbruck 1999.

b) Siechenhäuser, Lazarette, Krankenhäuser

Das Leprosen- oder „Siechenhaus" für Klausen befand sich laut einer Planansicht von 1533 am südlichen Ortsrand der Frag. – Von ca. 1780 bis 1921 bestand im unteren Bereich der Gartenzone auf der Thinne als sogenanntes Infektionsspital das „Bruderhaus oder Laserethaus" (Lazarett).

c) Waisenhäuser, Kindergärten, Sonderinstitute, karitative Stiftungen

Eine Kinderbewahranstalt wurde 1884 rechts des Thinnebachs erbaut und 1921 durch den Thinnebach weitgehend vermurt. 1981 folgte die Übersiedlung des Kindergartens in einen Neubau im Kapuzinergarten. Insgesamt bestehen in der Stadt Klausen 2000 ein deutsch- und ein italienischsprachiger Kindergarten; ein Kindergarten besteht auch in den Orten Gufidaun, Verdings und Latzfons.
1981 Beginn der offenen Seniorenbetreuung in Klausen, seit
1990 Hauspflegedienst als Aktion der nicht altersgebundenen Grundfürsorge.
1994 Hotel Grauer Bär zum Seniorenheim umgewandelt.
1991 Errichtung einer Station des Weißen Kreuzes im Ortsteil Leitach.

d) Ärzte und Apotheken

Im Verzeichnis der wehrhaften Bürger und Inwohner von 1579 werden einerseits ein Apotheker namens Asum Waffner und andererseits „der alt Wundarzt" Georg Rauch genannt. Im amtlichen Tiroler Ärzte-Verzeichnis von 1813 werden für Klausen die Ärzte Nikolaus Hundegger und Anton Rubatscher sowie die Wundärzte Michael Hinteregger und Joseph Mayrgünter angeführt. J. J. Staffler (1847) nennt in Klausen „einen Arzt (manchmal auch einen zweiten)" und zwei Wundärzte.

Die Apotheke in der Oberstadt wurde 1846 durch A. Pühringer begründet und gelangte 1882 an den Apotheker J. v. Wallpach, 1901 an Mag. pharm. C. Pacher etc.

e) Wasserleitungen, Kanalisation, Beleuchtung (Gaswerke, Elektrizitätswerke)

Im Salz- bzw. Pflasterzoll-Privileg von 1608 wird ein öffentlicher „Zigglbrunnen" beim Brixner Tor genannt, während die Katastermappe von 1858 einen Vorgänger des Floriani-Brunnens am Thinneplatz zeigt. Aus dem Jahre 1735 datiert eine Brunnenwasserverleihung vom Kühberg für die Stadt. 1879 wird der Bau einer neuen Wasserleitung begonnen. Nach neuerlichen Trinkwasser-Versorgungsproblemen (1981) beschließt der Gemeinderat 1983 die Errichtung einer zusätzlichen Hochdruck-Trinkwasserleitung vom „Wieser Brünnlein" mit Trinkwasserreservoir in den Lahnwiesen in Latzfons sowie die Anlage eines Tiefbrunnens auf der Talsohle (realisiert 1985). Im Jahre 1986 beschließen Klausen und fünf weitere Eisacktaler Gemeinden ein Gemeinschaftsprojekt zur Trinkwasserversorgung. 1987 Errichtung der Trinkwasserleitung Steineben-Verdings.

1984/87 Schaffung eines Abwasserstranges von der St.-Andreas-Eisackbrücke bis hinunter zur Glunerbrücke sowie einer Großkläranlage für das mittlere Eisacktal, desgleichen 1987 Anlage eines Abwasserkanals am linken Eisackufer. 1990/94 Errichtung einer Großkläranlage für sieben Gemeinden des mittleren Eisacktales südlich von Klausen.

1905 Errichtung eines E-Werkes in Klausen.

f) Badstuben und Bäder

Eine Badstube zu Klausen wird 1368 als Anrainer verzeichnet. Seit 1485 sind hier ein Oberes Badhaus in der Oberstadt und ein Unteres Badhaus in der danach benannten Bader- oder Färbergasse nachweisbar. Das Obere Badhaus wurde um 1578/79 aufgelassen und durch eine Weißgärberei ersetzt. Um 1783 wird dazu vermerkt: „allwo vorhero eine Baad-Stube gewest".

Das Freischwimmbad im Bereich des ehemaligen Lazaretthauses im Winkel zwischen Thinnebach und Eisack wurde 1930 errichtet und 1984/93 durch einen Neubau in Leitach bzw. in den Spitalwiesen ersetzt, verbunden mit einer erweiterten Sportzone (das alte Bad wurde 1990 aufgelassen).

g) Parkanlagen und Promenaden

Im Jahre 1989 erfolgte die Umgestaltung des ehemaligen Kapuzinergartens in eine Erholungszone.

17 Bildungswesen

a, b) Das niedere und mittlere Schulwesen

Laut des Stadtrechtsbuches von 1485 überließ man das Untergeschoß des städtischen Archivturmes „dem fruemesser zu ainer schul, damit er die knaben lert". – Rund 60

Jahre später haben im Jahre 1541 der Stadtrichter, der Bürgermeister, 22 genannte Bürger und der Stadtschreiber anläßlich der Anstellung des „neuen lateinischen Schuelmaisters" Joseph Kneblsperg für diesen und seine künftigen Nachfolger eine entsprechende Dienst- und Schulordnung beschlossen, welche die kirchlichen Pflichten, die Besoldung, das Schulgeld der Latein-Schüler und der „Teutschen Schueler ... under zwelf Jarn" etc. regelt.

Von 1792 bis 1912 war die Schule im (alten) Rathaus untergebracht, von wo sie 1912 in den Neubau unmittelbar südlich neben das ehemalige 12-Apostel-Spital, das heutige Rathaus, übersiedelt ist; weiterer Ausbau 1987/89;

1971/74 wurde in Griesbruck das weitläufige, moderne Schulgebäude in der Bahnhofstraße Nr. 10 für die zwei Mittelschulen (mit dt. und mit ital. Unterrichtssprache) sowie für die Grundschule (mit ital. Unterrichtssprache) errichtet;

1982/83 Umbau des Ansitzes Sebegg bzw. des ehemaligen Bergamtes zu einem Schulgebäude für 12 Mittelschulklassen (Eröffnung 1984);

1981 Eröffnung des neuen Schulhauses in Latzfons, 1990 Bau einer Turnhalle ebendort;

1983 Errichtung eines Kindergartens und einer neuen Grundschule, kombiniert mit einem Veranstaltungszentrum („Bürgerhaus") in Gufidaun sowie Abbruch des alten Schulhauses (1984);

1986/87 Bau eines neuen Schul- und Vereinshauses in Verdings.

A. LORENZINI, Aus der Klausener Schulchronik. In: Der Schlern Jg. 2, Bozen 1921, S. 67–69; – S. A. AUGSCHÖLL, Die Volksschule in Klausen von ihren Anfängen bis zum 1. Weltkrieg (vor allem nach 1740). Diplomarbeit, Innsbruck 1992.

d) Theater, Musikvereine, Orchester, Musikschulen

Im 17. Jahrhundert wurden in Klausen im Rahmen der Karfreitagsprozession Darstellungen der Passion Christi inszeniert.

1966 Gründung der Volksbühne Klausen; 1989 Eröffnung des Kellertheaters Klausen.

Seit 1829 besteht laut Vereinschronik die Bürgermusikkapelle Klausen;

1986 Gründung des Männergesangsvereines Klausen.

A. PERNTHALER, Passionsdarstellungen in Klausen. In: Forschungen und Mitteilungen zur Geschichte Tirols und Vorarlbergs Jg. 2, Innsbruck 1905, S. 153–163.

e) Volksbildungseinrichtungen, Büchereien

Im Jahre 1987/88 erfolgte die Errichtung eines Kultur- und Sozialzentrums im ehemaligen Kapuzinerkloster (mit Albrecht-Dürer-Saal und neu gestalteter Stadtbibliothek).

f) Sporteinrichtungen

1981 Eröffnung des Eislaufplatzes beim ehemaligen Grödner Schmalspurbahn-Bahnhof, wo 1983 auch ein Fußballplatz angelegt worden ist. – 1988 Eröffnung eines Fußballplatzes in Latzfons. – 1984/93 Schaffung einer weiträumigen Sportzone in den Spitalwiesen nördlich des Stadtkerns.

19 Quellen und Darstellungen zur Stadtgeschichte

b) Quellenpublikationen

Anselm PERNTHALER, Regesten der Urkunden des Stadt- und Kirchenarchivs in Klausen. Vom Jahre 1328 bis 1500. In: Forschungen und Mitteilungen zur Geschichte Tirols und Vorarlbergs Jg. 10, Innsbruck 1913, S. 114–131.

DERSELBE, Regesten der Karl Messner'schen Urkundensammlung in Klausen In: Ebenda, Jg. 15, Innsbruck 1918, S. 1–7.

DERSELBE, Regesten der Urkunden des Leiterschen Benefiziums in Klausen von 1467 bis 1600. In: Der Schlern Jg. 21, Bozen 1947, S. 168 f., 213 f., 241 f.

Sonja WEBHOFER, Die ältesten Urkunden im Stadtarchiv Klausen. Diplomarbeit, Innsbruck 1994.

c) Darstellungen

Franz PITRA, Kleiner Führer durch Klausen und Umgebung, Klausen 1898.

DERSELBE, Klausen und Umgebung, Brixen 1910.

Klausen. Zum Gedenken an das große Unglück am 9. August 1921. Hg. v. Schlern-Verlag, Bozen (1921).

Klausen am Eisack = Der Schlern Jg. 46, Bozen 1972, Doppelheft Nr. 7–8.

Christa LEITNER-CAMPIDELL, Lo sviluppo storico e culturale di Gudon (Gufidaun) dal 1850 al 1914. Ungedr. Diss., Padova 1976/77.

Barbara und Berthold ZINGERLE, Klausen und Umgebung = Südtiroler Gebietsführer Nr. 26, Bozen 1980.

Franz-Heinz HYE, Tiroler Städte an Etsch und Eisack = Exkursionen des Österr. Arbeitskreises f. Stadtgeschichtsforschung Heft 9, Linz 1982, S. 39–44.

DERSELBE, Die fürstbischöflich-brixnerische Stadt Klausen am Eisack. Geschichte und Stadtbild. In: Österreich in Geschichte und Literatur Jg. 35, Wien 1991, S. 329–339.

Christoph GASSER und Margareth NÖSSING, Beiträge zur Häusergeschichte der Stadt Klausen, Brixen 1991.

DERSELBE, Klausen am Eisack. Siedlungsgeschichte und Stadtwerdungsprozess. In: Stadt und Hochstift = Veröffentlichungen des Südtiroler Landesarchivs Bd. 12, Bozen 2000, S. 173–185.

Klaus GASSER, Klausen und Säben in alten Ansichten, Brixen 1998.

Klaus BRANDSTÄTTER (Hg.), Städtische Verwaltung und Bürgerschaft in Klausen im 15. Jahrhundert. In: Der Schlern Jg. 73, Bozen 1999, S. 437–448 und 715–739.

20 Wissenschaftliche Sammlungen

a) Archive

Das stets mit dem Rathaus verbunden gewesene Stadtarchiv erhielt nach dessen Renovierung (1981/82) im ehemaligen fürstbischöflichen Zollhaus eine neue Heimstatt.

b) Bibliotheken

1987 Eröffnung der im ehemaligen Kapuzinerkloster neu gestalteten und bereits 1989 erweiterten Stadtbibliothek, Zweigstellen in Latzfons, Verdings und Gufidaun.

c) Museen

Das 1914 gegründete Stadt- und Pater-Haspinger-Museum befand sich bis zu seiner Schließung durch das faschistische Regime im ehemaligen fürstbischöflichen Zollhaus.

Den Grundstock der Bestände bildete die Sammlung von kunstgewerblichen und handwerklichen Objekten des Klausener Benefiziaten Anselm Pernthaler. Die bei der Schließung nach Bozen transferierten Museumsbestände wurden, nachdem 1978 der „Museumsverein Klausen" gegründet worden war (seit 1992 öffentlich-rechtlicher Museumsrat), 1980 rückerstattet und in dem 1972 von der Stadtgemeinde erworbenen ehemaligen Kapuzinerkloster neuerdings aufgestellt. Neueröffnung des Museums 1982. 1988 zwecks nötiger Adaptierungen nochmals gesperrt, fand 1992 die Eröffnung des „Stadtmuseums Klausen" statt.

Der Loreto-Schatz (vgl. oben § 15 b, S. 238) bildet seit 1992 einen Teil des Stadtmuseums Klausen.

L. TOFFOLI, Das Stadtmuseum Klausen, der Loretoschatz, die Museumsgalerie, Klausen 1995.

LEIFERS

1 Name

Leiuers 1237; Livers 1291; Leivers 1295; Leyvers 1330; Leyfers 1406; seit dem 16. Jh. Leifers; 1774 Leivers. – Amtlich: 1923 u. 1940 Laives. Seit 1946/48 de facto Laives/Leifers.

E. KÜHEBACHER, Die Ortsnamen Südtirols und ihre Geschichte. Bd. 1, Bozen 1991, S. 219.
Ch. HAIDACHER, Die älteren Tiroler Rechnungsbücher = Tiroler Geschichtsquellen Nr. 33 u. 40, hg. v. Tiroler Landesarchiv, Innsbruck 1993 u. 1998, Index.

2 Lage

a) Örtliche Lage

Leifers liegt in 258 m Seehöhe (46 Grad, 25′ nördl. Breite, 11 Grad, 21′ westl. Länge) am breiten linken Talboden des Etschtales und grenzt nördlich unmittelbar an die Stadt Bozen. Der Ortskern entwickelte sich am Eintritt des hier von Osten herabfließenden Branten- oder Brandenbaches in die Weitung des Tales. Bis zu der im 19. Jh. erfolgten Etschregulierung und Trockenlegung des weitgehend ebenen, bis dahin (vgl. die Tirol-Karte von Peter Anich 1774) aber mehr als zur Hälfte sumpfigen Talbodens hatte der Ort stark unter Sumpfkrankheiten zu leiden. Der „Leiferer Tod" war bis dahin sprichwörtlich. Der Tiroler Kartograph Peter Anich (gest. 1766) war sein bekanntestes Opfer. Zum Gemeindegebiet gehören auch die Weiler Steinmannwald (ehemals Forcha), St. Jakob in der Au bzw. Unterau am Talboden sowie Seit und Breitenberg in mittlerer Höhe am östlichen Talhang.

b) Verkehrslage, zentrale Funktion

Entsprechend seiner Lage im Etschtal wird Leifers spätestens seit der Römerzeit durch den jeweiligen Hauptast der betreffenden Talstraße durchquert. Dies gilt auch von der 1859 erbauten Eisenbahnlinie Verona – Bozen, während die Autobahn in diesem Bereich an der rechten Talseite verläuft. Das hier von Osten einmündende steile und enge Brantental (Brandental) hat keine Bedeutung als Verkehrsweg.

Leifers ist Sitz der (Südtiroler) Sanitätseinheit Mitte Süd mit den Sprengeln: Leifers, Branzoll und Pfatten.

3 Vorstädtische Siedlung

a, b) Prähistorische Funde – Römische und frühgeschichtliche Siedlung

1984/85 erfolgte die Ausgrabung von Siedlungsresten der mittleren Eisenzeit im Bereich der Kennedy- und der Lichtensteinstraße.

Denkmalpflege in Südtirol 1984, S. 19; 1985, S. 24/27; 1986, S. 29/31. L. DAL RI u. A. ALBERTI, Archäologie des Gemeindegebietes von Leifers. In: Leifers. Vom Dorf zur Stadt, Leifers 1998, S. 47–72.

c) Dorf- und Marktsiedlung

Leifers war bis 1985 eine Dorfgemeinde, deren Bevölkerung durch den mit dem Bau der Eisenbahn um 1860 einsetzenden und später anhaltenden starken Zuzug von ortsfremden Arbeitskräften in kurzer Zeit auf mehr als 10.000 Einwohner angewachsen ist.

4 Stadtherr, Stadtwerdung oder Stadterhebung

a) Stadtherr (Ortsobrigkeit)

Leifers gehörte bis 1918 zur Grafschaft Tirol, kam 1919 mit Südtirol zu Italien und ist seit 1927 eine Gemeinde der damals geschaffenen Provinz Bozen.

c) Stadtcharakter, Privilegien der Stadt

Leifers erhielt über Antrag des Gemeinderates (1984) mit Dekret des Präsidenten des Regionalausschusses vom 11. April 1985 Nr. 197/A die Bezeichnung „Stadtgemeinde/città". Das betreffende Dekret wurde im Amtsblatt/Bolletino der autonomen Region vom 21. Mai 1985, Nr. 24 veröffentlicht.

Das italienische Verwaltungsrecht kennt zwar nur die „comunità" bzw. Gemeinde und kein sich davon unterscheidendes städtisches Recht, doch können in der Autonomen Region Trentino-Südtirol kraft eines Regionalgesetzes von 1983 Gemeinden mit mehr als 10.000 Einwohnern unter bestimmten Bedingungen die Verleihung der Bezeichnung „Stadtgemeinde" durch den Regionalausschuß beantragen.

5 Die Stadt als Siedlung

a) Anlage und Entwicklung der Siedlung

Das historische Ortsbild von Leifers zeigt, wie der Katastermappe von 1858 zu entnehmen ist, das Bild einer Streusiedlung mit den vier Malgreien Leifers und St. Jakob am Talboden sowie Seit und Breitenberg in Mittelgebirgslage, unter denen die Fraktion Leifers die größte darstellt, jedoch trotz ihrer Lage an der Hauptlandstraße nur sehr bescheidene Ansätze zu einer Straßensiedlung aufzuweisen hat. Selbst die Pfarrkirche mit dem einzigen Friedhof der Gemeinde liegt leicht abseits, östlich oberhalb dieser Straße am nördlichen Sektor des vom Brantenbach gebildeten Mündungsschwemmkegels. Links oberhalb der Ausmündung des Baches bzw. südöstlich über dem Ortskern erhob sich einst die Burg der Herren von Lichtenstein, deren Burgkapelle und Maierhof noch erhalten sind. Für die ältere Topographie des Ortskerns von Leifers besonders aufschlußreich ist ein Prozessionsbild von 1791. Die Siedlungsentwicklung seit der 2. Hälfte des 19. Jh. folgte einerseits sowohl bachauf- als auch abwärts dem Schwemmkegel des Brantenbaches und andererseits nord- und südwärts der Staatsstraße.

259

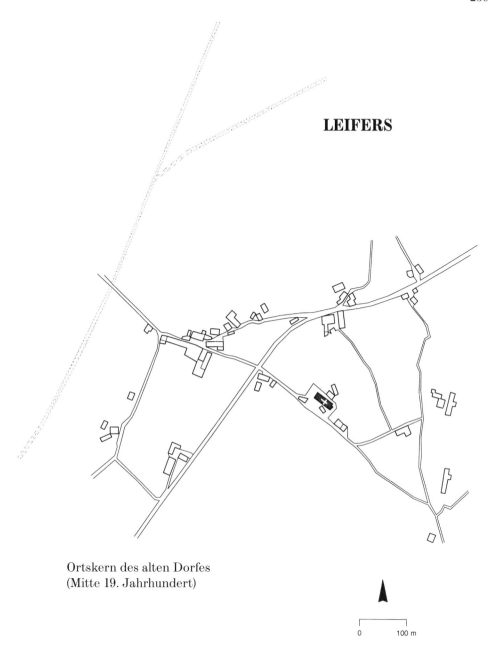

LEIFERS

Ortskern des alten Dorfes
(Mitte 19. Jahrhundert)

0   100 m

Bearbeitung: Inst. f. Geographie/Abt. Landeskunde - Universität Innsbruck

G. TENGLER, Das Gnadenbild von Weißenstein in Leifers. In: Leifers. Vom Dorf zur Stadt, Leifers 1998, S. 333–337 (mit einer Abbildung des obgenannten Prozessionsbildes).

b) Gebäude

Sakralbauten

Pfarrkirche zu St. Anton und St. Nikolaus: urkundlich 1386, Turm 13. Jh., Erweiterung durch Neubau des Kirchenschiffes 1852/53.

St. Peter am Kofel: Kapelle der ehemaligen Burg Lichtenstein, vermutlich 12. Jh.

St. Jakob in der Au: urkundlich 1237, romanischer, gotisch eingewölbter Bau, neuerliche Weihe 1483.

Expositurkirche zum seligen Heinrich von Bozen in Seit: Bau 1853, Weihe 1869.

K. ATZ, Die Kirche St. Peter in Leifers. In: Mitteilungen der k. k. Zentralkommission zur Erforschung und Erhaltung der Kunst- und historischen Denkmale 13, Wien 1887, S. CLXXX ff.; – G. TENGLER und J. UNTERER, St. Jakob in der Au bei Leifers = Laurin Kunstführer Nr. 104, Bozen 1986; – G. TENGLER, Die Kirchen von Leifers zu den hll. Abt Antonius und Nikolaus, zu St. Jakob in der Au und zum seligen Heinrich auf Seit. In: Leifers. Vom Dorf zur Stadt, Leifers 1998, S. 294–332.

Profanbauten

Ansitz Großhaus (um 1600), heute Gasthof.

Gasthof zur Pfleg, einstiger Sitz des lokalen Pflegamtes.

Burg Lichtenstein auf der rechten Seite am Ausgang des Brantentales; von der mittelalterlichen Anlage sind nur noch kümmerliche Mauerreste erhalten.

Altes Rathaus erbaut 1840, *heutiges Rathaus* erbaut 1930.

R. STAFFLER, Die Hofnamen von Zwölfmalgreien und Leifers. In: Bozner Jahrbuch für Geschichte, Kultur und Kunst 1952, Innsbruck 1952; – M. BITSCHNAU, Burg und Adel in Tirol zwischen 1050 und 1300 = Sitzungsberichte der Österr. Akademie d. Wiss., philosoph.-histor. Klasse, Bd. 403, Wien 1983, S. 329; – Gustav PFEIFER, Burg – Stadt – landesfürstlicher Dienst. Beiträge zur Familiengeschichte der Tiroler Liechtensteiner. In: Leifers. Vom Dorf zur Stadt, Leifers 1998, S. 73–112; – G. TENGLER, Die Höfe im Gemeindegebiet von Leifers. In: Ebenda, S. 417–471.

c) Brände und Naturkatastrophen

Waldbrand 1909, Hochwasser infolge Durchbruchs des Etschdammes 1882.

1879 Gründung der Freiwilligen Feuerwehr Leifers, 1892 vorübergehend wieder aufgelöst;

1993/96 Bau einer neuen Feuerwehrhalle.

Seit 1914 besteht auch – mit Unterbrechung – eine eigene Freiwillige Feuerwehr St. Jakob-Grutzen.

G. TENGLER, Die Freiwillige Feuerwehr Leifers. In: Leifers. Vom Dorf zur Stadt, Leifers 1998, S. 225–228; – R. TOMASINI, Die Freiwillige Feuerwehr St. Jakob-Grutzen. In: Ebenda, S. 229 f.

6 Bevölkerung

d) Bedeutende Familien und Geschlechter

Ministerialenfamilie der Lichtensteiner (vgl. oben Lit. zu § 5 b, S. 260).

e) Bedeutende Persönlichkeiten

Ehrenbürger: 1906 Fridolin Jörg, Schulleiter, und Dr. Franz Gerber, Gemeindearzt.

f) Einwohner

Häuserzahlen

1847 (J. J. Staffler): 95; 1869: 90; 1880: 114; 1890: 121; 1900: 162; 1910: 223.

Einwohnerzahlen

1823 (lt. Vorsteher v. Reich): 736; – 1847 (J. J. Staffler): 790; – 1869: 1.493; – 1880: 1.668; – 1890: 1.848; – 1900: 2.513; – 1910: 3.040; – 1921: 3.192; – 1931: 4.363; – 1936: 4.865; – 1939: 5.671; – 1951: 6.208; – 1961: 8.403; – 1971: 10.154; – 1981: 12.577; – 1991: 13.687; – 1993: 14.049.

A. LEIDLMAIR u. W. KELLER, Die Bevölkerungs- und Wirtschaftsentwicklung. In: Leifers. Vom Dorf zur Stadt, Leifers 1998, S. 163–189.

g) Friedhöfe

1440 Weihe des Friedhofs von Leifers bei der (heutigen) Pfarrkirche von Leifers, 1993/94 Erweiterung des Friedhofs, wofür 7.000 m² angekauft wurden.

7 Sprache

Sprachgruppenzugehörigkeit

1880: dt. 1.024, ital. 374; – 1890: dt. 654, ital. u. lad. 908; – 1900: dt. 1.366, ital. 852; – 1910: dt. 2.378, ital. u. lad. 358, andere 91; – 1921: dt. 1.341, ital. 1.832, lad. 9, andere 77; – 1961: dt. 1.902, ital. 6.495, lad. 2, andere 4; – 1971: dt. 2.583, ital. 7.550, lad. 12, andere 9; – 1981: dt. 3.895, ital. 8.397, lad. 37; – 1991: dt. 3.986, ital. 9.165, lad. 66.

8 Wirtschaft

a) Allgemeine Wirtschaftsentwicklung bis zum Zeitalter der Industrialisierung

J. J. Staffler (1847) berichtet hinsichtlich der wirtschaftlichen Verhältnisse, daß sich Leifers „von der Viehzucht, vom Getreidebau und von den schönen Waldungen" ernährte, wozu schon bald auch die Porphyr-Verwertung kam. Zur Zeit des Baues der Eisenbahnlinie von Verona nach Bozen ließen sich hier zahlreiche italienische Taglöhner nieder, was zu einer starken Veränderung der Wirtschaftsstruktur des Ortes führte, wobei nach der Fertigstellung auch der Brennerbahn von Bozen nach Innsbruck (1867) an die Stelle der Beschäftigung bei der Eisenbahn generell und in zunehmendem Maße Berufstätigkeit in der nahen Wirtschaftsmetropole Bozen, verbunden mit einer starken Pendlerbewegung, trat.

Die alte Haupt- oder „Reichsstraße" führte bis ca. 1840 vom Gasthof Großhaus rechts hinunter ins alte Dorf, vorbei am Kölblwirtshaus, während die heutige Staatsstraße vom Großhaus quer durchs Dorf nach Süden führt. Für diese den Ortskern querende Staatsstraße wird eine Umfahrungstrasse benötigt.

Der Gütertransport auf der Straße, auch jener der Rodfuhr, deren nächste Station ursprünglich das Ballhaus in Neumarkt war, verließ seit der 1. Hälfte des 16. Jahrhunderts häufig in Leifers beim „Raymann" die Landstraße, um die Transportgüter ab Branzoll auf Floßen nach Süden transportieren zu lassen.

Ein Postamt wird in Leifers seit 1888 betrieben. Seit 1896 besteht hier eine Eisenbahnstation.

G. TENGLER, Die Rottleute zu Leifers und in der Au. In: Leifers. Vom Dorf zur Stadt, Leifers 1998, S. 389–396 (mit Edition der Rottfuhrordnung von 1784); – K. PERATHONER, Das landwirtschaftliche Genossenschaftswesen. In: Ebenda, S. 191–207.

d) Organisationen des Handels und Gewerbes

Raiffeisenkasse Leifers errichtet 1897, Neugründung 1958.

G. TENGLER, Die Raiffeisenkasse bis 1942. In: Leifers. Vom Dorf zur Stadt, Leifers 1998, S. 249f.; – J. DALSASS, Neugründung und Entwicklung der Raiffeisenkasse Leifers seit 1958. In: Ebenda, S. 251–253.

e) Verkehrseinrichtungen

Trambahn Bozen – Leifers, erbaut in zwei Etappen, 1913 von Bozen bis St. Jakob (Wurzer), 1931 von dort weiter bis Leifers (Gasthof Großhaus).

G. TENGLER, Die Trambahn Bozen – Leifers. In: Leifers. Vom Dorf zur Stadt, Leifers 1998, S. 399–410.

9 Verfassung und Verwaltung

Leifers war eine alte Dorfgemeinde bzw. „Nachbarschaft", welche sich 1819 im Sinne des damals erlassenen Gemeindegesetzes als selbständige Ortsgemeinde deklarierte und dies bis zur Stadterhebung 1985 blieb. Leifers besteht aus folgenden fünf Vierteln: Leifers 1, Leifers 2, Unterau, Seit, Breitenberg (Praitenberg). An der Spitze der Verwaltung stand seit 1851 ein beamteter Gemeindesekretär.

Die letzten demokratischen Gemeinderatswahlen vor der Ära des Faschismus (1923–1943) fanden 1922, die ersten nachher 1952 statt. Die Zahl der Gemeinderäte betrug bis 1974 20, seither 30.

G. TENGLER, Nachbarschaft und Gemeinde. In: Leifers. Vom Dorf zur Stadt, Leifers 1998, S. 345–348 (mit Edition der Gemeindeordnung von 1664); – Ch. v. HARTUNGEN, Die Leiferer Gemeindeverwaltung im 19. und 20. Jahrhundert. In: Ebenda, S. 133–162.

10 Landesherrschaft, Rolle in der Staats- und Landesverwaltung

Leifers unterstand dem Stadt- und Landgericht Bozen-Gries, welches von 1643 bis 1677 und neuerlich von 1705 bis 1806 als Pfandherrschaft dem Stadtmagistrat Bozen untergeordnet war. Darüber hinaus war Leifers auch weiterhin bzw. von 1822 bis 1849 dem politisch-ökonomischen Stadtmagistrat Bozen, ab 1850 dem Bezirksamt Bozen und 1868 bis 1918 der Bezirkshauptmannschaft und dem Bezirksgericht Bozen unterworfen.

11 Wehrwesen und kriegerische Ereignisse

a, b) Bürgerliche Verteidigungsorganisation/Schützenvereinigungen, Schießstände

Im Rahmen der einstigen Tiroler Landesverteidigungsordnung (bis 1918) gehörte die wehrfähige Mannschaft von Leifers zum Aufgebot des Landgerichtes Bozen.

c) Garnisonen

Erweiterung der Carabinierikaserne 1990.

12 Siegel, Wappen und Stadtfarben

Das Stadtwappen zeigt das Wappen der ehemaligen (Tiroler) Herren von Lichtenstein, nämlich in blauem Schild eine beiderseits eingeschwungene silberne Spitze nach unten, belegt mit einem aus dem unteren Schildrand wachsenden roten Berg, auf dem sich die mauergraue Vorderfront einer kleinen Kirche mit Giebelreiter erhebt. Letztere soll das Kirchlein St. Peter am Kofel, einst die Kapelle der Burg Lichtenstein, symbolisieren.

Dieses Wappen wurde über Antrag des Leiferer Gemeinderates vom 14. November 1969 im Jahre 1970 vom Regionalausschuß beschlossen und mit Dekret vom 23. Jänner 1970, Nr. 56 A im Amtsblatt der Region 1970/Nr. 3 publiziert.

14 Gebiet der Stadt

a) Fläche

Das Gemeindegebiet von Leifers umfaßt eine Fläche von 24,25 km².

c) Grundherrliche Verhältnisse

Die bedeutendsten Grundherrschaften in Leifers waren der Landesfürst (Oberamt Bozen), die Lichtensteiner, die Stadt, die Pfarre und das hl.-Geist-Spital in Bozen, die Deutschordenskommende Bozen sowie diverse Private.

G. TENGLER, Beiträge zur Geschichte von Leifers. In: Leifers. Vom Dorf zur Stadt, Leifers 1998, S. 255–416, bes. S. 272–293.

15 Kirchenwesen

a) Einrichtungen der katholischen Kirche

Bis zur Erhebung zur selbständigen Pfarre (1954) war Leifers und seine Kirche zu den Heiligen Anton und Nikolaus eine Filiale bzw. seit ca. 1605 eine Kuratie der Marien-Stadtpfarre Bozen.

St. Jakob in der Au hingegen war anfangs ebenfalls nur eine Filiale der Marienpfarre Bozen, wurde 1882 Sitz einer Expositur, 1936 Kuratie und endlich 1954 zweiter Pfarrsitz in Leifers.

„Centro Don Bosco": seit 1942 angestrebtes Pastoralzentrum für die italienischsprachigen Pfarrangehörigen, errichtet 1982/85.

K. Atz und A. Schatz, Der deutsche Antheil des Bistums Trient. Bd. 1, Bozen 1903, S. 109–115; G. Tengler, Die Kirchen von Leifers. In: Leifers. Vom Dorf zur Stadt, Leifers 1998, S. 294–333; – G. Giusti, „Centro Don Bosco". In: Ebenda, S. 241–243.

16 Wohlfahrtspflege

a) Fürsorgeheime, Altenhäuser

Altersheim Dantestraße; Altenzentrum an der Weissensteinerstraße, erbaut 1984/85. Adaptierung des Hotels zum Mohren zu einem Heim für Behinderte durch die Südtiroler Landesregierung 1994/96. – Zur Errichtung eines Langzeitkrankenhauses (Pflegeheimes) stellte das Land 1996 ein Grundstück zur Verfügung.

c) Kindergärten

Kinderkrippe und italienischer Kindergarten beim Schuldurchgang, weitere drei italienische Kindergärten bestehen an der Kennedystraße, Hilberhofstraße und S.-G.-Bosco-Straße; deutsche Kindergärten bestehen an der Kennedystraße, an der Weissensteinerstraße und an der Richard-Wagner-Straße.

d) Ärzte und Apotheken

Im amtlichen Tiroler Ärzteverzeichnis von 1813 wird in Leifers allein der Wundarzt Johann Pflunger angeführt. Auch 1847 war in Leifers nur ein Wundarzt stationiert. Sein Wohnhaus war das „Doktorhäusl", in dem bis ca. 1840 auch die Schule ihren Sitz hatte.

e) Wasserleitungen, Kanalisation, Beleuchtung (Gaswerke, Elektrizitätswerke)

1908 Errichtung einer Hochdruck-Trinkwasserleitung aus dem Brantental, in der Folge Bau einer Wasserleitung für St. Jakob, 1993 Einführung der Computersteuerung für das Trinkwasser-Versorgungsnetz.
1992 Verlegung von Erdgasleitungen in Leifers.
1981/84 Verlegung eines 5,7 km langen Hauptsammlers für die Kanalisation der Orts-

Leifers

Ansicht des alten Dorfkerns von Leifers auf dem Ölbild zur Erinnerung an die feierliche Prozession anläßlich der Überführung des Gnadenbildes des 1787 aufgelösten Servitenklosters Maria Weißenstein vom Seitenaltar auf den Hochaltar der (Pfarr-)Kirche von Leifers. Links das ansitzartige „Großhaus", in der Mitte darüber die St.-Antons(-Pfarr)kirche, am rechten Bildrand der Postgasthof zum Kölbl und auf dem Hügel rechts von der Ausmündung des Brantentales das St.-Peters-Kirchlein der ehemaligen Burg Lichtenstein. Original in der Pfarrkirche von Leifers, Repro nach G. Tengler, Leifers. Vom Dorf zur Stadt, Leifers 1998.

Aue
H
S. Iacob
Rothstein B.
BurkTh.
Leivers
Liechtenstein
Br
S. Peter
Brantenthal
Schlößl
Branzoll
Kasern
Renn Ba.
Bach
Petersberg

Das St.-Peters-Kirchlein der ehemaligen Burg Lichtenstein auf dem „Peterköfele" über dem Ortskern von Leifers, im Hintergrund Bozen. Gemeinsam mit dem historischen Wappen der Herren, später Grafen von Lichtenstein, einer eingeschwungenen, gestürzten, silbernen Spitze in blauem Schild, bildet das (rote) Peterköfele mit der Kapelle seit 1969 das Gemeindewappen bzw. seit 1985 das Stadtwappen von Leifers. Repro nach G. Tengler, a. a. O.

◄

Das Gebiet der heutigen Stadtgemeinde Leifers auf der Tirol-Karte des Peter Anich von 1774. Namentlich eingezeichnet sind darauf „S. Iacob" bei der „Aue" und „Leivers", ohne Namen hingegen die Weiler Steinmannwald am Talboden zwischen den beiden, sowie – am Talhang – Seit ober St. Jakob und Breitenberg oberhalb des Dorfkerns von Leifers. Weiters erscheinen berücksichtigt die Burgruine „Liechtenstein" und die einstige Burgkapelle zu „S. Peter" links über der Ausmündung des „Brantenthales", wobei die genannte Ruine irrig rechts vom Bach situiert erscheint. Die strichlierte Grenzlinie bezieht sich auf das Stadt- und Landgericht Bozen-Gries, dem Leifers unterstand. Bemerkenswert ist auch die rechts der Etsch eingezeichnete weitläufige Moosfläche, wo damals das Sumpffieber (Malaria) – im Volksmund der „Leiferer Tod" genannt – grassierte, dem auch Peter Anich bei seinen Vermessungsarbeiten 1766 zum Opfer fiel.

►

Der Ortskern des alten Dorfes Leifers auf der Katastermappe von 1858, bereits mit der neuen Landstraße, die nicht mehr wie die alte vom Großhaus (Bauparzelle 42) in den Ortskern beim Kölblwirt (Bauparzelle 30) und erst vom dortigen Wegkreuz weiter nach Süden verlief, sondern um 1840 vom Großhaus fast geradlinig südwestwärts, ungefähr in der Mitte zwischen der St.-Anton-Pfarrkirche und dem Kölblwirt, angelegt worden ist. Im Vergleich zur Anich-Karte von 1774 fällt hier besonders der zur Entwässerung des sumpfigen Talbodens angelegte „Landgraben" westlich vom alten Dorfkern auf.

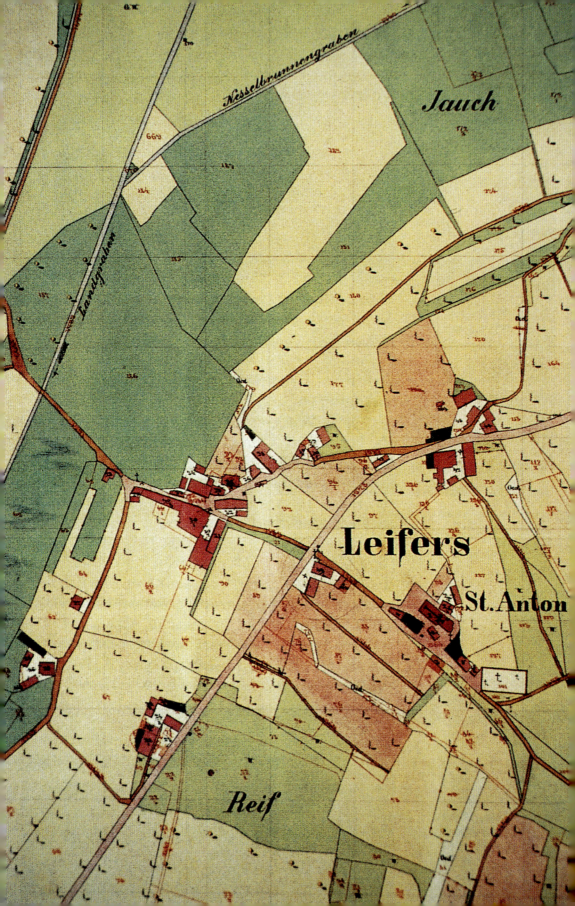

teile St. Jakob, Steinmannwald und Leifers, gemeinsam mit der südlichen Nachbargemeinde Branzoll, das betreffende Klärwerk wurde 1995 in Betrieb genommen.

f) Badstuben und Bäder

Das Gemeindeschwimmbad an der Bahnhofstraße wurde 1973 errichtet und 1991/92 saniert.

17 Bildungswesen

a, b) Das niedere und mittlere Schulwesen

J. J. Staffler (1846) nennt Volksschulen in Leifers (Ortskern), in Unterau und in Seit. 1787 befand sich die damals erweiterte Schulstube in Leifers im Mesnerhaus, 1840 wurde ein neues Schul- und Gemeindehaus errichtet. Dieses wurde 1931 zur italienischen Grundschule umgebaut. 1970 bzw. 1980 entstanden ein neues italienisches Grundschul- und ein Mittelschulgebäude. Letzteres fungiert seit dem Bau des neuen Schulzentrums als deutschsprachige Grundschule. – Derzeit bestehen je eine Grundschule mit italienischer Unterrichtssprache bzw. mit deutscher Unterrichtssprache an der Montessoristraße Nr. 3 und im Schuldurchgang Nr. 10. Die deutschsprachige Mittelschule „Johannes Kardinal Franzelin" befindet sich im Schuldurchgang Nr. 16, die italienische Mittelschule „Fabio Filzi" im Schuldurchgang Nr. 20. – Eigene Volks- bzw. Grundschulgebäude bestehen auch in St. Jakob-Unterau (anfangs im Mesnerhaus, 1873 Errichtung eines Schulhauses, 1967 Errichtung des heutigen Schulhauses) und in Seit (1822 Bau eines Schulhauses, um 1900 Neubau, 1985 kombiniertes Gebäude für Schule und Kuratiewidum).

G. TENGLER, Die Schule. In: Leifers. Vom Dorf zur Stadt. Leifers 1998, S. 410–416.

d) Theater, Musikvereine, Orchester, Musikschulen

Heimatbühne Leifers seit 1942; „Filodrammatica" seit 1946/47, Heimatbühne St. Jakob-Grutzen seit 1967. – Musikkapelle mit Unterbrechungen nachweisbar seit 1791. – Kirchenchor seit 1852, Männergesangsverein seit 1945, Singkreis Josef Eduard Ploner seit 1966, Kinderchor seit 1966, Chor „Monti Pallidi" seit 1967.

K. PERATHONER u. A. PLANK, Die Heimatbühne Leifers. In: Leifers. Vom Dorf zur Stadt, Leifers 1998, S. 231–234; – G. COSER, Dreissig Jahre Heimatbühne St. Jakob/Grutzen. In: Ebenda, S. 235f.; – G. TENGLER, Die „Filodrammatica" von Leifers. In: Ebenda, S. 237f.; – G. TENGLER, Die Musikkapelle Leifers. In: Ebenda, S. 217–224; – DERSELBE, Zur Geschichte des Chorwesens. In: Ebenda S. 209–214; – M. PFEIFER, Der heutige Kinderchor und Kirchenchor. In: Ebenda, S. 215f.; – A. ENDRIZZI, Der Chor „Monti Pallidi". In: Ebenda, S. 239f.

18 Buchdruckereien, Zeitungen, Buchhandlungen

b) Zeitungen und Zeitschriften

„Die Leiferer Stimme", erster Jg. 1993.

19 Quellen und Darstellungen zur Stadtgeschichte

Georg TENGLER, Leifers. Vom Dorf zur Stadt. Anfänge – Entwicklung – Chancen, (Leifers) 1998, mit Beiträgen von 20 Mitarbeitern (u. a. A. ALBERTI, L. DAL RI, G. PFEIFER, S. DEMETZ, R. STOCKER-BASSI, Chr. v. HARTUNGEN, A. LEIDLMAIR und W. KELLER).

20 Wissenschaftliche Sammlungen

Errichtung des Stadtarchivs Leifers 1993.

MERAN

1 Name

„in loco qui dicitur Mairania" 857, Mairanum 1237, Merani 1239, Mairani 1242, Meran 1266, Meranum 1267, Marani 1273, „auf der Meran" 1437, 1570; – Meran, Stadt Meran/Città di Merano 1817. – Amtlich: 1923 Merano, 1940 Merano. Seit 1946/48 de facto Meran/Merano.

K. FINSTERWALDER, Der Name Meran. In: Der Schlern Jg. 48, Bozen 1974, S. 31 ff.; E. KÜHEBACHER, Die Ortsnamen Südtirols und ihre Geschichte. Bd. 1, Bozen 1991, S. 243 f.

2 Lage

a) Örtliche Lage

Meran liegt in 252 m Seehöhe (46 Grad, 40′ nördl. Breite, 11 Grad, 10′ östl. Länge von Gr.) an der Ausmündung des vom Wildwasser der Passer durchflossenen Passeiertales in das breite Etschtal, wobei die Katastralgemeinde Meran den der betreffenden Mündungsschlucht vorgelagerten Schwemmkegel („auf der Meran") rechts der Passer bis zu ihrer Einmündung in die Etsch einnimmt, während sich die Katastralgemeinden Ober- und Untermais auf dem Geländerücken links der Passer und beiderseits des von Osten herabfließenden Naif-Baches ausdehnen. Mit der westlich an den Stadtkern anschließenden Katastralgemeinde Gratsch gehört auch der übrige, steile Südwest-Abfall des Bergrückens des Küchelberges nördlich der Stadt mit dem unterhalb anschließenden Talboden zwischen der Etsch und der Passer zu Meran. Der dank seiner Lage starker Sonnenbestrahlung ausgesetzte Küchelberg nimmt überdies durch seine selbst noch im Winter wirksame Rückstrahlung erheblichen Einfluß auf das lokale Klima der Stadt.

b) Verkehrslage, zentrale Funktion

Verkehrsgeographisch ist das Talbecken von Meran vor allem durch die von Bozen zum Reschenpaß führende Staatsstraße geprägt, von der hier nordwärts die Straße durch das Passeiertal zum Jaufenpaß und nach Sterzing abzweigt. Wenngleich erst einige Kilometer südwestlich von Meran, in Lana abzweigend, ist hier auch die Straßenverbindung über den Gampenpaß in das Nonstal sowie zum Tonalepaß zu nennen.

Die Bahnlinie Bozen – Meran – Mals hingegen fungierte in den ersten Jahrzehnten ihres Bestandes vor allem als Zubringer zum Kurort Meran, konnte aber nie die erhoffte Bedeutung erlangen, da ihre geplante Fortsetzung über den Reschenpaß nach Landeck und damit zur West- oder Arlbergbahn nur begonnen, aber nicht zur Gänze realisiert worden ist.

Bis 1652 reichte die Grafschaft Vinschgau vom Gargazoner Bach (südlich von Meran) bis Pontalt im Unterengadin. Meran blieb zwar auch nach 1652 der wirtschaftliche Vorort des damals bei Tirol verbliebenen heutigen Vinschgaus, war aber im Rahmen der Landesverwaltung nur noch Landgerichtssitz für das nach dem Burggrafen von Tirol so benannte „Burggrafenamt", welches das Etschtal vom obgenannten Gargazoner Bach talaufwärts bis einschließlich zur Dorfgemeinde Naturns umfaßt hat. Auch heute ist Meran der Sitz der Bezirksgemeinschaft Burggrafenamt.

Bis zum Ende der landständischen Verfassung Tirols im Jahre 1848 war Meran überdies nach Rang und Titel Landeshauptstadt von Tirol, hierauf 1850 bis 1918 Sitz einer österreichischen Bezirkshauptmannschaft. Heute ist Meran Sitz eines Bezirksgerichtes (Prätur), eines Landes-(Bezirks-)Krankenhauses und eines römisch-katholischen Dekanates, überdies dominantes regionales Schulzentrum sowie internationaler Kur- und Sportort.

O. STOLZ, Meran und das Burggrafenamt = Schlern-Schriften Bd. 142, Innsbruck 1956; F. H. HYE, Meran, der Vorort des Vinschgaus. In: Der Vinschgau und seine Nachbarräume, Bozen 1993, S. 27–33.

3 Vorstädtische Siedlung

a, b) Prähistorische Funde – Römische und frühgeschichtliche Siedlung

Während im Bereich der Katastralgemeinde Meran bisher keine prähistorischen oder römerzeitlichen Funde gemacht wurden, konnten 1957 in Gratsch ein jungsteinzeitliches Steinkammergrab und in den Jahren 1865, 1886/87, 1889 und 1893 in der Lazag in Obermais (unweit nördlich des Steinernen Steges über die Passer) sowie beim „Sigler im Thurm" (Suppanturm) und bei der St.-Vigil-Pfarrkirche in Untermais Mauerreste einer größeren römerzeitlichen Siedlung sowie zugehörige Gebrauchsgeräte, Münzen etc. entdeckt werden. Neuerdings wurden 1983 in Obermais wieder die Fundamente eines römischen Hauses entdeckt. Reste der VIA CLAUDIA AUGUSTA PADANA, die durch diese Siedlung geführt haben muß, wurden bisher nicht gefunden, dürften jedoch unterhalb des heutigen Straßenniveaus – von Süden nach Norden – der Romstraße und Pfarrgasse und deren Weiterführung in Richtung Lazag anzutreffen sein.

Auf einem römischen, der Diana geweihten Altarstein, der vor 1696 im Zieltal, hoch ober Partschins gefunden wurde (heute im Tiroler Landesmuseum Ferdinandeum in Innsbruck), wird eine Zollstation, die „STAT(io) M(a)IENS(is)", genannt, welche auf Mais bezogen wird, obwohl in der betreffenden Inschrift an dieser Stelle weder ein A noch eine MA-Ligatur enthalten ist und der Name dort eigentlich nur „MIENS(is)" lautet. Angesichts der von Arbeo von Mais, Bischof von Freising (gest. um 783/84), in seiner Vita Corbiniani gebrauchten Bezeichnung „Castrum Maiense" für die Zenoburg rechts oberhalb der Passerschlucht gegenüber der Lazag erscheint es jedoch nicht zuletzt im Hinblick auf den seither bis zum heutigen Tage tradierten Ortsnamen „Mais" für diese wenige Kilometer südöstlich vom Zieltal bestehende uralte Dorfsiedlung zulässig, das Fehlen des A-Balkens in der rechten Hälfte des M als Folge einer Nachlässigkeit anzusehen und bei der Lesart „M(a)IENS(is)" zu bleiben.

B. MAZEGGER, Chronik von Mais, Obermais 1905; – O. MENGHIN, Die älteste Besiedlung der Meraner Gegend. In: Meran, hundert Jahre Kurort 1836–1936, Innsbruck 1936, S. 27–33; – R. LUNZ, Urgeschichte des Raumes Algund – Gratsch – Tirol, Bozen 1976.

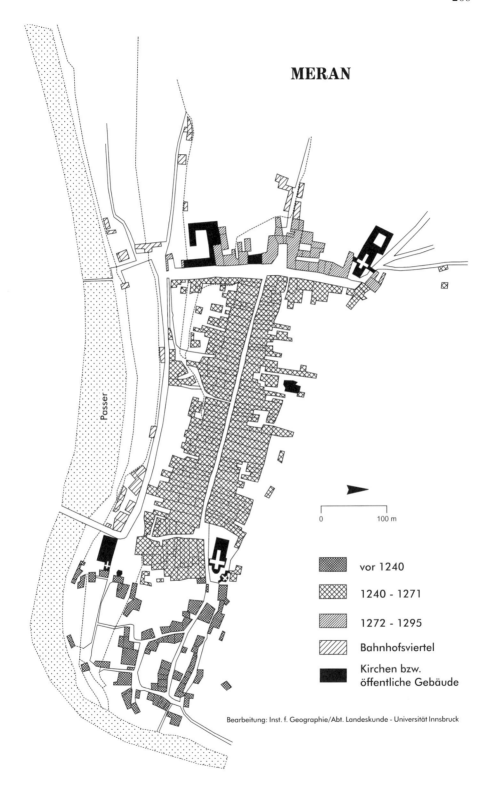

c) Dorf- und Marktsiedlung

Als der älteste Siedlungskern von Meran ist das von der einstigen Burg Ortenstain überhöhte Steinach-Viertel (um 1290 Stainach) südlich unterhalb von Zenoberg bzw. des Castrum Maiense (vgl. oben) anzusehen, welches – wie sein deutscher Ortsname verrät – nach der bayerischen Landnahme am Zusammentreffen der hier mittels einer Brücke die Passer übersetzenden Etschtal- bzw. Römerstraße mit dem Passeirer Talweg als Straßensiedlung entstanden ist. Wie die ehemalige Zugehörigkeit von Meran zur nahen Dorfpfarre Tirol am Küchelberg erkennen läßt, bildete das Steinachviertel ebenso wie die gesamte „Mairan"-Flur ursprünglich einen Teil des Mutterdorfes Tirol.

Vor 1287 befand sich das Steinachviertel im Besitz der Herren von Tarant, die dasselbe („una pecia terre iacente in burgo Marani cum vineis et sine vineis et cum domibus, ab una parte et ab alia via communis, a tercia aqua Pasarani") im genannten Jahre an den Landesfürsten von Tirol verkauft haben. In dem landesfürstlichen Urbar „Daz ist der gelt von Tyrol" von ca. 1290 (Tiroler Landesarchiv Innsbruck, Urbar 2/1) wird dieses Grundstück als „div gazz an Meran, div von Arnolten dem Tarant gechouffet wart", bezeichnet und beinhaltete demnach neun Häuser und einen Turm (Ortenstain, urkundlich 1313) mit einem Weingarten und einem Hause, nämlich den heutigen sogenannten Pulverturm oberhalb und das „Turmhaus" darunter im Steinachviertel. Da jedes der neun Häuser je ein Pfund Pfeffer zu zinsen hatte, welcher Zins noch im Maria-Theresianischen Steuerkataster aufscheint, konnten die Gebäude im genannten Viertel bzw. an der Ostseite der Postgasse (Leonardo-da-Vinci-Gasse) genau lokalisiert werden.

4 Stadtherr, Stadtwerdung und Stadterhebung

a) Stadtherr (Ortsobrigkeit)

Meran ist der Hauptort der Grafschaft Vinschgau, die 1027 von Kaiser Konrad II. den Bischöfen von Trient zu Lehen gegeben wurde, die sie ihrerseits als kirchliches Afterlehen an Edelfreie weitergegeben haben. Seit Mitte des 12. Jh. nannten sich die Grafen des Vinschgaus nach der Burg Tirol oberhalb von Meran. Nach dem Aussterben der Grafen von Tirol mit dem Tode Albrechts III. (IV.) im Jahre 1253 folgten kraft der 1254 „apud Meranum" vereinbarten Erbteilung zwischen dessen Schwiegersöhnen im südlichen Landesteil Graf Meinhard I. von Görz bzw. 1258 seine zwei Söhne, deren älterer, Meinhard II., sich ab 1271 Graf von Tirol-Görz nannte. Seine Linie endete jedoch im Mannesstamme bereits 1335 mit dem Tode seines jüngsten Sohnes, König Heinrichs von Böhmen-Kärnten. Heinrichs Erbtochter Margarete (Maultasch) trennte sich 1341 mit Hilfe des Landesadels und der Städte von ihrem im Kindesalter angetrauten ersten Gatten Johann Heinrich von Böhmen-Luxemburg und überlebte sowohl ihren zweiten Gatten Ludwig den Brandenburger von Bayern-Wittelsbach (gest. 1361) als auch ihren Sohn aus dieser Ehe, Meinhard III. (gest. am 18. 1. 1363); sie übergab ihre Grafschaft Tirol bereits im Jänner 1363 an die Herzoge von Österreich-Habsburg, die fortan auch Grafen von Tirol waren. Mit der Grafschaft Tirol gehörte Meran von 1804 bis 1918 zum Kaisertum Österreich und gelangte 1919 mit dem südlichen Landesteil Tirols an Italien.

b) Erwähnung als bürgerliche Siedlung

1237 forum, 1239 forum Merani, 1242 in burgo (und) in foro, 1243 in foro Merani, 1266 in burgo, 1270, 1271, 1272 in burgo Merani, 1272 strata burgi, 1273 in burgo Marani, 1278 in civitate, 1283 in mercato, 1289 in burgo, 1305 cives oppidi, 1309 in unsrer stat, 1317 stat zu Meran, 1321 burgum.

c) Stadtcharakter, Privilegien der Stadt

Eine förmliche Stadterhebungsurkunde ist nicht bekannt. König Heinrich von Böhmen-Kärnten hat seiner Stadt Meran jedoch im Jahre 1317 eine Stadtordnung ausgestellt (Original-Pergamenturkunde im Stadtarchiv Meran).

1905 Markterhebung der Gemeinde Untermais.

C. STAMPFER, Geschichte von Meran, der alten Hauptstadt des Landes Tirol, von der ältesten Zeit bis zur Gegenwart, Innsbruck 1889 (mit „Urkundenbuch"); K. MOESER, Meran, die alte Hauptstadt des Landes Tirol. In: Meran, hundert Jahre Kurort, Innsbruck 1936, S. 147–174.

5 Die Stadt als Siedlung

In Meran hat man – abgesehen von den eingemeindeten Dörfern Ober- und Untermais sowie Gratsch – im wesentlichen drei Siedlungskerne zu unterscheiden:

Der oberste und älteste Kern ist das *Steinachviertel* (vgl. § 3 c, S. 270), dessen Sozialstruktur später, d. h. nach der Anlage der Stadt- bzw. Laubengasse, erheblich an Niveau verlor, was u. a. durch das dortige Wohnhaus des Scharfrichters und durch das Frauenhaus neben demselben zum Ausdruck kam. Der Zugang in das Steinachviertel vom Passeiertal her wurde wohl noch gegen Ende des 13. Jh. durch einen Torturm, das Passeirertor (urkundlich 1349), abgesichert, von wo auch eine Mauerverbindung hinauf zum Ortensteinturm (später Pulverturm genannt) angelegt worden ist.

An das Steinachviertel wurde unter Graf Albert III. von Tirol (gest. 1253) als zweiter Siedlungskern um 1230/37 die *Marktsiedlung bzw. Stadt Meran in Gestalt der Laubengasse* mit der von dieser nach Süden abzweigenden Post- bzw. heutigen Leonardo-da-Vinci-Gasse angefügt, wobei zwischen diesen beiden Ortskernen ein erst in den letzten Jahren völlig verbauter, grüner Grenzsaum, quasi ein Schußfeld, freigehalten worden ist. Dieser Grenzsaum begann oben mit dem Steinachplatz und endete unten östlich des Sandplatzes.

Die damalige Anlage der Post- bzw. heutigen Leonardo-da-Vinci-Gasse und der neuen, urkundlich seit 1271 nachweisbaren Passerbrücke in ihrer Verlängerung erklärt sich aus dem Umstand, daß der Graf von Tirol daran interessiert war, daß Verkehr und Handel auf dem kürzesten Weg, bequem und ohne den Umweg über das Steinachviertel in seinen neuen Markt gelangen sollten, und dies umsomehr, als dieses Viertel damals grundherrlich noch nicht dem Grafen, sondern (bis 1287) den Herren von Tarant unterstand. Sicherlich im Zuge der Neuplanung und Anlage des 1237 erstmals genannten „forum Mairanum" entstand auch die urkundlich allerdings erst seit 1263/66 nachweisbare St.-Nikolaus-Bürgerkirche nördlich gegenüber der Einmündung der Postgasse in den Straßenzug Laubengasse – Pfarrplatz – Steinach bzw. unmittelbar am Ostrand der neuen Marktsiedlung, die spätestens seit 1242/66 von einer schützenden

Ring- oder Stadtmauer umgeben war und deshalb in den genannten Jahren erstmals als „burgum" (= befestigter Markt = Stadt) bezeichnet erscheint.

Hinsichtlich der Meraner Lauben bzw. Laubengänge ist hervorzuheben, daß dieselben hier nicht erst im 15. Jh. (wie z. B. jene in Sterzing oder Innsbruck etc.), sondern bereits bei der Erstanlage der Häuser an der Laubengasse geplant und errichtet worden sind. Darauf weist u. a. der Umstand hin, daß die Grundfläche der einzelnen Lauben in Meran immer schon zur betreffenden Bauparzelle gehört hat, wodurch es möglich war, dieselben zu unterkellern. Die so konzipierte Errichtung der Lauben erfolgte jedoch individuell, hausweise. Ein konkretes Beispiel hiefür liegt aus dem Jahre 1322 vor und betraf höchstwahrscheinlich das landesfürstliche Kelleramtsgebäude, den Vorgänger des heutigen Rathauses. Im genannten Jahre werden nämlich bezüglich des landesfürstlichen Hauses in Meran Ausgaben verrechnet: „pro testudine nova facta ad transitum de una domo ad aliam". Die bis ins 19. Jh. in ganz Tirol übliche Bezeichnung der Lauben als „Gewölbe" begegnet in Meran bereits 1353: „Gewelbe". Übrigens wird noch heute ebenso wie schon um 1330 („ain haus wasserhalb und ain haus perghalben") sowie in der Meraner Marktordnung von 1497 zwischen den „Berglauben" und den „Wasserlauben" unterschieden, welche Bezeichnung aber nicht nur die Laubengänge, sondern generell die beiden Häuserzeilen der Laubengasse kennzeichnet, je nachdem, ob sie dem Küchelberg vorgelagert sind, oder ob dahinter die Passer fließt. – Zum Zeitpunkt der Erstanlage des Burgum Meran bestanden drei Stadttore, eines knapp südlich neben dem Friedhof der St.-Nikolaus-Stadtkirche (heute Pfarrkirche) am Eingang vom Steinachviertel in den befestigten Stadtkern (urkundlich 1352: Turm u. Hofstatt vor dem St.-Nikolaus-Friedhof), das noch bestehende Bozner Tor am Südende der Postgasse und das (erste) Vinschgauer Tor am Westende der Laubengasse.

Den dritten Siedlungskern bildet die sogenannte *Neustadt (1308 „nova civitas")* bzw. der dem westlichen Ausgang der Laubengasse quer vorgelegte „Rennweg" oder „Rennplatz" (urkundlich 1426 und noch 1780) – der Name bezieht sich wohl auf die dort praktizierten Turniere (Rennen und Stechen) –, an dessen nordwestlichen Ausgang das bestehende Vinschgauertor (urkundlich 1291) und an dessen südwärtigen Ausgang das erste Marlinger- oder Ultener Tor (1328: „extra portam, per quem itur versus Merninga") gestellt wurden. Im Gegensatz zum zweiten Ortskern, der Laubengasse etc., war die Neustadt an ihrer westlichen Längsseite durch keine Stadtmauer geschützt, und es bestand zwischen den beiden Toren keine ringmauermäßige Verbindung, was dem Bild fast aller Tiroler Neustädte entsprach. Bleibt noch anzumerken, daß das Marlinger Tor (urkundlich 1318 „Marningertor") ursprünglich direkt gegen Süden auf die untere Passerbrücke zu führte, jedoch nach 1415 westwärts an die Südwestecke verlegt und dort gegen Westen geöffnet wurde, um so vor der Vermurung durch die Hochwasser der Passer sicher zu sein. Die erste urkundliche Nennung von Häusern am Rennweg datiert von 1272, während der in seiner Mitte situierte Kornplatz („forum bladi") erstmals urkundlich 1296 genannt bzw. 1780 als „Haubtstattplatz" bezeichnet wird.

Auf dem Vorfeld zwischen der südseitigen Stadtmauer und der Passer wurde bereits seit dem letzten Drittel des 13. Jh. eine *Gewerbezone* angelegt, deren Betriebe (drei Mühlen, zwei Sägemühlen, eine Lodenwalke und eine Hammerschmiede) ihre Energie aus dem rechts unterhalb des Steinernen Steges von der Passer mittels einer künstlich angelegten Staustufe abgezweigten Mühlbach bezogen, der in einem Ast, dem Stadtbach, neben dem Bozner oder Metzgertor sogar in den Bereich innerhalb der Stadtmauer, zur Metzbank und zu einer Mühle an der danach benannten „Mühlgrabengasse" geführt wurde und ebenso wie der Lendbach (= der äußere Ast) noch besteht. Zur Instandhaltung des Mühlbaches hat sich 1891 eine noch heute bestehende „Stadtbachgenossenschaft" konstituiert, die alljährlich einmal den Zufluß sperrt bzw. das Wasser „abkehrt", um den Anrainern des Mühlbaches Gelegenheit zur Reinigung und zu Reparaturen des Wasserlaufes zu geben. Am Stadtbach befanden sich auch die drei alten Badhäuser.

Der untere Teil dieses Vorfeldes diente dem Anlanden des auf der Passer angetrifteten Holzes (vgl. die Stadtansicht bei Merian 1649).

Wesentliche *Eingriffe erfuhr der Altstadtbereich* einerseits, als 1869, ausgehend von der Abzweigung der alten Mühlgrabengasse von der Laubengasse, die heutige Sparkassenstraße südwärts durch die Stadtmauer zur heutigen Freiheitstraße durchgebrochen und 1882 Teile der nordseitigen Stadtmauer zwecks Anlage von Gärten abgetragen wurden, und andererseits, als 1913 das uralte Thalguterhaus (im Inneren mit heraldischen Fresken des 14. Jh.) östlich neben dem heutigen Rathaus abgerissen wurde, um die Sparkassenstraße gegen Norden bzw. zum Ausgangspunkt des Tappeinerweges auf den Küchelberg zu verlängern. Dieser Straßendurchbruch bezweckte auch die Schaffung eines direkten, öffentlichen Zuganges zur sogenannten „Landesfürstlichen Burg".– Der erste Durchbruch der Stadtmauer erfolgte 1827, um den Rennweg geradewegs in die Freiheitstraße einmünden zu lassen. Von den Stadttoren wurde – abgesehen von den ursprünglichen Toren am oberen und unteren Ende der Laubengasse – lediglich 1881 das Marlinger Tor beseitigt, um das Benediktinergymnasium südwärts bis zur Ecke Rennweg/Freiheitstraße erweitern zu können. Die südseitige Stadtmauer wurde nach und nach in die einerseits von innen her und andererseits von der Freiheitstraße her an dieselbe angebauten Häuser als rückwärtige Außenmauer integriert oder abgebrochen. Von der nordseitigen, beiderseits von Weingärten begleiteten Stadtmauer hat sich nur ein bescheidenes, freistehendes Relikt im Bereich des Kindergartens erhalten.

In den letzten Jahrzehnten des 19. Jh. entstand allmählich am Meraner Anteil der ehemaligen Etschwiesen („auf der Meran") westlich der Altstadt bzw. zwischen dieser, der neuen Landstraße nach Forst (Goethestraße) und der Passer ein neuer Stadtteil mit dem Straßenkreuz der Andreas-Hofer-(O.-Huber-) und der Meinhardstraße, wo bereits 1883 ein neuer Schießstand, aber auch eine Kaserne und das Kurmittelhaus (1906) angesiedelt wurden. Den Hauptanstoß zur Entwicklung dieses Hotel- und Villenviertels brachte die Anlage des ersten Bahnhofs der 1881 eröffneten Bahnlinie von Bozen nach Meran mit sich, aus welchem Anlaß die Stadtgemeinde den Stadterweiterungsplan von 1881 zur Errichtung dieses *Bahnhofsviertels* beschlossen hat. Letzteres wurde erweitert, als 1905/06 zur Anlage des neuen Bahnhofs der in den Vinschgau verlängerten Eisenbahn die Stadtgrenze gegen Algund vorgeschoben wurde, und nun südwestlich davon auch der neue städtische Friedhof, der neue Schlachthof und ein Schwimmbad errichtet wurden. Letzteres wurde nach 1945 zu einer Sportzone (mit Fußballplatz etc.) ausgebaut, in deren westlicher Nachbarschaft die Wohnblöcke des nach der neuen Pfarrkirche südöstlich des Bahnhofs benannten *Stadtteiles „Maria Himmelfahrt"* entstanden.

Die Fluren nördlich der Landstraße nach Forst (Goethestraße) bzw. zwischen dieser und dem Abfall des Küchelberges, beiderseits der Karl-Wolf-Straße nach *Gratsch*, mit den seit dem 14. Jh. nachweisbaren Einzelhöfen Doblhof, Gut im Winkel und Ottanngut wurden hingegen erst nach 1960 vermehrt als Bauland genutzt, weshalb das 1905 eröffnete neue städtische Krankenhaus an der genannten Landstraße jahrzehntelang fast nur von Grünland umgeben war. Unterdessen als *Landeskrankenhaus* erheblich vergrößert, erhielt es ab 1978 die sogenannte Meraner „*Schulstadt*" in Gratsch an der Karl-Wolf-Straße mit fünf Oberschulen zum nördlichen Nachbarn.

Im Bereich der Katastralgemeinde *Mais* (1227: „villa Maise") lag der Schwerpunkt der jüngeren Siedlungsentwicklung einerseits in *Untermais*, wo ca. ab 1910 und vor allem nach 1918 südlich der Gampenstraße die weitläufigen Kasernen und nördlich davon 1927 der große Südwest-Nordost-orientierte Pferderennplatz entstand. Vorgänger des letzteren war ein um Bruchteile kleinerer Nord-Süd-orientierter Sportplatz von 1900, dessen Länge der Breite des bestehenden – eröffnet 1935 – entsprach. Zu den jüngsten Errungenschaften der „Kurstadt" in Untermais gehören auch die sogenannten „Thermen", eine 1972 errichtete kombinierte Badeanlage links der Passer bei der Theaterbrücke. Anfangs trug die Anlage die Bezeichnung SALVAR, seit 1982 die Bezeichnung „Meraner Kurbad AG".

Einen weiteren Siedlungsschwerpunkt bildete *Sinich* an der südlichen Stadtgrenze, links der Naif, wo 1924/25 faschistische Wirtschaftspolitik im Dienste der ethnischen Überlagerung eine weitläufige chemische Fabrik (Stickstoff-Fabrik der Firma Montecatini, seit 1974 Silizium-Werk, 1981 an den Konzern Dynamit-Nobel-Silicon) mit einer großen Werkssiedlung angelegt hat. Letztere wurde ab 1978 unter der Bezeichnung *Sinich-Nord* zu einem neuen Stadtviertel erweitert.

Zwischen Sinich und den obgenannten Kasernen in Untermais erwuchsen vor allem seit 1978/81 eine *Handwerkerzone* in der Größe von 5 Hektar und der neue *Wohnstadtteil St. Anton oder Untermais-Ost*, während gleichzeitig im Bereich zwischen dem Pferderennplatz und der Passer der *Wohnstadtteil Untermais-West* erstand. Ihnen folgte ab 1978 das *Wohnviertel Obermais-Lazag*.

C. STAMPFER, Geschichte der Stadtmauern von Meran. In: Programm des k. k. Ober-Gymnasiums in Meran 1887/88, Meran 1888, S. 3–30; B. MAZEGGER, Die Geschichte der Stadtmauern von Meran von C. Stampfer und die Maja-Frage, Innsbruck 1889; – A. SPARBER, Zur geschichtlichen Entwicklung von Meran-Mais. In: Der Schlern Jg. 4, Bozen 1923, S. 301–306; – E. PERATHONER, Meraner Häuserchronik 1780–1964. Ungedr. phil. Diss., Innsbruck 1964; – F. H. HYE, Meran = Österr. Städteatlas, 3. Lieferung, Wien 1988. M. LADURNER-PARTHANES, Gratsch – altes Dorf am Fuße des Schlosses Tirol. Gratsch 1981.

b) Gebäude

Sakralbauten in der Katastralgemeinde Meran

St.-Nikolaus-Pfarrkirche: Erstnennung in einem undatierten Ablaßbrief des Bischofs Leo Thundorfer von Regensburg (1262–1277) im Meraner Stadtarchiv. Bischof Leo urkundete 1263 in Sterzing und 1266 in Partschins unweit von Meran. Dem alsbald zu klein empfundenen Erstbau folgte nach 1302 der 1465 geweihte heutige Kirchenbau mit Chor und dreischiffigem Langhaus und spätgotischem, gezinntem Treppengiebel. Historisch besonders bemerkenswert ist der südseitig an den Chor angesetzte Glockenturm mit Umgang für die städtische Turm- und Feuerwache in der Höhe oberhalb der Glockenstube bzw. Schallfenster (Stadtturm). Dasselbe gilt auch von der parallel zur Außenmauer der Kirche verlaufenden, gewölbten Durchgangshalle im Erdgeschoß des Turmes, welche Friedhofsumgänge ermöglichte, obwohl der Turm unmittelbar an die Straße angrenzt. Im Hallengewölbe Schlußstein von ca. 1360 mit Tiroler Adlerschild, an den Wänden als Fresko einerseits ein Erinnerungsbild (wohl

„ex Voto") eines aus maurischer Gefangenschaft befreiten Mannes vor dem blau-roten Kreuz des Trinitarierordens (um 1400) und andererseits ein gemaltes Barock-Epitaph für den stadtgeschichtlich bedeutsamen Anndre Kalmünzer aus Kalmünz in der Oberpfalz von ca. 1460 (1756 erneuert). An der Südseite des Langhauses außen, dem Pfarrplatz zugewandt, großes St.-Christophorus-Fresko des 15. Jh. 1881/82 wurde die Kirche vom Wiener Architekten Friedrich v. Schmidt „restauriert".

St.-Barbara-Kapelle: Zweigeschossiges Oktogon am alten Friedhof neben dem Ostchor der Pfarrkirche bzw. unmittelbar am Felsabfall des Küchelberges, erbaut 1423/50, das Untergeschoß früher als Beinhaus verwendet. An der der Straße zugewandten Fassade ein St.-Christophorus-Fresko, Mitte 15. Jh.

Ehemaliges Klarissenkloster mit Marienkirche: gegründet 1309, an der Westseite des Rennweges, heute Volksbank Meran (1981/82 zum Bankjubiläum restauriert), mit zugehöriger ehemaliger *St. Katharinenkirche* an der Ostseite des Rennweges dem Kloster gegenüber und seit 1311 dazugehörig, heute Wohnhaus.

St.-Leonhards-Kirchlein an der Staatsstraße nach Forst (Goethestraße): Gotteshaus des Sondersiechenhauses, 1. Hälfte 14. Jh.

Kapuzinerkloster mit St. Maximiliankirche: erbaut 1616/17 am Nordende des Rennweges südwestlich neben dem Vinschgauer Tor.

St.-Scholastica-Kapelle am Sandplatz mit sechseckigem Grundriß, im Stadtplan von 1780 nachweisbar, wurde 1881 abgerissen.

Evangelische Pfarrkirche an der Passerpromenade: erbaut 1883/84, Weihe 1885.

Herz-Jesu-Kirche am Sandplatz neben dem Ansitz Hohensaal: erbaut 1903/04.

Mariae-Himmelfahrts-Pfarrkirche im gleichnamigen, neuen Stadtteil, an der Reschenstraße: erbaut 1956/57.

Sakralbauten in der Katastralgemeinde Mais: Obermais und Untermais

St. Valentin in Obermais, inmitten von Weingärten am oberen, östlichen Ortsrand (St.-Valentin-Straße): urkundlich 1273, im Kern romanischer Bau mit neo-romanischer Fassade von ca. 1860.

St. Georg in Obermais: urkundlich 1256, 1296, Weihen 1354 und 1490, historisch bemerkenswerte Seitenkapelle und Grabstätte des Caspar (gest. 1614) und des Johann Eckart von Rosenberg (gest. 1622).

Einsiedlerkapelle in der Naif, Obermais.

Pfarrkirche zum hl. Vigilius an der Pfarrgasse, Untermais: urkundlich 1271, dem Zisterzienserkloster Stams 1273 inkorporiert, 1878 Brand und Wiederaufbau, Anbau 1. Hälfte des 20. Jh. durch Clemens Holzmeister.

Maria Trost an der Romstraße, Untermais: urkundlich 1332, 1341, spätromanische und hochgotische Fresken, der alte Aufgang zum Kirchenportal mußte 1933 einer Straßenverbreiterung weichen.

Meraner Stadtspitalkirche zum hl. Geist südlich der Spitalbrücke über die Passer, Untermais: gegründet 1271, wurde 1419 durch die Passer infolge eines Ausbruches des Rabensteiner Sees zerstört und hierauf mit tätiger Hilfe des Meraner Bürgers Andre Hiltprant (1442 Bürgermeister von Wien) und des Landesfürsten in seiner heutigen, originellen Gestalt (dreischiffiger Bau mit im 10-Eck abschließendem Chor) wiederaufgebaut. Fresko-Inschriften in der Kirche erinnern an dieses und spätere Passer-Hochwässer, die der Bau jedoch gut überstanden hat. Bezüglich des ehemaligen Spitalsgebäudes vgl. unten § 16, S. 300.

Sakralbau in der Katastralgemeinde Gratsch

St. Maria Magdalena in Gratsch: Bis 1905 Filiale von St. Peter bei Schloß Tirol, seither de facto Pfarrsitz. Bei dieser Kirche unmittelbar am Fuße des von hier steil aufsteigenden Talhanges wurde das obgenannte, 1957 in der Nachbarschaft beim Kircherhof ausgegrabene Steinkammergrab aufgestellt.

K. MOESER, Zur Baugeschichte der drei Meraner Gotteshäuser aus der Zeit der Gotik. In: Schlern-Schriften Bd. 208, Innsbruck 1959, S. 119–130; – A. GREITER, Pfarrkirche St. Georg-Obermais/Meran, o. J. (um 1975); – R. PERGER, Neues über Andre Hiltprant von Meran, Wiens Bürgermeister im Jahre 1442. In: Jahrbuch des Vereins für Geschichte der Stadt Wien Bd. 34, Wien 1978, S. 33–53; – Zur Geschichte des heutigen Sitzes der Volksbank Meran im ehemaligen Klarissenkloster am Kornplatz. In: E. JACKL, Festschrift zum 100-jährigen Jubiläum 1886–1986, Volksbank Meran, Meran 1986, S. 87–97; – L. ANDERGASSEN, Die Stadtpfarrkirche St. Nikolaus in Meran, Lana 1994; – M. LAIMER, Das Meraner Klarissenkloster. Untersuchungen zur Klosterkirche. Diplomarbeit, Innsbruck 1994; – P. VALENTE, Pietra su pietra: Santo Spirito a Merano 1271–1951, Bozen 1996.

Profanbauten in der Katastralgemeinde Meran

Ortenstein bzw. *Pulverturm* am Küchelberg oberhalb des Steinachviertels: urkundlich um 1290, Bezeichnung Ortenstain 1323, 1326, 1327, seit 1629 städtischer Pulverturm.

Turmhaus oder *Hohes Haus* (Passeiergasse 49) unmittelbar unter Ortenstein an der Passeiergasse mit markantem Erker und spätgotischem Portal von 1530.

Passeiertorturm in der östlichen Nachbarschaft des Turmhauses und mit Ortenstein durch ein Stück Stadtmauer verbunden, trägt an der Außenseite Klauen- oder Führungssteine für das ehemalige Fallgitter und an der Innenseite in der Höhe als Fresko das Stadtwappen mit der Jahreszahl 1596.

Ehemaliges landesfürstliches Kelleramtsgebäude bzw. heutiges Rathaus an der Bergseite der Laubengasse: urkundlich 1279 „in Merano in domo domini Meinhardi comitis Tyrolis", 1317 (Stadtordnung), 1806 den Fürsten Thurn und Taxis als Teilersatz für das verstaatlichte Postregal übereignet, 1875 von der Stadtgemeinde als Ersatz für das alte Rathaus angekauft und 1928/32 unter der faschistischen Gemeindeführung abgerissen und durch einen gänzlichen Neubau in seiner heutigen Gestalt ersetzt.

Sogenannte landesfürstliche Burg: Vom Landesfürsten Sigmund dem Münzreichen um 1460/80 im Hinterhof des landesfürstlichen Kelleramtsgebäudes von innen her an die Stadtmauer angebaut, fungierte dieses malerische Stöcklgebäude lediglich als vom öffentlichen Leben abgesonderte, hochkultivierte, intime Absteige des Landesfürsten und war bis 1913 nur mittels eines Durchganges durch das genannte Amtsgebäude erreichbar. Im Zuge des aufblühenden Kurort-Tourismus war es der ebenso engagierte als ideenreiche Tiroler Landesarchivar und Historiker David R. von Schönherr, der im Zuge der Restaurierung dieses 1877 gemeinsam mit dem vorgenannten Amtsgebäude von der Stadt erworbenen baulichen Juwels des 15. Jh. für dasselbe die Bezeichnung „Landesfürstliche Burg" propagierte, einen entsprechenden Führer (2. Auflage 1892) verfaßte und damit dem bedeutendsten profanen Baudenkmal der Stadt einen klingenden, werbefähigen Namen gab.

Ansitz Kalmünz (Sandplatz Nr. 12): erbaut im 16. Jh. durch Wolfgang von Kalmünz als erster, wenn auch malerischer baulicher Eingriff in die oberwähnte Grünzone zwischen dem Steinachviertel und den ostseitigen Häusern an der Post- bzw. Leonardo-da-Vinci-Gasse.

Ansitz Hohensaal (Sandplatz Nr. 16): erbaut im 16. Jh. durch die späteren Grafen von Wolkenstein (im Inneren großer al fresco gemalter heraldischer Stammbaum der Familie von 1588); 1723 vom Orden der Englischen Fräulein angekauft, die darin eine noch heute bestehende Mädchenschule errichtet haben.

Ansitz Steinachheim am Oberen Pfarr- oder Steinachplatz (Pfarrplatz Nr. 6), östlich neben dem St.-Barbara-Kirchlein: 1675 von den Grafen von Mamming unmittelbar dem Felsabfall des Küchelberges vorgebaut, heute privates Museum.

Pfarrhaus (Passeiergasse Nr. 3): Ansitz der Grafen Fuchs, 1864 von der Stadt als Pfarrhaus angekauft; das dortige Marmorrelief mit Wappen und einem Madonnenbild von G. Schwenzengast über dem Portal stammt von dem 1913 abgerissenen Thalguterhaus östlich vom Rathaus.

Palais Weinhart an der Ostseite des Steinachplatzes mit Reliefdarstellung des Familienwappens in weißem Marmor in Biedermeierstil (um 1830) an der Fassade.

Infolge von Umbauten als solche nicht mehr erkennbar sind die Ansitze *Seisenegg* (heute Hotel Seisenegg, Gartenstraße Nr. 1) und *Seisenstein* (Ortensteingasse Nr. 1), ebenfalls im Steinachviertel.

Ansitz Löwenbrunn (Rennweg Nr. 3): seit 1725 – wie bereits 1423/39 – im Besitz des Benediktinerklosters Marienberg im obersten Vinschgau, hat dasselbe hier bei seinem Knaben-Gymnasium das Konvikt „Rediffianum" für Knaben geführt.

Ehemaliges Ballhaus, Laubengasse/Wasserlauben: An die einstige Funktion als Umladestation der Rodfuhr (vgl. § 8, S. 284 f.) erinnert nur noch der auffallend breite, straßenseitige Laubenbogen.

Ehemaliges städtisches Gerichtsgebäude des Stadt- und Landgerichtes Meran-Burggrafenamt sowie des Hofgerichtes an Meran. (Laubengasse/Wasserlauben).

Sitz des Bezirksgerichtes Meran (Prätur) am Kornplatz, Um- bzw. Neubau von 1902.

Altes Rathaus an der Ecke Laubengasse/Sparkassenstraße: ursprünglich landesfürstliche Leihbank, 1413 vom Landesfürsten an die Stadt als Rathaus verkauft und als solches bis 1877 in Verwendung, seither Sitz der Sparkasse Meran.

Neues Rathaus an der Laubengasse siehe oben S. 276: ehemaliges landesfürstliches Kelleramtsgebäude.

Stadttheater Meran erbaut 1900, prächtiger Jugendstilbau des Architekten Martin Dülfer.

Kurhaus zwischen der Passerpromenade und der Freiheitsstraße (früher Habsburger Straße) erbaut 1873/74 (Westtrakt) bzw. 1912/14 (Osttrakt mit großem Saal).

Profanbauten in der Katastralgemeinde Mais: Obermais

Ansitz Erlach (Virgilstraße Nr. 1).

Schloß bzw. Ansitz Knillenberg (Dante-Alighieri-Straße Nr. 30) privilegiert 1506.

Ansitz Pflanzenstein (Pflanzensteinstraße Nr. 7).

Ansitz Reichenbach (Reichenbachgasse Nr. 2), der Name resultiert von den Besitzern Jakob (1429) und Wilhelm von Reichenbach (1523).

Ansitz Rolandin (Georgenstraße Nr. 21), ursprüngliche Bezeichnung „Hütterhof", von 1686 bis 1811 im Besitz derer von Rolandin.

Ansitz Rosenstein (Brunnenplatz Nr. 2), erbaut um 1602, von 1613 bis 1754 im Besitz derer von Rosenberg.

Ansitz Rottenstein (Brunnenplatz Nr. 3), im 14./15. Jh. Sitz derer von Rottenstein (Rotenstain).

Ansitz Rundegg (Reichenbachgasse Nr. 1), privilegiert 1625 durch Erzherzog Leopold V.

Ansitz St. Valentin (St.-Valentin-Straße Nr. 7), urkundlich seit 1332, Wohnturm bei der gleichnamigen Kirche.

Ansitz Thierburg Lichtenthurn (Romstraße Nr. 15), privilegiert 1587 durch Erzherzog Ferdinand II., zuvor „oberer Tiergarten" genannt.

Ansitz Weyer (Virgilstraße Nr. 6).

Ansitz Winkl (Winklweg Nr. 9), besonders privilegiert 1646 von Erzherzog Ferdinand Karl für seine Mutter Claudia von Medici.

Schloß Labers (auch Laubers), infolge von Umbauten vom mittelalterlichen Kern wenig erkennbar, heute Hotel.

Schloß Planta (Schönblickstraße Nr. 26), der Name rührt von der freiherrlichen Familie von Planta aus dem Engadin her, die das Schloß um 1632/62 besessen hat.

Schloß Rametz (Laberserstraße Nr. 2), im 14./15. Jh. im Besitz des Konrad bzw. Hans etc. der Rametzer, auch Rumetzer genannt (bis 1497).

Schloß Rubein (St.-Valentin-Straße Nr. 1), urkundlich seit 1220, bis 1383 Sitz der Rubeiner.

Schloß Trautmannsdorf (St.-Valentin-Straße Nr. 27), ursprüngliche Bezeichnung „Neuberg", von 1547 bis 1697 im Besitz derer von Trautmannsdorf.

Rathaus von Obermais, erbaut 1899/1900.

Profanbauten in der Katastralgemeinde Mais: Untermais

Ansitz Angerheim, genannt das alte Pfarrhaus („der alte Widum") neben der St.-Vigilius-Pfarrkirche von Mais (Pfarrgasse Nr. 2), mit vor wenigen Jahren freigelegten Wappenfresken von ca. 1595–1601.

Ansitz Maur (Cavourstraße Nr. 2–4).

Suppanturm oder *Sigler im Turm* (Romstraße), mittelalterliche Anlage, urkundlich 14. Jh.

Ansitz Tiergarten (Romstraße Nr. 24), auch der „Untere Tiergarten" genannt.

Neues Rathauses von Untermais, erbaut 1907.

Hauptpostgebäude, Reichs- bzw. Romstraße Nr. 114, erbaut 1913.

Casa del Popolo (Fascio), erbaut 1926/27 an der Stelle des zu diesem Zwecke abgerissenen alten Stadtspitals südlich neben der noch bestehenden Spitalskirche.

D. SCHÖNHERR, Geschichte und Beschreibung der alten Burg in Meran, Meran 1892; – C. STAMPFER, Schlösser und Burgen in Meran und Umgebung, 3. Auflage Innsbruck 1929; – O. v. LUTTEROTTI, Schloß Tirol und die landesfürstliche Burg zu Meran, 3. Auflage Innsbruck 1967; – J. UNTERER, Die Ansitze von Mais und Meran, Brixen 1972; – P. SPIEGELFELD, Der Jugendstil in Meran unter besonderer Berücksichtigung der Bauornamentik. Diss., Innsbruck 1981; – A. PIXNER-PERTOLL, Meraner Villenbau um die Jahrhundertwende (um 1900). Diss., Innsbruck 1990; – F. H. v. HYE, Die heraldischen Fresken im Ansitz Angerheim in Meran-Untermais – zugleich ein Beitrag zur Heraldik des Klosters Stams im Oberinntal. In: Der Schlern Jg. 74, Bozen 2000, S. 505–511.

c) Brände und Naturkatastrophen

Brände

1309, 1321, 1325, 1339, 1347, 1370, 1378, 1403, 1479.

1352 Beschluß einer Feuerordnung, die alle Bürger und Insassen zum Löscheinsatz verpflichtete. Erster Ankauf einer Feuerspritze 1689 nach dem Brand der Kiechlmühle, Feuerlöschordnung für Meran von 1711; in der Feuerwehrordnung für Meran von 1873 hat der Feuerwächter (Türmer) am Pfarrturm noch immer eine zentrale Funktion; noch 1892 wurde eine Telephonverbindung von dort zur Polizeiwachstube im Rathaus installiert.

In Erinnerung an den Brand von 1347 hat die Bürgerschaft die Abhaltung eines alljährlichen Kreuzganges zur St.-Agatha-Kirche in Lana verlobt, der noch 1904 und später durchgeführt worden ist.

Wesentlich zur Entwicklung der Feuersicherheit beigetragen hat die Umstellung auf Ziegelbau, was durch die um 1447 in Betrieb genommene Meraner Ziegelei gefördert wurde, wo bereits 1449 in acht Öfen 119.000 Ziegel hergestellt wurden.

1867/68 Gründung der Freiwilligen Feuerwehr Meran mit Gerätehaus im Rathaushof; ihrer Auflösung durch das faschistische Regime folgte 1927 die Konstituierung der Berufsfeuerwehr Meran. Neubau einer Feuerwehrhalle 1983/86, 1988 Errichtung einer zusätzlichen Feuerwache in der Leopardistraße.

Freiwillige Feuerwehr Untermais gegründet 1877, Neugründung nach der faschistischen Auflösung 1946; – Freiwillige Feuerwehr Obermais gegründet 1878/85, Neugründung 1968, erhielt 1983/84 eine neue Gerätehalle; – Freiwillige Feuerwehr Gratsch gegründet 1881 (Jubiläum 1981). Nach 1943 Bildung von Außenstellen in Freiberg und Labers.

Überschwemmungen, Vermurungen

Im Jahre 1401 erfolgte im hinteren Passeiertal zwischen Rabenstein und Moos ein Bergsturz, der die Passer aufgestaut hat, was immer wieder zu Ausbrüchen dieses Stausees geführt hat. Derartige Passer-Flutwellen erfolgten 1419 – damals wurde die erste Spitalanlage zerstört – sowie in den Jahren 1503, 1512, 1572, 1721, 1772, 1773 und 1774. In der Folge konnte der Damm dieses Stausees endlich abgegraben werden, womit diese besonderen Flutkatastrophen endeten. Zum Schutze der Stadt und von Mais wurden beiderseits der Passer Schutzdämme (auf der Maiser Seite „Greutendamm" genannt) errichtet, an denen Generationen gearbeitet haben. Dennoch ereigneten sich 1853, 1860, 1868, 1901 etc. weitere Überschwemmungen.

1889 und 1902 Vermurungen durch Ausbrüche der Naif bei St. Valentin-Trautmannsdorf, gefolgt von der Errichtung von Schutz- bzw. Archenbauten (1890).

Besonders verheerend für Gratsch war im Juli 1850 der Murenabgang des Burgbaches (westlich von Schloß Tirol).

K. MOESER, Das mittelalterliche Feuerordnungswesen der Landeshauptstadt Meran. In: Festschrift anläßlich des 70-jährigen Wiegenfestes der Freiwilligen Feuerwehr Innsbruck und des 55-jährigen Gründungsfestes des Feuerwehr-Landesverbandes für Tirol, Innsbruck 1927, S. 5–11.

d) Zerstörungen im Zweiten Weltkrieg

Im Zweiten Weltkrieg blieb Meran als Lazarettstadt glücklicherweise vor Kriegsschäden bewahrt.

In der Zeit des NS-Regimes 1943/45 wurde Richard Reitsamer aus Meran 1944 wegen „Nichtbefolgung eines Einberufungsbefehles" in Bozen/Oberau hingerichtet.

6 Bevölkerung

a) Herkunft und soziale Gliederung

Eine umfassende Untersuchung über die Bevölkerungsgeschichte von Meran steht noch aus, doch ist anzunehmen, daß sich die Bevölkerung von Meran vorwiegend aus sich selbst sowie durch Zuzüge aus dem gesamten Burggrafenamt, dem Vinschgau und dem Passeier ergänzt hat. Starke familiäre Verbindungen lassen sich auch zu den übrigen Tiroler Städten beobachten, doch sind auch einzelne Zuwanderer, insbesondere aus dem süddeutschen Raum, nachweisbar.

A. SCHWEIGL, Beiträge zur Bevölkerungsgeschichte der Stadt Meran in der Zeit von 1848 bis 1914. Diss., Innsbruck 1990.

b) Seuchen

Pest 1635 (vgl. das Verzeichnis der 58 damals Verstorbenen im Meraner Totenbuch, § 6 c), Cholera 1836 (35 Tote in Meran, 119 in Mais); Grippe-Epidemie im Herbst 1918 (56 Sterbefälle).

R. STAFFLER, Das Cholerajahr 1836 im Burggrafenamte. In: Meran – 100 Jahre Kurort, a. a. O., S. 59–68.

c) Bevölkerungsverzeichnisse, Kirchenmatriken

Pfarrmatriken
a) St.-Nikolaus-Kuratiekirche in Meran, Filiale der Pfarre Tirol: Taufbücher ab 1610, Heiratsbücher ab 1609, Sterbebücher ab 1635.
b) St.-Vigilius-Pfarrkirche in Meran-Untermais: Taufbücher ab 1591, Heiratsbücher ab 1591, Sterbebücher ab 1592.

d) Bedeutende Familien und Geschlechter

Der Maria-Theresianische Steuerkataster der Stadt Meran von 1780 enthält folgende Familiennamen von Liegenschaftsbesitzern dortselbst:
Abwertshauser, Achmiller (Achmüller), Alexander, Baptisti, Freiherr von Battaglia, Baumgartner, Berger, Bernhardin, Bertoldi, Blaas, Blaß, von Braitenberg, Burger, Coreth, Degeser, von Egen, Egg, Egger, Eisner, Erb, Faller, von Feigenbuz (Feigenputz), von Feyrtag, Fieg, Fiegl, Fischer, Frank, Frey (Frei), Gamper, Gasser, von Gasteiger, Gilg, Glazl (Gläzl), von Goldrainer, Golser, Götsch, Gufler, von Hafner, Hanifle (Haenifle), Haller, Hartgagl, Hartmann, von Hebenstreit, Graf von Hendl, Herzog, Hezner,

Meran

Das Territorium der Stadtgemeinde Meran auf der quellenmäßig 857 erstmals genannten Flur „Mairania" (auf der Meran), eingeengt zwischen dem Küchelberg und der Passer, vor den Eingemeindungen von Ober- und Untermais und Gratsch (1923), auf der Katastermappe von 1858

Wachstumsphasen-Karte der Stadt Meran, konzipiert von F. H. Hye. In: Österreichischer Städteatlas, hg. vom Wiener Stadt- und Landesarchiv und dem Ludwig Boltzmann Institut für Stadtgeschichtsforschung, 3. Lieferung, Wien 1988

▶

Blick auf die „Wasserlauben" der Meraner Laubengasse mit dem auffallend breiten – weißen – Einfahrtstor des einstigen Ballhauses der Rodfuhr. Foto: M. Hye-Weinhart

▶ ▶ Oben

Die St.-Nikolaus(-Pfarr-)kirche mit dem alten, ummauerten Friedhof und das rechts anschließende Steinachviertel, Merans ältester Stadtteil, vom Passeirertor herab bis zur (Pfarr-)Kirche. Links das alte Stadtschulhaus (11). Rechts oben St. Zenoberg (28, Gemeinde Riffian) und die St. Georgskirche in Obermais (27). Am linken Bildrand das ehemalige Gerichtsgebäude. Ausschnitt aus der Stadtansicht Merans von Benedikt Auer, 2. Hälfte des 18. Jahrhunderts

▶ ▶ Unten

Der westliche Teil der Stadt Meran mit dem Kelleramt – heute Rathaus (10) – und der sogenannten „Landesfürstlichen Burg" dahinter (16) einerseits sowie mit dem ehemaligen Gerichtsgebäude (13), dem alten Rathaus (12) und dem Ballhaus (14) im Verlauf der Wasserlauben andererseits. Am linken Bildrand verläuft die „Neustadt" bzw. der „Rennweg" mit dem Vinschgauer Tor – noch in seiner alten Höhe (20) –, weiters sieht man den Übergang vom ehemaligen Klarissenkloster (aufgehoben 1782) zur zugehörigen, aber auf der anderen Straßenseite liegenden St.-Katharinen-Kapelle und das ehemalige Marlinger- oder Ultener Tor (abgerissen 1881). Ausschnitt aus der Stadtansicht Merans von Benedikt Auer, 2. Hälfte des 18. Jahrhunderts

Hilleprand, Hofer, von Hörmann, Hupfau (Hupfauf), Illmer (Ilmer), Ingram, Innerhofer, Iser (Isser), Jäger, Jaufner, Jordan, Jörg, Kaaserbacher, Kammerer, Keil, von Kiebach, Kirchlechner, Klieber, Knoll, Kofler, Kolber, Freiherr von Koreth, Kristl, Kuen, Kuenz, Kurz, von Laicharding, Ladurner, Lamprecht, Langemantl, Lantinger (Läntinger), Lauggas, Layen, Leiter, Leitgeb, Linder, Linter, von Lobenwein, Loriz, Graf von Maming (Mäming), Marsoner, Mayr, Mayrhofer, von Meitinger, Mitterer, Mooser, Nagele (Nägele), Nesing (Nössing), Neunhäuser, Obertimpfler, Ortner, Oswald, Pamer, Pamgartner, Partanes, Passeirer, Patscheider, Peer, Peteffi, Pfestl, Pfeifhofer, Pföstl, Pichler, Pirpamer, Pizinger, Platter, Plonner (Ploner), Plazer (Platzer), Pohl, Pranter, von Prenner, Prinster, Prünster, Psenner, Putz, Rampold (Rämpold), Ratschiller, Rauch, Rempp, Riepper, Rimbl (Rimml), Freiherr von Ruffin, Rungg, Sasella, von Sagburg, Sax, Schaller, Schgör, Frhr. von Schneeburg, Schrott, Schwaighofer, Schweiggl, Seibald, Seitz, Sanftl (Sänftl), Seyrer, Singer, Sonneburger, Sorg, Graf von Spaur, Spieß, Graf von Stachlburg, Stanger, Staud, Stauder, Stecher, Steidl, Stoffer, Stoker, Storch, Strobl, Tandler (Tändler), von Tasch, Thaler, Thalguter, Thurner, Tosser, Graf Trapp, Trenker, Tribus, Trofojer, Übertracher, Ungericht, Vador, Verdroß, von Vintler, von Waid, Waldner, Walser, Wengemayr, Wenter, Widemann, Widenblazer (Widenplatzer), Zehner, Zipperle.

Siehe dazu auch die umfassenden Namensverzeichnisse der Stadtsteuerverzeichnisse von 1520, 1560 und 1599, abgedruckt bei E. PRIETH, Beiträge zur Geschichte der Stadt Meran im 16. Jh. Meran 1957, S. 196–207.
K. MOESER, Die Meraner Malerfamilie Raber. In: Schlern-Schriften Bd. 12, Innsbruck 1927, S. 186–214; – B. POKORNY, Die Grabdenkmäler um die Meraner Pfarrkirche. In: Der Schlern Jg. 12, Bozen 1931, S. 429–438; – R. STAFFLER, Die Familie Moeser und Meran. In: Der Schlern Jg. 19, Bozen 1938, S. 14–16; – DERSELBE, Die Meraner Ratsbürger. In: Ebenda Jg. 23, Bozen 1949, S. 133–135; – A. V. EGEN, Adelsfamilien in Meran und ihre Häuser, Ansitze und Schlösser 1500–1800. In: Ebenda Jg. 46, Bozen 1972, S. 67–70; – F. HUTER, Aufsteigerfamilien in und um Meran im 14. und 15. Jahrhundert. In: Tiroler Heimat 55, Innsbruck 1991, S. 17–33.

e) Bedeutende Personen

Persönlichkeiten des öffentlichen Lebens, Politiker, Notare etc.

Bischof Arbeo von Freising, geb. aus Meran/Mais (Bischof 764–784), Verfasser der „Vita Corbiniani"; – Notar David (um 1328); – Bischof Johann IV. Naz von Chur (gest. 1440 Meran); – Johann Bapt. Freiherr von Ruffin (um 1724), Kapitalstifter zur Gründung des Gymnasiums; – Johann Bapt. von Rediff (um 1725), Stifter des Schülerkonviktes beim Gymnasium; – Johann Valentin Tschöll von Obermais und Blasius Trogmann von Untermais, Schützenhauptleute von 1809; – Josef Valentin Haller (1792 Saltaus/Passeier – 1871 Meran), Bürgermeister von Meran 1823–1861; – Franz von Tappeiner (1816 Laas – 1902 Meran), Arzt und Förderer des Kurortes; – Karl Lun (1853 Bozen – 1925 Meran), Baumeister und Ehrenbürger von Meran; – Richard Steidle (1881 Meran/Untermais – 1940 im KZ Buchenwald), Jurist, Gründer und Führer der „Tiroler Heimatwehr"; – Karl Tinzl (1888 Schlanders – 1964 Meran), Jurist, „Anwalt der Rechte Südtirols", Abgeordneter; – Karl Erckert (1894 Meran – 1955 Bozen), Landeshauptmann von Südtirol.

Forscher und Wissenschafter

Cölestin Stampfer OSB (1823 Burgeis – 1895 Meran), Historiker, Lehrer und Ehrenbürger von Meran; – Ignaz Vinzenz Zingerle (1825 Meran – 1892 Innsbruck), Germanist, Universitätsprofessor in Innsbruck, Mitherausgeber der „Tirolischen Weisthümer"; – Anton Zingerle (1842 Meran – 1910), Universitätsprofessor für klassische Philologie und Rektor der Universität Innsbruck; – Ferdinand Plant (gest. 1911 Meran), Arzt und Botaniker; – Bernhard Mazegger (1837 Innsbruck – 1921 Meran), Arzt und Heimatforscher; – Karl Theodor Hoeniger (1881 Wien – 1970 Meran), Erforscher der Geschichte Bozens.

Künstler

Hanns Schnatterpeck (1492–1503 Bürger zu Meran), Bildhauer und Maler; – Christoph Helfenrieder (1590 Bad Tölz – 1635 Meran) Maler; – Matthias Pußjäger/Pussieger (1654 Rottenbuch/Bayern – 1734 Meran), Maler; – Franz Xaver Pendl (1817 Meran – 1896 Meran) und seine Söhne Hermann (gest. 1926 Meran) und Emanuel Pendl (1845 Meran – 1927 Wien), alle drei Bildhauer, Emanuel schuf 1914 das Meraner Andreas-Hofer-Denkmal; – Anton Santifaller (gest. 1928 Meran), Bildhauer; – Franz Santifaller (1894 Meran – 1953 Innsbruck), Bildhauer; – Josef Waßler (1841 Lana – 1908 Meran), Bildhauer; – Friedrich Wasmann (1805 Hamburg – 1886 Meran), Maler; – Leo Putz (1869 Meran – 1940 Meran), Maler; – Thomas Riß (1871 Stams – 1959 Innsbruck), Maler; – Hans Weber-Tyrol (1874 Schwaz – 1957 Meran), Maler; – Anna Egösi (1894 Meran – 1954 Meran), Malerin; – Franz Lenhart (1898 Meran – 1992), Maler.

Literaten

Joseph Friedrich Lentner (1814 München – 1852 Meran), Dichter und Förderer des Kurortes; – Carl Wolf, Begründer der Meraner Volksschauspiele (1849 Meran – 1912 Meran); – Josef Wenter (1880 Meran – 1947 Innsbruck).

f) Einwohner

Häuserzahlen

1846: 219 (G.: +24, O.: +110, U.: +112); – 1869: 267 (G.: +24, O.: +120, U.: +124); – 1880: 318 (G.: +25, O.: +158, U.: +184); – 1890: 401 (G.: +32, O.: +228, U.: +302); – 1900: 491 (G.: +43, O.: +303, U.: +415); – 1910: 516 (G.: +101, O.: +365, U.: +493).

Einwohnerzahlen

1846: 2.440 (G.: +166, O.: +912, U.: +1.006); – 1869: 4.229 (G.: +174, O.: +1.250, U.: +1.362); – 1880: 5.334 (G.: +161, O.: +1.758, U.: +2.421); – 1890: 7.176 (G.: +199, O.: +2.443, U.: +3.582); – 1900: 9.323 (G.: +392, O.: +3.693, U.: +4.968); – 1910: 11.568 (G.: +474, O.: +4.197, U.: 7.178); – 1921: 10.673 (G.: keine Angaben, O.: +3.544, U.: +6.559); – 1931: 25.196; – 1936: 25.611; – 1951: 28.219; – 1961: 30.614; – 1971: 33.235; – 1981: 31.896; – 1991: 33.504; – 1993: 33.833.

G. = Gratsch, O. = Obermais, U. = Untermais.

g) Friedhöfe

An den alten Stadtfriedhof rund um die St.-Nikolaus(-Pfarr)kirche erinnern noch zahlreiche historische Grabdenkmäler des 15. bis zum Ende 19. des Jh. dortselbst. Er wurde 1849 aufgelassen und gleichzeitig der Friedhof beim Stadtspital erweitert; dessen Belegung endete mit der Anlage des neuen städtischen katholischen und israelitischen Friedhofs 1906 im Westen der Stadt hinter dem neuen Bahnhof. Hinter der Spitalskirche befand sich bis dahin auch ein israelitischer Friedhof. 1918 erste Erweiterung des neuen städtischen Friedhofs, ebenso 1995/96; 1997 wurden 540 neue Wandnischen für Graburnen errichtet.

Auch der alte Maiser Friedhof befand sich bei der dortigen St.-Vigilius-Pfarrkirche; die Errichtung des neuen Friedhofs in Untermais erfolgte 1907/08.

Der evangelische Friedhof wurde 1861 in Untermais im Bereich zwischen der Eisenbahn und der Passer angelegt.

Auch das ehemalige Klarissenkloster besaß allgemeines Begräbnisrecht.

7 Sprache

Sprachgruppenzugehörigkeit

1880: dt. 4.613, ital. 60, andere 20 (G.: dt. 142, ital. 10, O.: dt. 1.325, ital. 36, andere 12, U.: dt. 1.986, ital. 129, andere 6); – 1890: dt. 6.198, ital. 144, andere 19 (G.: dt. 170, ital. 2); – 1900: dt. 7.586, ital. 396, andere 72 (G.: dt. 318, keine weiteren Zahlen, O.: dt. 2.592, ital. 124, andere 23, U.: dt. 3.727, ital. 398, andere 25); – 1910: dt. 9.338, ital. u. lad. 442, andere 57 (G.: dt. 388, ital. u. lad. 5, O.: dt. 3.230, ital. u. lad. 21, andere 2, U.: dt. 5.458, ital. u. lad. 380, andere 83); – 1921: dt. 5.226, ital. 1.558, lad. 9, andere 3.880 (G.: keine Angaben, O.: dt. 1.962, ital. 245, lad. 2, andere 1.335, U.: dt. 3.222, ital. 1.089, lad. 153, andere 2.228); – 1961: dt. 12.524, ital. 17.953, lad. 36, andere 101; – 1971: dt. 14.901, ital. 18.118, lad. 92, andere 124; – 1981: dt. 15.846, ital. 15.897, lad. 153; – 1991: dt. 15.579, ital. 15.133, lad. 165.

J. VILL, Beiträge zur Kenntnis der Mundart von Meran-Marling. Ungedr. phil. Diss., Innsbruck 1938.

8 Wirtschaft

a) Allgemeine Wirtschaftsentwicklung bis zum Zeitalter der Industrialisierung

Die Wirtschaft von Meran wurde anfangs wie die anderer Städte vor allem von Verkehr und Handel dominiert, wozu im 15. Jh. ein Getreidehandels-Monopol kam. Bis in die ersten Jahrzehnte des 15. Jh. bewirkte sicherlich auch die Nähe der Stadt zu den landesfürstlichen Hofhaltungen auf Schloß Tirol und Zenoberg eine Belebung der städtischen Ökonomie.

Jedenfalls weist die Existenz einer seit 1287 an Florentiner verpachteten und bis 1413 betriebenen Pfandleihbank, auch Wucherhaus genannt (von 1413 bis 1875 das erste Rathaus), sowie die Nennung von zwei Wirten in der Meraner Stadtsteuerliste von 1304 auf einen regen Besuch der Stadt, sei es durch Frächter, Händler oder Petenten des Hofes hin. Auf einen gewissen Wohlstand und Konsum weisen in dieser Liste auch die Präsenz eines Goldschmiedes, zweier Waffenschmiede, dreier Kürschner, von fünf Schneidern und von fünf Metzgern hin (den Tuchscherern ist auch ein eigener Artikel in der Stadtordnung von 1317 gewidmet). Die Zahl der Bäcker (2) ist dagegen eher gering. Auffallend und zugleich aufschlußreich für die Frequenz der Landstraße durch den neben seinem Fuhrwerk gehenden Frächter ist die Nennung von acht Schustern. Alle übrigen darin angeführten Berufe, nämlich Kramer, Binder, Korbflechter, Maurer, Zimmermann, Schmied, Sattler, Hutmacher und Barbier sind hingegen nur mit je einem Vertreter präsent. Den dort ebenfalls aufscheinenden „scularis" wird man wohl als „scolaris" bzw. Schulmeister interpretieren dürfen. Der ordnungsgemäßen Abwicklung des betreffenden Handels dienten damals ein Weinmesser und ein Kornmesser, wobei des letzteren Tätigkeit gegen Ende des 13. Jh. bereits ein solches Ausmaß angenommen hat, daß hiefür ein eigener Kornplatz (urkundlich 1296) in der meinhardinischen Neustadt eingeplant und geschaffen werden mußte. Allerdings scheint der Kornhandelsplatz Meran allmählich durch private „Fürkäufer" Konkurrenz bekommen zu haben, was sich auch zum Nachteil der „armen Leute im Lande" auf den Getreidepreis ausgewirkt hat, weshalb Landesfürst Herzog Friedrich IV. 1416 der Stadt Meran bezüglich des im Vinschgau produzierten Getreides das Monopol verliehen hat, „daz man alles korn aus allem Vinsthgew .... nur fürbasser an Meran an offem platz ze vailem kauff füren sol. Dasselb korn, wie das genant ist, daz sullen denn unser burger und stat an Meran in iren kasten ungeverlich kauffen, daz sullen sy edeln und unedeln, reichen und armen, wer des an sy begeret, herwider aus ze kauffen geben und sullen von den, die das also von in kauffen, von jedem ster nicht mer ze gewin nemen, denn aynen krewtzer." Zweifellos bedeutete dieses Monopol für die Meraner Wirtschaft eine wichtige und zumindest bis gegen Ende des 18. Jh. wirksame Stütze. Andererseits aber setzte gerade unter Herzog Friedrich IV. die Reihe jener Maßnahmen ein, die der politischen und wirtschaftlichen Bedeutung der Stadt in zunehmendem Maße abträglich war. Am Beginn derselben stand bereits vier Jahre nach obigem Privileg im Jahre 1420 die Verlagerung des politisch-administrativen Schwerpunktes des Landes vom Burggrafenamt in die neue Residenzstadt Innsbruck am geopolitischen Kreuzungspunkte der wichtigen Brennerstraße mit der einzigen innerhabsburgischen Verbindungslinie von Wien durch die Steiermark, Kärnten und Tirol etc. in die vorderösterreichischen Länder (Elsaß, Breisgau etc.). Wenige Jahrzehnte später folgte nach der Wiederentdeckung der Erzlagerstätten bei Schwaz trotz heftiger Proteste der Meraner Bürgerschaft im Jahre 1477 die Übertragung der landesfürstlichen Tiroler Münzstätte von Meran nach Hall i. T. – Wiederum wenig später hatte der Ausbau des Kuntersweges durch die Mündungsschlucht des Eisack bei Bozen eine starke Abwendung des Verkehrs von der Reschen- zur Brennerstraße zur Folge, was sich konsequenterweise für die wirtschaftliche Situation Merans und des ganzen Vinschgaus spürbar negativ ausgewirkt hat. Auch die „Rodfuhr" über den Oberen Weg (= Reschen), auf der Strecke Augsburg – Fernpaß – Reschenpaß – Glurns – Latsch – Meran – Terlan – Bozen – Neumarkt verlor zusehends an Bedeutung. Wie einem Mandat Kaiser Karls V. als Landesfürst von 1522 zu entnehmen ist, zogen es bereits damals „die Kaufleut aus teutschen und wälschen Landen" vor, ihre Waren, namentlich „wälsche Tüecher, Loden, Leinwant, Zwilch, Kupher, Leder, Wachs unnd annders", in Bozen zu verkaufen, statt sie auch bei den Jahrmärkten in Meran anzubieten. Dies hat sich sowohl auf die landesfürstlichen Zolleinnahmen als auch auf die regionale Versorgung mit diesen Artikeln und insbesonders auf das Ansehen der Meraner Märkte negativ ausgewirkt, worüber die Meraner Bürgerschaft in ihren Beschwerdeartikeln 1525 heftige Klage geführt hat. Als weitere Schädigung beklagte die Stadt in diesen Artikeln, daß die Vinschgauer Landstraße, die zuvor über Algund-Mitterplars auf der linken Talseite verlaufen ist, durch eine „newe Pruggen auf der Tell" (Töll) damals auf die rechte Seite nach Forst und Marling umgeleitet wurde und eine vermehrte Umfahrung Merans zur Folge hatte.

Diese wirtschaftliche und politische Talfahrt der Stadt, der überregional nur die Rodfuhr und gewisse Appellationsfunktionen in der Justizpflege verblieben sind, dauerte bis ins 19. Jh. und erfuhr lediglich durch die Ansiedlung neuer Schulen um 1723/25 eine gewisse Gegenbewegung. Die Präsenz von nicht weniger als 11 Wirtshäusern in der Stadt noch im Jahre 1780 läßt allerdings erkennen, daß Meran trotz dieser negativen Entwicklungstendenzen sich noch immer als regionaler Umschlagplatz gut behaupten konnte. Eine kurzfristige Wirtschaftsblüte von fraglichem Wert bedeutete für die Passerstadt die von Napoleon I. 1810 verfügte Teilung des Landes Tirol, wodurch Meran knapp nördlich der damaligen bayerisch-italienischen Grenzlinie am Gargazoner Bach lag: Dies kam nämlich vor allem dem Meraner Wein zugute, der zollfrei in die übrigen bayerischen Kreise verkauft werden konnte, während der Wein aus Bozen und dem Überetsch etc. mit hohen Zöllen belegt worden war. Mit der Rückkehr Tirols unter die Herrschaft des Österreichischen Kaisertums 1814 endete jedoch auch diese zollpolitische Privilegierung Merans.

Den neuerlichen und seither auch durch die beiden Weltkriege nicht dauerhaft gestörten wirtschaftlichen Aufstieg Merans bewirkte erst der um 1830 einsetzende Kur-Tourismus, wobei der Leibarzt der 1836 in Meran weilenden Fürstin Mathilde von Schwarzenberg, Dr. Josef Huber, eine entscheidende Rolle gespielt hat. Er erkannte das besonders milde und heilbringende Klima des Meraner Beckens namentlich im Frühjahr, Herbst und Winter sowie die dort möglichen Kuren mittels Molke, Milch, Trauben, Wasser und hat dies auch in Gestalt eines kleinen, 1837 in Wien veröffentlichten Buches allgemein bekannt gemacht. Besonders förderlich für die Verbreitung desselben in der Wiener Gesellschaft war zweifellos die fürstliche Stellung seiner Herrin. Alsbald zogen nicht nur Heilung suchende Personen nach Meran, sondern stieg die Stadt in die Reihe der Kurorte der gesamteuropäischen Gesellschaft von London bis St. Petersburg auf. Der erste Höhepunkt wurde 1870 mit dem ersten Besuch Merans durch die österreichische Kaiserin erreicht. Die Besuche der Kaiserin Elisabeth im Herbst und Winter 1870/71 und 1871/72, schreibt H. Matscher, „bahnten eine Heerstraße, auf der die Fremden in hellen Scharen dahergepilgert kamen". (Als Zeichen dankbarer Erinnerung wurde der Kaiserin 1903 das nun wiederaufgestellte Denkmal errichtet.) In diese Zeit – 1872/74 – fällt auch sowohl der Bau der ersten großen Hotels („Habsburger Hof", „Meraner Hof" etc.) als auch des ersten Kurhauses (vgl. die im „Boten für Tirol" veröffentlichten Kurlisten). Die örtliche Stadtverwaltung und vor allem der seit 1850 zunächst durch die Bildung einer gemeinsamen Fremdenkommission von Meran und Obermais sich entwickelnde „Kurort Meran" mit amtlich verliehener „Kurordnung" (erneuert 1883), dem seit 1855 auch Gratsch und seit 1866 auch Untermais angehörten, schufen in der Folge die entsprechende medizinische und kulturelle etc. Infrastruktur, die für eine gedeihliche Weiterentwicklung des Kurortes nötig war. Einen gewaltigen Aufschwung nahm Meran, nachdem 1867 die Brennerbahn eröffnet und damit eine direkte Bahnverbindung zunächst zwar nur bis Bozen geschaffen war, welche jedoch bereits 1881 bis Meran verlängert wurde. – Zu den lokalen Maßnahmen, die der dadurch ausgelöste verstärkte internationale Besuch notwendig gemacht hat, zählte bemerkenswerterweise auch die für das damalige Tirol sonst eher atypische Schaffung von Kirchen und Bethäusern der in Gestalt der Kurgäste präsenten diversen christlichen Konfessionen und anderen Religionen (vgl. § 15 b-d, S. 299–300).

Zu den jüngsten wesentlichen Maßnahmen zum Ausbau des Kurortes zählt die Errichtung der sogenannten „Thermen", einer kombinierten Badeanlage (1972), sowie des Kongreßzentrums am linken Passerufer gegenüber dem Kurhaus. Seit ca. 1980 bekommt auch Meran immer stärker die weltweite Tourismus-Konkurrenz zu spüren, was seither zur Schließung einiger Hotelbetriebe geführt hat.

H. v. VOLTELINI, Die ältesten Pfandleihbanken und Lombardenprivilegien Tirols. In: Beiträge zur Rechtsgeschichte Tirols. Innsbruck 1904, S. 1–69; – C. TRASSELLI, Veronesi e fiorentini a Merano nel secolo XIV, Bozen 1934; – H. MATSCHER, Meran – hundert Jahre Kurort. In: Meran – hundert Jahre Kurort, Innsbruck 1936, S. 8–26; – F. GOLDHANN, Zur Geschichte des Kurortes Meran. In: Der Schlern Jg. 24, Bozen 1950, S. 447–450; – E. WIDMOSER, Meraner Stadtsteuerliste vom Jahre 1304. In: Veröffentlichungen des Museum Ferdinandeum Bd. 31, Innsbruck 1951, S. 681–689; – A. WOHLGEMUTH, Beiträge zur Geschichte des Weinbaues und der Gastwirtschaft in und um Meran von den Anfängen bis zum Beginn des 20. Jahrhunderts. Diss., Innsbruck 1980; – F. H. HYE, Meran – Vorort des Vinschgaus. In: Der Vinschgau und seine Nachbarräume. Hg. v. Südtiroler Kulturinstitut, Bozen 1993, S. 27–33.

b) Fabriken und Handelshäuser seit der Mitte des 19. Jahrhunderts

Als Kurort vermied Meran die Anlage großer, die Umwelt belastender Industriebetriebe. Lediglich die 1924/25 aus ethnopolitischen Motiven angelegte Stickstoff-Fabrik der Firma Montecatini (später Montedison, seit 1981 Dynamit-Nobel-Konzern) hat dieses Prinzip ignoriert. Zwei maßvolle Gewerbe- bzw. Handwerkerzonen wurden ab 1976/77 in Untermais nahe bei Etsch und Passer angelegt. Die legistische Basis hiefür bildete eine 1976 beschlossene „Konvention zur Erschließung der Untermaiser Handwerkerzone". Dort erhielt auch die Meraner Tafelwasser-Fabrik der Brauerei Forst ihren Standort.

Baufirma H. Delugan, gegründet 1876 in St. Gallen (Schweiz), seit 1890 in Meran. – Milchhof Meran gegründet 1954.

c) Märkte, Messen und Ausstellungen

Die beiden ältesten Meraner Jahrmärkte, (am Montag vor bzw.) zu Pfingsten und zu Martini (11. November), werden urkundlich bereits 1237 genannt. Auch in einer 1394 von Herzog Albrecht III. verfügten Ordnung des Verhältnisses zwischen der Bürgerschaft und den „Wucherern" im Pfandleihhaus in Meran werden die „zwayn marktttegen im jar, das ist ze den Pfingsten und ze sand Mertenstag", erwähnt. Der Landesfürst König Maximilian I. erließ 1497 für Meran eine eigene (von C. Stampfer mitgeteilte) Marktordnung, in der u. a. verfügt wird, daß die „Walchen" (italienische Händler) ihre Waren im oberen Stadtviertel bergseits, die „Salzburger und andere aus dem Baierlande" hingegen ihre Waren im oberen Viertel wasserseits feilbieten sollen. Die übrigen Händler sollten sich weiter unten ihre Plätze suchen. Die gelegentlich in der Literatur anzutreffende Behauptung, wonach „der Meraner Pfingstmarkt (im 16. Jh.) nach dem glücklicheren Bozen gezogen" worden sei, muß dahingehend eingeschränkt werden, daß der Handelsplatz Bozen und seine Märkte tatsächlich, und zwar besonders terminlich, durch den Bozner Fronleichnamsmarkt eine spürbare Konkurrenz für die Meraner Jahrmärkte gebildet haben, daß jedoch die beiden Meraner Jahrmärkte stets dort belassen und abgehalten worden sind. Im Gegensatz zu dieser aus Bozner Kreisen stammenden Darstellung ist vielmehr darauf hinzuweisen, daß der „Neue Schreibkalender" für das Jahr 1803 in Meran zusätzlich noch einen Jahrmarkt am Montag vor dem „Herrnsonntag" (Faschingsonntag) verzeichnet, während der verläßliche Landestopograph J. J. Staffler 1846 insgesamt „7 Jahrmärkte" in Meran angibt, nämlich zusätzlich noch am ersten Samstag in der Fastenzeit bzw. zu Maria Lichtmeß (2. Februar), am ersten Mittwoch im August, am 25. November (Katharina) und am 21. Dezember (Thomas). Letztere zwei – der St.-Kathrein-Viehmarkt wurde 1682 eingeführt sowie der uralte Martinimarkt – waren „vorzugsweise Fleischmärkte" (Staffler sowie Pressemeldungen von 1882/91 etc.) und wurden im Jahre 1928 durch eine Verordnung der Präfektur aufgelassen. Der Lichtmeß-Markt „ze unser Vrowen dult zer lichtmesse" begegnet bereits 1324 als Zahlungstermin.

Ein Samstag-Wochenmarkts-Privileg erhielt Meran 1493 vom nachmaligen Kaiser Maximilian I. verliehen. Dieser Samstagmarkt wurde später durch zwei Wochenmärkte jeweils am Dienstag und Freitag abgelöst, deren ersterer ebenfalls 1928 aufgelassen wurde. Der Freitagmarkt wird noch gegenwärtig abgehalten; – seit 1992 Samstag-Bauernmarkt am Pfarrplatz.

Im Jahre 1236 wird auch in Mais ein Martini-Jahrmarkt genannt; da derselbe jedoch nachher nirgends mehr aufscheint, kann angenommen werden, daß dieser Jahrmarkt im Zuge der Gründung des Marktortes Meran von Mais dorthin übertragen worden ist. Der „Neue Schreibkalender" von 1803 nennt in Mais einen Viehmarkt am 20. Juli. Um 1880/1900 wird je ein Viehmarkt in Ober- und Untermais am 30. Jänner angeführt.

Eine städtische Markthalle wurde erst 1877 an der danach benannten Markt- bzw. heutigen Sparkassenstraße errichtet. 1912 folgte die Eröffnung einer Markthalle in Untermais.

Die Meraner Viehmärkte wurden 1857 vom Marktplatz auf die ehemalige Schießstandwiese südwestlich vom Bahnhof verlegt; 1867 bewilligt die k. k. Statthalterei die Abhaltung von zwei weiteren Viehmärkten.

1973 fand die erste Meraner Weinkost statt; im selben Jahr begann die jährlich abgehaltene Ausstellung „Südtiroler Kunsthandwerk". – Seit 1974 findet in Meran die Fachausstellung „top hotel" für das Hotel- und Gastgewerbe statt. – 1981 wurde in der Passerstadt die erste „Landesmesse für Kunst und Antiquitäten" abgehalten.

d) Organisationen des Handels und Gewerbes

Sparkasse Meran gegründet 1869; – Volksbank Meran gegründet 1886 als Gewerbliche Spar- und Vorschußkasse Meran; – Raiffeisenkasse Untermais gegründet 1900; – Spar- und Vorschußkassa Mais gegründet 1905; Raiffeisenkasse Meran gegründet 1922.

Die Bruderschaft der Schneider (vgl. oben § 8 a, S. 284) soll bereits 1361 gegründet worden sein und hat 1496 eine landesfürstliche Bestätigung ihrer Privilegien erhalten. 1384 besteht eine Bruderschaft des Bäcker- und Müllerhandwerks. Die (Faß-)Binder Merans und des Burggrafenamtes bildeten seit 1465 eine Bruderschaft, ihre Handwerksordnung datiert von 1582. Die Handwerksordnung der Bruderschaft der Rotgerber wurde 1662 landesfürstlich bestätigt. Das Schlosserhandwerk des Burggrafenamtes bildete ab 1770 eine eigene Viertellade der Hauptlade in Innsbruck. Das Schuhmacher-Handwerk schloß sich 1664 (nach E. Prieth bereits 1406) zu einer Bruderschaft zusammen. Von 1664 datiert auch die Handwerksordnung der Maurer „an Meran". Die Handwerksordnung der Tischler und Büchsenschäfter im Burggrafenamt und im Vinschgau wurde 1667 landesfürstlich bestätigt. Die Meraner Weißgerber und „Sämischmacher" schlossen sich 1692 der Zunft in Wien an. Die Bruderschaft der Zimmerleute und Röhrbohrer der Stadt und des Landgerichtes Meran erhielt 1600 die landesfürstliche Bestätigung durch Kaiser Rudolf II.

O. Frhr. v. REINSBERG-DÜRINGSFELD, Culturhistorische Studien aus Meran, Leipzig 1874; K. MOESER, Die Frage der Beziehungen von Meraner Hafnern und Malern zu den Südtiroler Fayence-Öfen des 16. Jahrhunderts. In: Der Schlern Jg. 27, Bozen 1953, S. 20–23; – E. PRIETH, Beiträge zur Geschichte der Stadt Meran im 16. Jh., Meran 1957; DERSELBE, Ordnung für die Lehrlinge der Meraner Wagnerzunft vor 200 Jahren. In: Der Schlern Jg. 60, Bozen 1986, S. 749–752; – E. JACKL, Festschrift zum 100-jährigen Jubiläum 1886–1986, Volksbank Meran, Meran 1986; – B. GIOVANETT, Die Entstehung und Entwicklung der „Spar- und Vorschußkasse zu Meran." Diss., Innsbruck 1989.

e) Verkehrseinrichtungen

Die am „Oberen Weg" über den Reschen seit 1282 urkundlich nachweisbare *Rodfuhr* hatte in Meran eine Umladestation bzw. ein „Ballhaus" (Wasserlauben), welches jedoch nicht von der Meraner Bürgerschaft, sondern von 12 Bauern aus Algund und Gratsch betreut worden ist. Diese erscheinen sowohl im 16. Jh. (vgl. die Rodordnung von 1530) als auch noch im Maria-Theresianischen Kataster von 1780 als Besitzer desselben. Dieser ungewöhnliche Zustand resultiert vermutlich aus dem Umstande, daß die Meraner Bürgerschaft namentlich in den frühen Jh. der Rodfuhr die Mitwirkung an dieser ziemlich streng reglementierten, landesfürstlich organisierten Kurzstreckenfrächterei nicht als bürgerlich-standesgemäß angesehen hat. In Eigenregie hingegen hat sie sehr wohl auch am Frachtgewerbe teilgenommen, worauf ihr eingeräumte landesfürstliche Zollprivilegien (urkundlich seit 1305) in Bozen, am Jaufen und in der Finstermünz hinweisen.

Die Poststation Meran befand sich bis 1912 noch im lokalen Postwirtshaus, dem „Hotel Erzherzog Johann" am Sandplatz, und wurde bis 1882 vom Wirt selbst und erst ab diesem Zeitpunkt von Postbeamten betreut. 1913 erfolgte dann die Übersiedlung in das damals neu erbaute, bestehende Hauptpostgebäude jenseits der Spitalbrücke (Reichs- bzw. Romstraße Nr. 114).
Seit 1858/59 besteht in Meran eine Telegrafenstation.
1894 Inbetriebnahme der Telefonverbindung von Meran nach Bozen.
1930 Bau des Telefonamtsgebäudes neben der Hauptpost.
1978 erfolgte die Errichtung einer neuen Telefonzentrale.
1881 Errichtung einer Postexpedition- und Telegrafenstation in Obermais.
1910/11 Neubau des Postamtsgebäudes Meran dortselbst.
1977 Inbetriebnahme des Privatsenders „Freie Südtiroler Welle" in Meran.

1900 Einrichtung einer regelmäßigen Stellwagenfahrt zwischen Meran und St. Leonhard i. P.
1901 Eröffnung des regelmäßigen, sommerlichen Automobilverkehrs von Meran nach Trafoi.
1913 Aufnahme des regelmäßigen Postautoverkehrs in das Passeiertal.

1846 Anlage der neuen, geraden Landstraße von Meran zur Forster Etschbrücke und von dort hinauf zur Töll, 1901 Bau der neuen Fahrstraße nach Schenna, 1911 Vollendung der König-Laurin-Straße von Gratsch zum Schloß Thurnstein; – nach längerer Pause folgen um 1973/75 der Bau der Umfahrungsstraße West mit neuer Marlinger Brücke, um 1974/75 die Neutrassierung der Straße in das Passeiertal mit einer neuen Passerbrücke östlich von Zenoberg sowie 1976/78 der Bau der Ost-Umfahrung von Meran zwischen Sinich und der Rametzbrücke über die Naif, verbunden mit der neuen Straße nach Hafling.

Der Bau der an die Westumfahrung anschließenden Schnellstraße von Meran nach Bozen („MeBo") wurde bereits 1976/78 beschlossen und 1984 begonnen, jedoch erst 1990/97 fertiggestellt.

1886 erfolgt die Errichtung des Tappeiner-Steges unterhalb des Steinernen Steges als Verbindung für die beiderseitigen Kurpromenaden, 1889 tritt an die Stelle der alten, hölzernen Spitalbrücke (urkundlich 1271) eine Eisenfachwerkkonstruktion, die bereits 1909 durch den bestehenden Spannbeton-Neubau ersetzt wird; 1894/96 entsteht zwischen dem Kurhaus und dem neuen Hotel „Meraner Hof" der bereits 1905 und auch später wieder erneuerte Passersteg; ebenfalls 1905 tritt an die Stelle des hölzernen sogenannten „Naggelnden Steges" die neue Kaiser- bzw. Theaterbrücke.
1930 folgte der Neubau der Marlinger Etschbrücke.
1904/12 Bau der Jaufenstraße von Meran durch das vordere Passeiertal und über den Jaufenpaß nach Sterzing (marmorne Gedenktafel am Felsen oberhalb des Passeiertores).

1881 Eröffnung der Eisenbahnlinie von Bozen nach Meran mit dem Endbahnhof am westlichen Ende der Freiheitsstraße bzw. am Mazziniplatz. 1904/06 Fortführung der Eisenbahn von Meran bis Mals (Vinschgauerbahn), verbunden mit dem Bau des neuen Bahnhofs. Der Abbruch des ersten Bahnhofsgebäudes erfolgte 1908. 1990 erfolgte die zunächst vorläufige Einstellung der Bahnverbindung von Meran nach Mals.
1906 Inbetriebnahme der Lokalbahn von Meran nach Lana (eingestellt um 1950), 1907/08 Errichtung der Trambahn von Meran nach Forst sowie von Meran nach Obermais (eingestellt um 1950). Die im Jugendstil errichtete Remise der Meraner Straßenbahn wurde 1993 renoviert.

1927 Eröffnung der SAD-Autobuslinie von Meran zum Reschenpaß.
1923 Inbetriebnahme der Seilbahn von Meran nach Hafling
1910 Start des Ballons „Tirol" vom Maiser Sportplatz.

F. H. Hye, Geschichte von Algund bei Meran, Algund 1986 (bezüglich Landstraße und Rodfuhr); – P. Styra, Das Ende der kaiserlichen Thurn- und Taxisschen Reichspost und das Rentamt Meran als Entschädigung des Fürsten Thurn und Taxis. In: Tiroler Heimat 60, Innsbruck 1996, S. 129–141.

f) Fremdenverkehr

1870 Gründung der Sektion Meran des Deutschen und Österreichischen Alpenvereins.
1883 Konstituierung der Sektion Meran des Österreichischen Touristenklubs.
1901 Gründung des Touristenvereins „Naturfreunde", Ortsgruppe Meran.
1993 Gründung des Tourismus-Verbandes Meran – Umgebung.

F. Goldhann, Zur Geschichte des Kurortes Meran. In: Der Schlern Jg. 24, Bozen 1950,

S. 447–450; – W. BIERSACK, Der Fremdenverkehr im Kurort Meran = Beiträge zur alpenländischen Wirtschafts- und Sozialforschung 3, Innsbruck 1967.

9 Verfassung und Verwaltung

Ein Richter („iusticiarius") in Meran namens Ulrich Maluschus wird erstmals bereits 1240 urkundlich genannt und 1272 als der alte Richter zu Meran bezeichnet. Ein Fronbote („preco") wird 1298 genannt. 1320 beklagen sich die Bürger von Meran, daß „allaine des freitages gerihte" gehalten werde, woraufhin der Landesfürst Dienstag und Freitag als Gerichtstage fixiert hat. Während der Richter ein vom Burggrafen von Schloß Tirol als sein Vertreter in Meran eingesetzter Beamter war, sieht die landesfürstliche Stadtordnung für Meran von 1317 erstmals die Wahl von vier Bürgern als Aufsichtsorgane hinsichtlich der Preisbildung für Brot und Wein vor. Dem landesfürstlichen Raitbuch von 1324 ist überdies zu entnehmen, daß die Umlegung der Stadtsteuer schon damals einem Gremium von 12 Geschworenen anvertraut war. 1345 begegnet dann sogar ein Gremium von 13 Bürgern, das vom Burggrafen von Tirol für die Dauer eines Jahres als Ratsbehörde eingesetzt worden ist und 1348 vom Landesfürsten durch einen Rat von 10 Bürgern ersetzt wird, der sich gemeinsam mit dem Burggrafen um der „stat nutz, frum und ere" anzunehmen hatte. 1358 verfügte derselbe Landesfürst, daß sich dieser Rat je nach Wunsch auf 11 bis 13 Mitglieder erweitern könne und von der Bürgerschaft selbst zu wählen sei. Stadtratsbeschlüsse, sogenannte „Ratserfindungen", sind im Stadtarchiv ab dem Jahre 1448 erhalten. Die 1478 neu erlassene landesfürstliche Ratsverfassung fixierte die Zahl der zu wählenden Ratsmitglieder auf 25, wobei hinsichtlich der Beteiligung am Wahlrecht anzumerken wäre, daß in Meran – nach O. Gluderer – ab 1478 nicht mehr zwischen wahlberechtigten Bürgern und davon ausgeschlossenen Inwohnern (1332 „cives et habitatores") unterschieden worden sei. Unterschieden worden sei nur noch zwischen einfachen Bürgern und Bürgern des Rats oder Ratsbürgern. Im Gegensatz dazu differenziert die landesfürstliche Marktordnung von 1497 noch sehr wohl zwischen Bürgern und Inwohnern. Auch werden noch im Maria-Theresianischen Steuerkataster von 1780 noch Inwohner in Meran erwähnt. Überdies waren nach Gluderer im Rat nur die vier Viertel der Laubengasse sowie die Unterstadt (Rennweg), nicht aber das Steinachviertel vertreten.

Bezüglich des eingangs erwähnten Richters entwickelte sich in der 1. Hälfte des 15. Jh. der Brauch, daß einerseits der Stadtrat für die Bestellung desselben alljährlich einen Dreier-Vorschlag einbringen konnte, und andererseits der Burggraf von Tirol daraus nur einen solchen Kandidaten zum Richter ernennen durfte, der zuvor zumindest einmal das in Meran urkundlich seit 1415 nachweisbare Amt des Bürgermeisters bekleidet hatte. Dem Meraner Stadtrichter kam überdies deshalb erhöhte Bedeutung zu, als er als verlängerter Arm des Burggrafen auch das Landrichteramt im gesamten Burggrafenamt auszuüben hatte. Traditioneller Platz zur Abhaltung der öffentlichen Gerichtsversammlung war bereits seit dem Ende des 13. Jh. der Kornplatz: „forum bladi ubi fit iudicium" (1296). 1329 wird „Gerung, Schreiber von Meran" genannt, jedoch nicht ausdrücklich als Stadtschreiber bezeichnet. – Die mittelalterliche Stadtverfassung war bis zur Reform von 1784 in Geltung, welche den Stadtmagistrat zum reinen Befehlsempfänger des k. k. Landesguberniums machte.

Im Zuge der „Regulirung der Gemeinden und ihrer Vorstände in Tyrol und Vorarlberg" kraft kaiserlicher Entschließung vom 14. August 1819 wurde Meran den „kleineren Stadtgemeinden" zugeordnet und erhielt einen „politisch-ökonomischen Magistrat" mit einem Bürgermeister, vier Magistratsräten, einem remunerierten Verwalter des Gemeindevermögens, einem Steuereintreiber und einem besoldeten Stadtschreiber. Diese „Regulierung" wurde 1849 durch das in diesem Jahre erlassene, bekannte Provisorische Gemeindegesetz Österreichs abgelöst, dessen programmatischer erster Grundsatz lautete: „Die Grundfeste des freien Staates ist die freie Gemeinde." Dieses Gesetz wurde jedoch bereits 1852 im Sinne des Neoabsolutismus wieder abgeschafft und blieb bis 1860 außer Kraft. 1861 fanden dann auf seiner Grundlage Gemeinderatswahlen statt, und am 5. März 1862 wurde anstelle des Provisoriums das „Österreichische Reichsgemeindegesetz" als eine definitive Grundlage für das politische Gemeindeleben geschaffen, welches fortan bis zum Ende der k. k. Monarchie (1918) in Geltung blieb. Es sah für die Städte und Märkte einen auf die Dauer von drei Jahren gewählten Gemeindeausschuß bzw. Gemeinderat vor, der aus seiner Mitte den Bürgermeister wählte. Die Zahl der gewählten Gemeinderatsmitglieder richtete sich jeweils nach der Bevölkerungszahl, wobei das aktive Wahlrecht auf jene volljährigen, männlichen Gemeindebürger beschränkt war, die eine gewisse Steuerleistung erbrachten bzw. über einen entsprechenden Besitz verfügten. Die bis 1945 letzte demokratische Gemeinderatswahl – nunmehr auf der Grundlage des allgemeinen, geheimen und gleichen Wahlrechts – erfolgte in Südtirol (seit 1919 bei Italien) im Jahre 1922. Der Herbst desselben Jahres brachte in Italien die Machtergreifung des Faschismus und an der Spitze der Gemeinde den von der Partei autoritär eingesetzten Podestà (bis 1943). Die Rückkehr zur Demokratie erfolgte erst nach dem Sieg der Alliierten über das mit Mussolinis faschistischer „Republik von Salò" verbündete „Großdeutsche Reich" Adolf Hitlers, des „Führers" der Nationalsozialistischen Deutschen Arbeiterpartei (NSDAP), im Frühjahr 1945. Vom Herbst 1943 bis zum Frühjahr 1945 unterstand Meran ebenso wie ganz Südtirol der reichsdeutschen „Operationszone Alpenvorland" unter dem Kommando der Gauleitung in Innsbruck, die in Meran einen kommissarischen Bürgermeister eingesetzt hat. In der im Frühjahr 1946 konstituierten Republik Italien wurde die Stadtführung wieder einem demokratisch gewählten Gemeinderat mit einem Bürgermeister an der Spitze anvertraut.

R. STAFFLER, Ein Wendepunkt in der Meraner Stadtgeschichte (Die Gemeinderatswahl 1861). In: Der Schlern Jg. 13, Bozen 1932, S. 144–146; – E. PRIETH, Beiträge zur Geschichte der Stadt Meran im 16. Jh., Meran 1957; – A. GREITER, Die Stadtverwaltung Merans in der 1. Hälfte des 19. Jh. In: Der Schlern Jg. 48, Bozen 1974, S. 34–42; – O. GLUDERER, Meran unter Herzog Sigismund 1439–1490, Meran 1981; – K. OCCHI, Istituzioni e dinamica sociale a Merano tra Quattrocento e Cinquecento. Diss., Venezia 1994/95; – DIESELBE, I borgomastri di Merano tra Quattrocento e Cinquecento. In: Geschichte und Region 7, Bozen 1998, S. 135–160.

10 Landesherrschaft, Rolle in der Staats- und Landesverwaltung

Der Landesfürst Herzog Friedrich IV. bestätigte der Stadt Meran im Jahre 1418 im Rahmen einer detaillierten Erneuerung ihrer älteren Privilegien von 1305 bis 1407, daß „Meran als ain haubtstat des landes gefreyt und begnadet" ist. Demnach rangierte Meran in der landständischen Verfassung, die – abgesehen von der Unterbrechung in der bayerischen Zeit – bis 1848 in Gültigkeit stand, in der Kurie der Städte an erster Stelle vor Bozen und Innsbruck.

Funktional war mit diesem Ehrenvorrang auch die in den Tiroler Landesordnungen seit 1526 eigens angeführte verantwortungsvolle Aufgabe verbunden, im Stadtarchiv von Meran namens der drei weltlichen Stände, des Adels, der Städte und der Gerichte, die dem Lande verliehenen Privilegien und Urkunden etc. zu verwahren.

Die Nähe der Stadt zum Stammschloß Tirol und zu dem ursprünglich bzw. noch im 14./15. Jh. dort amtierenden Landeshauptmann an der Etsch und Burggrafen auf Tirol hatte zur Folge, daß von diesem einerseits die Funktion des Landrichters im Burggrafenamt sowie andererseits ein Teil der hofgerichtlichen Appellationsinstanz desselben, nämlich jene für nichtadelige Gerichtsparteien des ganzen Landes (1395: Hofgericht an Meran) an das Stadtgericht Meran übertragen wurde.

Um diesen Aufgaben gerecht werden zu können, kaufte und adaptierte die Stadt im Jahre 1676 ein „Gerichtshaus" unter den oberen Wasserlauben. Diesbezüglich wird in den obzitierten Tiroler Landesordnungen eigens vermerkt, daß mit dem Meraner Stadtgericht auch das Landgericht verbunden ist.

In Meran hatte auch, bezeichnenderweise zuoberst im Steinachviertel neben dem 1449 geschaffenen Frauenhaus, der landesfürstliche Scharfrichter für den südlichen Landesteil seine Wohnung.

1423, 1443, 1474, 1477, 1487, 1490, 1499 und 1519 war Meran auch Tagungsort des Tiroler Landtages. 1525 tagte hier der sogenannte, selbst einberufene Beschwerdelandtag, bei welchem die Stadt u. a. darüber Klage führte, daß nun „alle Lanndtag zu Ynnsprugg gehallten (werden), das vor Tzeiten auch nit der Prauch gewesen ist, sunder sy sein ainstails an Meran, als in der Hauptstat gehalten worden". Zufolge dieser Beschwerde wurde in den folgenden Landesordnungen festgelegt, daß bei Abwesenheit des Landesfürsten die Landtage u. a. auch nach Meran einberufen werden sollen.

Von 1850 bis Ende 1854 war Meran Sitz einer Bezirkshauptmannschaft, dann von 1855 bis August 1868 eines Bezirksamtes, und von 1868 bis 1918 wieder Sitz einer Bezirkshauptmannschaft und eines Bezirksgerichtes.

O. STOLZ, Politisch-historische Landesbeschreibung von Südtirol = Schlern-Schriften Bd. 40, Innsbruck 1937, S. 119–136; – DERSELBE, Meran und das Burggrafenamt im Rahmen der Tiroler Landesgeschichte = Schlern-Schriften 142, Innsbruck 1956; – G. LANGES, Burggrafenamt und Meran. Das Herzstück Tirols, Bozen 1976; – F. H. HYE, Meran und Innsbruck. Das Problem der Landeshauptstadt in Tirol. In: Alpenregion und Österreich. Festschrift für Hans Kramer, Innsbruck 1976, S. 47–55; – A. V. EGEN, Das Kellenamt in Meran. Ein Beitrag zur Rechts- und Verwaltungsgeschichte. In: Tiroler Heimat 42, Innsbruck 1978, S. 109–117; – H. MOSER, Die Scharfrichter von Tirol, Innsbruck 1982; – K. MOESER u. F. HUTER, Das älteste Tiroler Verfachbuch. Landgericht Meran 1468–1471 = Schlern-Schriften Bd. 283, Innsbruck 1990.

11 Wehrwesen und kriegerische Ereignisse

a) Bürgerliche Verteidigungsorganisation

1301 erhielt die Stadt Meran einen Steuernachlaß als Entschädigung für die Entsendung eines Wehraufgebotes nach Riva bzw. gegen Verona. 1460 wurden im Rathaus jene Söldner ausgewählt, die die Stadt gemäß landesfürstlicher Weisung nach Feldkirch bzw. gegen die Eidgenossen zu entsenden hatte. Ähnliche Einsätze fanden in der Folge häufig statt (1499, 1504, 1508 etc.). Eine Musterung der Bürgerschaft wurde 1552 vorgenommen.

Die Stadt war in sechs Viertel eingeteilt: zwei Viertel Berglauben, zwei Viertel Wasserlauben, Unter- oder Neustadt (Rennweg) und Steinach. Nach dem Aufgebot von zwei Schützenkompagnien zur Verteidigung der südlichen Landesgrenze entstand der 1851 realisierte Wunsch, hier auch eine uniformierte Stadtgarde für feierliche Anlässe zu errichten.

1914 erfolgte die letztmalige Vereidigung des Standschützenbataillons Meran, 1915/18 dessen Einsatz an der Südfront. In Erinnerung an diese alte Tradition haben sich 1959 wieder Schützenkompanien in Obermais und Untermais gebildet.

W. DUSCHEK, Die Stadtgarde von Meran. In: Der Schlern Jg. 61, Bozen 1987, S. 139.

b) Schützenvereinigungen, Schießstätten

Das älteste bisher bekanntgewordene Schießen fand 1465 „zu eren der statt für edle und unedle" statt; weiters bekannt sind 1850 ein Kaiserschießen, 1851 ein von Erzherzog Johann gegebenes großes Freischießen, 1871 ein Festschießen, gegeben von Kaiser Franz Joseph I., 1882 ein Freischießen, 1883 das Fest- und Freischießen anläßlich der Eröffnung des neuen Schießstandes, 1900 das Tiroler Landesfest- und Freischießen zur Erinnerung an die Anwesenheit des Kaisers in Meran und Passeier im September 1899; weiters folgten 1904 ein Großes Fest- und Freischießen, 1907 ein Fest- und Freischießen zu Gunsten des Meraner Andreas-Hofer-Denkmals, 1910 ein Fest- und Freischießen zum Kaiserhuldigungsfest.

Nach langer Pause wurde 1981 das Erste Südtiroler Landesschießen am neuen Meraner Schießstand veranstaltet.

Ein Schießstand vor dem Vinschgauer Tor wird bereits 1455 erwähnt, er wurde jedoch bereits vor 1649 (vgl. Merian) vor das Marlinger Tor verlegt. Dort wurde er „Anno 1772 durch den Passer-Strom-Außbruch verfleset" und wurde 1850 von Grund auf neu erbaut. Eine Schießstandordnung datiert von 1734. Im Zuge der Anlage des neuen Stadtteiles beim (geplanten) Bahnhof wurde 1880/83 die Verlegung des „k. k. Hauptschießstandes" in dessen Nähe bzw. an die hierauf und noch heute danach benannte Schießstandstraße beschlossen und durchgeführt; 1909 Erweiterung der dortigen Schießhalle. In weiterer Folge wurde der Schießstand um 1959/60 an die Katzensteinstraße im Südosten der Stadt verlegt; er wird vom Meraner Schützenverein erhalten.

c) Garnisonen

1882 Bau der Landesschützenkaserne für das 4. Bataillon an der Andreas-Hofer-Straße; um 1904/10 Bau der Kaiserjägerkaserne und 1913 Bau der Artilleriekaserne an der Gampenstraße in Untermais, die dortigen Kasernen wurden nach 1918 erheblich erweitert. Bis zu seinem Abbruch (1913) hat auch das Thalguterhaus neben dem Rathaus als Kaserne – vor allem für die Militärmusikkapellen – gedient.

Im Herbst 1914 wurden in einem Teil der städtischen Volksschule sowie in einigen Pensionen die ersten Reservespitäler eingerichtet.

Zusätzliche Kasernen wurden 1979, 1983 (Carabinieri) und 1988 (Finanzieri) erbaut.

d) Wichtigste kriegerische Ereignisse

Im Jahre 1347 wurde Meran durch den nachmaligen Kaiser Karl IV. am Ende seines erfolglosen Feldzuges gegen Ludwig den Brandenburger und dessen Gattin Margarete

(Maultasch) in Brand gesteckt. 1525 wurde das Klarissenkloster am Rennweg im Rahmen des Bauernaufstandes geplündert. 1762 erlebte Meran im Zuge der staatlichen Reform von Maß und Gewicht etc. wegen diverser Umrechnungspraktiken sowie wegen der damaligen Militärwerbung gegen Preußen eine durch den Landeshauptmann Paris Graf Wolkenstein unblutig, aber mit schweren Einzelverurteilungen abgewendete Bauernerhebung, den „Maiser Rebell". Einsätze der Meraner Landesverteidiger folgten in den Freiheitskriegen 1796/97, 1799, 1805.

Im Rahmen der Erhebung des Landes Tirol gegen die königlich-bayerische Herrschaft im Jahre 1809 haben die Schützenkompanien des Landgerichtes unter Valentin Tschöll am 12. April in Meran die bayerische Verwaltung abgesetzt. Vor allem aber beteiligte sich das Landgericht Meran bei den Kämpfen am Bergisel bei Innsbruck am 25. und 29. Mai 1809 mit neun Kompanien am linken Flügel, wobei jene von Mais unter dem Kommando Blasius Trogmanns standen. Bei der Bergisel-Schlacht am 13. August standen zwei Kompanien unter Franz Thalguter und Josef Auckenthaler im Zentrum, eine unter Christian Moser und zwei von Mais unter Johann Mösl und Josef Spitaler am rechten Flügel. Vom 14. bis 17. November tobte ein letzter blutiger Kampf zwischen den Tiroler Schützen und französischen Truppen am Küchelberg bzw. unmittelbar vor den Toren der Stadt.

J. HIRN, Tirols Erhebung im Jahre 1809, Innsbruck 1909; – K. V. BRAITENBERG, Berichte eines Zeitgenossen aus Meran über den Durchmarsch der französischen Armee 1797. In: Der Schlern Jg. 44, Bozen 1970, S. 87–96; – DERSELBE, Die Erlebnisse einer Meraner Schützenkompanie im Jahre 1796. In: Der Schlern Jg. 45, Bozen 1971, S. 309–323; J. RIEDMANN, Die Beziehungen der Grafen und Landesfürsten von Tirol zu Italien bis zum Jahre 1335 = Sitzungsber. d. Österr. Akademie d. Wiss., philosoph.-histor. Klasse, Bd. 307, Wien 1977, S. 181.

12 Siegel, Wappen und Stadtfarben

Die älteste Siegelgarnitur der Stadt Meran, bestehend aus einem großen (D = 65 mm) und einem kleinen (D = 39 mm) Rundsiegel begegnet erstmals an Urkunden von 1363 (g) und 1353 (kl.) und zeigt im runden Siegelfeld eine sich über einer mit Kleeblättern besäten Wiese erhebende, von drei Toren durchbrochene, geradlinig-waagrecht angeordnete, gezinnte Stadtmauer, hinter der ein nach heraldisch rechts oben blickender Adler emporwächst. Die Siegellegende des großen Siegels lautet: „+SIGILLVM: CIVITATIS MERANI", jene des kleinen „+S(igillum) PARWVM . CIVITATIS MERANI". Die im 15. Jh. geschnittene Siegelgarnitur entspricht der erstgenannten, jedoch mit dem Unterschied, daß hier im Siegelbild die mit Klee besäte Wiese auf ein Mindestmaß reduziert erscheint.

Das Stadtwappen hingegen zeigte bis 1911 und zeigt nunmehr seit 1974 wieder in silbern-weißem Schild eine unmittelbar aus dem unteren Schildrand wachsende, von drei Toren durchbrochene, naturfarben-graue Zinnen- bzw. Stadtmauer, hinter der der rote Tiroler Adler als Kennzeichen des landesfürstlichen Stadtherren emporwächst. In der Zeit von 1911 bis 1972 wurde unter Berufung auf die oben beschriebene erste Siegelgarnitur bzw. über Empfehlung Karl Moesers auch die mit Kleeblättern besäte Wiese in das Stadtwappen übertragen, obwohl bekannt ist, daß in dem seit ca. 1450 (Relief am Bozner Tor) mehrfach belegten Stadtwappen diese Wiese nie dargestellt worden ist, und bekanntermaßen das Stadtwappen einer Stadt durchaus nicht immer mit dem Siegelbild der betreffenden Stadtsiegel übereinstimmt. Diese Gestalt des Wappens wurde auch in der Ära des Faschismus laut königlichem Dekret vom 13. Dezember 1928 und dem königlichen Patent vom 9. Mai 1929 übernommen und bestätigt. 1973 war es dem gemeinsam mit N. Rasmo von der Stadtgemeinde in eine Jury zur Modernisierung des Stadtwappens berufenen Verfasser möglich, die Mitglieder des Gemeinderates dahingehend zu beraten, daß sie die Wiederherstellung des Stadtwappens in seiner ursprünglichen Gestalt beschlossen haben.

G. GEROLA, Gli stemmi dei comuni della Venezia Tridentina I, Trento 1934, S. 17–20; – K. MOESER, Siegel und Wappen der Stadt Meran in alter Zeit. In: Meran – hundert Jahre Kurort, Innsbruck 1936, S. 174–178; Neues Stadtwappen und Banner von Meran. In: Burggrafenamt – Hauskalender 1931, S. 31; H. PRÜNSTER, Die Wappen der Gemeinden Südtirols = Etschlandbücher Bd. 7, Bozen 1972, S. 110 f. zeigt sowohl das offizielle Wappen der Zeit von 1911 bis 1972 (bestätigt 1928) als auch das „Meraner Stadtwappen, wie es meistens gebraucht wird"; Südtiroler Tagblatt „Dolomiten" Jg. 51, Bozen 1974, Nr. 136; F. H. HYE, Das Tiroler Landeswappen = Schriftenreihe des Südtiroler Kulturinstitutes Bd. 13, Bozen 1985, Tafel 46 f.

13 Finanzwesen

a) Münzstätten

Nach H. Rizzolli hat die Münzprägung in Meran schon bald nach der Eheschließung Graf Meinhards II. mit der Witwe nach König Konrad IV., Elisabeth von Bayern-Wittelsbach (1259), und zwar bereits in Gestalt der typischen Meraner Adler-Groschen bzw. Kreuzer begonnen. Urkundlich wird die Münzstätte Meran erstmals 1271 genannt und wurde hier bis 1477 betrieben, als sie durch den Landesfürsten Herzog Sigmund dem Münzreichen nach Hall i. T. übertragen wurde. Die materielle Basis für die Meraner Münzstätte bildeten die an den landesfürstlichen Zollstätten eingehobenen Fremdmünzen, die in Meran eingeschmolzen und umgemünzt wurden. In der lokalen Tradition gilt das Eckhaus Leonardo-da-Vinci-Gasse/Laubengasse als der einstige Standort der Münzstätte.

1918/19 haben alle vier Gemeinden des Kurortes Meran gemeinsam ein Papier-Notgeld herausgegeben.

Qu. PERINI, Le monete di Merano. In: Archivio per l'Alto Adige 1, 1906, S. 388–403; – E. MAILÄNDER, Die Meraner Münzstätte und die ersten Münzen aus Hall. In: Der Schlern Jg. 41, Bozen 1967, S. 388–403; – H. MOSER, Die Meraner Kreuzerprägung unter den Herzögen Rudolf IV. bis Friedrich IV. In: Haller Münzblätter 4, 1984/85, S. 129–203; – H. RIZZOLLI, Münzgeschichte des alttirolischen Raumes im Mittelalter und CORPUS NUMMORUM TIROLENSIUM MEDIAEVALIUM, Bozen 1991; – DERSELBE, Das Geld. In: Ausstellungskatalog „Eines Fürsten Traum. Meinhard II.", Innsbruck 1995, S. 283–296; – O. SCHROTH, Das Notgeld im Hochetschgebiet 1919/21. In: Meraner Jahrbuch 1933, S. 38–42.

b) Städtischer Haushalt

Die Meraner Fleisch- oder Metzbank (urkundlich 1349) befand sich noch 1780 westlich des Bozner Tores innerhalb der Stadtmauer, erhielt 1870/71 kraft Weisung des Tiroler

Landesausschusses von 1869 einen Neubau an der Habsburger- bzw. heutigen unteren Freiheitsstraße und übersiedelte endlich in den 1906/07 errichteten neuen städtischen Schlachthof beim Bahnhof; 1992 wurde der Weiterbetrieb des Meraner Schlachthofes bewilligt.

Bereits vor 1904 wurde in Untermais ein Schlachthaus (Gampenstraße Nr. 5) errichtet. 1927 erfolgte die Auflassung des Schlachthauses in Obermais (Lazagsteig Nr. 106).

1883 wurde am Mühlbach beim Institut der Englischen Fräulein eine Fischbank errichtet.

c) Mauten, Zölle, Ladstätten

Ein landesfürstlicher Zoll in Meran wird bereits 1255 genannt. – Im Jahre 1406 bewilligte der Landesfürst Herzog Leopold IV. dem Richter und den Bürgern der Stadt Meran zur Erneuerung der schadhaften Ringmauer und des Grabens bis zur „Vollbringung" dieser Arbeiten die Einhebung eines Zolles, und zwar von jedem Pferdesaum, Schwein oder anderen Tierhaupt je einen Vierer sowie von jedem Roß- oder Ochsenwagen einen Kreuzer. Im Jahre 1451 verlieh Landesfürst Herzog Sigmund der Münzreiche der Stadt Meran dann das Recht, denselben Zoll auch in Rabland oder Nauders am Oberen Weg sowie in St. Martin in Passeier am Jaufenweg oder in Steinach am Brenner am Unteren Weg einzuheben. Dieses Privileg wurde 1617 landesfürstlich bestätigt.

Überdies verlieh Landesfürst König Maximilian I. der Stadt Meran zu ihrer Entschädigung im Jahre 1503 nach dem Bau der neuen Landstraße von Forst hinauf auf die Töll einen Wegzoll von 6 Kreuzern pro Wagen bzw. von 2 Kreuzern pro Pferdesaum auf die Dauer der Benutzung dieser die Umfahrung der Stadt fördernden Straße. Noch 1903 als städtisches Pflastergeld bezeichnet, erfolgte 1835 dessen administrative Umwandlung in ein regelmäßig verpachtetes „ärarisches Wegmaut- und Brückengeld", welches noch 1880 neu verpachtet und bis 1907 eingehoben worden ist. Die betreffenden Zollhäuschen befanden sich bis 1884 beiderseits der Spitalsbrücke sowie beim Passeiertor, danach gab es nur noch eines auf der Maiser Seite, während das letztgenannte um 1900 nach Zenoberg verlegt worden ist. Die Kurvorstehung ersuchte 1884 den Zollschranken von der Spitalsbrücke an die Außengrenze des Kurbezirkes zu verlegen und auf die Einhebung des Zolls zwischen Meran und Obermais zu verzichten.

C. STAMPFER, Geschichte von Meran, Innsbruck 1889, S. 48, 60 f., 120, Urk. n. 36, 48.

14 Gebiet der Stadt

a) Fläche

Die Fläche der Katastralgemeinde Meran beträgt 1,74 km², jene der Katastralgemeinde Gratsch 1,01 km² und jene der Katastralgemeinde Mais 23,23 km².

c) Grundherrliche Verhältnisse

Seit dem Ankauf der zuvor Tarant'schen Grundrechte im Steinachviertel 1287 war der Tiroler Landesfürst allein Grundherr von Meran. Dementsprechend findet sich im landesfürstlichen Urbar von ca. 1290 die Anmerkung: "Von einer igelichen hofstat (datz Meran) git man sehs schillinge." Ebenso wurde gelegentlich einer 1317 erfolgten Befreiung eines Hauses am Rennweg von allen landesfürstlichen Lasten darauf hingewiesen, daß dem Landesfürsten über dasselbe bisher ebenso wie über alle Häuser in Meran die lehensrechtliche Grundherrschaft zustand: „ius feodale sicut in aliis domibus omnibus in Merano". – Im Maria-Theresianischen Steuerkataster von 1780 erscheint diesbezüglich das landesfürstliche Kelleramt Meran als Repräsentant der landesfürstlichen Grundherrschaft.

E. WIDMOSER, Meraner Stadtsteuerliste vom Jahre 1304. In: Veröffentlichungen des Tiroler Landesmuseum Ferdinandeum 31, Innsbruck 1951, S. 681–689.

d) Burgfried

Die Grenze des städtischen Burgfriedens von Meran verlief von der Mündung der Passer in die Etsch in der Flußbett-Mitte der Passer flußaufwärts bis 150 Klafter oberhalb des Steinernen Steges, von hier südlich am Burgfelsen von Zenoberg vorbei und oberhalb des heutigen Tappeinerweges der Terrassenkante des Küchelberges entlang gegen Nordwesten bis oberhalb des Partanes-Hofes, um schließlich westlich von diesem am Talboden den Haarwal zu erreichen und mit diesem bis kurz vor dessen Einmündung in die Etsch östlich davon auch selbst den Mittellauf der Etsch und mit diesem die Einmündung der Passer zu erreichen.

e) Ein- und Ausgemeindungen

Im Jahre 1923 erfolgte die Eingemeindung der Dorfgemeinden Gratsch, Obermais und Untermais. Überdies wurde 1931 auch die östlich angrenzende Berggemeinde Hafling nach Meran eingemeindet, was jedoch 1957 wieder rückgängig gemacht wurde.

1906 erhielt Meran von der westlichen Nachbargemeinde Algund gegen Bezahlung einer Ablöse das Areal des neuen Bahnhofs und Friedhofs, zu dessen Vergrößerung 1913 abermals Algunder Gebiet erworben wurde. 1958 endlich konnte zur Anlage des Wohnstadtteiles Maria Himmelfahrt nochmals eine Ausdehnung des Meraner Gemeindegebietes auf Kosten von Algund erreicht werden.

F. H. HYE, Geschichte von Algund bei Meran, Algund 1986, S. 12.

15 Kirchenwesen

a) Einrichtungen der katholischen Kirche

Meran gehörte bis 1808 zur Diözese Chur, wobei die Passer die Diözesangrenze gegen Trient bildete, welcher Diözese die Gemeinden Ober- und Untermais mit der alten Pfarre zum hl. Vigilius angehörten. Von 1808 bis 1818 dem Bistum Brixen unterstellt, wurde Tirol/Meran 1818 eine Pfarre des Bistums Trient. Diese Zugehörigkeit dauerte bis 1964, als im Zuge der generellen Diözesanregelung im Bereich der alten Grafschaft Tirol (bis 1918) die Diözese Bozen-Brixen geschaffen wurde, welche mit dem Gebiet der autonomen Provinz Südtirol identisch ist und der daher auch Meran angehört.

Die wenige Jahre nach der Stadtgründung von Meran errichtete St.-Nikolaus-Stadtkirche war bis 1921 eine Filiale der Mutter- bzw. Dorfpfarre Tirol (Urkunde von 1312 bezüglich des Meraner Klarissenklosters: in „der pharr ze Tyrol, da ez inne leit") , wobei der Pfarrer von Tirol – abgesehen von früheren Ansätzen – seit der Zeit des Pfarrers Zacharias Lachartinger (Laicharding, 1663–1699) konstant in der Stadt herunten residierte, wo bereits seit 1521 ein Pfarrhaus in einem östlichen Hinterhof der Post- bzw. Leonardo-da-Vinci-Gasse nachweisbar ist, welches unter Pfarrer Laicharding mit dessen noch heute dort befindlichem Wappen geziert wurde. 1862 erfolgte die Übersiedlung des Widumssitzes von der Postgasse in das damals von der Stadt hiefür angekaufte heutige Pfarrhaus an der Passeiergasse. Als 1921 der letzte Pfarrer von Tirol-Meran verstorben war, erfolgte die Zweiteilung der Pfarre und damit offiziell die Errichtung der St.-Nikolaus-Stadtpfarre Meran. Seit 1824 ist mit der Pfarre Tirol-Meran bzw. Meran auch die Funktion des Dekanatssitzes verbunden. Der bedeutendste Pfarrer hier war der 1995 seliggesprochene spätere Bischof von Trient, Johann Nepomuk von Tschiderer (in Meran 1819–1827, gest. 1860). Wie die Erwähnung eines Pfarrhauses seit 1521 und die ab 1609/10/35 geführten Matrikenbücher zeigen, residierte spätestens bereits seit dem Beginn des 16. Jh. konstant zumindest ein Kurat in Meran.

1956/57 erfolgte für den gleichnamigen neuen Stadtteil die Schaffung der Pfarre zu Maria Himmelfahrt bzw. die Teilung des Pfarrgebietes von St. Nikolaus. 1978 wurde hier an der Speckbacherstraße ein erstes Pfarrzentrum Meraner Unterstadt eingerichtet.

Die St.-Vigilius-Pfarre Mais ist seit 1273 dem Zisterzienserkloster Stams im Oberinntal inkorporiert. Die St. Georgskirche in Obermais, ursprünglich eine Filiale von St. Vigil, wurde 1969 zum Pfarrsitz erhoben, wobei die Seelsorge hier 1933–1985 von Franziskanerpatres besorgt wurde. 1981 Fertigstellung des dortigen Pfarrzentrums. – 1982 erfolgte von der Pfarre St. Georg-Obermais die Abtrennung der Pfarre Sinich zum hl. Justus.

Gratsch bildet den Hauptteil der Pfarre St. Peter bei Schloß Tirol, deren Sitz daher 1905 zur St.-Maria-Magdalena-Kirche nach Gratsch herabverlegt worden ist.

1309 wurde durch die Gattin des Landesfürsten Herzog Otto von Kärnten-Tirol, Euphemia von Schlesien, am Rennweg in Meran das Kloster der Klarissen errichtet, welches 1782 durch Kaiser Joseph II. wieder aufgehoben worden ist.

1616 erfolgte mit tätiger Unterstützung durch Erzherzog Maximilian III. von Österreich, Hoch- und Deutschmeister des Deutschen Ordens und österreichischer Statthalter in Tirol, die Gründung des Kapuzinerklosters unmittelbar südlich neben dem Vinschgauer Tor „auf der Marein" in Meran.

1723 hat sich der Orden der „Englischen Fräulein" im Ansitz Hohensaal am Sandplatz niedergelassen und pflegt hier seither den Mädchenunterricht, welchem Zwecke auch ein 1900 eingeweihter Erweiterungstrakt dient.

1725 haben die Benediktinerpatres von Marienberg auf ihrer Liegenschaft am Rennweg, finanziell unterstützt durch Johann Rediff, ein Knabengymnasium mit dem Konvikt „Rediffianum" eingerichtet, welches mit einer Unterbrechung zwischen 1928 und 1945 bis zum Jahre 1986 bestanden hat und infolge Mangels an Patres-Professoren vom Kloster selbst aufgelassen wurde.

1840 haben sich die Barmherzigen Schwestern des hl. Vinzenz vom Mutterhaus in Innsbruck in Meran niedergelassen, um das alte Stadtspital bzw. spätere Versorgungshaus, die Kinderbewahranstalt, das Knabenasyl und das Karolinum zu betreuen.

1870 hat das Mutterhaus der Barmherzigen Schwestern vom hl. Kreuz bzw. der Kreuzschwestern in Ingenbohl (Schweiz) die ehemalige Villa Waidmannsburg vor dem Vinschgauer Tor angekauft und betreibt hier durch seine Schwestern seit 1870/73 die Marienherberge für kranke Priester und im sogenannten Spatzenturm ein Heim für weibliche Hilfskräfte.

1904 erfolgte die Niederlassung des Ordens der Salvatorianer/Salvatorianerinnen (Gesellschaft des Göttlichen Heilandes) in der Lazag in Obermais (bis 1929).

A. HOHENEGGER, Das Kapuzinerkloster zu Meran, Innsbruck 1898; – K. ATZ und A. SCHATZ, Der deutsche Anteil des Bistums Trient. Bd. 4, Bozen 1907, S. 171–252; – M. STRAGANZ, Zur Geschichte des Klarissenklosters in Meran. In: Forschungen u. Mitteilungen zur Geschichte Tirols und Vorarlbergs Jg. 4, Innsbruck 1907, S. 117–158; – vgl. dazu auch oben § 8 d E. JACKL, Festschrift Volksbank Meran 1886–1986; – A. ELLMENREICH, Kirche und Kloster der Kapuziner in Meran. In: Des Burggrafenamtes Volks- und Hauskalender 1929, S. 32–36; – DERSELBE, Vom Meraner Alten Widum, dem Pfarrer Zacharias Lachartinger und einer frommen Zeit. In: Der Schlern Jg. 16, Bozen 1935, S. 362–366; – G. STEINPACH, Beiträge zur Wirtschaftsgeschichte der Filialpfarre (!) St. Nikolaus in Meran im 15. und 16. Jahrhundert. Diss., Innsbruck 1979; – M. CHRISTANELL-HOFER, Das Institut der Englischen Fräulein zu Meran (1723–1923). Diss., Innsbruck 1979; – Die Stadtpfarre St. Nikolaus/Meran 1900–1985. Festschrift, Meran 1985; – M. LAIMER, E. MATTERSBERGER, P. PIRCHER, 500 Jahre Stamser in Mais, Lana 1994; – Festschrift zur 900-Jahrfeier des Klosters Schuls-Marienberg 1096–1996. Hg. v. Südtiroler Kulturinstitut, Lana 1996.

b) Reformation und Gegenreformation, Einrichtungen der evangelischen Kirche

Eine deutlich reformatorische Stimmung gegen die römische Kirche manifestierte sich in Meran bereits 1523, als hier ein Prediger der Lehre Martin Luthers auftrat und Bewohner der Stadt „der Priesterschafft daselbst (mit) etwas Hochmuet und Gewalt" begegneten und die 1521 in den Pfarrhof geleitete Brunnenleitung willkürlich abgestellt haben. Kaiser Karl V. ermahnte die Stadt daher 1523 mittels eigenen Mandates zum Gehorsam gegenüber ihrem damaligen Pfarrer zu Tirol. Dessen Nachfolger, Nikolaus von Madruz, der im Gefolge des Bischofs Bernhard Cles von Trient dem Reichstag zu Speyer beiwohnte, entsagte dort dem Priestertum. In diesem Zusammenhang ist auch an die Plünderung des Klarissenklosters in Meran und des Dominikanerinnenklosters im nahen Algund bei der Bauernerhebung 1525 zu erinnern. Insgeheim hingen damals und auch noch später nicht wenige Vertreter des Adels und der Bürgschaft in Meran und in der Umgebung der Stadt der neuen Lehre an.

Bemerkenswerterweise erfolgte hier dann bereits im Jahre des österreichischen Protestantenpatentes 1861 durch die private Stiftung eines Kurgastes die Adaptierung des Hauses Hallergasse Nr. 24 im oberen Steinachviertel als evangelisches Bet- und Schulhaus und als Priesterwohnung (Weihe 1882). Ebenfalls 1861 wurde der erste evangelische Friedhof bei der Spitalskirche errichtet, und 1882 folgte die Eröffnung einer einklassigen protestantischen Volksschule an der Weintraubengasse in Untermais. 1876 fand die offizielle Konstituierung der evangelischen Gemeinde und die Installierung des ersten evangelischen Pfarrers in Meran statt. Fünf Jahre später (1881) wurde auch der Baugrund für die noch bestehende evangelische Christus-Pfarrkirche mit Pfarrhof (erbaut 1883/84, Weihe 1885) angekauft, welche als der erste evangelische Kirchenbau in Tirol zu bezeichnen ist. Der bestehende (zweite) evangelische Friedhof am Greutendamm links der Passer bzw. an der Marlinger Straße wurde 1896 angelegt und 1897 geweiht.

D. BRAUER, Die evangelische Gemeinde Meran. In: Festschrift „Evangelisch in Tirol", Innsbruck 1975, S. 45–54; – DERSELBE, Evangelische Christuskirche Meran. Festschrift zum 100-jährigen Bestehen 1895–1995, Meran 1995.

c) Juden

Im Jahre 1900 errichtet, wurde das israelitische Bethaus (= Königswarter Stiftung), Franz-Ferdinands-Quai Nr. 7 in Untermais, 1901 mit dem Entzünden des Ewigen Lichtes eingeweiht und eröffnet. Der jüdische Friedhof befand sich anfangs bei der Spitalskirche und wurde 1906 auf den neuen städtischen Friedhof verlegt. 1914 erfolgte die Wahl eines israelitischen Kultuskomitees in Meran.

Namentlich bekannte Opfer der NS-Verfolgung in den Jahren 1943/45 aus den Reihen der israelitischen Kultusgemeinde Meran waren Regina Gentilli und Dr. Leopold Götz; beide wurden in Vernichtungslager im Osten deportiert und getötet.

A. TÄNZER, Die Geschichte der „Königswarter Stiftung" in Meran 1872–1907, Meran 1907; F. STEINHAUS, Niemals vergessen! Die jüdische Kultusgemeinde Meran. In: Geschichte der Juden in Tirol = Sturzflüge Jg. 5, Nr. 15/16, Bozen 1986, S. 161 f.; – K. H. BURMEISTER / F. STEINHAUS, Contributi per una storia della comunita israelitica di Merano, Meran 1987; – V. HAGER-STROBELE, Geschichte der jüdischen Kultusgemeinde von Meran. Diplomarbeit, Wien 1992.

d) Andere religiöse Gemeinschaften, Sekten

Die russisch-orthodoxen Gottesdienste wurden seit 1884 in der Villa „Stefanie" zelebriert, eine eigene russisch-orthodoxe Kirche wurde 1897 bei der Villa „Borodine", Kaiser-Franz-Josef-Straße 11–13 in Untermais errichtet und geweiht. 1993 Beschluß zur Innenrestaurierung der russisch-orthodoxen Kapelle im Ansitz-Komplex „Zarenbrunn".

Für die Angehörigen der Englischen Hochkirche wurde 1890/91 eine eigene Kirche errichtet. Sie wurde jedoch später abgerissen. An ihrer Stelle erhebt sich heute das Volksbildungsheim der Meraner Urania, Ortweinstraße, in Untermais.

16 Wohlfahrtspflege

a, b) Bürgerspitäler, Fürsorgeheime, Armenhäuser/Siechenhäuser, Krankenhäuser

1271 Gründung des hl.-Geist-Stadtspitals auf der Maiser Seite der Spitalsbrücke durch Graf Meinhard II. von Tirol-Görz und seine Gattin Elisabeth von Bayern-Wittelsbach: „...sancti Spiritus ecclesiam sive capellam cum hospitali ad usum pauperum et coemeterio in plebatu plebis sancti Vigilii de Mays...... iuxta pontem Passeroni, per quem ad burgum Merani itur". 1903/05 Bau des neuen Stadtspitals bzw. allgemeinen Krankenhauses an der Landstraße nach Forst (Goethestraße) bzw. auf der ehemaligen Doblhofwiese bei Gratsch; das alte Stadtspital blieb Altersheim und wurde 1926/27 abgerissen.

1977–1996 Erweiterung des städtischen Allgemeinen Krankenhauses bzw. weitgehender Neubau desselben als Landeskrankenhaus, Rossinistraße Nr. 12.

Das Meraner Sundersiechen- oder Leprosenhaus wird erstmals 1332 außerhalb des städtischen Burgfriedens („in territorio ville Tyrolis apud domum leprosorum") genannt, befand sich jedoch nach späterer Meinung (1377) mitsamt der noch erhaltenen St. Leonhardskirche an der Goethestraße westlich außerhalb des Vinschgauer Tores im städtischen Burgfrieden; im Maria-Theresianischen Steuerkataster von 1780 ist hier nur noch von der genannten Kirche und der dazugehörigen Behausung, nicht mehr aber von der ursprünglichen Funktion die Rede.

Das „Lorenz-Böhler"-Unfall-Krankenhaus in Meran-Obermais, Schafferstraße Nr. 78, wurde 1953/54 durch Ankauf und Adaptierung eines hier zuvor betriebenen Parkhotels errichtet.

Das Meraner Versorgungshaus wurde bis 1929 von österreichischen Salvatorianerinnen geführt, hierauf von Barmherzigen Schwestern des Bozner Provinzhauses.

1884 beschließt der Stadtmagistrat den „Samstag-Bettel" gänzlich zu verbieten, bei dem bis dahin jeden Samstag rund 300 Bettler aus der Umgebung in die Stadt kamen.

1900 erfolgte die Eröffnung des Maiser Armen- und Versorgungshauses, auch „Maiser Spital" genannt, Gampenstraße 7–11, Sanierung und Umbau wurden 1994 eingeleitet; 1904 wird auch ein Armenhaus in Obermais, Herzog-Karl-Theodor-Straße, genannt. 1990/92 erfolgte der Bau eines neuen Obdachlosenheimes beim Bahnhof.

1992 Errichtung eines Frauenhauses.

c) Kindergärten, Sonderinstitute, Kuranstalten, karitative Stiftungen

1873 Errichtung eines Fröbel'schen Kindergartens, welcher 1876 im Schulgebäude hinter dem Rathaus angesiedelt und 1930 aufgelöst wurde, heute jedoch an der Freiheitsstraße wieder besteht.

1910/11 Errichtung des städtischen Kindergartens an der Jahn-(=Galileo-Galilei-)Straße; 1930 Errichtung des Kindergartens in Mais, um 1920/30 eines Jugendhortes in Untermais.

1961 Eröffnung des Kleinkinderheimes des Seraphischen Liebeswerkes.

1967 Gründung des Kindergartenvereins, 1971 Eröffnung des betreffenden Vereinskindergartens;

1973 Eröffnung des Kindergartens in Untermais, um 1957/76 Errichtung von Kindergärten in den Stadtteilen Maria-Himmelfahrt und Sinich – je einer mit deutscher und mit italienischer Sprache – sowie der Pfarrkindergärten St. Nikolaus und Maria Trost; 1978/79 Bau des Kindergartens an der Virgilstraße in Obermais (Neubau 1987), „Maddalena di Canossa" an der Maiastraße (Kinderkrippe und Kindergarten).

1725 Errichtung des „Rediffianum", eines Knabenkonviktes der Benediktiner von Marienberg für die Schüler ihres Gymnasiums, ermöglicht durch eine Stiftung des Meraner Bürgers Johann Rediff (geschlossen 1978).

Knabenasyl St. Nikolaus, Unterm Berg Nr. 15, errichtet vom St.-Nikolaus-Knabenasyl-Verein (gegründet 1889); – Kolping- oder Gesellenhaus, Postgasse Nr. 7, gegründet 1854; – St.-Josef-Hospiz für junge Arbeiter, Rennweg Nr. 29, erwähnt 1904. „Marienherberge" der Barmherzigen Schwestern vom hl. Kreuz, Unterm Berg Nr. 10, errichtet 1873; – „Carolinum", Heim für weibliche Lehrlinge, geführt von den Barmherzigen Schwestern von Zams, errichtet 1882, Neubau 1973/76; – Schüler- und Lehrlingsheim des Kanonikus-Michael-Gamper-Werkes erbaut 1963/66; – Mädchenheim des Kanonikus-Michael-Gamper-Werkes eröffnet 1971, benannt 1978 nach Dr. Fritz Ebner; – Schülerheim derselben Stiftung eingeweiht 1971; – 1950 Errichtung des Fidelis-Schülerheimes des Seraphischen Liebeswerks.

1978 Einweihung des Seniorenheimes in Obermais.

Privat-Sanatorium „Martinsbrunn" in Gratsch, eröffnet 1892; – Privat-Kuranstalt „Stefanie" in Untermais, erwähnt 1884; – 1901 Eröffnung der Wasserheilanstalt Dr.

H. Ballmanns im Maendlhof in Obermais; – 1903 und 1909 folgen die Heilanstalten „Hungaria" in Untermais und „Hygiea" in Obermais sowie 1905 „Waldpark"; Privatklinik Dr. Kneringer, eröffnet 1933.
1907 Eröffnung des neuen städtischen Kurmittelhauses an der Andreas-Hofer-(= O.-Huber-)Straße.

1909 Einstellung der Suppenküche von Mais, sie hatte noch im Schuljahr 1908/09 mehr als 10.000 Portionen verabreicht.
1893 Gründung des Meraner Vinzenzvereins zum hl. Nikolaus.
1898 Gründung des Vereins zur Beschaffung von billigen Wohnungen, er übergab 1911 bereits sein drittes Wohnhaus mit 16 Einheiten.

d) Ärzte und Apotheken

1325 besaß ein gewisser Blantschardinus, landesfürstlicher Leibmedicus, ein Haus in Meran beim Vinschgauer Tor; 1332 figuriert als Zeuge ein gewisser „Berhtoldus, apothecarius, civis de Merano", der 1335 als verstorbener Hausbesitzer in Meran erwähnt wird; 1381 wird Chonradus de Verona als „apothecarius in Merano" genannt, gefolgt 1406–1424 von „Ambrosius de Riczon, apothecarius et civis de Merano". Von 1662 liegt eine eigene Meraner Apotheker-Instruktion vor. Der Maria-Theresianische-Steuerkataster von 1780 verzeichnet in Meran 3 Ärzte, 3 Wundärzte bzw. Chirurgen oder Bader und 2 Apotheker. Im amtlichen Tiroler Ärzteverzeichnis von 1813 werden in Meran 5 (+1) Ärzte, nämlich Georg Bergmeister, Franz Feyertag, Joseph Herzog, Peter Schuster, Johann Waibl und in Obermais Joseph Matzegger, sowie 6 Wundärzte, nämlich Joseph Albertshauser, Joseph Bergmeister, Ignaz und Joseph Elsler, Michael Kirchlechner und Anton Lindenthaler angeführt. J. J. Staffler (1846) nennt hier dann 5 Ärzte, 4 Wundärzte und 2 Apotheken. Das Meraner Bauparzellen-Protokoll von 1858 verzeichnet ebenfalls 5 Ärzte, aber nur 2 Chirurgen und 2 Apotheken, nämlich Haller und Strele. Letztere werden 1909 als „Herzogl. bayer. Hofapotheke" des W. von Pernwerth, Berglauben Nr. 30, und als Zentral-Apotheke, Wasserlauben Nr. 63, bezeichnet. Überdies werden 1909 in Obermais die „Herzogl. württemberg. Hofapotheke zu St. Georg" des R. Pan (errichtet 1890) und die Rathaus-Apotheke in Untermais genannt, wozu um 1910 die Apotheke „Zur Madonna", Habsburgerstraße Nr. 35, und nach 1919 die „Drusus-Apotheke" am Rennweg Nr. 58 sowie 1995 eine Apotheke in Sinich kamen.

1897 ordinierten im Kurbezirk 35 Ärzte, 1906 waren es 62, davon 42 in Meran, je 9 in Ober- und Untermais und 2 in Gratsch, 1911 belief sich die Gesamtzahl auf 71.

F. Huter, Beiträge zur Geschichte des Apothekerwesens in Tirol. I. Kap. In: Tiroler Heimat Bd. 41, Innsbruck 1978, S. 5–43; E. Prieth, Meraner Apothekerinstruktion 1662. In: Der Schlern Jg. 58, Bozen 1984, S. 378 ff.

e) Wasserleitungen, Kanalisation, Beleuchtung (Gaswerke, Elektrizitätswerke)

Im Jahre 1462 hat Landesfürst Herzog Sigmund der Münzreiche der Stadt Meran die Brunnenquelle am „perg Lebrs gegen Vernawn über", an der linken Seite des Naiftales am Laberser Berg, verliehen mit der Berechtigung, das *Wasser* von dort „in röhren und wie si des bekomen mugen" hinab in die Stadt zu leiten. Als Gegenleistung mußte die Stadt davon dem Landesfürsten eine Brunnenleitung in sein Haus in der Stadt (Kelleramtsgebäude) legen. 1578 erfolgte eine Kommissionierung der Quelle und 1673 eine teilweise Erneuerung der Leitung über die Rafeiswiesen bei Labers. 1862 wurde diese Naiftal-Wasserleitung dortselbst wieder einmal durch Murbrüche verschüttet und wurde hierauf als Hochdruckwasserleitung in Eisenrohren erneuert, wozu das sogenannte Waidmann-Trinkwasserreservoir errichtet wurde.

1562 erhielt die Stadt von Kaiser Ferdinand I. die Brunnenquelle in der Gilf-Klamm gegenüber Zenoberg in Mais verliehen und stellte darüber auch einen Revers aus. Ing. Philipp Altmann aus Innsbruck erstellte einen Plan zur Wasserversorgung des ganzen Kurbezirkes. Um das Wasserangebot nach Menge und Qualität zu verbessern, hat die Stadt damals bzw. 1885 den Longvaller Hof im Spronsertal mit den dortigen Hochquellen angekauft und ließ 1886/87 von dort eine zweite Trinkwasser- bzw. eine Hochdruckwasserleitung in die Stadt anlegen, mit Trinkwasserreservoir in Zenoberg (2.000 m³); 1901 wurde die dritte städtische Wasserleitung, und zwar von Saltaus im Passeiertal nach Meran, vollendet; 1906 Ankauf der Schweiger-Quellen auf Labers. 1907/08 folgte die Fassung einer Quelle in Aich nordöstlich oberhalb von Dorf Tirol.

1884 wurden die alten hölzernen durch eiserne Wasserleitungsrohre ersetzt.

1907/08 Bau der neuen, gemeinsamen Maiser Hochdruck-Trinkwasserleitung mit einem Reservoir in Obermais mit 1.200 m³, ausgehend von hiefür angekauften Quellen in Schweinsteg in Passeier, dazu kam 1927/28 die Neufassung der Quelle in Scheitz. 1930 wurde auch Sinich an das Reservoir von Obermais angeschlossen. 1942 mußte für die Kasernen in Untermais die erste Grundwasserpumpe installiert werden, der die Gemeinde 1950 eine zweite folgen ließ. Weitere Grundwasserpumpen wurden 1968 in Malpertaus und 1959 in Sinich in Betrieb genommen, wo 1972 unter Schloß Katzenstein ein eigenes Trinkwasserreservoir mit 300 m³ geschaffen wurde.

Die Gemeinde Gratsch ließ 1895 ihre Hochdruck-Trinkwasser-Versorgungsanlage errichten.

Der konstant zunehmende Trinkwasserbedarf machte die Anlage weiterer Grundwasserpumpstationen beim städtischen Bauhof (1960), bei den sogenannten „Thermen" (1962), bei der Schwimmschule (1964), an der Gampenstraße (1970), in Gratsch (1973) und am Rennplatz (1974) notwendig. Trotz aller dieser Maßnahmen reichte das Trinkwasserangebot nicht aus. 1976 mußte der Verbrauch eingeschränkt werden, höhere Stockwerke blieben zeitweise ohne Wasser.

Eine Lösung des Problems brachte erst die Erwerbung der Friegele-Quellen ober Tschars im mittleren Vinschgau durch ein 1962 durch die Gemeinden Meran, Algund, Marling, Tscherms und Lana gebildetes Consortium bzw. die Errichtung einer neuen Wasserzuleitung von dort 1970/82, sowie der Bau eines 4.000 Kubikmeter fassenden Wasserreservoirs ober Marling.

Die Ringrohrleitung mit Erfassung des gesamten Gemeindegebietes beiderseits der Passer wurde 1983 vollendet. Für Obermais standen 1985 drei Trinkwasserreservoire bereit. 1993 erfolgte die Inbetriebnahme eines neuen Trinkwasserreservoirs für Gratsch. 1994 kam es zur Erneuerung des Leitungsnetzes im Stadtzentrum.

Der Flurbewässerung dienten/dienen die Waale, so für Gratsch der 1734 errichtete bzw. an den 1333 angelegten Plarser Etsch-Waal angeschlossene Haarwaal und für Mais der 1663 errichtete und von Saltaus im Passeier ausgehende Maiser Waal.

1843 Verlegung steinerner Ritschen durch die Stadt herab, 1862/64 auch im Steinachviertel und 1869/70 auch am Rennweg, 1906/07 Errichtung der Schwemm-*Kanalisation* in Meran, hierauf in Mais und 1977/78 in Gratsch. 1978 Errichtung einer ersten

Kläranlage für Meran in Sinich, wo 1992 mit dem Bau einer Kläranlage für den ganzen Bezirk Burggrafenamt begonnen wurde. Die Errichtung des Hauptsammlers dorthin in der Cavour- und Romstraße begann 1994.
1990 Inbetriebnahme der Bezirksmülldeponie bei Sinich zusätzlich zu jener in der Naif.
1872/73 Errichtung eines privaten Gaswerks im Westen der Stadt und Einführung der *Gasbeleuchtung* in den Straßen von Meran, 1874 wurde das Werk nach Konkurs von der Stadt übernommen, 1977/81 folgte nach Auflassung des ersten die Errichtung des neuen Gaswerkes an der Meraner Bahn zwischen Sinich und Untermais.
1877/78 Einführung der Gas-Straßenbeleuchtung in Ober- und Untermais.
1989/91 Beginn der Verlegung einer Erdgasleitung von Bozen in Richtung Meran.
1892 Ankauf der Säge auf der Töll, um hier ein *E-Werk* zu errichten. 1897/98 Errichtung der Elektrizitäts- bzw. Etschwerke der Städte Bozen und Meran mit Kraftwerk an der Etsch-Talstufe der Töll westlich der Stadt; 2. Ausbauphase: Kraftwerk Schnalstal, erbaut 1911. Zwei weitere Kraftwerksbauten der Etschwerke entstanden in Kardaun und 1960/62 in Naturns.
1897 Aufstellung von 35 Bogenlampen für die Straßenbeleuchtung.

f) Badstuben und Bäder

Laut den Angaben des Maria-Theresianischen Steuerkatasters von 1780 befanden sich in der Stadt Meran am „Stadtbach" drei öffentliche Badhäuser.

Das erste Schwimmbad Merans befand sich laut Katastermappe von 1858 ungefähr an der Stelle des heutigen Stadttheaters „auf der Postmeistergranz"; es wurde 1889 von dort an den heutigen Standort bei der Passerbrücke der Vinschgauerbahn verlegt (= städtisches Schwimmbad) und seit 1930 mehrfach erweitert und modernisiert, seither als „Lido" bezeichnet.

1873/74 erfolgte der Erstbau des Kurhauses mit Badeanstalt, 1905/06 die Errichtung des Kurmittelhauses mit verbessertem Bäder-Angebot, weshalb 1908 die Bezeichnung „Städtische Kur- und Badeanstalt" beschlossen wurde.

Die sogenannte Thermalbad-Anlage SALVAR, seit 1982 „Meraner Kurbad AG (Terme di Merano)", in Untermais wurde 1972 errichtet und bezieht ihr Radon-hältiges Heilwasser mittels eigener Leitung aus dem Quellgebiet der sogenannten „Bärenbäder" am Vigiljoch. Das Kurbad-Gelände umfaßt 5 Hektar und bietet ein überdecktes sowie ein großes offenes Schwimmbecken, ein Kongreßzentrum und eine Parkanlage mit künstlichem See.
1988/90 Errichtung eines neuen städtischen Schwimm- bzw. Hallenbades.
1993 Beschluß der Errichtung einer Eis- und Schwimmhalle in Untermais beim Pferderennplatz.
Die Obermaiser Schwimm- und Badeanstalt Malpertaus wurde 1907 errichtet, 1921 geschlossen und 1929 neuerlich eröffnet.

g) Parkanlagen und Promenaden

Die Anlage der Gilfpromenade durch die Gilf- oder Passerklamm (ab 1872) und des Tappeinerweges von Ortenstein (= Pulverturm) bzw. von der „landesfürstlichen Burg" bis zur König-Laurin-Straße nach Schloß Thurnstein, benannt nach Dr. Franz Tappeiner, der hiefür 1892 ein Grundkapital von 50.000 Gulden gespendet hat, wurde 1929 vollendet.
1993 Errichtung der Naherholungszone in der Lazag.

17 Bildungswesen

a) Das niedere und mittlere Schulwesen

1336 „magister Wigand, scholasticus in Merano", 1337 „magister Stephan", detto; 1369 Martin von Sterzing, Schulmeister in Meran; 1420 magister Albert, Rektor der Schüler in Meran.

Das erste Schulhaus von Meran wird 1463 bzw. 1471 als neue Schule erwähnt und befand sich laut Angaben von 1504 am oberen Pfarrplatz oberhalb der St.-Barbara-Kapelle. 1614 wird es als lateinisches Schulhaus und als seine Anrainer der Platz und der Berg sowie im Osten das Fuchsische Amtshaus und im Westen die Behausung P. Mamingers (Ansitz Steinachheim) genannt. Von 1754 bis 1876 fungierte das Hinterhaus Berglauben Nr. 60 (Kaufhaus Zitt) als deutsches städtisches Schulhaus (Abbruch 1911), 1876 wurde das städtische Schulhaus hinter dem neuen Rathaus erbaut.

1725 Errichtung des Knabengymnasiums der Benediktiner von Marienberg am Rennweg. Da es deutschsprachig geführt wurde, erfolgte 1928 seine Schließung durch das faschistische Regime. 1946 wieder eröffnet, sahen sich die Patres infolge Professorenmangels 1986 zur endgültigen Schließung genötigt. 1928 bis 1943/45 befand sich das staatliche italienische Gymnasium-Lyceum „Giosuè Carducci" in den Räumen des damals aufgelassenen Benediktinergymnasiums.

1723 Niederlassung des Ordens der Englischen Fräulein in Meran im Ansitz Hohensaal am Sandplatz, verbunden mit der Eröffnung einer Mädchenschule; 1899/1900 Errichtung des Neubaues der Mädchenbürgerschule dieser Schwestern an der Stelle der „Englischen Mühle" am Mühlbach beim Kloster bzw. Ansitz Hohensaal; – 1909 erhielt diese dreifache Schule – Volks-, Bürger- und Handelsschule – Öffentlichkeitsrecht.

1876 Bau des städtischen Schulhauses hinter dem neuen Rathaus, ab 1910 Volks- und Bürgerschule

1887 Bau eines Schulhauses in Untermais

1900 Bau des Schulhauses in Gratsch

1905 Bau einer Knaben-Volksschule bei St. Georg in Obermais bzw. Mais, wo auch ein eigenes Schulgebäude für die Mädchen-Volksschule bestand

1891 Eröffnung einer gewerblichen Fortbildungs- bzw. k. k. Gewerbeschule

1907 Eröffnung der Handelsschule für Knaben der Schulbrüder bzw. Salesianer (mit Pensionat)

1910/11 Errichtung einer städtischen Realschule, welche 1918 weiter ausgebaut und 1927 aufgelöst wurde

1924 Schließung der städtischen Bürgerschule

1881 Installierung der evangelischen Volksschule im Bethaus im Steinachviertel, Hallergasse Nr. 8; 1882 Errichtung der evangelischen Privat-Volksschule, sie erhielt 1884 das Öffentlichkeitsrecht

1904 Bau und Eröffnung der „Unterrichts- und Erziehungsanstalt der evangelischen Gemeinde" für Knaben und Mädchen im eigenen Schulhaus in Obermais, Weingartenstraße 4

1920 Eröffnung des Italienischen Gymnasiums und der Italienischen Realschule

1922 wurde die Italienische Volksschule aus der alten Maiser Mädchenschule in das Gebäude der evangelischen Volksschule (vgl. § 15 b, S. 299) transferiert.

Derzeit bestehende Grundschulen

a) Mit italienischer Unterrichtssprache:
   „Leonardo da Vinci"-Schule, O.-Huber-Straße
   „St. Nikolaus"-Schule, St.-Franziskus-Straße
   „Giovanni Pascoli"-Schule, Weingartenstraße
   „De Amicis"-Schule, Leichtergasse;
   Scuola elementare in Sinich, Reichstraße (erbaut 1975/76)
b) Mit deutscher Unterrichtssprache:
   „Franz Tappeiner"-Schule, Galilei-Straße
   „Oswald von Wolkenstein"-Schule, Texelstraße
   „Albert Schweitzer"-Schule, April-Straße
   „Karl Erckert"-Schule, Romstraße
   „Hermann von Gilm"-Schule, Leichterstraße

Mittelschulen

a) Mit italienischer Unterrichtssprache:
   „Giovanni Segantini"-Mittelschule, XXX. April-Straße Nr. 10, erhielt 1986 eine Doppelturnhalle
   „Luigi Negrelli"-Mittelschule, Romstraße Nr. 128
b) Mit deutscher Unterrichtssprache:
   „Josef Wenter"-Mittelschule, Karl-Wolf-Straße Nr. 30, erster Neubau (errichtet 1975/76) des „Gratscher Schuldorfes"
   „Peter Rosegger"-Mittelschule, Sandplatz Nr. 16
   Meran III, Obermais, Cavourstraße Nr. 54

Oberschulen

„Giosuè Carducci"-Gymnasium, Karl-Wolf-Straße Nr. 38 – Gratscher Schuldorf (ital.)
„Beda Weber"-Gymnasium, Rennweg Nr. 3 (dt.)
Wissenschaftl. Lyzeum „Albert Einstein", Karl-Wolf-Straße – Gratscher Schuldorf (dt.)
Lehrbildungsanstalt „Josef Ferrari" (errichtet 1945), Galileo-Galilei-Straße Nr. 59 (dt.), erbaut 1963/65
Handelsoberschule „L. Pisano", Karl-Wolf-Straße Nr. 38 – Gratscher Schuldorf (ital.)
Handelsoberschule, Freiheitsstraße (dt.)
Handelsoberschule „Rediffianum", Rennweg Nr. 3 (dt.), Bau-Adaptierung um 1980
Frauenoberschule „Marie Curie" (errichtet 1972), Karl-Wolf-Straße – Gratscher Schuldorf (dt.)
„Max Valier"-Oberschule, Matteottistraße (dt.)
1991 Einzug der Gewerbeoberschule in das Rathaus von Untermais
Kaufmännische Lehranstalt „L. Einaudi", Karl-Wolf-Straße Nr. 38 (ital.)
Kaufmännische Lehranstalt für Wirtschaft und Tourismus „Peter Mitterhofer", Galileistraße Nr. 33 (dt.)

Landesberufslehranstalten

Hotelfachschule im ehemaligen Hotel Kaiserhof (errichtet 1894) seit 1969, Freiheitsstraße Nr. 155
Hotelfachschule „C. Ritz", Karl-Wolf-Straße Nr. 44 – Gratscher Schuldorf (ital.)

Gastgewerbe-Berufsschule (Hotel) „Savoy", Rätiastraße Nr. 1, errichtet 1976 (dt.)
Hotelfachschule „Excelsior", Freiheitsstraße (dt.), Bau-Adaptierung um 1980
Berufsschule für Handwerk, Industrie und Handel „G. Marconi", Karl-Wolf-Straße Nr. 42– Gratscher Schuldorf (ital.)
Mechanische Werkstätten, Goethestraße
Elektro- und Schneiderwerkstätte, Rennstallweg
Berufsschule für Handel, Handwerk und Industrie „Dipl.-Ing. Luis Zuegg", Galileistraße Nr. 55 (dt.)
Metallwerkschule, A.-Kuperion-Straße (dt.)
Krankenpflegerschule, G.-Rossini-Straße
Fachschule für soziale Berufe, Matteottistraße
Berufsschule in der Untermaiser Handwerkerzone, erbaut 1987
Eröffnung einer Außenstelle der Landesfachschule für soziale Berufe in Meran 1992.
Haushaltungsschule, errichtet 1959 (Jubiläum 1989).

Das obgenannte „Gratscher Schuldorf" an der Karl-Wolf-Straße wurde 1979/84 erbaut.

A. MENGHIN, Die lateinischen Schulmeister von Meran. In: Der Burggräfler 1893 (Sonderdruck); – Th. WIESER, Geschichte des k. k. Obergymnasiums der Benediktiner von Marienberg. In: Programm des k. k. Obergymnasiums in Meran 1903/04 und 1905/06 (in zwei Lieferungen); – A. SCHATZ, Die Stiftsplätze, Stipendien und Prämien am Meraner Gymnasium. In: Programm des k. k. Obergymnasiums in Meran 1910/11 und 1911/12 (in zwei Lieferungen); – DERSELBE, Die alte Lateinschule in Meran. In: Burggrafenamt – Kalender 1931, S. 35–38; A. RAFFEINER, Zur Zweihundertjahrfeier des Meraner Gymnasiums. In: Der Schlern Jg. 6, Bozen 1925, S. 165 f. – M. ANGERER OSB, Das Kloster (Marienberg) und seine Schulen. In: Kloster Marienberg, hg. v. Abt B. Trauner, Lana 1990, S. 21–30.

d) Theater, Musikvereine, Orchester, Musikschulen

Um 1830 begannen private Theatergruppen im sogenannten „Rosengartenhaus", dem heutigen Schreyögg-Haus unter den oberen Berglauben, in loser Folge Theaterstücke aufzuführen. – 1892 erfolgte die Eröffnung der in der Folge berühmten Meraner Volksschauspiele, das betreffende Schauspielhaus, ein Holzbau im Westen der Stadt, mußte 1919 infolge Baufälligkeit abgetragen werden. – Daneben war auch das Theater des katholischen Gesellenvereins (gegründet 1854) im Gesellenhaus ziemlich aktiv. – 1884 wird das Theater im Gasthaus zur Post in Obermais erwähnt. – In dem 1874 eröffneten Kurhaus wurde bis zur Eröffnung des Stadttheaters ein „Kurhaustheater" betrieben. Schon zuvor präsentierte sich 1872 ein „Stadt- und Kurtheater".

Seinen Höhepunkt erlebte das Meraner Theaterleben mit dem Bau des prächtigen Meraner Stadttheaters, welches 1899/1900 nach Plänen des Münchner Architekten Martin Dülfer (1859–1942) erbaut und am 1. Dezember 1900 feierlich eröffnet worden ist (Umbau und Restaurierung 1971/78).

1960 Gründung der Maiser Bühne;
1968 Gründung der Meraner Passerbühne.

Bürger- oder Stadtmusikkapelle Meran gegründet 1848/49;
Musikkapelle Gratsch gegründet 1881; Musikkapelle Obermais gegründet 1882/83;
1883/88 Feuerwehr-Musikkapelle Untermais;
Untermaiser Bürgermusikkapelle gegründet 1884/88;

Kurkapelle mit eigenem Kapellmeister seit 1849.
1821 Gründung eines Lese- und Musikvereins;
1856 Gründung des Meraner Musikvereins (25-Jahr-Jubiläum 1881);
1861 Gründung der Meraner Liedertafel (Jubiläum 1886);
1862 Gründung des Meraner Männergesangsvereines (Jubiläum 1987);
1870 Gründung eines Cäcilien-Musikvereines.
1883 Gründung des Kirchenchores Gratsch (Jubiläum 1983);
1911 Eröffnung eines privaten „Konservatoriums für Klavier, Violine und Gesang";
Eine städtische Gesangsschule wird 1920/27 genannt;
1883 wird eine Musikschule der Stadtmusikkapelle Meran erwähnt.
Seit 1968 finden wieder „Musikkurse" in Meran statt, heute als „Musikschule Meran" bezeichnet.

1889 Gründung eines Kunst- und Gewerbevereins bzw. des Meraner Künstlerbundes; – 1922 fanden „Meraner Herbst-Festspiele" statt.

C. WOLF, Die Geschichte der Meraner Bürgercapelle von 1848 bis 1898, Meran 1898; – A. DÖRRER, Das Spiel vom Jüngsten Gericht in Meran 1570, Braunschweig 1930; – O. MAYR, Die Geschichte der Meraner Volksschauspiele. In: Meran – hundert Jahre Kurort 1836–1936. Innsbruck 1936, S. 97–107. – ABRAM, Das Meraner Stadttheater. Mit Beiträgen von R. SENONER und W. GUTWENIGER, Meran 1989; – C. SENONER, Geschichte des Meraner Stadttheaters seit 1900. Diplomarbeit, Innsbruck 1994.

e) Volksbildungseinrichtungen, Büchereien

1927 Eröffnung des Volksbildungsheimes der Meraner „Urania" (gegründet 1923, Neugründung 1971).
1986 Adaptierung des Moarhaus in Gratsch als Vereinshaus der sieben Gratscher Vereine, eröffnet 1990. – 1992/95 Sanierung des Ansitzes Angerheim in Untermais als Sitz des Maiser Vereinsverbandes.

f) Sporteinrichtungen

1878/79 Errichtung der Meraner Turnhalle in der städtischen Knabenvolksschule,
1908/11 Errichtung der neuen Turnhalle des Meraner Turnvereins (gegründet 1887) an der Jahn- bzw. heutigen Galileo-Galilei-Straße, die alte wurde ab 1911 als Veranstaltungshalle genutzt.
1900 Eröffnung des Sport- und Pferderennplatzes in Untermais, 1926/27 erfolgte über Betreiben der „Federazione sportiva" dessen Umgestaltung zur heutigen Größe.
1988/89 Errichtung des städtischen Eisstadions; – 1991 Eröffnung der Sportanlage „Lahn" in Obermais; – 1993/94 Errichtung einer Eis- und Schwimmhalle beim Rennplatz.

18 Buchdruckereien, Zeitungen, Buchhandlungen

a) Buchdruckereien

Buchdruckerei F. Pötzelberger (nach 1858) und C. Jandl, letztere seit 1881.
1906 Erteilung der Konzession zum Betrieb einer Buchdruckerei an Josef Hauger.

b) Zeitungen und Zeitschriften

Meraner Zeitung Jg. 1–54, 1867–1920, sie erschien hierauf bis 1922 als „Südtiroler Landeszeitung" und hat 1923 wieder ihren alten Namen angenommen, hg. v. F. W. Ellmenreich.

Der Burggräfler, kathol.-konservative Zeitung, erschien ab 1883 jeden Dienstag und Freitag (bei der Buchdruckerei Jandl), mußte 1926 sein Erscheinen einstellen.

Die Meraner „Fremdenliste" wurde 1909 zunächst probeweise als „Meraner Kur- und Fremdenzeitung" neu gestaltet, später eingestellt, wiedereingeführt 1988.

Maiser Wochenblatt ab 1903, hg. v. F. Pleticha.

Die Laute – Narrenstimmen des Meraner Männer-Gesangsvereines Jg. 1, 1908.

Programme des k. k. Obergymnasiums 1850–1927;

Jahresberichte der k. k. staatlichen Gewerbeschule 1891–1918;

Jahresberichte der Pensionats-Handelsschule der Salesianer 1907–1915;

Jahresberichte der städtischen Privat-Realschule Meran 1911–1921;

Meraner Jahrbuch 1933–1948.

c) Buchhandlungen

Buchhandlung K. Pfaundler, errichtet 1850, noch genannt 1858;

1880 sind in Meran die Buchhandlungen S. Pötzelberger und F. Plant (eröffnet 1869) nachweisbar;

Filiale der Buchhandlung Athesia.

19 Quellen und Darstellungen zur Stadtgeschichte

b) Quellenpublikationen

C. STAMPFER, Geschichte von Meran, der alten Hauptstadt des Landes Tirol, Innsbruck 1889 (mit einem Urkundenbuch, S. 345–398).

F. HUTER u. K. MOESER, Das älteste Tiroler Verfachbuch (Landgericht Meran 1468–1471) = Schlern-Schriften 283, Innsbruck 1990.

H. KARNER, Die Tätigkeit des Notars David von Meran. – Teiledition seiner Imbreviatur aus dem Jahre 1328. Diplomarbeit, Innsbruck 1993.

M. GAMPER, desgleichen, Innsbruck 1993.

c) Darstellungen

Beda WEBER, Meran und seine Umgebung, Innsbruck 1845.

Justinian LADURNER, Ursprung, Namen und Wappen der Stadt Meran. In: Archiv für Geschichte und Altertumskunde Tirols Jg. 1, Innsbruck 1864, S. 309–314.

O. Frhr. v . REINSBERG-DÜRINGSFELD, Culturhistorische Studien aus Meran, Leipzig 1874.

Cölestin STAMPFER, Geschichte von Meran, der alten Hauptstadt des Landes Tirol, Innsbruck 1889 (Die erste Auflage erschien 1865 als „Chronik von Meran").

DERSELBE, Schlösser und Burgen in Meran und Umgebung, Innsbruck 1893 (3. Aufl., Innsbruck 1929).

Adreßbücher des Kurortes Meran von 1900, 1904, 1909, 1912, 1922 u. 1929.

Bernhard MAZEGGER, Chronik von Mais, Obermais/Meran 1905.

Kurort Meran. – Den Festgästen der 77. Versammlung Deutscher Naturforscher und Ärzte (Meran 1905).

Adelgott SCHATZ, Entwicklung des Weltkurortes Meran zur Stadt. Eine Erinnerung an das Jahr 1317, Meran 1917.
Bruno POKORNY, Aus Merans Werdezeit 1870–1900, Meran 1929.
DERSELBE (Hg.) Meran – hundert Jahre Kurort, Innsbruck 1936.
Karl MOESER, Meran – die alte Hauptstadt des Landes Tirol. In: Meran – 100 Jahre Kurort, Innsbruck 1936, S. 147–174.
W. HONOLD, Die Meraner und die politischen Ideen der Bauernbewegung in Tirol 1525, Tübingen 1936.
Antonietta MORANDINI, Saggio di bibliographia del comune di Merano. In: Archivio per l'Alto Adige 43, Bozen 1949, S. 227–248.
Otto STOLZ, Meran und das Burggrafenamt im Rahmen der Tiroler Landesgeschichte = Schlern-Schriften Bd. 142, Innsbruck 1956.
Josef WEINGARTNER und Robert ZINNER, Meran und das Burggrafenamt, Wien 1956.
Elias PRIETH, Beiträge zur Geschichte der Stadt Meran im 16. Jh., Meran 1957.
Karoline MURSCHETZ-MUSIL, Beiträge zur Geschichte Merans im 18. Jh. (bis 1792). Diss., Innsbruck 1965.
Josef MACEK, Zu den Anfängen des Tiroler Bauernkrieges. Der Landtag der Bauern in Meran und die sogenannten Meraner Artikel. In: Historica. Les sciences historiques en Tschecoslovaquie 1, 1969, S. 135–195.
Engelbert PERATHONER, Meraner Häuserchronik 1780–1964. Ungedr. phil. Diss., Innsbruck 1965.
DERSELBE, Aus der Geschichte der Meraner Altstadt, Meran 1984.
Carl v. BRAITENBERG, Wie Meran im Jahre 1814 die Wiedervereinigung mit Österreich feierte. In: Der Schlern Jg. 39, Bozen 1965, S. 270–281.
G. BENDER, Meran – ein Beitrag zur Stadtgeographie, Bamberg 1974.
O. KUNTNER, Die Kureinrichtungen von Meran vor 1914. Diss. 1976.
Alfred WOHLGEMUTH, Beiträge zur Geschichte des Weinbaues und der Gastwirtschaft in und um Meran von den Anfängen bis zum Beginn des 20. Jahrhunderts. Ungedr. Diss, Innsbruck 1979.
Othmar GLUDERER, Meran unter Herzog Sigismund 1439–1490, Meran 1981.
Matthias LADURNER-PARTHANES, Gratsch – altes Dorf am Fuße des Schlosses Tirol, Gratsch 1981.
Wolfgang DUSCHEK und Florian PICHLER, Meran wie es war 1900–1930, Meran 1983.
Egon TSCHOLL, Meran. Kleiner Kunstführer 1, Lana 1984.
Florian PICHLER, Egon TSCHOLL, 150 Jahre Meraner Photodokumente. 1839–1989, Meran 1989.
Erika MESARIC, Der Meraner Künstlerbund, die erste Vereinigung von Künstlern in Südtirol. Diplomarbeit, Salzburg 1989.
Franz-Heinz HYE, Meran und Innsbruck. Das Problem der Landeshauptstadt in Tirol. In: Alpenregion und Österreich. Festschrift für Hans Kramer, Innsbruck 1976, S. 47–55.
DERSELBE, Meran = Österr. Städteatlas, hg. vom Wiener Stadt- und Landesarchiv und Ludwig-Boltzmann-Institut, Lieferung 3, Wien 1988.
DERSELBE, Meran – Vorort des Vinschgaus. In: Der Vinschgau und seine Nachbarräume. Bozen 1993, S. 27–33.
Pietro Umberto FOGALE, Merano durante l'età di Ferdinando II. (1564–1595). Diss., Venezia 1996/97.
Gian Pietro MARZOLI, Meran 1918 – die Stunde null, 1.–20. November 1918, Lana 1998.
Ferruccio DELLE CAVE, Bertrand HUBER, Meran im Blickfeld deutscher Literatur. Eine Dokumentation von der Mitte des 19. Jahrhunderts bis zur Gegenwart = Literarische Zeugnisse aus Tirol 6, Bozen 1998.

20 Wissenschaftliche Sammlungen

a) Archive

Meran verfügt über ein bedeutendes Stadtarchiv (vgl. dazu auch oben § 10, S. 292), welches früher im Rathaus untergebracht war und 1994/96 durch die Initiative von Bürgermeister Franz Alber in einem mustergültig adaptierten Altbau an der Passeiergasse einen neuen Standort erhalten hat.

b) Bibliotheken

1926 Errichtung einer Bibliothek der Dante-Alighieri-Gesellschaft mit 1800 Werken zeitgenössischer italienischer Autoren. Vgl. dazu auch § 20 c.
Stadtbibliothek errichtet 1969, 1989/92 übersiedelt und zeitgemäß ausgestattet im ehemaligen Rediffianum.
1982 Eröffnung der Pfarrbücherei Untermais im Pfarrturm 1982 (zuvor seit 1925 im Vereinshaus).
1987 Eröffnung der Pfarrbücherei in Maria Aufnahme.

c) Museen

1899 Gründung des Meraner Museumsvereins; 1900 folgte die provisorische Eröffnung des Meraner Museums, welches seit 1911 im 1. Obergeschoß des städtischen Kindergartens an der Jahn- bzw. heutigen Galileo-Galilei-Straße untergebracht ist. Es erhielt als Schenkung die Bibliothek und Kunstsammlung seines 1918 verstorbenen Vorstandes Dr. Franz Innerhofer. – 1900 wurde auch eine Ausstellungshalle des Kunst- und Gewerbevereins in der Markt- bzw. heutigen Sparkassenstraße eröffnet.
1906 Eröffnung der Ausstellung des Kunst- und Gewerbevereins (gegründet 1889).
Das „Museum Steiner" der Desfour-Stiftung im Ansitz Steinachheim zeigt Werke des Bildhauers Hermann Steiner (1878–1963).
1981 wurde der Burgkeller der sogenannten Landesfürstlichen Burg in einen Ausstellungssaal umfunktioniert.
1988 Eröffnung des „Kleinen Museums für Kleid und Tand aus hundert Jahren", Frauenmuseum im ehemaligen „Café Rosengarten" unter den Lauben.
Die Errichtung eines Landesmuseums für Tourismus, verbunden mit einem botanischen Garten, in Schloß Trautmannsdorff/Obermais ist seit 1995 in Vorbereitung.

P. A., Das Meraner städtische Museum. In: Der Schlern Jg. 7, Bozen 1926, S. 219–221; – J. PRÜNSTER, Das Städtische Museum Meran. In: Ebenda Jg. 48, Bozen 1974, S. 43–48; – W. DUSCHEK, Meraner Museum und Landesfürstliche Burg = Laurin-Kunstführer Nr. 102, Bozen 1983.

STERZING

1 Name

Lat.: Vipitenum (Tabula Peutingeriana), 827/28 Uuipitina, 985/90 Wibitina, 1050/65 Wibitin; 1180 Stercengum, 1215 Sterzinh, 1218 und 1230 Sterzingen, 1248 Stercenge, 1249 Stercingo, 1297 Sterzingen, 1308 Sterzingn, 1332 Sterzing. – Amtlich 1923 Vipiteno/Sterzing, 1940 Vipiteno. Seit 1946/48 de facto Vipiteno/Sterzing.

E. KÜHEBACHER, Die Ortsnamen Südtirols und ihre Geschichte. Bd. 1, Bozen 1991, S. 449.
A. SPARBER, Die Quartinus-Urkunde von 827/28. In: Schlern – Schriften Bd. 12, Innsbruck 1927, S. 176–185.

2 Lage

a) Örtliche Lage

Sterzing liegt in 948 m Seehöhe (46 Grad, 54' nördl. Breite, 11 Grad, 26' östl. Länge von Gr.) in einer ausgeprägten, beckenartigen Weitung des von Norden bzw. vom Brennerpaß her vom Eisack durchflossenen südlichen Teils des Wipptales, in welches hier von Westen das vom Mareiter Bach durchflossene Ridnaun- und das Jaufental bzw. von Osten her das Pfitschertal einmünden, wobei die älteren Siedlungskerne der Stadt vor allem auf dem Eisack-Schwemmkegel unterhalb der Talstufe von Gossensass, rechts des Flusses sowie am rechten Talhang (Tschöfs und Thuins) liegen. Allein der Weiler Ried liegt links des Eisack, ebenso wie der Bahnhof Sterzing, der sich auf Gemeindegrund von Pfitsch/Wiesen befindet. Die Fraktion Unterackern endlich befindet sich am Talboden des äußersten Ridnauntales links des Mareiter Baches.

Der stark versumpfte Talboden südlich von Sterzing, das „Sterzinger Moos", wurde 1875/77 weitgehend melioriert.

b) Verkehrslage, zentrale Funktion

Der Ort verdankt seine Entstehung und Entwicklung der Lage an der uralten Brennerstraße, in die hier von Südwesten der ebenfalls sehr alte Saumweg bzw. die heutige Straße vom Passeiertal über den Jaufenpaß, aber auch jene vom Sarntal über das Penserjoch einmündet. Sterzing gilt als der geographische Mittelpunkt des alten Landes Tirol und ist Sitz eines Bezirksgerichtes (Prätur), Grundbuchamtes, des Bezirkskrankenhauses, einer Mittelschule und eines Oberschulzentrums mit einer Lehranstalt für kaufmännische Berufe sowie mit einem Real- und einem (italienischen) Humanistischen Gymnasium. Seit 1950 ist Sterzing auch Sitz eines katholischen Dekanates und seit 1979 Sitz der Bezirksgemeinschaft Wipptal, der die Gemeinden Sterzing, Brenner, Wiesen/Pfitsch, Ratschings, Freienfeld und Franzensfeste angehören.

Sterzing

Stadtansicht von Sterzing gegen Norden, Abschnitt einer Panorama-Darstellung des Sterzinger Beckens in der ehemaligen Deutschordenskommende Sterzing (heute Stadtmuseum). Im Detail erkennbar sind von links nach rechts: die St.-Margareten-Kirche, das Kapuzinerkloster, der Ansitz Jöchelsthurn mit dem Kirchlein zu St. Peter und Paul, der Zwölferturm, links und rechts davon die Giebelreiter des alten Stadtspitals, darüber St. Peter in Tschöfs, im Vordergrund links der Ansitz Wildenburg und das ehemalige Jaufentor. Fresko von Josef Anton Baumann, um 1740. Foto: F. H. Hye

Römischer Grabstein, heute in der Sterzinger Pfarrkirche. Laut der darunter beigefügten zeitgenössischen Inschrift wurde der Stein 1497 beim Aushub des Baugrundes für das Langhaus dieser Kirche gefunden: Hinweis einerseits auf die antik-römische Nekropole am Ortsrand der römischen Straßenstation VIPITENUM und andererseits auf die Kultkontinuität von dieser Nekropole zur christlichen Kirche. Foto: M. Hye-Weinhart

◀ ◀

Römischer Meilenstein des Kaisers Septimius Severus von 201, gefunden 1979 „unweit des Zwölferturmes ... nahe der Schwalbenegg-Gasse", Zeuge der weitgehenden Identität des Verlaufes der VIA CLAUDIA AUGUSTA mit der heutigen Neustadt. Foto: F. H. Hye

◀

Das Rathaus von Sterzing, das schönste Rathaus Tirols, entstand durch den Umbau eines 1468 von der Stadtgemeinde angekauften Bürgerhauses. Der Ratssaal mit dem markanten Eckerker ist (von links nach rechts) mit den Wappen der Gerichtsherrschaft Freundsberg, dem Tiroler Landeswappen, dem Doppeladler-Wappen des damaligen Landesfürsten Kaiser Karls V. und mit dem Stadtwappen geschmückt (1524). Der Eckerker erhebt sich unmittelbar über dem Laubengang, dessen Entstehung bzw. Vorbau in die Straßenfläche dadurch in den Zeitraum der Errichtung des Rathauses um 1468/1524 datiert wird.

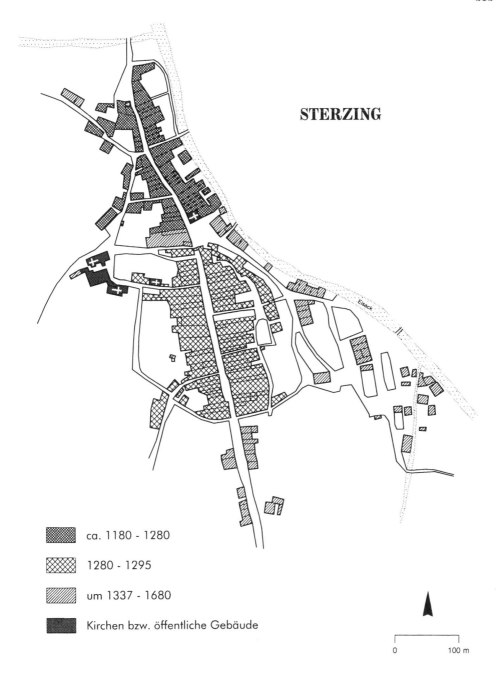

3 Vorstädtische Siedlung

a, b) Prähistorische Funde – Römische und Frühgeschichtliche Siedlung

An den Talhängen rund um Sterzing befinden sich mehrere vorgeschichtliche Siedlungsplätze. Deren bedeutendster ist der Kronbühel oder „Custozza-Hügel" am Südabhang des Roßkopfes rund 30 m über dem Talboden mit mehreren Gräberfunden vom Ende der Latènezeit bis zur Völkerwanderungszeit.

An die römische Straßenstation „VIPITENUM", welche sowohl im „Itinerarium Antonini" als auch in der „Tabula Peutingeriana" genannt wird, erinnern einerseits der 1497 beim Grundaushub für den Neubau des Langhauses der Sterzinger Pfarrkirche – unweit vom Fuße des vorgenannten Kronbühel – gefundene römische Grabstein, den eine gewisse POSTVMIA VICTORINA sich selbst und ihrem Schwiegersohn CLAVDIO RAETICIANO setzen ließ, und andererseits ein 1979 „unweit des Zwölferturms, also mitten in Sterzing nahe der Schwalbenegg-Gasse" unter Bauschutt entdeckter römischer Meilenstein des Kaisers Septimius Severus von 201, während ein ebenso wie dieser heute im Rathaushof aufgestelltes Mithraeum – seit 2000 in Kopie – nicht in Sterzing, sondern 1589 südlich davon in Mauls gefunden worden ist.

F. WIESER, Gräberfund bei Sterzing (beim ehemaligen Zoll-Wirtshaus am alten Jaufenwege). In: Mittheilungen der Anthropologischen Gesellschaft in Wien, Wien 1884; G. INNEREBNER, Ur- und Frühzeit im Sterzinger Becken. In: Sterzinger Heimatbuch = Schlern-Schriften Bd. 232, Innsbruck 1965, S. 13–25. H. MENARA, Sterzing und Umgebung = Südtiroler Gebietsführer 38, Bozen 1983, S. 38 f u. 93.

c) Dorf- und Marktsiedlung

Während der erste Siedlungskern, das römische VIPITENUM bzw. die 827/28 genannten „castrum et villa WIPITINA" im Ortsteil Vill nahe der Pfarrkirche, im Süden des Gemeindegebietes anzunehmen sind, wählten die bayerischen Siedler für ihr Straßendorf Sterzing (1180 Stercengum) den obersten bzw. nördlichsten Bereich der Katastralgemeinde an der Brennerstraße. Bei diesem zweiten, vorstädtischen Siedlungskern handelt es sich um die heutige „Altstadt", wobei besonders hervorzuheben ist, daß diese Dorfgemeinde Sterzing auch den Ortsteil Vill mit der Pfarrkirche bzw. das gesamte Territorium der heutigen Katastralgemeinde Sterzing umfaßt hat und nach der Gründung der Stadt, die den Namen des Mutter-Dorfes übernommen hat, mit dieser vereinigt worden ist.

4 Stadtherr, Stadtwerdung oder Stadterhebung

a) Stadtherr, Ortsobrigkeit

In der 1027 von Kaiser Konrad II. den Bischöfen von Brixen verliehenen Grafschaft Norital (mittleres Inn- sowie Wipp- und Eisacktal bis zum Thinnebach) gelegen, unterstand Sterzing dem jeweiligen Inhaber dieser fürstbischöflichen Lehensherrschaft. Als solche fungierten bis 1166 die Grafen von Morit, von ca. 1166/70 bis 1248 die Grafen von Andechs sowie 1248/53 Graf Albert III. von Tirol, durch dessen ältere Tochter Elisabeth die Grafschaft südwärts bis zur Ladritscher Brücke (bei Franzensfeste) zunächst an den fränkischen Grafen Gebhard von Hirschberg und 1263 an die gräflichen Brüder Meinhard II. und Albert III. von Görz-Tirol gelangte. Seit dem Teilungsvertrag von 1271 hatte ersterer, seither Graf von Tirol und Görz, diese Grafschaft allein inne. Er war es dann, der im Zuge seiner den Einfluß des Brixner Fürstbischofs zurückdrängenden Politik um 1280 südlich anschließend an die Dorfsiedlung Sterzing die Stadt gleichen Namens, die heutige sogenannte „Neustadt" angefügt und der neuen Stadtgemeinde das gesamte Territorium der älteren Dorfgemeinde im Ausmaß der späteren Katastralgemeinde Sterzing übertragen hat. Fortan war Sterzing eine Stadt der Tiroler Landesfürsten bzw. von 1804 bis 1918 des Kaisertums Österreich. Seit 1919 gehört Sterzing zu Italien, bildete jedoch 1943/45 einen Teil der nationalsozialistischen deutschen Operationszone Alpenvorland.

b) Erwähnung als bürgerliche Siedlung

1280 „custos muri" bzw. „defectum (stiure) in ortis et agris in Sterzinga ex valle muri", 1288 „in der alten stat", 1293 „civitas in Wiptal", 1291/96 „pro tribus portis civitatis Sterzinge", 1296 „in muro civitatis" bzw. „stiura civitatis", 1304 „cives ... in burgo Sterzinge" bzw. „opidum ... Sterzing", 1328 „antiqua civitas".

F. HUTER, Vom Werden und Wesen Sterzings im Mittelalter. In: Sterzinger Heimatbuch = Schlern-Schriften 232, Innsbruck 1965, S. 50 ff. – Ch. HAIDACHER, Die älteren Tiroler Rechnungsbücher. Analyse und Edition = Tiroler Geschichtsquellen, hg. v. Tiroler Landesarchiv, Nr. 40, Innsbruck 1998, S. 210 u. 395.

c) Stadtcharakter, Privilegien der Stadt

Der Landesfürst von Tirol, Herzog Otto von Kärnten-Tirol, der älteste Sohn Meinhards II. von Tirol-Görz, und sein jüngerer Bruder, Herzog Ludwig, verleihen im Jahre 1304 im eigenen und im Namen ihres Bruders Herzog Heinrich den Bürgern ihrer Stadt Sterzing für den Bereich zwischen dem Brenner und Mittewald im Wipptal sowie bis hinauf zum Jaufenpaß ein exklusives Gastungsmonopol, welches 1333 durch ein Ausschankmonopol erweitert wurde.

Vgl. die Edition „Der stat Stertzinngen stattpuch. Der brief laut bestatung und freyhait aller brief, die die purger von Sterzing haben von fürsten und fürstin." In: Der Geschichtsfreund, Brixen Jg. 1866, S. 321–384. – K. SCHADELBAUER, Sterzing bis zum Jahre 1363. In: Der Schlern Jg. 37, Bozen 1963, S. 291–296. – F. H. HYE, Städtepolitik in Tirol unter Meinhard II. und seinen Nachfolgern (bis 1363). In: Eines Fürsten Traum. Meinhard II. – Das Werden Tirols = Katalog der Tiroler Landesausstellung 1995, S. 274–282.

5 Die Stadt als Siedlung

a) Anlage und Entwicklung der Siedlung

Die ursprüngliche meinhardinische Stadtsiedlung bzw. der eigentliche Stadtkern von Sterzing besteht aus der sogenannten „*Neustadt*" oder „niedern Stadt" (1356), welche von einer noch teilweise erkennbaren Ringmauer umgeben war, während die übrigen Stadtteile nie von einer solchen umfriedet waren. Es kann übrigens als sicher gelten, daß sich der alte Turm des Ansitzes Jöchelsthurn ursprünglich im Verband der Stadtmauer befand und sich die St. Margaretenkirche anfangs außerhalb derselben erhoben hat. Die Stadtmauer wies anfangs zumindest drei um 1291/96 genannte, später fünf unterschiedlich große Stadttore auf, von denen das gegen Norden führende Tor unter dem Zwölferturm sowie das kleine Hungerhauser- oder Pfitschertörl noch erhalten sind. Das gegen Süden führende Untere- oder Brixner Tor am Südende der Neustadt wurde ebenso wie das Telfer- oder St. Margareten- und das Jaufentor, welche auf einer Stadtansicht von ca. 1608 im Stadtmuseum noch vollzählig dargestellt erscheinen, vor 1858 abgetragen. Eine Fresko-Stadtansicht von ca. 1740 in der Deutschordenskommende hingegen zeigt nur das Jaufentor und die Südseite des Zwölferturmes. Wie die sehr schmalen Gassen bzw. Zugänge von der Nord-Süd-orientierten Hauptstraße zum Pfitscher-, bzw. zum ehemaligen Jaufen- und St. Margaretentor noch heute erkennen lassen, waren diese Tore bzw. Gassen – im Gegensatz zum Zwölferturm und Brixner Tor – vorwiegend für den Fußgänger- und Säumer-, wohl kaum aber für einen intensiven Fuhrwerksverkehr geeignet.

Beiderseits der Hauptstraße erhebt sich in geschlossener Bauweise je eine Häuserzeile, die nur an der Ostseite durch die Rathausgasse unterbrochen wird, während die übrigen Nebengassen (vgl. oben) überbaut sind und in der Gestalt von Durchgängen in die Hauptstraße einmünden. Die Häuserzeilen sind in straßenseitig schmale, nach rückwärts langgestreckte Parzellen gegliedert, wobei sich an die verbaute Fläche ein kleiner Hausgarten anschließt. Vorder- und Hintergebäude sind meist durch einen Lichthof unterbrochen, gelegentlich begegnen auch zwei Lichthöfe. Während die Verbauung der Hintergärten ostseitig bereits im 16. Jh. begonnen hat, nahm sie westseitig erst in jüngster Zeit zu. Charakteristisch für das Erscheinungsbild der Neustadt sind die stattlichen, meist im 15./16. Jh. entstandenen Hausfassaden, deren Oberteil als Blendmauer den Hausgiebeln und Grabendächern vorgesetzt und mit zahlreichen Erkern geziert ist. Überdies wurden damals die drei südlichsten Häuser an der Westseite sowie 14 Häuser an der Ostseite, von der Rathausgasse südwärts, durch malerische Laubenvorbauten ebenso in die Straße hinein erweitert, wie dies in Innsbruck, Brixen und anderen Tiroler Städten zu beobachten ist. Ebenso wie dort wurden die Laubenhäuser auch in Sterzing als „unter den Gewölben" (1477, 1545) bezeichnet.

Im Gegensatz zur Neustadt war die Sterzinger „*Altstadt*", das ursprüngliche Straßendorf nördlich oberhalb des Zwölferturmes, nie von einer Ringmauer umgeben, wies jedoch nahe der nordseitigen Burgfriedensgrenze in Gestalt des Brenner- oder Bergtores (in der Literatur irrig auch als Burgtor bezeichnet) eine Straßensperre sowie einen mittelalterlichen Wohnturm auf. Auch hier erfolgte die Verbauung in der Gestalt von geschlossenen Häuserzeilen, die jedoch durch eine ostseitige und zwei westseitige Nebengassen unterbrochen sind. Die Haus- und Gartenparzellen sind hier allerdings in dem talaufwärts enger werdenden Zwickel zwischen dem westlichen Talhang und dem Eisack wesentlich kürzer als in der Neustadt. Auch Laubenvorbauten werden hier nicht angetroffen. Einen Fremdkörper im Ensemble der Altstadt bildet der Neubau der Athesia-Buchhandlung von 1985.

Besonders hervorzuheben ist der heutige (obere) *Stadtplatz*, der dadurch entstanden ist, daß man bei der Schaffung der Neustadt zwischen dieser und der Altstadt – vermutlich aus defensiv-strategischen Gründen – einen Freiraum offen ließ, der in der Folge nur an der Westseite entlang der Häuserlinie von Alt- und Neustadt verbaut, an der Ostseite aber durch Zurücksetzung der dortigen Häuserlinie (einschließlich des Ballhauses) bewußt als Platz gestaltet worden ist. Weitgehend derselbe Vorgang ist auch bei anderen Tiroler Städten zu beobachten.

Südwärtige Vorstädte haben sich bis zur Mitte des 19. Jh. nur ansatzweise an der Jaufen- oder Hochstraße und vor allem an der in Richtung Brixen führenden alten Landstraße bzw. heutigen Gänsbacher-Straße entwickelt (vgl. dazu unten § 8 e, S. 327). Ähnliches gilt auch von der Umgebung des westseitig vom Eisack abgezweigten *Mühlbachs*, an dem naturgemäß eine kleine Gewerbezone, u. a. mit einer Gerberei, entstanden ist. Das südöstlich daran anschließende Gebiet erhielt nach der dortigen Rotgerberei den Flurnamen „Garberanger". Der genannte Mühlbach durchquerte in seinem Unterlauf noch die Deutschordenskommende, speiste mit seiner Enegie noch die südlich davon gelegene Deutschhaus- oder Moos-Mühle (urkundlich 1337) und mündete schließlich in den Mareiter Bach ein.

Einen weiteren alten Siedlungskern am Talboden bildet die Pfarrkirche mit der ehemaligen Deutschordenskommende und dem Pfarrhaus *„in der Vill"* (vgl. oben § 3 a, b, S. 314). Daran schließt sich südwärts im Zwickel zwischen dem Mareiter- oder Ridnaunbach und dem Eisack das Feuchtgebiet von Muhranger und Stadtmoos an, während sich die bekannte Bezeichnung „Sterzinger Moos" vor allem auf das einstige Feuchtgebiet südlich des Mareiter Baches und damit südlich der Stadtgrenze bezieht.

An einem alten Verbindungsweg vom Jaufenweg über die westseitige Berglehne in Richtung Gossensass liegen die nach Sterzing eingemeindeten Dörfer bzw. Katastralgemeinden *Thuins* und *Tschöfs*, die urkundlich bereits seit 827/28 nachweisbar sind.

An dem zwischen diesen beiden ehemaligen Dörfern herabfließenden Vallerbach befanden sich nachweisbar seit 1332 bzw. 1382 zwei landesfürstliche Lehens-Mühlen.

Ihrem Ortsnamen nach eine bayerische Siedlung ist hingegen die Katastralgemeinde *Ried* jenseits von Tschöfs, links des Eisack, in deren Bereich sich die Höhenburg Straßberg befindet.

Die *jüngere Siedlungsentwicklung* bezieht sich hinsichtlich des Wohnbaues vor allem auf die Vill (seit 1976) sowie auf das Areal zwischen Thuins und der Neustadt, während am Garberanger zwischen dem Eisack und der Staatsstraße eine Sportzone und in den übrigen Freiräumen, insbesondere am Talboden des äußersten Ridnauntales mit der Fraktion Unterackern, Gewerbezonen entstanden sind.

Als *historisch gewachsene Besonderheit* von Sterzing ist der Umstand hervorzuheben, daß sich infolge des relativ beengten Raumes rechts des Eisack einige Einrichtungen der Bürgerschaft schon immer links des Flusses im Gemeindegebiet von Pfitsch/Wiesen befunden haben. In der Vergangenheit galt dies vor allem für einen links vom Eisack abzweigenden zweiten Mühlkanal und seine drei Mühlen. Heute gilt dies sowohl vom Bahnhof als auch von einem großen Kaufhaus.

C. FISCHNALER, Sterzing am Ausgang des Mittelalters. Mit einer Stadtplan-Skizze. In: Festschrift für Emil v. Ottenthal = Schlern-Schriften Bd. 9, Innsbruck 1925, S. 104–143; F. H. HYE, Tiroler Städte an Etsch und Eisack = Exkursionen des Österr. Arbeitskreises für Stadtgeschichtsforschung 9, Linz 1982, S. 50–54; – DERSELBE, Sterzing. Stadt an der Brennerstraße – Stätte historischer Gastlichkeit. In: Der Schlern Jg. 71, Bozen 1997, S. 267–274.

b) Gebäude

Sakralbauten in der Katastralgemeinde Sterzing

Marien-Pfarrkirche: urkundlich genannt 1233 als „ecclesia sancte Marie in Wiptal" bzw. 1241 und 1254 als „apud Sterzingen iuxta parriochialem (!) ecclesiam sancte Marie in Wiptal", – der Chor des bestehenden Baues wurde 1417/51, das Langhaus

1496–1525 erbaut. Den Grundstein für letzteres legte 1497 ein persönlicher Vertreter des nachmaligen Kaisers Maximilian I. (vgl. Wappenrelief und Inschrift über dem Südportal!). Beim betreffenden Grundaushub 1496 wurde u. a. ein römischer Grabstein gefunden (vgl. oben § 3 a, b). Vom berühmten ehemaligen Flügelaltar Hanns Mueltschers von 1456/58 befinden sich heute nur noch einzelne Figuren in der Kirche, die sogenannten „Mueltscher Tafeln" (Flügel) u. a. im Stadtmuseum. Der obere Teil des Glockenturms fiel 1566 einem Brand zum Opfer und erhielt in der Folge den heutigen barocken Helm.

Ehemalige Totenkapelle Allerheiligen „auf dem gepain" oder Gottleichnamskapelle am Friedhof nördlich der Pfarrkirche: bürgerliche Stiftung von ca. 1384/95, abgebrochen um 1850.

Ehemalige Deutschordens-Kommende: Urkundlich 1234 genannt und 1241 vom Edlen Hugo von Taufers und seiner Gattin Adelhaid als hl.-Geist-Hospiz erneuert, hat Letztere diese Stiftung nach dem Tode ihres Gatten 1254 an den Deutschen Orden übergeben. Spätestens seit 1263 war dem Deutschordenshospiz bzw. der späteren Kommende auch die Pfarre Sterzing inkorporiert. An der Stelle der 1566 abgebrannten hl.-Geist-Kirche des Hospizes wurde endlich 1729/33 die bestehende oktogonale *St.-Elisabeth-Kirche* erbaut. Im westseitigen Komplex der Kommende aufgegangen bzw. enthalten ist der 1376 von den Herren von Rottenburg dem Deutschen Orden geschenkte sogenannte Freienthurm. Die 1809 im Zuge der von Napoleon in den Ländern des Rheinbundes verfügten Auflösung des Deutschen Ordens aufgelassene Kommende gelangte zunächst an die Grafen Thurn und Taxis und von diesen 1884 an die Stadtgemeinde Sterzing, die darin bis 1977 ein Krankenhaus betrieb; heute städtische Musikschule und Stadtmuseum.

Ehemalige St. Johanneskirche beim alten Stadtspital am Vallerbach zuoberst der Altstadt: errichtet vermutlich um 1300, profaniert 1859, fungierte zuletzt als Zunftkirche für die Schmiede und Schlosser.

Hl.-Geist-Kirche des ehemaligen (zweiten) Stadtspitals an der Nordseite des Stadtplatzes: errichtet 1399/1400.

St. Margaretenkirche an der Nordwestecke der Neustadt, an der Frundsbergstraße: urkundliche Erstnennung 1337, heutiger Bau von 1678/80.

Kapuzinerkloster mit St. Magdalenakirche ebenda: errichtet 1630.

St.-Peter-und-Paul-Kirche beim Ansitz Jöchlsturm (siehe dort!).

Hl. Kreuzkirchlein an der Wegscheid am unteren Ende der Gänsbacherstraße: errichtet 1692/93.

Sakralbauten in den Katastralgemeinden Thuins, Tschöfs und Ried

St. Jakobs-Kirche, Katastralgemeinde Thuins: erbaut 1511.
St.-Peter- und-Pauls-Kirche, Katastralgemeinde Tschöfs: urkundlich 1348.
St.-Stefans-Kirche, Katastralgemeinde Ried: urkundlich 1492.

Profanbauten in der Katastralgemeinde Sterzing

Zwölferturm, Oberes Tor oder Stadtturm: Im Zuge der Stadtgründung von Sterzing errichtet, bildete das Obere Tor zweifellos eines der drei bereits um 1291/96 genannten Stadttore. Der bestehende Torturm wurde 1468/74 erbaut, seinen gemauerten Treppengiebel an der Stelle eines Spitzhelmes erhielt er nach einem Brand 1867. Im Turm befanden sich das städtische Gefängnis sowie die Ratsglocke, die u. a. den später 12-gliedrigen Stadtrat zu seinen Sitzungen rief – daher der Name „Zwölferturm". Eine höchst bedeutsame marmorne Gedenktafel von 1478 erinnert an die Grundsteinlegung durch Herzog bzw. Erzherzog Sigmund den Münzreichen von Österreich-Tirol und enthält dessen – an Kaiser Friedrich III. (a e i o u) erinnernde – Devise „an ent (ist Österreich)", wobei letzteres durch die Wappenschilde von Österreich und Tirol ausgedrückt erscheint.

Rathaus und Vigil-Raber-Saal an der Ecke Neustadt/Rathausgasse: adaptiert aus einem 1468 vom Stadtrat angekauften Bürgerhaus, vollendet durch den Bau des Eckerkers 1524, dessen Felder mit den Wappenreliefs der Freundsberger Gerichtsinhaber, Erzherzog Ferdinands I., Kaiser Karls V. und des Stadtwappens geziert sind. Schönstes Rathaus ganz Tirols, noch heute in Verwendung. Im Parterre des Vorderhauses befand sich die Brotbank, im Hinterhaus unter dem Tanzsaal (und dem Kornkasten) die Fleischbank. Der genannte Saal wurde 1960/78 restauriert, umbenannt (zu Vigil Raber vgl. S. 322) und dient seither als Mehrzwecksaal.

Ansitz Jöchelsthurn oder Jöchelsturm: Den Kern dieses adeligen Ansitzes bildet der ursprüngliche nordwestliche Eckturm der Stadtmauer, welcher um 1400 in den Besitz der aus Stegen/Bruneck stammenden und 1496 nobilitierten Jöchl gelangte. Nach 1536 folgten andere Adelsfamilien, 1836–1983 waren hier das Bezirksgericht und das Steueramt eingemietet; seit 1990 befindet sich hier das Südtiroler Landesbergbaumuseum. Bei dem um 1470/74 ostseitig angebauten, zugehörigen St.-Peter- und Pauls-Kirchlein bestand eine eigene Kaplanatsstiftung.

Streun-, Strain- oder Gstreinturm, Frundsbergstraße Nr. 21: mittelalterlicher Wohnturm an der südseitigen Ecke Streunturmgasse/Frundsbergstraße an der Westseite der Altstadt; baulich stark verändert, heute im Komplex der Kaufmännischen Berufsschule.

Fuchsturm, Frundsbergstraße Nr. 2: ehemaliger Wohnturm im Verband der ehemaligen Stadtmauer östlich neben dem Jaufentor.

Ehemaliges Bergrichterhaus, Neustadt Nr. 159: mit typischer „Erzstufe" über dem Portal, wurde 1533 im Auftrag König Ferdinands I. zu diesem Zwecke angekauft.

Ehemaliges Fugger- bzw. k. k. Bergwerkshandelshaus, Neustadt Nr. 24: ebenfalls mit „Erzstufe" über dem Portal, nach anderen Gewerkenfamilien (Stöckl, Manlich, Dreiling) im 17. Jh. im Besitz der Fugger, dann des Ärars bis 1802, heute Kolpinghaus.

Ehemaliges Land- und Stadtgerichtshaus, Neustadt Nr. 28: zu diesem Zwecke 1589 durch die Söhne Erzherzog Ferdinands II., Kardinal Andreas und Karl von Burgau, als Pfandinhaber des Landgerichtes Sterzing-Straßberg (vgl. unten) angekauft, diente später als Schulhaus.

Ansitz Grünburg, Gänsbacherstraße Nr. 11: Wohnhaus, privilegiert 1567 für den Postmeister von Sterzing, Hans Prugger.

Ansitz Wildenburg, Hochstraße Nr. 2–4: dreiteiliges Gebäude, von außen her neben dem Jaufentor an die Stadtmauer angebaut und 1672 für Johann Wild, Pfleger zu Reifen- und Sprechenstein (Burgen südwestlich und südöstlich von Sterzing), zum adeligen Ansitz „Wildenburg" erhoben.

Profanbauten in den Katastralgemeinden Thuins, Ried und Pfitsch-Wiesen

Ansitz Löwenegg, Katastralgemeinde Thuins, Wohnturm, heute oberhalb der Autobahn: erbaut im 17. Jh., Prädikat für mehrere Besitzerfamilien, seit 1979 in städtischem Besitz.

Burg Straßberg, Katastralgemeinde Ried, auf einem Hügel oberhalb der alten Brennerstraße, unweit der nördlichen Gemeindegrenze gegen Gossensass: ursprünglich Sitz des fürstbischöflich-brixnerischen Richters der Herrschaft Straßberg-Sterzing, seit ca. 1280 in landesfürstlichem Besitz, 1363–1576 in der Hand der Herren von Freundsberg als Pfandinhaber der Herrschaft Sterzing-Straßberg, nach 1589 dem Verfall preisgegeben.

Kornkasten beim Pratner, Katastralgemeinde Ried, quadratischer Stumpf eines mittelalterlichen Wohnturmes.

Heidenschaft, links des Eisack, Katastralgemeinde Pfitsch-Wiesen, Mühlgasse Nr. 16: stattlicher, ansitzartiger Bau, im 16. Jh. im Besitz von Gewerken bzw. der Kössentalerischen Bergwerksgesellschaft (seit 1553).

O. R. Dietrich, Die Bauten Sterzings, Borna-Leipzig 1914; – H. Th. Bossert, Der ehemalige Hochaltar in Unserer Lieben Frauen Pfarrkirche zu Sterzing in Tirol, Innsbruck 1914. N. Rasmo, Der Multscher-Altar in Sterzing, Bozen 1963. – E. Egg, Der Kunstraum von Sterzing. In: Sterzinger Heimatbuch (vgl. unten § 19), S. 193–236. – E. Theil, Spitalkirche in Sterzing = Kleiner Laurin-Kunstführer Nr. 15, Bozen 1971; derselbe, Der Multscher-Altar in Sterzing = Ebenda Nr. 18, Bozen 1972; – J. Rampold, Der Ansitz Wildenburg in Sterzing. In: Der Schlern Jg. 60, Bozen 1986, S. 12–20; – St. Elisabeth im Deutschhaus zu Sterzing (mit mehreren Beiträgen) = Messerschmitt Stiftung. Berichte zur Denkmalpflege Bd. V, Innsbruck 1989. – F. H. v. Hye, Auf den Spuren des Deutschen Ordens in Tirol. Eine Bild- und Textdokumentation, Bozen 1991. – Der Jöchlsthurn in Sterzing = Messerschmitt Stiftung, wie vor, Bd. VII., München 1992, mit Beiträgen von E. Kustatscher, A. u. R. Möller und H. Stampfer; – A. K. Eller, Das Flammhaus in Sterzing. In: Der Schlern Jg. 69, Bozen 1995, S. 633–666; – derselbe, Kirche und Spital zum Heiligen Geist in Sterzing. In der Reihe: Kunst und Geschichte in Südtirol, Bozen 1996; – derselbe, Die romanische und frühbarocke Kirche zur hl. Margareth in Sterzing. In: Der Schlern Jg. 72, Bozen 1998, S. 164–168.

c) Brände und Naturkatastrophen

Brände

1296 Altstadt, 1325 detto, 1332 Alt- und Neustadt, 1443 letzter großer Stadtbrand, 1865 sind 16 Häuser, 1867 der Helm des Zwölferturmes abgebrannt, 1889 Großbrand in der Altstadt.

Die Freiwillige Feuerwehr Sterzing, gegründet 1875, hat bereits 1884 eine Hochwasserkatastrophe verhindert. Der Neubau des Feuerwehrgerätehauses am ehemaligen Marktplatz erfolgte 1981/85, die Inbetriebnahme der Wipptaler Funksirenenalarmierung 1986.

Überschwemmungen, Vermurungen

Von Hochwässern des Eisack und besonders des Vallerbaches wurde Sterzing häufig heimgesucht, so z. B. 1391, 1396/97, 1400, 1455, 1474, 1515, 1520, 1546, 1558, 1562, 1582, 1684, 1703, 1728, 1757, 1810, 1829, 1851, 1853, 1857, 1871, 1873, 1874, 1927, 1985; 1986 Rauschergraben-Mur in Unterackern/Ridnauntal, 1987 Überflutung des Sterzinger Milchhofes durch den Mareiter Bach. Weitgehend erhalten ist die mächtige Schutz- bzw. Archenmauer von 1455 entlang des Unterlaufes des Vallerbaches (moderne Wildbachverbauung 1874/83, erneuert 1933). Überdies sind bei manchen Häusern der Neustadt bzw. vor den betreffenden Hauseingängen noch jene Vorkehrungen existent, in die bei Hochwasser- oder Murengefahr Schutzbretter eingeschoben werden konnten. Dank der kurz zuvor erfolgten Eisack-Regulierung blieb Sterzing von der Hochwasserkatastrophe von 1882 verschont.

d) Zerstörungen im Zweiten Weltkrieg

Wiewohl sich in der südöstlichen Nachbarschaft von Sterzing am Talboden von Freienfeld ein 1943/45 heftig bombardierter Verschiebebahnhof befand, wurde Sterzing selbst glücklicherweise nicht getroffen.

6 Bevölkerung

a) Herkunft und soziale Gliederung

Die Ergänzung der Stadtbevölkerung dürfte in der Hauptsache einerseits aus der näheren Umgebung und andererseits vor allem von anderen Städten und Märkten an der Brennerstraße bzw. am sogenannten „Unteren Weg" erfolgt sein. Dazu kam im 16./17. Jh. Zuzug aus anderen Bergwerksorten.

b) Seuchen

Sogenannte Pest-Epidemie 1534, ebenso 1611/12, jedoch vorwiegend in der Umgebung von Sterzing, in Gossensass und im Ridnauntal; Blattern-Epidemie 1873, ebenfalls besonders in der Umgebung der Stadt.

B. SCHRETTER, Die Pest in Tirol 1611–1612 = Veröff. d. Innsbrucker Stadtarchivs NF Bd. 12/13, Innsbruck 1982.

c) Bevölkerungsverzeichnisse, Kirchenmatriken

Pfarrmatriken: Taufbücher ab 1578, Heiratsbücher ab 1659, Sterbebücher ab 1593.

d) Bedeutende Familien und Geschlechter

Von den ältesten Sterzinger Familien sind – nach F. Huter – namentlich die Claviger (Clavier, Glavier, Glafinger), die Strewn (Straun) und die Stummelpekk zu nennen. Im Verzeichnis der Bürgermeister von Sterzing 1446–1607 und der Kirchpröpste von Sterzing 1445–1500, weiters in der Sterzinger Steuerrolle von 1474 sowie im Sterzinger Steuerkataster von 1540 scheinen folgende hausbesitzende Familien auf: Aichorn, Aigner, Alpershover, Altweger, Amaspeer, Am Berg, Am Pichl, Anczinger (Anzinger), Artzperger (Arzberger), Axeyder, Pachler (Bachler), Passeirer, Paumann, Peck, Perger (Berger), Perwanger, Pitt, Pirpamer (Birnbaumer), Plattner, Ploss, Plunseisen, Popp, Pockh, Pölsterl, Prackh, Prantlsperger, Prenner, Pritschwitz, Probauch (Protpauch), Probst, Prugger, Pühler (Pichler), Puechrainer, Kalser, Kandler, Karner, Kastner, Kaufmann, Kelderer (Kölderer), Kessler (Kössler), Khleblsperger (Klebelsberg), Kober, Köchl, Kofler, Kramer, Kümberl, Kürsner, Tantzl (Tänzl), Terrer, Dinglfinger, Tyschler (Tischler), Tobhackhl, Treibenraiff, Eppaner, Fasele, Feirabent, Fesmair, Feursinger,

Viertl, Flamm (Flam), Vogt, Voglmair, Freyberger, Freitag, Freidenstain, Frumher, Gail, Gantian, Geizkofler, Gerber, Gering, Gerstenagker, Gfeller, Glancz, Gotshilf (Gotzhilf), Gogl, Goldwurm, Gräfinger, Gramshammer, Grebmer, Grimm, Griesstetter, Gschwenter, Gurr, Gürtler, Haberle, Hagl, Haid, Haimbuecher, Hainpucher, Halbegg, Hetzger, Hewsl, Hofwirt, Hofwiser, Hueber, Ylmair, Jobst, Jöchl, Laimbrucher, Laiminger, Lechner, Liebl, Linnder, Luenczner, Mair (Mayr), Medlhaimer, Meisl, Menndler (Mandler), Mesner, Messersmid, Michaeler, Minner, Mor, Mössing (Messing), Murauer, Neinner (Neuner), Nesslinger, Ortner, Ostermann (Östermann), Ratzenberger, Rantl, Rauch, Reiner, Reinisch, Reisinger, Reisländer, Riepper, Riederer, Ris (Rys, Riss), Röck, Rot, Rupfl, Saltzmair, Salfenauer, Schafftnauer, Schaitter, Scheiterer, Schmid, Schmidsteter, Schuester, Schwarz, Schwingenhammer (Swingenhamer), Stainegger, Stainfelder, Staudinger, Stöberl (Stöberle), Stöckl, Störzlin, Strasser, Streichswol, Selauer (Sellawer), Sichling, Soiter, Sojer (Soyer), Walch, Walcher (Walher), Waldner, Weger, Weigele, Weinzirl, Werndle, Wideman, Wild, Windisch, Wiz, Wohlgeschaffen (Wolgschaffen), Zetl, Zimermann, Zinner, Zisck (Zischg). – Weitere bedeutende Sterzinger Familien: von Enzenberg, von Sternbach.

A. THALER, Die Geizkofler von Sterzing. Eine Zeit- und Familiengeschichte (15.–18. Jh.). In: Der Schlern Jg. 4, Bozen 1923, S. 215–220; – C. FISCHNALER, Sterzing am Ausgang des Mittelalters. In: Schlern-Schriften 9, Innsbruck 1925, S. 104–143; – E. AUCKENTHALER, Aus der Welt der Sterzinger Familiennamen im 16. Jahrhundert. In: Der Schlern Jg. 10, Bozen 1929, S. 103–108; – DERSELBE, Hof- und Ortsnamen des Landgerichts Sterzing als Grundlage von Familiennamen. In: Festschrift für Konrad Fischnaler = Schlern-Schriften 30, Innsbruck 1935, S. 1–20; – A. v. PERSA, Das Geschlecht derer von Klebelsberg zu Thumburg = Schlern-Schriften Bd. 35, Innsbruck 1937; – K. SCHADELBAUER, Sterzing im 15. Jh. = Schlern-Schriften Bd. 220, Innsbruck 1962, S. 25 f.; F. HUTER, Vom Werden und Wesen Sterzings im Mittelalter. In: Sterzinger Heimatbuch = Schlern-Schriften 232, Innsbruck 1965, S. 33–94; – K. F. ZANI, Die Sterzinger Steuerrolle vom Jahre 1474. In: Ebenda Jg. 55, Bozen 1981, S. 618–625. R. PERGER, Dr. Hans Kaufmann aus Sterzing, Bürgermeister von Wien im Jahre 1515 (und seine Familie). In: Forschungen und Beiträge zur Wiener Stadtgeschichte, hg. v. Verein f. Gesch. d. Stadt Wien, Bd. 9, 1981, S. 89–113.

e) Bedeutende Personen

Persönlichkeiten des öffentlichen Lebens

Michael Gaismair, revolutionärer Bauernführer (ermordet 1532 bei Padua); – Hans Kaufmann, Bürgermeister von Wien 1515; – Johann Kofler, Mag. pharm., Stadtapotheker, Bürgermeister, Landtagsabgeordneter, maßgeblich bei der Entsumpfung und Regulierung des Sterzinger Mooses, 1904 Ehrenbürger von Sterzing (gest. 1906).

Geistliche Würdenträger

Paulin Mayr, Fürstbischof von Brixen (1628 Sterzing – 1685 Brixen); – P. Johann Ev. Rassler (gest. 1722 Sterzing), Rektor des Jesuitenkollegiums in Innsbruck.

Persönlichkeiten der älteren Geistesgeschichte

Vigil Raber (um 1480 Sterzing – 1552 Sterzing), Literat und Sammler von Texten religiöser und weltlicher Volksschauspiele (Sterzinger Spiele, Wappenbuch der Bruderschaft von St. Christoph am Arlberg); – Lukas Geizkofler (1550 Sterzing – 1620 Sterzing), Jurist, Verfasser einer berühmten Autobiographie; – Michael Schütz, genannt Toxites (um 1515 Sterzing – 1581), Humanist, Arzt, Alchemist; – Sigmund Ris (Ries, Riss) (1431 Sterzing – 1532, Grabstein in Flaurling), Hofkaplan, Humanist und Pfarrer von Flaurling, wo sich im Pfarrhaus seine Bibliothek befand.

Wissenschafter, Forscher, Historiker etc.

Eduard Amthor (1820 Themar – 1884 Sterzing), Alpin-Topograph; – Karl Domanig (1851 Sterzing – 1913 Eppan), Direktor des Münzkabinettes des Kunsthistorischen Museums in Wien, Literat und Ehrenbürger 1911; – Sigmund Epp (um 1650 Sterzing – 1705 Innsbruck), Weltpriester und Theologe, Rektor der Universität Innsbruck; – Conrad Fischnaler (1855 Sterzing – 1941 Innsbruck), Historiker und Ehrenbürger 1893; – Josef Hirn (1848 Sterzing – 1917 Bregenz), Historiker und Univ.-Prof. in Innsbruck und Wien; – Ludwig Rapp (1828 Sterzing – 1910 Sterzing), Weltpriester und Kirchenhistoriker.

Komponisten

Johann Baptist Gänsbacher (1778 Sterzing – 1844 Wien), Domkapellmeister zu St. Stefan in Wien; – Josef Eduard Ploner (1894 Sterzing – 1955 Innsbruck).

Künstler

Paul Dax (1503 Sterzing – 1561 Innsbruck), Maler.

A. WOLF, Lucas Geizkofler und seine Selbstbiographie 1550–1620, Wien 1873; – E. EGG, Der Kunstraum Sterzing. In: Sterzinger Heimatbuch = Schlern-Schriften Bd. 232, Innsbruck 1965, S. 193–236; – A. DÖRRER, Sterzinger Bürger- und Spielkultur; – sowie Sterzinger Persönlichkeiten in Wien zwischen 1848 und 1918. In: Ebenda, S. 237–284 u. 285–358; – H. HOLZMANN, Söhne der Heimat. Berühmte Sterzinger. In: Ebenda, S. 449–501; – R. PERGER, Dr. Hans Kaufmann aus Sterzing, Bürgermeister von Wien im Jahre 1515. In: Forschungen u. Beiträge z. Wiener Stadtgeschichte, hg. v. Verein f. Geschichte d. Stadt Wien, Bd. 9, Wien 1981, S. 89–113.

f) Einwohner

Häuserzahlen

Die Steuerrolle des Landgerichtes Sterzing von 1474 nennt in der Stadt Sterzing 99 Feuerstätten, der Steuerkataster von 1540 verzeichnet hier insgesamt 159 Häuser, von denen 21 von der Steuer befreit waren. – 1844 (J. J. Staffler): 178 (Tsch.: +55, Th.: +56); 1869: 177 (Tsch.-R.: +39, Th.: +57); 1880: 186 (Tsch.: +68, Th.: +57, R.: +31); 1890: 193 (Tsch.: +75, Th.: +55, R.: +31); 1900: 202 (Tsch.: +77, Th.: +55, R.: +31); 1910: 216 (Tsch.: +81, Th.: +56, R.: +32).

Einwohnerzahlen

1844 (J. J. Staffler): 1.418 (Tsch.-R.: +330, Th.: +288); 1869: 1279 (Tsch.-R.: +184, Th.: +279); 1880: 1.528 (Tsch.-R.: +397, Th.: +280); 1890: 1.612 (Tsch.-R.: +577, Th.: +280); 1900: 1.672 (Tsch.-R.: +591, Th.: +299); 1910: 1.858 (Tsch.: +387, R.: +195, Th.: +304);

1921: 1.955 (Th.: +330); 1951: 1.807; 1961: 4.059; 1971: 4.565; 1981: 5.129; 1991: 5.596; 1993: 5.603.

Th. = Thuins, eingemeindet 1931; Tsch.-R. = Tschöfs mit Ried, eingemeindet 1931; R. = Ried.

g) Friedhöfe

Der Friedhof von Sterzing befindet sich seit eh und je bei der Pfarrkirche und erfuhr ab 1847 – damals wurden die Arkaden errichtet – und zuletzt 1987/90 Erweiterungen, jeweils durch die Anfügung eines südseitigen Grundstückes.

7 Sprache

Sprachgruppenzugehörigkeit

1880: dt. 1.406, ital. 89 (Tsch.: dt. 358, ital. 32; Th.: dt. 280, R.: dt. 202); 1890: dt. 1.530, ital. u. lad. 45, andere 1, (Tsch.-R.: dt. 554, ital. u. lad. 19, Th.: dt. 280); 1900: dt. 1597, ital. 32, andere 3 (Tsch.-R.: dt. 590, Th.: dt. 299); 1910: dt. 1.808, ital. u. lad. 2, andere 48 (Tsch.: 387, Th.: dt. 304, R.: dt. 195); 1921: dt. 1.448, ital. 189, lad. 20, andere 298 (Th.: dt. 318, andere 12); 1961: dt. 2.811, ital. 1.237, lad. 8, andere 3; 1971: dt. 3.247, ital. 1.302, lad. 13, andere 3; 1981: dt. 3.781, ital. 1.330, lad. 18; 1991: dt. 4.005, ital. 1.317, lad. 16.

8 Wirtschaft

a) Allgemeine Wirtschaftsentwicklung bis zum Zeitalter der Industrialisierung

Drei „mercatores de Sterzingen" werden schon in einer Urkunde von 1230, also bereits Jahrzehnte vor der Stadtgründung von Sterzing erwähnt. Die kontinuierliche Dominante im Wirtschaftsleben von Sterzing von der Gründung der Stadt bis heute bildet jedoch die durch die günstige Verkehrslage bedingte Gastronomie, welche bereits 1304 durch ein kraft landesfürstlichen Privilegs verliehenes und später vielfach bestätigtes und erneuertes exklusives Gastungs- und Ausschankmonopol im gesamten Bereich zwischen dem Brennerpaß und Mittewald (Franzensfeste) sowie bis hinauf zum Jaufenpaß in außerordentlicher Weise gefördert worden ist. Ein erster Wirt begegnet hier daher bereits in Urkunden von 1298 und 1302 („Johannes" bzw. „Jenlinus caupo"). Im 14. und 15. Jh. wurden die Wirte jedoch – zumindest hinsichtlich ihrer Zahl – bei weitem von den Schmieden übertroffen: Im Zeitraum von 1298 bis 1478 sind nicht weniger als 8 Schmiede, 8 Messerschmiede und 11 Kesselschmiede oder Kandler nachweisbar. Sie schlossen sich spätestens 1426 in einer eigenen Bruderschaft zusammen. Es war daher sicher kein Zufall, daß der Kesselrichter der Grafschaft Tirol, Wilhelm Ramung, den allgemeinen Kesslertag des Jahres 1449 nach Sterzing einberufen hat. Die übrigen Gewerbe waren – abgesehen von den Kürschnern – im genannten Zeitraum keineswegs in auffallender Zahl repräsentiert: Müller 6, Zimmerleute 6, Schneider 5, Schuster 4, Bäcker und Metzger je 3, Kramer, Seiler, Binder und Gerber je 2, Schlosser, Maurer,

Tischler, Sagmeister, Weber, Gürtler je 1. Besondere Erwähnung als Indikatoren für einen gewissen Wohlstand verdienen die Präsenz eines „Wucherers" bzw. Pfandleihers (spätestens seit 1312) sowie jene von Goldschmieden (1455 und 1474).

Bleibt noch anzumerken, daß diese Zahlen durchaus nicht als absolut verläßliches Abbild der wirtschaftsgeschichtlichen Verhältnisse dieser Zeitspanne zu werten sind. So z. B. hat es in Sterzing, wo 1460 und 1496 der Handwerkstag der Tiroler Bauhandwerker abgehalten und insbesondere in der 2. Hälfte des 15. Jh. sehr viel gebaut worden ist, damals sicherlich mehr als nur einen Maurer (Baumeister) gegeben.

Mit der Intensivierung des Bergbaues am Schneeberg (1237 „argentum bonum de Sneberch") im hintersten Ridnauntal sowie in der Gegend von Gossensass – was zunächst vor allem 1427 durch die Erlassung einer „ordnung unsers perkwerck ze Gossensassen" durch den Tiroler Landesfürsten Herzog Friedrich IV. von Österreich-Tirol dokumentiert wurde – begann für Sterzing ein neuer Abschnitt seiner Wirtschaftsgeschichte bzw. die nicht zuletzt durch ihre großartigen Baudenkmäler manifestierte große Blütezeit dieser Stadt. Schon 1426 verrechnet der obgenannte landesfürstliche Wechsler in Sterzing „innemen und ausgeben, so er an gelt, ertz und silber von dem wechsel ze Sterzing und was auf meins herrn pewer im perg und auf die smeltzhutten gefallen" (zitiert nach F. Huter). Wie allein dem Verleihbuch des Berggerichtes Gossensass-Sterzing von 1481–1514 zu entnehmen ist, waren bereits in dieser Zeit nicht weniger als 37 Sterzinger Bürgerfamilien als Lehensinhaber am dortigen Bergbau beteiligt (z. B. Flamm, Jöchl, Köchl). Auch werden an der Spitze des Berggerichtes (bis 1744) häufig Sterzinger Bürger als Bergrichter bzw. als dessen „Statthalter" angetroffen. Am Abbau der Erzlagerstätten im Sterzinger Bergbaurevier waren jedoch auch die Fugger, die in Sterzing einen eigenen Faktor bzw. Verweser (1551/52) und einen „Arzkasten" (1574) in der oberen Stadt unterhielten, und die Manlich aus Augsburg sowie die Stöckl und Dreiling aus Schwaz beteiligt. Die Wohnhäuser dieser Gewerken in Sterzing sind z. T. heute noch durch sogenannte Erzstufen oder „Handsteine" (= ansehnliche Roherzstücke) über dem Hausportal gekennzeichnet.

Nachdem der Blei- und Silber-Bergbau seit der Mitte des 17. Jh. stark rückläufig war (1713 wurde die Schmelzhütte im Ridnaun aufgelassen), mußte er endlich 1798 vollends geschlossen werden.

Der durch das Ausbleiben des Bergsegens einerseits sowie durch die Napoleonischen Kriege andererseits verursachte partielle Rückgang der Wirtschaft, wovon das Gastgewerbe an der stets frequentierten Brennerstraße kaum berührt war – die Katastermappe von 1858 verzeichnet noch 20 Gasthöfe –, endete für Sterzing spätestens mit dem Bau der Eisenbahnlinie über den Brenner (1864/67), womit die Anfänge des Tourismus verbunden waren. Nennenswerte Bedeutung erlangte in dieser Zeit auch die Marmorindustrie. Die Zeit nach dem Ersten Weltkrieg war dann vor allem durch den Ausbau der Stadt als Garnison mit weitläufigen Kasernenanlagen für das italienische Militär geprägt, während parallel zum Bau der Brenner-Autobahn (1969–1974) Sterzing in zunehmendem Maße auch zum Standort von bedeutenden Wirtschaftsbetrieben auserkoren worden ist.

Neuerdings wiederbelebt wird hier die einst in Heimarbeit betriebene Kunst der Herstellung von Gegenständen aus Horn (Kämme etc.). – Wirtschaftlich kaum relevant, wirtschaftspolitisch aber bemerkenswert war eine auf der Basis des Flachsanbaues und der Heimweberei betriebene, typisch merkantilistische gemeinsame Leinwandhandelskompanie der Städte Innsbruck und Sterzing (1693–1727).

F. HUTER, Der „tirolische Leinwandhandel". In: Schlern-Schriften Bd. 77, Innsbruck 1951, S. 177–192; – G. MUTSCHLECHNER, Frauen als Bergbauunternehmer im ehemaligen Berggericht Sterzing. In: Der Schlern Jg. 37, Bozen 1963, S. 348–352; – DERSELBE, Die Bergwerksordnung für Gossensass und Sterzing vom Jahre 1510. In: Festschrift für Franz Huter = Tiroler Wirtschaftsstudien 26/2, Innsbruck 1969, S. 293–313; Die Fugger im Sterzinger Berg- und Hüttenwesen anno 1656. In: Der Schlern Jg. 67, Bozen 1993, S. 329f.; H. TINNEFELD, Die Sterzinger Natursteinindustrie. In: Der Schlern Jg. 44, Bozen 1970, S. 433–435; – Hans Michael VOELCKEL, Schneeberg. 800 Jahre Bergbau zwischen Ridnaun und Passeier, Bozen 1989; – H. KUNTSCHER, Das Bergamt Sterzing am Ende der Bayernzeit 1814. In: Der Schlern Jg. 67, Bozen 1963, S. 364ff.; – F. H. HYE, Sterzing – Stadt an der Brennerstraße. Stätte historischer Gastlichkeit. In: Ebenda Jg. 71, Bozen 1997, S. 267–274.

b) Fabriken und Handelshäuser seit der Mitte des 19. Jahrhunderts

Marmorindustrie, gegründet von Ing. Josef Riehl (1874), dem als Besitzer 1879 unter dem Namen „Tiroler Marmor- und Porphyrges." die Wiener Union-Baugesellschaft bzw. 1899 die Wiener Commanditgesellschaft Fritz Zeller u. Co. sowie als letzter Besitzer vor 1914 die Firma Eduard Hauser, Wien, folgten. 1996 Errichtung einer neuen Marmormühle in der Industriezone Sterzing; – Sennerei- bzw. Dampfmolkereigenossenschaft Sterzing gegründet 1884; Milchhof Sterzing Gen. m. b. H. (1994 neue Produktionshalle eröffnet); – G. Leitner: „Unternehmen für Maschinenbau und Elektrotechnik", gegründet um 1885, heute „Leitner A. G." – Seilförderanlagen, Pistenraupen, Beschneiungsanlagen –, mehrere Betriebe in Sterzing mit rund 300 Beschäftigten. – Einkaufszentrum Hofer in (Sterzing-)Wiesen.

c) Märkte, Messen, Ausstellungen

Herzog Ernst der Eiserne von Österreich-Steier verlieh Sterzing 1415 einen jedoch nur alle 14 Tage abzuhaltenden Sonntags-Wochenmarkt („ainen wochenmarkt auf deen suntag statikleich auf den suntag über vierzehen tag"), welcher später (vor 1548) in einen echten Wochenmarkt, jeweils am Samstag, abgeändert worden ist. Der „Neue Schreibkalender" für 1803 verzeichnet für Sterzing vier Jahrmärkte, nämlich am Montag nach Mariae Lichtmeß (nach dem 2. Februar), am 24. April (Georgi), 16. Oktober (Galli) und 11. November (Martini), während 1844 noch drei weitere, am 12. Juni, 12. September und 21. Dezember, verzeichnet erscheinen.

Dem Getreidehandel unter der Aufsicht des städtischen Kornmessers (urkundlich 1362) diente der Kornplatz innerhalb der Stadtmauer (urkundlich 1372), in dessen westlicher Nachbarschaft im 15. Jh. das Rathaus angesiedelt wurde.

d) Organisationen des Handels und Gewerbes

Sparkasse Sterzing, gegründet 1901, Fusion mit den Sparkassen Brixen u. a. 1930, heute Filiale der Südtiroler Sparkasse AG; 1913 bestand hier auch eine Filiale der „Brixener Bank"; 1949 Errichtung der Volksbank Sterzing als Filiale der Volksbank Brixen; 1979 Einweihung der Raiffeisenkasse Wipptal in Sterzing.

Zünfte: „pruderschaft der smid zu Sterzing" 1426, Ordnung der „mezgerzunfft zu Sterzing" von ca. 1484, Bruderschaft der Müller und Bäcker genannt 1476, Schuster- und Gerberordnung von 1491. – In der Pfarrkirche befinden sich einerseits bei einem Umgang an der nördlichen Langhauswand in Freskodarstellung die Symbole der Sterzinger Zünfte und andererseits – eingefügt in die Betbänke – noch zehn Paare von Zunftstangen.

J. Noggler, Die Schmiedbruderschaft in Sterzing. In: Der Schlern Jg. 3, Bozen 1922, S. 245–246; – O. Kofler, Die alte Handwerksordnung der Müller und Bäcker von Vipiteno (Sterzing). In: Der Schlern Jg. 12, Bozen 1931, S. 63–66; – L. Ploner, Die Sterzinger Schmiedezünfte. In: Festschrift für Konrad Fischnaler = Schlern-Schriften 30, Innsbruck 1935, S. 111–121; – F. Huter, Die Tagsatzung der Tiroler Steinmetzen zu Sterzing von 1496. In: Der Schlern Jg. 21, Bozen 1947, S. 108–112; – E. Egg, Die Sterzinger Bauhütter. In: Festschrift für Josef Weingartner = Schlern-Schriften 139, Innsbruck 1955, S. 1–18; – D. Thaler, Grundrisse und Probleme der Sterzinger Handwerksgeschichte. Diplomarbeit, Innsbruck 1992.

e) Verkehrseinrichtungen

Wie bereits oben (§ 3 a, b, S. 314) angedeutet, kann bezüglich des Verlaufes der antiken Römerstraße und der mittelalterlichen Landstraße von Brixen über Mauls, Stilfes, Elzenbaum und die Lager-Brücke über den Ridnaunerbach durch Sterzing (an der Pfarrkirche vorbei bzw. entlang der Gänsbacherstraße, Neu- und Altstadt) bis zur Bannbrücke über den Vallerbach in Richtung Brenner weitgehende Identität angenommen werden. Dementsprechend wird noch in einer Urkunde von 1492 die Lage eines Ackers als „zu Vill bey der gemain lanndtstras" angegeben. Wenig später wird in einem Privileg König Maximilians I. vom Jahre 1500 die Straße von der Stadt bis zur Eisack-Brücke unterhalb des Sprechensteinkogels (links des Eisack) erstmals genannt, beide, die Straße und die Brücke, wurden also wohl erst kurz zuvor angelegt. Diese Brücke (urkundlich 1506) wird in der älteren Literatur gelegentlich irrig mit der obgenannten, im Stadtbuch mehrfach genannten Bannbrücke identifiziert, deren Lage jedoch in einem am 15. Juni 1380 aufgezeichneten Weistum im Sterzinger Stadtbuch bezüglich der Erhaltungsverpflichtung für diese Straße ausdrücklich als am Beginn der Landstraße von Sterzing hinauf zum Brenner gelegen, angeführt wird (vgl. Sterzinger Heimatbuch = Schlern-Schriften Bd. 232, S. 44 u. 368 bzw. 88). Drei weitere Brücken über den Eisack im Bereich der Altstadt, des Stadtplatzes und im unteren Bereich der Neustadt erscheinen bereits in einer Planansicht von ca. 1600 eingezeichnet und verbanden die Stadt mit der Flur bzw. dem Ansitz Haidenschaft, dem Ort Flains (1525 „Floner Bruggen") und dem Pfitschertal.

Die Umfahrungsstraße östlich des Stadtkerns bzw. z. T. sogar links des Eisack wurde im Jahre 1940 errichtet.

1864/67 erfolgte der Bau der Brennerbahn von Innsbruck nach Bozen, wobei die Station Sterzing links des Eisack in der Gemeinde Pfitsch-Wiesen situiert werden mußte.

Der als Saum- und Karrenweg seit dem 13. Jh. begangene Übergang über den Jaufenpaß von Sterzing nach Meran wurde 1905/11 als Straße für den Autoverkehr ausgebaut. Im Gegensatz zu dieser vor allem, aber nicht nur vom Tourismus frequentierten Paßstraße hat jene in das Pfitschertal nur lokale Bedeutung.

Die alte Landstraße über Elzenbaum wurde nach 1500 mehr und mehr vernachlässigt und ist heute nur noch teilweise als Feldweg zu begehen.

Um den Straßenzoll zu umgehen, benützten offenbar nicht wenige Frächter „die strazz, die da her auzzerhalb der stat ze Sterczing gewesen ist". „Die purger und die gemayn ze Sterczing" erwirkten daher von Erzherzog Rudolf IV. das vom 9. Oktober 1363 datierte Verbot der Umfahrung sowie die Ermächtigung: „Und ob dhain strazz oder weg daruber fuer die stat Sterczing waer, die sullen und mugen si wol abprechen und niderlegen." Die genannte Umfahrung erfolgte wohl über die nunmehr nach Sterzing eingemeindeten Dörfer Thuins und Tschöfs am westlichen Talhang.

Von der einstigen Holztrift mit dem zugehörigen Holzrechen am Mareiter Bach zeugt eine Triftordnung von 1388.

Spätestens seit 1353 war Sterzing eine Station der landesfürstlich organisierten Kurzstrecken-Transportorganisation der Rodfuhr am sogenannten „Unteren Weg" über den Brenner (von Scharnitz über Innsbruck nach Toblach und das Cadore nach Treviso und Venedig) mit eigenem Ballhaus an der Ostseite des Platzes vor dem Zwölferturm. Hier wurden die Transportgüter von einem auf das nächste Rodfuhrwerk umgeladen und vergebührt, weshalb diese Institution spätestens ab 1450 auch als die „Niderleg zu Sterzing", verbunden mit dem „Aufgebamt", bezeichnet wurde. Das Ballhaus am Platz wird urkundlich 1501 genannt und in einer Stadtansicht von ca. 1608 dargestellt. Die nächstgelegenen Rodfuhrstationen waren Matrei a. Br. und der Lueg bzw. Mühlbach (urkundlich seit 1333) und Bruneck.

Ein Postbote bzw. -meister in Sterzing, Hans Prugger, wird 1538 und 1546 genannt. Sitz der „Alten Post" war das ehemalige Wirtshaus zum „Goldenen Greif" an der Westseite der Neustadt, welches auch in der Katastermappe von 1858 noch dementsprechend gekennzeichnet ist.

1906 erfolgte die Verlegung in den rückwärtigen Teil des Rathauses.

1864 Eröffnung der Telegrafenstation, 1906 Anschluß an das interurbane Telefonnetz. 1876 Gründung eines Verschönerungsvereins-Ausschusses, seit 1882 Verschönerungsverein Sterzing, der 1894 dem Tiroler Landesverband beitrat und hierauf dieses Jahr als offizielles Gründungsjahr betrachtete.

1884 Gründung der Sektion Sterzing des Österreichischen Touristenklubs; 1886 Gründung der Sektion Sterzing des Deutschen und Österreichischen Alpenvereins; Bergrettungsdienst Sterzing gegründet 1947.

1965/66 wurde die Seilbahn auf den Roßkopf nordwestlich von Sterzing errichtet.

H. KRAMER, Beiträge zu einer Chronik von Sterzing und Umgebung 1814–1914. In: Veröff. d. Museum Ferdinandeum Bd. 31, Innsbruck 1951, S. 455–491; – U. LENSCHOW, Der Fremdenverkehr im Sterzinger Raum. In: Der Schlern Jg. 44, Bozen 1970, S. 425–432; – F. H. HYE, Der alte Markt Mühlbach, Mühlbach 1979, S. 22–24; – DERSELBE, Mehr Klammer als Grenze. Der Brenner und seine Stellung in der Geschichte Tirols. In: Berg 95 = Alpenvereinsjahrbuch 1994, Bd. 119, München 1994, S. 15–22; – DERSELBE, Das Verhältnis Stadt und Straße in Tirol von den Anfängen bis in die frühe Neuzeit. In: Die Erschließung des Alpenraumes für den Verkehr im Mittelalter und in der frühen Neuzeit (Historikertagung in Irsee) = Schriftenreihe der Arbeitsgemeinschaft Alpenländer, hg. v. d. Kommission III (Kultur), Berichte der Historikertagungen NF. 7, Bozen 1996, S. 197–216; – DERSELBE, Mittelalterliche Sekundärverbindungen und Gebirgsübergänge in Tirol (Jaufen). In: Ebenda. S. 129–142.

9 Verfassung und Verwaltung

Wenn in zwei Urkunden vom 9. Februar 1363, die in der Kanzlei Herzog Rudolfs IV. von Österreich einerseits unter der Intitulatio „Wir der rate und die purger" zu Sterzing in ihrer Huldigungsurkunde an Herzog Rudolf IV. von Österreich und andererseits in seiner Privilegienbestätigung für Richter, Rat und Bürger von Sterzing ausgestellt worden sind, ein „Rat" genannt wird, so dürfte dieser Formulierung ein allgemeines Kanzleiformular zugrunde gelegen sein. Monate später jedenfalls spricht Rudolf am 9. Oktober 1363 dann nur „die purger und die gemayn ze St." als Empfänger eines landesfürstlichen Privilegs an, und bekundet Sigmund von Starchenwerch (Starkenberg) am 13. bzw. 20. Juni 1396, daß er namens des Landesfürsten Herzog Leopolds IV. von Österreich in Sterzing einen Rat eingesetzt und der Stadt ihre Privilegien und die Grenzen des städtischen Burgfriedens bestätigt habe. Die damalige Ratsverfassung sah ebenso wie das ab 1417 niedergeschriebene „Stattpuch" acht Geschworene vor. – Als städtische Amtsträger begegnen erstmals 1362 ein Kornmesser, 1372 bzw. 1385 je zwei Pfarrkirchpröpste, 1399 Spitalmeister. Ratsprotokolle haben sich seit 1710 erhalten.

Ein Bürgermeister ist erstmals 1466 sowie im „Stattpuch" nachweisbar, welches mit der Kopie einer Privilegien-Bestätigung durch Herzog Friedrich IV. von 1417 beginnt, die sich jedoch ausschließlich an „richter rat und die purger" zu Sterzing richtet. Erst im Verlauf der später niedergeschriebenen Stadtrechtsgebräuche („recht und gute gewonhait der stat") findet sich dann nach den Paragraphen „Von dem richter, von der statsteur, von der stat recht, etc., von dem ratt" auch ein Abschnitt „Von dem purgermeister".

Der Stadtrichter wurde vom Inhaber der Herrschaft Straßberg bzw. des Landgerichtes Sterzing eingesetzt und verband in der Regel in Personalunion die Ämter eines Land- und Stadtrichters, weshalb ihm auch die hohe Gerichtsbarkeit zustand, was in den Tiroler Landesordnungen von 1526 ff. eigens hervorgehoben wird.

Die Umlegung der Steuern besorgte laut des „Stattpuchs" ein 11 Mitglieder umfassender Ausschuß, die „Steurer" genannt, dem der jeweilige Bürgermeister, sein Amtsvorgänger, zwei Mitglieder des Stadtrates, der Stadtschreiber sowie je ein Vertreter der Bäcker und Müller, der Schmiede und Schlosser, der Schneider und Weber, der Gärber, Schuster und Sattler sowie „ainer oder zween aus der Gemain" angehörten. Protokolle der „Steurer" ab 1464.

1468 erwirbt die Stadtgemeinde ein Bürgerhaus in der Neustadt, um es als Rathaus zu adaptieren. 1468/78 ließ der Rat über dem nördlichen Stadttor der Neustadt den Stadt- oder Zwölferturm (1844 „Zwölfthurm") erbauen, dessen Bezeichnung wohl als Synonym für „Ratsturm" anzusehen sein dürfte.

Im Zuge der „Regulirung der Gemeinden und ihrer Vorstände in Tyrol und Vorarlberg" wurde Sterzing den „kleinern Stadtgemeinden" zugeordnet und erhielt einen politisch-ökonomischen Magistrat, bestehend aus einem einheimischen, remunerirten Bürgermeister, aus vier einheimischen, nicht entlohnten Magistratsräten, einem remunerirten Vermögensverwalter oder Kämmerer, einem „Steuertreiber oder kautionirten Steuereinheber" sowie – wenn nötig – aus einem befähigten, remunerirten Stadtschreiber, der vom zuständigen Kreisamt zu bestätigen war. Ihre Wahl erfolgte durch von der Gemeinde erwählte Wahlmänner.

Gemäß des österreichischen Provisorischen Reichsgemeindegesetzes von 1849, sistiert 1852 und reaktiviert 1861, fanden 1861 Gemeinderatswahlen statt. Mit Beschluß vom 5. März 1862 trat an die Stelle des Provisoriums das bis zum Ende der k. k. Monarchie (1918) geltende Österreichische Reichsgemeindegesetz. Auf der Grundlage desselben bestand die Stadtführung von Sterzing bis 1918 aus einem Bürgermeister, zwei Magistratsräten und neun Mitgliedern des Bürgerausschusses. Das aktive Wahlrecht war in dieser Phase auf jene volljährigen, männlichen Mitbürger beschränkt, die eine gewisse Steuerleistung erbrachten bzw. über einen entsprechenden Besitz verfügten.

Die bis 1946 letzte demokratische Gemeinderatswahl – nunmehr auf der Grundlage des allgemeinen, geheimen und gleichen Wahlrechts – erfolgte in Südtirol (seit 1919 bei Italien) im Jahre 1922. Der Herbst desselben Jahres brachte in Italien die Machtergreifung des Faschismus und an der Spitze der Gemeinde den von der Partei autoritär eingesetzten Podestà (bis 1943). Die Rückkehr zur Demokratie erfolgte erst nach dem Sieg der Alliierten über das mit Mussolinis faschistischer „Republik von Salò" verbündete „Großdeutsche Reich" Adolf Hitlers, des „Führers" der Nationalsozialistischen Deutschen Arbeiterpartei (NSDAP), im Frühjahr 1945. Vom Herbst 1943 bis zum Frühjahr 1945 unterstand Sterzing ebenso wie ganz Südtirol der reichsdeutschen „Operationszone Alpenvorland" unter dem Kommando der Gauleitung in Innsbruck, die in Sterzing einen kommissarischen Bürgermeister eingesetzt hat. In der im Frühjahr 1946 konstituierten Republik Italien wurde die Stadtführung wieder einem demokratisch gewählten, 20-köpfigen Gemeinderat mit einem Bürgermeister an der Spitze anvertraut.

M. RADL, Die Stadtgemeinde Sterzing nach den Sitzungsprotokollen des Bürgerausschusses 1870–1899. Diss., Innsbruck 1988; – A. ELLER, Die Brennerbadstiftung unter der Verwaltung der Stadt Sterzing 1732–1899, Innsbruck 1975.

10 Landesherrschaft, Rolle in der Staats- und Landesverwaltung

Kraft der Belehnung der Bischöfe von Brixen mit der Grafschaft im mittleren und oberen Eisack- bzw. im Wipp- und mittleren Inntal vom Thinnebach bei Klausen im Süden bis zu Melach und Ziller im Nordwesten und Nordosten durch Kaiser Konrad II. 1027 unterstand auch Sterzing dieser Grafschaft bzw. den Fürstbischöfen von Brixen und ihren Vögten. Von letzteren war es vor allem Graf Meinhard II. von Tirol-Görz (gest. 1295), der aus dieser Position die tatsächliche Herrschaft auch über diese Grafschaft usurpierte. Überdies erwarb er zahlreiche Besitzungen bzw. Urbargüter im Wipptal, welches sich über den Brennerpaß hinweg von der Talenge bei Franzensfeste im Süden bis zur Sillschlucht südlich von Innsbruck im Norden erstreckt. Der Richter und der Urbarverwalter oder Kellner (caniparius, claviger) des so entstandenen landesfürstlichen Landgerichtes Sterzing saßen anfangs auf der Burg Straßberg nördlich von Sterzing, welche in der Tradition der Fürstbischöfe von Brixen noch 1608 als einer ihrer Herrschaftssitze reklamiert wird. Von 1311 bis 1587 – mit einer kurzen Unterbrechung 1346/48 – verpfändet, walteten hier spätestens von 1360 bis 1587 die Herren von Freundsberg (Schwaz) als Pfand-Gerichtsherrn. Ihnen folgten die Söhne Erzherzog Ferdinands II. und der Philippine Welser, die Markgrafen von Burgau Kardinal Andreas und Karl, 1619 Maria Gräfin Fugger-Kirchberg, 1628 Jakob Kurz von Thurn und dessen gleichnamiger Sohn, 1667 Georg Anton von Klebelsberg, 1675 Johann Paul Freiherr von Hocher, 1683 dessen Schwiegersohn Franz Arbogast Freiherr von Winkelhofen, 1726 Franz Anton von Sternbach und seine Erben bis zu deren Verzicht 1827. Als Pfandinhaber der Herrschaft Straßberg bzw. Sterzing waren diese „Pfleger" auch berechtigt, einen Stadt- und Landrichter einzusetzen, welcher – laut des „Stattpuchs" – der Stadt gegenüber schuldig war, „zu versprechen an ayde stat, arm und reich ze halten und pleiben lassen bey allen unsern frey haiten und guten gewonhaiten nach unser brief und des stat puchs inhalt". 1853–1868 war Sterzing Sitz eines Bezirksamtes. 1868–1996 war hier der Sitz eines Bezirksgerichtes, seit 1979 der Sitz der Bezirksgemeinschaft Wipptal, die 1993 ihr neues Verwaltungszentrum beziehen konnte (vgl. oben § 2 b, S. 312).

Ab 1427 bestand auch ein eigenes Berggericht für das Bergrevier Sterzing, dessen Sitz sich anfangs in Gossensass, spätestens ab 1533 in Sterzing befand. Das Bergrevier Sterzing umfaßte die Bergwerke in den Gerichten Steinach, Sterzing, Rodenegg, Sarnthein und Passeier. Das Berggericht wurde 1744 mit dem Landgericht Sterzing vereinigt. (Bezüglich der betreffenden Land-, Berg- und Bezirksgerichtsgebäude vgl. oben § 5 b, S. 319.) 1988 wurde auch ein Grundkatasteramt in Sterzing errichtet (zuvor in Brixen).

Landtage wurden in Sterzing in den Jahren 1493, 1512, nach H. Kramer überdies in den Jahren 1499, 1502, 1507, 1509, 1510, 1513, 1540, 1610, 1614, 1615, 1626, 1636, 1647, 1648, 1649, 1665, 1746 und 1757 abgehalten. Dabei hat Kramer allerdings, wie z. B. zu den Jahren 1636 und 1648, Tagungen des großen landschaftlichen Ausschusses mitgezählt. Laut der Tiroler Landesordnungen ab 1526 wurden die Landtage nur dann nicht nach Innsbruck einberufen, wenn der einberufende Landesfürst außer Landes war. In diesem Falle konnte der Landtag nach Meran oder Bozen, Hall, Sterzing oder Brixen einberufen werden. Zwischen 1720 und 1790 wurde kein Landtag abgehalten.

O. STOLZ, Politisch-historische Landesbeschreibung von Südtirol = Schlern-Schriften Bd. 40, Innsbruck 1937, S. 447–465; – DERSELBE, Geschichte des Landes Tirol. Bd. 1, Innsbruck 1955, S. 576; – G. MUTSCHLECHNER, Das Berggericht Sterzing. In: Sterzinger Heimatbuch = Schlern – Schriften Bd. 232, Innsbruck 1965, S. 95–148; – H. KRAMER, ebenda, S. 406. W. KÖFLER, Land, Landschaft, Landtag. Geschichte der Tiroler Landtage von den Anfängen bis 1808, Innsbruck 1985, S. 281 u. 537.

11 Wehrwesen und kriegerische Ereignisse

b) Schützenvereinigungen, Schießstätten

Im Jahre 1510 werden Stachel- (= Armbrust) und „Puixn-" (= Büchsen) Schützen sowie die Abhaltung eines Schießens zugunsten der Pfarrkirche erwähnt, ein weiteres folgte u. a. 1538. Zum „Kränzel- und Ritterschießen" der Stachelschützen 1540 wurde die Schießhütte neu gedeckt. 1563 erbaten die Büchsenschützen vom Stadtrat einen Beitrag zum Wiederaufbau der „verbrunnenen Schießstätten auf dem Moos". Auch eine Panorama-Ansicht des Sterzinger Beckens von ca. 1740 im Grafenhaus der ehemaligen Deutschordens-Kommende in Sterzing zeigt den ansehnlichen, nach Süden orientierten Schießstand westlich der Kommende am Moos (Muhranger), wo das betreffende Schützenhaus noch in der Katastermappe von 1858 eingezeichnet erscheint. 1768 erhielt die Stadt Sterzing vom Tiroler Obristjägermeisteramt Moosgründe bei der Schießhütte zur Urbarmachung.

E. AUCKENTHALER, Ladschreiben zu einem Scheibenschießen in Sterzing. 1538. In: Der Schlern Jg. 11, Bozen 1930, S. 276–278.

c) Garnisonen

Militärgarnison wurde Sterzing erst nach 1919, namentlich in der Ära des Faschismus. Die damit verbundenen weitläufigen Kasernenanlagen an der Hochstraße entstanden ab 1935. Damals wurden auch die bestehenden Offiziershäuser an der Gänsbacherstraße erbaut.

d) Wichtigste kriegerische Ereignisse

Nachdem die Erbgräfin Tirols, Margarete (Maultasch) im Jänner 1363 nach dem Tode ihres Sohnes Meinhard III. von Bayern-Wittelsbach ihre Grafschaft Tirol nicht den bayerischen Verwandten ihres Gatten, sondern den Herzogen von Österreich übergeben hatte, versuchten erstere sowohl im Herbst 1363 als auch nochmals im Spätsommer 1368 das Land mit Gewalt an sich zu bringen. Bei letzterem Feldzug stießen sie bis Sterzing vor, mußten sich dann aber doch vor den unterdessen formierten Kräften der fürstbischöflich-brixnerischen und österreichisch-tirolischen Verteidiger erfolglos zurückziehen.

Am 14. Februar 1500 verleiht König Maximilian I. der Stadt Sterzing ein Weggeld-Privileg in Anerkennung der von der Sterzinger Bürgerschaft im Schweizer Krieg ein Jahr zuvor bei Glurns an der Calven geleisteten treuen Dienste.

Einer der Pfandinhaber des Landgerichtes Sterzing war der berühmte Landsknechtsführer Jörg von Freundsberg, der für den Bau des Langhauses der Sterzinger Pfarrkirche, wie eine dort angebrachte zeitgenössische Inschrift mit Wappen ausweist, die Kosten für den Bau eines der Gewölbepfeiler gespendet hat. Es ist dies das einzige zeitgenössische Denkmal dieses Heerführers in Tirol.

Im Jahre 1525 erfolgte auch im Raume von Sterzing eine lokale Erhebung: Einige Sterzinger Bürger, Bauern und Knappen plünderten in der Deutschordenskommende Lebensmittel und besetzten die Kommende.

Als die französischen Truppen 1796/97 von Süden her in Tirol einfielen, leistete eine Schützenkompanie aus Sterzing am 20. März 1797 bei Ceola im Bezirk Lavis (Trentino) erbitterten und verlustreichen Widerstand.

Als Kaiser Franz I. von Österreich in der Hoffnung, die großen Gebietsverluste des Preßburger Friedensvertrages vom Dezember 1805 wieder wettzumachen, nach entsprechender Kontaktnahme mit den Vertretern des Tiroler Widerstandes gegen die königlich-bayerische Herrschaft am 9. April 1809 Napoleon und seinen Verbündeten den Krieg erklärt hatte, kam es ebenso wie in Innsbruck schon am 11. April bei Sterzing zum ersten Gefecht zwischen einer bereits über den Jaufen vorgestoßenen Aufgebotsmannschaft unter Andreas Hofer und zwei bayerischen Infanteriekompanien, welche infolge der Kriegslist von zwei Sterzinger Frauen von den Passeirern überwältigt werden konnten. Nach diesen ersten Niederlagen zog das bayerische Militär zunächst nordwärts aus dem Lande ab, um jedoch im Mai unter Marschall Lefébvre brandschatzend zurückzukehren. Nun folgte am 29. Mai am Bergisel bei Innsbruck die zweite Niederlage der Bayern, wobei an diesen blutigen Kämpfen auch eine Sterzinger Schützenkompanie unter ihrem Hauptmann Sparber beteiligt war. Ende Juli stießen die bayerischen Truppen neuerlich gegen Tirol bzw. bis in das Talbecken von Sterzing bzw. bis zur seither so benannten „Sachsenklemme" südlich von Mauls vor, wo es vom 6.–9. August zu heftigen Kämpfen kam und der Weiler Ried fast zur Gänze niederbrannte. Die Bayern aber mußten sich abermals zurückziehen; am 13. August kam es wiederum am Bergisel zur Entscheidungsschlacht, die unter Mitwirkung auch einer Kompanie aus Sterzing für die Tiroler erfolgreich verlaufen ist. Der November aber brachte dann bekanntermaßen das bittere Ende für Andreas Hofer und die Seinen sowie die Fortsetzung der bayerischen Herrschaft zumindest in einem großen Teil des Landes einschließlich von Sterzing.

Im Zuge des Zweiten Weltkrieges wurden zwar, um den Nachschub an die deutsche Südfront (seit 1943) zu stören, die Bahnanlagen bei Sterzing und vor allem im Moos unterhalb des Sprechensteinkofels heftigst bombardiert, die Stadt selbst aber wurde nicht getroffen. Andererseits kam es nach dem Sturz Mussolinis und dem Beitritt Italiens auf die Seite der Alliierten am 8. September 1943 am Nordrand der Stadt zu Schießereien zwischen deutschen und italienischen Soldaten.

A. Huber, Geschichte der Vereinigung Tirols mit Oesterreich, Innsbruck 1864, S. 112f.; – K. Fischnaler, Der Bauernaufstand in Sterzing im Jahre 1525. Sonderdruck aus dem „Boten für Tirol und Vorarlberg", Innsbruck 1890; – O. Kofler, Sterzing im Kriegsjahr 1809 und als Operationsbasis für die Kämpfe in der Sachsenklemme, Sterzing 1902; – J. Schmidt, Sterzinger Kriegsbilder aus dem Jahre 1809. Festschrift zur Enthüllung des Kriegsdenkmals in Sterzing 1911, Brixen 1911; – J. Hirn, Tirols Erhebung im Jahre 1809. Innsbruck 1909; – H. Theiner, Schlacht bei Glurns 1499. Eine zeitgenössische Quelle zur Calvenschlacht (= Innsbruck, Tiroler Landesarchiv Hs. 5088: Kostenaufstellung des Sterzinger Stadtschreibers bezüglich des Sterzinger Aufgebots nach Glurns 1499). In: Der Schlern Jg. 73, Bozen 1999, S. 287–294.

12 Siegel, Wappen und Stadtfarben

Der Tiroler Landesfürst König Heinrich von Böhmen-Kärnten aus dem Hause Tirol-Görz hat der Stadt Sterzing am 30. August 1328 ihr Siegel bestätigt, „cuius figura est rotunda, in quo sculpte sunt littere SIGILLUM COMMUNITATIS CIVIUM IN STERZINGA cum signo aquile sub qua sculpta est quedam ymago".

Das Stadtwappen von Sterzing entspricht weitgehend dem obbeschriebenen Siegelbild des Stadtsiegels und zeigt in silbern-weißem Schild den roten, hier nicht immer golden bekrönten Tiroler Adler des landesfürstlichen Stadtherren, welcher Adler aus der vorgebeugt, nach heraldisch-rechts schreitenden Figur eines männlichen, bärtigen Pilgers mit einem Pilgerstock oder einer Krücke in der linken und einem Rosenkranz in der rechten Hand emporwächst. Historische Darstellungen des Stadtwappens befinden sich von 1497 als Marmorrelief am Südportal der Pfarrkirche, von 1524 als Marmorrelief am Rathauserker und in Farbe als Fresko an der Westfassade der Pfarrkirche (um 1520) und an der Decke ihres südlichen Seitenschiffes (von 1753).

K. Fischnaler, Urkunden-Regesten aus dem Stadtarchiv in Sterzing, Innsbruck 1902, S. 1–3; – K. Schadelbauer, Die ältesten Urkunden des Sterzinger Stadtarchivs. In: Festschrift für Konrad Fischnaler = Schlern-Schriften Bd. 12, Innsbruck 1927, S. 67, n. 4; – F. H. Hye, Die Entwicklung der Municipal-Heraldik in Tirol. In: Acta Contionis Heraldicae Municipalis hodiernae Anno 1988 in Oppido Keszthely habitae, Keszthely 1990, S. 135–150, bes. 143.

13 Finanzwesen

b) Städtischer Haushalt

Die an den landesfürstlichen Stadtherren abzuführende Stadtsteuer („stiura civitatis") betrug um 1296/1302 in Summe 28 Mark, um 1311/1337 hingegen 25 Mark Berner. Die örtliche Umlegung der Steuern besorgte spätestens seit dem 15. Jh. laut Aussage des Stadtbuches eine eigene mehrköpfige Kommission, die Steurer (vgl. oben § 9, S. 329).

F. KOGLER, Das landesfürstliche Steuerwesen in Tirol bis zum Ausgange des Mittelalters. In: AföG Bd. 90/2, Wien 1901, S. 475 ff. u. 612 ff. C. FISCHNALER, Sterzing am Ausgang des Mittelalters. In: Schlern-Schriften Bd. 9, Innsbruck 1925, S. 106.

c) Mauten, Zölle, Ladstätten

Der alte städtische Zoll an der Jaufenstraße befand sich in der Nähe der südwestlichen Burgfriedensgrenze am Höhenrücken des Kronbühel. Durch den Bau der Autobahn wurde dieses erste Teilstück der alten „Hochstrassen ibern Jaufen" vom Jaufentor herauf zu diesem Zollhaus jedoch unterbrochen. Weiter taleinwärts im Ridnauntal befand sich ein in der 1. Hälfte des 13. Jh. noch fürstbischöflich-brixnerischer Straßenzoll bei der „Stange" (urkundlich 1241, 1345).

Ein „Zollner von Ville" begegnet ab 1361. Der landesfürstliche Zoll am Lurx (lat. „in Antro") bzw. die „Klause in der Lurchx" wird 1384 genannt. Von letzterem Zollamte sind noch die Amtsgebäude beiderseits der Brennerstraße erhalten, das westliche mit einer Freskodarstellung der Heiligen Christophorus und Jakobus d. Ä. leider in schlechtem Zustand. – Am 14. Februar 1500 verlieh König Maximilian I. der Stadt Sterzing in Anerkennung ihrer jüngsten Kriegsdienste den Weglohn, verbunden mit der Verpflichtung der betreffenden Straßenerhaltung von der Stadt bis zur Eisackbrücke unter dem Sprechensteiner Kofel (C. Fischnaler, Reg. n. 449). Am betreffenden ehemaligen Zollhaus knapp südöstlich der Brücke über den Sterzinger Mühlbach, und zwar am nördlichen Beginn dieses Straßenstückes, befindet sich noch heute die hölzerne Zolltafel von 1666 mit dem Stadtwappen und der Inschrift: „Hie göbe der Statt Störzing daß Wöglahn."

O. STOLZ, Verkehrsgeschichte des Jaufen. In: Schlern-Schriften Bd. 12, Innsbruck 1927, S. 127–175.

14 Gebiet der Stadt

a) Fläche

Die Gesamtfläche der Stadtgemeinde Sterzing umfaßt 33,17 km². Davon entfallen auf die Katastralgemeinde Sterzing 2,37 km² sowie auf die Katastralgemeinde Thuins 5,17 km² und auf die Katastralgemeinde Tschöfs-Ried 25,63 km².

d) Burgfried

Die Grenzen des Burgfriedens Sterzing verliefen von der Bannbrücke im Norden der Altstadt dem Vallerbach aufwärts bis zum Gereutweg, sodann südwärts unter Thuins vorbei bis zum Riesenbach und mit diesem westlich vor der Sterzinger Pfarrkirche vorbei zum Mareiter- oder Ridnauner Bach sowie mit diesem bis zu dessen Einmündung in den Eisack, schließlich dem Eisack nach aufwärts bis zum Vallerbach bzw. bis zur Bannbrücke. Diese vom Tiroler Landesfürsten Herzog Leopold IV. von Österreich-Tirol am 20. Juni 1396 bestätigte Burgfriedensgrenze gilt noch heute als Grenze der Katastralgemeinde Sterzing. – Laut des Stadtbuches hielt der Land- und Stadtrichter alljährlich am Montag nach St. Georgentag (23. April) bei der „Pan prukgen" eine Gemeindeversammlung ab, an der die Bürger verpflichtet waren teilzunehmen.

Um nach erheblichen Hochwasserschäden den Lauf des Eisack regulieren zu können, verlieh Herzog Leopold IV. von Österreich-Tirol im Jahre 1397 der Stadt Sterzing das Stadtmoos.

e) Ein- und Ausgemeindungen

Thuins und Tschöfs-Ried wurden im Jahr 1931 eingemeindet.

15 Kirchenwesen

a) Einrichtungen der katholischen Kirche

Die urkundlich seit 1233 nachweisbare Pfarre zu Unserer Lieben Frau in Sterzing bzw. „in Wipptal" unterstand von Anfang an der Diözese Brixen (seit 1964 Diözese Bozen-Brixen) und umfaßte neben dem Stadtgebiet von Sterzing auch das obere Eisack- und – den Brennerpaß überschreitend – das oberste Silltal bis zum Brennersee sowie die westlichen Seitentäler, namentlich das Pflersch-, Jaufen- und das Ratschingstal, bis endlich im Jahre 1891 die Kuratien Ried, Gossensass, Brenner, Pflersch, Ratschings und Telfes zu selbständigen Pfarreien erhoben wurden. Die Pfarrerhebung von Jaufental folgte 1927. Überdies ist mit A. Sparber anzunehmen, daß ursprünglich auch das ganze Ridnauntal mit Mareit der Pfarre Sterzing angehörte, was sich jedoch urkundlich nicht beweisen läßt. Jedenfalls begegnet bereits um 1190 ein erster Pfarrer von Mareit.

Im Zuge der Errichtung der Dekanate in der Diözese Brixen erhielt das für Sterzing zuständige nicht hier, sondern im Jahre 1611 in Stilfes seinen Sitz. Erst 1950 wurde der Dekanatssitz von dort nach Sterzing übertragen.

Die Pfarre Sterzing war von 1263 bis zur napoleonischen Aufhebung des Deutschen Ordens (1809) der Deutschordenskommende Sterzing inkorporiert. Die Gründung dieser Kommende in Sterzing erfolgte im Jahre 1254 durch die Übereignung einer privaten Spitalsstiftung bei der Sterzinger Pfarrkirche durch Adelheid, die Witwe des edlen Hugo von Taufers, an den Deutschen Orden.

Das Kapuzinerkloster in Sterzing wurde im Jahre 1630 durch den fürstbischöflich-brixnerischen Hofrat Jakob Söll gestiftet, mußte jedoch 1970 aufgelassen werden.

Nachdem unter Kaiser Josef II. im Jahre 1785 das Benediktinerinnenkloster Sonnenburg im Pustertal aufgehoben worden war, fand dessen letzte Äbtissin Gertrud von Rohrbiss (gest. 1791) gemeinsam mit einigen Nonnen ihres Klosters im enzenbergischen Ansitz Jöchlsthurn (vgl. oben § 5 b, S. 319) ihren letzten Wohnsitz.

J. NOGGLER, Hervorragende Priester aus Sterzing. In: Der Schlern Jg. 4, Bozen 1923, S. 393–395; – K. SCHADELBAUER, Drei Urbare der Deutsch-Ordens-Kommende Sterzing aus dem 15. Jahrhundert. In: Festschrift für Konrad Fischnaler = Schlern-Schriften 30, Innsbruck 1935, S. 130–151; – A. SPARBER, Grundriß der Sterzinger Pfarrgeschichte. In: Sterzinger Heimatbuch = Schlern-Schriften Bd. 232, Innsbruck 1965, S. 149–191; – K. KNÖTIG, Die Sonnenburg im Pustertal, Bozen 1985; – F. H. v. HYE, Auf den Spuren des Deutschen Ordens in Tirol, Bozen 1991, S. 231–263.

b) Reformation und Gegenreformation

Die religiöse Bewegung der Wiedertäufer konnte auch in Sterzing vorübergehend Fuß fassen, ihr Vorsteher war hier ein gewisser Heinrich Kessler. Nach der Hinrichtung Jakob Hutters, des Tiroler Anführers dieser Bewegung und Begründers der Hutterischen Brüder, im Jahre 1536 am Scheiterhaufen am Stadtplatz vor dem Goldenen Dachl in Innsbruck hielten sich nur noch in der Umgebung von Sterzing, in Trens und Mauls bis ins 17. Jh. einige ihrer Anhänger im Untergrund. Das „Geschicht-Buch der Hutterischen Brüder" verzeichnet in Sterzing im 16. Jahrhundert 30 „Martyrer".

E. AUCKENTHALER, Zur Geschichte des Wiedertäufertums in der Sterzinger Gegend. In: Der Schlern Jg. 17, Bozen 1936, S. 153–156. – W. O. PACKULL, Die Hutterer in Tirol. Frühes Täufertum in der Schweiz, Tirol und Mähren = Schlern-Schriften 312, Innsbruck 2000.

16 Wohlfahrtspflege

a) Bürgerspitäler, Bruderhäuser, Fürsorgeheime, Armenhäuser

In Sterzing hat man zwei Spitäler zu unterscheiden, jenes des Deutschen Ordens und das Stadtspital zum hl. Geist.

Das Deutschordensspital ging hervor aus einer urkundlich 1234 genannten Marien-Spitalsstiftung in der östlichen Nachbarschaft der Pfarrkirche. Dieses Spital war jedoch nur von kurzer Dauer, weshalb der edle Hugo von Taufers und seine Gattin Adelheid 1241/42 vermutlich an demselben Standort eine neuerliche Spitalsstiftung, diese jedoch mit dem Patrozinium zum hl. Geist, vornahmen. Infolge dieser Entstehungsweise wird das Spital in einem päpstlichen Schutzprivileg von 1251 sogar als „hospitalis sancte trinitatis et beate Marie" tituliert, wobei durch die Nennung der Gesamtheit der Trinität der hl. Geist subsummiert wird. Nach dem Tode ihres Gatten hat Adelheid das Spital dann, um es vor dem Untergang zu bewahren, dem Deutschen Orden überantwortet und ist selbst als Ordensschwester in das Spital eingetreten. Funktional dürfte dieses Spital vor allem als Pilgerhospiz gedient haben. Über die Dauer des dortigen Hospizbetriebes liegen keine Unterlagen vor, er wurde jedoch spätestens mit der (temporären) napoleonischen Aufhebung des Deutschen Ordens bzw. mit der damit verbundenen dauernden Auflösung der Deutschordenskommende in Sterzing im Jahre 1809 eingestellt.

Die Gründung des Stadtspitals zum hl. Geist im Jahre 1388 war der Initiative des Sterzinger Bürgers Ott der Johan(n) zu verdanken. Es befand sich anfangs am Nordrand der Altstadt knapp unterhalb des Vallerbaches, wurde jedoch wohl wegen der Gefährdung durch denselben bereits im Jahre 1399 an die Nordseite des Platzes vor dem Zwölferturm (Stadtplatz) verlegt, wo sich das Spitalsgebäude und die zugehörige hl. Geistkirche noch heute befinden, während das Stadtspital selbst 1885 in die 1884 von der Gemeinde angekauften Gebäude der ehemaligen Deutschordenskommende übersiedelt worden ist. Es befand sich dort bis zur Inbetriebnahme des bestehenden Bezirkskrankenhauses, St.-Margarethen-Straße Nr. 24, im Jahre 1977. Wie diverse Nachrichten über Einpfründungen (seit 1394) zeigen, wurde das alte Stadtspital auch in Sterzing vorwiegend als Altersheim geführt.

Das moderne Bezirksaltersheim in der Nähe des Bezirkskrankenhauses wurde 1984/87 errichtet.

F. HUTER, Die Anfänge der Spitäler von Sterzing. In: Festschrift Karl Pivec = Innsbrucker Beiträge zur Kulturwissenschaft Bd. 12, Innsbruck 1966, S. 205–212.

b) Siechenhäuser, Lazarette, Krankenhäuser

Siechenhäuser zu Sterzing im „Anraeut" werden ab 1336 genannt. Um 1450 sei ein Neubau des nun nur in der Einzahl angeführten Siechenhauses erfolgt, welches sich im südlichen Bereich der Stadt befunden habe.

K. SCHADELBAUER, Sterzing im 15. Jh. = Schlern-Schriften 220, Innsbruck 1962, S. 38 f.

c) Waisenhäuser, Kindergärten, Sonderinstitute, karitative Stiftungen

1850 Gründung eines Frauenvereins zwecks Errichtung einer Kleinkinder-Wartanstalt.
In dem nach 1930 entstandenen Villenviertel in der Lahn, unterhalb von Thuins, wurde in der Folge ein italienischer Kindergarten und 1963 dann auch ein deutscher Kindergarten errichtet. Derzeit (2000) bestehen zwei deutschsprachige städtische Kindergärten und einer mit italienischer Unterrichtssprache.
1988 Eröffnung einer Behindertenwerkstatt des Wipptales in Sterzing.
1992 wurden Räumlichkeiten für Behinderte im sogenannten Margaretenhaus eröffnet.

d) Ärzte und Apotheken

Dr. Jörg Menndler, Pestarzt 1533, verfaßte eine „Ordnung in sterbenden Läufen" und war bis 1546 Hausbesitzer in der südlichen Vorstadt. Im amtlichen Tiroler Ärzteverzeichnis von 1813 werden in Sterzing der Arzt Joseph Flori und die beiden Wundärzte Joseph Liebl und Franz Walde angeführt. Die „Stadtapotheke" an der Schwalbeneggasse bzw. am Spitalplatz wurde von Dr. Augustin Leichter errichtet, nachdem er 1760 die betreffende Behausung mit nördlichem Vorhaus vor der Stadtmauer angekauft hat; sie wurde 1993 erweitert. 1844 fungierten in Sterzing ein Arzt, ein Wundarzt und eine Apotheke (in der Neustadt).
1984 erfolgte die Eröffnung einer neuen Apotheke in Sterzing.

K. SCHADELBAUER, Die Sterzinger Pestordnung vom Jahre 1534. In: Archiv f. Gesch. d. Medizin Bd. 18, 1926, S. 192–196.

e) Wasserleitungen, Kanalisation, Beleuchtung (Elektrizitätswerke, Gaswerke)

Eine städtische Wasserleitung wurde 1463 rechts vom Vallerbach vom Kühberg herab angelegt, an der ein „Wasserkasten" (von 1533) noch 1925 bestanden hat. Aus dieser Leitung gespeist wurden je zwei Brunnen in der Alt- und in der Neustadt (beim oberen und unteren Ende der ostseitigen Lauben), woran noch heute jener beim Rathaus erinnert. Um das Wasserangebot zu vermehren, ließ der Stadtrat 1540/41 durch den Bergknappen Ötlhammer einen zusätzlichen Quellstollen am Kühberg schlagen. Ein Brunnenmeister wird 1644 genannt.
1925 erfolgte eine moderne Neufassung und Erneuerung der Wasserleitung vom Kühberg.

Wie die Stadtansicht von 1608 und spätere Quellen erkennen lassen, verlief über den Stadtplatz und durch die Neustadt sowie entlang der Gänsbacherstraße bis hinunter zum Mühlbach auch eine offene Ritsche, deren Wasserzufuhr mittels eines Schiebers hinter dem Stadtspital vom Eisack her erfolgte. Die alte Holzritsche wurde 1879 durch eine neue, tiefer liegende und in Stein und Zement verlaufende Ritsche ersetzt.

1979 Ausarbeitung eines Generalplanes für die neue Schwemmkanalisation der Stadt, Ausführung des Projektes bis 1985/86.
1991/92 Planung einer Bezirkskläranlage in Sterzing.

1897 Installierung der elektrischen Beleuchtung in Sterzing, gespeist aus dem privaten E-Werk eines Hoteliers, errichtet 1896.
1906/07 Bau des städtischen Elektrizitätswerkes am Jaufentaler Bach.

H. M. VOELCKEL, Die Stadtritsche von Sterzing. In: Der Schlern Jg. 58, Bozen 1984, S. 532–537.

f) Badstuben und Bäder

Ein „oberes padhaus ze Sterzing oberhalben der Haydenschafft", also links des Eisack, wird 1424 genannt und setzt den damaligen Bestand eines unteren Badhauses voraus. 1540 befanden sich an der zum Gries führenden Badergasse sowohl ein oberes als auch ein unteres Bad. 1574 ist von der „Pättergassen" in der oberen bzw. Altstadt und 1622 von einer Sied- und Badstuben ob dem Tor in der alten Stadt die Rede. 1679 wird die Lage des oberen Bad als „nächst dem Ansitz Schwalbenegg" angegeben. Wohl zu einem unteren Bad führte die 1644 genannte „Patergassen" an der Ringmauer.

1976 erfolgte die Eröffnung des städtischen Sportzentrums Sterzing mit großem Hallenschwimmbad (3 Becken).

17 Bildungswesen

a, b) Das niedere und mittlere Schulwesen

Wie anderswo lag der Schulunterricht auch in Sterzing anfangs im Aufgabenbereich der Pfarre und wurde hier vom Deutschen Orden durch einen hiefür engagierten Schulmeister praktiziert (1338: „Chunrat der Schuler von Sterzing"), worüber der Land- und Stadtrichter und einige Bürger im Jahre 1437 Aufsichtsmöglichkeiten beansprucht haben. Der darüber entstandene Streit wurde 1441 durch den Fürstbischof von Brixen beigelegt. In der Folge wurde der Schulmeister vom Stadtrat ernannt, mußte jedoch zuvor dem Deutschordenskomtur präsentiert werden.

1463 wird die „schuel" als Anrainer einer Liegenschaft genannt; sie befand sich in der „untern Stadt" bzw. südlichen Vorstadt, wo sie auch von C. Fischnaler mittels eines Steuerkatasters von 1540 an der heutigen Gänsbacherstraße lokalisiert wurde.

Während von 1415 bis 1528/40 schlechthin von der „Schuel" die Rede ist, wird dieselbe ab 1556 bis 1698 stets als lateinische Schule bezeichnet.

1835/36 errichtete die Stadt an der Stelle des ehemaligen Ballhauses der Rodfuhr am Stadtplatz ein neues Schulhaus, welches 1911 aufgestockt wurde. Von 1928 bis 1943 gab es nur noch Unterricht in italienischer Sprache. 1937 wurde das ehemalige Stadtspital am Stadtplatz als Schulhaus adaptiert und beherbergte ab 1951 sowohl die

Grundschule als auch die Kaufmännische Fortbildungsschule, welche damals ihren Betrieb aufnahm (bis 1963).

Ein neues, dreigeteiltes Volksschulgebäude für die seit 1945 getrennt geführte deutsche und italienische Grundschule wurde 1964 eröffnet.

1935/36 wurde das 5-klassige italienische Gymnasium „Virgilio" im ehemaligen Kolpinghaus in der Neustadt und 1940/41 eine 3-klassige italienische Gewerbe- und Industrie-Fortbildungsschule (bis 1963) im ehemaligen Stadtspitalsgebäude eröffnet.

1961 folgte die Eröffnung einer 3-klassigen deutschen Mittelschule im Sternbachhaus in der Neustadt als Filiale der Mittelschule in Brixen. 1978/80 erhielt diese nach Conrad Fischnaler benannte Schule einen eigenen städtischen Neubau an der St.-Margarethen-Straße (mit Sporthalle).

1983/84 wurde das ehemalige Kapuzinerkloster durch Um- und Anbau zu einem Oberschulzentrum mit Realgymnasium (Filiale von Brixen) und Kaufmännischer Lehranstalt neu gestaltet. 1995/97 erfolgte der Bau eines eigenen Gymnasiums.

Derzeit bestehende Schulen

Grundschule „Don Milani", Lahnstraße Nr. 11 (ital.)
Grundschule „Karl Domanig", Lahnstraße Nr. 11 (dt.)
Grundschule, Neustadt Nr. 28 (dt.)

Mittelschule „Vigil Raber", Edward-Ploner-Straße Nr. 27
Mittelschule „Konrad Fischnaler", Eduard-Ploner-Straße Nr. 27 (dt.)
Mittelschule „Giovanni Pascoli", Stadtplatz Nr. 5 (ital.)

Realgymnasium „Virgilio", Stadtplatz Nr. 5 (ital.)
Realgymnasium, St.-Margarethen-Straße Nr. 3 (dt.)
Fachlehranstalt für Wirtschaft und Tourismus, St.-Margarethen-Straße Nr. 3 (dt.)
Die städtische Musikschule wurde 1982 in der ehemaligen Deutschordenskommende installiert.

J. KRAFT, Die erfundene italienische Schule in Sterzing im 16. Jahrhundert. In: Forschungen und Mitteilungen zur Geschichte Tirols und Vorarlbergs 12, Innsbruck 1915, S. 123–126; – E. LANGER-KOFLER, Aus dem Schulwesen von Sterzing seit 100 Jahren. In: Sterzinger Heimatbuch = Schlern-Schriften 232, Innsbruck 1965, S. 503–514; – I. M. PICHLER, Zur Geschichte des Schulwesens in Sterzing von der Jahrhundertwende bis zur Gegenwart. Diplomarbeit, Innsbruck 1988.

d, e) Theater, Musikvereine, Orchester, Musikschulen/Volksbildungseinrichtungen

Passions- und Osterspiele bzw. deren Texte wurden in Sterzing seit dem ausgehenden 15. Jh. (1486) gepflegt. In deren Fußstapfen trat ab ca. 1850 eine „Dilettanten-Theatergesellschaft", welche 1960 als „Heimatbühne" neu gegründet wurde; in besonderer Weise hat sich das 1985 gegründete „Vigil-Raber-Ensemble" der Pflege der alten „Sterzinger Osterspiele" (jährlich ab 1986) verschrieben.
Kolping- bzw. Katholischer Gesellenverein gegründet 1865.
Kolpingbühne Sterzing seit 1983; Vigil-Raber-Ensemble gegründet 1985;
Männergesangsverein Sterzing gegründet 1860, Pfarrchor Sterzing seit 1847, Neugründung 1979, Bürger(musik)kapelle Sterzing nachweisbar seit 1878, Neugründung 1946; Kulturhaus Sterzing erbaut 1996/98.

I. ZINGERLE, Bericht über die Sterzinger Miscellaneen-Handschrift. In: Sitzungsber. d. philos.-hist. Klasse d. kais. Akademie d. Wiss., Bd. 54, Wien 1866, S. 293–340; – R. JORDAN, Das Sterzinger Weihnachtsspiel von 1511 und das hessische Weihnachtsspiel. In: 29. Jahresbericht des Staatsobergymnasiums in Krumau, Krumau 1901/02/03 (in Lieferungen); – J. NOGGLER, Das Sterzinger Weihnachtsspiel 1511. In: Der Schlern Jg. 2, Bozen 1921, S. 456–460; – E. LANGER-KOFLER, Aus dem Sterzinger Vereinsleben der letzten 100 Jahre. In: Sterzinger Heimatbuch = Schlern-Schriften 232, Innsbruck 1965, S. 515–544; – Osterspiele. Texte und Musik. Akten des 2. Symposiums der Sterzinger Osterspiele, hg. v. M. SILLER, mit Sterzinger Beiträgen von R. GSTREIN, A. TRAUB, D. TRAUDEN und S. PRÜSER = Schlern-Schriften Bd. 293, Innsbruck 1994; – B. THORAN, „Wächterlied" und „Canticum hebraicum" in den Sterzinger und älteren österlichen Spielen. In: Literatur und Sprache in Tirol = Schlern-Schriften 301, Innsbruck 1996, S. 245–261.

f) Sporteinrichtungen

1905 Gründung des Turnvereines Sterzing, 1978 Errichtung neuer Tribünen und einer Flutlichtanlage am Sportplatz ; – 1983 Eröffnung der Kunsteisbahn der gleichnamigen Gesellschaft; – 1992 Errichtung von zwei Tennisplätzen.

18 Buchdruckereien, Zeitungen, Buchhandlungen

a) Buchdruckereien

Filiale der Athesia-Buchdruckerei- und Verlagsanstalt in Bozen, hervorgegangen aus der vor 1913 errichteten Filiale der Buchdruckerei und Verlagsanstalt Tyrolia in Innsbruck.

„Der Stat Stertzinngen Stattpuch", ediert in: Der Geschichtsfreund. Beiträge zur vaterländischen Geschichte, Brixen Jg. 1866, S. 321–384; Konrad FISCHNALER, Urkunden-Regesten aus dem Stadtarchiv in Sterzing, Innsbruck 1902; – Georg SCHMID, Urkunden und Akten-Regesten aus dem Dekanats-Archive Stilfes 1300–1810, Innsbruck 1912; – K. SCHADELBAUER, Die ältesten Urkunden des Sterzinger Stadtarchivs. In: Festschrift für Conrad Fischnaler = Schlern-Schriften 12, Innsbruck 1927, S. 62–72.

c) Darstellungen

Konrad (Conrad) FISCHNALER, Touristenstation und Sommerfrischort Sterzing am Eisak (!), 1. Aufl. 1883.
DERSELBE, Sterzing am Ausgang des Mittelalters. In: Schlern-Schriften Bd. 9, Innsbruck 1925, S. 104–143.
Erich STROHMER, Sterzing = Die Kunst in Tirol Bd. 19, Wien (um 1924).
Hans KRAMER, Beiträge zu einer Chronik von Sterzing und Umgebung 1814–1914. In: Veröff. d. Museum Ferdinandeum Bd. 31, Innsbruck 1951, S. 455–491.
DERSELBE, Sterzing vom Beginn des 16. bis zum Ende des 18. Jahrhunderts. In: Sterzinger Heimatbuch = Schlern-Schriften Bd. 232, Innsbruck 1965, S. 363–415.
DERSELBE, Sterzing von 1790 bis 1918. Ebenda, S. 417–448.
Engelbert AUCKENTHALER, Geschichte der Höfe und Familien von Thuins-Telfes bei Sterzing = Schlern-Schriften Bd. 173, Innsbruck 1958.
DERSELBE, Geschichte der Höfe und Familien von Ried-Tschöfs bei Sterzing = Ebenda Bd. 172, Innsbruck 1962.

Berthold RIEHL, Gossensass und Sterzing. In: Jahrbuch des Südtiroler Kulturinstitutes Bd. 1, Bozen 1961, S. 40–65.
Karl SCHADELBAUER, Sterzing im 15. Jh. = Schlern-Schriften Bd. 220, Innsbruck 1962.
DERSELBE, Sterzing bis zum Jahre 1363. In: Der Schlern Jg. 37, Bozen 1963, S. 291–296.
Sterzinger Heimatbuch = Schlern-Schriften Bd. 232, Innsbruck 1965, mit Beiträgen von: Anton DÖRRER, Erich EGG, Hermann HOLZMANN, Franz HUTER, Georg INNEREBNER, Raimund v. KLEBELSBERG, Hans KRAMER, Elisabeth LANGER-KOFLER, Georg MUTSCHLECHNER, Georg RAMPOLD und E. v. STERNBACH.
Theodor GÖGL-HOFER, Sterzinger Medaillen. In: Haller Münzblätter 3, Hall i. T. 1981, S. 3–16.
H. MENARA, Sterzing und Umgebung = Südtiroler Gebietsführer Nr. 38, Bozen 1983.
K.-H. SPARBER, Sterzing im 17. und 18. Jahrhundert. Diplomarbeit, Innsbruck 1990.
Der Sterzinger Fund. Michael Gaismair und seine Zeit. Festschrift zur Eröffnung des neuen Standortes der Filiale der Südtiroler Volksbank im ehemaligen Gasthof Mondschein, mit Beiträgen von K. ELLER und H. BENEDIKTER, Sterzing 1992.
F. H. HYE, Sterzing. Stadt an der Brennerstraße – Stätte historischer Gastlichkeit. In: Der Schlern Jg. 71, Bozen 1997, S. 267–274.

20 Wissenschaftliche Sammlungen

a) Archive

Das Stadtarchiv von Sterzing befindet sich als Depositum im Südtiroler Landesarchiv in Bozen; das „Vigil-Raber-Archiv" hingegen ist 1984 wieder nach Sterzing zurückgekehrt.

E. v. OTTENTHAL und O. REDLICH, Sterzing. Kirchenarchiv, Stadtarchiv, Schloßarchiv von Reifenstein. In: Archiv-Berichte aus Tirol 2, Wien 1896, S. 362–395.

b) Bibliotheken

Stadtbibliothek Sterzing, eröffnet 1991.

c) Museen

Rückkehr der „Multscher Tafeln" des einstigen Flügelaltars der Sterzinger Pfarrkirche in das „Multscher Museum" in Sterzing, welches anfangs (1959) im Gebäude des ehemaligen Stadtspitals am Stadtplatz untergebracht war und von dort 1987 in das Grafenhaus der ehemaligen Deutschordens-Kommende Sterzing übersiedelt worden ist.

Landesbergbaumuseum: Ausstellungen zur Bergbaugeschichte im Jöchlsthurn, in Sterzing, errichtet 1990.

Rudolf TASSER, Landesbergbaumuseum Jöchlsthurn, Sterzing 1993.

WERNER O. PACKULL

Die Hutterer in Tirol

Frühes Täufertum in der Schweiz, Tirol und Mähren

Aus dem Englischen übersetzt von Astrid von Schlachta

SCHLERN-SCHRIFTEN 312

2000. 391 Seiten. Geb. ISBN 3-7030-0351-0. öS 580,–/DM 83,–

In Tirol mit der Todesstrafe bedroht, flüchteten viele Huttererfamilien in den dreißiger Jahren des 16. Jahrhunderts nach Mähren und als auch dort die Verfolgungen einsetzten, noch weiter nach Osten. Im 18. Jahrhundert kamen sie bis in die Walachei und nach Südrußland.

1874 schiffte sich eine Gruppe von 250 Personen schließlich nach Amerika ein: Heute leben in Kanada und in den Vereinigten Staaten etwa 33.600 Hutterer in rund 380 kleinen Brudergemeinden.

Die Hutterer gehören zur religiösen Bewegung der Täufer, die in der Reformationszeit in Tirol weit mehr Anklang fand als die Lehren Martin Luthers: Schätzungen sprechen von über 20.000 Anhängern. Ihr Name geht auf den Pustertaler Täufervorsteher Jakob Hutter zurück, der 1536 vor dem Goldenen Dachl in Innsbruck auf dem Scheiterhaufen verbrannt wurde.

W. O. Packulls Forschungen dokumentieren nicht nur das schwere Schicksal der hutterischen Gemeinde von ihren Anfängen bis zum zumeist gewaltsamen Ende ihrer bedeutendsten Vertreter. Sie betten die Geschehnisse auch in die frühe Geschichte des Täufertums im gesamten deutschsprachigen Raum und in Mähren ein, führen in das Leben und die Lehre der übrigen Täufervorsteher ein und arbeiten Gemeinsamkeiten und Differenzen zwischen den verschiedenen Gruppierungen heraus. Auch unter den Anführern der Täufer gab es Meinungsverschiedenheiten und Rivalitäten, und ihre Anhänger, die für den Glauben ihre Heimat, Hab und Gut aufgegeben hatten, sahen sich in der Fremde mehrfach heftigen Spannungen und Zerreißproben ausgesetzt. Die Umsetzung der theoretischen Vorstellungen in das praktische Leben der Gemeinschaft erwies sich als schwierig und war auch von Enttäuschungen und Zweifeln geprägt.

Besonders anschaulich zeichnet der Verfasser die unerbittliche Verfolgung der „verdammten, schädlichen Sekte" unter König Ferdinand I. Dabei werden auch die Schicksale der bedeutendsten Gefährten Hutters dokumentiert, so jenes des ersten hutterischen Schulmeisters Jeronimus Käls, der noch im Gefängnis seinen Glauben weiterzugeben suchte und 1536 in Wien auf dem Scheiterhaufen verbrannt wurde, und die Tätigkeit und der besonders grausame Feuertod des begabten bayerischen Täufers Onophrius Griesinger 1538.

Ein halbes Jahrhundert nach den Arbeiten von Kolb und Widmoser über die Hutterer hat Packull ein Standardwerk vorgelegt, das in einer breit angelegten Zusammenschau die Anfänge des Täufertums auf dem Hintergrund der neuesten Forschungen beleuchtet.

Nikolaus G. Kogler

Zwischen Freiheit und Knebelung
Die Tagespresse Tirols von 1914 bis 1947

Tiroler Wirtschaftsstudien, 53. Folge

2000. 436 S. mit 10 Graphiken und 4 Tabellen. Hln. ISBN 3-7030-0346-4
öS 780,– / DM 112,–

Die Tiroler Tagespresse ist im Zeitabschnitt zwischen 1914 und 1947 tiefgreifenden Einschnitten ausgesetzt: Krieg, Ständestaat, Nationalsozialismus und Faschismus zwingen die Zeitungen zu einer problematischen Gratwanderung zwischen Anpassung und Zensur.

Bei Beginn des Ersten Weltkriegs wird die Pressefreiheit aufgehoben: Sämtliche Blätter werden vor der Drucklegung überprüft und erscheinen in der Folge zum Teil mit weißen Flecken: ein augenfälliger Hinweis auf die penible Tätigkeit der Zensurbehörden.

Nach dem Krieg wird die Zensur zwar vorerst wieder aufgehoben. Doch schon wenige Jahre später erfolgt im südlichen Landesteil, der 1920 von Italien annektiert wird, der massivste Schlag gegen die Tagespresse: Die faschistischen Machthaber würgen innerhalb von knapp vier Jahren, 1922–1926, sämtliche sieben deutschsprachigen Tageszeitungen ab.

In Nord- und Osttirol spitzt sich die Situation mit der Ausschaltung des Parlaments 1933 zu: Die Zeitungen werden auf Regierungskurs gebracht, die sozialdemokratischen Blätter im Februar 1934 kurzerhand verboten. Unmittelbar nach der nationalsozialistischen Machtergreifung 1938 sichert sich das neue Regime auch die Macht in den Redaktionsstuben: Sie werden von „widerspenstigen Elementen gesäubert" und die verbleibenden und neu eintretenden Journalisten zu bloßen Vollzugsbeamten der Parteiräson. Die Zeitungen sind nunmehr ein reines Propagandainstrument: Sie werden samt den Verlagshäusern – wenn nötig, mit entsprechendem Druck – aufgekauft und zum Gutteil dem Zentralverlag der NSDAP angegliedert. Erst ein Beschluß des Alliierten Rates im Herbst 1945 hebt die Zensur (vorerst noch mit einigen Einschränkungen) auf; 1947 geben die Alliierten schließlich alle Möglichkeiten der Kontrolle und des Einflusses auf den Mediensektor an die österreichische Regierung ab.

Nikolaus Kogler stellt in der vorliegenden Untersuchung die Tageszeitungen, die zwischen 1914 und 1947 in Tirol erschienen, einzeln vor, wobei auch die Geschichte der Verlage behandelt wird, von denen die Zeitungen herausgegeben wurden. Nach der Berücksichtigung einiger formaler Aspekte (Titel, Format, Satzspiegel, Schriftart, Impressum, Ressorts, Auflage usw.) gilt das besondere Augenmerk des Autors der Geschichte des jeweiligen Blattes im behandelten Zeitraum und insbesondere auch dem Schicksal der Zeitungsherausgeber und Redakteure. Wie reagierten sie auf den mehrfachen Machtwechsel? Den namhaftesten Vertretern des Tiroler Zeitungswesens in diesem schwierigen Zeitabschnitt widmet Kogler einen eigenen Abschnitt: Er ortet ein hohes Maß an Anpassung und Opportunismus.

Publikationen zur Geschichte der Tiroler Städte

Franz Huter, Herzog Rudolf der Stifter und die Tiroler Städte.
Festgabe der gewerblichen Wirtschaft Tirols zum 600-Jahr-Jubiläum der Vereinigung Tirols mit Österreich. Tiroler Wirtschaftsstudien, Band 25.
1971. 82 S,. Hln. und Mappe mit 20 Faksimiletafeln auf 11 Blättern (32×43 cm) und Begleitheft (Urkundentexte, Transkription der Tafeln. 32 S.). öS 380,– / DM 54,–
F. Huter stellt 27 Urkunden Rudolfs IV. für Bozen, Meran, Sterzing, Hall und Innsbruck vor.

Max Gruber, Bruneck und das westliche Pustertal im Jahre 1809.
Schlern-Schriften Band 86. 1952. 119 S., öS 248,–/DM 35,–
Die Bevölkerung von Bruneck und Umgebung war an den Vorbeitungen zum Aufstand im Jahr 1809 maßgeblich beteiligt. Hier kam es auch, noch vor dem Einrücken der Österreicher, zu den ersten Kämpfen. Die Kriegshandlungen hatten im Pustertal eine besonders hohe Opferzahl zur Folge, darunter nicht weniger als 25 Hinrichtungen.
Max Gruber hat eine Fülle neuen Quellenmaterials zur Lokalgeschichte Brunecks und des westlichen Pustertals erschlossen und das bisherige Schrifttum über das Schicksal dieses Gebietes im Jahr 1809 in vielem ergänzt und berichtigt.

Karl Theodor Hoeniger, Ein Häuserverzeichnis der Bozner Altstadt von 1497.
Schlern-Schriften Band 92. 1951. 50 S., mit Plan der Altstadt 1497. öS 168,– / DM 24,–
Im Häuserverzeichnis scheinen sämtliche Wohnhäuser der bischöflichen Altstadt nach Vierteln geordnet auf. In dieser Einteilung werden sie hier, ergänzt durch weiteres Quellenmaterial, einen Plan der Altstadt und einen Namenwegweiser, wiedergegeben.

Karl Schadelbauer, Sterzing im 15. Jahrhundert.
Schlern-Schriften Band 220. 1962. 48 S., 5 Bildtafeln. öS 148,– / DM 21,–
„Sterzing gehört dem Herzog von Österreich, ist eine schöne und große Stadt, ringsum von Bergen umgeben", schreibt der Ulmer Dominikanerpater Felix Faber, der 1484 auf der Rückreise vom Heiligen Land durch Sterzing kam. Der vorliegende Band schildert das Leben in der Tiroler Kleinstadt im 15. Jahrhundert: Lage und Natur, Stadtbild, Bewohner, Obrigkeit, Kirchen, Spitäler und Deutschordenshaus, Handel, Gewerbe und Alltagsleben.

Das älteste Tiroler Verfachbuch (Landgericht Meran 1468–1471).
Hg. von Karl Moeser und Franz Huter. Schlern-Schriften Band 283 / Acta Tirolensia Band 5. 1990. 321 S., 4 Bildtafeln. ISBN 3-7030-0219-0. öS 480,– / DM 68,–
Diese Edition stellt über 200 Urkundentexte aus der alten Hauptstadt des Landes Tirol und dem Burggrafenamt vor und dokumentiert die Bedeutung Merans im 15. Jahrhundert.
Das Verfachbuch bietet eine Fülle von sprachgeschichtlichen, rechtlichen, bevölkerungs-, wirtschafts- und sozialhistorischen Hinweisen für die heimatgeschichtliche Forschung.

Ludwig Tavernier, Der Dombezirk von Brixen im Mittelalter.
Bauhistorische Studien zur Gestalt, Funktion und Bedeutung. Schlern-Schriften Band 294.
1996. 340 S. mit 116 Bildtafeln, 3 Kartenbeilagen. ISBN 3-7030-0266-2. öS 680,– / DM 98,–
Erstmals wird in diesem Buch die bauhistorische Entwicklung der Bischofkirche, der Liebfrauen- und Johanneskapelle sowie des Kreuzgangs und der angrenzenden Gebäude für Bischof und Kleriker dargestellt. Der Autor rekonstruiert die einzelnen Bauperioden vom 10. bis ins 16., teilweise bis ins 18. Jahrhundert und klärt die wechselnden Bautennutzungen.

UNIVERSITÄTSVERLAG WAGNER · ANDREAS-HOFER-STRASSE 13 · A-6010 INNSBRUCK
TEL 0512/587721 · FAX 0512/582209